U0680237

本书系国家社会科学基金重大项目
"德国古典哲学与德意志文化深度研究"（批准号12&ZD126）成果之一

第八卷

邓晓芒 著

# 黑格尔
# 《精神现象学》句读

人民出版社

# 目　录

1

# 三、对其自身有确定性的精神；道德 [1]

精神现在进入到了第三个大环节。第一个大环节是"真实的精神；伦理"，第二个大环节是"自我异化了的精神；教化"，第三个环节就是道德，它现在是"对其自身有确定性的精神"。前面真实的精神还没有确定性，是朴素的、不自觉的，但是在现实生活中起作用的，这就是伦理；异化的精神已经有了自我意识，但还处于异化形态，财富和权力，高贵意识和卑贱意识，语言和意识的分裂，信仰和启蒙的冲突，都是自我意识难以驾驭的，确定不下来。而现在，精神进入到了纯粹自我意识本身的领域，在这个领域中，它终于有了自身的确定性，而可以不受外部现实事物的干扰了，这样一种精神就是道德。

伦理世界曾经把在它里面只是被孤立起来的精神即**个别的自我**显示为它的命运和它的真理。

"伦理世界曾经把在它里面只是被孤立起来的精神即**个别的自我**显示为它的命运和它的真理"，曾经，这里是过去时。我们可以翻到下卷[贺、王译本] 的第 33 页倒数第 8 行，破折号后面有这么一段话："凡是在伦理世界里曾被称为隐秘的神的法则的东西，实际上已从它的内在中走进了现实性；当初在伦理世界里，**个别的人**只在他作为**家庭**的普遍**血缘**时才有效准，才是现实的。他作为**这样一种**个别者，曾是**无自我的，孤独的精神**，但是现在他已从他的非现实性中走出来了。"我们前面讲神的法

---

① 凡引黑格尔的原文以及拉松本所加的带方括号的标题，第一次出现时均加下划线以示区分。所注边码大括号 {} 中为德文考订版页码；方括号 [] 中为贺麟、王玖兴中译本 1979 年版上册的页码，转入下册时则为下册页码。

则和人的法则，神的法则是个别的个体死了以后要归于神、家神，由家庭成员来埋葬他。所以神的法则是属于个体的，人的法则是属于公众的，前面是这样区分的。在伦理世界里面，神的法则好像是内在的，在现实生活中并不起作用，只有死了以后才起作用。但是现在实际上个别人已经从它的内在作用走进了现实。"孤独的精神"，死去的人在神那里是孤独的精神，和社会现实已经无关了，已是非现实性的了。但他现在从非现实性中走出来了，走出来是什么呢？走出来就进入到法权状态中。这段话是在"法权状态"这个标题底下来讨论的，法权状态下面的第一个小标题就是"人格的效准"，也就是个别的人从神的法则那里走出来，走到现实里面，就成为了独立的法权的人，法权状态就是建立在个体独立人格的基础之上的。在伦理世界里面，本来个体是只在神的法则那里才有效、在家庭和血缘关系中才有效的，但是现在他开始进入到社会。社会是公共性的，现在个体进入到社会，就是作为人格，要在人格的基础之上建立起法权状态。但在伦理世界中还没有完成这一人格独立的进程，而是"把在它里面只是被孤立起来的精神即个别自我显示为它的命运和它的真理"，在神的法则那里，那是他的命运和真理。一个是命运，个体无法违抗；一个是真理，现在开始进入到现实性，就体现为他的真理，他就有对象了，他就要跟这个对象相符合了，就进入到现实性了。所以由此开始就走进了法权状态。

① 但这种**法权人格**却在自己以外拥有自己的实体和满足。

法权的人格虽然与死去的人一样，也是孤立的，也是孤独的，法权是个体、个体性，个别的自我。也就是说，这种孤立、独立的人格，不再由神在彼岸来安顿，而是在法权状态中实现于外。法权本身是很抽象的，没什么内容，个体人格本身是很抽象的；只有实现出来、实现在法权状态中，它才有内容。康德也讲，法权是外在的自由，道德是内在的自由。法

---

① 为了读起来醒目，原文每一整句在本书中都另起一行，带起对它的解释也另起一行。

权人格是一种体现在外的自由，所以它"在自己以外拥有自己的实体和满足"。这种法权的人格，或者说法权的个人，在它自己里面，它没有自己的实体，也没有自己的满足，它必须体现于外。所谓人格，Person，它本来的意思就是"面具"，它对外是一张面具，它只在外面才拥有自己的实体和满足。但是你把这个面具揭开，它里面空空如也，什么也没有，它里面是虚无。在伦理世界里曾经走过从伦理到法权状态这样一个阶段，这里则回顾了精神以前走过的历程，以便确定目前的阶段所处的位置，看个体内心的道德是如何从前面发展过来的。它首先是从法权发展来的，这是西方传统道德的一个特点，道德是建立在法权的基础上的，甚至"道德律"（das moralische Gesetz）这个词本身就可以译作"道德法"。有人格独立才有法，也才有道德。

　　<u>教化世界和信仰世界的运动扬弃了人格的这种抽象性，而通过完成了的异化，通过最高度的抽象，实体对精神的自我首先成为了**普遍意志**，最后成为了他的财产。</u>

　　"教化世界和信仰世界的运动扬弃了人格的这种抽象性，而通过完成了的异化，通过最高度的抽象，实体对精神的自我首先成为**普遍意志**，最后成为了他的财产"，这是一路追溯下来，简略地回顾了我们在"精神"这一部分所走过的历程。伦理世界最后的结果是个别的自我、个人的独立，在此基础上建立起了法权状态；而法权的人格只是在它之外、在现实生活中才拥有它自己的实体，而在它的内部，是抽象的，是没有内容的。于是通过教化世界和信仰世界的运动，扬弃了人格的这种抽象性，变得内容丰富了。个体独立的人格进入到现实中，产生了五花八门的异化现象，比如国家和财富，高贵意识和卑贱意识，在《拉摩的侄儿》所揭示出来的那么多的冲突、那么多的混乱，以及在启蒙的有用性和法国革命的绝对自由的普遍意志中，把这个精神实体视为自己的所有物或财产（Eigentum），所有这些都以异化的形式扬弃了人格的抽象性。抽象的人格在现实的教化世界中丰富起来了，扬弃了人格的抽象性；而在

3

法国革命中，尤其是在它的最高峰——罗伯斯庇尔的专政中——体现出了最后的教化，绝对自由变成了恐怖，这是最后的异化，教化到这里就完成了。而这种完成了的异化或教化使人格提升到了最高度的抽象，即在达到了个别意志和普遍意志相对立的顶峰以后，你把它的具体的东西都抽掉，我们回到精神自己的家园，那就是思想本身的王国，这是最高度的抽象。实体对精神的自我首先成为了公意（普遍意志就是公意），在这个过程中，最后完成了它的异化。公意在现实中变成了恐怖，那么在它回到它自身的家园以后、回到它的思想内部以后，它首先成为了普遍意志，最后成为了自我的财产。也就是说普遍意志、公意是前面一切阶段的最终成果，从伦理、到教化、到信仰世界，一直到法国革命的绝对自由和恐怖，这一切都过去了，但它们留下一个普遍意志，它们最终的成果就是普遍意志。而这个普遍意志在现实中固然走向了自己的异化、走向了最后一次异化，变成了恐怖，但是也因此变成了精神自我的财产，变成了精神自我的所有物，被精神自我据为己有。当然这个层次是在思想的层次，它已经不在现实的层面了，现实层面的对立和斗争已经被扬弃了，它把普遍意志作为它的最后的收获物，回归到了自己纯粹精神的家园。它收获了普遍意志，普遍意志成为了它的财产。普遍意志既是卢梭的公意，又是康德的道德自律。康德的道德自律就是从公意来的：要使你的行为的准则成为一条普遍的法则，普遍法则就是普遍意志的法则。那么这个时候，这个普遍意志的法则就不是在现实中异化成恐怖了，而是在精神的家园内部、精神的王国内部成为了自我本身所固有的财产，就是他的所有物。也就是说，人格扬弃了它的抽象性，而实体扬弃了它的现实性。人格具体化了，而实体抽象化了。那么这样一来，人格就把实体作为它的精神的所有物而据为己有。实体如果在外在现实的状态之下，精神是没有办法把它据为己有的；但是实体在它最高度的抽象中已经把它的外在性扬弃了，它成为了思想；而人格也已经把它的抽象性扬弃了，它成了具体的、能动的，于是人格就可以把这样一个抽象化了的实体据为己有。

于是认知在这里终于显得与它的真理性完全等同起来了；因为它的真理性就是这个认知本身，双方的一切对立都消失了；确切地说，并不是**对我们**而言或**自在地**消失了，而是对自我意识自身消失了。

"于是认知在这里终于显得与它的真理性完全等同了"，认知本来是确定性，至于是否有真理性，那个不取决于它自己，而取决于认知对象。但是现在，你把这个实体、把这个对象据为己有了，实体本身就是你的认知的财产，所以认知在这里显得与它的真理性完全是一回事了。当然还只是"显得"，还是看起来确定性与真理性完全等同了。在这个教化已经完成的阶段上，似乎认知本身就是真理。认知本来是一种追求真理的活动，但是现在这个认知本身成为了真理，它就是真理性，你去认知，你就有真理性。认知不再像理论理性那样，先把一个对象摆在那里，然后去认知；而是认知就已经是真理了，类似于王阳明的知行合一，"一念发动处便是行了"，才知便是行，能行便是知。这种认知就是康德讲的实践理性。康德的实践理性也是一种认知，实践理性也是一种理性，也是一种道德知识。只有道德知识，才终于显得与它的真理性完全等同了。道德知识、道德意识本身就是道德行为，就是道德的实践，道德的实践已经把对象据为己有了。或者说道德实践就是一个把自己的对象、也就是自由意志据为己有的过程；它不需要到外面去把外面那个对象据为己有，它把自己内部的对象据为己有。这个实体、这个普遍意志已经进入到思想内部，不再是外在的现实性。所以这个认知就是它本身，就是它的真理性，完全等同。"因为它的真理性就是这个认知本身，双方的一切对立都消失了"，实践理性和理论理性在康德那里就是这样区分的。在实践理性里边，不再是有一个有待认知的对象摆在你前面，你去认知它，而是你的道德知识本身就体现为一个自由意志的现实的活动，一种对象性的活动，它的真理性就是这个认知活动本身。真理性和认知的确定性的对立都消失了，但是，"并不是**对我们**而言或

**自在地**消失了，而是对自我意识本身消失了"。这个里头做了一个保留：双方的一切对立都消失了，对谁来说消失了呢？对康德来说消失了，或者说对康德的自我意识来说消失了。那么客观上是否消失了呢？对我们这些研究《精神现象学》的人、对我们这些旁观者来说，我们看得很清楚，我们不是康德主义者。我们在研究康德的思想的时候，我们可以发现，实际上并没有消失，这种对立并没有消失。道德的认知还是有对象的，只不过康德把它排除掉了，放在括弧里面悬置起来存而不论了。他说我要悬置知识，为信仰留下位置，因为那个认知的经验对象是不以我们的意志为转移的，我们能当下确定的就是我们自己的意志、我们自己的行为、我们在道德义务中所直接意识到的东西。在这个直接意识到的东西里面，是没有一切对立的；而在客观上，当然还是有对立的。为什么康德后面要引出上帝来呢？为什么要设定上帝呢？这说明道德和自然、道德和幸福的对立并没有消失，这个是后面要展开的康德道德学说内部的矛盾性。所以这种对立不是对我们而言或自在地消失了，自在地还没有消失，指的是客观上还没有消失。所以讲这种道德认知只是"显得"与它的真理性完全等同了，其实并没有等同。但是它毕竟对自我意识本身消失了，也就是说在客观上没有消失，但在主观上，我们已经可以认为没有矛盾、没有对立了。

{324}　　**这就是说，自我意识已经成了驾驭意识自身对立的行家。**

　　"这就是说，自我意识已经成了驾驭意识自身对立的行家"，因为这种对立在自我意识中已经消失了。自我意识提高了自己的层次，它已经能够把意识自身的对立面驾轻就熟地加以处理，凡是外在对立的东西，它都能够驾轻就熟地马上将它变成自己所有的东西，纳入自身的标准中来。之所以这种对立消失了，并不是完全没有这种对立，而是凡有对立出现的地方、凡是意识把对立呈现出来的地方，它都能够驾驭。它可以处理掉这个对立，这个对立是在一种主观过程中消失了，而不是说完全没有对立了。

意识是建立在它自身的确定性与对象的对立上的；但是现在，对它自己来说，这对象就是它自身的确定性，即认知——正如它的自身确定性本身不再具有特别的目的，因而也不再处于规定性中，而是纯粹认知一样。

"意识是建立在它自身的确定性与对象的对立上的"，这里要注意，"意识"跟"自我意识"是有区别的。刚才已经说了，自我意识已经成了驾驭意识自身对立的行家，而意识则还不是，凡是谈到意识的地方，就意味着它是有对立、有对象的。意识，我们前面讲到了，相当于对象意识；而自我意识就是把这个对象据为己有了。在前一个层次上来说，自我意识可以说是已经没有对象了，对象已经是它自己，那就没有原来那种意义上的对象了。所以谈到意识的时候，就是在谈对象意识，意识还有主客观的对立，有主观认知和客观认知对象的对立，而自我意识已经把这种对立消融了。"但是现在，对它自己来说，这对象就是它自身的确定性，即认知"，本来对象与它自身的确定性是对立的，但是现在，这两者是一个东西。对它自己来说，也就是对意识说来，对象就是它自身的确定性，即认知本身。你去认知，这是你能够确定的；但是在意识的阶段，这个认知对不对？是不是真理？这个还不知道。在意识阶段通常是这样的。而现在，这两者的区别已经不存在了，因为我所要认知的对象就是认知本身，确定性跟真理性已经是一回事了。当我确定我在认知的时候，我这种确定就是对的、就是合乎对象的，因为对象无非就是认知，再没有认知以外的对象了，认知以外的对象已经被扬弃了。就是那个外在的现实已经被扬弃了，我们现在已经不看外在的现实对象了，我们现在回到内心，这个时候认知的确定性和真理性就是一回事。"正如它的自身确定性本身不再具有特别的目的，因而也不再处于规定性中，而是纯粹认知一样"，这种内心认知不再具有特别的目的，不再是为了有用性，不再是追求某个欲望的享乐对象，因而也不再受到感性对象的规定和束缚，它成了纯粹认知，或者纯粹实践理性。这就是道德知识，现在用外部世界的东西来规定它已经完全没有必要了，道德的这样一种确定性，已经摆脱了一切外在的目的性，没有任何感情的目的，没有任何经验的对象。它就是为了道德本身，为义务而义务。在康德那里，如果一个人做道德的事情真是为了什么具体目的，那你就可以说他是别有用心，或者说他动机不纯，这是不具有道德性的行为。只有为道德而道德，那个才是真正的道德，你不能用任何一种特殊的目的来规定他的行为。所以这种认知不再处于规定性中，而是纯粹的认知，他纯粹就是为了他心目中所认定的那个道德法则，他认为这就是真的，他是坚持他自身的真理。所以意识这个时候有了它自己的对象，那就是纯粹认知。康德的道德哲学就是这样一种纯粹的道德知识。

　①所以，对自我意识来说，它的认知就是**实体**本身。在自我意识看来，这个实体，在一个没有分割的统一体中，既是**直接的**，也是绝对**中介了的**。

"所以，对自我意识来说，它的认知就是**实体**本身"，前面是讲对意识来说，它的确定性本身不再有它的目的了，也不再有规定性了，它的对象就是纯粹的认知；这里讲，对自我意识来说，认知成了实体本身。不但对象就是认知，而且认知就是实体。认知本来是一种思维的活动，这种认知活动怎么会成了实体本身呢？这只有在康德的纯粹实践理性这个意义上才能理解。康德的纯粹实践理性就是这个实体，也就是自由意志，它被看作不可知的自在之物，其实只是在理论意义上的不可知，在实践意义上它恰好是纯粹认知。康德所说的在实践活动中的道德意识，其实也就是道德上的认知了。康德的道德意识就是道德实践，不要把它分开了，好像先有个道德意识，然后把它实践出来，才成为了道德实践，这是人们经常容易犯的错误，特别是英语世界的康德学者常常弄错。在康德的道德意识中，认知和实践是一体的，是知行合一的，所以这种认知就是实

―――――――――――――

① 凡是原文换行分段之处，本书中均空一行。

体本身。人的实体是什么？就是他的实践活动啊。人不是一个东西、不是一个可以摆在那里的实体，人的实体就是一种活动，就是一种实践活动。而对自我意识来说，这种实践活动就是对他自己的一种认知。这种实体就是对实体的认知，或者说实体本身就是这种认知，这都是一体的。所以认知在自我意识心目中成为实体。"在自我意识看来，这个实体，在一个没有分割的统一体中，既是**直接的**，也是绝对**中介了的**"，中介了的vermittelt，也可以翻译成间接的。这个实体对于自我意识来说是一个没有分割的统一体，既是直接的，同时也是间接的、是绝对中介了的，这正是自由意志的特点。自由意志是一个不可分割的统一体，它既是直接的，但又绝对不能停留于这种直接性，而是随时自身中介，以自身为手段偏离自身，像米兰·昆德拉说的"生活在别处"。下面就来解释这两个词了：一个是直接的；一个是间接的或者是中介了的。

之所以是**直接的**，——因为，就像伦理意识那样，自我意识本身知道义务、履行义务，并且隶属于作为它的本性的义务；

"之所以是**直接的**，——因为，就像伦理意识那样，自我意识本身知道义务、履行义务，并且隶属于作为它的本性的义务"，这个跟我们前一个圆圈的起点——伦理意识可以对照一下。在伦理意识那里，伦理义务对自我意识就是直接的，自我意识本身知道义务、履行义务，并且隶属于义务，把义务看作它自己的本性。在伦理意识那里就是这样的，比如说处在伦理实体中的希腊人，我就是这个城邦的人，那么我就天然地具有我的义务，并且不用说，我就必须履行自己的义务。比如说我是一个雅典人，那么我当然知道雅典的法律，并且必须按照雅典的法律办事。如果我不认可这个法律，那我可以不做雅典人，可以到别的城邦去啊；我既然在雅典，承认自己是一个雅典公民，那我就做一个雅典人所应该做的、有义务做的，这一切都是天经地义的，如果我违背了就会感到良心不安。我为什么感到良心不安？这个是直接的，这个没有什么话说，因为我身为雅典人却不遵守雅典的法律、不履行雅典人的义务，我就会感到良心不安。所以这在伦理意识那里是完全直接的。那么在这里也是这样，自我意识在这样一个实体中，它也是直接的，自我意识本身知道义务、履行义务，并且隶属于作为它的本性的义务。自我意识在这个层次上面回复到了最初的伦理意识那种直接性的状态。但是其实它跟伦理实体已经不一样了，作为道德实体，它跟伦理意识的层次已经不一样了：它除了有这种直接性以外，它还有间接性。伦理实体中的人就是直接性的人，他没有反思，他不会去反思我为什么一定要成为雅典人，我可不可以成为别的人，成为别的人又是为了什么。这些他都不反思，他就认为这是他天生的义务，他身为雅典人，他就要这样来做，他没有反思。这是道德和伦理的区别，在康德那里还没有明确地意识到这种区别，是黑格尔才明确表达出来的。在道德阶段跟伦理阶段已经完全不一样了，但还有一些共同之处，因此有很多人就会把道德和伦理混为一谈。在康德那里基本上也还没有严格区分开来，康德把道德和伦理看作就是一回事，有一点点区别，但是没有完全区别开来；而在黑格尔这里是完全区别开来的。他前面讲的伦理和现在讲的道德是两个完全不同的层次。道德是更高的、更抽象的层次，更带精神性；而伦理还带有一种原始的自然性。

**但它不像伦理意识那样是一种性格，伦理意识由于其直接性的缘故，乃是一种特定的精神，只隶属于各伦理本质性的一种，并且具有没有认知到的方面。**

"但它不像伦理意识那样，是一种**性格**"，伦理意识是一种性格，所以男人有男人的性格，女人有女人的性格，气质上就是不一样的。伦理意识是建立在这个之上的，带有某种自然性。"伦理意识由于其直接性的缘故，乃是一种特定的精神"，特定的精神，我们前面已经看到了，黑格尔讲伦理意识是分男女的，男人的伦理和女人的伦理是不一样的。"只隶属于各伦理本质性的一种"，你是属于伦理本质性的男人的这一部分，还是属于女人的这一部分？"并且具有**没有认知到**的方面"，伦理意识具有没有认知到的方面，它不是完全透明的，而是受命运支配的，不是说什么东西都在它的掌握之中、都在它的认知之中。男人就不能理解女人,神的法则和人的法则就不能互相通用,所以发生了悲剧。比如安提戈涅的那个悲剧,互相都不能理解,要通过惨痛的教训才发现自己的局限性。在此之前,特定的精神认为自己是无所不知的,不管是克瑞翁还是安提戈涅,他们都认为自己就是全部,自己的原则、自己的法则就是全部,而不知道还有另外一套法则,所以他们都具有没有认知到的方面。克瑞翁忽视了家庭的原则,而安提戈涅忽视了国家的原则,他们各自都受到了命运的惩罚。人法和神法互相之间都是外在的,不可通约的。这里进一步提出来,伦理意识的直接性跟道德意识的直接性不一样,道德意识的直接性不像伦理意识那样,它已经不是性格了,不是天生的东西了,它跟自然没有关系,所以它不是一种特定的精神,而是一种纯精神的东西。这是讲它的直接的这一方面。道德自我意识,一方面跟伦理意识一样,有直接的方面,但是它跟伦理意识又完全不同,它还有间接的方面。

　　——说是**绝对的中介**,则是因为它如同自我教化的意识和信仰的意识那样;因为它本质上是自我的那种扬弃**直接定在**的抽象性并使自己成为普遍的运动;

　　"说是**绝对的中介**,则是因为它如同自我教化的意识和信仰的意识那样",也就是说道德意识是经历了教化的意识和信仰的意识一路走过来的,那么它就吸收了教化的意识和信仰的意识的那种间接性、中介性。自我教化的意识是异化的,异化当然是间接的,它发现自己的产物、作品或事业已经跟自己完全不同了,它要通过这种完全异己的对象来认识自己、回到自己,这不是间接的吗?如果它是直接的,那就不用异化了,那就像伦理实体那样,伦理实体就是一个还未发展起异化来的世界。而教化的世界就是异化发展起来了,那就是一个间接的世界。把自己异化出去,然后才从这个异己的对象上把自己收回来,这就是一个间接的过程,一个绝对的中介的过程。信仰的意识也是这样,信仰上帝,上帝是什么?

上帝就是人的本质的异化。我为什么要信上帝，不信自己呢？因为那个上帝才是真正的自己，上帝是一个异己的对象。道德自我意识经历了这样一个过程，它就具有了绝对的中介，也就是说它也必须从跟自己完全不同的对象身上来看到自己，必须是绝对中介的这样一种过程。说是绝对的中介，是因为它如同自我教化的意识和信仰的意识那样，或者说道德意识已经把伦理世界和教化的世界综合起来了。伦理世界是正题，教化世界是反题，那么道德世界就是合题。道德是第三个环节，它把直接性和间接性统一起来了，所以它是绝对的中介。"因为它本质上是自我的那种扬弃**直接定在**的抽象性并使自己成为普遍的运动"，就是说，道德的自我意识本质上是自我扬弃直接定在的抽象性的运动。它本来是有直接性的，就像伦理意识一样，它知道义务并履行义务，是一种直接定在；但是它扬弃了这种直接定在的抽象性，而把自己展示为一场运动，由此使自己成为普遍的。它不是抽象地知道义务和履行义务，而是要使我的义务变成一种普遍的东西，实际上是一种把自己的直接定在变成普遍东西的运动过程。这一句话可以说就是康德的定言命令的翻版。康德的定言命令是：你要使你的行动的准则成为一条普遍的法则。你的行为的准则，那是直接定在的，但是扬弃了它的抽象性和固定性，要使它动起来，成为一条普遍的法则，使抽象的行为的准则具体地成为一条普遍的法则，是这样一个运动、这样一条绝对命令、定言命令。道德的自我意识本质上就是这样的，就是要把自己的个别的准则变成一条普遍的法则，那是一种运动，不是单纯在理论上说说而已，而是要按照这个去做的。这里讲的就是康德的定言命令的内容。

[125]　　　——但这既不是由于它的自我和现实性之间有纯粹的异化和分裂，也不是由于它的逃避。相反，它是在自己的实体中对自己**直接在场的**，因为实体就是它的认知，实体就是它自己的被直观到的纯粹确定性；

"但这既不是由于它的自我和现实性之间有纯粹的异化和分裂，也不是由于它的逃避"，康德的定言命令，要把你的准则变成一条普遍的法则，这不是由于它的自我和现实之间有一种纯粹的异化和撕裂，这种普遍的法则并不是在你之外有另外一个现实，你要去符合它。你的准则和你要实现的法则是没有分裂的，它们相互之间是没有异化的，它就是你自己的道德自律，是你的自由意志本身的自律、自我立法。它不是你和现实之间的那种异化和分离的关系，不是别人叫你、命令你把自己的行为准则变成一条普遍的法则，而是你自己命令自己这样做的，所以在这里虽然有间接性，但没有异化。也不是由于它的逃避，不是由于道德意识要逃避什么东西，而是一种承担，承担起自己的本质和义务。"相反，它是在自己的实体中对自己**直接在场的**"，道德自律是在每个人的自由意志中直接在场的。康德举了很多例子，就是说，你们每一个人都可以想一想，是不是这样？比如说不要说谎，不要自杀，要发挥自己的才能，要与人为善，等等。所有这些都是直接在场的，你不需要到外面去实验，你自己想一想，做一个思想实验，就直接可以看出来哪些做法是道德的，而怎样做是不道德的。"因为实体就是它的认知"，前面已经讲了，认知已经成为了实体，你自己做一个思想实验、作一个设想，如果大家都说谎的话，就会不再有人相信任何人，那说谎本身就没有必要了，就会自我取消了。之所以还有必要说谎，是由于总还是有一些人不说谎，所谓"人傻钱多"，值得去骗一下。如果真的大家都说谎，无一例外，你骗不了任何人，那说谎就是浪费口水了，就会自我取消。由此直接就可以得出结论：说谎是不道德的。所以不说谎才是道德的，因为如果大家都不说谎，那这个世界多好啊！那就会大家永远都不说谎了，大家都会以诚相见，这就会良性循环，没有矛盾了。所以人按照其本质就是应该不说谎的、应该符合自己的义务的。"实体就是它自己的被直观到的纯粹确定性"，这个直观当然是理性的直观，不是经验直观。在康德那里实际上也谈到了这种被直观的纯粹确定性，他表述为"纯粹理性的事实"，认为这是不用质疑的，每个人手拍胸膛想一想，马上就可以认可的。

　　而且，正是**这种直接性**，也就是它的特有的现实性，乃是一切现实性，因为直接的东西乃是**存在**自身，并且作为纯粹的、通过绝对否定性而纯化了的直接性，这种直接性就是纯粹的东西，它就是**存在**一般或一切**存在**。

　　"而且，正是**这种直接性**，也就是它的特有的现实性，乃是一切现实性"，前面讲了它是直接的，是一个纯粹理性的事实，那么这种直接的、不容否认的、直接显现出来的直接性岂不就是一种特有的现实性吗？当然这种现实性、这种事实不是一种经验性的事实，这一点康德区分得非常明确。道德上的理性的事实不同于经验性的事实，理性的事实不需要在经验中求证，它自己就显现出来了。纯粹实践理性具有实践性、具有实践能力，这是每个人都会直接承认的。孔子讲，"我欲仁，斯仁至矣。"这就是一个事实：只要我想要仁，就已经做到仁了；之所以做不到，归根结底还是不想要。这是一个理性的直接的事实。而且正是这种特有的现实性，在此它就是一切现实性，这就把它提得很高了。康德还没有明确意识到这一点，他讲的所谓纯粹实践理性的实在性，只是一种纯粹理性的事实，而不是经验的事实，经验的事实在它之外，不是它能够包括的，因为它不是理论理性。虽然康德的实践理性高于理论理性，但并不能包括理论理性，两者之间有一道鸿沟。黑格尔在这里则提到，道德上特有的现实性不仅更高，而且还是一切现实性，也就是说理论的实在性也是实践的实在性，在黑格尔这里，这两者已经完全合为一体了。当然这个合为一体不是黑格尔开创的，是费希特开创的，费希特已经把康德的这两种实在性合为一体，把自由意志和自我意识合为一体。费希特已经看出来，把这两者合为一体，那么实践的实在性就比理论的实在性要高，而且实践实在性是唯一的实在性，是一切实在性。所以费希特把自己的哲学称为行动的哲学、实践的哲学，理论也是一种行动、一种实践。为什么说它是一切现实性呢？"因为直接的东西乃是**存在**自身"，存在自身就是物自身，也就是康德所讲的自在之物、存在本身。直接的东西乃是存在自身，那么存在自身是什么呢？"并且作为纯粹的、通过绝对否定性而纯化了的直接性"，存在自身在康德那里是不可认知的，而在黑格尔这里并非不可认知的，但却是通过绝对的否定而纯化了的，就是把它一切具体的内容都否定了，成了完全抽象的一个存在。这本来也是康德的意思：你把存在的一切内容都抽掉，那它岂不是不可知的吗？黑格尔反过来说：你把它都抽掉了，当然就不可知了，这不是同义反复吗？你自己先把它抽掉了，又说它是不可知的，这等于没说；但是你思想到了这个自在之物，这说明它已经存在了，至少在它的纯化了的直接性这个意义上已经是可知的了。你的思想知道了它，你就是认知了它。所以这个存在自身是作为纯粹的直接性，它不是任何具体感性的东西，它就是存在本身。你不要说存在本身不可认识，它是会慢慢地充实起来的；但是在一开始，它在直接性中是一个没有任何规定性的东西。如黑格尔的《逻辑学》里面讲的，什么是存在自身呢？纯粹的存在就是无，无就是绝对的否定性。"无"不是说什么都没有，而是说没有任何规定。纯存在没有任何规定，它就是一个"无"，这是通过绝对的否定性而纯化了的直接性。"这种直接性就是纯粹的东西，它就是**存在**一般或**一切存在**"，一切都是在存在这个基础之上而展开的。你要作各种规定都可以，你要认知任何具体的对象都可以，但是所有的这些东西首先都是存在。当我们在谈纯粹理性的事实、谈实践的实在性的时候，我们就是在谈自在之物、存在本身，谈纯粹抽象的存在、最抽象最直接的存在，实际上是在谈康德所谓超验的领域。它跟一切感性经验的东西都无关，超越感性经验的东西之上，这一点黑格尔也是认可的。就是说你要谈纯粹实践理性的事实，当然要先把自己提到这个高度。但是一切事物因此也就被归入它之下了，你想凭借最高的东西避开所有现实的经验事件，那是不可能的，万物的存在都是由于某种实践理性的存在而存在的，实践的存在就是一切存在。这实际上已经是一种道德实践的世界观了，当然这里的实践主体只能是上帝，而不是个人。

因此，绝对本质并不仅仅限于它是单纯的**思维本质**这种规定，它毋宁是一切**现实性**，并且这种现实性只是作为认知而存在的；凡是意识所不知道的东西就不会有任何意义，所以意识就不可能有任何力量；一切对象性和全部世界都已退回到了意识的认知着的意志之中。

"因此，绝对本质并不仅仅限于它是单纯的**思维本质**这种规定，它毋宁是一切**现实性**，并且这种现实性只是作为认知而存在的"，这是从前面引出来的，这种直接性，道德自我意识的直接在场，就是绝对本质；这种绝对本质并不仅仅限于它是高高在上的单纯思维本质这种规定，如康德所谓"先验的观念性"，而是一切现实性。而且这里强调，这种现实性只是作为认知而存在，因为绝对的思维本质必须和一切现实性发生关系，所以是一种认知关系。但这并不意味着它就不是实践关系，而是说，它既是实践关系，也是认知关系。因为这种实践不是像康德说的那样仅仅限于单纯的思维本质中，所谓可思维而不可认知，相反，实践本身和一切现实性，包括纯粹理性的事实和经验性的事实，都是认知关系。前面讲了，纯粹理性的事实就是一种现实性，既然是一种现实性，它就不限于单纯是一种思维本质，它毋宁是一切现实性，包括经验性的实在性都是在它之下的。所以绝对本质作为现实性，不再是那种躲在事物后面的自在之物的外在的现实性；相反，它只是作为认知而存在的，或者更确切地说，只是作为认知着的实践而存在的。费希特就是在这个意义上超越了康德，他写了一本书叫《全部知识学的基础》，里面包含了道德和政治，也包括科学知识等等，所有这些东西，他都将其归结为"知识学"（Wissenschaftslehre），也就是认知学。那么全部知识学的基础在什么地方呢？在实践。费希特把自己的全部的知识学归结为一种实践的知识学、一种实践学说。"凡是意识所不知道的东西就不会有任何意义，所以意识就不可能有任何力量"，这也是费希特的原则，是对康德不可知论的批判。意识所不知道的就没有意义，不可知的自在之物没有意义。说自在之物是不可认识的东西，那有什么意义呢？你在说它时你就已经知道它了，要说完全不知道的东西，那是没有任何意义的。你说那个东西你不知道，那你为什么又能说它呢？你说它、你能够思维它，就已经知道它了。所以说没有什么不可知的自在之物，那种不可知的自在之物对意识不可能有任何的力量。"一切对象性和全部世界都已退回到了意识的认知着的意志之中"，既然道德意识是一切现实性、实践的实在性是一切现实性，那么，顺理成章地，一切对象性和全部的世界，包括经验世界，它们的绝对本质都必须追溯到认知着的意志中。"认知着的意志"，认知本身是一种活动、是一种实践活动，它是通过意志来推行的，你没有意志怎么去认知？凡是在认知的活动中就有意志。

　　意识之所以是绝对自由的，是因为它知道它的自由，而正是对它的自由的这种认知，就是它的实体，它的目的，它的唯一的内容。

　　"意识之所以是绝对自由的，是因为它知道它的自由"，这又回到绝对自由了。前面说了，绝对自由在现实中、在社会政治中惨败；但是在意识中，它获得了自己的领地。现在它已经从外部世界收回，退回到了自己内心的认知着的意志中，在内心里掀起了一场风暴。因为它知道它自己的自由，别的先不说，至少它自己是自由的，这一点是它直接知道的，所以自由的绝对性就在于这种直接认知。"而正是对它的自由的这种认知，就是它的实体，它的目的，它的唯一的内容"，我知道我的自由，我认识到我的自由，而我这种认识、这种认知，就是我的实体，我无非就是这种认知，没有这种认知，就没有我。这也是我的目的，我全部的生活目的，不就是实现我对我的自由的认知吗？所以它就是我的唯一的内容，我的一切现实性都是围绕这一内容而发生、而存在的。这里实际上是费希特对康德的一种提升，或者说是对康德的矛盾的一种解决，由此而为一种完整的道德世界观提供了基础。当然费希特以后还必须进一步提升，这在前面这个导言部分没有提到，他只是做了一个引子。这个导言不是作为"道德"这个第三部分的总体的预先概括，而只是作为

第三部分的引子，直接引出下面的"道德世界观"，这跟前面有些导言不一样。

## a. 道德世界观

这是第一个标题，"a. 道德世界观"，是讲道德意识是如何建立起来的，如何形成了一个道德的世界观的，其模本就是康德的道德哲学，但随时批判他的二元论。后面的第二个标题为"b. 置换"，则主要是针对康德道德哲学的三大悬设进行逐个分析和批判，展示出这些环节由于内在矛盾而各自向对立面转化，被相反的东西所置换掉；第三个标题则是"c. 良心：优美灵魂，恶及其宽恕"，即全部道德最终被归结为内心的良知、优美灵魂的自我感觉，但始终摆脱不了伪善，只有意识到人性本恶并寻求忏悔、和解和宽恕，才是精神在道德上的最终出路，这就过渡到宗教。我们先看标题"道德世界观"下面第一个小标题。

### ［I. 义务与现实之间被悬设的和谐］

"被悬设"，按照康德的思路，为义务而义务有个问题，就是不顾现实，于是导致与现实生活无法调和，这就必须悬设一个上帝来为这种和谐提供保证。"悬设"（Postulat）是康德在《实践理性批判》里的用语，我随关文运把它翻译成悬设，本来是假设、设定的意思，但是它还有要求的意思，悬在那里作为要求。不是一般的设定、假设，而是对你有要求的，所以可以说是一种实践的假设。实践的假设是对人有要求的，"义务与现实之间被悬设的和谐"，这个和谐是对你有要求的，必须要完成的。这个小标题下面讲的是悬设在理论上的必要性，即解决义务和现实的矛盾问题。

自我意识把义务作为绝对本质来认知；它只受义务的约束，而这种实体就是它固有的纯粹意识；义务不能保持对自我意识的异己东西的形式。

第一句话讲的就是康德的道德原则——为义务而义务。"自我意识把义务作为绝对本质来认知",没有什么东西比义务更高的了,它就是自我意识的绝对本质。"它只受义务的约束",自我意识不受其他任何东西的约束,它是绝对自由的,它只受义务的约束,为义务而义务实际上是自我意识的自我约束。义务就是自我意识的实体,对义务的认知也是这个实体,因为前面讲了,认知就是实体。最高的认知就是对义务的认知,"而这种实体就是它固有的纯粹意识",自我意识固有的纯粹意识也就是自我意识固有的纯粹对象,当然也就是它自己的实体。我们前面讲了意识就是对象意识,它跟自我意识是相呼应的。自我意识把这种实体看成它固有的纯粹对象,自我意识的纯粹对象就是它的义务,即为义务而义务的义务。"义务不能保持对自我意识的异己东西的形式",义务对自我意识不是异己的,它就是自我意识自己的实体,就是自我意识的本质,你违背了义务就违背了自己的本质,在良心上是要受到谴责的。"不能保持",也就是说在某些特定的情况下,他可能把义务看成异己的东西。比如说他利欲熏心、情不自禁,他违背了义务,在这种情况下,义务对他来说就显得是一种外在的约束。但是他不能保持义务的这种外在性、异己性,他随后马上会意识到这是他自己的本质,这是自己给自己立的法,违背了这个立法他就成为一个不自由的人,就使他屈服于本能或外在诱惑。只有遵守这个立法他才是自由人,因为这是我自己的自立法。

但是,像这样地封闭于自身内,道德的自我意识就还没有作为**意识**{325}被建立起来并被这样看待。

"但是,像这样地封闭于自身内,道德的自我意识就还没有作为**意识**被建立起来并被这样看待",我们前面讲了,意识跟自我意识相对,它就是对象意识。上一句是讲义务对于自我意识是内在的东西,而不是外在异己的东西;这句的意思则是说,道德的自我意识因此就还只是内在的,还没有作为外部对象被建立起来并被这样看待。就是说它还没有成为一

19

个外在的对象，它只有一个内在的对象。所以道德自我意识还没有真正的对象，它把自己的义务看作对象，但是这个对象其实又不是对象，这个对象其实就是它自己本身。自我意识作为对象其实就是它自己本身，自我意识已经不是对象意识了，它跟对象意识是有区别的。那么在这种意义上，道德自我意识就还没有作为对象意识而建立起来，还只是内心主观的。

　　对象是直接的认知，而这样纯粹为自我所渗透的对象，就不是对象。

　　这个对象跟前面的意识是相呼应的，意识就是对象意识。自我意识还没有作为意识被建立起来，也就是说还没有对象。所以接下来马上讲："对象是直接的认知，而这样纯粹为自我所渗透的对象，就不是对象。"你要说对象的话，它应该是一种直接的认知，也就是说对象在你面前，你直接去认知它。但自我意识已经有间接性了，它的对象已经是纯粹为自我所渗透了的对象，那还是什么对象呢？那就是你自己。所以它就还没有作为对象建立起来。

　　但是，自我意识本质上作为中介与否定性，在其概念里就具有与一个**他在**的联系；并且它就是意识。

　　"但是，自我意识本质上作为中介与否定性，在其概念里就具有与一个**他在**的联系；并且它就是意识"，这话题又转过来了。前面讲道德自我意识作为直接性，它是没有对象的，它就是它自己，为义务而义务；凡是有对象的、有目的的都不是为义务而义务，而是为了别的东西。所以道德自我意识的实体就是为义务而义务，没有对象。但是自我意识本质上不能停留在这样的直接性中，它必须要进入间接性。如果一直停留在直接的肯定性、为义务而义务之中，它是实现不了的。所以它在其概念里就拥有与一个他在的联系，因为它又具有间接性，而不单单是直接性。康德就只看到它的直接性，而没有深入到它的概念，没有看到它还有与一个他在的联系，与一个外在东西的联系，也就是与外部现实性的联系。并且它就是意识，自我意识本身就是意识，它是对于对象意识的否定，但正因为有此否定，它又是与这对象的中介和联系。虽然自我意识跟对象意识不同，但是自我意识本身包含意识，它本身就是一种意识。自我意识本身就是有对象意识的，它要与一个他在发生联系才能从他在中回到自己，从间接性中回到直接性，从否定性中回到肯定。所以在自我意识的概念里本来就具有与一个他在的联系，并且它就是意识。

这个他在，一方面由于义务构成自我意识的唯一的本质性的目的与对象，所以对自我意识而言，就是一种完全**无意义的**现实性。

"这个他在，一方面由于义务构成自我意识的唯一的本质性的目的与对象，所以对自我意识而言，就是一种完全**无意义的**现实性"，这是一个方面，就是说自我意识跟这个他在发生联系，但是这个他在对于自我意识而言是完全没有意义的现实性。为什么？因为义务构成自我意识的唯一的本质性的目的与对象。这就是康德提出的"为义务而义务"的原则。他当然也会意识到，一个人即使在为义务而义务的行动中，也要与现实性发生联系。但是在康德眼里，这些现实联系都是无意义的，它们无损于为义务而义务原则，这原则永远像一块珠宝一样独自闪闪发光。这是康德的原则，为义务而义务，这是自我意识唯一的本质、唯一本质性的目的与对象；正因如此，所以对自我意识而言，他在就是一种完全无意义的现实性。不管行动在现实中产生什么样的后果，为义务而义务都是我应尽的责任，那些东西都没有意义。康德也承认他要与现实性发生联系，但是这个现实性是没有意义的，道德上有意义的只有应当，哪怕它根本不现实。

但由于这种意识是如此完全地被封闭于自身内，所以它对这个他在的关系是完全自由而各不相干的，而且，就另一方面说，这定在乃是一种完全从自我意识摆脱出来的、同样只与自己发生联系的定在；自我意识越是变得自由，它的意识的否定性对象也就越自由。

[126]

"但由于这种意识是如此完全地被封闭于自身内，所以它对这个他在的关系是完全自由而各不相干的"，康德的道德自我意识，以及它的意

21

识、对象意识，都是完全封闭于自我之内的，因此才对外在的现实性呈现出"完全的自由"。这个"自由"在这里是不受干扰的意思，所以又是各不相干的。道德意识对这个他在的关系是毫不相干的，井水不犯河水，任凭风浪起，稳坐钓鱼台，管他外界怎么样，反正我就是为义务而义务。所以现实生活中会有什么样的效果，这个我不谈，和我没关系，我只要尽到我的努力，做到我应做的就够了，至于它最后会怎么样，那就不是我的事了。"而且，就另一方面说，这定在乃是一种完全从自我意识摆脱出来的、同样只与自己发生联系的定在"，这"另一方面"相对于前一方面，就是上面所讲的"一方面"，也就是站在自我意识的立场看的一方面。前一方面讲，在自我意识看来，这个对象、这个他在、这个经验对象完全没有意义。但是就另一方面来说，也就是从对象意识本身来看，虽然你把它看作完全没有意义，但是它自己并非完全没有意义，它有它自己的意义。现实的定在、他在，完全从自我意识摆脱出来，它按照自己的规律走自己的路，它跟你的道德意识是各不相干的。虽然你的道德把它看作完全没有意义，但是它自己还是有意义的，你的自我意识对它没有任何约束。反正你做一个道德的人，你尽自己的义务，不管现实怎么样；反过来，现实也不管你怎么样，它有它的规律，这双方互相各不相干。你做的事情，现实都可以将其纳入自己的定在的规律中。比如说，你做了一件好事，从现实对象意识的眼光来看，它可以从物理学、化学、医学等等这些方面来分析你做的事。你做的事情好不好，它不管，对它来说照样是没有意义的。你把它的物理学、化学的规律按照道德规律来衡量，看作是没有意义的；那么它按照物理学、化学、医学的规律，也把你的道德看作是没有任何意义的，它可以解构你的道德，把它还原为物理过程。在纯粹自然科学的眼光之下，道德是没有意义的，科学主义、还原论就是这样来看的。"自我意识越是变得自由，它的意识的否定性对象也就越自由"，你越不受它的束缚，它也就越不受你的束缚。你越不关心你行动的效果，这个效果就越不关心你的行动、你的动机。

这样一来，对象就是一种在本身中完成了自己的固有的个体性的世界，是特有规律的一个独立整体，以及这些规律的一种独立进程和自由实现，——是一种**自然**一般，这种自然，其规律与行为都隶属于它本身，而它本身作为一种本质，对道德自我意识漠不关心，正如道德自我意识之对它漠不关心一样。

"这样一来，对象就是一种在本身中完成了自己的固有的个体性的世界"，你不管它，那么它也不管你，那么对象在它本身中就完成了自己的世界，它自成体系。对象不讲什么义务，它就是一个一个的个体，是很具体的。"是特有规律的一个独立整体，以及这些规律的一种独立进程和自由实现"，对象一方面是一个一个的，另一方面又有规律，这些特有的自然规律把对象联结为一个整体，在其中呈现出这些规律的一种独立进程，以及不受干扰的自由实现。这里的自由也是不受干扰的意思，你道德律不受自然干扰，自然界当然也不受道德律的干扰，双方都保持着自身的自由。这时就有两个世界，这个自然界就是自然规律的一种独立进程和自由实现，一方面的自由干扰不了另一方面的自由。"是一种**自然**一般"，"自然"打了着重号，这就说明这里讲的自由就是自然，是一种自然一般，而不是道德、法律意义上的自由，不是自由权利或者自由意志。"这种自然，其规律与行为都隶属于它本身"，自然有它的规律，也有它的行为，但这些都是属于自然本身的，没有人为参与的余地。当然这个自然也涉及人身上的自然，人的行为也有属于自然的方面，即人的本能、对利益和对幸福的追求等等，这都是自然的行为。"而它本身作为一种本质，对道德自我意识漠不关心，正如道德自我意识之对它漠不关心一样"，它本身作为一种本质，是一种自然本质，对道德自我意识漠不关心；道德自我意识对它也是漠不关心。这就是一种分裂了，道德和自然漠不相干，各走一边。按照康德的为义务而义务的原则，必然会导致这种分裂，即道德是道德，自然才不管你这一套。康德无非就是说，自然不管我这一套，那么我也不管自然那一套，与它对立，我只把我这一套看作是我的本质。

这就形成了一种巨大的矛盾或对立。接下来他就讲到这个矛盾的关系。休息一下。

我们刚才从康德的实践理性引入到了他的内部矛盾，即义务和现实的矛盾。我们要注意，黑格尔在谈这些事情的时候，比如说他在谈康德、谈费希特的时候，都不用他们的术语。他不用他们的术语好像是为了避嫌，康德的自在之物、为义务而义务、定言命令，这些他都不用。其实他一方面是要跟康德拉开距离，再就是要为自己的论述提供一个更加自由的空间，他不受这些术语的局限。一旦纳入这些术语，可能就要被它牵着走了，比如说，一旦用了康德的术语，你就必定要受到他的束缚。你用了康德的术语又不按照康德的解释，人家会说你曲解或误读。他不用康德的术语，而用他自己的术语从旁边来解释康德的术语，这样就能够保持自己的主体性，一直把自己贯通起来，获得一个高于康德，包括高于费希特这些人的境界。他有他自己的一整套术语，他不是在讲哲学史，而是在讲自己的哲学，是在讲精神本身的内在发展过程。这是我们要注意的。你虽然看不到他里面谈这个、谈那个的迹象，但是你要是熟悉康德、熟悉费希特、熟悉这一段哲学史，就会看出来他是在影射谁。这也是《精神现象学》的难读之处，他都不使用人家用过的东西，他用他自己的一套，但是你又得从他这里看出他这一套从哪儿来的，否则你根本进不去。

从这个规定开始，一个**道德世界观**就养成了，这个道德世界观就在于**道德上的**自在自为存在与**自然的**自在自为存在之间的**联系**。

"从这个规定开始"，这个规定就是道德意识与自然对象漠不相干的规定，前面整个一段讲的都是道德意识的这种规定。道德意识为义务而义务，它跟现实世界是完全漠不相干的，这使得它自成一个体系。从这个规定开始，"一个**道德世界观**就养成了"，道德世界观打了着重号。养成，ausbilden，前面有时翻译成教养、教化，也可以译作"形成"；但它是通过前面的教养和教化而最后形成的，所以译养成。从这个规定开始，也就是从人们把纯粹精神世界和现实世界严格划分开来，把绝对自由放到一个超越性的纯粹思想领域中来看待时，这就养成、教化出了一个道德的世界观，从此西方人和西方文化的教养就体现在这种超越现实的道德世界观上了。"这个道德世界观就在于**道德上的**自在自为存在与**自然的**自在自为存在的**联系**"，这里有三个着重号："道德上的"、"自然的"和"联系"，也可以说它们构成道德世界观的三环节，前两者之间的联系就构成了一个道德世界观。也就是说，你用道德的眼光去看这个世界，不光是看到道德的这一方面的自在自为的存在，同时也看到自然的自在自为的存在，并把它们的联系加以确定，这就是道德世界观了。当然你可以说这个自然跟我不相干，但是你毕竟看到它了，你要说明它如何跟你不相干，这就说明它已经在你的道德世界观的视野中了，你少不了对它的排斥或否定，这也是一种联系方式。

　　这种联系的基础既在于**自然**的与**道德上的**目的和活动彼此完全的**漠不相干性**和各自**独立性**，另方面也在于意识到义务的唯一本质性和自然的完全不独立性及非本质性。

　　"这种联系的基础"，也就是前面打了着重号的联系，我们主要是探讨这种联系，即道德的自在自为存在和自然的自在自为存在之间到底有什么样的联系，那就要探讨这种联系的基础。这种联系的基础在两个方面。一方面，"既在**自然**的与**道德上的**目的和活动彼此完全的**漠不相干性**和各自**独立性**"，这是一个基础，就是双方要分离开来，完全不相干。这就是法国大革命最后的教化或教养所达到的结论，即绝对自由与现实的世界完全没有关系，凡是想在现实中实现绝对自由的意图注定要失败。人们开始学会了区分实然和应然，区分自然现实和超验理想，这才有道德世界观的产生。这也是康德伦理学的基本设定，即现象界和本体界的二元划分，这是第一方面的基础。"另一方面也在于意识到义务的唯一本质性和自然的完全不独立性及非本质性"，这是第二方面的基础。前一方面是自然与道德的互相独立、各不相干；后一方面是要在自然和道德之间划分出一个等级差别，有一个本质性和非本质性的区别。自然与道德各不相干，但是哪个是本质的呢？只有道德方面的义务才是唯一本质性的，而自然方面则只是完全不具有独立性和本质性的，这种意识就是道德意识，建立在这种道德意识上的世界观才是道德的世界观。所以这是两个层面：一个层面是两者完全不相干，你首先要把它们绝对地划分开来，不要混为一谈，不要用那种自然的东西来冒充道德，这是康德极力要做的第一件事。第二个层面就是，这两者之间有一个等级区别，虽然双方我都承认，这两者划分开来了，但却是以一种等级的方式划分开来的。不是说你有你的，我有我的，你走你的阳关道，我过我的独木桥，而是说这两者有一个比较：真正本质的东西是道德，是义务，自然的东西则必须服从道德的东西、服从义务，这样才构成了道德世界观。否则你也可以把自然和道德区分开来，但把自然看作是更本质的，这就还是自然的世界观。但是有了第二条，即义务是唯一本质性的而自然是非本质性的，这就是道德世界观、而不是自然世界观了。自然世界观就是唯科学主义，道德世界观就是用道德的眼光来看自然。

道德世界观包含着两个环节的发展，这两个环节已经包含在上述完全矛盾的两个预设的这种联系中了。

"道德世界观包含着两个环节的发展"，这从上面可以直接引出来。它有两个环节，并且这两个环节是发展的，从一个发展出另一个。"这两个环节已经包含在上述完全矛盾的两个预设的这种联系中了"，两种完全矛盾的预设，就是道德的自在自为存在和自然的自在自为存在，互相排斥，这是两个完全矛盾的预设。但是它们又有联系，也就是它们作为同一个运动的两个环节，从一个发展出另一个，然后又从另一个返回到前一个，由此构成双方不可分割的一种联系。

于是，首先被预设的是道德意识一般；当道德意识是**现实的**和**能动**

的，并在自己的现实性和行为业绩中履行义务时，义务就被它看作本质。

"于是，首先被预设的是道德意识一般"，这是首先被预设的，也就是康德的出发点。在康德那里，为义务而义务是最根本的道德意识，它根本不考虑自然或感性对象。我们先把这个预设起来，作为一个前提，再去探讨它与自然的关系，所以首先要预设的是道德意识一般。当然，预设道德意识一般是为了行动，它是作为实践理性而被预设起来的。"当道德意识是**现实的**和**能动的**"，"现实的"和"能动的"都打了着重号，也就是说道德意识不是要挂在口头上空喊的，你是要有所作为的，是行动的法则。当你把它投入到现实，发挥它的能动性的时候，"并在自己的现实性和行为业绩中履行义务时，义务就被它看作本质"。道德意识在它的实践活动中，把义务看作本质，看作在与自然的关系中的本质的东西，这是一个预设。既然是行动、实践，那么道德意识在投入到现实的行动中时肯定要跟自然打交道，在这个过程中，它把义务看作本质性的，把自然看作非本质的。所以这两种关系都在里头：一方面道德意识自身是预先设定的，另一方面它又要跟现实的自然界打交道，但是跟现实的自然界打交道的时候，它必须把自己看作是本质，凌驾于自然之上。这是第一个环节。

但对这种道德意识而言，同时也有自然的被预设了的自由，或者说道德意识**经验到**，自然并不操心于向它提供它的现实性与自然的现实性相统一的意识，因而自然**也许会**使它**幸福**，但**也许不会**。

虽然义务被看作道德行为的本质，"但对这种道德意识而言，同时也有自然的被预设了的自由"，这就是第二个环节、即另外一个预设了，就是说自然也有它的自由，它不受道德意识的制约，跟道德意识漠不相干。自然走它自己的路，就像物理学中的"自由落体"一样，有它不以人的意志为转移的规律。在这里我们也可以理解为，人身上的自然也有它的自由，这就是为什么我们经常把人的本能、人的为所欲为看作是一种"自由"，其实它是按照自然规律的行为，和动物没有什么不同。"或者说道德意识**经验到**，自然并不操心于向它提供它的现实性与自然的现实性相统一的意识"，"经验到"打了着重号，这是道德意识所获得的第一个经验。它在跟自然打交道的时候，这个自然是广义的，包括外在的自然，也包括他自己的本能——对道德意识来说也是外在的。这时它经验到了什么呢？它发现自然并不操心如何向它提供出道德意识的现实性与自然的现实性相统一的意识，自然才不管你统一不统一，甚至不统一更好、更干净，更便于表达纯粹自然规律。道德意识的现实性与自然的现实性相统一的意识，就是意识到自然的现实性要符合于道德意识的现实性，这种统一是自然界无意提供也无法提供的。你以为你按照道德义务去行动，而自然就会符合你这个行动、配合你的行动，这就会带来幸福？但是实际上自然并不关心这个，它并不关心道德的现实性是否能够在自然的现实性中获得幸福，达到两者的统一。"因而自然**也许会**使它**幸福**，但**也许不会**"，也许会使它幸福，就是自然配合道德而给它以报答，所谓善有善报，德福一致，你有多高的道德，你就会得到多高的报偿，也许会有这种情况。但这个是可遇而不可求的，甚至是很小概率的事情，在大多数场合中，好人都是要吃亏的。自然哪会那么轻易地跟你的道德相配合呢？通常都是丛林法则，弱肉强食，按照自然，没有什么东西可以配合你的道德。也许你碰运气，偶尔得到了相应的报偿，这些偶然的例子就被记录下来，作为道德训诫，作为后世的道德教科书，说某某人做了好事，所以好人得了好报。但是这正好说明这种情况极少见，大家都知道，好人得好报的情况是很少的，大多数情况下都是好人不得好报的。所以凡是有社会经验、有现实经验的人都知道，道德教科书上那些例子大都是假的，至少都是偶然的，是没有代表性的，真正有代表性的都是好人吃亏。

　　相反，不道德的意识也许偶然会发现自己有这样一种实现，在其中，道德意识只看到那行动的**动因**，却看不到通过这行动自己也有份的显露出来的幸福和享受这个实行过程的幸福。

　　"相反，不道德的意识也许偶然会发现自己有这样一种实现"，这是另外一种可能性，就是说，从不道德的意识出发，反倒有可能发现自己实现出来会得到幸福。当然这也是偶然的，通常认为不道德的意识一旦实现，肯定会带来对所有的人都不好的后果。但它也许会有这样一种偶然的实现，也就是可能给他带来幸福的现实。"在其中，道德意识只看到那行动的**动因**，却看不到通过这行动自己也有份的显露出来的幸福和享受这个实行过程的幸福"，就是说，即使如此，道德意识也不看它的后果，而只看它的动机或动因。这也是一种偶然性，即歪打正着，不道德的意识动机虽然不好，却能给大家带来幸福，而且这种幸福道德意识自己也有份。然而，即使在这种情况下，道德意识仍然不买账，它死揪住那个不道德的动机，而根本不看这种行动所带来的幸福，不论是结果的幸福还是过程的幸福。道德意识多半都是唯动机论者，通常表现出"宁要社会主义的草，不要资本主义的苗"的极左倾向。而不道德的意识实现出来造成的后果也有可能会使大多数人得利，虽然也许是偶然的。其实这在黑格尔看来正是常态或常规，就是认为人类恶劣的情欲才是推动世界历史的动力。比如包产到户，或者说家庭联产承包责任制，就是利用了农民的追求私利的心理，但它能比"一大二公"的道德理想创造出大得多的生产力，成为中国改革开放经济起飞的起点。但是道德意识不看别的，只追究行为者的动机，哪怕这个行动造成的后果也许对我有利，在这个实现过程中我获得了好处，或者这个过程本身就是一种幸福，但我出于道德意识仍然要谴责这一行动，得了便宜还要说坏话。幸福有两种：一种是享受它的成果，一种是享受它的过程，这都是有幸福感的。但是道德意识把这两种幸福都撇开不看，认为要是专注于这个方面，那就是腐化堕落了。康德的伦理学就有这种倾向，为了保持道德意识的纯粹，你就必须抛开一切幸福的考虑，否则你的道德意识就不纯粹了。康德主张要唯一地着眼于动机，我们把它叫做唯动机论。当然康德还不完全是唯动机论，但是有这个倾向。

因此，道德意识毋宁找到了理由来抱怨它本身与定在之间的不相称的情况,以及这种不公正的情况,即把道德意识局限于仅仅将自己的对象作为**纯粹义务**来拥有,但却拒绝让它看到对象和**自身**被实现出来。

"因此,道德意识毋宁找到了理由来抱怨它本身与定在之间的不相称的情况",道德意识由于上面的不统一,其实并不能心安理得;相反,道德的意识反而据此抱怨它本身与定在之间、与客观存在之间、与它实现出来的那个对象之间的这种不相称的情况。你要实现道德意识,肯定会产生后果;不道德的意识也会有它的后果。但是你只盯着道德意识本身而不看它实现出来的定在,这是极不相称的。"以及这种不公正的情况,即把道德意识局限于仅仅将自己的对象作为**纯粹义务**来拥有,但却拒绝让它看到对象和**自身**被实现出来",值得抱怨的就不仅仅是不相称,而且是不公正了。如何不公正?就是对于道德意识,如果只要求它拥有纯粹义务作对象,即为义务而义务,但真的实现出来是什么却不管不问,不仅不管对象的实现,而且不管自身的实现,这就很不公平了。因为动机本身是要实现的,不实现怎么能叫动机呢?你在实现过程中只看动机而不看后果,就等于是取消了这动机的实现过程,一味鼓吹动机的纯洁,却把这种纯洁动机的实现置之度外,这是很不公平的。于是道德意识找到了理由来抱怨这种不公正。这里暗示着席勒那首著名的诗,席勒在诗中讽刺康德的道德律,就是有一个人抱怨说:我想做一个好人,但是我又害怕被卷入到爱好中去,陷入了两难;那怎么办呢?只有怀着厌恶的心情去做道德的事情。心怀厌恶去做道德的事情才是真正合乎义务的,这是席勒对康德道德意识的讽刺。一个人做道德的事情,肯定是带着愉快的情怀,由于喜欢做才去做的。但是你一定要把这个喜欢排除掉,不是因为喜欢而是因为理性推导才应该这样做,把人对道德的爱好完全取消了,这是矫情的,这就导致了不公正。

{326}
[127]　　道德意识不可能放弃幸福,不可能把这个环节从自己的绝对目的中删除掉。那被表述为**纯粹义务**的目的,本质上自身就拥有包含这种**个别**

自我意识的环节；**个体的确信**和对这种确信的认知构成了道德的一个绝对环节。

"道德意识不可能放弃幸福，不可能把这个环节从自己的绝对目的中删除掉"，这是黑格尔的观点了，它针对的是康德的致命的矛盾之处：把道德义务和幸福完全割裂开来，而仅仅是为义务而义务，完全不考虑幸福。这是不可能的，道德意识不可能把幸福这个环节从自己的绝对目的中删除掉。为什么不可能？"那被表述为**纯粹义务**的目的，本质上自身就拥有包含这种**个别**自我意识的环节"，尽管是纯粹义务，仍然包含个别的环节，要靠个别自我意识来实现。注意"纯粹义务"和"个别"都打了着重号，以示对比。你的义务再怎么纯粹，它作为目的的本质上就有这个环节，也就是包含个别自我意识的环节。没有这个环节纯粹义务不可能成为人的目的，因为目的本身本质上就少不了个别自我意识。"**个体的确信**和对这种确信的认知构成了道德的一个绝对环节"，"个体的确信"打了着重号。这是进一步强调了，个别自我意识在目的活动中就体现为个体的确信，体现为对个体确信的认知；而这种确信和对这种确信的认知构成了道德（Moralität）的绝对环节，这个环节是绝对不可缺少的。其实哪怕就在康德的道德学说中，这种个别个体的确信在形式上也是包含着的。康德的定言命令本来就是：要使你的行为准则成为一条普遍的法则。什么是行为准则？行为准则就是你的个别自我意识，你的个别的意愿，要使你的个别意愿的准则成为普遍意志的法则。所以里面其实已经包含有个别自我意识的环节了，他只不过强调要把这种个别环节变成普遍的。但是它毕竟已经把这种个别的环节包含进来了，已经拥有一个包含个别自我意识的环节了。所谓你的行为的"准则"是什么？不就是你对自己个体的确信吗？同时你对这种确信肯定也有一种认知。所以这种个体的确信构成了道德的一个绝对环节，这是连康德也排除不了的。个体的个别自我的准则是排除不了的，要是你把这个都排除掉了，那就成了空洞的道德说教，那就跟以前的基督教道德没有什么区别了。基督教道德是说上帝说怎么教导，你就得怎么做，容不得你对自己的个别性有什么确信；而康德的不同之处正在于，他把个别的意识纳入进来了，这个普遍的法则不是上帝颁布的，而是由自己的个别意识通过自律推导出来的。所以这样一种确信和对这种确信的认知构成了道德的一个绝对环节。首先是你的自由任意，然后再考虑真正的自由意志是什么样的。自由意志首先是你的个体性，其次，它本身就是普遍性，这是少不了的。只不过康德把这种个别性的内容全都抽象掉了，排除了幸福和情感等等，只剩下一个抽象形式的"自发性"、任意性。

在成为**对象性**了的**目的**中、即在**已经履行**了的义务中，这个环节就是那把自己直观为实现了的**个别**意识，或者说，就是**享受**，这享受因而虽然不直接包含于作为一种**意向**看的道德的概念中，却包含于该道德的**实现**的概念中。

"在成为**对象性**了的目的中、即在**已经履行**了的义务中"，成为了对象性的目的，也就是说你的道德意识必须要实现出来，使这个目的成为对象。已经履行了的义务也是这个意思，一个是成为了对象的目的，一个是履行了的义务，就是说道德意识的目的是要实行的，不是随便说说的，不是说空话的。一旦实现出来，那么在其中，"这个环节就是那把自己直观为实现了的**个别**意识"，这个环节就是前面讲的，对个体的确信和对这种确信的认知构成了道德的一个绝对环节，它是那成为了对象性的、实行了的义务中的一个环节。是一个在现实行动中的环节。这个环节就是把自己直观为实现了的个别意识，也就是个别意识把自己实现出来了，不再只是抽象的意向，而是可以直观的对象了。只有在把你的目的做出来、实现出来的这个过程中，这个环节才能真正成为个体的确信和对这种确信的认知，确定性才能成为真理性。"或者说，就是**享受**"，当然这是一种享受，凡是目的的实现都是享受。即使不是获得了什么好处和利益，而只是履行了义务，履行了义务也是一种享受，有一种快感，有一种兴趣。席勒的那种抱怨是有道理的，你要是压抑着自己的享受，怀着厌恶去做道德的事情，这是不合理的、不公平的，甚至也是做不好的。你做道德的事情本身就是一种享受，它包含有个别的意识，你做了一件普遍公认的道德的事情，即使没人知道，也没人夸奖，但是对你的个体来说，也是一种享受。所以这种个别意识就是享受，就是说你在做道德的事情的时候，你的个别意识方面获得了满足。"这享受因而虽然不直接包含于作为一种**意向**看的道德的概念中，却包含于该道德的**实现**的概念中"，这种享受不是直接包含于道德的意向中，也就是不直接包含于道德的动机中。你当然并不只是为了享受去做道德的事情，你的动机当然还是纯粹的道德意识，为义务而义务；但是在过程中肯定是有享受的，肯定是你喜欢才去做的，做道德的事情是令人高兴的，而不是怀着厌恶的心情。一个有道德的人肯定是喜欢而不是厌恶去做道德的事情的；如果厌恶，他的行动就没有个体性，他就是被迫的。正因为他是自己愿意做的，他把它当作一种享受，所以才有个体性，才是一种个别的意识的实现，也正因此而能够把这件事情归功于他。所以尽管不能直接从动机上来看，说他做好事就是为了获得一种享受，像陈光标一样，他就喜欢做好事，做好事有瘾，并不一定要这样；但是在道德的实现过程中，这个实现的概念肯定是要包含这种享受的，没有这种享受，道德的动力何在？康德最后也承认有一种"道德感"，他在《实践理性批判》中讲道德的"动机"，就是一种敬重感，敬重感也是一种情感。当然他为了自圆其说，还是把它跟快乐等等一般的情感区分开来，但是又说它跟崇高是相联系的，崇高还是一种愉快的情感嘛。可见敬重感和崇高一样也是一种快感，虽然有痛苦在里面，但是最终是愉快的；既然是快感，那就也是快感的享受。

　　但是这样一来，享受也就包含于作为**意向**的道德中了；因为道德所从事的并不是停留在与行动相对立中的意向，而就是**行动**，或者说，是实现自己。

　　你把享受包含在它的实现的概念中，虽然不是直接包含于作为一种意向看的道德的概念中，"但是这样一来，享受也就包含于作为**意向**的道德中了"。当然并不是直接的包含，而是间接的包含。在道德意向中，只要不是故意屏蔽，你当然也会想到这一点，虽然你不是直接为了这一点，你不是冲着这一点去做道德的事，但是你一定会想到做成这件道德的事情是多么令人高兴，你才会有一种动力。道德所从事的并不仅仅是那个意向，我有一个意向，但是我不去做，这还不是道德；所谓的道德自我意识就是要去做的，并不是说先有个道德意识，做不做再看情况，高兴了就去做，不愿意做可以把它保留在我的意识里，作为我的意向，不是这样的。意向是要去做的，所以道德意识跟理论意识的不同之处就在于它是一种实践的意识，实践的意识本身就是一种做的准则、行动的准则，或者实践行动的法则。"因为道德所从事的并不是停留在与行动相对立中的意向，而就是**行动**，或者说，是实现自己"，道德并不是停留于意向中，想一想而已，却不去做。你的动机不发挥作用，这是不可能的，你有一个动机，这个动机肯定是要发挥作用的，因为动机本身就是作用，动机就是实践的动机，就是去做的动机，是活动起来的机制。所以它就是行动，"行动"打了着重号。道德所从事的就是行动，否则还有什么道德。你想做好人，但是又不去做，那能叫道德吗？真正的道德就是你想到了就去做，像孔子说的，"我欲仁，斯仁至矣"，"有能一日用其力于仁矣乎？我未见力不足者"，只要有一天能用其力于仁，那就没有什么是做不到的，不存在时间未到或者力气不够的问题。凡是道德的，都是能够做到的。康德也说过好几次这种话，说道德只会给人规定他能够做到的事情，绝不会提出他做不到的义务。所以就看你做不做：你做，你就是道德的；你不做，你就不是道德的，而不存在你有一个道德心、但是没有能力去做、所以没有实现为道德行为的事情，不能这样来看。所以道德所从事的就是行动，就是实现自己。实践理性跟理论理性不同的地方就在于，理论理性可以认知到了，但是不必去做，在心里知道就行了，或者告诉别人就行了，只要你说得对；但是道德实践就是要实现出来，不是说有一个理论、一个意向就行了，然后再看有没有机会把它实现出来。道德的知识本身就是行动中的知识,就是在实现自己的过程中,这才叫做道德的知识。这是道德意向的一个特点。

因此,目的作为借它的诸环节的意识所表明的那个整体就是这样的:履行它的义务,既要是纯粹的道德行动,也要是实在化了的**个体性**,而且**自然**作为与抽象目的相对立的**个别性**方面,也应与这目的成为**一体**。

"因此,目的作为借它的诸环节的意识所表明的那个整体就是这样的",把这句话缩减一下就变成:目的作为整体就是这样的,或者说,从整体上来看的目的就是这样的。就是说你要把目的当作一个整体来看,不要把它的诸环节割裂开来:这个是单纯意向,那个是手段,还有一个是后果,我只要意向而不要手段或后果。相反,作为一个整体,它的各个环节一个都不能少,少一个就不成为真正的目的了。目的有它的各个环节:有意向,有手段,最后要达到现实的对象,等等,这些都是它的环节。那么道德目的作为一个整体看,"履行它的义务,既要是纯粹的道德行动,也要是实在化了的**个体性**",这样一个整体的目的,它里面既要包含纯粹的道德行动,就是说行动只考虑道德法则,不考虑别的东西;但也要是实在化了的个体性,就是说个体的情感意志都要在这行动中实现出来,它们都是道德目的的手段,相当于康德所说的"动机"。这个义务是纯粹的道德行动,当然有普遍性了;但是这行动不是抽象的逻辑推理,而是由个别人所实行的活生生的行为。尽管你可以不考虑自己的其他目的,如本能的需要、情感的满足、个人的幸福等等,但是也要是实在化了的个体性,需要个体性去做、去把它实现出来。一方面它是纯粹的道德行动,另一方面它又是很具体的个体的行为。这个目的应该是包含这些环节在内的整体。"而且**自然**作为与抽象目的相对立的**个别性**方面,也应与这目的成为**一体**",这就涉及到行动的后果了。"自然"打了着重号,它是与抽象目的、与单纯意向相对立的个别性。你的行动肯定会对自然发生影响,而且这影响不是普遍一律的,而是个别的,根据各种具体情况而不同的;但不论如何不同,它也应该与道德目的成为一体,也就是与道德法则的普遍性相一致。这个时候我们就可以说，这个道德法则在具体的现实对象中，包括在某个个人那里实现出来了，普遍和个别得到了统一。纯粹的道德义务，可以说是普遍的抽象的目的，与它相对立的有两种个别性，一个是实行道德律的个人，再一个是这个人在实行中所面对的对象，那就是自然。也就是说，完整的道德目的应该是既有义务的纯粹性，又有个体的能动性，还有现实的自然性，这三个方面应该成为一体。后两个环节也可以视为一方，即个别性一方，与前一个环节即普遍性构成对立。

　　——正如对这两方面不和谐的经验是必然的，因为自然是自由的，同样，义务也是唯一本质性的东西，而自然与它相反，是无自我的东西。

　　"正如对这两方面不和谐的经验是必然的，因为自然是自由的"，纯粹义务目的的普遍性和个体行动的个别性，这两方面漠不相干，那必然是不和谐的，因为自然方面自行其是，不论是个别人的情感欲望还是自然界的客观事物，都不会服从道德法则。那么在现实中要把你的道德法则实现出来，双方当然就会是不和谐的，在经验中必然是不和谐的。自然不管你那一套，它自己走自己的路，人的本能需要也好，自然规律也好，本身都不受道德义务的束缚。所以这两方面是必然要表现出不和谐的。"同样，义务也是唯一本质性的东西，而自然与它相反，是无自我的东西"，就是说，在这种不和谐中，并不是说两方面完全对等，分庭抗礼，平起平坐，而是说有一个本质还是非本质、有自我还是无自我的层次区分。前面我们已经讲到了这两方面：一方面我们可以看到道德和自然是对立的，是两个环节，互相漠不关心，所以它们是不和谐的；但另一方面，这两方面又有主次之分，义务、道德意识方面是唯一本质性的东西，而自然方面则是次要的，是要服从于道德的，因为它是无自我的东西。虽然自然是"自由"的，但是它是无自我的，只是"自由落体"式的"自由"；而义务是自觉的，是自我意识的对象，所以是唯一本质性的东西，在这里有主次之分。

　　由双方的和谐所构成的上述整个**目的**，其自身中就包含着现实性本

**身。这目的同时就是现实性的思想。**

"由双方的和谐所构成的上述整个**目的**"，"目的"打了着重号。就是说，虽然双方在经验中注定是不能和谐的，但我们的整个目的恰好是要使双方达成和谐，使这两个本来不和谐的东西和谐一致，这就是我们的目的的意义所在。但正因如此，"这目的同时就是**现实性**的**思想**"，既然你要使双方达到和谐，你的这个目的中就已经包含着现实性本身了，你的道德的概念中就已经包含着个体性的环节了。"现实性的思想"打了着重号，就是说，虽然目的还不直接等于现实性，但是已经有现实性的思想包含在内了，它是着眼于可以实现而设立的目的。所以前面讲，享受虽然不直接包含于作为一种意向看的道德的概念中，但间接地看，仍然可以从道德概念中、从道德的整个目的中看到一种现实性的思想，这目的是预计到它的现实效果的。于是在道德目的中就已经有这样一种考虑了，就是使你的个体性的环节与你的普遍义务的环节和谐起来。虽然道德与自然本身是不和谐的，但是你必须要把它们的和谐当作自己的目的去做；而既然当作目的，这个目的中就会包含着现实性本身，而不能仅仅是为义务而义务。你必须要加入你的个体性、现实性，考虑到客观效果和后果，也就是加入自然的因素，因为道德是由自然的人对自然对象、对其他自然的人去执行的，为义务而义务的人也是活生生的人，也是一个自然的人，一个现实性的人，他只能在自然中行动。也可以说，"这目的同时就是**现实性**的**思想**"，目的就是有关将要实现什么样的现实对象的思想。一切目的活动都可以这样来理解，例如马克思在谈到劳动这种目的活动时就说，劳动活动将要产生的结果在活动开始时就已经预先存在了，只不过是以表象的形式存在的。表象形式的结果，也就是有关现实性的思想，这是整个目的活动发动起来的最初动机，也就是目的本身的内容。这一对目的的规定也适用于道德目的，道德目的本身也是某种现实性的思想，包括如何实现这种现实性的思想。这里面体现出动机、手段和结果的概念的统一，不能像康德那样将这些环节割裂开来孤立地考察，这才是作为整体的目的。

道德与自然的和谐，或者说，——因为只有当意识经验到了自己与自然的统一时，自然才被考虑进来，——道德与幸福的和谐，是被**思考**为必须**存在着的**，或者说，这种和谐是被**悬设**的。①

这两个破折号中间是插入语，我们先把它们撇开。"道德与自然的和谐，或者说，……道德与幸福的和谐"，道德与自然的和谐就是道德与幸福的和谐，为什么呢？在插入语中讲，"因为只有当意识经验到了自己与自然的统一时，自然才被考虑进来"，就是说，只有当意识经验到了幸福的时候，自然才被考虑进来，因为意识与自然的统一就是幸福。意识和自然统一，想要的东西被实现出来了，这不就是幸福吗？所以，讲道德与自然的和谐，就相当于讲道德与幸福的和谐，因为幸福就是意识和自然的统一。这种道德与幸福的和谐，"是被**思考**为必须**存在着的**"，"思考"和"存在着的"打了着重号。这里显然是指康德的观点，在康德看来，德福一致是可以思维而不可认知的，我们必须把它思考为存在着的，但并非真的能够实现出来。人必然会这样思考，即一个人做了好事必须得到好报，但并不意味着事实如此。"或者说，这种和谐是被**悬设**的"，悬设，postulieren，它本身有假设的意思，但是这个假设跟一般的假设不一样，它还有要求的意思，是一种要求的假设——我设定一个目的，要求你去做，并且你必须做。什么是悬设，就是"被思考为必须存在着的"。所以道德与幸福的和谐是被悬设的，道德与幸福在现实中是完全漠不相干的，但是我们在思想中一定要把它悬设为必须存在着和谐的，必须把这种和谐实现出来的。

因为**要求**② 所表达的是某种尚非现实存在的东西被思考为**存在着的**；这不是那作为概念的**概念**的必然性，而是**存在**的必要性。

---

① 黑格尔这里涉及的是康德的至善学说。——丛书版编者
② 丛书版这里为 Fodern，德文无此词，显然为 Fordern［要求］之误，兹据袖珍版。——中译者

　　"因为**要求**所表达的是某种尚非现实存在的东西被思考为**存在着的**"，"要求"打了着重号。这个"要求"他用的是 Fordern，这是德文词的要求，而悬设 Postulat 是拉丁文词的要求。但是 Fordern 没有假设的意思，它是很实在的，就是要求；而 Postulat 有假设的意思，也有要求的意思。既然 Fordern 是要求，就是说它还没有成为现实，但是它被思考为存在着的，就是说设想它在未来将会成为存在着的，而且必须成为存在着的——要求它必须实现出来，使它存在。所以它表达的是，有某种东西现在还不存在，但却被思考为存在着的，这样才谈得上有要求，如果现在已经存在了，就不用要求、不用悬设了。所谓悬设，它是对你提出要求，你必须按照它提出的要求去做，它现在还不现实，但是你必须使它成为现实。在这里黑格尔揣摩到了康德的意思，就是把 Postulat 直接等于 Fordern，直接等于要求，它不是其他任何假设，而是要求思考为必须存在着的。这个"必须"，就是说它现在还不存在，但是它必须存在。"这不是那作为概念的**概念**的必然性"，即不是那种单纯的理论上的必然性，不是作为概念的概念，而是一种实践的概念。所以他说，"而是**存在**的必要性"，"概念"打了着重号，"存在"也打了着重号。"必然性"和"必要性"是同一个词 Notwendigkeit，在理论上译作必然性，在实践上译作必要性。现在不是那作为概念的概念的必然性，而是存在的必要性；是要把所要求的实现出来，使它存在，而不是把所假设的推导出来，证明它是有根据的。所以这是一种实践的必然性，实践的必然性就是存在的必要性，我们已经讲了，实践的实在性是唯一的实在性、唯一的现实性，所以存在就是一种实践的存在。按照费希特的眼光来看就是一切存在都是实践，只有实践才存在，不实践就不存在，一切都是行动；按照海德格尔的说法就是"存在起来"，把存在当作动词。它是这样一种必要性。

　　但这种必要性本质上同时也是凭借概念而发生的联系。

　　虽然这种必要性不是作为概念的概念的必然性，"但这种必要性本质上同时也是凭借概念而发生的联系"，它同时又是凭借概念而发生的，说明它还是有概念的。这个实践的必要性是有它自己的义务概念、道德概念的，这种必要正是由义务概念而发生的必要。义务从概念上规定了这种存在务必发生，虽然是纯粹概念，但由此而引起一种必要的实践行动，这种联系是凭借概念而发生的。

[128] 因此被要求的**存在**不是属于偶然意识的表象，而是包含在道德概念本身之中的，而道德概念的真正内容就是**纯粹**意识与**个别**意识的**统一**；

"因此被要求的**存在**不是属于偶然意识的表象，而是包含在道德概念本身之中的"，"存在"打了着重号，就是说这个存在已经不是那种偶然意识的表象了，这个存在的层次其实已经很高了，虽然它本身还没有达到本质，更没有达到概念，但是它其实已经很高了，已经是包含在道德概念本身之中的了。"被要求的存在"，或者说被悬设的存在，已经超出了表象，已经在道德概念的本身之中，被道德概念提升起来了。这种存在已经不是那种偶然的、自然的存在，不是那种靠碰运气而获得的幸福，而是要由道德概念实现出来的存在，用康德的话来说，是必须"配得上道德"的幸福。"而道德概念的真正内容就是**纯粹**意识与**个别**意识的统一"，也就是说，个别要成为普遍，纯粹意识是普遍的，个别意识是个别的，这两者是相统一的。道德概念就是个别意识要变成纯粹意识，变成普遍的意识，而普遍意识要由个别意识来体现，这两方面是统一的。所以它的真正的内容就是我们刚才提到的定言命令——要使你的行为准则成为一条普遍法则，使你的个别的意志成为普遍的意志。

属于个别意识的情况是，这种统一**对它来说**是作为一种现实性而存在的，而这在目的的**内容**中就是幸福，但在目的的**形式**中，就是定在一般。

前面讲纯粹意识和个别意识的统一，现在我们把个别意识单独提出来考察一下。在这种统一中，"属于个别意识的情况是，这种统一**对它来说**是作为一种现实性而存在的"，是我把它实现出来的，这是我的功劳，所以它具有一种个别性，也就具有一种现实性。这种统一没有我是实现不了的，凭借我，它才被赋予了现实性。所以这种统一对它来说是作为一种现实性存在的，在现实性中已经有了这种统一：我把它实现出来，我把普遍意志实现为我的意志，我干成了一件事，那是一种现实性。但这又有两种情况。"而这在目的的**内容**中就是幸福，但在目的的**形式**中，就是定在一般"，从内容和形式两方面看是不同的。从目的的内容来看，个别意识就是幸福。我把它实现出来，那当然我是愿意这样的，我把它实现出来时我是很高兴、很幸福的。我的现实性在内容上就是我在实现我的目的时所获得的幸福。但从目的的形式方面来看，个别性就是定在一般。"定在一般"就是人格，我不是为了追求这个幸福，当然我得到了这个幸福，我把它实现出来了，我很高兴；但从目的的形式上来看，个别性就是我的人格。从形式上，我实现了我的人格；从内容上，我得到了我的幸福。这是从定言命令的个别性中可以分析出的内容和形式这两个方面。当然康德看到的仅仅是形式方面，他不管内容，但是他毕竟要靠一个一个的人去实现、去实行，而人是有感情、有内容的。

　　——所以，这里被要求的定在或两者的统一并不是一种希望，或者作为目的来看，并不是一种好像能否达到还在不确定之中的目的，相反，这样一种目的是理性的一种要求，或者说是理性的直接确定性和前提。

　　"所以，这里被要求的定在或两者的统一并不是一种希望，或者作为目的来看，并不是一种好像能否达到还在不确定之中的目的"，这就是对康德的批判了。这里"被要求的"就是被悬设的，"被要求的定在"就是要去追求、要去实现出来的目的，就是要达到个别性和普遍性的统一。那么这两者的统一是被悬设的，这个可以承认；但这种统一并不像康德所说的，只是一种希望。什么是希望？按照康德的说法，那只是一种不确定是否能够达到的目的，我们有限的人类什么也不能做，或者我们做什么都不管用，只能坐等一个上帝来满足我们的希望。康德正是由此而从道德过渡到了宗教，建立了"上帝存有"这样一个最高的悬设，他称之为"对上帝存有的道德目的论的证明"。被要求的"定在"，Dasein，在这里我译作定在，在康德那里我译作"存有"，这种定在或存有是一个悬设，也就是悬设了上帝的存有,悬设了个别和普遍的统一或德福一致。上帝是德福一致的必要的保证,这个悬设就是对作为希望的至善的悬设,因为道德和幸福的统一就是至善。但这里对康德的这种希望的悬设提出了质疑,黑格尔说,它不是一种渺茫的希望,不是一种好像能否实现还在不确定之中的目的。在康德那里,这个目的是否能够实现是不确定的,你只能去希望,你不要把它当作一种确定的东西来认可。我可以希望什么呢?我可以希望上帝来完成至善,但是否能实现,这还不确定。康德的三大悬设是自由意志,灵魂不朽,上帝存有;在三大悬设里,康德只承认自由意志是一个"事实",是唯一作为纯粹理性的事实的理念,其他两个理念都不是事实,都只是希望而已。但是黑格尔反驳他说,这两大悬设——灵魂不朽和德福一致并不是希望。"相反,这样一种目的是理性的一种要求,或者说是理性的直接确定性和前提",理性的要求本身就包含在理性的确定性之中,是一个前提。康德其实已经说出来了,即道德律是纯粹理性的事实,自由意志也是理性的事实,但是他就是没有说,灵魂不朽和上帝存有、或者说德福一致也是理性的事实。但是黑格尔在这里反其道而行之,他认为你要说理性的事实,那么这些都是理性的事实——自由意志是理性的事实,灵魂不朽和上帝存有也是理性的事实,是理性的一种直接确定性和前提。当然理性的事实不等于经验的事实,理性的事实是理性的要求,理性肯定要这样去要求的,这是一个事实。理性肯定会要求灵魂不朽和上帝存有,以及德福一致。凡是有理性者都会要求,除了意志自由以外,还要求灵魂不朽和德福一致,因而要求上帝存有,这是理性的一种直接确定性和前提,不要搞错了。所以这里既有对康德的解释,也有对康德的超越。他用康德的观点来反驳康德:你说道德律是纯粹实践理性的事实,那么这个理性的事实就很多了,不光是道德律和自由意志,还有别的。你当作悬设、当作要求的那些东西都有它的必然性,既然有它的必然性,那就是理性的事实。这是这一段对康德的一种加工,这种加工不是黑格尔首先提出来的,在费希特那里就已经提出来了,费希特已经克服了康德的不可知论。所以这里已经引入了后来的一些观点，包括费希特的观点和黑格尔自己的观点，对康德进行了一种超越，一种批判。

＊　　　　＊　　　　＊①

　　我们上次已经讲到，黑格尔在这里对康德道德哲学实际上是一种评述，一种分析，常常也是一种批判。上次我们已经读到康德的这个悬设，Postulat，就是讲道德和自然双方是对立的，这是一种必然的经验，道德是道德，自然界走着它自己的路，有它自己的自由，它跟你不相干；但是，又必须把它们设想为是一致的，是和谐的。因为只有道德意识和自然之间发生和谐，道德才会是现实的，否则的话道德就永远实现不了，道德意识要实现出来必须跟自然达成和谐。那么这个里头就必须要有一种悬设。悬设是一种要求，黑格尔在这里特别强调了悬设的这种要求的意思。它是一种要求，有某种还不是现实的东西，必须被思考为存在着的，它必须存在，这就是悬设的意思。所以悬设并不是一种单纯的希望，像康德所讲的，我可以希望什么，我们就可以利用这几个悬设来建立一种渺茫的希望，不是这样。在这里黑格尔对它做了一种新的解释，它并不是一种希望，并不是好像能否实现还在不确定之中的目的，恰好相反，它是理性的一种必然的要求，这种悬设就是理性的一种直接确定性和条件。这里利用了康德所谓"纯粹理性的事实"这样一个概念，纯粹理性在实践上，它就是一个事实，人的实践活动就是纯粹理性的一种体现，而且这个事实比经验性的事实更高，更加是事实。经验性的事实还只是表面上、还只是现象界的，而纯粹理性的事实是本体界的，它是真正客观存在的。这是我们上次讲到的，当然还没展开，悬设里面包含有至善和灵魂不朽，最后包含有上帝存在。但这个地方还只是讲道德和自然之间的那种和谐，

---

① 　以上是一次课所讲的内容。为了区分课程顺序，书中用"＊"隔开。

我们必然把它当作一种悬设，一种最起码层次的悬设，这个跟康德的三大悬设又不太一样。康德的三大悬设中，道德和自然的和谐被称之为至善，它跟上帝是一回事情，没有分开。康德的第一个悬设是意志自由，意志自由在黑格尔这里反倒没有作为一个悬设提出来，因为这个意志自由在前面早就讲得很多了，它不是要求，而是一切要求的起点或根据。所以黑格尔这里讲的三大悬设，一个是道德和自然的和谐，这个是至善，是基本的，道德一方面想在自然界里面实现出来，另一方面这个自然界也应该符合道德，这两方面应该是和谐的；第二个就是灵魂不朽。就是说人的道德要能够完完全全地实现出来，但是在现实中是不可能一蹴而就的，必须经历漫长的乃至于无限的过程，那就必须要有灵魂不朽，必须要跟自然界，包括人身上的自然界，人的自然冲动，人的欲望，这些阻碍着人的道德意识的东西作斗争，这就必须设想灵魂不朽；第三个就是上帝。那么下面就来展开这样一个悬设的体系。

上述第一种经验和这样一种悬设，并不是唯一的，而是开启了一整圈的悬设。

"上述第一种经验"，这是在前面已经讲到的，我们在 126 页，下面这一段的第三行，他讲，"道德意识经验到，自然并不关心给它提供出它的现实性与自然的现实性相统一的意识来，因而自然也许会让它幸福，也许不会。"就是说，道德意识经验到了自然并不关心给它带来幸福，自然跟道德相互之间是漠不相关的，你讲你的道德，自然有它的规律。这是一种经验。在 127 页中间这句话也讲："正如对这两方面不和谐的经验是必然的，因为自然是自由的，同样义务也是唯一本质性的东西。"这就是这里讲的"上述第一种经验"，也就是说，自然和道德的不和谐的经验。双方不和谐的经验就必须要有一种悬设了，自然和道德必须要悬设它们是和谐的。所以这句话讲的是，"上述第一种经验和这样一种悬设，并不是唯一的，而是开启了一整圈的悬设"，自然和道德的不和谐的经验，以及这样一种悬设的关系,并不是唯一的。它开始了一整圈的、一系列的悬设。什么要翻译成"一整圈"呢? 就是他后面讲的实际上是三大悬设,三大悬设构成一个圆圈,它们互相之间有一种圆圈式的关系,即正反合的关系。三个悬设构成一个圆圈。而这里开启了一整圈的悬设,就是说自然和道德的不和谐以及和谐的悬设是一个起点,从这个里头我们可以引申出一个悬设的圆圈,也就是说可以引申出另外两大悬设。

**因为自然不只是这种完全自由的外在的方式,仿佛意识必须以这种方式把自己的目的作为纯粹的对象实现出来似的。** {327}

"因为自然不只是这种完全自由的**外在的**方式",就是说,你想要自然和道德的和谐,那么自然它有两种含义,一种是外在的自然,还有一种是内在的自然、人身上的自然。所以自然不仅仅是这种完全自由的,不受人控制的外在的方式,"外在的"打了着重号。"仿佛意识必须以这种方式把自己的目的作为纯粹的对象实现出来似的",意识,也就是道德意识,好像必须以这种外在的方式把自己的目的作为纯粹的对象实现出来。这是第一个悬设所假定的。第一个悬设,道德和自然的和谐,首先必须要把自然看作是一种完全自由的外在的方式,不以人的意识为转移的方式。自然本身有这种自由,它跟人的自由是完全不同的,它是外在于人的。这是从康德的《纯粹理性批判》中第三个二律背反来的。第三个二律背反是说,世界上要么有自由,要么一切都是因果必然性,没有自由。康德通过充足理由律来解决这一冲突,就是说,如果没有自由的话,所有的因果关系无论如何追溯,都会追溯不到一个充足理由,而一旦没有充足理由,则整个因果链条就都断裂而崩溃了。所以必须在经验的因果链条之外有一个绝对的原因作为起点,这个起点就是自然的自由。宇宙论在经验范围内没有自由,但在整个宇宙之外肯定有一个自由的起点,双方都没错。不过康德在第三个二律背反里面虽然已经讲到了外在于自然的自由,但是他举的例子却是另外一种自由,就是"我从椅子上站起来"。我本来也可以不站起来,但是我一旦站起来,我就开启了一个因果系列

45

的链条，后面的一系列的因果性都要由我这一行动负责，都是我的自由造成的。可见康德在第三个二律背反里面其实提出了两种自由，一种是自然的最后的充足理由，当然你可以把它归结为上帝，但是康德还没有把它归结为上帝，康德是在对上帝存有的宇宙论证明的时候才提出上帝，但是在这个二律背反里面还没有，它就是宇宙论的二律背反，而不是对上帝存有的宇宙论的证明。所以在康德那里已经提出来，自然本身必须以自由为它的起点；但是这种悬设是两个层次的，一个是自然本身以外在的方式的自由，再一个是另外一种意义上的自由，也就是人的行为的内在自由。从自然界的外部而来的自由必然引出来人的行为的一种内在的自由，这在康德那里已经这样做了，但他并没有意识到，他把这两种自由都说成是"自由的先验理念"，区别于后面《实践理性批判》中的实践的自由。黑格尔则看出这里面有种内在的联系，所以他说自然不只是这种完全自由的外在的方式，还有一种内在的方式。

**意识，就其自身而言，本质上是这样一种东西，即，对它而言存在着这另一种自由的现实，就是说，它本身是一种偶然的和自然的东西。**

前面是自然，这里是意识。"意识，**就其自身而言**，本质上是这样一种东西"，这是从意识这方面看，道德意识也包括在内。"就其自身而言"打了着重号，就意识本身来看，你先把意识的内容撇开，你就讲意识本身，它本质上是这样一种东西，什么东西呢？"即，**对它而言**存在着这另一种自由的现实"，也就是说对意识自身而言有另一种自由的现实，它和自然界的那种外在的自由是不同的，是另外一种现实。但是它也是现实的东西呀，不但外在的自由是现实，意识本身也有一种自由的现实，这就是康德讲的，我从椅子上站起来的自由的现实，其实已经是实践的自由了。"就是说，它本身是一种偶然的和自然的东西"，意识本身，就其自身而言，本质上就是一种偶然的和自然的东西。意识是偶然的，它是随时可以突发奇想的，它突然就要这样了；但它也是自然的东西，哪怕它出于一种偶然的欲念，就能够对自然界发生实际的影响。这跟外在自然界有类似之处,在外在的自然界中一切都是偶然的。这个地方为什么有棵树?那是偶然的,没什么道理可讲,就是偶尔有一颗种子掉在这里,它就长成一棵树了,那完全是偶然的,也是自然的。你为什么有这样一个想法,这也是偶然的。意识就其自身而言,也是一种偶然的和自然的东西。

这种对意识而言属于它自己的自然,就是**感性**,它在意愿的**形态**中,作为**冲动和爱好**,自为地拥有着自己**特定的**本质性或**个别目的**,因而是与纯粹意志及其纯粹目的对立着的。

这个就说得很明确了。"这种对意识而言属于它自己的自然,就是**感性**",这个自然已经跟外在的自然不同了。意识自己也有它自己的自然,它也是自然的产物,个人,包括人的精神,都带有自己的自然性,这种自然就是感性。我们通常讲感性自然,人的感性,它也是人的一种自然。人通过感官所感到的,有外在的东西,也有内在的东西,人的情感,人的欲望,人的爱好,这些东西都是属于人的意识的内在的感性自然。"它在意愿的**形态**中,作为**冲动和爱好**,自为地拥有着自己**特定的**本质性或**个别目的**",意愿是意识的一种形态,他这个地方不用意志(Wille),而用意愿(Wollen)。意愿比意志更宽泛一些,就是泛泛地包括一切愿望啊,任意啊,任性啊,冲动和爱好啊,当然也包括意志。作为冲动和爱好,这个就更加确指了,就把纯粹的意志排除了,就是说意识作为一种自然的形态,作为一种意愿的形态,它不是像抽象的自由意志那样停留在思想之中,没有自己可以抓得住的形态,而是有自己的形态的,就连在动物那里都可以体现得出来,这是有自己的形态的。而这种形态自为地拥有自己特定的本质性或个别目的,"特定的"和"个别目的"都打了着重号。就是说这种冲动和爱好,它们本身是偶然的,但是也是一种自然,它有特定的本质性,有个别的目的,这个是可以由自然本能来规定的,是很明确的。它跟这个纯粹意志不一样的,纯粹意志不一定直接在自然形态上表现出来,而且即使表现出来了,你也不可以用自然来规定它,它是内在的。当然冲动和爱好也是内在的,跟外在自然相比它也是内在的;但是它是有形态的,它表现为各种形态,可以用生物学、生理学或医学来规定。"因此,是与纯粹意志和它的纯粹目的相对立的",它跟纯粹意志相对立,虽然"意愿"这个概念本身包含有纯粹意志,但是意愿的形态,既然有一个"形态",那就把纯粹意志排除在外了,纯粹意志没有一种自然的形态,纯粹意志的纯粹目的,那是从自然上面看不出来的,从人的感性上面也看不出来的。一个有着纯粹意志的纯粹目的的人,你要从他的感性上面去解释他这样做是为了什么,那是解释不了的。经常我们用一种个别的目的去猜测某些人的道德行为的时候,就会出现这样一种错位,我们会说他是"别有用心",这就是用一种冲动和爱好来偷换了纯粹意志的纯粹目的。但是你又说不清楚,你说他是作秀,你说他是别有用心,你有什么根据?什么根据都没有,纯粹是猜测。而纯粹意志本身也没法用一种外在的形态来证明自己是清白的,因为纯粹意志的纯粹目的是不表现为形态的,它是一种内心的东西,一种纯粹的东西。所以这两者是相对立的,一方面是表现出来的一种形态,虽然不是表现在外在的自然上面,但是是表现在内在的自然上面,就是人的内心的欲望和冲动,它的爱好,必然在行动上表现出来;另一方面是纯粹意志的纯粹目的,那是超自然、超感性的。这两方面就构成所谓的身心关系。

但是,对纯粹意识而言,本质不是这种对立,反倒是感性对纯粹意识的联系,是感性与纯粹意识的绝对统一。

就是说刚才讲的是纯粹意识和意愿的形态、和这个意识的自然相对立,纯粹意识是超自然的,它跟这个意识的自然是对立的;但是除了对立以外,它们双方又有统一。"但是,对纯粹意识而言,本质不是这种对立,反倒是感性对纯粹意识的联系,是感性与纯粹意识的绝对统一",这里纯粹意识和纯粹意志实际上是都是通的了。他一会儿讲纯粹意志,一会儿讲纯粹意识,实际上都是讲同一个东西。你要站在纯粹意识的这个立场上来看,本质不是这种对立。看起来它们是对立的,纯粹意志跟人的欲望是对立的,跟人的感情是对立的,但是本质上来说它们并不是对立的,身心关系是一种对立统一的关系。纯粹意识的本质反而是对感性的联系，两者实际上不是对立的。表面上看是对立的，一个是纯粹的，它不表现为形态；另外一个，是表现为形态的，是自然感性的。但是，实际上它们是处在某种联系之中，甚至是感性与纯粹意识的"绝对统一"。也就是从绝对的立场上来看，感性和纯粹意识是统一的。这个就是黑格尔跟康德有所不同的地方了，就是说，这个纯粹意志也好，纯粹意识也好，纯粹思维也好，它不是那种抽象的、逻辑上的命题，它必须在现实的感性中实现出来，从绝对的意义上讲它们两者是统一的。这是黑格尔认为他要比康德高出一筹的地方，就是说康德看到了它们的对立，"为义务而义务"原则不能容许有一丝一毫感性的东西掺杂进来；而黑格尔恰好相反，他认为你再怎么讲纯粹思维、纯粹意志、纯粹义务，也必须在感性中实现出来，这两者是一种统一关系。

　　<u>纯粹思维与意识之感性，这两者**自在地**是**同一个意识**，而且，纯粹思维正是这样的东西，对它而言，并且在它之中，就有这种纯粹的统一；但是对于作为意识的纯粹思维而言，就存在着它自己与冲动的对立。</u>

　　这句话就说得更加绝了。"纯粹思维与意识之感性，这两者自在地是同一个意识"，一方面是纯粹思维，另一方面是意识之感性，前面讲它们是对立的，同时又是统一的；这里则说，"这两者**自在地**是**同一个意识**"，"自在地"和"同一个意识"都打了着重号，这个强调得非常绝对了。既然前面说站在绝对的立场上来看，那么你就会看出来，这两者其实是同一个意识。当然你还没意识到，在你的意识之中，这两者还是对立的，但它们自在地应该是同一个意识。也就是说纯粹思维自在地或者说客观上，就是在意识之感性里面体现出来的，和这感性是同一个意识。纯粹思维就是纯粹意识，意识之感性也是纯粹意识所体现出来的，它们自在地是同一个东西，这就是黑格尔跟康德不同的地方了。所以我们讲，他在这里既是对康德的分析、描述、转述，同时也是对康德的一种评论乃至于批判。"而且，纯粹思维正是这样的东西，对它而言，并且在它之中，就

有这种纯粹的统一"，纯粹思维、纯思正是这样的东西，对它而言，并且在它之中，就是它与感性意识的统一，就是双方作为同一个意识的统一。就是说，纯粹思维并不是高高在上、不食人间烟火的，在黑格尔看来，再纯粹的纯粹意识也是要下降到人间的，也要体现为人的七情六欲；只不过它层次最高，达到了绝对的层次，本身不能用七情六欲来加以描述，但是七情六欲都是它表现出来的。这就是他的纯粹思维跟康德的纯粹理性不一样的地方。"但是对作为意识的纯粹思维而言，就存在着它自己与冲动的对立"，也就是纯粹思维当它作为意识的时候，也就是作为人的意识、作为个别人的意识而言的纯粹思维，就有它自己与冲动的对立，那也是它自己内部的对立。我们前面也讲到了，意识跟自我意识的区别就在于，"意识"是对象意识，它还是不自觉的，它的对象已经是一种意识了，已经包含着纯粹思维了，但是它没有意识到。它意识到的只是它自己与冲动、与对象的对立，它还没有能够用自己的纯粹思维去把这种冲动统一进来。它只看到这种对立，因为它是对象意识。感性确定性啊、知觉啊、知性啊，这都属于意识阶段的外在的眼光。所以它只是意识到对立了，但是它还没能够意识到它的纯粹的统一。

在理性与感性的这一冲突中，对理性说来，本质是这样的，即，冲突将会消除，而作为**结果**，双方的统一将会产生，这种统一并不是那种**原始的统一**，即双方都在同一个个体中，而是这样一种统一，它来源于两者的**被认知的**对立。

"在理性与感性的这一冲突中"，这个表述就比较简洁了，上面所有的种种对立、种种冲突，都是理性与感性的冲突，灵与肉的冲突。纯粹思维、纯粹意识、纯粹意志，这都属于理性，属于灵；而自然、欲望、冲动、爱好这些都属于感性，属于肉。在理性与感性的这一冲突中，"对理性说来，本质是这样的"，理性与感性的冲突，你如果站在理性这一方来看，那本质就显露出来了。是怎么样的呢？"即，冲突将会消除，而作为**结果**，双方的统一将会产生"，当然有冲突，感性和理性会有冲突，但从本质上看，这种冲突最后将会消除。理性看到了最终的结果,最后将会消除冲突,冲突只是一个过程,只是一个中介,只是一个将被扬弃的阶段,这就把冲突容纳进理性中来了。你走着瞧,冲突将会消除,而最后的结果,则是双方的统一。"这种统一并不是那种**原始的**统一,即双方都在同一个个体中","原始的"打了着重号。"原始的"也可以翻译成"本源的",这种统一是双方都在同一个个体中。前面的"结果"为什么要打着重号,就表明它是在最后才看出来的,而原始的统一则是一开始就有的那种统一,那是一种起源上的未分化的统一。而理性所看到的却是结果的统一,是经过一个分化、对立的过程以后才发展出来的统一,这就是理性所能把握的。而那种原始的统一,那只是感性的统一。对立面在感性中还没有分化出来,双方都在同一个个体之中,当然你也可以说是统一的,但是它潜在着分裂。只有分裂了以后,最后又回复到那个统一的结果,那才是理性所能看出来的。不是那种原始的统一,"而是这样一种统一,它来源于两者的**被认知的**对立","被认知的"打了着重号。也就是说它来源于对立,但是这个对立已经被认知了,已经被认识到了,被纳入纯粹思维中了,这就造成了统一的结果。理性和感性的对立一旦被认识了,就会得出一个结果,就是这两者其实是统一的,因为这个对立已经被认知了,已经被理性所把握、据为己有了,那么最后就得出了"对立的统一"这样一个结论。

　　只有这样的统一,才是**现实的**道德,因为在其中包含有对立,通过这种对立,自我才是意识或者说才是一种现实的和实际上的自我,同时是普遍的自我;或者说,在这种统一中,所表达出来的是那样一种**中介**,这中介如我们所看到的,对道德有着本质的重要性。 [129]

　　"只有这样的统一,才是**现实的道德**",就是说,只有最后作为结果的那种统一,经过了对立以后的那种统一,才是现实的道德。康德也讲了,什么是道德,道德就是一场战斗,德性就是一场战斗,要跟那些欲望、那些感性的东西、经验的东西博斗,你才能实践道德。道德不是停留在口头上，停留在思想之中，而是要实现的，怎么实现，就必须要克服感性，在和感性的对立、斗争之中，道德才能实现出来。当然康德的战斗只是捍卫或排除的意思，是要保持道德的超感性的纯洁性，还不是真正的统一，而是维持分裂状态；而黑格尔则认为这种对立和斗争本身就是导致统一的，或者说甚至于这本身就是一种统一的方式，对立的两方面要统一，怎么统一呢？在现实中跟它搏斗。"因为在其中包含有对立，通过这种对立，自我才是意识或者说才是一种现实的和实际上的自我，同时又是普遍的自我"，通过这种对立，自我才是意识。也就是对象意识，才有它的对象。你抽象地谈道德，你没有对象啊，你那是空谈哪，空谈误国，实干才有真正的道德啊。通过这种对立，自我才有了对象意识，才能针对着一个对象去实现道德，或者说，才是一种现实的和实际上的自我，这个自我才不是停留在空谈和想象中的，而是在自己的冲动中、在自己的欲望中、在自己对这种欲望的战胜和克服过程之中形成的自我。"我"是什么，我就是这样一个过程，不是"我思故我在"，而是我在欲望，我在冲动，并且在克服这种欲望、冲动的过程中，我才"在"。这才是一种现实的和实际上的自我，并同时又是普遍的自我，我跟这种欲望冲动作斗争，每一次都战胜了它，每次我都维持了同一个自我，那么我凭什么战胜了它？就是凭我的这种普遍性，凭我自身一贯的原则。如果没有原则的话，我就可以随大流了，我就可以不用跟它战斗，而是任其自然，随它把我带到哪里了。但是因为我要把它统一起来，去跟它战斗，那么我就必须要有自己一贯的原则，就必须要有理性贯穿到底，那当然就是一种普遍的自我了。尽管自我的内容是非常复杂的，非常个别的，每个人的自我都不同，都有自己的一摊子事情，都有自己的难处，都有自己要克服的特殊的对象，但是，它同时又是一种普遍的东西。普遍和特殊在这个意义上面也统一起来了。"或者说，在这种统一中，所表达出来的是那样一种**中介**，这中介如我们所看到的，对道德有着本质的重要性"，这是概括前面的，在这种统一中表达了一种中介，也就是说，我们讲理性和感性的统一，但是实际上这种统一是一个中介，它是一个中介的过程，或者说是一种手段，中介就是手段。你要把你的理想或目的实现出来，就要通过一个手段，通过一个过程，不能直接达到。而这中介对道德有着本质的重要性，如果你天天讲道德，但是停留在口头上，那等于没讲。你要实现它，你要采取手段，要有你的对象，这就是中介。理性和感性的统一实际上就是一个中介过程，而这就是道德的本质，就是说，道德本质上是依赖于这个中介的。你要去做，要实践，道德不是一种空谈，道德要干实事，这个实事，就是通过行动把感性的东西统一在理性的原则之中。

　　——由于在对立的两个环节中，感性完全是**他在**或否定的东西，反之义务的纯粹思维则是本质，其中没有任何可以放弃的东西，所以看起来已经产生了的那种统一就只能通过扬弃感性来实现了。

　　"由于在对立的两个环节中，感性完全是**他在**或否定的东西"，理性和感性双方或者说道德和自然双方，是对立的两个环节，其中感性的方面、自然的方面完全是他在或否定的东西。我们前面也讲了，道德和自然的对立，虽然是互不相干，自然有它自己的道路，有它自己的规律，这种关系也适用于道德和身体内部自然的关系，它们也是完全漠不相干的两个环节；但是漠不相干的两个环节并不是同等重要的，是有主次的，实际上是道德为主，自然为辅，这里则是理性为主，感性为辅。因为道德是自觉的，而感性、自然是不自觉的，在人和东西之间，以及灵和肉之间，这个关系不是对等的。所以在这两个环节中，理性是积极的自我，而感性是"他在"，对于我是否定的东西，是否定我的理性的。"反之义务的纯粹思维则是本质，其中没有任何可以放弃的东西"，在这两个环节中，纯粹思维、理性是本质，而感性是非本质，主次要分明，不要搞混了。理性要坚持自己，它是本质，它是原则，这个原则只要放弃了任何一部分，它就会垮掉。它不像感性，感性自然是偶然的，少了这一部分，还有那一部分，它无所谓。而这个纯粹思维、义务，它是本质，它没有任何可以放弃的东西。"所以看起来已经产生了的那种统一就只能通过扬弃感性来实现了"，既然感性是他在或否定的东西，那么这种统一，就必须要用理性去凌驾于感性之上，甚至只能够通过扬弃感性来实现了，看起来好像是这样。这个地方，黑格尔有所保留，表面上看起来，那种统一是怎么来的呢？是通过扬弃感性而实现的，或者通过取消感性而实现的。因为理性为主，感性为辅，所以你要达到统一，就必须要以理性为主导，把感性扬弃掉。所以康德的灵魂不朽的悬设是要最后把感性去掉，只剩下灵魂，或者说在肉体消灭了之后还有灵魂，但黑格尔认为这只是表面的理解，真正的灵魂不朽应该是灵魂和肉体的绝对和谐。

但感性本身既然是这一形成过程的环节，即**现实性**环节，那么人们对这种统一性将不得不暂时满足于这种说法，说这种感性是**符合**道德的。

"但感性本身既然是这一过程的环节，即**现实性**环节"，就是说你扬弃感性，但是感性也是不可或缺的，感性它是"现实性的环节"，"现实性"打了着重号。"那么人们对这种统一性将不得不暂时满足于这种说法，说这种感性是**符合**道德的"，就是说，既然这个现实性环节你也不能够取消，所以就只好这样来看待这种统一性，说这里的感性是符合道德的。前面讲看起来好像是扬弃了感性，取消了感性，但是，现在我们不得不暂时满足于这种说法。就是说，感性一下子还扬弃不了，我们还生活在现实中，时时刻刻在感性中生活，所以我们不得不让感性去符合道德，并且悬设一个感性绝对符合道德的状态。这个道德并没有完全把感性扬弃掉，还是两个东西，但我们尽量地使感性去符合道德，不符合道德的地方，我们就把它克服掉。这就是一场战斗了，在现实生活中就没完没了，成了一场无休止的战斗，你想一劳永逸地把它扬弃掉，那是不可能的。

——这种统一同样也是一种**被悬设的存在**，它不是**定在着的**；因为凡是**定在着的**东西都是意识，或者说，都是感性与纯粹意识的对立。

"这种统一同样也是一种**被悬设的存在**"，被悬设的存在打了着重号。这个地方提出一种被悬设的存在，这是第二种悬设了。第一种悬设是前面讲的道德和外在自然的对立中的和谐；而这里讲的这种统一，同样也是一种被悬设的存在，也就是在道德和内在自然的对立中最后达到和谐，即灵与肉的和谐，这是第二种悬设了。"它不是**定在着的**"，定在着的打了着重号。这种悬设不是定在着的，"因为凡是**定在着的**东西，都是意识，或者说，都是感性与纯粹意识的对立"。凡是定在着的东西，都是已经实实在在地在此呈现出来的东西，都是意识。我们前面讲了，意识实际上就是对象意识，对象意识就是意识到了一个对象是定在的，是"这一个"，它是意识的起点。或者说是感性与纯粹意识的对立，它是感性确定性，所以它跟纯粹意识肯定是对立的。纯粹意识已经不是"这一个"了，纯粹意识是共相；而"这一个"就是感性意识。所以凡是意识都有一种对立，一个是意识，一个是意识的对象，那就是感性确定性。感性确定性就是定在，而这种统一肯定不是定在，而是一种被悬设的存在，是高高在上的、只有在结果中才能看出来的，它不是那种原始的、作为本源的起点，不是那样一种原始的统一。所以这里把这个统一跟那种定在着的原始统一区分开来了。那种定在着的统一实际上与纯粹意识是对立的，而现在的这种统一是纯粹意识所建立起来的，是和前一种悬设不同的第二种悬设。

　　但是这种统一同时又不像第一种悬设那样，是一种自在，在第一种悬设中，自由的自然构成着一个方面，因而它与道德意识之间的和谐是在道德意识之外发生的；而在这里，自然却是那存在于道德意识本身之中的方面，而且在这里所关注的是道德本身，是行为者自我所特有的一种和谐；因此意识必须自己达成这种和谐，必须在道德中造成不断的进步。

　　"但是这种统一同时又不像第一种悬设那样，是一种自在"，刚才已经说了，这种统一，同样也是一种被悬设的存在；但是这里说，这种统一又不像第一种悬设那样是一种自在。这就是把这第二种悬设跟第一种悬设相比较，前面那种悬设是道德和外在自然的和谐，而这种悬设是道德和内在自然的统一，这种统一不像第一种悬设那样是一种自在；相反，它是自为的统一。自在的统一，就是道德意识和大自然、和自然界的统一，那是在人们之外、在自然之外的一种统一，你要使两者统一起来，必须引进一个外来的东西。实际上在康德那里就是要引进一个上帝才能统一的。你说道德和自然怎么能够统一？在道德意识中不能统一，在自然中也不能统一，你只有把它悬设为统一的；而这个统一的条件何在呢？那就要引入上帝了，就是上帝才能够保证道德和自然的统一。所以道德和自然的统一是自在的，它不是你想统一就统一的，它是要由一个自在的上帝来保证的。但是在黑格尔这里道德和自然的统一还不能说就是上帝，它是一种悬设中的自在的统一，我们可以悬设它，设想道德和自然的统一，因为我们的理性里面有这样一种要求，否则的话我们的理性就摆不平，这就是第一种悬设。"在第一种悬设中，自由的自然构成一个方面，因而它与道德意识之间的和谐是在道德意识之外发生的"，自然本身有它的自由，有它的充足理由，它构成着统一的一个方面，所以它与道德意识之间的和谐是在道德意识之外发生的，要发生和谐，必须超出道德意识之外。你光凭道德意识没办法把自然包括进来，你把自然一包括进来，它就不是道德了，必须在道德意识之外去寻求道德意识和自然之间的和谐。这是第一种悬设的情况。"而在这里，自然却是那存在于道德意识本身之中的方面"，现在这个悬设呢，是在道德意识本身中设定起来的，因为自然成了它自身的一个方面。就是说道德意识本身它要实现出来，它就必须与它内部的感性的自然相和谐，或者说至少它自己内在的感性必须要符合道德。道德意识本身把内在自然作为自身的一个环节，一个与它相符合的环节，或者是一个辅助的环节，但却是一个现实的环节，纳入到自身中来了。道德意识不能停留在空谈，必须实现出来；一旦实现出来，那它就跟内部的自然发生了统一。"而且在这里所关注的是道德本身，是行为者自我所特有的一种和谐"，在第二种悬设这里，我们所关注的是道德本身，我们跟外在的自然已经没有关系了，已经不考虑那个外在的自然条件了。我们只考虑我们自己，采取道德行动的时候，我们所要面对的我们自己的自然, 我们的欲望、情感和需要, 我们的能力和兴趣, 以及我们在自身内所遇到的障碍, 我们在发挥我们的能力、在克服我们自己的障碍的时候, 我们使我们的道德意识获得了现实性, 这就不再是空谈了, 这就是实行道德的过程了。所以这是行为者自我所特有的一种和谐, 我们强行把自己的内部的自然统一在道德意识之下, 使它符合于道德。这就是我们自己作为行为者的自我所特有的一种和谐。"因此意识必须自己达成这种和谐, 必须在道德中造成不断的进步", 在这里意识必须自己达成这种和谐, 这个是不必诉之于外在条件的, 你就靠自己, 你必须自己把你的道德在你的感性的活动中实现出来, 你必须自己克服自己感性的阻碍来达成这种和谐。这就是你的实践、行为, 是一个实践行为的内部的和谐。一个是道德意识, 一个是你的感性的欲望、你的冲动、你的爱好这些东西, 你要怎么样把它们调和起来, 不要让它们发生冲突。它们当然是会有冲突的, 但是你要不断地调和这种冲突, 必须在道德中不断造成进步。在道德中你自己不断提高自己, 完善自己, 克服自己的片面性, 摒弃自己的感性冲动, 在这样一个过程中不断造成进步, 没有止境。人生是一场没有止境的战斗。不断地克服自己的欲望, 不断地向着更纯粹的道德迈进。这样一种悬设就和康德的灵魂不朽的悬设不同了, 黑格尔的灵魂不朽意味着灵魂不被感性所侵蚀, 但感性也永远不会被扬弃, 而是一直伴随着理性灵魂, 对它发生阻碍作用, 于是我们就可以悬设一种感性对理性完全没有阻碍作用而绝对相符合的状态。灵魂在这种意义上的不朽就是一种战斗不息、永远占优势的不朽, 一种永远进步而不被阻断的不朽。

　　但是道德的**完成**是可以向**无限中推延**的;[①] 因为假如道德现实地出现了, 则道德意识就会把自己扬弃掉。

---

①　黑格尔上面涉及到的可能是关于意志与道德律完全适合的神圣性的悬设, 并暗指康德对于这种神圣性"只有在一个进向无限的过程中"才能达到的解释。参看康德《实践理性批判》(5.122) 及费希特《一切天启的批判》。——丛书版编者

　　这句话是关键。"但是道德的**完成**是可以向**无限中推延**的"，"完成"打了着重号，你要最后一劳永逸地完成道德，那是不可能的。所以这是向无限中推延的过程，你在人生中每一个阶段的道德都是没有完成的，都是有遗憾的，你在道德上总是不完满的。但是它是可以向无限推延的，"可以向无限中推延"也打了着重号。道德的完成可以一直推到无限，所以是永远也达不到的，实际上，只能是作为一个理想、作为一个目标来悬设的。康德作为灵魂不朽来悬设的理念是这样设想的：如果灵魂不朽，那么我们就可以设想，道德的完成在人的肉体消灭之后、也就是在死后最终是可以达到的，但只是有这种可能，不是现实的。黑格尔的悬设则是在现实中可以无限延期的，这种延期仍然是在现实中，而不在彼岸。但它仍然是永远不能达到的，不是因为它处在彼岸，而是因为现实本身是无限的过程，它是可以现实地设想的。这种设想就是："因为假如道德现实地出现了，则道德意识就会把自己扬弃掉"，这是用的虚拟式了，这种实现不是像康德所设想的扬弃了感性，恰好相反，它扬弃的是道德本身。也就是假如有一天道德真的现实地完成了，那道德意识也就没有必要了，每个人都按道德律办事，道德意识就失去对象了，就没有用武之地了。那时做一件道德的事就不是什么值得特别夸奖的事，而是很自然的事，就像孟子说的，"由仁义行，而非行仁义"。真正有道德的人做了道德的事，并不觉得自己有什么了不起的功劳，而认为是做了自己应该做的，甚至不留自己的名字。那么与此同时，道德意识也就把自己扬弃掉了。当感性完全百分之百符合道德意识的时候，道德意识就没有对象了，它就不需要战斗了，它跟谁战斗呢？跟自己战斗？自己已经是完全的道德了，已经成为圣人了。一个圣人已经没有任何东西可以供他去克制了，那也就不需要道德意识了。孔子讲："七十而从心所欲，不逾矩。"当然孔子的从心所欲不逾矩是经过了七十年的训练，实际上是形成了一种心理习惯，他已经不习惯于做逾矩的事情了。但是在西方人心目中，人性是自由的，再好的人也有犯罪的可能，习惯不足以阻止他的逾矩，只要你还保有自由，那你就有犯罪的可能。这就是原罪的意思。所以他们的从心所欲不逾矩是永远也实现不了的一个目标，而设想中的完全实现了的道德就不再有道德意识，因为不再存在有待于道德克服的对象。道德的对象就是让你去克服的那个对象，只有在不断克服你的对象的过程中，你的道德才有现实性。

　　**因为道德**只是作为否定本质的道德**意识**，对于道德意识的纯粹义务而言，感性只具有某种**否定的**含义，只是**不符合**而已。

　　这句进一步加以解释。"因为**道德**只是作为否定本质的道德**意识**"，道德只是道德意识，如果没有道德意识了，那就没有道德了。而道德意识具有否定的本质，因为道德意识实际上是有对象的，所谓意识在黑格尔那里就是对象意识，就是意识到一个对象，我的意识是针对它的。针对它干什么呢？针对它进行否定。道德从根本上说不是要你去做什么，而只是要你不做什么。例如孔子的"己所不欲，勿施于人"比"己欲立而立人，己欲达而达人"更具有本质性；苏格拉底的"灵异"也是只要他不做什么，而从来不叫他做什么。"对于道德意识的纯粹义务而言，感性只具有某种**否定的**含义，只是**不符合**而已"，不但道德意识是否定性的，感性也是否定性的，它们互相否定。道德意识里面有两个环节，一个是纯粹义务，一个是感性。有纯粹义务，然后又有一个感性作为你的对象，那就有道德意识了。我的意识、我的纯粹义务的意识就是对于这个感性对象的意识，我要用这种纯粹义务来对这个感性加以处置，也就是加以否定，这就是道德意识。那么对于纯粹义务而言，感性也只具有某种否定的含义，也就是"不符合"的含义。就是说，感性对于纯粹义务本来是不符合的，感性是感性，义务是义务，感性不能促成义务，甚至常常还违背义务，这都是不符合。那么你要针对它进行否定，就是使它变得符合起来，或者至少使它不违背义务，你就要把感性当作道德意识的对象来加工改造，这就是道德意识。有一个不符合义务的感性在面前，你才可能有道德意识；那么反过来，我们也可以说，所谓的道德意识，所谓的纯粹义务，它没有别的作用，它就是用来自我拷问和忏悔的。所谓的道德意识、纯粹义务，你以为你真的能够成为圣人？那是不可能的。道德律仅仅是用来忏悔的，仅仅是用来衡量我们在什么程度上不符合于它，我们应当尽量地使自己符合于道德意识、符合于义务，但是要完全做到是不可能的。我们必须不断地忏悔，不断地反省自己、拷问自己。所以感性只具有某种否定的含义，人性本恶的，人的感性怎么可能完全符合道德呢？

　　但是在这和谐中，**道德**作为**意识**，或者作为自己的**现实性**，就消逝了，

{328}　　正如在道德**意识**中或者在现实性中它们的**和谐**消逝了那样。

　　"但是在这和谐中，**道德**作为**意识**，或者作为自己的**现实性**，就消逝了"，前面讲道德就是道德意识，就是道德的对象意识；但是和谐恰好是消除道德意识的。在和谐中，你已经意识不到这种感性自然的否定含义了，意识不到道德和现实性之间的张力了，所以你如果把道德看作和人的感性是和谐的，以为可以做到"从心所欲而不逾矩"，那么道德作为意识、也就是作为自己的现实性就消逝了。所以这种从心所欲而不逾矩的理想状态一旦作为现实性实现出来，那它就不是道德了。在这样一种和谐中，道德将不再是道德，道德已经没有现实性了，因为它已经没有道德意识了。"从心所欲而不逾矩"是孔子的最高境界，但是黑格尔认为这已经不是道德意识了，道德作为现实性就消逝了。所以实际上孔子的那种境界一个是做不到，如果真的做到了，那就已经不是道德了，那顶多是在伊甸园中亚当和夏娃在吃知识之树的果子之前的状态，也就是动物状态。"正如在道德**意识**中或者在现实性中它们的**和谐**消逝了那样"，反过来说，如果有道德意识，如果有道德的现实性，那么它们是不可能和谐的。你的欲望，你的冲动，跟道德律怎么可能是和谐的？你要不断地跟它斗争，这才是道德意识，只有不断地拷问自己才能形成道德意识。所以一旦和谐就没有现实的道德意识，一旦有道德意识就没有现实的和谐，这两方面在现实中是不相容的。

　　因此，道德的完成是不可能现实地达到的，而只可能作为一种**绝对**

**的任务**来思考, 即是说, 作为一种一直保持着的任务来思考。

"因此, 道德的完成是不可能现实地达到的", 道德的完成状态不可能现实地达到, 不可能像孟子所讲的, "返身而诚, 乐莫大焉。""返身而诚", 就已经达到了, 这是中国人对道德的理解。就是说, 你手拍胸膛凭良心说话, 就可以达到道德了, 所谓"尽心知性而知天", 尽其心, 而知其性, 那就是已经达到道德了。这个和黑格尔、和西方人的观点是完全相反的。黑格尔认为道德的完成"只可能作为一种**绝对的任务**来思考", 你要知性知天, 知道你的善良本性, 这是一个绝对的任务, 永远完成不了的。"即是说, 作为一种一直保持着的任务来思考", 尽心知性, 返身而诚, 你想过了以后, 它还是一个任务, 你还是不能够把自己的本心现实地找出来。你尽可以去找, 那是对的, 但是你不要以为有一天你就已经达到本心了, 你就成圣了或者顿悟成佛了, 那是不可能的。你一辈子就处在不断地追求你的任务的过程中, 这就是你的现状, 其他的都是蒙人的。

然而, 这种任务的内容同时又必须被思考为绝对不能不**存在**的, 因而不会永远保持为一个任务; 于是在这样一个目标中, 人们既可以把自己表象成完全扬弃了意识的, 也可以表象为不扬弃意识的; 事情本来究竟要如何, 由于目标的达到正因此而必须向无限性推延, 在这种渺茫辽远中就不再是可以明确区分开来的了。

[130]

前面讲了, 你要完成道德, 这是一个一辈子必须不断去追求的任务, 是永远完成不了的。"然而, 这种任务的内容同时又必须被思考为绝对不能不**存在**的", 一辈子都完成不了的任务, 那你把这个任务悬在那里干什么呢? 你反正完成不了, 你是不是可以把这个任务丢掉呢? 我任其自然, 任情使性, 我不管什么任务不任务了, 像嵇康那样"越名教而任自然", 名教就是道德, 就是礼法规范, 我不管这一套, 把它抛到九霄云外, 我飘摇于天地之外, 行不行? 不行。这种任务的内容你还必须要把它看作是不能不存在的, 它是你的人生的准则, 它虽然不能完全实现, 但是没有它, 你的人生就不是人生, 你的人生就变成了禽兽, 就变成了动物性。

61

虽然它永远不能实现，但是你还必须要把它保持在你的思想中，作为一种存在的东西，作为一种实实在在的标准，来对你的一言一行、所作所为进行衡量。这种任务"因而不会永远保持为一个任务"，它不会永远保持为仅仅是一个任务，你必须把它设想为存在的，你必须悬设它的存在，以便对你的行动提出要求。"于是在这样一个目标中，人们既可以把自己表象成完全扬弃了意识的，也可以表象为不扬弃意识的"，在这样一个目标中，有两种可能性。一个是，你可以把自己表象成完全扬弃了意识的，就是到了这个目标，当然就没有道德意识了。前面讲了，这个目标一旦达到就扬弃了意识了。另一个是，你也可以表象为不扬弃意识的，因为它永远达不到啊，永远达不到就永远有道德意识，一旦达到了，道德意识就被扬弃了。但是正因为它永远达不到，它只是一个目标，所以，也可以表象为不扬弃意识的。那么究竟能否达到呢？有没有个究竟呢？他说，"事情本来究竟要如何"，究竟是扬弃意识，还是不扬弃意识呢？应该说这个道德意识在这里处于扬弃和不扬弃之间。你把这个目标设想为存在的，那你就必须要把它设想为扬弃了意识的，在这个目标上你已经没有意识了。但是既然它是一个目标，永远不能实现，那么在这个过程中，它肯定又是有意识的，是不扬弃意识的。那么事情究竟会如何，"由于目标的达到正因此而必须向无限性推延，在这种渺茫辽远中就不再是可以明确区分开来的了"，究竟是扬弃意识呢，还是不扬弃意识？是由仁义行，还是行仁义？我们在追求这种和谐目标的无限过程中已经无法明确把这两者区别开来了。追求和谐的目标必须要不断地推延下去，推延到何种地步呢？无限渺茫辽远，你不可能划定一个界限，从这一刻起，目标就达到了。这个界限是永远划不出来的，所以有意识和无意识的界限也是无法确定的。道德的发展过程就是这样，有些道德一旦成为所谓的"道德底线"，它就是无意识的了，一般人都不会想到去违反，只有当个别罪大恶极者违背底线的时候，人们才会把道德意识重新唤起来，但在日常生活中人们并不把遵守底线看作是什么道德的事情，而是理所当然的事情。

随着道德的进化,这个底线也会逐渐提高,"由仁义行"在道德生活中占据了越来越大的比重,"行仁义"的部分则会被逐渐取代,当然永远也不会完全取代。所以即使要划界,这个界限也是动态的,是不断变化的。

　　<u>真正讲来,将会有必要说出来的是,应当没有人会关心和寻求那种确定的表象,因为这将导致矛盾,——即一种任务的矛盾,这种任务应该是有待完成的,却又应该是完成了的,——一种道德的矛盾,这种道德应该不再是意识,不再是现实的。</u>

　　"真正讲来,将会有必要说出来的是,应当没有人会关心和寻求那种确定的表象,因为这将导致矛盾",就是说,如果这样一个悬设的目标可以实现出来的话,那时候我们将必须说出这样的真相,就是不会有人去关心那种确定的表象。什么确定的表象? 就是前面讲的,"在这样一个目标中,人们既可以把自己表象成完全扬弃了意识的,也可以表象为不扬弃意识的",这是很不确定的。你是把这个实现道德的目标表象为有意识的,还是表象为无意识的、扬弃了意识的呢? 这是不会有人去关心的,因为它本身就是一个两难。你想要确定一个界标,在那一点上,道德就已经完成了,目标就已经达到了,就已经实现了完满的道德,那个是做不到的,也是不会有人感兴趣、不会有人去寻求的。如果你去寻求那种表象的话,就会导致一种矛盾。"即一种任务的矛盾,这种任务应该是有待完成的,却又应该是完成了的",这样一个矛盾的任务,既有待完成,却又已经完成了。所以这个任务呢它本身是矛盾的。它永远完不成。既然永远完不成,那你怎么可以确定它已经完成了的状态呢? 它的已经完成了的那样一种表象究竟应该怎么描述呢? 但是如果没有这样一个已经完成了的标准提供出来的话,那么你在你的现实生活中又如何确定你的目标、你的方向呢? 那不就是一种"走着瞧"、"摸着石头过河"、走一步看一步的机会主义,又如何成为道德的目标呢? 正因为有一个任务在那里,尚待努力去完成,所以你才能够使自己的生活有自己的目的,才谈得上道德的追求;但是这个任务的表象却又是不确定的,并且必须

是不确定的。所以对究竟应该划界在哪一点上这样的表象，你一寻求就会导致矛盾，想破脑袋你都想不清楚。你设想一种理想的道德状态；但这个理想的状态既然在现实中永远实现不了，那你去追求它不是白费力气吗？但是如果没有这样一个超越现实之上的目标，那你的现实生活就没有任何追求了，你只追求那追求得到的东西，有限的目标，那你就跟动物没有什么区别了。所以，对于这个目标本身究竟是怎么样的，应该如何来表象，人们不会感到兴趣，只有让它作为一个矛盾放在那里。"一种道德的矛盾，这种道德应该不再是意识，不再是现实的"，这也是一种矛盾的道德，这种道德，应该不再是意识，不再是现实的。不再是意识就意味着不再是现实的，一种无意识的行为怎么可能是道德？无意识的行为即使是有利于人类的，也不是道德的，而只是有利的。所以无意识的道德就像"木制的铁"一样，是一个概念自身中的矛盾。道德不再是一种意识，也就是不再有它的对象，不再有它的对象的道德就不再是现实的了。

但通过这一考察，即看出完成了的道德将包含一种矛盾，则道德本质性的神圣性就会遭到损坏，而绝对义务就会显得好像是某种不现实的东西了。

"但通过这一考察，即看出完成了的道德将包含一种矛盾，则道德本质性的神圣性就会遭到损坏"，你设想一种完成了的道德，这将包含一种矛盾。因为前面讲了，一旦完成了，它就已经不再是道德了；但是没有完成的时候，它也还不完全是道德，它只是一种不纯粹的道德，一种相对的道德，这就包含有一种矛盾。那么这样一来，则道德本质性的神圣性就会遭到损坏，"而绝对义务就会显得好像是某种不现实的东西了"。这个有两方面：一方面道德本质的神圣性就会遭到损坏，道德的本质性本来是很神圣的，很崇高的，而这个时候它显出它本身有一种矛盾，那就破坏了这种神圣性。另一方面，绝对义务就会显得好像是某种不现实的东西了，因为完成了的道德是不现实、不可能的，那就是嘴上说说而已，绝对的义务就会显得好像是不现实的。这里两个都用的是虚拟式。可见道德的本质性不可能是完成了的道德，只可能是一种相对的道德，所以这样一种道德的本质的神圣性就会受到损害。只有忏悔自己的不道德的人，才是道德的人，那么这个道德就不是以前想的那么纯洁无瑕、纤尘不染了，实际上每一个小偷，每一个骗子，每一个流氓，只要他会忏悔，他就是道德的。道德没有那么神圣，它就是底层人民的道德，不是那些高高在上的精英们自以为的那种道德，那种道德实际上是不存在的。自以为纯洁的人、自我感觉良好的人、骄傲的人是不道德的，自我反省的人、谦卑的人才是道德的。而绝对义务呢，就会显得好像是某种不现实的东西。绝对义务那你就不要谈了，要谈就是空谈了，好像是这样。于这两方面都将显得是片面的，即一方面道德本质的神圣性就受到损害了，道德本质就堕落到民间了、堕落到底层了；另一方面绝对义务就升到天国了，就与现实生活无关了。这两者就构成一个不相容的矛盾。那么如何解决这个矛盾？下面一段就是要解决这样一个悬设的矛盾。

　　第一个悬设曾是道德与对象性自然的和谐，这是**世界**的终极目的；[①]另一个悬设曾是道德与感性意志的和谐，这是**自我意识**本身的终极目的；因此第一个悬设是在**自在存在**形式下的和谐，另一个悬设是在**自为存在**形式下的和谐。

　　这里有两个悬设。"第一个悬设曾是道德与对象性自然的和谐，这

---

① 黑格尔这里涉及的是康德关于至善作为终极目的的学说，即至善也可以作为世界的终极目的来思考，参看《判断力批判》第424页以下："在按照道德律而运用自由时的一个终极目的的理念就具有主观实践的实在性。[……]要使有理性的世间存在者的终极目的的概念有理论上的客观实在性，就不仅仅要求我们具有一个为我们先天预设的终极目的，而且也要求造物，即世界本身按照其实存来说也有一个终极目的；这一点假如能够得到先天的证明的话，就将在终极目的的主观实在性上增添上客观的实在性。"[中译者按：译文参看《判断力批判》，邓晓芒译，杨祖陶校，人民出版社2002年版，第310—311页]——丛书版编者

是**世界**的终极目的",也就是通常讲的道德与自然的和谐,或者说道德与幸福的和谐。这里用的过去时,就是这种悬设以前是由道德与对象性自然的和谐中引出来的,它本来是世界的终极目的。这里的世界当然指自然界,但又不止是自然科学眼中的机械论的自然界,而是置身于一个以道德为目的的目的系统中的自然界,它以自然和道德的和谐为终极目的。它最后要达到的是德福一致,那就是至善,至善是世界的终极目的,这就是第一个悬设。之所以在现实世界中我们看不到至善,那是因为还没到来,它是终极目的,最终是要到来的。所谓善有善报,恶有恶报,不是不报,时候未到,这就是对世界终极目的即至善的悬设。"另一个悬设曾是道德与感性意志的和谐",这也是过去时。道德与感性意志的和谐是成圣,你要成为圣人,在现实世界是不可能的,只能不断地接近,所以必须要建立灵魂不朽的悬设。"这是**自我意识**本身的终极目的",自我意识本身,它既是感性的,又是道德的,这两者必须要达到和谐,但又永远达不到,自我意识永远处在这两者的分裂之中,永远处在对自己灵魂的拷问之中。所以它自身的和谐必须要当作一个悬设,设想总有一天会和谐的。这就要设定不朽的灵魂,你具有不朽的灵魂,你就可以期待这两者终有一天会和谐的。"因此第一个悬设是在**自在存在**形式下的和谐,另一个悬设是在**自为存在**形式下的和谐",自在存在和自为存在这两种和谐、这两种悬设的区别很明显。第一个悬设是在自在存在形式下,它是"世界的终极目的",它属于世界,道德与整个自然界、道德和幸福怎么样一致,这是自在存在形式下的和谐。这是人不可能做到的,人怎么可能做到让整个自然界都跟自己的道德相配呢?不但做不到,而且无从着手,只有听天由命,相信有一天必定会有这种和谐的到来。另外一个是自为存在的和谐,这个是可以去做的,虽然最终也达不到,但是可以着手去做,去接近。因为你的自然、你的感性,这个东西是由你控制的,你有自由意志,可以自为地将它纳入到自身的存在中来。

但是,作为中项而把这两端、即两个被思维出来的终极目的联结起来的东西，就是**现实**行动本身的运动。

"但是，作为中项而把这两端、即两个被思维出来的终极目的联结起来的东西，就是**现实**行动本身的运动"，就是说，这两端，一个是世界的终极目的，一个是自我意识的终极目的；一个是客观的，一个是主观的。这两端都是被思维出来的终极目的，用康德的话来说是可思维而不可认识的。而且这两端互不相干，一个是自然界的事，人无从着手，一个是自我意识的事，限于主观之内。但黑格尔认为，有种东西可以把这两端联结起来，这就是人的现实行动。就是说，不管是世界的终极目的也好，还是自我意识本身的终极目的也好，也不管是自在的存在，还是自为的存在，它们的互相联结都要靠人去做，都要靠人的现实行动。世界的终极目的、道德与自然的和谐不会自动到来，你不能什么也不做就等着，因为道德本身就是实践活动，就是在跟自然打交道时以某种理想支配自然。所以自然的终极目的要靠人去现实地行动，或者说，第一个悬设要靠第二个悬设的实现来实现。第二个终极目的本身就是凭借自己的现实行动，通过自己的道德对自己的感性意志的支配，而在不朽灵魂的悬设中趋向道德与感性意志最终的和谐。所以，用道德来支配自己的感性，这样一种现实的行动和实践就是这两种和谐的共同中介，通过人在现实生活中按照道德律而行动，这两个目的都是可以期待的。当然不能完全实现，但是都可以悬设。

这是两种和谐，它们的各环节在其抽象区别中，都还没有成为对象；这只有在现实性中才会发生，在现实性中，各个方面在真正的意识里，每一方都作为他者的**他者**而登场。

"这是两种和谐，它们的各环节在其抽象区别中，都还没有成为对象"，上面这两种和谐，它们的各个环节，像第一种悬设的和谐，它的道德和对象性的自然这两个环节，第二个悬设就是道德和人的感性这两个环节，都只有抽象的区别，还没有成为对象。你抽象的讲当然可以把它们区别开来，人的道德跟外在的自然是不同的，人的道德跟人的感性的冲动也是不同的。但是在这种抽象区别中，它们的这些环节都还没有成为对象。就是说，你知道它们是不同的，但是它们都只是你的悬设，还不是你的行动的对象，你要把它作为对象区别开来，这要靠你的现实的行为，不是靠你的抽象的区别。你抽象地泛泛而谈，你可以想一想人的道德跟自然当然是不同的，人的道德跟人的本能的冲动当然也是不同的，但是你要使它们成为对象，那你就必须要在现实中、在实践中对它们起作用。"这只有在现实性中才会发生"，自然跟道德不同，怎么不同？你去改造一下看看；你的本能冲动跟道德也不同，怎么不同？你去控制一下它，你去支配一下它看看，你就知道怎么不同了。这样它们就成为你的对象了，自然成了你的道德意识的对象，本能冲动也成了你的道德意识的对象；反过来道德也成了你的实践的对象，你的实践就是实践你的道德嘛。你要它成为对象，只有在现实性中去把道德的事情做出来，才会使它成为对象。这不是一个抽象概念的问题。而是一个具体地去实现它的实践问题。"在现实性中，各个方面在真正的意识里，每一方都作为他者的**他者**而登场"，在你现实地去实践你的道德行为的过程中，各个方面，不管是自然界也好，还是你的本能冲动也好，还是你的道德意识也好，都在真正的意识里登场，"真正的意识"，就是真正的对象意识，你意识到你在跟一个对象打交道。在这里，每一方都作为他者的他者而登场，后一个"他者"打了着重号，就是说，每一方都是作为它的对象的对象，每一方都把对方当作对象，互为对象。道德的意识把自然当作对象，自然也把道德意识当作对象，在自然中道德意识对象化了，道德意识成为对象了；同样，在进行道德实践的时候，人把本能冲动当作自己的对象来克服、来战胜，那么本能冲动也把道德意识作为自己的对象来服从、来承受。所以它们互为对象，它们在一种交互关系中登场。

由此生发出来的两个悬设正如以前只是包含着分别为**自在存在着的**和谐及**自为存在着的**和谐一样，现在则包含着**自在而且自为**存在着的和谐了。

"由此生发出来的两个悬设"，从上述两种和谐中所生发出来的两个悬设，也就是至善和灵魂不朽，"正如以前只是包含着分别为**自在存在着的**和谐及**自为存在着的**和谐一样，现在则包含着**自在而且自为**存在着的和谐了"。前面两种悬设，第一种悬设和第二种悬设，它们分别包含有自在存在着的和谐及自为存在着的和谐，或者说前面两种和谐，一个是自在存在着的，一个是自为存在着的。现在人的行动的运动成为了两者的中介，也就是第二种悬设的实行成为了两种悬设的中介，于是两种悬设就成为一体的了，而两种悬设所针对的两种和谐，即自在存在的和谐和自为存在的和谐，现在就都成为自在自为存在的和谐了。虽然两个悬设分别来看要么针对的是自在的和谐，要么针对着自为的和谐，一旦有某种中介把双方结合起来，它们就成为自在自为的和谐了。我们要在现实的实践活动中同时趋向于这两种悬设，那么它将包含着既是自在存在的、而且也是自为存在的和谐。这就已经上到一个更高的层次了，这个更高层次，不再仅仅是自在的，也不再仅仅是自为的，而是自在而且自为存在着的和谐，就需要设定一个更高的悬设，这就是上帝的悬设。我们休息一下。

### ［II．神圣的立法者和不完全的道德自我意识］

"神圣的立法者"，就是上帝，它本身就是包含着一种自在自为的和谐的悬设。"不完全的道德自我意识"，就是个人的道德自我意识，相对的、多样化的道德自我意识。这整个标题以下讲的都是上帝的完全的道德意识和我们的不完全的道德自我意识之间的关系，就是我们即使设定了灵魂不朽，我们在现实生活中的行为的道德性仍然是没有保障的，仍然需要一个神圣的立法者来赋予各种行为本身以道德的含义。也就是说，灵魂在现实生活中虽然被悬设了不朽，但它的众多义务行为只能作为定言命令的例证，只具有逻辑推理的意义，本身还不具有道德含义；只有上帝的悬设才能在现实中把道德性赋予这些行为。另外，前面讲的那两个悬设，一个是道德和自然的和谐、至善，一个是道德和感性冲动的和谐、灵魂不朽；这里要讲的上帝立法则是前面两种悬设结合的悬设。所以德福一致或赏善罚恶最终是由上帝保证的；灵魂不朽的悬设也只有在上帝立法之下才有道德意义，也才配得幸福。黑格尔仍然把灵与肉的和谐归于上帝的安排，否则人的道德自我意识是不可能自足的，在达到无限目标之前，你永远是一种不完全的道德自我意识。只有在上帝眼里作为一个不断趋近于完满道德的过程，道德自我意识才能够被看作一个和谐的整体，没有任何一个阶段是可以去掉的。灵魂不朽正如德福一致一样，对上帝的悬设都有一种依存关系，最终都依赖于上帝的神圣立法。

　　道德意识作为纯粹**义务**的**单纯认知**和**单纯意愿**，在行动中跟那与它的单纯性相反的对象、亦即跟**情况多样**的现实性发生了联系，从而取得了多种多样的道德**关系**。

　　"道德意识作为纯粹**义务**的**单纯认知**和**单纯意愿**"，道德意识本身它是很纯粹的，它作为纯粹义务的确像康德所说的是"为义务而义务"。一方面它是单纯认知，知道什么是义务，同时它又是一种意愿或者意志，愿意单纯为义务而义务。这样一种道德意识，"在行动中跟那与它的单纯性相反的对象、亦即跟**情况多样**的现实性发生了联系，从而取得了多种多样的道德**关系**"。一方面是纯粹义务，康德的为义务而义务；另一方面，道德意识不可能停留于单纯的抽象，而是要在行动中与现实的对象打交道。它的对象恰好是不单纯的，是情况多样的现实性。单纯的道德意识跟不单纯的现实性发生了联系，取得了多种多样的道德关系，也就是从泛泛的联系提升为了必然的关系，"关系"打了着重号。前面讲过，联系Beziehung是偶然的相关性，关系Verhältnis是必然的对比关系、比例关系。道德意识因为跟它的对象相关，而形成了多种多样的道德关系，这种关系有两个关系项，一方面是纯粹的道德意识，纯粹的义务，另一方面是多种多样的现实性，所以这种关系是多种多样的，你跟不同的对象就会发生不同的道德关系。

在这里，就内容而言生发出来的是**众多**的一般法则，而就形式而言，生发出来的则是认知着的意识与无意识之间相互矛盾着的力量。

"在这里，就内容而言生发出来的是**众多**的一般法则"，在内容上有各种各样的道德关系，在这种情况之下有一条法则，在那种情况之下也有一条法则，于是就生发出了众多的道德法则。康德讲他的定言命令的时候，也举了很多例子，与不同的对象发生关系就有不同的道德法则。比如说与自己发生关系，就有不要自杀啊，要发挥自己的才能啊；与他人发生关系，就是不要说谎啊，要与人为善哪，各种各样的例子体现出来众多的一般法则。不要说谎，不要自杀，要与人为善，要发展自己的才能，这些都是属于放之四海而皆准的定言命令，都是众多的一般法则，是就内容而言的。"就形式而言，生发出来的则是认知着的意识与无意识之间互相矛盾着的力量"，从形式方面生发出来的，不管你什么样的法则，它们都有一种共同的形式，就是道德意识的矛盾冲突的力量。道德的力量是一种战斗的力量，是一种克服矛盾的力量，是一种道德意识战胜无意识的东西的力量，这是一种普遍的形式。不管你哪一种具体的道德法则的内容，它在形式上都是这样一种力量。当然这种力量是矛盾着的，正因为矛盾着，所以才有力量，它克服矛盾就体现了它的力量。认知着的意识与无意识之间、对义务的认知和违背这种义务的无意识的本能冲动之间的互相矛盾着的力量，这就是道德关系的形式。

——首先，从**众多的义务**方面来看，那么对于一般道德意识而言有效准的，只是其中的**纯粹义务**；至于**众多义务**，既然是众多的，就只是些[131]**特定的义务**，因而作为这样的义务，它们对道德意识来说就不是什么神圣的东西。

"首先，从众多的**义务**方面来看"，这个"首先"，也就是我们在前面讲的，从道德意识的内容中生发出来的义务，就是众多的一般法则了。

71

我们首先来看这个内容的方面，我们看到了什么呢？"那么对于道德意识一般而言有效准的，只是其中的**纯粹义务**"，所有各种各样的义务，不要说谎啊，不要自杀啊，不要怎么样啊，要怎么样啊，所有这些义务，对于一般道德意识来说都没有普遍的效准，只有其中的纯粹义务，也就是定言命令，才是放之四海而皆准的。定言命令就是纯粹义务，你把它运用到各个方面，就会生发出很多义务了，但是所有这些义务都归结为定言命令这样一条纯粹的义务："要使你的行为的准则成为一条普遍的法则。"相反，"至于**众多义务**，既然是众多的，就只是些**特定的义务**，因而作为这样的义务，它们对道德意识来说就不是什么神圣的东西"，众多义务只是特定情况下的义务，所以它们对道德意识来说就没有神圣性。不要说谎，不要自杀，发展自己的才能，促进他人的幸福，这些都谈不上什么神圣性。例如之所以不要自杀，是因为自杀作为普遍原则是自相矛盾的，如果每一个人都自杀，大家都死光了，就没有人可以自杀了。不要说谎，也是因为说谎一旦成为普遍的原则就会自我取消，等等。这都是一些在康德看来可以设想为一条自然规律的道德法则，就像在自然界中自相矛盾的事情不可能存在，只会自行消灭掉一样，在人类社会中自相矛盾的行为也是不道德的。反之，如果大家都不说谎，大家都不自杀，那么就会形成一个大家都以诚相待而又生机盎然的社会，这就属于一种正反馈，是可以良性循环而不会自我取消的。可见这些法则只是在具体情况下不违背同一律的一些规范，它们并不是什么神圣的东西，提不到神圣性的高度，而只是一种形式逻辑上的要求。康德在《道德形而上学》中曾经区别了伦理义务和德行义务，认为"一切伦理责任都相应于德行概念，但并非一切伦理义务都因此而是德行义务。因为德行义务并不是那种不涉及某个目的（质料，即那种任意的客体），而只涉及道德的意志规定的**形式的东西**（例如合乎义务的行动也必须是**出自义务**而发生的）的义务。只有一个**同时是义务的目的**才能被称之为**德行义务**。因此后一种义务有很多（也有各种德行）；相反，对前一种义务所想到的却只有一个义务,但却是对一切行动都有效的(带有德行意向的)义务。"① 这些众多的义务,康德称之为"本身同时是义务的目的",它们不是无目的的为义务而义务,而是指向某个具体的目的。在康德对于定言命令的那些论证里都是从这样一个层次上展开的,定言命令本身可以是神圣的,但是它所举的那些例子都不是什么神圣的东西,它们的神圣性有赖于另外的来源。这就是道德在内容方面我们所看到的。

但同时,通过**行动**的概念,由于这行动本身包含着多种多样的现实性从而包含着多种多样的道德联系,所以,这些众多的义务必定会**有必要**被视为自在自为存在着的。　{329}

前面一句话是讲"首先"怎么样,首先众多义务、也就是德行义务被看作没有神圣性的;而这句话是"但同时"。也就是另一方面,"通过**行动**的概念,由于这行动本身包含着多种多样的现实性从而包含着多种多样的道德联系,所以,这些众多的义务必定会**有必要**被视为自在自为存在着的"。行动打了着重号,如果我们把众多义务不是看作合乎逻辑的自然规律,而是视为行动的话,那么由于这个行动本身包含着多种多样的现实性,也包含着多种多样的道德联系,所以这些众多的义务必然会有种必要,要被视为自在自为地存在着的。这里"有必要"也打了着重号,为什么有必要? 因为抽象的定言命令不能保证这些行动是道德的,道德行动必须自在自为地被看作是道德的。前面是对这些众多的义务进行了一种贬低,就是这些众多的义务单从抽象的角度看,它们对道德意识来说不是什么神圣的东西,它们是随着对象和场合的不同而不同、而改变的,可以随便列出很多来,甚至不光是康德所说的那四类,例如康德在《道德形而上学》中就列了更多,如不要吝啬、不要阿谀、不要傲慢、不要毁谤,要感恩、要同情、要爱他人,等等。但是同时呢,如果在行动的概

① Kant's Gesammelte Schriften, herausgegeben von Königlich Preußischen Akademie der Wissenschaften, Band Ⅵ, Berlin 1914, S.379-413. 参看李秋零主编:《康德著作全集》第6卷,中国人民大学出版社 2007 年版,第 392—425 页,译文有改动。

念中来理解的话,这些众多的义务本身都是道德行动,既然是道德行动,那么它们就必须被视为自在自为存在着的,即它们本身就是道德的并且本身就在实行着道德。而这样一来,它们不光能够完成道德意识和自然之间的自在的和谐,而且能够完成道德意识和感性之间的自为的和谐。任何抽象的道德教条都做不到这一点,只有道德的行动才能做到这一点,才能使道德意识与外在的及内在的自然都趋向于自在自为的和谐。就是说,道德行动既是主观的行动,同时又是客观的行动,既是自为的,又是自在的,它必然会被视为自在自为存在着的。这样一来,这些众多义务虽然首先作为行动本身并没有什么神圣性,但作为行动的意识却有可能带上神圣性,如果我们不把它们归于单纯的定言命令的抽象法则,而是归于另外一种道德意识的话。这就是下面讲的。

此外,由于它们只能存在于一个道德**意识**中,它们同时也就存在于另外一种道德意识中,这种道德意识与那个只承认作为纯粹义务的纯粹义务才是自在自为的和神圣的义务的道德意识不同。

"此外,由于它们只能存在于一个道德**意识**中,它们同时也就存在于另外一种道德意识中,这种道德意识与那个只承认作为纯粹义务的纯粹义务才是自在自为的和神圣的义务的道德意识不同",这就是为那些众多义务寻求另外的归宿了。这些众多义务何以可能?康德的回答是唯一的,就是由于定言命令而得以可能,它们本身就像自然规律一样,没有神圣性,它们的神圣性寄托在定言命令的抽象公式那里。而现在,作为一些行动,这些众多义务必须由另外一种道德意识赋予它们以神圣性,这种道德意识与康德的道德意识不同,康德只承认为义务而义务的抽象的定言命令才是自在自为的和神圣的。这句话实际上已经暗示了上帝悬设的必要性,这另外一种道德意识也就是上帝的道德意识。上帝不单是一个至善,而且是一种有意识的至善,它把至善作为自己的对象。上帝是一种意识,但是这个意识呢还有待于引出来,而这个地方正是要引出上帝。由于这些众多的义务只能存在于一个道德意识中,"意识"打了着重

号，也就是说它们只能被作为道德对象而意识到，而康德的定言命令作
为纯粹义务是没有对象的，所以这些义务行为作为对象就存在于另外一
种道德意识中，这种道德意识是与纯粹的为义务而义务不同的。所有这
些义务都是另外一种道德意识的对象，另外一种道德意识就是悬设一个
上帝的道德意识，它与我们原来讲的那个道德意识是不同的，与这些义
务本来作为出发点的那个道德意识是不同的。原来的那种道德意识也就
是定言命令，它只承认作为纯粹义务的纯粹义务才是自在自为的和神圣
的义务。而另外一种道德意识即上帝，上帝不光是至善。在康德那里上
帝就是至善，没有什么区别，但是黑格尔把这两层分开了，至善是无意识
的，道德和自然的和谐、德福一致，这里面没有意识的作用余地；而上帝
是有意识的，也就是有对象意识的。所以上帝要凌驾于至善之上，把至
善当作自己意识的对象。上帝不仅仅是和谐，不仅仅是至善，而且是一
种更高的道德对象意识，它是把这种至善的和谐当作自己的对象的一种
意识。这就是由众多的义务里面引出来的，所有这些形形色色的义务，
它们固然有它们的现实性，但是它们没有神圣性；然而所有这些没有神
圣性的东西又必须存在于一个神圣的道德意识之中，由另外一个更高的
道德意识来赋予它们神圣性。

　　于是，这就悬设了**另外**一种意识的存在，这另一意识使众多的义务
神圣化，或者说，把它们当作一些义务加以认知和意愿。①

　　这就引出了上帝的悬设了。"于是，这就悬设了**另外**一种意识的存
在"，也就是上帝存在。"这另一意识使众多的义务神圣化"，"神圣化"，
也就是把它们提升到神圣性了。这些众多的义务就其本身来说，是不神
圣的，它们在康德那里就像是自然规律一样自生自灭，康德讲，你要这样

---

①　　此处黑格尔涉及的是康德有关上帝存在作为纯粹实践理性的悬设的学说，参看康德：
　　《实践理性批判》（《康德著作全集》5.124—132）。此外见费希特：《一切天启的批判》
　　（《费希特全集》5.40,50f.）。——丛书版编者

行动，就像你行为的准则通过你的意志成为一条自然法则那样。自然法则就显现为形形色色的，不要说谎啊，不要自杀啊，等等，而且它们都是按照自然法则发生的。如果大家都说谎的话，如果大家都自杀的话，连自然界都容不了，不会让它们成为普遍的自然法则而存在下去，它们都不能不按照自然法则而走向灭亡；而这样淘汰出来剩下的准则，虽然可以成为自然法则，但是它们没有神圣性。然而，一旦悬设了另外一种意识的存在，就可以使众多的义务神圣化。就是自然界包括人类社会的这样一些"自然规律"，其实都是上帝安排的，都具有神圣性。它们本身在人的眼光里面看起来没有神圣性，但在上帝那里，它们都神圣化了。"或者说，把它们当作一些义务加以认知和意愿"，把这些众多的义务当作一些义务来认知和意愿，这只有悬设了一个上帝之后才有可能。没有上帝的意志，没有对上帝意志的自愿的认同和服从，单凭形式逻辑的不矛盾律和同一律，我们虽然可以认知义务，但并不会意愿它，我们在被迫遵从它时没有神圣感。在康德那里，上帝的悬设是在义务按照形式逻辑规律已然建立起来之后，才作为一种"希望"而推论出来的假设；而在黑格尔这里，义务只有在悬设了一个具有道德意识的上帝之后，对人来说才有可能是道德的，才有道德的神圣性，否则就只是自然法则。康德的纯粹实践理性只是一种理性推理的抽象意志，这种推理的必然性每个有理性者的意志只能承认和服从，但并不投入自己具体的意愿，也不针对特定的对象，而是机械地执行命令，这就成了不具有道德意识的行为。现在，由于悬设了另外一种更高的道德意识的存在，就使众多的义务神圣化了，行动者就可以把这些众多行动本身当作一些神圣的义务加以认知和意愿了。所以这里有两种道德意识，一种道德意识是原来的那种形式化的道德意识，另外一种道德意识呢就是由上帝来保证的具体行动的道德意识。

　　**第一种意识把纯粹义务保持在与一切特定的内容漠不相干的状态，而且这种义务就只是对特定内容的这种漠不相干性。**

　　这就是原来的那种道德意识，即康德讲的那种绝对命令的道德意识。

"第一种意识把纯粹义务保持在与一切**特定的内容漠不相干**的状态",也就是抽象空洞的"为义务而义务",不允许掺杂任何一点特定的、经验的内容。这是康德的一种要求。如果你把道德命令里面加上了任何一种经验的或者感性的成分,那这个道德命令就会败坏了,那就不是绝对的了,那就是有条件的命令了。而道德命令是无条件的命令,它必须是纯粹的,是纯粹实践理性。所以它是与一切特定的内容漠不相干的,而且要一直保持这种漠不相干的状态。"而且这种义务就只是对特定内容的这种漠不相干性",这种义务本身就只是这种漠不相干性,这种完全抽象的形式主义的冷漠性。康德的定言命令完全是抽象形式的,不食人间烟火的,它把所有的内容都抽掉了以后只剩下单纯的准则、法则和意志,它从抽象到抽象,跟所有的内容都不相干。这种漠不相干性就是对经验的超越性,行动本来是含有经验的,是离不开感性的;但是你把行动从经验中单独抽出来,把所有的经验都排除掉,只取它的形式,那就只剩下这种行动的前后一贯性了。所谓的定言命令,无非是行动的前后一贯性,就是使你的准则成为一条普遍法则嘛,那就要行动前后一贯,逻辑上不矛盾,不会自我取消。这就是第一种意识,就是那种纯粹义务,它对特定内容漠不相干,只剩下行动本身的形式上的一贯性。康德的定言命令听起来好像挺复杂的,其实很简单,就是你的行动要不矛盾,要合乎不矛盾律。所以归根结底,这种义务就只是对特定内容的这种漠不相干性。

　　但另外一种意识则包含着对行为的同样本质性的联系,以及**特定**内容的**必要性**;由于这些义务都被这另一意识看作一些**特定的**义务,所以内容本身对于这一意识来说,也就像内容赖以成为义务的那种形式一样具有本质性了。

　　"但另外一种意识",另外一种意识就是上帝了,"则包含着对行为的同样本质性的联系,以及**特定**内容的**必要性**",这是跟前面那种道德意识、那种定言命令的纯粹义务相比,上帝的道德意识与道德行为有同样本质性的联系。前面那种形式主义的定言命令与行为有本质性的联系,同样，上帝的命令也具有对行为的本质性的联系，它这种联系的本质性是丝毫不亚于定言命令的。除此之外，它还包含有特定内容的必要性，这就是定言命令所不及的了，所以这里"特定"和"必要性"都打了着重号。定言命令把一切特定内容都取消了，都抽掉了，认为这些对于道德意识是毫无必要的。但是另外一种道德意识超出于前一种道德意识的地方，就是它包含有特定内容的必要性，不光是形式上的首尾一贯，而且还把所有的那些具体内容都纳入进来了。所以上帝可以把理想和现实、道德和自然、形式和内容都统一起来，而第一种道德意识仅仅是理想，仅仅是形式主义的，是形式和内容的分离。另一种道德意识是对康德的形式主义道德意识的超越。① "由于这些义务都被这另一种意识看作一些**特定的**义务，所以内容本身对于这一意识来说，也就像内容赖以成为义务的那种形式一样具有本质性了"，由于这些众多的义务都被上帝的道德意识看作一些特定的义务，在上帝的眼睛里面这都是一些特定的义务，上帝把它们兼容并蓄，全部纳入进来，把它们当作是必要的，不能放弃的，不能排除的。所以内容本身对于这另一意识来说，就像内容赖以成为义务的那种形式一样具有本质性了，内容本身也就像形式那样，具有了本质性了。本来义务的本质性在于逻辑形式，它使得具体内容成为了义务；而在上帝的眼里，内容本身直接就具有本质性。这种关系有点像莱布尼茨的不矛盾律和充足理由律的关系，充足理由律在上帝那里当然也是不矛盾的，但在事实的真理中这种不矛盾的逻辑关系对于人的理性来说太复杂，我们只能把它们当作以上帝为充足理由的事实来对待。同样，在道德上除了康德的不矛盾律可以成为道德意识的形式上的本质外，上帝这个充足理由的悬设也可以成为内容上的特定义务的本质性和

---

① 其实康德自己也没有完全遵守自己的形式主义原则，形式主义原则只是他为道德的形而上学"奠基"的原则，而在正式的《道德形而上学》中，他以"德行义务"即"本身作为义务的目的"的名义，把几乎所有日常道德的具体名目都纳入进来，当作了道德形而上学的要素。

道德性的保证。在康德那里,形式是内容赖以成为内容的形式,但是在上帝那里,内容也就像这些形式一样,本身就具有了本质性。众多的义务、各种具体情况之下的义务在康德那里是没有本质性的,它们只是作为例子,用来举例说明定言命令的;只有在上帝的眼里,这些内容本身才具有了本质性,上帝能够把这些现实性和道德理想、道德意识完全统一起来。

　　因此,这另一意识就是这样一种意识,在其中,共相与殊相完全是一个东西,所以,它的概念就是作为道德与幸福相和谐的那同一个概念。

　　"因此,这另一意识就是这样一种意识,在其中,共相与殊相完全是同一个东西",共相与殊相,普遍的东西和特殊的东西、逻辑的真理与事实的真理完全是同一个东西。在人眼睛里面当然是完全不同的,而在上帝那里完全是同一个东西。上帝无所不能,在上帝那里没有偶然的东西,偶然的东西就是必然的东西,个别的东西就是普遍的东西,它们都是服从上帝的安排的,都是由上帝的前定和谐所设定的。上帝设定了每一个偶然现象的前定的和谐,包括每一个偶然的事实,都是上帝设定的。这种关系在莱布尼茨的前定和谐假设那里采取了一种极端的形式:由于上帝的前定和谐,没有一根头发掉下来是偶然的,就是任何一件偶然的事情,包括你的自由意志,其实最后都归结为上帝的前定和谐。莱布尼茨甚至想把所有的偶然的东西都还原为一种必然的关系,还原为一种数学关系、计算关系和逻辑关系,他由此奠定了现代数理逻辑的基础。当然在康德那里这种前定和谐被弱化了,那只是我们的一种"悬设",并不能还原为数学关系和逻辑关系;但是这种悬设很有必要啊,正因为有了这种悬设,我们才能够相信这样一种充满偶然性的大千世界里最终会是有道德的。黑格尔则在另一种意义上强化了这种和谐的现实性,他强调在这种和谐中,共相与殊相完全是同一个东西。"所以,它的概念就是作为道德与幸福相和谐的那同一个概念",上帝的概念就是至善的概念,就是德福一致的概念。德福一致在莱布尼茨那里表达为:我们现有的这个世界是上帝所创造的所有世界中最好的世界。所有的东西在你看来是不幸的，但在上帝那里都是最好的，你只能得到这样的幸福，你的不幸就是你的幸福，就是你的万幸。莱布尼茨的这种观念受到了很多人的批判和嘲笑，包括黑格尔也批判他这种庸人的盲目乐观主义。黑格尔把德福一致的概念和上帝的概念区分为两个不同的层次，虽然这两个概念是同一个概念，但是上帝是把德福一致当作自己的对象，所以上帝还是有意识的，它不是无意识的。德福一致本身是没有意识、没有对象的，它是一个静止的状态，上帝则是面对这个对象的一种意识、一种有意识的行动，这个就跟莱布尼茨的假设和康德的悬设都不一样了，它既不是既成事实，也不是等待在遥远未来的一个目标，而是现实趋向未来的整个活动。至此，康德的三大悬设，一个是自由意志，一个是灵魂不朽，一个是上帝存在，这个体系在黑格尔这里被改造成了这样一些悬设：一个是道德和自然相和谐的悬设，德福一致的至善；一个是道德和本能冲动相符合的悬设，灵魂不朽、成圣；再一个呢，是上帝的悬设，它把德福一致和成圣作为自己的对象来立法。

　　因为这种对立同样表现出那**自身等同的**道德意识与那作为**复多存在**而和义务的单纯本质相冲突的现实性之间的分割。但是，如果说第一个悬设只表现了道德与自然之间的**存在着的**和谐，因为在那里，自然是自我意识的否定，是**存在**环节，那么现在相反，在这里，这种**自在**本质上被作为意识建立起来了。

　　为什么说上帝的意识是道德和幸福相和谐的同一个概念呢？"因为"，这个"因为"要管到这一句和下一句，所以我们把这两句放到一起来看。"这种对立同样表现出那**自身等同的**道德意识与那作为**复多存在**而和义务的单纯本质相冲突的现实性之间的分割"，这种对立，道德和幸福的对立，表现出一方面是自身等同的道德意识，也就是为义务而义务的抽象法则；另一方面是作为复多存在而和义务的单纯本质相冲突的现实性，这两者之间的分割。道德和幸福的对立实质上就是抽象的道德义务和现实的自然之间的分离，如果仅仅着眼于这一点，则道德和幸福是无法相和谐的，我们只能把这种和谐当作一种抽象的悬设摆在那里供人仰视。"但是，如果说第一个悬设只表现了道德与自然之间的**存在着的**和谐，因为在那里，自然是自我意识的否定，是**存在**环节，那么现在相反，在这里，这种**自在**本质上被作为意识建立起来了"，这个"但是"就是说，尽管道德意识与现实性之间有那些冲突，而为了调和这一冲突所悬设的和谐又只是一个静止不动的抽象理念，一个自在之物。但是，第一个悬设只表现了道德与自然之间的存在着的和谐，"存在着的"打了着重号。接着又讲，因为自然是自我意识的否定，是存在环节，"存在"又打了着重号。可见这里强调的是存在，是这种存在的无意识性，是它作为自在之物的自在性，人的意识、道德意识并未参与其中，而是被排除、被否定了。那么现在这个悬设呢就反过来了，也就是在上帝这样一个悬设中，这种和谐的自在本质上被作为意识建立起来了。"自在"在这里也打了着重号，这种自在本来是前一个悬设作为一种假定的至善理念，作为一种没有意识参与其中的不期而至的理想来设定的，德福一致的希望摆在那里，你去追求就是了，至于什么时候追求到，甚至是否能够追求到，这个你不用管。而现在在这里呢，这个自在的理念本质上被作为意识建立起来了。就是说，德福一致不是一种单纯的自在，而是上帝意识的对象，它在你的每一个行动中都被作为上帝的意识建立着，成为了你自己的一种自为的存在。上帝意识使德福一致在你的行动中见效了，作为悬设，作为一种假设和要求，它实现为你的现实中的道德行为，使你众多的义务获得了现实的神圣性。于是这个上帝的悬设就是自在自为的悬设，而不同于前面至善、德福一致的自在的悬设，也不同于道德和感性冲动的一致的自为的悬设。上帝的悬设既是自在的同时又是自为的，前面的悬设都是由它来保证的。

因为，存在着的东西现在拥有了**义务内容**的形式，或者说，它就是在**特定义务**上的**规定性**。

"存在着的东西"，万物，自然界，都是存在着的东西，现在呢，"拥有了**义务内容**的形式"，就是说，它获得了义务内容的资格。凡是义务都必须要以存在着的东西为自己的内容，不可能有别的内容，更不可能没有内容，而义务则是它的形式。当我们用上帝的眼光看世界，那么自然万物都是上帝让人去完成义务的材料，它们本身就是能够跟道德相一致的。本来德福一致就是道德跟自然界的一致，但是现在，自然界不再是一种被动的、一种被道德所统摄的存在，也不是偶然遭遇到道德的存在，而是存在着的东西自己就拥有了义务内容的形式，它本身就以义务内容这种形式出现。上帝在创造它的时候就是为了让它充当义务的内容的，它跟道德不再是一种外在的关系，而是上帝在创造这个世界的时候呢，就使万物都具有了完成义务、充实义务的内容这一道德使命。"或者说，它就是在**特定义务**上的**规定性**"，存在着的东西现在就是对特定义务的规定性，或者说是对义务的具体规定，用康德的话来说，它们是"本身作为义务的目的"，是德行义务的目的。存在着的每一样东西都是对抽象一般的义务的一种具体规定，因此都是用来实现这个义务的。每一件事情都是合理的，都有它的义务。它义务何在，究竟什么是它的义务，这我们不知道。一次地震也带有它的使命，它的目的是什么，我们不知道，但上帝知道。上帝把这样一些存在着的东西作为特定义务的一种规定性而创造出来，也就是说在上帝的有意识的创造之下，德和福、道德和自然达到了统一，它们都是上帝的有意识的作品。这样一来万物都成了义务性的，都成了道德性的，都带有了神圣性，这样的道德世界观是由于悬设了一个上帝而带来的。

　　所以自在就是那些作为**单纯的本质性**而存在、即作为思维的本质性而存在、并因而只存在于一个意识中的诸义务的统一体。

　　"所以自在"，"自在"是指那些客观存在着的东西，就是与意识的自为存在相对立的自然界，这种自然和道德的和谐是一种自在的和谐，是一种自在的至善，前面已经讲到它是无意识的，是和意识相对立的。

自在是什么呢？ "就是那些作为**单纯的本质性**而存在、即作为思维的本质性而存在、并因而只存在于一个意识中的诸义务的统一体"，简化一下这句话：自在就是那些义务的统一体。每一个自在的存在现在都赋了了义务、都成了义务的内容嘛，所以自在就成了那些义务的统一体。而那些义务存在于一个意识中，也就是存在于上帝的意识中，它们不再是无意识的了，它们在上帝的意识中是作为单纯的本质性而存在的，也就是作为思维的本质性而存在的。所以，是上帝把自在当作诸义务的统一体，将它纳入自己的意识中作为自己的对象。众多的义务现在只存在于一个意识中，只存在于上帝的意识中，它们都成了上帝的思维的单纯本质性，并且构成一个统一的自在对象。有了上帝的悬设，一切都很清晰了，上帝的意识没有那么复杂，非常单纯，这就是上帝的"道"，就是上帝说的话。上帝说，要有什么，就有了什么。所以上帝创造世界，因为它是最单纯的本质，它不是借助于这个那个质料来创造世界的，上帝创造世界就凭它的"道"，凭它的"说"，上帝说：要有光，于是就有了光。但是上帝是从哪里拿来创造出光的质料呢？这个问题不能对上帝提出。因为上帝不需要任何质料。上帝完全是作为单纯的本质性、即作为思维的本质性而存在的，那么所有的自在都是这样一种义务的统一体，这些义务在上帝那里都是单纯的，都是思想，上帝就是思想。所以整个自在都作为那些义务的统一体被统一于上帝的意识中，那些内容现在都被提升了，都被升华了，都被上帝的单纯的意识提升为它们的本质性了。万物的自在的本质性就是上帝，就是上帝的意识，就是上帝的思想。看起来五花八门，多种多样，但是归根结底就是一个上帝的思想。

　　这个意识于是从现在起就是一个世界主人和世界统治者，它使道德与幸福达成和谐，同时将诸义务作为**众多的义务**而神圣化。　　　　[132]

　　"这个意识"，即上帝的意识，"于是从现在起就是一个世界主人和世界统治者"，这个是直接把上帝抬出来了。前面还只是拐着弯说另外一种意识啊，另外一个悬设啊，现在则明确直说了，这个意识就是一个世界主人和世界统治者。为什么现在成了一个世界主人和世界统治者？因为它使一切自在的东西都成了德行义务的内容，都只是对思想中的本质性所作的特定的规定性。以这种方式，"它使道德与幸福达成和谐，同时将诸义务作为**众多的义务**而神圣化"。就是说，上帝的意识一方面使德福一致得以完成，不再是靠碰运气，而是一个有意识的行为；另一方面，使那些本来没有神圣性的众多义务神圣化了。我们在完成具体的义务时免不了要和自然界打交道，这使我们觉得自己的行为不够神圣，好像只是在遵守一种自然律；但现在，上帝存在的悬设使我们感到自己真的是在完成一件神圣的使命，我们对我们在道德行动中接触到的自然对象不再是避之唯恐不及，而是当作上帝的有意安排，一切自然界的自在的东西，由于上帝的存在，都被神圣化了。所以这就是一个世界的主人和世界的统治者，它把所有这些自在的存在都在它的意识中统一起来了，并导致了道德与幸福的和谐以及众多义务在现实中的神圣化。本来众多的义务对道德意识来说不是什么神圣的东西，但是由于有上帝，它就把现实中实行的众多义务神圣化了。

这样一种做法就意味着：对**纯粹义务**的意识而言，特定义务不能直接是神圣的；但既然特定义务，由于那本身是一特定行动的现实行动之故，同样也是**必要的**，所以特定义务的**必要性**就在上述那个意识之外，而落入另外一种意识中去了，而这另一意识因而就是特定义务与纯粹义务的中介性的东西，就是特定义务也有效准的根据。

"这样一种做法就意味着"，这个是总结前面的悬设，这种悬设的意义何在，为什么要提出一个上帝的悬设。"对**纯粹义务**的意识而言，特定义务不能直接是神圣的"，这个前面已经讲了。在纯粹义务的意识面前，在定言命令面前，其他的那些具体的德行义务只能当作例子来看，而不能够直接看作是神圣的。它们都是由纯粹义务的定言命令派生出来的，是抽象的纯粹实践理性在现实生活中所造成的例证。我们可以举例来说明,定言命令它在现实中是怎么表现出来的,比如说,你不能把说谎当成普遍法则,否则你就会受到定言命令的必然性的制约,你就会导致这一法则自我取消,只有当你把不说谎当作普遍法则的时候,这样的法则才有可能良性循环。这是从纯粹义务推出来的,但它带上了自然法则的色彩。其实,说谎作为普遍法则为什么会自我取消呢? 无非是每个人都怕自己吃亏,于是不相信任何谎言,结果任何谎言都因为没人信而不起作用了;而不说谎这样一条法则却不会使任何人受到损害,所以才能良性循环。可见这条义务法则是建立在人的利益考虑之上的,是建立在人性自私以及现行的私有制之上的。显然,这样一个特定的义务它不能够直接是神圣的,为了怕自己吃亏而希望每个人都不说谎,大家都追求一个不说谎的世界,这有什么神圣性呢? 所以特定义务本身直接不能是神圣的。"但既然特定义务,由于那本身是一特定行动的现实行动之故。同样也是**必要的**",就是说,既然特定义务不是神圣的,而是世俗功利的,那么是否可以在纯粹义务中完全把它去掉呢? 肯定不行,因为那样一来纯粹义务就成了空的了。特定义务由于它本身是现实的行动,唯有它才能够把纯粹义务、把定言命令实现出来,因此它正如纯粹义务一样,也是必要的。就是康德自己在提出定言命令之后,他也还要举各种特定义务的例子,如果他不举这些例子,他那个纯粹义务就是架空的,没有用的。在他的《道德形而上学》中,定言命令是一,是伦理义务,而特定义务是多,是德行义务(参见其中的"德行论导论"第二节)。"所以特定义务的**必要性**就在上述那个意识之外,而落入另外一种意识中去了",这句话是关键性的。"上述那个意识"就是纯粹义务的意识,也就是康德的定言命令,但它本质上并不需要这些特定的义务,这些特定义务不过是他为了通俗化而举的一些例子。所以特定义务的必要性就在定言命令之外,而落入另外一种意识中去了,也就是落入到上帝的意识中去了。光是从定言命令来说,那特定义务是不必要的,有这个纯粹义务就够了,我有定言命令就够了,只要"为义务而义务"就行了。但是它又必须要落到实处，要指导人们在现实生活中如何行动，这种必要性不是由它本身带来的，而是要另外加以设定。这正如莱布尼茨除了逻辑的不矛盾律之外，还要另外设定充足理由律，并由此来证明上帝存在，是一个道理。纯粹义务它自给自足，它是道德自律，它不需要在现实中来检验它，它本身就是一个纯粹实践理性的事实，这就够了，我为义务而义务就够了。至于在现实中它会得到什么样的后果，它并不考虑。但是这样一来，它就是空的，无法应用于现实的道德生活中。所以还是有这种必要性，还得举这样一些现实的例子，哪怕这些例子建立在偶然性之上，例如说建立在私有制和个人的私心之上。那么这些现实的例子就不能单由这种纯粹义务来解释了，必须由另外一种意识来解释，所以特定义务的必要性就在纯粹义务的意识之外，而落入另外一种意识、就是上帝的意识中去了。这样一种必要性是上帝安排的前定和谐，而不是由定言命令安排的逻辑结论，定言命令固然也离不开这个现实性，但这个现实性不是由它安排的。"而这另一意识因而就是特定义务与纯粹义务的中介性的东西，就是特定义务也有效准的根据"，这个上帝的意识就是特定义务与纯粹义务的中介，只有它才能把这两个层次的义务，一个是普遍的定言命令，一个是现实中的特定义务，作为形式和内容结合起来。靠什么来实现普遍和特殊的结合？靠上帝的安排。上帝把现实性和定言命令双方都纳入自身之内，作为一个统一的意识，所以上帝就成了这两种义务的中介，并且是特定义务也有效准的根据。在康德那里只有纯粹义务才有效准，一切都要靠纯粹义务来衡量；但是在黑格尔这里，他认为上帝保证了这一特定义务本身也能够有效准。你那种纯粹义务、定言命令必须要在现实中实行，必须要在现实中得到现实的检验。当然康德实际上也是这样做的，在《道德形而上学奠基》中，康德的定言命令有三种表达形式嘛，研究者们称之为三个变形的公式。一个是，你要这样行动，就像你的行为的准则通过你的意志成为一条普遍的自然法则那样；第二个就是，你要这样行动，把不论是你人格中的人性，还是任何其他人的人格中的人性，任何时候都当作目的，而不仅仅当作手段；第三个，就是每个理性存在者的意志都是立法的意志。这三种表述都是从这个纯粹的定言命令引申出来的派生的原理。为什么要有这些派生的原理？它们是不是绝对必要的？康德的解释是："为的是使理性的理念（按照某种类比）更接近直观，并由此更接近情感。""如果人们同时想给德性法则提供一个入口，那么引导同一个行动历经上述三个概念，并由此使它们尽可能地接近直观，这是很有用的。"① 这种解释不是带本质性的，而只是一种为纯粹义务服务的权宜之计，方便法门，当然是不能使黑格尔满意的。黑格尔则是在上帝那里找到了特定的义务跟纯粹的义务之间的必然性的中介。经过上帝的保证以后，那么特定义务也能够独立地有效准了，甚至比纯粹义务更有效准，更受到黑格尔的重视，黑格尔由此把康德的形式主义强行扭转到了现实存在的方向，历史发展的方向。因此康德的那种纯粹义务并不是那么高高在上的，经过上帝这个中介，它可以回到我们世俗生活中的义务中来。在康德那里，定言命令是一个形式逻辑法则，这个逻辑法则不是用在理论上，而是用在实践上，其实就是要使你的行为保持永远不自相矛盾，符合矛盾律，这个是很抽象的；但是，借助于上帝对现实性的保证，把现实性纳入到这样一种理解中来，所以世俗的各种各样的义务不但成为了定言命令的必不可少的例子，并且甚至成为代替定言命令起作用的法则。康德的定言命令为什么有三种不同的变形的公式，在黑格尔看来就是这样来的，但实际上需要最后由上帝的悬设来保证，不然的话是无法自圆其说的。因为你的定言命令作为"纯粹"实践理性原则，本身就已经排除了自然规律，已经排除了目的性，你又要使它"好像"是自然律，又要把人性当作目的，那怎么解释啊，不是自相矛盾嘛。所以黑格尔对康德的思想加以发挥，把康德的上

---

① ［德］康德：《道德形而上学奠基》，杨云飞译，邓晓芒校，人民出版社 2013 年版，第 74、75 页。

帝悬设转用到了这个地方，并由此引向了他自己的更看重现实生活的道德观。今天就到这里。

\*　　　　　\*　　　　　\*

我们上次讲到了黑格尔提出的道德世界观，道德世界观里面必须要有一系列的悬设，具体来说就要有三大悬设，三个悬设构成一个圆圈。所以它是一整圈的悬设。从道德和自然相和谐这样一个至善的悬设引出了其他的两个悬设，一个是个体的道德义务与感觉、与感性相互的和谐，但这个和谐在现实中是实现不了的，必须要无限地往后推延；再一个呢就是上帝，作为一种另外的道德意识，把前面两种和谐都包含在内，作为自己的对象。所以这是一个"正反合"的结构，正题就是道德和自然的和谐；反题就是在人身上道德和自然的和谐永远地不断往后推延；合题呢就是在上帝身上，自然和道德的无意识的和谐通过人的道德意识行为而得到提升，成为上帝的道德意识中的和谐。这是我们上次讲到的，在上帝身上，所有的现实的众多义务都具有了绝对的衡量标准，并不因为它们是现实的就不是义务，它们在上帝那里获得了它们纯粹义务的根据。三大悬设已经提出来了，那么我们今天要讲的呢，就是分析它们之间的关系，尤其是分析它们之间的那种对立的、矛盾的、同时又是统一的关系。也就是分析有限的个别意识，它跟上面提到的悬设之间有一种对立的关系。

<u>但在现实行动中，意识把自己当作这一个自我，当作一种完全个别的东西来对待；它针对着的是现实性本身，并以现实性为目的；因为它意在实行。</u>

前面已经引出了上帝这样一个悬设，现实的众多义务都要依赖于上帝作为它们的衡量标准。所以这个"但"就是转折，从这个彼岸的高高在上的衡量标准回到我们的现实生活中来。"但在现实行动中，意识是把

自己当作这一个自我，当作一种完全个别的东西来对待"，我们现实中的这些特定的义务，虽然带着纯粹义务的标准，但在现实中我们到处遇到的是一些现实的情况，我们每个人的情况都很特殊，都有一个完全个别的自我。虽然我们每一个人的自我在意识中、在思想中都有一个纯粹义务的标准；但是我们在现实的行动中，我们不能不把自己当作"这一个"，deses，这个特定的自我。我是一个个体，我谁也不能代表，只能代表自己，是完全个别的。"它针对着的是现实性本身，并以现实性为目的"，你要作为一个现实的行动，当然你就必须要去实干，除了一般的纯粹义务标准之外，必须要"以现实性为目的"，要针对现实情况作具体的考虑。"因为它意在实行"，就是一个实际行动的自我，它当然就要把它的意志实行出来，实现出来。它在行动中是以它自己的现实的个别性作为它的目的的。

所以，**义务一般**就在它之外而落到了另一本质中去了，而这另一本质乃是纯粹义务的意识和纯粹义务的神圣立法者。①

"所以，**义务一般**就在它之外而落到了另一本质中去了"，就是纯粹义务并不包含在行动的意识本身里面，它是由外面加给行动意识的，是在另外一个本质之中，而不是在行动的意识之中，不在它的现实性之中。落到什么样的本质中去了呢？"而这另一本质乃是纯粹义务的意识和纯粹义务的神圣立法者"，一个是"纯粹义务的意识"，这个"意识"，我们前面讲了，在黑格尔这里相当于对象意识。纯粹义务的意识就是对纯粹义务的意识，就是把纯粹义务当作一个对象来意识，这是和康德的"为义务而义务"的纯粹义务不同的，康德的纯粹义务是没有对象的，自身也不

① 黑格尔这里接受了康德的公式，参看康德：《实践理性批判》第 236 页注释："上帝是唯一神圣的、唯一永福的、唯一智慧的；因为这些概念已经具有不受限制性了。这样一来，上帝按照这些概念的秩序也就是神圣的立法者（和创造者），善意的统治者（和保护者）及公正的审判者。"［中译者按：参看中译本人民出版社 2003 年版第 179 页注］此外参看费希特：《对一切启示的批判》，《费希特全集》第 5 卷，第 105、140 页。——丛书版编者

是一个对象。再一个是"纯粹义务的神圣立法者"，也就是拥有纯粹义务的意识的立法者，或者说把纯粹义务作为对象建立起来的立法者。这样一个与康德的道德意识不同的另外一种本质就是上帝，只有上帝才能够把纯粹义务作为对象来意识，来为纯粹义务立法。这就是另外一个本质，在它那里，我们的行动不再只是纯粹义务的一个现实的例证，而是本身就具有道德的神圣含义。我们在行动时仍然保持有一个纯粹义务的意识，但这个纯粹义务的意识呢，是由行动者之外的另外一种本质的立法而建立起来的，也就是由上帝建立起来的，而不是单凭我自己心中抽象的道德律建立起来的。

行动着的意识，正因为它在行动着，对它来说，直接有效准的是纯粹义务的他者；因此纯粹义务就是另外一个意识的内容，并且只是间接地、也就是在另一意识中对行动着的意识而言是神圣的。

"行动着的意识，正因为它在行动着"，行动的意识就是现实的意识，它在现实中行动着，"对它来说，直接有效准的是纯粹义务的他者"。正因为它在行动着，所以，对它有效准的不是纯粹义务，而是纯粹义务的他者，是不同于纯粹义务的东西。我们在行动中，你要时时考虑纯粹义务那就没法行动了，你必须要先把纯粹义务撇开，你要考虑你的行动的现实处境，你的手段、你的对象，你所能够抓得住的东西，你要考虑这些东西。这些东西都不是纯粹义务，它们都是纯粹义务的他者。你把纯粹义务作用于这些他者之上，但是在作用的过程中，你要盯着这个他者，针对它发出行动，所以这时候直接有效准的是纯粹义务的他者。"因此纯粹义务就是另外一个意识的内容"，纯粹义务不是行动着的意识的内容，而是另一个意识的内容，另一个意识也就是上帝的意识。上帝的意识跟行动的个别意识两者是不一样的，个别意识现在着眼于行动的具体对象，纯粹义务还在心中，但是，它是另外一个意识的内容，"并且只是间接地、也就是在另一意识中对行动着的意识而言是神圣的"。这个纯粹义务是神圣的，但是它是间接地在另外一个意识中，也就是在上帝那里，才是神圣的。是上帝使这些行动神圣化了，是上帝降临到行动着的意识身上，以这种方式，它的道德行动才具有神圣性。我把纯粹义务付之于行动，用来对付纯粹义务的他者，对付那些不同于纯粹义务的东西。我要把纯粹义务在它们中实现出来，我要做成这件事。而间接的，纯粹义务还高高在上，作为上帝的命令，它具有神圣性，它对我的行动来说，具有一种指导意义。但在行动中呢，我主要面对的是怎么样完成这个行动，怎么样把这个行动成功实现出来，所以我所面对的是纯粹义务的他者。而这个纯粹义务的标准呢是在彼岸，它是另外一个意识的内容。

　　因为另一意识的建立是由于义务作为**自在自为地**神圣的东西的效准而落到了现实意识以外，于是这样一来，现实意识作为**不完全的**道德意识，一般而言，就是立足于一个片面的。　{330}

　　"因为另一意识的建立是由于义务作为**自在自为地**神圣的东西的效准而落到了现实意识以外"，这个上面已经讲了，另一意识是如何建立起来的，就是由于义务作为神圣的东西的效准不是由行动的意识或者说现实意识来承担，而是由一个上帝的悬设来承担的。纯粹义务，作为自在自为的神圣的东西，它是在彼岸自在的，而且它又是自为的，它自己作为标准来衡量一切，赋予现实的众多义务以神圣性。义务就是这样一个神圣的东西的效准，它落到了现实意识以外，也就是说在彼岸，不在我们的现实生活中，不在我们的行动意识中。"于是这样一来，现实意识作为**不完全的**道德意识，一般而言，就是立足于一个片面的"，既然那个神圣东西的标准是在彼岸，那么反过来看，现实意识就只是一种不完全的道德意识，它一般来说是立足于一个片面的。现实的意识、行动的意识，它带有纯粹义务的效准，但是这个效准是从彼岸来的，所以它只是一个不完全的道德意识。这种不完全的道德意识和另一个神圣的立法者的道德意识是对立的，所以这一小节的标题就是"神圣的立法者和不完全的道德自我意识"。上帝的神圣立法是完全的道德意识，而现实的意识是行动的意识，在实际的现实行动中，意识把自己当作这一个自我，是一个完全个别的东西，所以这样一个现实的意识是不完全的，一般来说是立足于一个片面的，具有片面性。你要造成一个现实，那你就具有片面性，虽然你带有纯粹义务的效准，但是，你的眼光意在实行，你必须把你的眼光放到现实的处境、现实的手段、现实的条件等等身上，所以它是立足于这样一个片面的。一个行动它有两个面，一个呢就是你有纯粹意识的效准，另外一个呢，就是纯粹意识、纯粹义务所针对的"他者"，你也要考虑。否则的话，你的行为就不能够完成。这样一个现实的意识作为不完全的道德意识，它毕竟也是现实的道德行动啊，但它的道德意识是不完全的，它考虑的是一个片面。考虑的是一个他者。

所以，它既是按照其**认知**而知道自己是这样一种道德意识，这种道德意识的认知和信念是不完备的和偶然的；同样，按照其**意愿**它也知道自己的那些目的是受感性所刺激起来的。

既然现实的这种不完全的道德意识是片面的，"所以"，这个"所以"后面推出两个方面，一个是按照认知，一个是按照意愿。我们前面讲过，任何一个道德意识，它都有这两个方面，这两方面其实是同一个道德意识，一方面它有意志，它要去做，另一方面它同时又意识到自己的这个意志，具有一种认知层面。"所以，它既是按照其**认知**而知道自己是这样一种道德意识"，这就是第一方面即认知方面，它知道自己是这样一种道德意识，是什么样一种道德意识呢？"这种道德意识的认知和信念是不完备的和偶然的"，它知道这一点。就是说，这种道德意识在认知方面、在信念方面，这个信念也就是确信，即在认知上的确定性，它确信自己是不完备的和偶然的。就是说自己这种道德意识是不完备的和偶然的，因为人都是个别的、有限的，人不可能完全把握住自己，认为自己的道德彻头彻尾毫无疑问地就是道德的，凡是这样认为的人，都是把自己当作上帝了。认为自己行为就是绝对正确的，对自己没有任何怀疑，但是实际上这样一种道德意识在认知方面是不完备的和偶然的，它应该知道这一点。

因为它在行动中遇到的都是一些偶然的处境或条件，它能够支配的都是些偶然的他者或对象。"同样，按照其**意愿**它也知道自己的那些目的是受感性所刺激起来的"，按照其意愿，它要去做这些事情，但它的那些目的呢，它也知道，都是受感性所刺激起来的。前面的"认知"是说，它的这样一种行为是受条件、受周围环境所限制的，所以是不完备的和偶然的；那么这里就"意愿"方面来说呢，它自己的目的也是受自己的感性刺激起来的，是受感性影响的。任何道德行动没有感性的要素是不可能的，像席勒讽刺康德的那样，怀着一种厌恶的心情去做道德的行为，那是不可能的。即算有厌恶的感情，但是你之所以还是去做道德的行为，仍然是有某种感性在刺激你，你觉得不这样做不行，你非得这样做。就连康德自己也引进了一种敬重感，作为道德行为的情感动机。所以在认识和意愿这两个方面，人的这种道德行动都是有限的，都不是完备的，它受到外在自然和人的内在自然的束缚。

　　因此，由于它的无价值之故，它就不能把幸福视为必然的，而只能视为某种偶然的东西，并且只能指望从恩典中得福。

　　"因此，由于它的无价值之故"，也就是由于这样一种不完全的道德意识的无价值，"它就不能把幸福视为必然的"，它本身就是不完备的偶然的，并且是受感性刺激起来的，它本身没什么价值。道德意识从它的这个片面性来看，它是没有什么价值的，那么因此呢，它就不能够把幸福看作是必然的，用康德的话来说，这种道德意识是"不配"得幸福的。你凭什么就应该得到幸福呢？你没有得到幸福，又有什么可以抱怨的呢？你为什么必然会得到幸福，这个就没有理由，从它自身找不到理由。你想得到幸福这不错，但是你不能把自己的这种道德行动当作你自己获得幸福的一个本钱，一个理由，一个条件。这个是没有理由的，所以不能把幸福视为必然的。"而只能视为一种偶然的东西，并且只能指望从恩典中得福"，万一你得到了幸福，那你就只能把它看作是偶然的东西。我何德何能，能够有资格获得这样一种幸福呢？所以一旦获得了幸福，你就必须要感恩，你只能指望从恩典中得福，你的幸福是从上帝那里"白白地"获得的，是出自上帝的恩典和慈悲，而不是你自己努力的结果。上帝为什么要给你恩典？这个没有理由，上帝是白白地给了你恩典。基督教新教的观点就是上帝的恩典没有理由，并不是你做了什么事情，所以上帝就来报偿你，而是白白地给你，这也是基督教原教旨主义的观点。天主教有点不一样，天主教更看重另一方面，所谓赎罪券，你付出了财产，你做足了善功，那你凭借这点就可以获得幸福。但是新教强调你作为现实的行动者，哪怕你做道德的行为，都是没有完全的道德性的，你的这样一种道德意识是不完备的，是偶然的，不足以凭借这一点去要求获得你的幸福。这是基督教中的新教的观点。

不过，尽管这种意识的现实性是不完全的，它的**纯粹**的意志和认知却毕竟把义务当作了本质；所以在概念中，就其与实在性相对立而言，或者说在思维中，这意识是完全的。

"不过，尽管这种意识的现实性是不完全的"，这句就转过来了。前面强调你对幸福的指望是没有理由的，因为你的道德意识是不完备的，你没有资格得福。这里转而讲，尽管这种意识的现实性是不完全的，也就是从现实性来看，你的道德意识是不完全的，"它的**纯粹**的意志和认知却毕竟把义务当作了本质"，这里"纯粹"打了着重号。就是说尽管它的现实性是不完全的，但是它的纯粹的意志和认知却是把义务当本质的。就是我们不看效果和过程，只看动机的话，可以看出这种道德意识是完全纯粹的。这里又讲到意志和认知，从它们的纯粹性这方面来看，毕竟是把义务当作本质的，在动机中是为义务而义务的。它把那些现实的东西都撇开，为义务而义务虽然是一个理想，没人能做到，但是就它的纯粹意志和认知来说，它想要这样做，而且它认知到了必须这样做，这还是了不起的。人能够想到为义务而义务，并且愿意尽量地这样去做，这还是了不起的。虽然就现实性来说呢它是不完全的，这种道德意识是不完全的。但是它毕竟把这种义务当作了本质。"所以在概念中,就其与实在性相对立而言,或者说在思维中,这意识是完全的",这个道德意识在概念中或者说在思维中倒是完全的。注意这里"在概念中"有一个附带的条件,"就其与实在性相对立而言",也就是抽象概念,与实在性对立的概念。真正的概念是跟实在性不对立的,它应该是思维和存在的统一,把思维和存在统一起来的就是概念。而这里是在与实在性相对立的意义上的抽象概念,那就是"在思维中"了。"在概念中",你把它的实在性这一方面去掉,那剩下的就是思维,就是"在思维中"。在思维中这个意识是完全的。前面讲的是在现实中这意识是不完全的,但是,在纯粹思维中却是完全的,例如康德的道德意识就是仅仅在思维中来谈的。虽然在现实中做不到,但是我的主观的意志是实践理性的要求,要我们"为义务而义务"。没有人能做到"为义务而义务",但是,这是我们的要求,这个要求是每个人都一定会有的,必须去做的。那么这样一种意识呢,就思维来看,它是完全的。当然就现实中实现出来、就它的行动来看肯定是不完全的,但是在思维中它已经完全了。所以康德的道德可以说为西方近代以来的道德奠定了理论基础,虽然做不到,但是在理论上它已经完成了,由于康德的理论,我们已经知道应当怎么做了。所以整个黑格尔讲道德的这一章基本上就是围绕着康德来讲的,当然后面还有费希特啊、谢林啊他们的一些发挥,但是从理论上来说,康德已经对于西方近代的道德做了理论上的完成,"在思维中,这意识是完全的"。但是现在问题就是,这样一个完成了的道德意识跟现实之间到底是个什么关系? 这个是康德没有解决的。但是纯粹从理论上、思维上来说呢,他是自圆其说的。他已经完成了这个体系。

　　但是,绝对本质正是这种被思维的东西,是被悬设于现实性彼岸的东西;因而它是这样一种思想,在其中,道德上不完善的认知和意愿被看作是完善的,同时也因为绝对本质把这认知和意愿当成十分重要的,它因此也就按照配得上的评价、亦即按照应归于这认知和意愿的**功劳**来分

[133]

配幸福了。①

　　前面讲了，道德意识有两个方面，从现实性上来说呢，它是不完全的，而在思维中它又是完全的。"但是，绝对本质正是这种被思维的东西"，前面的这个两方面，一个是现实的，一个是纯粹思维中的，都是讲的同一个意识。但是绝对本质正是被思维的东西，这个"但是"就是一个转折，就是说，前面讲的是意识中的两个方面，但是，绝对本质正是被思维的东西，正是其中的思维方面的对象。绝对本质已经不在这个意识之中了，已经是彼岸的了，但它还是这个意识中的思维方面的对象。在思维中，这意识是完全的；虽然是完全的，但是它还是停留在意识之中；但是绝对本质呢，就是这种被思维的东西，是你在意识中所思维的那个东西，它本身已经不是你仅仅主观的意识了，而是绝对本质。这个绝对本质"是被悬设于现实性彼岸的东西"，你的主观意识在思维上是完全的，但是这种完全的思维所思维的东西呢，它是绝对本质，是悬设于现实性彼岸的。完全的思维不光是在同一个意识中与现实性共处，而且它的内容、它的对象是悬设于现实性彼岸的，它超越于整个现实世界。"因而它是这样一种思想，在其中，道德上不完善的认知和意愿被看作是完善的"，这种绝对本质是被思维的东西，被思维的东西当然是思想了，那么这种被思维的东西是什么样的思想呢？它是这样一种思想，在其中，道德上不完善的认知和意愿被看作是完善的。从绝对本质这样一个高度来看，也就是从上帝的彼岸这样一个眼光来看，在这种思想中道德上不完善的认知和意愿被看作是完善的。道德上不完善的认知和意愿，比如说我们的人的行为、人的行动，在现实中的行动，它实际上是不完全的，是不完备的，

---

① 黑格尔此处引用了康德的观点，即道德是一种关于我们应当如何配得幸福的学说。参看康德《纯粹理性批判》B836 以下，《实践理性批判》第 234 页（全集第 5 卷第 130 页）。此外，黑格尔在这种关联中或许还着眼于康德在事业的功劳和"由神恩归于我们的功劳"之间所作出的区别。（参看《纯然理性界限内的宗教》全集第 6 卷第 75 页）——丛书版编者

是偶然的；那么从上帝的眼光来看呢，道德上的这种不完善的认知和意愿被看作是完善的。也就是说虽然你在现实行动中是不完善的，是不完全的，是偶然的，甚至于会犯错误的，但是只要你主观上有这样一种道德意识，你主观上是想凭借这种纯粹的义务来行动，那么，在上帝的眼光来看，你这种道德上不完善的认知和意愿也可以被看作是完善的。虽然人是有限的，人在行动中哪能不犯错误呢？你的一切行动都是不完善的，那可以理解，但是在上帝的眼光看起来，你的所有这些不完善的认知和意愿，都可以被看作是完善的，因为上帝的意志就是体现在千千万万人的这样一些不完善的行动之中。如果没有这样一些不完善的行动，那上帝的意志倒是不完善的了。上帝的意志正因为你们这些不完善的行动而完善。所以从绝对本质这样一种思想来看，上帝正是凭借着种种不完善的认知和意愿而得到完善，甚至包括你所犯的错误，都是上帝的道德意志的体现。上帝的道德意志绝对不能体现在一个纯粹道德的圣人身上，没有那样的圣人。人都是有限的，你想把自己打造成一个圣人，那就是假的，那是不可能的。但是并不因为你的有限性，你就不去做这个道德的事情了，你还是要去做。你做道德的事情会犯错误，不要紧，没关系，你最后会得到上帝的理解，上帝的赦免，上帝的免罪，最后会获得上帝的荣耀。就是说上帝恰好就是凭借你们这样一些不完善的人的行动，才趋向于道德的完善的。"同时也因为绝对本质把这认知和意愿当成十分重要的，它因此也就按照配得上的评价、亦即按照**应归于**这认知和意愿的**功劳**来分配幸福了"，绝对本质、上帝把个体的动机、把他的认知和意愿，当成十分重要的，也就是在上帝那里所有这些不完善的行为，都是十分重要的。这"十分重要"是什么意思呢？就是说，不可缺少的。如果缺了这些会犯错误的人，那上帝的善良意志就没有办法体现在现实中了，那就是一个泡影了。你要把上帝的善良意志体现出来，必须要体现在这样一些并不是完全正确的，或者说并非完全合乎义务的人的道德行为之中，特别是他们的认知和意愿之中。所以这些认知和意愿是十分重要的，绝对本质也就是按照配得上幸福的评价、按照应归于这认知和意愿的功劳来分配幸福的。也就是说，你这种认知和意愿，由于和你这种道德行动在自然方面受到的现实局限相纠缠而不完备，但是你毕竟在努力地完备；那么你努力到了什么程度，你完成到了什么程度，你有多大功劳和成绩，上帝就会按照你的功劳来分配幸福。所以在上帝的眼光里面呢，幸福并不是白白给你的，它还是按照你所作出的成绩，你在道德上面达到了什么样的境界，那么你就可以得到什么样的幸福。可见康德的观点已经和新教的白白恩典的幸福观不同了，而是论功行赏，上帝是公平的，也是合乎理性的。《圣经》里面其实也有这种说法，就是你不要过分看重你地上的财富，而要积攒你天上的财富，上帝是公平的，上帝会把你在地上失去的财富在天上双倍地偿还给你。罗马天主教就利用这一点而宣扬做善功，买赎罪券，就是放弃地上的财产，钱可以买罪，可以把自己的罪行赦免掉。这就导致了天主教会的信誉扫地，新教就认为这恰好表明教会的腐败了，变着法儿赚钱哪。所以新教认为，你做多少善功跟你将来是否得福完全没有关系，你根本就不知道上帝根据什么标准来判定你的行为，上帝永远不会把评判的标准下放给每个人，你以为你在做好事，但你心不诚，在上帝眼里不一定是好事。"因信称义"，内心的真诚信仰才是判定标准，但你自己并不知道自己是否彻底真诚地信仰，只有上帝知道。所以如果你得到了幸福，那你不如认为这是白给的，因为你连信仰都是上帝白给的。这是两种不同的观点，也是两种不同的立场，就是说从人的有限性这个角度来看，那么新教的立场是站得住脚的，新教更多地立足于不完善的个体。而天主教呢，更多地立足于上帝的绝对公平。那么在新教看来，天主教太骄傲了，你以为你有限的个体就能够把握上帝的公平，就能够把握上帝的标准？那我们还要信上帝干什么？我们就信你罗马天主教会就够了。这是导致宗教改革的一个诱因，它出自道德意识的一种内部矛盾性，既是基督教道德的内部的矛盾性，也是康德道德学说的内在矛盾性。就是说你是立足于有限的个体呢，还是立足于彼岸的上帝，来看待人的道德行为。你如果认为人的道德行为可以自给自足,那你就是把自己当上帝了,你就太骄傲了;但是,如果你不是把上帝看作自己的道德意识的合理悬设,那你在道德行为中就会失去方向。这是我们这一小节讲到的,神圣的立法者和不完全的道德自我意识,一个是上帝,一个是不完全的道德自我意识,这两个不同的立场导致了我们对于德福关系的两种不同的理解。德福一致,凭借的是理性还是信仰,这导致了两种不同的解释。

[**Ⅲ.论道德世界观**]道德世界观到这里就完成了;因为,在道德自我意识的概念中,纯粹义务和现实性这两方面都在一个统一体里建立起来了,因而这一方和另一方一样,都不是作为自在自为地存在着的、而是作为**环节**或作为被扬弃了的东西存在的。

也就是说,从这两方面来看,一个是道德的个体,它的行动、现实性;一个是彼岸的,纯粹义务的效准,神圣性。这两方面我们把它们放在一种关系之中,上帝和有限的个体、有限的个别意识,来看待道德和幸福的关系,这个时候就形成了一个道德的世界观。因为整个世界我们都可以从道德的眼光做这样一种考察,这就是一个道德世界观,在这里头一切成分、一切环节都已经展示出来了,而且以某种方式摆平了。当然了,这个摆平有不同的摆平方式,人和神的关系,从不同的立场有不同的看法。从新教的立场和从天主教的立场、从个体有限的眼光和从上帝的绝对的眼光来看,有不同的摆平方式。为什么"道德世界观在这里就完成了"?"因为,在道德自我意识的概念中,纯粹义务和现实性这两个方面都在一个统一体里建立起来了",在道德自我意识的概念中,这个"概念"我们前面讲了,如果不理解为抽象概念的话,它就是思维和存在的统一。在这里也就是纯粹义务和现实性的统一,纯粹义务可以看作思维,现实性可以看作存在。思维和存在,纯粹义务和现实性,这两个方面都在"一个"统一体里建立起来了,所以这个道德自我意识实际上已经有了一个概念。当然人们还不一定把它当作概念来理解，因为各有各的立场，这同一个概念各有各的理解，这些理解都还没有上升到统一的概念。但是把他们加起来，我们可以看作是一个道德自我意识的概念的两个方面。因为纯粹义务和现实性，这两个方面无论以何种方式，都是在"一个"统一体里面建立起来的。当然这一个统一体有不同的方式。我是这样来统一的，你是那样来统一的；但都是在一个统一体里建立了。"因而这一方和另一方一样，都不是作为自在自为地存在着的"，这一方和那一方，纯粹义务和现实性，各方面自身都不是自在自为地存在着的。"而是作为**环节**或作为被扬弃了的东西存在的"，纯粹义务它也不是独立的，现实的行动它也不是独立的，它们都是作为一个统一体中的两个不同的环节，或者是作为被扬弃了的东西而存在的。它们在这个统一体里面是作为被扬弃了的东西，它们的独立性显不出来了，它们都必须依赖于对方，它们需要对方。就是说，各个要素之间是环环相扣的，是对立面统一的，是各自都离不开对方的。它们单独不说明问题，不管是单独的纯粹义务还是单独的现实的道德行动，都不能说是整个道德世界观。你执着于某一个方面，都不能形成道德世界观，你只有把两方面统一起来，你才能形成道德世界观。所以这两方面，每一方面都只是作为环节，或作为被扬弃了的东西而存在。被扬弃了的，就是在这个道德世界观里面，纯粹义务被扬弃了，不再纯粹了，现实的道德行动也被扬弃了，不再是孤立的了。被扬弃了不是被取消了，而是说，它们还包含在里头；但是，是作为和对方统一的环节而保留在里头。

这是在道德世界观的最后一步才对意识形成起来的；就是说，意识把纯粹义务置于不同于意识自己所是的另外一种本质里，也就是它把纯粹义务，一方面建立为一种**被表象的**东西，另一方面建立为不是自在自为地有效准的、反而是把非道德的东西当作完善的那样一种东西。

"这是在道德世界观的最后一步才对意识形成起来的"，道德世界观的最后一步，就是三大悬设已经完成了的时候。道德世界观一开始就是想要形成一个世界观，道德和自然的和谐；然后是纯粹义务和感性的和谐；最后是上帝，把所有这些都统一在一个意识之中，形成一个圆圈。只有到这一步，才在意识面前形成了这样一种局面，就是形成了这样一个统一体，一个道德世界观的统一体，在这个统一体里面，两方面都不是自在自为的，而是作为整体的环节。这是在提出了上帝的悬设时才最终被意识到的。"就是说，意识把纯粹义务置于不同于意识自己所是的另外一种本质里"，意识把纯粹义务放到了另外一种本质中，这另外一种本质不同于意识自己所是的本质。前面讲了，上帝是另外一种意识，另一种本质。这个另一种意识和另一种本质都是上帝的代名词。这就是我们通常所讲的异化了，上帝是人的本质的异化，异化为另外一种本质，一种不同于人的意识的意识。上帝的意识跟人的意识完全不同，人的意识本质上是有限的，而上帝的意识是绝对的、无限的。人的意识把这种纯粹义务置于另外一种意识或者另外一种本质里。"也就是它把纯粹义务，一方面建立为一种**被表象的**东西，另一方面建立为不是自在自为地有效准的、反而是把非道德的东西当作完善的那样一种东西"，意识把纯粹义务建立为两方面，一方面是被表象的东西，什么是被表象的东西呢？也就是上帝的表象，上帝被当作一个对象悬设时，就是一个表象 Vorstellung，这个词的意思就是"置于面前"。把纯粹义务放到对面的另外一种本质里面，把它悬设在彼岸。所谓被表象的也就是不可理解的，但是可以去思考，可以去看。那个彼岸的上帝是什么，我们不知道，我们有限的意识不能用来揣测上帝的意识，我们只能表象它，我们只能想象它。所以，"表象"这个词又有"想象"的意思，有"设想"的意思。黑格尔一个很重要的观点就是，宗教是用表象来把握绝对精神，只有哲学才是用概念来把握绝对精神。上帝的表象本身是不能够用概念来分析的，它只是一个设置在那里的表象。意识把纯粹义务一方面建立为一种被表象的东西，也就是把它设置在彼岸；另一方面呢，又建立为不是自在自为地有效准的、反而是把非道德的东西当作完善的那样一种东西。也就是说，一方面建立为上帝，表象为上帝，另一方面建立为意识自己的行动。纯粹义务在现实行动中被建立为不是自在自为地有效准的，也就是它还要依赖于别的东西才有效准。它自己没有效准，反而把非道德的东西当作完善的，也就是说，在非道德的、不完善的现实行动中，把它当作是完善的。这个当然是从上帝的眼光来看了，人的非道德的这种现实行动也是完善的，是上帝的完善所不可缺少的一个成分。当然它不是自在自为地有效准的，它是依赖于上帝来评价的。那么意识把纯粹义务一方面建立为上帝，另一方面还建立为一种并不是自在自为地有效准的、而是以非道德的东西为完善的那样一种东西。为什么要这样呢？就是为了它的实现。纯粹义务高高在上，你把它建立为上帝，那它跟现实性有什么关系呢？所以它除了建立为上帝以外，还要建立为这样一种现实的、并非完善道德的这样一种东西。你要把这样一种非道德的东西，也当作是完善的来看待，用纯粹义务的眼光来看待并非纯粹的现实的道德行为，或者说非道德的行为，你从不完善中看出完善，这样纯粹义务才有现实性。纯粹义务为什么要建立为两个方面呢？一方面要建立为被表象的东西，建立为上帝；另一方面呢要建立为现实的，各种各样的道德行为。众多道德行为并不是纯粹的，纯粹义务要放弃自己高高在上的纯粹的身份，要深入到现实生活之中，才能够把自己实现出来。所以你要把这样一些现实生活看作是完善的，少了它就不完善了，光是停留在彼岸的一个高高在上的抽象原则，那有什么完善呢？你只有实现出来才是完善的。所以要有两方面的建立，在此岸和彼岸。首先你把纯粹义务建立为彼岸的被表象的东西；其次呢，你把它建立为此岸的现实的行动，在不完善中看出它的完善。

同样，意识又把自己建立为这样一种意识：即它的与义务不相适合的现实性已经被扬弃掉了，而且作为**扬弃了的**现实性，或者说，在绝对本质的**表象**中的现实性，跟道德不再发生矛盾了。

"同样"，这个"同样"是接着上面这句话来的，上面说，意识把纯粹义务一方面建立为一种被表象的东西，另一方面建立为不是自在自为地有效准的、反而是把非道德的东西当作完善的那样一种东西。那么这两方面是不是相互矛盾呢？不矛盾，因为同样，"意识又把自己建立为这样一种意识：即它的与义务不相适合的现实性已经被扬弃掉了"。这个是对上面分裂了的两方面的结合，先是分别建立为两个方面，然后再建立起这两方面的统一关系。这就是要把意识与义务不相适合的现实性扬弃掉，那种现实性原来是作为非道德的东西建立起来的，但是这种非道德的东西，你把它当作完善的建立起来，那么它的这种与义务不相适合的现实性就已经被扬弃掉了。"而且作为**扬弃了的**现实性，或者说，在绝对本质的**表象**中的现实性，跟道德不再发生矛盾了"，它的那种非道德的现实性已经被扬弃掉了，也就是说你在非道德的现实性中看出了它的道德性，看出了它的完善性，看出了它对于纯粹义务的不可缺少性。你要完成道德，你缺它不行，你缺了它就不完善。所以它的那种非道德的现实性已经被扬弃掉了，或者说你已经使它成为了道德本身的一个环节。道德有非道德的环节，但是这个环节已经被扬弃掉了，已经被综合到它总体上的道德性里面去了。所以它就是在绝对本质的表象中的现实性，也就是在上帝中的那个现实性，那它跟道德就不再发生矛盾了。只要有上帝这样一个表象、这样一个悬设，那么我们就有了用来衡量道德的标准。这种悬设在康德那里就已经有了这种必要，康德的绝对命令固然很纯粹，但是如何实现出来？如果没有一个人能够做到完全"为义务而义务"的话，那你不是空谈吗？所以康德有必要设立一个灵魂不朽，再设立一个上帝，把它们作为悬设，就是出于这个目的。由此我们可以在现实生活中建立起我们道德的信心。理论上来说，我们应该"为义务而义务"，道德自律，按照定言命令办事；但是在现实生活中我们总是做不到这一点，那怎么办？道德就没希望了吗？所以我们必须要设定一个人的灵魂不朽，以及上帝的最后审判。在上帝的眼睛里面，我们所有这样一些举动，这样一些道德行为，所有这些都是道德本身在进化。人类历史就是道德发展的历史，这是康德的命题，他在第三批判中说，整个人类历史就是道德史。道德在进步，人类自古以来发展到今天，文明社会，道德在进步，虽然虚伪、恶也在进步，但毕竟是在向道德进步。那么康德这样一种观点到黑格尔这里就更加发展了，道德的进步就是对道德的扬弃，必然走向宗教，宗教比道德更接近于绝对精神。从道德必然推出宗教，但是在康德那里宗教还是一个假设的东西，一个悬设的东西，而在黑格尔这里就成了一个现实的东西。所以在道德后面黑格尔就要讨论宗教的问题了。

　　<u>然而，对于道德意识本身来说，它的道德世界观却并不具有这种含义，即它在这个道德世界观中发展出它自己的概念，并使这概念成为自己的对象；它无论对形式方面的这种对立，还是内容方面的对立，都没有任何意识，它并没有把对立的各方联系起来加以比较，而是在自己的并非各环节的统合性**概念**的这种发展过程中，缓慢前行。</u>

　　"然而"，这是一个转折。也就是前面讲道德世界观，到这里就完成了，因为在道德自我意识的概念中，纯粹义务和现实性两方面都在一个统一体里建立起来了，这是黑格尔的一种分析。然而，"对于道德意识本身来说，它的道德世界观却并不具有这种含义"，不具有什么含义呢？"即它在这个道德世界观中发展出它自己的概念，并使这概念成为自己的对象"。也就是对道德意识本身而言，它还没有达到前面分析的这种概念进展的含义。虽然康德已经讲了，一切历史就是道德史，但是对于道德意识本身来说，它还是一种静止不动的道德世界观，还不具有这种道德发展史的概念。这里可以看作是对康德的道德世界观的一种批判，也可以看作是黑格尔的道德世界观对康德的道德世界观的超越。当然这是从康德的道德世界观里面走出来的，康德在第三批判里面讲到一切历史都是道德史，但是这对于康德来说只是一种反思性的判断力，它不是当真的。它只是认为我们可以这样去看，把整个历史看作一个道德史，而并不真的认为整个历史就是一个道德史，也不认为道德本身有一个历史发展。康德的局限性就在这里，他毋宁是平面地静止地看待道德世界

观，他对道德世界观的各个环节、各个成分、各个要素都做了分析，但是这些环节、这些要素是怎么发展出来的？康德并没有去探讨，而黑格尔呢恰好是要揭示，在这些要素的相互冲突中道德世界观的概念才发展起来了。道德意识正是在这个道德世界观中发展出自己的概念，并使这概念成为自己的对象，这概念就是思维和存在的统一，它是一个动态过程。这样一个概念就成为了道德意识的对象，就是把这个统一的概念当作自己的对象。但目前还没有做到这一点，康德的道德世界观既没有达到这种统一的概念，也没有把这种概念当作自己的对象。"它无论对形式方面的这种对立，还是内容方面的对立，都没有任何意识"，关于形式方面的对立和内容方面的对立，我们可以参看 130 页倒数第 4 行："在这里，就内容而言生发出来的是**众多**的一般法则，而就形式而言，生发出来的则是认知着的意识与无意识之间相互矛盾着的力量。"也就是说，就内容方面来说，就是众多的法则，众多义务。纯粹义务和众多义务，这两者相互之间有一种不一致的地方，有一种对立的地方。那么就形式方面而言呢，认知着的意识与无意识之间，认知着的意识和它的对象之间，在道德里面也就是在道德意识和自然之间，存在着相互矛盾的力量。或者说，在内容方面就是各种不同的义务法则之间的对立，对这些对立它并没有任何意识。所以这种道德世界观无论对形式方面的对立还是内容方面的对立都没有任何意识，在康德那里就是这样。"它并没有把对立的各方联系起来加以比较，而是在自己的并非各环节的统合性**概念**的这种发展过程中，缓慢前行"，它没有把对立的各方联系起来加以比较。在康德那里解决问题的方式很简单，你把它划开，一个是现象，一个是自在之物，就行了。现象和自在之物之间的对立，简单地就是通过划界把它们隔离了，但是在内容方面和形式方面都没有对立的意识。它们这个对立究竟是一种什么样的对立？并没有把对立的各方联系起来加以比较，没有看到对立面的统一，对立面的联系，乃至于对立面的互相渗透、互相颠倒、互相置换。这些都没有去加以比较。虽然它已经达到了这样一种概念，但是它不是自己发展出这种概念，而是停留在表象的层次，停留在简单地把它们划界，一个彼岸，一个此岸，以这种方式逃避对它们的具体分析。而是在自己的发展过程中缓慢前行，这种发展过程并不是各环节的统合性的概念，"概念"打了着重号。就是说它还没有真正地把它的发展变成一种概念的自身进展。一般来说在黑格尔那里，"发展"这个概念是跟"概念论"相结合的，在概念论里面就是谈概念的发展。但是在康德的这个发展过程中呢，它还不带有概念性。当然它也在发展，也在推移，也在"缓慢前行"。"缓慢前行"（fortwälzt），也可以翻译成"滚动前进"，"滚动式地前进"。也就是说，它不是很灵活地跳出双方之外，从一个更高的概念的层次来把握双方，而是亦步亦趋地，碰到什么问题，提出一个方案，然后再一步一步地捱过去，一步一步地磨过去。这样一种发展过程，从一个概念到另外一个概念，是非常盲目的，遇到了矛盾再说，再来解决，它没有一个总体的规划。

因为道德意识只知道，**纯粹本质**或对象，就这对象是**义务**、是它的纯粹意识的**抽象**对象而言，那就是纯粹认知或者就是它本身。所以，它的态度只是思维性的，而不是概念把握的。

"因为道德意识只知道"，这个道德意识在这个方面有它的局限性，它不具有在对立中发展自身的概念这个含义，因为它只知道，"**纯粹本质**或对象，就这对象是**义务**、是它的纯粹意识的**抽象**对象而言，那就是纯粹认知或者就是它本身"。纯粹本质，在被道德意识当作对象时，当道德意识把这个对象看作自己的纯粹义务时，这个对象不过是纯粹意识的抽象对象，它不过就是纯粹认知，就是道德意识本身。这义务这时是纯粹意识的抽象对象，跟现实没有关系。因为这种道德意识在康德的这个阶段，它只知道这一点，就是纯粹的本质作为对象就是纯粹义务，就是它的纯粹意识的抽象对象，其实就是纯粹认知，也就是道德意识本身。康德的为义务而义务其实只是对道德义务的认知，并不具有实践的现实性，而是按照纯粹意识本身的逻辑不矛盾性而抽象出来的，仅仅是主观思维中的一种纯粹抽象的对象。"所以,它的态度只是思维性的,而不是概念把握的",这种态度只是思维性的,也就是形式思维的,只凭借逻辑上的不矛盾律而自我认知的,但并不是概念把握的。思维和概念,我们刚才讲了,概念是思维和存在统一的,当思维还没有和存在统一的时候,它就只是思维性的,但不是概念性的。因此纯粹义务必须跟现实性结合起来,才能是概念性的。但是这种道德意识的片面性就在于,它的态度只是思维性的,而不是概念把握的。康德把一切现实经验的东西都排除在纯粹义务之外,而不是用概念来把握纯粹义务,不是把纯粹义务落实到现实生活的行动中,形成思维和存在的统一。所以它是片面的,只是在纯粹主观思维中的一种主观抽象的义务,而不是对义务的一种主客观统一的概念把握。

**因此对它说来,它的现实意识的对象还不是透明的;它不是绝对概念,只有绝对概念才把他在本身或自己的绝对对方理解为自己本身。**　{331}

这更进一步说明白了。"因此对它说来",也就是对这样一种道德意识说来,"它的**现实**意识的对象还不是透明的",它有现实意识的对象,但是这个现实意识的对象不是透明的,它是意识掌握不了的。在现实中,道德意识遇到的这些感性的经验对象,康德是不管的,他也不去分析,他认为那个不是属于道德意识的事情,那个是属于自然科学的事情,属于偶然经验的事情。所以那个对象对道德意识来说就不是透明的。你出于自己的"为义务而义务"的道德法则去做事,至于成不成功,有没有使你成功或者使你失败的环境条件,这个不管。而且也不可能把握,你从道德意识怎么能把握现实对象呢?你换个角度,你从科学说不定还能把握,但那只是科学规律,不是道德规律。对于道德意识来说,它不是透明的。"它不是绝对概念,只有绝对概念才把**他在**本身或自己的绝对对方理解为自己本身",只有上升到绝对概念,才能达到思维和存在的统一,才能把他在本身、把自己的绝对对方理解成自己本身。"他在"也就是现实意识的对象了,要在现实对象中看到自己,把它理解为自己本身。在康德那里还没有达到这个层次；在基督教那里呢，只有从上帝的眼光才达到这个层次，只有从宗教的眼光才达到这个层次。宗教就已经是绝对概念了，当然它还只是用表象的方式来把握绝对概念或者说绝对精神的。但只有在宗教中才能达到绝对精神的主观和客观的统一，思维和存在的统一，才把他在本身或自己的绝对对方理解为自己本身。这是道德意识还没有达到的，道德意识还陷入到主客观的对立或者思维和存在的对立之中。在这个对立之中，它仅仅停留在思维这一方，而存在那一方对它还是陌生的，还是不透明的。

这道德意识特有的现实性，以及一切对象性的现实性，在它看来虽然都是**非本质的东西**；然而它的自由却是纯粹思维的自由，因此，与纯粹思维的自由相对立的自然，同时就作为一种同样自由的东西而生发出来了。

"这道德意识特有的现实性"，这个道德意识当然它也有它的现实性，虽然它本身的态度只是思维性的，它只是站在思维这一边，在思维和存在的对立中，道德意识立足于思维一方。康德的纯粹义务、纯粹实践理性，其实立足于思维这一方；但它也有它的现实性，因为它是实践理性嘛，它也要去做啊。所以这道德意识特有的现实性，"以及一切对象性的现实性"，一个是"特有的现实性"，一个是"一切对象性的现实性"。特有的现实性就是这个道德意识的主体本身在实践活动中的感性的现实性；一切对象的现实性则是道德行为所遭遇到的环境，是它所面对的自然界的一切对象的现实性。人活动中的感性和自然界的对象性，都是现实性。那么所有这些现实性，"在它看来虽然都是非本质的东西"，在这个道德意识看来，主观现实性和客观现实性都是非本质的东西。这个前面已经讲了，康德也不否认这个自然，不否认现实性，但是他把现实性、把自然看作是非本质的东西，而道德命令、纯粹义务才是本质的。这两者是这样结合起来的，一个道德行为，它当然有它的感性现实性的方面，实践行为嘛，当然有它现实性的方面；但是现实性的方面是非本质的，而道德意识、纯粹义务才是本质的。但是虽然这种现实性在它看来都是非本质的东西，"然而它的自由却是纯粹思维的自由"。道德意识在这些非本质的现实性之中，虽然要借助于这些非本质的东西实现自身，但是它的自由呢，却是不受这些现实性束缚的纯粹思维的自由，是在大脑里面的主观的自由。在纯粹思维中，它的自由意志，它的道德自律，这才是它的自由，跟现实无关。它的自由当然要在现实中实现出来，但这个自由绝对不是现实的自由，而是纯粹思维的自由。"因此，与纯粹思维的自由相对立的自然，同时就作为一种同样自由的东西而生发出来了"，既然你这个现实的思维的自由对面有一个与你相对立的自然，你的自由与它不相干，那么这个自然它也有它的自由，也跟你的自由不相干。你的自由跟自然界的自由相对立，你可以自由地在自己的思维中生发出自己的自由意志，那么自然界它也可以不吃你那一套，它走着它自己的路，它有它的自由。当然自然的这个自由并不是自由意志了，而是说自然界不受人为的干扰，不受你的道德意识的束缚。黑格尔在很多场合把自由用在不受束缚这层意思上，不受你的束缚。你的自由是一种思想中的自由，但是自然界并不受你的影响，它有它自己的路。你把自由看作是主观的，那么呢，客观的世界也有一种自由，与你的自由无关。当你把主观的自由建立起来的时候，那么自然的那种客观的自由也就被建立起来了，当然这个客观自由是你所不可把握的，对于你来说是不透明的，是陌生的，正像对自然界来说，你的自由也是不可预测的一样。你的自由，既然是自由，那你就不能用自然界的那些规律来束缚它，来分析它，你就不能把它还原为因果律啊，自然规律啊。那么同样反过来，你也不能把自然的因果律变成你的道德原则。

　　因为**存在的自由**和存在之被封闭于意识中，这两者是以同样的方式存在于道德意识之内的，所以它的对象就成了一种既是**存在着的同时又只是被思维的**对象；在它的道德世界观的最后一步中，内容本质上是这样建立起来的：它的**存在**是一种**被表象的存在**，而存在与思维的这种联 [134]

结，则被作为它实际上所是的东西、即**表象作用**而说出来了。

"因为存在的自由和存在之被封闭于意识中，这两者是以同样的方式存在于道德意识之内的"，也就是道德意识里面，一方面它有存在的自由。康德的这个道德命令实际上就是意志自由嘛，就是意志自律嘛，这是一种存在的自由。但是这个存在又被封闭于意识中，它是一种纯粹实践理性的法则，是一种意识的法则。你可以按照这样去做，但是你要完全从意识的角度来评价你的所作所为，所以无论你做出了什么事情，你的自由和存在仍然是被封闭于意识之中的，虽然它已经影响到外面，但是这个外面你管不着，你只能在你的意识之中来对自己的行为做出评价。所以，不管是自由也好还是存在也好，这两者是以同样的方式封闭于意识之中的。你只在意识内部是自由的，而你的存在也是封闭于意识之中的，这两者是以同样的方式、也就是以主观的方式存在于道德意识之内的。"所以它的对象就成了一种既是**存在着的**同时又只是**被思维的**对象"，它的对象，包括被它的实践活动所影响到的自然，也包括它所追求的三大悬设的对象，就成了一种既是存在着的同时又只是被思维的对象，存在和思维在它的主观意识中统一起来了。这里强调的是这个存在同时又只是被思维的对象，就是它是存在着的，但是仅仅只是被思维的，也就是在思维的内部达到了一种思维和存在的统一，思维和存在统一于思维之内，统一于意识之内。道德意识，道德世界观，它也是思维和存在的某种统一，但是这种统一呢，是被统一于意识之内，作为被思维的对象而统一的。"在它的道德世界观的最后一步中，内容本质上是这样建立起来的：它的**存在是一种被表象的存在**"，道德世界观的最后一步就是上帝的悬设，在这里所建立起来的内容，本质上是一种被表象的存在。被表象的存在也就是作为彼岸的一个对象悬设在那里的存在，"被表象的存在"打了着重号，这里特别强调表象。"而存在与思维的这种联结，则被作为它实际上所是的东西、即**表象作用**而说出来了"，这个表象作用又打了着重号。它的存在是被表象的存在，不是真正的客观存在，思维与存在的统一是在表象中的统一，所以它说出来的思维与存在的统一，是作为一种表象作用而说出来的。在康德的这样一个道德世界观里面，它的最高阶段这样一个本质的存在，也就是上帝，是在表象中被作为它实际上所是的东西，即作为表象作用而说出来的。就是说它还没有达到概念，它只是在表象作用中表现了思维和存在的统一。康德从这个道德世界观中，经过他的上帝的悬设而过渡到了理性范围内的宗教，这就是以表象的方式来表现的绝对精神。所以康德从道德过渡到宗教是通过表象作用来完成的，这个过渡已经显示出它实际上所是的东西就是表象作用，上帝的悬设最终是诉之于表象作用。这就是道德世界观的最后阶段，通过表象作用直接跟宗教挂钩了。休息一下吧。

好，我们刚才讲到了"论道德世界观"，读了这一节的两段，第一段就是展示出了这个道德世界观它的这个此岸和彼岸、有限和无限的结构；第二段呢基本上就是对康德的批判，就是说康德的道德世界观没有达到概念，没有达到概念的自觉。它只是一种主观中的思维，也就是表象作用，它的思维和存在的统一只限于在主观表象之中。那么下面呢就是黑格尔自己的观点了。

　　由于我们是这样考察道德世界观的，以至于这种对象性的方式，无非是道德自我意识本身为自己对象性地造成的概念，那么通过关于道德世界观的起源形式的这种意识，就得出了表现道德世界观的另外一种形态。

"由于我们是这样考察道德世界观的"，注意这个"我们"，前面多次提醒，在读黑格尔《精神现象学》的时候，凡是遇到"我们"（Wir）这个词的时候，你就要注意了，这个时候他就是跳出《精神现象学》，从我们做精神现象学的人、我们读《精神现象学》的读者这样一个立场，来旁观《精神现象学》中各种意识形态的发展过程。所以凡是黑格尔在用"我们"

这个词的时候，他就已经跳出来了，而我们在翻译的时候，我们也不能轻易用"我们"这个词，一定要他用了，我们才用，不然的话就很容易造成混乱了。我们是这样考察道德世界观的，怎样考察道德世界观的呢？"以至于这种对象性的方式，无非是道德自我意识本身为自己对象性地造成的概念"，就是把这个对象性的方式看作是道德自我意识本身为自己对象性地造成的概念。比如说你把上帝设定为悬在彼岸的一个表象，这就是一种对象性的方式；但这种方式呢，无非是你的道德自我意识自己为自己对象性地造成的概念。我们在从旁考察道德世界观的时候，已经是这样来考察的了，就是把它的对象看作是概念，什么概念呢？无非是道德自我意识本身为自己造成的对象性的概念。前面已经出现了概念这个词，道德世界观的概念，但这个概念是我们旁观者加给它的，在康德那里还没有，在康德的道德世界观里面还只是表象。它有对象性，它有悬设，它有彼岸，但是所有这些都是停留在表象的层次，还没有进行概念的把握。而"我们"已经从旁边进行了概念的把握，哪怕我们在描述康德的道德世界观的时候，我们已经无形之中使用了我们的概念。所以黑格尔的三大悬设跟康德的三大悬设是不一样的。康德三大悬设一个是自由意志，一个是灵魂不朽，一个是上帝存在；黑格尔的三大悬设呢一个是道德和自然的和谐，一个是纯粹义务和感性的和谐，再一个是上帝，但是它们又是从康德来的。为什么从康德来的又跟康德不一样了呢？就是因为黑格尔用自己的概念重新整理了康德的思想，按照概念重新梳理了康德的思想，认为康德思想里面真正具有概念意义的是这几个概念。自由意志当然是很重要的，但是那个不是在道德自我意识里面作为悬设而提出来的，它本来就是一个实在的东西，它不是悬设。要作为悬设的就只是黑格尔这三大悬设，这只有通过黑格尔的概念才能达到这样一种眼光，这样一种"我们"的眼光，这样一种客观的眼光。我们从旁边来看，可以看出其中的概念。正是由于这一点，"那么通过关于道德世界观的起源形式的这种意识，就得出了表现道德世界观的另外一种形态"，什么是道德世界观的起源形式？就是道德世界观这种对象性的方式,无非是道德自我意识本身为自己对象性地造成的概念,这就是它的起源形式。康德没有自觉到,但是我们已经看出来了,他的道德世界观的对象性的形式就是道德自我意识自己造成的概念。他要把世界看作一个道德的世界,就必须通过道德自我意识自己推出思维和存在的统一,才能形成一个道德世界观。所以,通过道德世界观的起源形式的这种意识,我们就得出了表现道德世界观的另外一种形态。这个形态跟康德的那种主观内在的形态不同,不是封闭在意识之中,而是表现在外。所以我们现在不按康德的术语来表述了,我们可以直接按照黑格尔的这种概念的思路来表述。就是把所有这三大悬设都看作是道德自我意识概念自己的一种发展过程,一种创造过程。道德意识所有这些对象都被看作是道德自我意识本身为自己对象性地造成的概念,用这样一种眼光来看,就导致了以下的观点。

　　——就是说,由以出发的第一点就是:**现实的**道德自我意识,或者说,**有这样一种**道德自我意识。

　　"由以出发的第一点就是:**现实的**道德自我意识,或者说,**有这样一种**道德自我意识",现在我们的出发点不再是抽象的纯粹义务、为义务而义务了,而是现实的道德自我意识。我们要从现实出发,要从现有的道德自我意识出发,或者说,我们的出发点是"有这样一种道德自我意识",也就是一个事实了。这个出发点在康德那里表述为"纯粹实践理性的事实",在《实践理性批判》里面一开始就提出来,纯粹实践理性是一个理性的事实,或者说理性本身具有实践的能力,这是一个理性的事实。但是它不是一个经验性的事实,康德对此区分得很清楚。那么黑格尔的表述呢,他就没有分理性的事实和经验的事实,而是就从现实的道德自我意识出发,或者说,从"有这样一种意识"出发。康德说这个前提是不用讨论的,这是我们一切实践理性的前提。你要承认有实践理性,而且事实上是有的,只要是一个有理性者,他就有按照理性去实践的能力,这就是一个事实,你不能问他为什么。在康德看来这是一个毋庸置疑的前提,我们要把它作为一个事实承认下来，承认下来我们就可以谈别的了。这个当然也是黑格尔的出发点，但是黑格尔认为康德还是把这个事实封闭在主观意识中了，排除了客观经验的事实。必须打破这个限制，就是现实的道德自我意识，或者说，有这样一种意识，这是第一个出发点，它将现实地发挥作用，包括对经验事物的作用。

因为，概念把道德自我意识建立在这样一个规定中：在它看来，一切现实性一般地都只在其符合于义务的时候才拥有本质，而且概念还把这种本质建立为认知，这就是说将它在与现实自我的直接统一中建立起来；因此这种统一本身就是现实的，它是一个道德的现实意识。

前面讲，有这样一个现实的道德自我意识，这是出发点。为什么现实的道德自我意识是出发点？"因为概念把道德自我意识建立在这样一个规定中"，如果上升到概念的话，这个概念是思维和存在统一的，它就会把道德自我意识建立在这样一种规定中。什么样一种规定呢？"在它看来，一切现实性一般地都只在其符合于义务的时候才拥有本质"，这就是概念的统一作用了，思维和存在的统一表现为一切现实性和义务的统一。在概念看来，一切现实性只有在符合义务的时候才拥有本质，或者说，一切现实性的本质都在于符合义务。这也就是黑格尔后来强调的原则：凡是现实的都是合理的。现实和义务相互之间是一种存在和思维的关系，现实是存在，义务是思维；但是，义务是一切现实性的本质，这就是从概念的立场上来看了，从表象上是看不出来的。概念把思维和存在统一起来，这个统一是以这样一种方式统一的，就是这个存在、这个现实性，它是符合义务的，也就是符合于理性、符合于思维的。它的本质就是符合于思维，只有在它符合于思维，符合于义务的时候，才拥有本质。这是黑格尔从概念的立场上来看待这种道德自我意识。道德自我意识首先当然有义务，但同时呢也有现实性，而这个现实性呢是符合义务的。康德其实也是这样看的，就是你做事情当然就有现实性，实践本身就有实在性了，而这个实在性不同于理论上的实在性，它必须符合义务。所以康德实际上在道德实践中已经把思维和存在统一起来了，但他还没有从概念上来把握这种统一，而是把现象中的经验的实在性归于另一类，把它排除出了实践理性的实在性。而黑格尔呢是从概念的立场上把现象和本体统一起来，就是说一切现实性，不管是主观的现实性还是客观的现实性，不管是主观的感性，还是客观的大自然，都只在其符合于义务的时候才拥有本质。现实性，你别看它是自然、是感性，但是，它的本质是符合义务，如果不符合义务，那它就不是本质，那它就只是过眼烟云。"而且概念还把这种本质建立为认知，这就是说将它在与现实自我的直接统一中建立起来"，康德的实践理性的实在性不是认知，不是经验性的实在性，而黑格尔的道德意识的现实性则把自己建立为认知，它是与现实自我直接统一的，也就是与我的感性经验直接统一的，认识和实践的鸿沟在黑格尔这里被打破了。"因此这种统一本身就是现实的，它**是**一个道德的现实意识"，这种本质和现实自我的直接统一，也就是义务和现实的统一，不光是说用义务的眼光来看待现实，而是说，这种统一本身就是现实的，是实现着的道德意识。所以说它"是"一个道德的现实意识，这个"是"打了着重号。"是"就是存在了，现实的就是存在，这种统一本身就是一个存在着的现实意识，要对现实起作用的。这和康德那种永远停留在主观意志中、一旦实现出来就要打折扣的道德意识是完全不同的。现在道德自我意识既是一个理性的事实，同时又是一个经验性的事实。注意这个地方，现实的道德意识和道德的现实意识这两个表述是不太一样的。"现实的道德意识"是强调在现实中的道德意识；而"道德的现实意识"呢是强调这种道德意识本身是现实的，它是一个道德的现实行动的意识。当然，现实的道德意识是一个出发点，第一个由之出发的意识是这样的，就是说，有这样一种意识。而一个道德的现实意识就开始要推了，它作为一种现实的道德行动的意识就开始要推出悬设了。我们的三大悬设是在干什么呢？就是从这样一个起点开始，从一个由之出发的意识开始，可以把一切现实的东西都看作是符合于义务的，只有符合义务才是它们的本质。那么由此呢，我们就开始来推出三大悬设。

——道德的现实意识，现在作为意识，就把自己的内容对自己表象为对象，也就是表象为**世界终极目的**、表象为道德与一切现实性的和谐。

这是第一句话，它表达的是第一悬设的内容。第一悬设就是道德与现实性的和谐，或者道德与自然的和谐，或者道德与幸福的和谐，这都是一个意思。"道德的现实意识，现在作为意识"，注意这个"作为意识"，什么叫"作为意识"啊？我们对照看下面一段，一开始就是"道德的现实意识作为自我意识"，这就看出层次差别了。"作为自我意识"和这里的"作为意识"是不同的。"道德的现实意识，现在作为意识，就把自己的内容对自己表象为对象"，作为意识那就应该有个对象啊，我们前面讲了，所谓意识就是对象意识，意识就是对一个对象的意识。那么这里应该有个对象，所以道德的现实意识作为意识，就把自己的内容对自己表象为对象。道德的现实意识现在是对象意识。"也就是表象为**世界终极目的**、表象为道德与一切现实性的和谐"，道德的现实意识现在就表象为世界终极目的，世界终极目的是什么样的目的呢？就是道德与一切现实性的和谐。道德要成为现实的意识，它就必须与一切现实性相和谐，而这只能是世界的终极目的。通常人们把一切实现性就看作是世界，这个世界没什么目的，它就在那里存在着，你把所有的现实性都放到一起，那就是世界了。但是如果所有的现实性里面没有道德的话，没有与道德的和谐的话，那还不能够叫作世界的终极目的，那只能叫作世界的无目的。如果你要用目的的眼光来看世界的话，那它就是道德和一切现实性的和谐，道德和整个自然界的和谐。虽然现在整个世界不和谐、整个世界不道德，但是终极的目的应该是道德的，应该从我们现在的不道德最后走向道德，走向一个道德的世界，达到整个世界与道德相互和谐。这才是道德的现实意识的对象。道德的现实意识作为意识，它的对象应该是世界的终极目的，也就是道德与一切现实性的和谐。凡是有理性者都有这样一个终极目的，希望这个世界是符合于道德的，每一件现实的事物都应该是符合道德的。所以我们把世界的终极目的设定在那个地方,每个人都是这样设定的,虽然现在没有达到,或者虽然有些人失去了最终的理想,绝望了,承认这个世界就是不道德的;但是他心目中还是认为应该是道德的。这个是第一大悬设,道德的现实意识,作为意识,着眼于一切现实性对象与道德相和谐,它就体现为第一悬设,德福一致或至善。

<u>但是由于它把这种统一表象为**对象**,它还不是那种拥有凌驾于对象本身之上的力量的概念,所以在它看来这种统一是对自我意识的一个否定,或者说,这种统一落在它之外,是它的现实性的一个彼岸,但同时也是这样的彼岸,它哪怕**也**是**存在着的**,但却只是被思维为存在着的。</u>

"但是由于它把这种统一表象为**对象**","对象"打了着重号,因为它是意识嘛。它是意识就必须要表象为对象,必须要有一个对象。它把这种统一,这种道德与现实的和谐,把它表现为一个对象,表象为应该有那么一个至善悬设在那里。一个对象,可以期待,但是它自己无从着手去做。所以"它还不是那种拥有凌驾于对象本身之上的力量的概念",它还不是概念,什么概念呢,拥有凌驾于对象本身之上的力量的概念。因为它还只是对象的表象,还不具有概念的能动性,也就是还没有把这个对象跟主体统一起来。它还不具有凌驾于对象本身之上的力量,如果有这样一种力量,那就能够把这个对象统一于主体之下,而不必只是眼巴巴地期待这个对象、这个统一体的到来了。但是它还没有达到这一步,它还没有上升到概念,还是一个表象。"所以在它看来这种统一是对自我意识的一个否定",这种统一,就是道德与现实性的统一,道德与现实性的和谐,这是对自我意识的一个否定。它在遥远的天边,一个世界的终极目的,自我意识是够不到它的。它没有被自我意识统摄进来,自我意识休想达到它。自我意识处在此岸,而那个终极目的呢,处在彼岸。"或者说,这种统一落在它之外,是它的现实性的一个彼岸",这种统一落在意识之外,意识虽然把它当作一个统一的对象,当作一个世界的终极目的,但是这个终极目的是在意识之外的对象,是它的现实性的一个彼岸。既然是

意识嘛，当然它追求的就是这个，它就是需要有一个外在的对象让它来意识嘛。意识的本性就是这样，意识总是对于某物的意识，总是对于某个对象的意识，它必须是对象性的。道德意识作为意识，它有它的现实性，但是它与现实性的统一存在于它的彼岸。"但同时也是这样的彼岸，它哪怕**也是存在着**的，但却只是被思维为存在着的"，但这个彼岸呢，又是这样的彼岸，虽然它也是存在着的，但是，只是被思维为存在着的。就是说它的存在只是在思维之中，只是主观悬设的，是我们设想出来的。它的思维和存在的统一是在思维之中的统一，它的存在是在彼岸的，但却是我们的思维所造成的，是我们人为划定的，划出了一个彼岸，但是它实际上是我的思维。康德的所谓理知世界就是自在之物的一个彼岸的世界，我们虽然不能认识它，但是可以思考它，对它有一种"理知"。康德甚至也把这个理知的世界称之为"另外一种自然"，跟我们现实的自然不一样，它也是本质，也是本性，它是另外一种本性。它也是存在着的，康德甚至认为它才是真正的客观存在，绝对的客观存在，而我们所看到的这些客观存在只是现象，而不是本体。但是同时康德又认为，这样一个本体的存在呢是我们想出来的，只是我们的理念，是我们的理性所推出来的。这是第一个阶段，也就是第一大悬设，它只存在于被我们思维为存在着的那样一个彼岸世界。那么下面就是第二个悬设了。第一个悬设是道德和自然的和谐。第二个悬设就是纯粹义务和我们的感性的和谐。

道德的现实意识，作为自我意识，既然是不同于对象的一个**他者**，那么对它来说，所余留下来的就是义务意识与现实性之间，更确切地说，与它自己的现实性之间的不和谐。

这就是作为自我意识了。刚才我们讲的，是道德的现实意识作为意识，是那样的，从中设定了第一大悬设。那么作为自我意识呢，它建立起了第二大悬设。"道德的现实意识，作为自我意识，既然是不同于对象的一个**他者**"，道德的现实意识作为自我意识，是不同于上述对象即道德与自然和谐的一个他者。前面132页也讲过，"行动着的意识，正因为它在行动着，对它来说，直接有效准的是纯粹义务的他者"，那是说的意识；这里则讲自我意识，它本身就是不同于对象的他者。自我意识不同于对象世界，不同于现实世界，它不考虑道德与现实世界的和谐关系，只考虑自己与自己的现实性的和谐关系。所以对于对象世界来说，它是一个他者，也就是前面道德的现实意识作为意识来说所设定的那个对象，那个终极目的，那个道德与一切现实性的和谐，现在已不是自我意识所关注的了，自我意识是这个对象的他者，也就是从这个对象回到自身了。从这个对象上回到自身，对对象来说是他者，但是对于我来说是自我，是回到自身。"那么对它来说，所余留下来的就是义务意识与现实性之间，更确切地说，与它自己的现实性之间的不和谐"，这是自我意识所关注的。现在道德的现实意识作为自我意识，把自然界撇开了，我们回到了自我意识内部，第二大悬设就是这样得到的。前面讲自然和道德的和谐有两重含义，一个是外在自然和道德的和谐，另外一个是内在自然和道德的和谐，内在自然就是人的感性、人的欲望、人的需要、人的本能，等等。那么这样一个自我呢，现在它把外在的东西撇开了，对外在的东西它是一个另外的东西，是他者。那么对它来说，对那种作为自我意识的道德现实意识来说，剩下来的就是义务意识与现实性之间的不和谐。余留下来的，就是说，把这个对象排除了以后，把世界的终极目的排除了以后，那么剩下来的就是这样一种和谐或者是不和谐。余留下来的就是义务意识与现实性之间的矛盾冲突，或者说就是道德自我意识与它自己的现实性之间的不和谐。所谓"自己的现实性"，也就是我们刚才讲的感性、欲望、本能、需求、有限目的等等，道德意识与这样一些现实性之间不和谐。第二大悬设就是要通过灵魂不朽来设定义务意识与这些东西的和谐，正说明它们实际上不和谐。这是用黑格尔的眼光来看对道德世界观表述的另外一种形态，用另外一种形态来解读第二大悬设。第二大悬设就是把这种义务意识和它自己的现实性之间的和谐作了无限推延，这个和谐实

119

际上是做不到的，是不断地往后推的，不断往后推，我们才有个悬设啊，不然的话，已经到手了，那还悬设个什么呢？所以第二悬设就是悬设一个不断后退的目标，那就是成圣。什么是圣人？"从心所欲而不逾矩"。从心所欲，你有你的欲望，但是，又符合规矩，又符合道德。但是做到这一点是不容易的，孔夫子说他做了七十年，自认为到了那个程度，但实际上是否到了那个程度，那还不得而知。实际上凡人怎么可能真正做到从心所欲又不逾矩呢？所以用黑格尔的眼光来看，这实际上是义务与它自己的现实性之间的不和谐，在道德的现实意识中，它们是不和谐的。注意这里是道德的现实意识，在现实中，是不和谐的。当然你可以在现实意识之外去设想一个、去悬设一个和谐。但是作为道德的现实意识，那么它是不和谐的。

因而现在这个命题说的是：**没有任何道德上完成了的现实**自我意识；——而且，由于道德的东西一般说只在其完成了的时候才存在，因为[135] 义务是不混杂的**纯粹的自在**，而道德只在于与这种纯粹相适合——所以第二个命题一般来说就意味着：**没有任何道德上现实的东西**。

"因而现在这个命题说的是"，"现在这个命题"就是第二个命题了。第二个命题是黑格尔经过对康德的命题的改造，站在概念的立场上来穿透康德道德哲学的外部，深入到它的实质。作为一种道德的现实意识，康德的这个悬设就是成圣，就是义务和感性的和谐，要靠灵魂不朽来完成。但在黑格尔这里，这个悬设就成了这样一个命题："**没有任何道德上完成了的现实**自我意识"。没有任何道德上完成了的现实自我意识，你讲的那种悬设只有在死后，凭借灵魂不朽才能成圣，但是死后已经没有肉体了，已经不存在现实的自我意识了，也就谈不上灵魂和肉体的和谐了，所以在现实自我意识中这种道德和肉体的和谐是不可能完成的。在现实中，没有任何道德上完成了的自我意识，现实的自我意识不可能成圣。"而且，由于道德的东西一般说只在其完成了的时候才存在"，这后面有两个破折号，两个破折号中间是说明它的理由。为什么说道德的东

120

西只在其完成了的时候才存在呢？ "因为义务是不混杂的**纯粹的自在**，而道德只在于与这种纯粹相适合"，这就是康德的原则。康德的原则就是"为义务而义务"，不掺杂任何经验的感性的东西，不掺杂任何有限的目的，而道德只在于与这种纯粹相适合。康德对道德的要求是很严格的，真正说来道德就是"为义务而义务"，与这种纯粹相适合。因此道德的东西一般只在完成了的时候才存在，因为它没有完成的时候，它是掺杂有很多杂质的，掺杂有很多经验的、感性的东西，它必须要不断地纯粹化自身，按照康德的要求，必须达到一种纯粹的自在，完不成这个任务，就不存在道德的东西。结论就是，"所以第二个命题一般来说就意味着：**没有任何道德上现实的东西**"。前面一个命题是，没有任何道德上完成了的现实自我意识；这个命题则更进一步了，没有任何道德上现实的东西。就是说前面一个命题还留了点余地，就是说没有任何道德上完成了的现实的自我意识，那么是不是有道德上还没完成的现实的自我意识呢？是不是还有一种正在完成，正在进向道德完成过程中的，处于中途的一种现实的自我意识呢？第二个命题就是否定了，没有。理由就是，道德的东西只有在完成了的时候才存在。为什么呢，因为义务是不混杂的纯粹的自在；而道德只在于与这种纯粹相适合。所以第二个命题更加进一步、更加彻底化了，就是说，一般来讲没有任何道德上现实的东西，这就很悲观了。第一个命题很乐观，我们可以把它设定为世界的终极目的呀，我们期待吧，我们等着吧。等到死虽然也等不到，但是，我们子子孙孙，不断地等下去，总会有希望的。第一个悬设，道德和现实的和谐，总会有希望的。那么第二个命题是没有任何希望的，在现实中你等不到了，没有任何道德上现实的东西。半道德的，三分之一道德的，百分之一道德的，都没有。道德是整体，道德必须是绝对纯粹的，掺杂了百分之一的不道德那就是不道德。所以结论是，没有任何道德上现实的东西。或者说你要设定一个道德上的完成了的情况，那你只有陷入到无限推延，在现实生活中不断地延迟，但是这个在现实中是没有希望的。至于死后，即使有灵魂不朽，也跟现实性无关，连现实的东西都不是，谈何道德上现实的东西。这是康德的第二个悬设经过改造以后就变成了这样，就变成了一个完全否定的命题。第一个命题是肯定的，就是说我们可以悬设一个世界终极目的，我们也不需要去推，我们信就是了。第二个命题呢，就是作为自我意识呢，那就不能够单纯靠相信了，我们就必须要从自我意识里面去推了，一推发现没有希望。所以第二个命题是完全否定的。第一个命题是正题，第二个命题是反题，那么下面第三个命题是合题。

但是由于，第三，道德的现实意识是一个自我，所以它**自在地**是义务与现实的统一；这种统一于是成为它的对象，成为完成了的道德，——但同时又是它的现实性的一个**彼岸**，——不过这个彼岸毕竟应该是现实的。

这是合题了。"但是由于，第三，道德的现实意识是一个自我"，这个"一个"是大写，"一个"自我，强调的是它不是张三李四的自我，也不是今天自我，明天自我，以后的自我。它是"一个自我"，它是统一的，所有人的道德的意识都是一个自我，都是一样的，都是同一个自我意识。道德的现实意识是一个自我，"所以它**自在地**是义务与现实的统一"，"自在地"打了着重号。它不是自为地，你要自为地去追求统一，那是追求不到的，那是没有希望的。但是它自在地作为一个自我，它是义务与现实的统一。这个"一个自我"当然就不是张三李四的自我了，而是更高的自我，是另外一个自我意识，那就是上帝的自我意识。义务与现实的统一自为地是追求不到的，但是它自在地在一个自我之下，可以是义务与现实的统一。"这种统一于是成为它的对象，成为完成了的道德"，这就回到第一个命题去了，它又有了它的对象了，又成了意识的对象了。但是作为自我意识，它是不同于对象的一个他者，它由此回到了它自身。而这个第三阶段的道德的现实意识呢，它是同一个自我，但却是一个更

高层次上的自我,它自在地是义务与现实的统一。这种统一于是成为它
的对象,成为完成了的道德。张三也好,李四也好,都成不了完成的道德;
一般说来,没有任何道德上现实的东西,也没有任何完成了的道德,这
个是在有限的现实中是这样的。但是在"一个"自我那里呢,则把这种
统一变成了它的对象,成为完成了的道德。我们可以把它悬设为一种完
成了的道德,虽然在现实中是不可能有的,但是你可以把它作为一种对
象来追求。"但同时又是它的现实性的一个**彼岸**",它不是在现实中,在
现实中已经没有了,这个前面已经讲了,反题是没有任何道德上现实的
东西,这个已经定了。但是合题讲,这"一个"自我的统一性同时又是它
的现实性的一个彼岸,虽然不在现实中,"不过这个彼岸毕竟应该是现实
的"。就是说它不是现实的,但是它应该是现实的;或者说,在悬设中它
应该是现实的,我们悬设它为现实的。在现实中它当然不是现实的,但
在悬设中我们可以把它假定为在彼岸可能是现实的,我们可以把它当作
是现实的那样去做,就像在冥冥之中确实有一个上帝那样去做。当然实
际上是没有的。但是我们可以把它悬设为应该是有的,这就是道德的现
实意识。道德的现实意识现在推出了三大悬设的另外一种形态,正反合,
把它们整理为另外一种形态,这是我们考察道德世界观时的一种方式,
一种态度。

　　在前两个命题的综合统一这一目标中,无论是自我意识到的现实性,
或是义务,都只被建立为扬弃了的环节;因为它们都不是个别的,但是按 {332}
照它们的本质规定,它们都应该是**摆脱了另一方的**,所以在统一中,每一
个环节都不再是摆脱了另一方的,于是每一个环节都被扬弃了,它们从
内容方面说,是作为这样一种统一而成为对象的,这统一的**每一个环节
都对另一个环节有效准**,而从形式方面说,它们这种互换位置同时又只
是被表象的。

　　"在前两个命题的综合统一这一目标中",也就是说这个第三个命题

是前两个命题的综合统一，但这个综合统一只是一个追求的目标，就是把前两个命题综合统一起来，正反合，要把它们变成合题。在这样一个目标中，"无论是自我意识到的现实性，或是义务，都只被建立为扬弃了的环节"，第三个命题以这个统一为目标，在这个目标中呢，自我意识到的现实以及义务这两个环节都是被扬弃了的环节。也就是自我意识到的现实性被扬弃了，它不再是在有限的自我意识中的那种现实性，而是在悬设中的、在彼岸中的那种现实性，是上帝的自我意识的现实性；同样，那种纯粹义务呢也被扬弃了，它不再是那种高高在上的、不食人间烟火的义务了，这种义务应该跟现实结合起来。所以这两方面都只被建立为扬弃了的环节，"因为它们都不是个别的，但是按照它们的本质规定，它们都应该是**摆脱了另一方的**，所以在统一中，每一个环节都不再是摆脱了另一方的"，它们都不是个别的，不是个别的，也就不是孤立的，不是可以离开对方而独立地存在的。但是按照它们的本质规定，它们都应该是摆脱了另一方的，就是本来孤立地来看，它们每一方的本质规定都是摆脱另一方的，也就是互相对立的。尽管如此，在统一的目标中呢，它们都不是个别的，每一个环节都不再是摆脱了另一方的，因为你已经把它们统一起来了。它们那种摆脱另一方的本质规定已经被扬弃了，在这个统一体中它们的本质规定都被扬弃了。"于是每一个环节都被扬弃了，它们从内容方面说，是作为这样一种统一而成为对象的，这统一的**每一个环节都对另一个环节有效准**"，在这种统一中，既然每一个环节都不再是摆脱另一方的，所以每一个环节都被扬弃了，这种扬弃有内容和形式两方面。前面已经提到了内容和形式，第130页讲到了内容就是众多的一般法则相互之间的关系，形式就是"认知着的意识与无意识之间的那些互相矛盾着的力量"。那么从内容方面来说，是作为这样一种统一而成为对象的，其中每个环节都对另一环节有效准，也就是第三命题在前两个命题的综合统一这样一个目标中，把前面的悬设命题都统一起来了，一个悬设是道德和自然的和谐，一个悬设是道德和感性的和谐，所有这些法则都作为一个统一的法则成为了对象，这统一的每一个环节都对另一个环节有效准。前两个命题，每一个命题都依赖于对方，又都对另外一个命题有效准。这是从内容方面来说。"而从形式方面说，它们这种互换位置同时又只是**被表象的**"，从形式方面来说，这两个互相矛盾着的力量由于矛盾而互换位置。那么，是不是这些互相矛盾着的力量就深入到了本质，就上升到了概念呢？又没有，而仅仅是被表象出来了。从形式方面来说，也就是说意识和无意识的关系，也就相当于思维和存在的关系了，存在就是无意识的，思维就是意识，道德和自然的和谐是无意识的，道德和现实自我意识的和谐则是有意识的。那么这两方面在这里只不过表象为是在互换位置，这种互换位置只是被表象的，"被表象的"打了着重号。双方只是被表象为互换位置，两方面都很重要，我一会儿站在这一方，等会儿又站在另一方，这只不过是在表象中转来转去，把它们的位置进行交换，就像通常说的，既要看到优点，又不能忽视缺点，这就是表象思维，而没有上升到概念。就是说在内容上面它达到了统一，但是在形式方面呢，它只是把这几个环节倒来倒去，一会儿说它是彼岸的，一会儿又说它对此岸是有作用的。这个地方特别强调它的这个"被表象"。在内容上面，它已经达到了这样一种互相依赖的统一性，但是在形式方面呢，它还没有上升到概念，而停留于表象。这是黑格尔通过他对三大悬设的这样一种改造所揭示出来的，就是这三大悬设从根本上来说，在形式上还没有提升到概念，它们还是分裂的。哪怕第三个环节，第三个命题，把前面两个命题综合统一了，也只是在内容上综合统一了，而在形式上它不过是把这些环节互换位置而已。

　　——或者说，**在现实中并非道德的东西，由于它同样是纯粹思维，并且超越于其现实性之上，它在表象中就毕竟是道德的，而且被当成是完全有效准的。**

　　"或者说"，这个破折号后面进一步的解释，就是这种互换位置只是被表象的，这是什么意思？我们可以这样来说，"**在现实中并非道德的东**

西，由于它同样是纯粹思维，并且超越于其现实性之上，它在表象中就毕竟是道德的，而且被当成是完全有效准的"。这个道理我们前面已经讲了，就是在现实中没有道德上现实的东西嘛，既然如此，那么所有现实中的东西都是非道德的，甚至是不道德的。然而，在现实中并非道德的东西，哪怕是非道德的行为，但是，我们换个角度来看，它又是纯粹思维，而纯粹思维是超越于现实性之上的。前面也讲过，"概念把道德自我意识建立在这样一个规定中：在它看来，一切现实性一般地都只在其符合于义务的时候才拥有本质"；刚才也讲，现实性和义务双方按照它们的本质规定，它们都应该是摆脱了另一方的，但又统一为两个互相有效的环节。所以这里讲，这种纯粹思维是超越于其现实性之上的，它在表象中就毕竟是道德的。就是说我们换一个角度来看，纯粹义务作为纯粹思维是完全有效准的。所谓的互换位置，就是说从现实来看，现实中都是些非道德的行为；但现在我们换到纯粹思维的角度看，它是超越于现实性之上的，所以在表象中毕竟是道德的，是完全有效准的。同一件事我们可以从不同的角度来看它，通过这种置换立场，就显得我们看法比较"全面"了，既没有忽略这一方，也没有放过另一方，至于这两方的矛盾究竟如何统一，则不去深究。我们经常看到有人这样讨论问题，自称是"辩证法"，什么问题也不能解决，其实是典型的诡辩术。从表象看问题的人通常就是这样理解对立统一的，他们把握不住概念。康德的做法就是如此，他在彼岸设置一个上帝的眼光，我们可以看出来，它毕竟是道德的，并且被当成是完全有效准的。对于现实的所有人的行为，在人的眼光来看都是恶的，但是在上帝的眼光来看都是善的。这就是表象思维所带来的诡辩：一个事物从这方面看是这样，从那方面看又是那样。当然如果上升到概念思维，这个里头就会隐含着黑格尔将来要发展出来的那种观点，就是所有的这些恶的事情都是上帝用来完成自己至善的宏大目标的手段，或者说，恶是推动世界历史前进的杠杆，最后都要成为善，都要成为进步，都要趋向于上帝的至善。这是黑格尔后来发展出来的善恶同一的历史观。

126

但是在康德这里,这两方面是完全脱节的,现实的感性世界都是非道德的,纯粹义务则是道德的,但它和感性现实是不沾边的。他把这看成是完全是两种不同的固定不变的眼光,针对同一个对象可以互换位置。这导致了康德的一种内在的矛盾,他既要保持纯粹义务的纯洁性,又要使它具有现实性和实践性,但又无法两全其美。这就是下面这个标题"b.置换"所要揭示的。

这样一来,第一个命题"**有**一个道德自我意识"就恢复了,但它是与第二个命题"**没有**任何道德自我意识"结合着的,这就是说,**有**一个道德自我意识,但它只是在表象中;或者说,虽然没有任何一个道德自我意识,但它毕竟又是由一个他者所承认的。

于是这样一种置换,这样一种互换位置,就导致了这样的结果。"这样一来,第一个命题'**有**一个道德自我意识'就恢复了",正反合嘛,合题又恢复到正题上面去了,还是承认有一个"道德自我意识"。本来反题已经否定了,就是没有任何道德上现实的东西;但是合题又回到了"有一个道德自我意识"这个命题。"但它是与第二个命题'**没有**任何道德自我意识'结合着的",它不是简单地回到原地,而是在第二个命题的基础之上,在更高的层次上面回到了第一个命题。怎么结合着的呢? "这就是说,**有**一个道德自我意识,但它只在表象中",有一个道德自我意识,是有,但是只在表象中,只在上帝的眼光之中。这就为它划定了位置。现在我们有第三环节、第三悬设,就好办了,它只是在上帝的眼光之中,你可以把它推到上帝的表象,那就不可分析的、只可信仰了。那么就可以解释,确实有一个道德自我意识,但是你没看到,你为什么没看到,因为你不信上帝嘛,你没有置换你的立场。你如果信上帝,你就会知道,的确有一个道德自我意识。"或者说",这个或者说,就是反过来说了,"虽然没有任何一个道德自我意识",这是第二个命题讲的,没有任何道德上现实的东西。"但它毕竟又是由一个他者所承认的",就是虽然现实中没有任何道德上现实的东西,但是如果置换一下立场,你就可以看到,道德自我意识毕竟又是由一个他者、一个上帝所承认的。就是说你超出你的现实自我之外，超出自我的一切现实性之外，你就可以为一个"他者"、一个另外的道德自我意识保留余地。在现实的自我意识里面，确实没有任何道德上现实的东西；但是只要你置换一下立场，超出你的现实的道德自我意识之外，你就会发现，毕竟还是有一个他者的道德自我意识。这是黑格尔对康德的上帝悬设乃至于对康德的"纯然理性范围内的宗教"的一种引述，它引出了康德道德哲学和宗教哲学的一种内在矛盾，这就是下面这个标题"b. 置换"所要系统展开的。

## b. 置换

置换，德文 Verstellung，贺、王译本作"倒置"，我想换一个词，这个"倒置"容易引起误解，以为本来还有某种"正置"，现在"放错了位置"。贺、王译本这里加了个注，就是说这个词有颠倒位置或放错了位置的意思。① 其实这个词固然有错置、伪装的意思，但在黑格尔这里是中性的，不带贬义，并没有要把它"正过来"的意思。我把它译成比较中性的置换，也就是换位，互换位置，它不一定是倒置，它就是换一个位置。当然互换位置是一种表象思维，层次在概念思维之下，就此而言它带有一点贬义，但也是一个必经阶段，可以暴露出概念的内部矛盾。这点在下面的论述中会看得更清楚。

[136]　在道德世界观里，一方面，我们看到意识**自己有意识地制造出**自己的对象；我们看到，意识既不是作为一种异己的东西碰上了这对象，也还不是无意识地在自己面前形成了这对象，而是到处都在按照一个根据进行操作，从中**建立起**这**对象性的本质**来；因此，它知道这本质即是它本身，因为它知道自己即是*产生自己*的那个**能动的东西**。

---

① 先刚译本更作"颠倒错位"，贬义太强了。

　　"在道德世界观里，一方面，我们看到意识自己**有意识地制造**出自己的对象"，我们作为旁观者，在上述道德世界观里面看到什么呢？看到一切对象都是由意识自己有意识地制造出来的，看到了意识本身的能动性。意识是有能动性的，意识有意识地发展出了它的概念，当然康德没有看到这些概念，那么，我们旁观者看到，道德世界观中所有这些悬设都是意识自己有意识地制造出来的。"我们看到，意识既不是作为一种异己的东西碰上了这对象"，既然对象是意识自己有意识地制造出来的嘛，当然它就不是作为一种异己的东西、一种陌生的东西被意识碰到的，这个对象是它自己造出来的，而不是它发现的。"也还不是无意识地在自己面前形成了这对象，而是到处都在按照一个根据进行操作，从中**建立起这对象性的本质**来"，到处都在按照一个根据操作，这根据就是意识自己的能动性，是由意识自己的能动性中建立起了这对象性的本质。就是说这个对象性的本质，这个客观的悬设，你把它当作本质，其实都是由意识自己建立起来的，都是人为自己立法，由道德自我意识自己建立起来的。这是一种主观地建立起来的对象，是一种自觉的实践理性。在康德的道德世界观那里我们其实已经看出了这一点，就是意识的主观能动性在其中起了关键性的"根据"的作用，这对以往基督教的和其他的道德学说对异己东西的依赖形成了根本性的冲击。"因此，它知道这本质即是它本身，因为它知道自己即是产生自己的那个**能动的东西**"，它现在知道这个信仰对象的本质就是它自己本身，是它自己造出来的呀，它知道自己即是产生自己的那个能动的东西，它不需要外来的东西。它就凭它自己的道德自我意识就能够产生出它的对象来，这些对象就包括自然界和道德的和谐，人的感性和义务的和谐，以及上帝对这一切的保证，这些对象都是它产生出来的。康德在道德领域的巨大贡献就是把一切道德和宗教的命题都建立在自由意志的自律之上，这在西方历史上是第一次。

　　因此，在这里意识似乎达到了它的安宁与满足，因为，它只有在它不需要再超出它的对象时才能感到安宁与满足，因为这个对象已不再超出它了。

"因此，在这里意识似乎达到了它的安宁与满足"，也就是康德的所谓道德自律，每一个意志都是自己的立法者。它知道自己就是产生自己对象、产生自己本身的那个能动的东西。康德在这里已经有点意识到自我意识的这种能动性了，但他站在这个立足点上停滞不前，他试图在这一点上找到自己的休息所。在这里意识似乎达到了它的安宁与满足，这里用的是"似乎"，也就是看起来不再需要什么了。它的自律已经从他律摆脱出来了，自律就是自足，它自己为自己建立法则，自己为自己立法。所有这些悬设都是从道德自律中建立起来的，它们没有超出道德自律之外。虽然它还把上帝当作一个信仰的对象，但是这个信仰的对象实际上还是它自己设立的，最终还是由它的自由意志、它的道德自律所建立起来的。"因为，它只有在它不需要再超出它的对象时才能感到安宁与满足"，它不需要再超出它的对象了，上帝的悬设已经到顶了，康德设定它就是为了使自己心安。所以他的道德是完全自满自足的，哪怕对上帝的悬设，也不是超出意识之外的对象。"因为这个对象已不再超出它了"，上帝并没有超出意识，所以意识也不需要再超出它的对象了。这个对象是它自己设立的，它不需要超出这个对象。

但是另一方面，意识毋宁是自己把这对象放到了**自身以外**，作为它自己的一个彼岸。

"但是另一方面"，前一方面就是它的自给自足，它不需要超出自身。而另一方面呢，"意识毋宁是自己把这对象放到了**自身以外**，作为它自己的一个彼岸"，康德的根本的矛盾就在这里了。一方面，它的道德自律自给自足；但另一方面呢，它又要设定自己以外有一个对象，有一个上帝。而且是意识自己把这对象放到了自身以外，作为它的一个彼岸。也就是说，它的这些悬设又是超验的，而本来，所有这些法则在康德那里呢，它们的运用都是内在的，所谓内在的，就是说它们运用于人的实践活动之中，它们没有在人的实践活动之外有任何独立的意义。就是限于在人的行为中使用这样一些法则，绝对命令啊，道德律啊，悬设啊，都是用于人的实践活动中的。所以康德讲，这些法则都是一种内在的命令，它们不能作超验的运用，超验的没什么可运用的，超验运用就是一种假象、一种幻相了。当然人忍不住要去超验运用，但是，那些都是假的，真正的运用都是在现实中能够起作用的，包括上帝的悬设都是能够对我们的现实的道德实践活动施加某种影响的，只是你不要试图去认识它。所以它虽然在我们自身之外，但是它又是必须要看作是在现实生活中起作用的。

　　不过这个自在自为的存在者，同样也被建立为这样一种并非脱离自我意识、而是为了自我意识和通过自我意识而存在的东西。

　　对象被放到自身之外，不过呢，"这个自在自为的存在者，同样也被建立为这样一种并非脱离自我意识、而是为了自我意识和通过自我意识而存在的东西"。像上帝这样的悬设被置于自我意识之外，但它却是为了自我意识和通过自我意识而建立起来的，它是"为我的"，并且是通过"我"而存在的，所以它又不完全是超验的，或者说它同时又是内在的。一方面它是超验的，另一方面呢，它是内在的，那就是它的矛盾了。这里面就运用了一种置换，那就是通过置换而展示出来的一种矛盾。这个道德世界观有一个最根本的矛盾，就是超验和内在的矛盾。你所有的这些道德自律都是自满自足的，都不超出自我意识之外；但是，你又要把这样一个原则设定在自我意识之外，当作一个彼岸的东西来加以保证，没有这个彼岸的东西来加以保证，那你就会陷入到反题，没有任何现实的道德了。而没有任何现实的道德，你对那个道德命令的自满自足就被打破了，你在主观的范围之内无法自满自足。所以你必须要设定一个彼岸的上帝来对于现实中的道德世界观做一个保证，我们在现实中看不到道德，但是在上帝那里我们可以相信有现实的道德。但是这个上帝的保证呢，又是在彼岸，通过一种悬设来保证此岸道德的现实性，这就是一个极大的矛盾。这两种立场互相纠结、互相置换，不能自圆其说。这是黑格尔通过分析康德的这些悬设所找出来的所谓道德世界观里的矛盾。

我们今天就讲到这里。

\* \* \*

好，我们上次已经读到了"b"的这一部分，它的小标题是"置换"，我们已经讲了第一段，下面第二段，这里有一个编者加的小标题，是贺、王译本从拉松本译过来的，就是 [I.道德世界观里的矛盾]。这个小标题插在这个地方是非常不恰当的，应该取消，把它改变一下移到下面一段去。因为"b.置换"以下的这两段都是解释"置换"这个题目的，那么从下面贺、王译本 137 页这一段呢，才开始真正进入到"置换"的具体的论述。我们上次讲到"置换"标题下面的第一段，这第一段呢，突出了道德世界观里面的一对基本矛盾。这对基本矛盾就是，道德本身它作为自律自足的意识，是不需要感性的，用康德的术语来说就是超验的；另外一个呢，它又是内在的，内在的就是上次读到的最后这一句话，就是把它"建立为这样一种并非摆脱自我意识、而是为了自我意识和通过自我意识而存在的"，这就是内在的。道德世界观里的一对基本矛盾，就是超验和内在的矛盾。超验的就是彼岸的；内在的就是此岸的，就是内在于自我意识而跟感性、跟现实性结合在一起的。那么我们今天读的这个第二段，就是进一步用康德的说法展示这一矛盾，这两个自然段可以看作"b"节的序言。这两段序言的确像拉松本的那个小标题所讲的，是提出了"道德世界观里的矛盾"，但这是概括了整个"b"节要讲的内容，而不能作为其中的一个小标题。真正可以作为"b"节的三个小标题的应该是分别从三个层次展开道德世界观里的矛盾，这就是我下面所加的："I.第一悬设的矛盾"；"II.第二悬设的矛盾"；"III.第三悬设的矛盾"。这三个都是我改了之后的标题，拉松本或贺、王译本都不是这样的。现在先把序言的第二段讲完。

　　道德世界观因而实际上不是别的，只不过是这个作为基础的矛盾向自己各个不同方面的养成；用康德的话来说——这个说法用在这里最为合适——它是**整个一窝**无思想的矛盾。①

　　"道德世界观因而实际上不是别的，只不过是这个作为基础的矛盾向自己的各个不同方面养成"，上述这样一个"矛盾"，也就是超验的和内在的矛盾，向自己的各个不同方面的养成。它这里用"养成"（Ausbildung）这个词，类似于前面讲的"教养"或"教化"（Bildung）。它是同一个基本矛盾在道德世界观的各个方面所实行的教化训练，它把这个矛盾发展出来，培养起来。它有不同的方向，我们下面将要看到的主要是三个方向，即针对着三大悬设。当然这三大悬设跟康德三大悬设不太一样，我们前面已经讲到了，是黑格尔帮他总结出来的三大悬设。那么这三大悬设里面都有这样一个基本矛盾，在道德世界观中向各个不同方面养成。"用康德的话来说——这个说法用在这里最为合适——它乃是**整个一窝**无思想的矛盾"，康德的话，按照德文编者在这里的注释，就是他在《纯粹理性批判》批评上帝存在的宇宙论证明时讲过这样的话，其实康德的"整个一窝（ein ganzes Nest）矛盾"也是沿用古代苏格拉底的说法。苏格拉底问了美诺一个"什么是美德"的问题，美诺举了一大堆日常生活中的例子来说明，苏格拉底就讽刺他说，我要寻求的是一种美德，现在却在你的规定那里得到了"整个一窝"（einen ganzen Schwarm）美德。② 黑格尔这里讲，康德所说的"整个一窝无思想的矛盾"恰好在这里适合于康德本人，在康德的道德学说里面，正好就是整个一窝无思想的矛盾。那么黑格尔就是要批判康德道德学说里面的这样一些无思想的矛盾，把它们揭示出来，按照它们的辩证本性发展出来。我们下面来看看他怎么分析。

----

① 黑格尔在这里涉及的是康德在对上帝的宇宙论证明的批判中的说法，参看《纯粹理性批判》B637："我在前面简短地说过，在这个宇宙论的论证中隐蔽地包含有整个一窝辩证的狂妄，先验的批判可以很容易地揭示并打破这一点。"——丛书版编者

② 参看《柏拉图全集》德文版，Felix Meiner 出版社，汉堡 2004 年重印，第 21—22 页。

意识在这个发展中的做法是：它确定一个环节，并从那里直接转向另一个环节，而把第一环节扬弃掉；但一当它现在**树立起来**第二个环节，它**又**再次**置换**这第二环节，反倒使对立面成为本质。

这是对置换手法的一个总的概括。"意识在这个发展中的做法是：它先确定一个环节，并从那里直接转向另一个环节，而把第一环节扬弃掉"，这是第一步。先确定一个环节，然后为了使这个环节具有更充分的确定性，于是从它自身中引出与它对立的环节，这个对立环节可以补它的不足。但这个环节一引出来，就把第一个环节扬弃掉了，整个立场都置换为对立的立场了。"但一当它现在**树立起来**第二个环节，它**又**再次**置换**这第二环节，反倒使对立面成为本质"，"置换"（verstellen）在这里第一次出现了。其实这已经是第二次置换了，第二环节再次被置换，而使它的对立面成为本质。整个一套呢就是这样一个否定之否定的程序，先确立一个环节作为正题，然后转向另外一个对立环节，作为反题，把第一个环节扬弃掉；反题一旦确立起来呢，又再次置换为合题，在更高层次上回到第一个环节，回到正题。

{333}　　同时，它对于自己的矛盾和**置换也**是有意识的，因为它是**直接联系着一个环节本身**而从这个环节过渡到对立环节的；而**由于一个环节**对它说来没有实在性，它就恰恰要把这个环节建立**为实在的**，或者这样说也一样，为了主张**一个环节**是自在存在着的，它就主张其**对立环节**是自在存在着的。

"同时，它对于自己的矛盾和**置换也**是有意识的"，"置换"和"也"都打了着重号。就是对于这样一种倒来倒去的置换，它也是有意识的，它是故意这样运用的。"因为它是**直接联系着一个环节本身**而从这个环节过渡到对立环节的"，也就是说，意识在把一个环节置换掉的时候，它是把它放在两个环节的互相联系中来进行的，就是说它不是说一下子就掉到对立环节中去了，而是就从这个环节本身而过渡到了对立环节。因此在对立环节那里呢，它心里想的还是第一个环节，它心里面实际上是有两个环节,经过权衡而过渡到后面的环节的。它不像唯理论或者经验论,它们证明自己就证明自己,虽然引述、驳斥对方,但是还是单纯立足于自身。而在康德的描述之中呢,这些环节之间都是互相观照的。康德并不是一个唯理论者,也不是一个经验论者,那么他要过渡到对立环节,他就在唯理论的命题中直接看到经验论的感性的方面,反之又从经验论的命题中直接看到理性超验的方面,两方面不可偏废。他总是联系着这个环节本身而过渡到对立环节,他从对立环节返回来时,也没有把对立环节丢掉。所以它对自己的矛盾和置换一方面是出乎意料的,另一方面也是有意识的。"而**由于**一个环节对它说来没有实在性,它就恰恰要把这个环节建立为**实在的**",当它觉得一个环节缺少实在性的时候,它就恰好要把它建立为实在的,要把它里面具有"实在性"的因素突出出来,要把它作为实在的来建立。就是说,正因为一个环节没有实在性,它就去补这个环节的不足,但是在建立起实在性以后呢,它已经用另一个环节把前一个环节置换掉了。"或者这样说也一样,为了主张**一个环节**是自在存在着的,它就主张其**对立环节**是自在存在着的",为了主张这个方面是自在存在着的,也就是客观存在的、具有实在性的,那就必须主张其对立环节是自在存在的、有实在性的,因为只有证明与它相矛盾相冲突的那个对立的环节是自在存在着的,这个环节才在与对立环节的冲突中也成为了自在存在着的了。否则的话,没有冲突就显示不出它的自在的客观性了,就是虚假空洞的了。但这样一来,前一环节就是依赖后一环节而成为实在的,而真正实在的根据就转到第二环节之中,意识的立场无形中就得到了一次置换。整个向对立面转化的过程都是在意识的控制之下、在青天白日之下进行的,并没有什么人玩弄花招,这就表现出了这一过程的必然性。

这就承认了它实际上根本没有认真对待这两个环节中的任何一个。对此,必须在这个忽悠人的运动的诸环节中进行更切近的考察。 [137]

"这就承认了它实际上根本没有认真对待这两个环节中的任何一

个"，也就是说，这两个环节在康德手里一个置换另一个，只是一种主观技巧。康德就是这样想的，康德对于二律背反的辩证法就是当作一种纯粹理性的"训练"，也就是怀疑论的训练。这种怀疑论的训练就是不要把任何一方当真，对双方你都要采取一种姑妄听之、姑妄言之的态度，然后看它们怎么样倒来倒去，而并没有认真地对待这两个环节中的任何一个。因为一旦认真对待它们，他觉得就会陷入到独断论了，但是康德是反独断论的。如何反独断论？就是利用怀疑论，跳出双方各自的独断，把它们置换来置换去。这是一种主观技巧，是纯粹理性有意识地训练出来的。"对此，必须在这个忽悠人的运动的诸环节中进行更切近的考察"，这样一个运动在这种意义上是忽悠人的，是带有欺骗性的。甚至康德也不讳言这一点，就是说，我们姑妄言之，你跟着我走一遍，你就会知道了，所有这些东西都带有整个一窝辩证的狂妄主张，都是在忽悠人。看起来好像言之成理，在形式逻辑上来说，双方都是很严密的，都驳不倒的；但实际上呢，是欺骗人，把人引入歧途。但黑格尔却正是要认真地对这样一个运动的诸环节进行一番更切近的考察，这就是下面要讲的，对康德道德世界观中的三重悬设进行仔细的剖析，它同时就是对康德对待辩证法的那种不认真的态度所作的批判。所以下面这个括号里面我所拟的小标题，就是把拉松版编者前面加上去的罗马字的第 I 标题加以改动，移到这里来，不是 [I. 道德世界观里的矛盾]，而应该是 [I. 第一悬设的矛盾]。再下面在第 139 页的 [II. 道德转化为它的反面] 这个小标题，应该改成 [II. 第二悬设的矛盾]；而 142 页的 [III. 道德自我意识的真理性] 则相应地改为 [III. 第三悬设的矛盾]。整个"b. 置换"这一节都是讲的三大悬设，分析其中的各个层次的矛盾，揭示一个环节怎么样通过自相矛盾而遭到置换，过渡到它的反面，都是这样一种分析。这样一标明的话，它的这一节的结构就非常清楚了，就是前面两段都是铺垫，也就是把这个道德世界观里面的矛盾，把它展示出来，这相当于序言；接下来就是逐一分析这整个一窝的矛盾，主要是三大悬设，里面充满着各种矛盾，都是道德的超验性和内在性、彼岸性和此岸性的矛盾的体现。

**[I.第一悬设的矛盾]** 首先让我们把"有一个现实的道德意识"这一前提建立在自身的根据上，因为这个前提直接地并不是在同以前的某种东西的联系中造成的，并且，让我们转向道德与自然相和谐这个第一悬设。

"首先让我们把'有一个现实的道德意识'这一前提建立在自身的根据上，因为这个前提直接地并不是在同以前的某种东西的联系中造成的"，这是第一层意思。就是说"有一个现实的道德意识"，这是一个前提，这个前提呢它是以自身为根据的，它不再以别的东西为根据，它不是从以前的某种东西的联系里面造成的，不是从什么别的东西里面推出来的，它就是一个绝对的前提。前面第134页在谈到三大悬设时也说过："由以出发的第一点就是：**现实的**道德自我意识，或者说，**有这样一种**道德自我意识"。康德在《实践理性批判》的序言里一开始也讲到了这个意思，就是说，纯粹理性具有实践能力，这是一个理性的事实。既然是理性的事实，它是不需要证明、也不需要批判的。凡有理性者他都会运用自己的纯粹理性去进行实践。纯粹理性具有实践能力，凡是有理性者，他都有这种能力，就是用自己的纯粹理性去实践。实践就是人的存在嘛，理性则是人的本质，人的存在就是带有理性本质的存在，这是一个事实，是我们谈实践理性、谈道德的一切命题的前提。康德认为这个纯粹理性的事实跟感性的事实不一样，它不是经验的事实，任何人都会承认，我们人都是有理性的，我们人有了理性都会有这个能力去用它来实践。黑格尔也承认这一点，首先承认有一个现实的道德意识，也就是说，有一个在实践中实现着自身的道德意识。"并且让我们转向道德与自然相和谐这个第一悬设"，从这第一个事实，我们就转向了道德与自然相和谐。理性的事实是"有一个现实的道德意识"，那么从这个命题我们就可以直接推出道德与自然相和谐。因为，所谓现实的道德意识，就是道德与自然相和谐的意识，道德与自然不相和谐那就不现实了。这个就是推出来的了。第一个事实它不是推出来的，而第二个命题就是推出来的，道德与自然相和谐，它从"有一个现实的道德意识"里面可以推出来。但是这只是一个悬设，是我们推出来的。

这种和谐应该是**自在的**，不是为现实意识的，不是当下在场的；相反，当下在场的不如说只是两者之间的矛盾。

"这种和谐应该是**自在的**，不是为现实意识的，不是当下在场的"，"自在的"打了着重号。就是这种和谐，应该是我们意识到它也好，没有意识到它也好，它都在那里。这个自在相当于康德的自在之物，它是客观的。康德的自在之物是可思而不可知的，是我们用理性推出来的，推出来它应该是自在地存在，但是在我们的意识中并没有呈现出来。这就是第一悬设的意思，为什么要悬设呢？就是理性悬设了它应该是自在的，虽然我们没有现实地意识到它。所以它不是为现实意识的，也不是在意识面前当下在场的。道德和自然什么时候和谐过啊？我们在现实生活中没有看到过，所以我们只能把它当悬设了。悬设的意思就包含这个意思，就是说，它是悬着的，它并没有落实下来，并没有落实到当下在场，并没有落实到我们的现实意识里面来。"相反，当下在场的不如说只是两者之间的矛盾"，我们所看到的，当下在场所发现的，只是两者的矛盾，只是两者相冲突。一个道德，一个自然，你要讲道德，你就必须不顾自然；你要着眼于自然，那你就不能讲道德。因为道德和自然它们各自有自己的路，它们各不相谋。道德是道德，道德有它自己的应当的法则；而自然界有它自身的必然规律。所以我们看到的都是两者的矛盾，我们没有看到什么时候和谐过。所以它不是为了我们的现实意识而设立的，而只是为了让我们还抱有理想才需要这种悬设。

在当下在场中，**道德**已被假定为**现成在手的**，而现实性则已被设置为与道德不相和谐的。但是**现实的**道德意识是一种**行动着的**意识；它的道德的现实性正在于这种行动着的意识。

　　"在当下在场中，**道德已被假定为现成在手的**"，"现成在手的"，也就是有一个现实的道德意识，这是已被假定的。假定了"有一个现实的道德意识"，这个每一个人都有，只要是人，他就有这样一个道德意识。一个坏人他也有良心，这是一个事实，但是他把它掩盖了，他"昧着良心"，但是这个良心还是现成在手的。"而现实性则已被设置为与道德不相和谐的"，我们所生活的这个日常的现实世界则被设置为与道德不相和谐的，这就是当下在场的状况。现实被设置为就是与道德不相和谐的，我们也认了，我们知道这个现实就是不道德的现实，这就是当下在场的道德意识所看到的情况。"但是**现实的**道德意识是一种**行动着的**意识；它的道德的现实性正在于这种行动着的意识"，这个"现实的"和"行动着的"都打了着重号。前面讲道德已被假定为现成在手的，但是还不一定就是说它是现实的。那么现在我们讲，现实的道德意识是一种行动着的意识，这里讲的"现实的"就是行动，就是实践。康德讲的实践理性具有实践的能力，也就是具有行动的能力，道德律本身是可以通过行动实现出来的。我能够按照道德律行动，这就是一种现实的道德意识。它的道德的现实性正在于这种行动着的意识，现实的道德意识，它的道德意识的现实性何在呢？就在于这种行动着的意识。下面一句话就比较关键了。

　　但在**行动**本身中，上述设置就被直接置换了；因为这行动无非是内心道德目的的实现，无非是产生出一种由这**目的所规定的现实性**，或者说，产生出道德目的和现实性本身的和谐。

　　这就是一个转机了。"但在**行动**本身中"，"行动"打了着重号，现在我们的目光，我们的注意力，开始集中到行动上面来了。前面讲现实的道德意识、讲这个自然和道德意识的和谐以及讲它在当下在场中并不和谐，这一切都还没有涉及到行动。现在我们确定了，所谓真正的现实性就是行动的意思。既然谈了行动，我们就发现，"上述设置就被直接置换了"。"上述设置"，"上述设置"是什么呢？我们推上去三行，讲到"而现实性则已被设置为与道德不相和谐的"，就是这样一个设置（Stellung），它被直接地置换（verstellen）掉了。你说现实性被设置为与道德不相和谐的，那么现在在行动中，这样一个设置就被置换掉了，就变成了另外一种东西，就是在行动中可以达到和谐了。"因为这行动无非是内心道德目的的实现，无非是产生出一种由这**目的所规定的现实性**，或者说，产生出道德目的和现实性本身的和谐"，前面讲了，道德目的和现实性不和谐，这是前面所设置的。但是现在呢，通过行动，这样一个设置被置换了，置换成什么了呢？置换成道德目的和现实性本身的和谐。不和谐为什么被置被换成了和谐呢？因为我们着眼于行动，因为这行动无非是内心道德目的的实现。道德行动意味着什么呢？意味着内心道德目的的实现嘛！这很简单，无非是产生出一种由这目的所规定的现实性。你通过行动产生出了一种现实性，实践嘛，实践肯定产生出它的后果、它的现实性了，而这个现实性的后果呢，它是由你的道德目的所规定的。所以这本身就是和谐了，就产生出了道德目的和现实性本身的和谐，这就把那种不和谐置换掉了。这是第一次的置换。在第一悬设里面第一次发生的置换就是这个置换。最开始作为悬设，里面就包含着道德和现实性的不和谐，正因为不和谐，所以才要悬设。但是通过行动，现实的道德意识表现为行动，既然是行动，那里面已经就包含有和谐了，就把不和谐的那样一个设置呢给置换掉了。这是第一个置换，通过道德行动把前一个不和谐的设置置换掉，在现实中我们就有了道德目的和现实性本身的和谐，这种和谐甚至于是当下在场的。

同时，这行动的完成也是为意识的，它是现实性与目的的这种统一性的**当下在场**；而且由于在完成了的行动中，意识已把自己实现为这种个别的东西，或者说，意识直观到定在回到了自己手中，并乐在其中，所以在道德目的的现实性中同时也包含着那样一种被称为享受和幸福的现实性形式。

刚才讲了，道德目的和现实性本身在行动中和谐了，那么下面进一步深入。"同时，这行动的完成也是为意识的"，这行动的完成是意识到了的，是意识看得到的，而不再只是自在的。因为道德行动就是你的意识的目的，它在你的意识面前发生。"它是现实性与目的的这种统一性的**当下在场**"，"当下在场"打了着重号，现实性与目的的统一性是当下显现给意识的，在这种意义下它就是当下在场的。这就彻底颠覆了前面那种设置，说在当下在场中，现实性和道德是不和谐的，是相互冲突的，说我们在现实生活中从来没有见过一种和谐。但是如果有一种道德行动，那我们就直接见证了这种和谐，道德行动的目的和它的现实性的后果当然是和谐的，只要它实现出来就是和谐的。"而且由于在完成了的行动中，意识已把自己实现为这种个别的东西"，一个道德行动完成了，成功了，做出来了，意识已经把自己实现为这种个别的东西，实现为具体的东西了。"或者说，意识直观到定在回到了自己手中，并乐在其中"，意识已经直观到自己的目的实现了，它外化出去作为争取对象的那个定在、那个具体目标现在到手了，当然就乐在其中了。凡是目的的实现都带来快乐；直观也好，定在也好，快乐也好，这个里头就已经包含经验的成分、自然的成分了。我已经实现了道德的目的，已经有了具体的后果，并且得到了快乐。本来这个世界跟道德是不相容的，我的快乐和欲望跟道德也是不相容的；但是我通过自己的行动，使得世界的某一个部分、或某一个对象跟道德相容，符合于道德，于是呢，我自己也得到了满足和快乐。"所以在道德目的的现实性中同时也包含着那样一种被称为享受和幸福的现实性形式"，你乐在其中，这说明道德意识不仅和外部自然界达成了和谐，而且与你自身内部的自然也达成了和谐。在这种和谐中，这种现实性不仅采取了符合道德法则的客观事物的方式，而且采取了由道德法则所带来的主观享受和幸福的形式，以这两种方式我们实现了德福一致。你做了一件道德的事情，就得到了幸福，因为你实现了你的目的，你乐在其中。你乐于见到你的道德的目的在现实生活中实现出来，在这一过程中你获得了自己的享受。这个跟康德就完全不同了，康德绝对不会认为一件道德的行为跟享受和幸福有这样一种直接的关系，而认为即算你有享受和幸福，你也不要考虑它，你要把它排除出去，你才是道德的。但是黑格尔认为呢，恰好这种享受就有理由纳入到这个道德的目的里面去，它就是包含在行动之中的。德福一致原来是作为一个悬设，道德和自然的和谐，就是道德和幸福的一致，原来是作为一个悬设而提出来的，并不考虑它在现实中的实现；但在实际行动中，我其实已经实现了这种和谐，我不用你悬设，我只要去做道德的事情，做到了，那就是德福一致，那就是道德和自然的和谐，还悬设个什么呢？这就是一种置换，把悬设的那样一种根基把它置换掉了。悬设之所以要悬设，就是因为它不和谐，在现实中，道德和自然、道德和现实达不到和谐。那么现在通过行动，我使得道德和自然、和现实达到了和谐，使得德福一致当下在场了，这就抽掉了原来的那种悬设的根基。

——于是实际上，行动所直接实行出来的，就是那种当初被设置为不能实行、而只应当是一种悬设、只应当存在于彼岸的东西。

这句话是对前面的总结，"于是实际上，行动所直接实行出来的，就是那种当初被设置为不能实行、而只应当是一种悬设、只应当存在于彼岸的东西"。当初正是因为不能实行，所以，我要把它悬设在彼岸，我只能把它当作彼岸的东西来悬设。但是现在，实际上行动已经把这种东西直接实行出来了，它不需要你把它悬设在彼岸，它已经在此岸的现实中，当下在场地实行出来了。

意识于是通过这种行为业绩表明，它并没有认真地对待这种悬设，因为这行动的意义，毋宁在于使本来不会是当下在场的东西成为当下在场的。

"意识于是通过这种行为业绩表明"，"行为业绩"也就是行动了，是从它的后果上来表达的行为，我们前面一直把这个德文词 die Tat 译作"行为业绩"。这是通过它的效果来看的行为，康德是不讲效果、不讲业绩的，他只讲行为（Tun），只讲动机和过程，而不考虑实际效果。而黑格尔则指出，康德的道德意识实际上总是有行为业绩的，这就表明，"它并没有认真地对待这种悬设"。也就是说，康德最初通过纯粹实践理性建立这种悬设的时候，并不是很认真的，并没有认真地对待这种悬设；如果他认真地对待这一悬设，他就会看到，这种悬设的根基，就是假定道德和自然在现实中不可能和谐，而这种假定是与人的行为业绩相冲突的。他就会发现，实际上如果真的不可能有这样的和谐，那么人的行动也就不可能了，乃至于人的行为业绩也就不可能了。而人的行为业绩当然是可能的，这却正是康德的一个出发点，即道德意识、纯粹实践理性是具有实践能力的，这是他所谓的一个"理性的事实"，那么他岂不是自相矛盾了。如果他认真对待他的这种悬设，他就会发现，这个悬设根本就是和他的前提相冲突的。"因为这行动的意义，毋宁在于使本来不会是当下在场的东西成为当下在场的"，行动的意义、实践理性的本义就在这里。纯粹理性具有实践能力，什么能力啊？不就是行动能力吗？而所谓行动，不就是使本来不会当下在场的东西变成当下在场的吗？本来不会当下在场，也就是假如没有行动的话就不会当下在场。既然是行动，就是要把这个本来不会自己出现的东西把它在眼前实现出来。如果康德认真看待他的实践理性及其悬设，就必定会考虑到这一点，就是所谓实践、行动就具有这样的现实意义。

　　而且由于正是为了行动之故，才悬设了和谐，——因为凡是应当通过行动而成为**现实的**东西都必须**自在地**是这样，否则它就不**可能**是现实性了，——那么行动和悬设的关联就具有这样的性状：为了行动之故，也就是为了目的与现实性**现实地**相和谐之故，这种和谐被建立为**非现实的、彼岸的。**

　　这就是第一悬设的矛盾之所在了。"而且由于正是为了行动之故，才悬设了和谐"，悬设最开始的出发点，要悬设一个和谐，不就是为了行动嘛。行动当然达不到最终的和谐，但是还是"为了行动之故"，由于这个行动达不到，所以我才悬设了和谐。这两个破折号里面是解释，为什么为了行动之故就要悬设和谐呢？"因为凡是应当通过行动而成为**现**

**实的**东西都必须**自在地**是这样"，你的行动要成为现实的东西，就要悬设一个自在的和谐，就是你的行动的目的跟现实性必须本身有和谐的客观可能性，哪怕我还没有意识到。"否则它就不**可能**是现实性了"，如果你不设定它们的这样一个和谐的客观可能性的话，它怎么能够成为现实性呢？你必须要有这个信心，有这个追求，要使它实现出来。当然既然是悬设，也意味着它永远实现不了，但是你要有这个追求，保持这种希望，否则的话，行动就不可能是现实性，你也就不会去努力地追求它的实现了。凡是想要通过行动成为现实的东西，都必须潜在地有这样一个目标，否则它就不可能是现实性。"那么行动和悬设的关联就具有这样的性状：为了行动之故，也就是为了目的与现实性**现实地**相和谐之故，这种和谐被建立为**非现实的、彼岸的**"，这就是一个非常尖锐的矛盾了。正是为了目的与现实性现实地相和谐，而把这种和谐建立为非现实的，欲将取之，必先予之，为了获得而放弃，这就是第一悬设的矛盾。为了此岸的现实行动而悬设了一个不可能实现的彼岸，那么反过来，既然它不可能实现，那也就不可能行动了。因为行动就是实现道德目的和现实的和谐，行动本身就是实现这个的。你把这个和谐放在非现实的彼岸，岂不是要取消行动本身的现实性吗？你把它放在一个非现实的彼岸，以便能够实现它，这岂不是一个自相矛盾的预设吗？这就是道德世界观里面第一悬设暴露出来的矛盾，这个矛盾呢通过第一次置换而显示出来了。第一次置换就是，首先你从静止的立场上设定，道德和现实性是不和谐的，和谐只是一个彼岸的悬设；然后你换了一个动态的实践的立场，结果发现在行动中已经表现出道德与现实性的和谐，甚至于表现出德福一致了。那么既然在现实的行动中已经表现出德福一致了，你还要悬设一个非现实的德福一致干什么呢？你在你的行动中就已经实现了德福一致，已经获得了快乐，获得了幸福。这是第一悬设的第一次置换。第一次置换可以用一句话概括为：使得和谐从一种悬置变成了行动，或者说，用一种和谐的行动去置换了悬设的和谐。这是一种立场的转变，从知识的超验立场转变到了实践的经验立场。既然我们现在谈到行动,下面就来分析这个行动了。

　　由于采取了**行动**,所以意识对待目的与现实的这种**不适应性**根本不　[138]
是认真的;相反,它认真对待的似乎是**行动**本身。　　　　　　　　　　{334}

　　"由于采取了**行动**,所以意识对待目的与现实的这种**不适应性**根本
不是认真的",这种"不适应性"就是前面讲的不和谐性。康德设定道德
目的和现实的这种不和谐、不适应,一开始就不是认真的,因为,既然他
谈的是实践理性,他就应该知道所谓实践就是目的和现实的和谐,而且
他在《实践理性批判》序言中一开头就认定了这种和谐、这种纯粹理性
的实践能力是一个毫无争议的"事实"。既然实践的行动已经是一个事
实,也就是实践行动已经使道德目的和现实性达成了某种和谐,他怎么
还能够宣称道德目的和现实性的和谐在现实中是不可能的,因而只能悬
设呢? 所以意识现在转换立场,承认目的与现实的不适应性的说法不是
认真的。这种不适应和不相称是必须作出第一个悬设的前提;但是由于
这里谈的是实践理性,因而必须采取行动,一旦采取行动,这种不适应性
就不攻自破了,而第一悬设因此就失去了必要性和根据,只能被判定为
不是认真的。如果是认真的,就不可能采取行动了,如果说目的与现实
的不适应性真的就是不适应的,那你采取个行动干什么呢? 反正你的行
动的目的和你的后果是完全不适应、完全不和谐的,那你就不会采取行
动了。你采取行动就说明你已经相信、你已经有了信心,你的目的会实现,
你的目的跟现实会有适应性,会有和谐。由此反过来证明,康德对待他
的第一悬设不是认真的,"相反,它认真对待的似乎是**行动**本身",注意这
里的"似乎",也就是不能肯定,而只是看起来是认真的,好像他严肃对
待的就是行动本身了。只要他讲到道德意识具有实践性,具有行动的能
力,那么实际上呢,他就已经没有认真对待悬设和它的理论基础,即这种
不相和谐的现状。哪怕真的不相和谐,我们通过行动也可以改变它,使
它和谐起来。实践、行动不就是这么回事嘛。现在康德"看起来"已经转

到对立的一方去了,其实也不一定可靠。

但是,现实的行动实际上只是**个别**意识的行动,所以本身不过是一种个别的东西和偶然的作品。

这又是对上述置换的反驳了,这个是很自然地就会想到的。你要采取行动,虽然已经达到了现实性和你的目的的和谐,但那只是你个人一次性的,你这次可以做道德的事情,你可以在其中自得其乐,但一个人做点好事并不难,难的是一辈子做好事。而且,在现实中还有那么多人,他们都在按照自然的、动物的规律生活着,所谓"现实性"应该包括所有这些情况。所以这里讲,"但是,现实的行动实际上只是**个别**意识的行动,所以本身不过是一种个别的东西和偶然的作品",你的个别的一次性的行动,不能说明它具有普遍性,你不能把它当作一种普遍的法则来推广。你个人的这样一种道德行动,不能改变我们的现实生活,当下在场的现实比你个人在一次道德行为中的现实要广泛得多,范围大得多。所以,由此来看个体行动者呢,它只是一种偶然的现实性。尽管它也是现实的,它做到了,它成功了,但是这是偶然的一次现实性,一种个别的现实性,不足以从原则上确立道德和现实的和谐。

可是理性的目的,作为无所不包的普遍目的,则丝毫也不小于整个世界;这是一个终极目的,它远远超出这个个别行动的内容之外,因而完全应该被置于一切现实行动之上。没有任何善是由于普遍最善的东西应当实行而得以履行的。

前面讲的是一个个别的行动。"可是理性的目的,作为无所不包的普遍目的,则丝毫也不小于整个世界",理性的目的是无所不包的普遍目的。你要讲道德目的,道德它是从纯粹实践理性出发的,那么这个纯粹实践理性的目的不是说仅仅在这一次性的道德行动中体现出来,它作为无所不包的普遍目的,丝毫也不小于整个世界,应该说比整个世界更大。整个世界作为自然界来说,它并不包含道德的目的在内。所以,它这个悬设呢,从这个角度来看似乎还是有价值的,你不能说一次道德行动就

把悬设驳倒了。你一次道德行动只是你的个别行动，具有个别性，但是
你要所有的人、所有的事情都符合道德目的，那就是一个理性的终极目
的了，它的范围丝毫也不小于整个世界。它要把整个世界都包含在内，
用道德目的来包容它，来评价它，来规范它。"这是一个终极目的，它远
远超出这个个别行动的内容之外，因而完全应该被置于一切现实行动之
上"，这还是世界的一个终极目的，它应该是超出于一切现实性之上的，
它比一切现实性的总和、也就是整个世界要更大，它把整个世界都包含
在道德原则里面，所以它仍然是彼岸的。最初悬设一个世界的终极目的，
悬设一个德福一致、自然和道德一致的这样一个至善理念，就是出于这
样一种考虑。虽然你的一次行动，就这一次行动来说，你可以说已经实
现了德福一致，但是仍然有个问题，就是说这一次实现只是很小范围之
内的一种个别现象。你如何能够把理性的目的作为一种普遍的目的扩展
开来，作为世界的终极目的呢？是不是还是需要有一个悬设？所有的现
实行动，在上面都应该还是有一个终极目的，所以反过来看，一个悬设还
是有必要的。"没有任何善是由于普遍最善的东西应当实行而得以履行
的"，这句话的意思呢，也就是重复刚才讲的，这样一种终极目的，"完全
应该被置于一切现实行动之上"。怎么体现"完全置于一切现实行动之
上"呢？也就是没有任何善、没有任何现实的行动，是由于普遍最善的东
西应当实行而得以履行的。就是说，没有任何一个具体的善，可以打着
普遍的最善的东西的旗号就得以实行。普遍最善的东西也就是至善了。
这里用的是 das allgemeine Beste，普遍最好的东西。这个东西高高在上，
它不管现实的东西，你每一个具体的善的实行，都不能打这个普遍最善
的旗号，它跟你的一切现实行动无关。一切现实行动，固然它们可以认
为自己已经实现了德福一致，但是，整个世界的终极目的，那要更大得多，
它不是个别行动可以想象的。所以个别行动是个别行动，个别行动不能
打这个普遍最善的招牌，不能打普遍最善的旗号，普遍最善也不落实到
个别行动中来。个别行动是偶然的、行动的善，而普遍的善是最善的，它

是普遍必然、普遍应当的。那么，这样一种普遍的应当呢，是超越于一切现实行动之上的。

　　但实际上，现在所设置的，现实行动的**微不足道**，和只有**整个**目的才有的**实在性**，这些也再次被从各方面置换掉了。

　　"但实际上，现在所设置的，现实行动的**微不足道**，和只有**整个**目的才有的**实在性**，这些也再次被从各方面置换掉了"，这就是话题一转了，也就是说，现在经过置换而确立起来的原则，即现实行动是个别的东西，它跟纯粹实践理性的终极目的、跟整个世界的目的相比是微不足道的，现在又再次被置换掉了。前面讲现实行动只是"个别的"、"偶然的"东西嘛，所以它是没有什么价值的，只有整个目的才有的实在性，也就是整个世界的终极目的才有实在性。这两者的对比，一个是个别的现实的行动，是微不足道的；另外一个呢是整个目的，它才有一种实在性，这种对比关系是前一个置换所确立的。但现在，"这些也再次被从各方面置换掉了"，这个是第二次的置换。前面一次置换就是把那种悬设置换成了道德的行动，把第一悬设置换成了具体的行动。但具体的行动呢，它是偶然的，是微不足道的。只有那种终极的目的、那种整个世界的终极目的才具有实在性。那么现在呢，这样一种微不足道和实在性已经再次被从各方面置换了，这个置换就是二次置换了。二次置换就是：个别的行动难道真的就是那么微不足道的吗？整个目的的实在性难道就是唯一的实在性吗？在二次置换里面，这两个方面都被否定了，都被置换掉了。"从各方面说"，就是从这两个方面来说，双方都被置换掉了。我们看下面是怎么置换的。

　　道德行动不是什么偶然的和受限制的东西，因为它以纯粹**义务**为自己的本质；纯粹义务构成着**唯一的整个的**目的；因而不论内容上另有什么样的限制，这行动作为目的的实现总是整个绝对目的的完成。

　　行动前面讲它是偶然的，是个别的，那么现在讲，"道德行动不是什么偶然的和受限制的东西"。为什么它又不是偶然的和受限制的东西呢？

行动不是最现实的吗？最现实的不就是受制于内外各种自然条件的和偶然的东西吗？但是道德行动不是什么偶然的和受限制的东西，"因为它以纯粹**义务**为自己的本质"。也就是说道德行动本身有两方面，从现实性方面来讲，它是个别的现实性，个别意识的行动，所以只是一种个别的东西；但是从道德行动的目的来说，道德行动是有目的的，这个目的绝对不是什么偶然的和受限制的东西。道德行动它的动机就是道德法则，因为它以纯粹义务为自己的本质。这样一个行动，虽然是一个现实的行动，要做出来，要影响现实世界；但是它内在的本质是纯粹义务。虽然它是一次性的，个别的行动，但是它有普遍意义。你为什么要赞赏这一次个别的行动？这次个别的行动也可能很微不足道，比如说一个叫花子捐了一块钱，他身上只有一块钱，很微不足道，但是，他的精神很伟大，他的动机很纯洁，很道德。所以从这个角度来看呢，"纯粹义务构成着**唯一的整个的**目的"。你要讲整个目的，前面讲到"整个目的才有实在性"，那纯粹义务就构成了唯一的整个目的。什么是整个的目的？整个的目的，不是说全世界的人，你把这个当目的，他把那个当目的，把所有的目的都集合起来，成为整个的目的，不是的。其实唯一的整个的目的就是纯粹义务，可以把所有这些目的都串起来。整个世界的目的，终极的目的，最后归结为纯粹义务，它是唯一的整个的目的。"因而不论内容上另有什么样的限制，这行动作为目的的实现总是整个绝对目的的完成"，不管内容上有什么样的限制，他这个行为，也许很微不足道，在常人看来，在有钱人看来，一块钱算什么？有很多很多的限制；但是，它代表着一种精神，就是一种道德精神。他做出了这样一件微不足道的事情，就代表了这样一种道德精神的完成。它就是完成，你不能说，你还得捐多少万，几百万，几千万，你才能完成，那个不在乎，他只要捐出了他所有的，这就是绝对的完成。在这个意义上面，它"总是整个绝对目的的完成"。这就把前面都置换掉了，前面就是讲，这个个别的道德行动是偶然的，纯粹义务呢是包括全世界在内的一个终极目的呀，要超出所有的现实行动之上啊，但是在这里呢，又把它们置换掉了。就是个别道德行动它本身并不是偶然的，它就是纯粹义务的整个的目的，唯一的整个目的。这是第二个置换，第二个置换呢就是把行动从偶然的变成了普遍的、绝对的。一个个别的道德行动，它本身就具有绝对性，就具有总体性。

　　或者说，如果重新把现实性当作那种有**自己的**规律、并与纯粹义务相对立的自然，因而导致义务不能在这种自然中实现自己的法则，那么，由于义务本身即是本质，所以实际上，这就**没有涉及**本身是整个目的的那个纯粹义务的**完成**；因为这种完成的目的与其说是纯粹义务，倒不如说是与义务相对立的东西，即**现实性**。

　　"或者说，如果重新把现实性当作那种有**自己的**规律、并与纯粹义务相对立的自然，因而导致义务不能在这种自然中实现自己的法则"，这里"规律"和"法则"德文中都是一个词 Gesetze，用在自然界译作"规律"，用在道德中译为"法则"。前面已经讲了，这个道德行动不是偶然的，它本身就是整个的目的了，那么我们换一种说法，如果不是把道德行动当作一种整个的目的，如果重新把现实性当作是有它自己的规律、并且与纯粹义务相对立的自然，也就是说，如果我们不这样看，而是把现实的自然和义务重新对立起来，那会怎么样呢？前面第二次置换，我们已经把行动的现实性跟绝对的义务统一起来了，行动本身就具有绝对性，那不是统一起来了吗？但是假如不是这样的话，而是重新把现实性当作有自己的规律而与纯粹义务相对立，把自然和道德义务割裂开来、对立起来看，因而义务不能在这种自然中实现自己的法则或规律，那会怎么样呢？在这种情况下，"那么，由于义务本身即是本质，所以实际上，这就**没有涉及**本身是整个目的的那个纯粹义务的**完成**"。由于义务本身就是本质，这个义务还是要去实现自己的本质啊，现在你不让它在自然中实现自己的法则，这就没有涉及那个纯粹义务的完成，就是它无法作为整个目的得到完成。在自然规律里面不涉及纯粹义务的完成，而纯粹义务呢也不能在自然中实现。"因为这种完成的目的与其说是纯粹义务，倒不

如说是与义务相对立的东西，即**现实性**”，整个目的的完成其实不在纯粹
义务身上，而在现实性身上，而这现实性与义务恰好是相对立的。也就
是说，你如果要完成纯粹义务的整个目的，就必须转向它的对立面，也就
是转向现实性。但是如果说把义务和现实性、和自然界对立起来的话，
现实行动是个别的，义务是普遍的，那就是在第二次置换之前的情况，就
是这个行动实际上只是个别意识的行动，那你就是把它当作是一种按照
自然规律的那样一种现实性了，它不会按照你的义务的规律来实现自己
的。所以你的作为个别行动的那种道德行动就只是你的个别行动了，你
不能把它推广到别人，不能推广到整个自然界。整个世界有它自身的规
律，那是非道德的，是跟义务对立的。这个是反过来说了。这个"或者说"
这一段话就是说反过来说，假如你重新把现实性当作与纯粹义务相对立
的自然的话，那自然界有它自己的规律，你就不能谈及纯粹义务的完成。
这样一种行动的目的要达到完成，必须走到纯粹义务的对立面即现实性。
如果没有前面讲的第二次置换，而是重新回到第二次置换之前的状态，
那么纯粹义务就不可能得到完成。

　　<u>但是，与现实性无涉这一点也再次被置换了；因为按照道德行动的</u>
<u>概念，纯粹义务本质上就是**能动的**意识；因此，无论如何应该有所行动，</u>
<u>绝对义务应该在整个自然中表现出来，道德法则应该成为自然规律。</u>[①]

　　"但是，与现实性无涉这一点也再次被置换了"，这是第三次置换。
前面讲了，道德行动是以纯粹义务作为自己的本质，它由此而带上了绝
对的意义，以纯粹义务构成唯一的整个目的。所以不论它的内容上、在
现实中有什么样的限制，它总是整个绝对目的的完成，这是第二次置换
所达到的观点。但是这种与现实性无涉仍然造成了纯粹义务和现实性的
对立。也就是说，第二次置换呢已经达到了这样一个观点，就是行动不

---

① 　黑格尔在这里引入了康德道德律的自然公式，参看《道德形而上学奠基》："你要这
　　样行动，就像你行动的准则通过你的意志而会成为普遍的自然法则那样。"（《康德全
　　集》第3卷，第407页）——丛书版编者

是直接现实的东西，它是以纯粹义务作为自己的本质，要从这个角度来看它，不能单从现实性看它，否则它就只是个别的行动。但是既然个别意识的行动是以纯粹义务作为自己的本质的，所以这个纯粹义务是跟现实性无涉的。现实性有自己的自然规律，而纯粹义务呢，也有它的纯粹法则。这个第二次置换已经达到的观点在这里又经历了第三次置换。"因为按照道德行动的概念，纯粹义务本质上就是**能动的**意识"，"能动的"打了着重号。按照道德行动的概念来说，纯粹义务不是一个认识论的命题，而是一个实践的命题，纯粹义务不是说说而已，而是要去做的，所以它是一种能动的意识。道德意识本身就具有能动性，纯粹实践理性本身就具有实践能力。我们现在又回到康德的出发点了：一个理性的事实就在于，纯粹理性本身就具有实践能力。所以纯粹义务本质上就是能动的意识。"因此，无论如何应该有所行动，绝对义务应该在整个自然中表现出来，道德法则应该成为自然规律"，行动的意识、能动的意识就是"无论如何应该行动"，在任何情况之下都应该行动。这种能力总是有的，这种能力是无条件的。所谓绝对命令，为什么叫绝对命令？就是它是无条件的命令，在任何情况之下，你都应该这样做。你不能扯这个那个理由，说我们做不到啊，但是你心里是知道的，只要愿意就能做到，问题是做不做。绝对义务就应该在整个自然中表现出来，你要做，你就得做出来，就得实现出来，实现出来它就对自然有影响，就会在自然中有所表现。"杀身成仁，舍生取义"，就会影响历史的进程。"道德法则应该成为自然规律"，当然道德法则不是自然规律，但是它应该成为自然规律，应该在自然规律里面体现出自己。这是一种应该，但是它是一种实践的法则，是一种能动性的意识。所以第三次置换，也就是说，虽然它的动机是出于纯粹义务，但是它不能够完全与现实性无关，高高在上，而是仍然要与现实性达成和谐。于是我们又回到了它的起点的命题，就是"有一个现实的道德意识"，道德意识是一个实践理性的事实，行动本身、道德意识本身就是现实的，也就是自然的，它能够体现为自然规律。第三次置换就是把这种绝对的呢又变成了现实的，又回到了它的起点即现实性，这种现实性不再只是个别自我意识的行动，而是道德法则的现实性，是道德意识起作用这样一个理性的事实的现实性。虽然道德法则高高在上，它是绝对的，它是纯粹义务，但是它却不是脱离现实的，道德命令是必须放之四海而皆准的。所以第三次置换就是一个正反合的合题，它又从更高层次上回到了它的起点。这里有个德文编者的注，说明这个地方牵涉到康德在《道德形而上学奠基》中关于定言命令的一个变形公式，通常叫做"自然公式"："你要这样行动，就像你行动的准则通过你的意志而会成为**普遍的自然法则**那样。"这其实也就是《实践理性批判》中的"模型论"。[①] 在康德那里，这种自然法则的模型只是作为道德律的一个形式上借用的模型，即"好像（als ob）"是一条自然法则，其实是一条自由法则或道德法则。为什么要借用，康德说是为了通俗直观，他仍然不肯取消自然和自由之间的根本性的鸿沟。而黑格尔恰好利用康德的这种不得已，通过道德行动的能动性而把借用的变成了实质性的，跨越了康德的鸿沟，直接肯定"道德法则应该成为自然规律"是出于道德法则的概念的本性。以上第一悬设中的三次置换，如果我们归纳一下，是这样三个阶段。首先是，在道德和自然的和谐悬设中本身可望而不可即的至善，这是出发点，现在我们置换一下立场，把这种悬设变成道德意识本身的行动，它就不再是可望而不可即的了，但同时它就成了一个个别人的有限的现实行动，我们为了它的现实性而牺牲了它的普遍理想性。其次，我们从每个个别的现实行动中把立场再置换到里面所包含的纯粹义务原则，从行动的偶然性里面看到道德原则的绝对性，这固然恢复了道德意识中的普遍理想性和神圣性，但又把现实性丢掉了，一次性的偶然行为是微不足道的。最后，我们借助于道德行动的概念而再次置换到现实性的立场上，使行动从一种个别偶然的现实性扩展为普遍的自然规律，回到第一悬设的道德和自

① 见［德］康德：《实践理性批判》，人民出版社 2003 年版，第 95—96 页。

然的和谐，但如果像康德那样让道德法则去适合自然规律，那就会使道德行动本身失去了道德性的含义。在同一个悬设中的两个环节之间，我们两次摇摆，从一端到另一端，又从另一端回到起点，经历了三次置换，仍然无法摆平双方的关系，反而使这一悬设本身失去了道德性。

因此，如果我们承认这个**至善**就是本质，那么意识对道德的态度就根本不是认真的。因为在这个至善中，自然并不拥有不同于道德所拥有的另外一种规律。

这就是对康德那种羞羞答答的态度的批判了。"因此，如果我们承认这个至善就是本质，那么意识对道德的态度就根本不是认真的"，这个至善，dieses höchste Gut，直译为"最高的善"。但是按照康德的说法，这个概念有两重意义，一重呢就是仅仅是最高的善，至上的善；但是另外一重呢就是完满的善，康德讲的至善是取后面这种含义。[①] 所以至善不光是最高的，而且是最完善的、最完备无缺的善，牟宗三译作"圆善"。至上的善就是道德，但是至善光是有道德还不够，还必须要有幸福，道德和幸福加起来才构成完备无缺的善、至善。所以至善就是第一悬设的内容，即道德和自然、和幸福的完美和谐。而黑格尔这个地方谈第一悬设，就是在谈康德的至善。他指出，康德一旦承认了这个至善是本质，那么他对道德的态度就不是认真的，也就是说，他并没有认真看待至善中道德法则和自然规律的统一这件事。他看起来似乎是在维护道德法则的纯洁性，其实是抹杀了道德法则的实践本质。如果认真看待道德法则的话，就应该通过道德实践的行动把自然规律纳入其下，而不只是把后者当作一种借用的"模型"，一种虚晃一枪的"好像"。"因为在这个至善中，自然并不拥有不同于道德所拥有的另外一种规律"，在康德的至善中的自然规律并不是道德律的对立面，而只是道德律在形式上的类似物，康德

---

① 见 [德] 康德：《实践理性批判》，人民出版社 2003 年版，第 151 页。

特别强调不要把这种自然规律理解为"经验主义"的科学规律，而只应理解为一个空洞的知性形式。所以这个"自然"并不拥有不同于道德律的自身规律，它只是"把感官世界的自然用作一个理知自然的模型"，一个抽象的"合法则性形式"①。这样，道德就仍然是在抽象的逻辑层面自说自话，而不能表现出自己对现实事物能动的实践作用。

因此，道德行动本身就被取消了，因为这行动只有预设了一种必须通过行为去扬弃的否定者这个前提才存在。

这是关键的一句。"因此，道德行动本身就被取消了"，既然自然规律并不是真正的自然规律，而只是道德规律的逻辑形式，那么道德行动就被取消了。"因为这行动只有预设了一种必须通过行为去扬弃的否定者这一前提才存在"，只有在这个前提之下，就是必须要通过行为去扬弃否定者，扬弃道德的否定者，也就是扬弃一个真正的自然规律，才会有道德行动。道德有一个对手在跟前，有道德的敌人在跟前，才谈得上道德。如果没有道德的敌人在跟前，如果它的敌人已经变成朋友了，甚至于变成它自己了，变成道德规律自身的形式了，那个道德就无法体现出来了。如果整个自然界本来都是合乎道德的，那还有道德吗？道德就是在跟这个否定物做斗争，要扬弃这个否定物，在这样一个过程中，才有所谓的道德行动。道德要采取行动，道德采取什么行动，不就是跟不道德的东西做斗争吗？所谓道德的行动就是要改变现实自然规律的不道德性。当然你改变不了自然规律，但是你可以改变自然规律的不道德性，使它变成符合道德的。如果自然规律已经符合道德了，那还用得着你去改变吗？那也就没有道德行动了。所以你一旦要承认至善的话，那么随之而来道德行动就不必存在了，因为道德行动就在于跟不道德的东西做斗争，就在于去战斗。

但如果自然是合乎道德律的，那么通过这行动，通过对存在者的这

---

①　见 [德] 康德：《实践理性批判》，人民出版社 2003 年版，第 95—96 页。第 96 页。

种扬弃，道德律岂不就被破坏了。

"如果自然是合乎道德律的"，"道德律"，Sittengesetze，按照黑格尔的术语本来应该译成"伦理法则"，这里是遵照康德的术语，康德的道德和伦理是没有严格区分的，我们这里紧扣康德的术语来翻译。"如果自然是合乎道德律的，那么通过这行动，通过对存在者的这种扬弃，道德律岂不就被破坏了"，这是反过来说了。前面是说，如果自然本身合乎道德律，道德行动就会失去了斗争对象；这里则是说，自然本身就是合乎道德的了，道德意识还去扬弃自然存在者，那岂不是自杀吗？你要通过道德行动去改变自然规律，但自然规律本来就是合乎道德律的，你一改变，那岂不是把道德律本身给破坏掉了吗？如果你有一个道德行动的话，那就起反作用了，那就不道德了；反而你不做道德的行动，任其自然，那就已经是道德的了。这就陷入到了一个悖论。

[139]　　　——因此，在把那种假定当作一种本质状态时，就承认了这样一种状态，在其中道德行动成为多余，甚至根本不会发生。

"因此，在把那种假定当作一种本质状态时"，"假定"就是道德和自然的完全统一，道德法则成为自然规律，这样一种假定，如果你把它当作一种本质状态来悬设，"就承认了这样一种状态，在其中道德行动成为多余，甚至根本不会发生"。就是说，在第一悬设里面，如果你真正地把那个第一悬设当作是本质状态的话，那就不需要道德了，道德就是多余的，甚至根本不会发生。就像亚当和夏娃在伊甸园里面一样，一切都安排得那么样地合乎道德，上帝安排的嘛，谁敢说不道德，但是那就不需要道德，也不会发生道德了。亚当和夏娃在伊甸园里面其实是非道德的状态，因为那是原始自然状态。康德也讲过，上帝是不需要义务的，义务这个概念是对人来说的，在上帝那里，你不能说上帝有义务，也不能说上帝有德行。上帝当然是道德和幸福统一的最高根据，但是，你不能用道德去衡量上帝。当然这里还没有讲到上帝，这里讲的是第一悬设，就是道德和自然的和谐，德福一致。但是道理是一样的，一旦道德和幸福达到和谐，道德和自然完全一致，那就不需要道德了。

　　因此，道德与现实性相和谐的悬设——这种和谐是通过道德行动的概念使两者协调一致而建立起来的——也就从这一方面表现为：既然道德行动是绝对目的，那么这个绝对目的就在于，道德行动根本不会是现成在手的。

　　最后这一句是总结了。"因此，道德与现实性相和谐的悬设"，这两个破折号之间是解释这个第一悬设的，"这种和谐是通过道德行动的概念使两者协调一致而建立起来的"，这种解释是经过上述三次置换而确定下来的。在道德和现实性双方之间，我们不断在两者中改变立场，为了随时补救每次偏向所暴露出来的缺陷而转向另一方，最终通过道德行动的概念而协调了两者的关系。但是，"也就从这一方面表现为：既然道德行动是绝对目的，那么这个绝对目的就在于，道德行动根本不会是现成在手的"，也就说，提出道德行动的绝对目的就是取消道德行动。这是一个悖论，是一个根本性的自相矛盾。第一悬设的自相矛盾就体现在这里，如果这个道德与现实的这种和谐的悬设是绝对目的的话，那么这个绝对目的就取消了道德行动，道德行动根本就不会发生了。而这种和谐本来是通过道德行动的概念使两者协调一致才建立起来的，这就更加突出了这种悬设的自相矛盾性和自我否定性。一旦你把这个道德行动当作是一个绝对目的，那么这个绝对目的就取消了道德行动。所以道德行动你不能当作绝对的现成在手的东西，你只能看作是相对的未完成的东西，你只能看作是在前进过程中的中间状态，只能把道德行动当作一种战斗的姿态，当作一种克服阻力的努力。你不能当成一种完成了的状态，一旦完成了，它就不存在了，它就不需要了。这个是后面再进一步展开的想法。第一个悬设主要就是讲的，这三个不同层次的置换，把这个换成那个，又把那个换成这个，再换回去，这个三个层次可以看作是一个正反合。第一个是把和谐从悬设置换为现实行动；第二个是把现实行动从个别偶然的东西置换为普遍绝对的东西，置换为纯粹义务的动机；第三个呢，就是把这种绝对的东西变成了一种现实的和谐。一旦变成现实的和谐，道德行动就被取消了，这种和谐的道德性也就不存在了，它成了自然规律。这是它的三个不同层次的置换。从这三个不同层次揭示出第一悬设它内在的不可调和的矛盾。休息一下吧。

好，我们刚才已经讲到三个层次的置换，那么下面还有一段才进入到第二个悬设的矛盾，第一个悬设已经讲到这里了。最后这一段呢，他作了一个总结，以便向第二悬设过渡。

如果我们将意识在它自己的道德表象中缓慢前行所经过的这些环节编排起来，那将明白显示出，意识把每个环节又重新在它的对立面中扬弃掉了。

"如果我们将意识在它自己的道德表象中缓慢前行所经过的这些环节编排起来"，这就是前面我们经过的这几个阶段，这三次置换。这三次置换呢，都是意识在它自己的道德表象中缓慢前行，这个"缓慢前行"，fortwälzt，就是说，它不是高屋建瓴的，不是自觉地、概念式地从上至下地把握，而是在它的道德表象中走一步看一步，摸着石头过河式地前行，每一步都是盲目的，都是临时补漏纠偏，临时抱佛脚的，所以它是一种"道德表象"而不是"道德概念"。那么，"我们"旁观者把意识在这些道德表象中所经过的环节编排起来，"那将明白显示出，意识把每个环节又重新在它的对立面中扬弃掉了"。这些环节前面其实已经列出来了，就是三个不同层次的置换，但是，还没有用一种更加明确的方式把它们编排起来。只要把它们编排起来，我们就可以看出来每个环节都是在它的对立面中又被扬弃掉了。也就是说，意识在道德表象中不断地发生着一种自否定，不断地自否定，把它的每个环节在对立面中扬弃掉。这三重置换或者三次扬弃最终导致了第一悬设本身的整个被扬弃。

{335}　　意识的出发点是，**对它来说**，道德与现实性是不和谐的；但是意识对这一点又并不是认真的,因为在行动中,**对意识来说**,是有这种和谐当下在场的。

"意识的出发点是,**对它来说**,道德与现实性是不和谐的",不和谐才要提出一个和谐的悬设啊,意识与现实性在当下是不和谐的,它也意识到这种不和谐,那么,我们就要提出一个悬设。所以,它的出发点就是,对它来说道德与现实性并不和谐,它第一步出发点是这样一种意识。"但是意识对这一点又并不是认真的,因为在行动中,**对意识来说**,是有这种和谐当下在场的",这是第二步了。出发点是不和谐,那么通过不和谐呢,我们进入到了行动中的和谐。就是由于不和谐,我们要悬设和谐;悬设那是很渺茫的啊,但是实际上呢,这种悬设的和谐在意识中已经当下在场,它体现在个别人的道德行动中。这种行动既有个别的现实性,又由于它是道德行动而具备普遍纯粹义务的道德意识,所以意识并没有认真地对待那种不和谐,而只是把道德和自然的和谐偷换成了意识中的道德行动和义务观念的和谐。行动对意识来说已经有这种和谐当下在场,但这种和谐不过是对前面讲到的和谐的第一次置换。第一次置换用行动中的和谐把前面那种不可能实现的和谐置换掉了,不需要悬设,我们在行动中就已经实现了德福一致。注意这里两次"对意识来说"都打了着重号,就是说虽然意识并没有认真对待自己的假设,但意识毕竟经验到了这一置换的过程。

但由于这种行动是某种个别的东西,意识对这种**行动**也不是认真的;因为它拥有**至善**这样一个崇高目的。但,这只不过是再一次对事情的置换,因为在这里一切行动和一切道德都将被取消掉了。

这是第二次置换了。"但由于这种行动是某种个别的东西,意识对这种**行动**也不是认真的",前面讲了,这种行动虽然是现实的,但本身是个别的,它只具有个别性,而意识对这种行动所注重的并不是它的个别性,而是它里面包含的动机的普遍性和纯粹性,所以意识对待这种个别行动也不是认真的,它在现实的道德行动中虚晃一枪,又转向其中的绝对至善方面去了。"因为它拥有**至善**这样一个崇高目的"，意识只是因为这种行动是道德行动，因为它拥有至善这样一个崇高目的，才看重它的。一般的个别行动并不在意识的视野中，除了道德行动之外，其他个别行动都不算什么，日常的个体行为都是微不足道的。道德行动以至善作为世界的终极目的，至善不光是道德义务与个别人的行动的和谐，而且是道德义务与一切人乃至一切自然事物的和谐，这就是第三次置换了。第二次置换所达到的效果，就是本来想通过个别行动而赋予道德与自然的和谐以现实性，但由于强调个别行动中的道德理想方面，而没有认真对待个别行动的一切现实内容，反而失去了现实性。第三次置换则想通过至善的崇高目的来重新建立道德与现实以及道德和幸福之间的和谐，想法不错，但效果怎么样呢？"但，这只不过是再一次对事情的置换，因为在这里一切行动和一切道德都将被取消掉了"，这个第三次置换排除了行动的个别性，也就排除了行动本身，你的行动不需要有个体能动性和创造性，只需要按照自然律那样去做就行了，只需要顺其自然就得了。顺其自然，那就没有行动，也没有道德了。

或者说，意识本来就没有认真地看待**道德**行动，它认真看待的毋宁是那最值得期望的、绝对的东西：至善将得到实行，而道德行动将成为多余的。

"或者说，意识本来就没有认真地看待这种**道德**行动"，"道德"打了着重号。这个道德行动在意识那里呢，其实本来就没有被认真地对待；康德没有认真考虑道德如何实行的问题，他眼里只有抽象法则。"它所认真看待的毋宁是那最值得期望的、绝对的东西：至善将得到实行，而道德行动将成为多余的"，至善得到实行，德福已经一致了，那道德行动就成为多余的了。道德只是在德福不一致的时候，才成其为道德。如果完全德福一致，那就不成其为道德了。我们经常讲，好人总是吃亏，但是我们没有想到，如果好人总是不吃亏，那他还叫好人吗？如果他做一件好事，马上就得到相应的报偿，甚至于双倍的报偿，如果总是这样的话，那他的行动就失去道德意义了。当然康德还可以说,你可以坚持自己不是看重这些报偿、这些奖励,只要你为义务而义务,你还是可以成为一个好人。但是一个人心里的事情谁知道呢? 连他自己都不一定清楚自己是不是就只是为义务而义务。每个人都可以说我不是看重我获得的奖励,但是实际上,如果没有奖励的话,如果好人到处都吃亏的话,那好人确实很少。就是不看重奖励,哪怕吃亏也要做好人的那种人,确实不多。所以我们才讲,要有制度建设,要有宪政,要有法律。为什么要有这一套东西呢? 就是因为好人太少嘛,好人总是吃亏嘛。所以我们要法律就是要保障好人不要太吃亏,要有公平。但是一旦至善真的实现,那么道德行动就成为多余的了。这是一个很要命的道理,而这个道理我们中国人从来就没有想到过。我们总是希望这个至善又是道德的,又是自然的。我们崇尚自然而然的道德,我们总是希望有那种淳朴的、没有经过道德反思的道德,伊甸园的那种道德。其实伊甸园里面那不叫道德,只有失乐园后才有道德。所以我们经常讲,我们现在这个传统道德已经被市场经济破坏了,但从来不反省一下,能够被市场经济破坏的道德是一种非常原始的道德,严格来说甚至不能说是真正的道德,而只是伦理。我们现在只有到偏僻的农村里面,到大山沟里面可能还找得到那种淳朴的道德,但是一旦市场经济进入,马上就被污染了,必然的。所以那种道德是经不起污染的,不要把那种道德太理想化。伊甸园里面的那不叫道德,那还是原始人。这是第一悬设的矛盾,在这里就讲完了,这个矛盾主要体现为三次置换的运动,最后导致第一悬设的扬弃。下面我们看第二悬设的矛盾。下面这个小标题,原来标为:"Ⅱ.道德转化为它的反面",这个太一般化了;我把它改成:"Ⅱ.第二悬设的矛盾"。

**[Ⅱ.第二悬设的矛盾]**从这个结果出发,意识必须在自己的矛盾运动中继续缓慢前行,并且必然要再度置换掉它对道德行动的**扬弃**。

第二次悬设的矛盾跟第一次悬设的矛盾,这两者是有联系的。所以这里讲，"从这个结果出发"，从什么结果出发？就是从第一悬设中的第三次置换出发，第三次置换最后是把道德都置换掉了，道德法则在至善中成为多余的，成为自然法则了。于是，"意识必须在自己的矛盾运动中继续缓慢前行"，意识在这个时候仍然没有一种自觉的概念把握，还在试探着往前摸索，被动地经验着自己的历程。道德意识继续在自己的矛盾中缓慢前行，滚动式地前行，前面滚动了一个圆圈，接下来还要滚动第二个圆圈，螺旋式地前进。"并且必然要再度置换掉它对道德行动的**扬弃**"，前面的置换已经导致了对道德行动的扬弃，道德行动被取消了，成为多余的了；那么第二悬设的矛盾必然会从另一个方面再度置换掉对道德行动的扬弃。这种扬弃和前一次的扬弃不同，不是由于道德被吞并在自然中，而是由于道德过于坚持自己的纯洁性，因而成了永远有待完成甚至根本完不成的了。所以，第二悬设总的来说，它就是对第一悬设的置换。这是一个大的置换，从总体上的自然立场置换到纯粹道德立场。当然这个第二悬设本身里面也包含有三个层次的置换，这个马上要讲到。在第二悬设里面要回到道德行动本身，从道德本身再重新出发，又经历了三重置换。

　　道德就是自在；道德要发生，世界的终极目的就不能实现出来，相反，道德意识必须是**自为的**，并且必须遇到一个与它**相对立的自然**。

　　"道德就是自在"，这就是第二悬设的立足点了。第二悬设的出发点就是，道德是一个自在的东西，道德行动在前面被扬弃了，但道德本身还是不能扬弃掉的，我们还是要从道德是自在的出发。"道德要发生，世界的终极目的就不能实现出来"，既然前面讲了，世界终极目的一旦实现出来，道德就成了多余的嘛。所以道德要发生的话，世界的终极目的就不能够实现出来，这个逻辑上是顺理成章的。你就不要指望，道德的终极目的、德福一致的至善能够实现，实现了就没有道德行动了。"相反，道德意识必须是**自为的**"，"自为的"打了着重号。道德是自在的，不管你是否意识到，它都在那里；而道德意识呢，必须是自为的，必须有意识地去实现那个自在的道德。"并且必须遇到一个与它**相对立的自然**","**相对立的自然**"打了着重号。道德意识的自为性体现在,它必须有一个对手,必须要有一个对立面,让它去克服。道德意识的自为性必须有一个外来的自然与它相对立,这个自然是它遇到的,或者说碰上的,而不是它自己所设定的。道德意识必须遇到一个和它不同并且对立的自然,才会发生自为的道德行动。

但是道德意识必须在自己本身中完成。这就导致第二个悬设:道德意识与直接在它自身中的自然、即感性相和谐。

道德意识必须是自为的,它必须碰上一个与它相对立的自然,这个自然当然是在它之外的、外来的了。"但是道德意识必须在自己本身中完成",它不能借助于自然来完成。借助于自然完成,那就成了至善了,那就是第一个悬设了,这是前面已经被推翻了的。而正因为道德意识必须在自己本身中完成,"这就导致第二个悬设:道德意识与直接在它自身中的自然、即感性相和谐"。虽然遇到了外来的自然,但道德意识必须在自身中完成与它的和谐,通过战胜自己本身的自然即感性而达到和谐。感性当然来自于外部刺激,但道德意识所直接面对的不是外部刺激,而是这种刺激起来的感性,它必须自为地完成它与这个感性的和谐统一。前面是两个条件,一个条件是,道德意识必须是自为的,必须碰上一个与它相对立的自然;第二个条件呢,它又必须在自己本身中完成。那么把这两个条件综合起来就得出了第二个悬设,就是道德意识与直接在它自身中的自然、即感性相和谐。感性跟道德意识肯定是相对立的,但是感性呢又是道德意识直接在它自身中的那种自然,这个跟第一悬设就不一样了。第一悬设是道德意识跟外面的自然界相和谐,跟自然规律相和谐;第二悬设呢是道德意识跟自己的感性相和谐。感性是道德意识自己所拥有的,虽然它也是碰上的,本能啊,欲望啊,爱好啊,这些东西都是它碰上的,都是它不能决定的、偶然的;但是毕竟是它自身的,它可以选择它,或者不选择它,或者克服它,这个由它自己,它都能做到。外部的自然呢你可以说做不到，那具有不可抗拒的力量；但是，内部的自然你总是可以克服的，你战胜别人，战胜外部世界，也许做不到，但是战胜自己总是可以的。这个是第二悬设。下面就来揭示其中的矛盾和置换了。

道德自我意识把自己的目的作为纯粹的、不依赖于爱好和冲动的提出来，以至于这目的把那些感性的目的从自身中都清除掉了。——然而，它又把已经提出来的、对感性本质的这种扬弃再次置换掉了。

这也就是战胜自己的意思了。"道德自我意识把自己的目的作为纯粹的、不依赖于爱好和冲动的提出来，以至于这目的把那些感性的目的从自身中都清除掉了"，它自己的目的就是义务，道德自我意识嘛，它的目的就是纯粹义务。这些义务是不依赖于爱好和冲动的，以至于它的这个目的把那些感性的目的从自身中都清除掉了。这也是第二个悬设里面所假定的。你要做圣人，那你就得用你的纯粹义务的道德意识把你那些感性的爱好冲动都排除掉。"然而，它又把已经提出来的、对感性本质的这种扬弃再次置换掉了"，这是第二个悬设中的第一次置换，就是说把它所提出来的，对感性本质的这种扬弃，或者这种战胜，这种克服，又置换掉了，也就是又回到了感性的立场。

它行动起来使自己的目的获得现实性，而这个据说已被扬弃了的、自我意识到的感性，正是在纯粹意识与现实性之间的这样一个中项，——它是纯粹意识实现自己的工具或器官，是那种被称之为冲动、爱好的东西。

"它行动起来使自己的目的获得现实性"，既然是一种道德意识的行动嘛，那么它行动起来就会使自己获得现实性。"而这个据说已被扬弃了的、自我意识到的感性，正是在纯粹意识与现实性之间的这样一个中项"，自我意识到的感性在前面第一悬设的最后阶段已被扬弃了，但这里则说它"据说"已被扬弃了，其实并不服气。现在道德意识试图把这种被扬弃了的感性重新恢复起来，说它其实正是纯粹意识和现实性之间的中介。纯粹义务你要实现自己，你靠什么？必须要靠一个中项或中介，就是自我意识到的感性。既然你的道德行为是现实的行动,那就是离不开感性的。"它就是纯粹意识实现自己的工具或器官,是那种被称之为冲动、爱好的东西",也就是说,道德意识虽然扬弃了感性,但是,它又要借助于感性的动机来实现自己。感性的动机,这个是连康德也承认的。康德在《实践理性批判》里面讲到了道德的动机论问题,道德高高在上,作为理性的理念天马行空,是超验的;但是你要实现出来,你还得有感性的东西,要有道德情感作动机。当然康德把这种道德情感局限于一种敬重,一种崇高。但是黑格尔呢,他把这一点大大扩展了,那不是什么单纯的敬重,"它是纯粹意识实现自己的工具或器官,是那种被称之为冲动、爱好的东西",这个感性的中介就是冲动和爱好。当然它是被自我意识到的感性,是被道德意识所支配了的感性,这种冲动爱好就是一种道德冲动,一种道德的爱好,这是合理的,这是正当的。在康德那里呢,一旦有了冲动爱好,它就是不道德的。黑格尔就质疑说,既然这样,那你的道德如何实现出来呢? 如何成为现实性呢? 就没有中介、没有中项了。所以自我意识到的感性是纯粹意识与现实性之间的中项,是纯粹意识实现自己的工具或器官,它不光是敬重感,而是活生生的感性冲动,这是黑格尔对康德的一个推进。其实康德也涉及到这方面了,但是康德羞羞答答不愿意承认,他意识到这种置换会把自己带入矛盾,因此只愿意把它限制于一种敬重感。但是你既然已经迈出了第一步,你就可以迈出第二步,你既然承认感性还是可以起作用的动机,那你就已经承认了包括冲动和爱好在内也可以在里面起作用,成为中项。道德意识要实现出来就必须借助于情感。所以第一次置换就是把道德行动变成了借助于感性来实现的行动。

因此,道德自我意识并不是认真地在扬弃爱好和冲动,因为爱好和 [140] 冲动恰好就是**自己实现着的自我意识**。

"因此,道德自我意识并不是认真地在扬弃爱好和冲动",这个是对康德的批判了,康德口口声声说,道德自我意识一旦混杂进了爱好和冲动那就是败坏了道德，那就不是道德的，那就是虚假的。但是，实际上康德的道德意识并没有认真地把爱好和冲动都扬弃掉了。你康德也还是承认有一种道德情感在起作用嘛，所谓纯粹实践理性的动机，Triebfeder，就是"冲动"嘛，这个德文词的意思本来就是"冲动的发条"，"发条"也就是"动机"，一个运动的"机制"，一个"弹簧"。康德已经用了这个词，但是他把它限于对抽象道德律的一种敬重感，一种消极的仰望，一种佩服，一种伴随着痛苦的、否定一切情感的情感，就是觉得自己的一切情感都微不足道，都要抛弃。这是一种否定性的情感。但是只要你承认了这种情感，你就已经退让了，你就不是认真地在扬弃爱好和冲动，"冲动"就是Treib。"因为爱好和冲动恰好就是**自己实现着的自我意识**"，正是这些爱好和冲动，才是自我意识的自身实现。这个前面讲"自我意识"章的时候，就已经讲到了"欲望"和"冲动"，这都是自我意识本身的环节，如果没有这个环节，那它怎么实现出来呢？

但是爱好和冲动据说也没有<u>**受到压抑**，而只是**符合于**理性而已。它们也是在符合理性，因为道德**行动**无非是自身实现着的、因而赋予自己以某种**冲动**形态的意识，就是说，道德行动直接就是**冲动**和道德之间当下在场的和谐。</u>

"但是爱好和冲动据说也没有**受到压抑**，而只是**符合于**理性而已"，据说，sollen，据谁说呢？就是据康德说，在康德那里爱好和冲动并没有受到压抑。康德并不是一个禁欲主义者，康德并不反对爱好和冲动，他只是反对把爱好和冲动冒充为道德，或者说他反对用爱好和冲动来干扰道德。如果爱好和冲动符合于道德，符合于理性，那么康德是同意的，他的定言命令所说的其实是：要使你的爱好和冲动的准则符合于理性的普遍法则。你行动的时候首先要把道德作为第一原则，然后其他的东西当然附带地也可以考虑，但是要符合道德律，不与道德律相冲突。但是人往往做不到这一点，往往把这个次序搞颠倒了，他首先考虑的是爱好和冲动，然后再考虑它是否符合道德，遇到有冲动的时候他就牺牲道德，这个考虑的程序就错了。康德当然也不是幸福主义者，但是他不排斥幸福，他最后还要讲德福一致嘛。"它们也是在符合理性，因为道德**行动**无非是自身实现着的、因而赋予自己以某种**冲动**形态的意识"，就是说在第二悬设里面，道德和冲动的确也是符合理性的，因为既然是道德行动，它就是自身实现着的意识，因而是赋予自己以冲动形态的意识。所谓道德行动是什么呢？就是带有道德冲动而实现出来的意识，没有冲动是实现不了的。当然这种冲动只是道德意识的一种形态，如康德讲的敬重感。敬重感都可以看作是一种冲动，为什么要有这样一种冲动的形态，就是为了实现自己嘛。而在这种道德行动中，恰好就实现了道德与感性的和谐。"就是说，道德行动直接就是**冲动**和道德之间当下在场的和谐"，这就是第二悬设所讲的内容了。当然这个第二悬设是对康德的第二悬设的改造，它不是悬设灵魂不朽，而是悬设道德意识和感性的和谐，也就是成为圣人。但是它的前提就是说道德意识要克服感性，要战胜自己的感性。战胜自己的感性，那么什么时候才能达到和谐呢？这就推到无限了。你今天战胜不了，明天战胜不了，但是你不断地去战胜，你就可以朝那个理想的和谐状态、那种悬设的成圣状态不断地接近。但是，经过道德行动和冲动之间的这样一种作用，道德行动不光是战胜它的冲动和爱好，而且它也是靠这个冲动和爱好实现出来的，这岂不就是一种当下在场的和谐了吗？那种悬设的最终状态是否能够达到又有什么关系呢？这就不需要悬设了。这就是第一次置换，把第二悬设置换掉了，不需要悬设到无限的未来了。你在采取道德行动的时候，你就已经实现了冲动和道德之间当下在场的和谐。

但是实际上这冲动也并不只是空洞的形态，仿佛它可以在自身中拥有某种不同于它自己本身的弹簧并由之得到推动似的。

"但是实际上这冲动也并不只是空洞的形态，仿佛它可以在自身中拥有某种不同于它自己本身的弹簧并由之得到推动似的"，这个是针对康德的。在康德那里所谓的敬重感，你可以看作是一种道德冲动，一种道德情感；但是这个敬重感呢，它本身作为一种动机，作为一种 Trieb-feder，它并不是根本性的，它后面还有一个更根本性的东西，那就是自由意志的道德律。道德律是抽象的，是另外一种弹簧（Feder），另外一种动机，动机后面还有动机，弹簧后面还有弹簧。道德情感的冲动在康德那里只是空洞的形态，它并不起实质的作用，后面还有一个动机，还有一个弹簧，康德不把它叫作 Triebfeder（动机），而叫作 Bewegungsgrund（动因）。"动因"和"动机"是不一样的，动机是很直接的，就像个弹簧一样，那就是用来形容人的感性的；但是另外还有个"动因"，就是"运动"后面的原因，那就道德律。道德律在后面起作用，怎么样起作用呢，就是利用这样一种动机，这样一个弹簧。所以，这种冲动在康德那里只是一种空洞的形态，它其实不是主动的，而是被动的，在后面还有某种不同于它自己本身的真正的弹簧，并由之得到推动。但康德的这一设想被黑格尔否定了，黑格尔指出，这种感性的动机实际上是虚假的，并没有起到真正动机的作用，康德的真正动机仍然只是背后那个不同于感性的抽象道德律，然而它只是在逻辑层面上转来转去，并不具有感性的现实作用。康德试图把纯粹实践理性的动因置换成感性的动机，来解释道德律的现实作用，但却使自己陷入了纠缠不清的矛盾中。

因为感性是一种自然，这种自然在自己本身中就有它固有的规律和发条弹簧；因此道德不可能认真地要成为冲动的动机、爱好的斜坡。

"因为感性是一种自然，这种自然在自己本身中就有它固有的规律和发条弹簧"，当你用"弹簧"（Feder）这个词的时候，你实际上已经把它列入到了自然规律。自然本身有它的规律，人的情感，哪怕是道德情感，它也是心理学的一种自然现象。凡是自然现象它就有它的规律，不管是物理学的规律还是心理学的规律；有它的规律就有它的弹簧，有它的机括或机制，这个是跟道德法则完全不同的。"因此道德不可能认真地要成为冲动的动机、爱好的斜坡"，道德不可能认真地要成为自然规律，包括冲动的动机，爱好的斜坡。这里用的都是自然科学、物理学的术语，冲

动的"弹簧"（Feder），爱好的"斜坡"（Neigungswinkel），都是物理学名
词。"斜坡"就是伽利略物理实验所用的"斜面"，表明这种爱好在斜坡
上有种向下滑的倾向，这都是一些物理学上的机械装置，一个弹簧，一个
斜面，是我们在做功的时候为了省力要用上的。显然，按照康德的原意，
道德不能够认真地成为冲动的动机和爱好的斜坡，不能成为这样一种机
械关系。康德其实也并没有认真地这样对待道德，感性的自然界有自己
的动机和斜面，有自然的规律，这都是非道德的。但是当康德引进这个
"动机"的时候，他已经背离了自己的立场。

　　因为，既然冲动和爱好都有它们自己固有的规定性和特有的内容，
那么与其说它们符合于意识，倒不如说是意识符合于它们；而后一种符
合是道德的自我意识所禁止去做的。因此，两者的和谐只是**自在的**和**悬
设的**。 {336}

　　"既然冲动和爱好都有它们自己固有的规定性和特有的内容"，冲动
和爱好都是一些自然现象，都有它们自己可以由自然科学加以规定的固
有的规定性和特有的内容，它们有自己的自然规律。"那么与其说它们
符合于意识，倒不如说是意识符合于它们"，你要把这样一些动机和爱好
说成是符合于意识、符合于道德的，倒不如说，意识要符合于它们，因为
它们是自然界的客观规律。自然科学就是要使意识符合于感性的自然事
物，而不是要让自然事物符合于道德律。"而后一种符合是道德的自我
意识所禁止去做的"，要使意识去符合于这些动机、这些弹簧、这些斜面，
那是道德自我意识所禁止的。道德自我意识不就是要从自然物里面超升
出来，提升出来吗？结果变成了你去符合于自然规律了，那你就成为自
然物了，这是道德自我意识所禁止去做的，康德也禁止这样做。"因此，
两者的和谐只是**自在的**和**悬设的**"，自在的和悬设的都打了着重号。刚
才讲了，两者的和谐可以是当下在场的，可以在意识中变成现实性，这是
通过第一次置换所达到的观点；而现在呢，经过这一番分析，两者之间的
和谐又只能是自在的和悬设的，这就又变回去了，又转回去了。和谐在

169

自然界中不可能，在现实中不可能，否则人就变成自然物了。这就是第二次置换立场。

——在道德行为中刚刚才提出了道德和感性之间的**当下在场的**和谐，但这种和谐**现在又被**置换掉了；它处在意识的彼岸，在一个朦胧的远方，在那里，既不再能做任何精确的区别，也不再能做任何概念把握；因为我们刚才曾试图对这种统一所做的概念把握并未伴随而来。

这就是第二次置换。"在道德行为中刚刚才提出了道德和感性之间的**当下在场的**和谐，但这种和谐**现在又被置换掉了**"，第二次置换就把这种道德与感性的当下和谐又变成了彼岸。本来是说，它已经在此岸实现了，从感性的道德动机出发从心所欲而不逾矩了，这个道德的感性动机是符合于道德意识的。但是通过我们对冲动加以仔细分析，我们发现它有它自己的非道德的规律。那么你想要把双方完全统一起来变成一种和谐，那就还是只有无限地往后推了，推到无限遥远的未来，又变成了一个悬设。所以他上面讲两者的和谐只是自在的和悬设的，这里讲道德和感性之间的当下在场的和谐现在又被置换掉了。怎么置换掉的呢？是当我们对这种感性的动机进行深入分析的时候，我们发现还是不行，感性的动机怎么能够符合于道德义务呢？康德讲了一个敬重感，但是敬重感还是一种心理机制，而心理机制还是合乎自然规律的。所以这个冲动的动机是不能够完全看作符合道德律、符合道德意识的，相反，道德意识还要去符合它，因为它是客观规律。那么原先这种当下的和谐就被置换掉了，被推延到无限遥远的未来去了。"它处在意识的彼岸，在一个朦胧的远方，在那里，既不再能做任何精确的区别，也不再能做任何概念把握"，这时它又成了一个悬设，第二次置换又把它变回到了一个悬设。对于这种悬设，你不可能对它作精确的区别，也不再能做任何概念的把握。"因为我们刚才曾试图对这种统一所做的概念把握并未伴随而来"，我们刚才试图把两方面，一方面是道德意识，另一方面是感性动机，在道德行动中来做一个总体上的概念把握，但是发现不行，这种概念把握没能形成。因为你一旦分析它的概念，你就会发现动机的概念是不能够跟道德意识相和谐的，动机是一个自然规律的概念，不能够跟道德意识统一起来，那你怎么能对它作概念的把握呢？这种统一的概念把握并未伴随而来，而是被置换掉了。

　　——但是在这种自在里面，意识已完全放弃了自身。这种自在就是它的道德上的完成，在其中，道德与感性的斗争已停止，感性已经以某种不可捉摸的方式符合于道德。

　　"但是在这种自在里面，意识已完全放弃了自身"，在这样一种悬设里面，反正我相信它总有一天会和谐的，但是当你设想它总有一天会和谐的时候，这种和谐的状态、这种自在的状态已经没有意识了，意识已完全放弃了自身，成了无意识。你设想将来有一天，道德和感性冲动会完全统一，"从心所欲而不逾矩"；但是，如果真有那么一天，你的意识就完全被放弃了，你就不必有意识地去做道德的行为了。孟子讲："由仁义行，非行仁义也。"由仁义行，不要去想，不需要你有意识地去行仁义，仁义自己就在那里行，这才是一个君子的体现。他就是这么个人，他不想做道德的事情都难，他做的事情都是道德的，他不自觉地就做了道德的事情。孟子把这个当作一个起点，人性都是这样的，人性本善。但是在康德那里这是一个无限遥远的终点，要做到这一点谈何容易，一辈子都做不到。它是一个无限遥远的彼岸，在朦胧的远方，在那里不能做任何精确的区别，也不能做任何概念把握。在这种自在的情况下，意识完全放弃了自身，无意识就是道德的，顺其自然就是道德的，你下意识地所做的事就是道德的。当然这只是一个悬设而已，并不是真的。"这种自在就是它的道德上的完成，在其中，道德与感性的斗争已停止，感性已经以某种不可捉摸的方式符合于道德"，这种自在就是意识在道德上的完成，你达到了这样一种自在的状态，这样一种道德本能的状态。意识在道德上已经完成了，就不再需要意识了，无意识的行为自在地就可以是道德的了。在其中，道德与感性的斗争已经停止，我不再需要克服自己的感性，从心所欲而不逾矩了，我的欲望都在这里，它们全都是合乎道德的。于是感性以某种不可捉摸的方式符合于道德，你不能用意识去规定它，它是不可捉摸的。为什么这种感性会符合道德，这个不知道，本能就是这样的。他天生就是一个好人，他回复到了自己的本性。孟子讲"人皆可以为尧舜"，每个人回复到自己的本性，都可以成为一个道德上的圣人。那么这是如何成为这样的，这个就没有解了，就没有道理可说了，也不需要去再去反省了。

——因此，这种完成又再次只是对事情的一种置换，因为实际上在这种完成中自我放弃了的毋宁正是**道德**本身，因为道德只是对绝对目的作为**纯粹**目的的意识，因而是在与一切其他目的相**对立**之中的意识；道德正是当它意识到对感性的超越、感性的混杂、以及它与感性的对立和斗争的时候，它就是这种纯粹目的的**能动性**。

"因此，这种完成又再次只是对事情的一种置换"，这是第三次置换。"因为实际上在这种完成中自我放弃了的毋宁正是**道德**本身"，第三次置换也就是把道德本身置换掉了。在第一悬设里面，最后也是把道德本身置换掉了，但这里有一点区别。虽然都是放弃了道德本身，但是在第一悬设中是由于把道德归于自然，而在这里是把道德归于圣人的无意识。"因为道德只是对绝对目的作为纯粹目的的意识，因而是在与一切其他目的相**对立**之中的意识"，康德的"为义务而义务"，作为对绝对目的、纯粹目的的意识之所以是道德的，只是由于它同时是对自己与一切其他目的的相对立的意识，"为义务而义务"是和为其他目的而行动相对立的，如果没有这种意识而天然地"由仁义行"，那就失去道德的意义了，道德是在有意识地与对立面斗争中才赋予自己意义的。"道德正是当它意识到对感性的超越、感性的混杂、以及它与感性的对立和斗争的时候，它就是这种纯粹目的的**能动性**"，只有在这个时候，道德才是纯粹目的的能动性，它的能动性才有了作用的对象。道德是纯粹目的的活动的实现，怎么实现的呢？是通过对感性的超越，对感性的对立和斗争，意识到感性的混杂,意识到人性里面有恶的东西,要与它作长期的斗争,这才体现出道德。

——意识并没有认真地看待道德的完成,这是意识自己直接表明出来的,因为意识把道德的完成置换进**无限性**里去,也就是主张这种道德的完成是永远也完不成的了。

[141]

"意识并没有认真地看待道德的完成",它悬设了一个道德的完成,就是说每个人都可以自己在道德上达到一种完成,只要他能把自己的所有的感性都克服掉,"从心所欲,而不逾矩"。这是一个道德上完成的理想,但是,意识并没有认真地看待这个理想。"这是意识自己直接表明出来的",意识已经把这一点直接表现出来了。怎么表现出来? "因为意识把道德的完成置换进**无限性**里去,也就是主张这种道德的完成是永远也完不成的了",永远也完成不了的"完成",这个跟前面第一悬设的最后的结论是有点不一样。同样的都是说,道德被置换掉了,没有道德了;但是第一悬没有道德了,那是因为道德和自然达到了一种完全的和谐,道德律就是自然律,你按照自然规律去做就是道德的,那就不需要道德的行为了。那是立足于自然的立场上,自然已经是道德的了,那么你顺其自然,按照自然去做,那就行了,所以它实际上是着眼于自然而把道德置换掉。而这里第二悬设又把道德置换掉了,是因为道德没有它的敌手了,它是站在道德本身的这样一种立场之上,道德失去了对立面,它自身也无法存在。道德需要斗争,而斗争的敌手已经不在了,感性自然已经被完全克服掉了,所以,道德行为也就用不着了。道德的完成,如果把它置换到无限性里面去,那么就意味着这样一种完成呢,永远也完不成。你只要还有道德,你就要跟你的感性作斗争;只要有一天你还没有克服你的感性,那么,你就达不到你的这个最终的目的,达不到最终的完成。那么为了维持道德本身的存在,不得不悬设这样一个完成过程是无限的,而当你说它是无限的时候,你就已经明明白白地说出来,它是完不成的,在现实生活中是不实在的。本来前面已经把双方看作是当下在场的和谐

173

了，但是，经过这样一种解释呢，这种当下在场的和谐又被推到了彼岸。第一个悬设和第二个悬设它们都遇到了这样一种自我否定的机巧，这样一种理性的狡计，最后都走向了自我否定。第一个悬设就是德福一致，人和外部的自然界，能够达到一致；能够达到一致，那外部自然界的规律就是道德规律，那就不用道德。第二个悬设就是人和自己内部的感性的自然达到一致，人和内部的感性自然达到一致，那也就是最后道德意识没有它的对手了，没有它的对手那也就不是道德了。但是只要有这个道德的对手在，那它就永远也完不成和谐一致。总之，要么道德意识永远也完不成，要么一旦完成，它就用不着了。"从心所欲，而不逾矩"这个在孔子那里是最高的道德境界，在黑格尔这里甚至还没有达到道德的层次，还没有上到道德的台阶。当然孔子的前提是人的欲望是本善的，而黑格尔的前提是人有原罪，人的欲望是本恶的，所以"从心所欲"肯定是要逾矩的，"从心所欲不逾矩"是不可能实现的。如果一旦从心所欲不逾矩，那就不是道德，只有"从心所欲而逾矩"才有道德可言，才需要道德来战胜这种欲望，但永远达不到和谐。这就是这个第二悬设所遇到的两难，它必须要有这个和它对立的对象，但是一旦有这个对象呢，它又永远也完不成了。这是我们今天讲的，下面没时间了。暂时讲到这里。

＊　　　　　＊　　　　　＊

好，我们上次讲到第二个悬设。第二个悬设它的内部发生了一种置换运动，有三个阶段。首先第一个置换，是用道德行动置换了道德与自然的不可实现的和谐这一悬设；第二个置换主要是讲，这个道德行动如何趋向于完善，趋向于完成，这就使个别感性行动和道德意识的和谐变成了遥遥无期的彼岸，不再能够在现实的道德行动中达到完成；最后，如果还要设想这种完成，那就还得回到悬设，设想在无限的未来才能够达到最后的完成，而这就是第三个置换了。第三个置换最后变成了非道德，一旦设想达到了无限，那么它就成了非道德，就是我们上次讲到的，它就扬弃了它的有意识的道德，成了一种无意识的行为，一种"从心所欲而不逾矩"，连想都不用想就成了道德的人。这个是我们通常在日常生活中所推崇的最高层次的道德行为，但这种最高层次的道德是没有内心斗争的，因此它的道德价值也是被扬弃了的，就是他不是要做道德的事，他就是那么个人，只能那样做。这样一来就使得道德变成了非道德，就是谈不上道德了，因为道德是建立在有意识的自由意志的基础之上的，它是充满着斗争的，要克服某种东西才能够称得上是道德。所以道德意识处在未完成之中，设想中的完成状态只能是彼岸的悬设。上次已经讲到这个意思，就是道德在它的最终目标中又被置换掉了，被置换到无限性里面去了，所以这种道德是永远也完不成的，永远处在途中。那么我们今天看下面这一段，还是讲的第二个悬设的这三个置换的运动。

因此对于意识而言，反倒只有这样一种未完成的中间状态，才是有效准的东西——但这样一种状态毕竟至少应该是向着完成**前进**的状态。

"因此对于意识而言，反倒只有这样一种未完成的中间状态，才是有效准的东西"，对于意识而言，也就是在意识面前当下在场有效准的东西，并不是那种悬设于彼岸的和谐，反而是这种处在途中的未完成状态。意识其实只认这种状态是现实的，那种虚无缥缈的悬设则不在它的掌握范围内，对它无效。也就是说，在意识面前真正起作用的不是第一悬设，而是第二悬设。"但这样一种状态毕竟至少应该是向着完成**前进**的状态"，"前进"打了着重号。就是说这样一种状态虽然是未完成的，总在过程中，但是毕竟应该有个前进的目标，而不是漫无目的的状态，否则它怎么还能称之为道德意识呢？它之所以毕竟是道德意识，就是它还是要追求那个"为义务而义务"的成圣目标。所以它不在乎这个目的是否在某一时刻实现，而只关注自己的行动是否向着这个目的"前进"了一步，而不是停滞不前，更不是后退了。虽然它现在没有完成，但它努力的方向是向着完成的，"虽不能至，心向往之"。这是退而求其次了，我现在达不到那个状态，我成不了圣人，但是我是向着圣人在前进，我是向善、向着更好在前进，这是从上面讲的第二悬设中的第三个置换得到的结论。未完成状态是不是就没有意义了呢？道德意识觉得还是有意义的，至少我可以承认，它应该是向着完成的一种前进状态。因为它悬设了一个完成状态。

　　<u>然而这种状态又不能够是这样；因为在道德里的这种前进，将反而是一种向着道德消亡的迈进。因为这目标将会是道德和意识本身的上述虚无或扬弃；但不断地一步一步走近虚无，这就意味着</u>**退化**。

　　"然而这种状态又不能够是这样"，这个其实上面也讲到了，就是说，这种中间状态呢，也不能够是向着完成的一种前进状态。"因为在道德里的这种前进，将反而是一种向着道德消亡的迈进"，你说它是前进，但是你的那个目标，最后是道德的消亡。哪怕你设定的这个无限遥远的未来，那个状态实际上已经是一种非道德的状态了。道德意识已经消亡了，在最终状态你是无意识的，无意识就没有自由意志，那就谈不上道德了。你把这个东西设定为你的目标，向着它前进，那岂不是向着道德的消亡迈进吗？"因为这目标将会是道德和意识本身的上述虚无或扬弃；但不断地一步一步走近虚无，这就意味着**退化**"，这个讲得很明确了。就是说这个目标是什么呢？你设定的将来的目标是什么呢？将会是，这里用的是虚拟式了，即算这个目标能够达到，那么它也将会是道德和意识本身的虚无或扬弃，即道德消亡了，意识也被扬弃了，成了无意识了。你的这种最高境界实际上是一种无意识的境界。但不断地一步一步走近虚无，这不正好是退化吗？前面是讲前进，"前进"打了着重号；这里讲"退化"，也打了着重号。就是说，与其说这是前进，实际上还不如说是一种退化，日益走近虚无就是退化。

　　<u>除此之外，**前进**，一般说来正如**退化**一样，都会要在道德中假定**量的大小**的区别；然而在道德里，哪能谈得上大小的区别。</u>

　　"除此之外"，就是说前面讲的这个前进实际上是退化。那么除此而

外，还有一个问题，就是说，"**前进**，一般说来正如**退化**一样，都会要在道德中假**定量的大小**的区别"，你要讲前进或退化，那么就必须要有个标准啊，你说你前进了，在哪方面前进了，前进了多少，得有一个衡量标准啊，你怎么能够说是前进了而不是退化了呢，或者说，你说你退化了，你也得有个标准啊，退化了多少呢？应该有一个量的标准，大小的标准。"然而在道德里，哪能谈得上大小的区别"，在道德的问题上面是没有量的区别的，道德领域里面只有质的区别，但是没有量的差别，你不能用量来衡量，你不能定量，不能计量。

在道德里，即在以伦理目的为**纯粹**义务的意识里，人们根本不能设想有差别，至少不能设想有量的大小这样肤浅的区别；只有一个德行，只有一个纯粹义务，只有一个道德。

"在道德里，在以伦理目的为**纯粹**义务的意识里"，这里用的是"伦理目的"（der sittliche Zweck），而不是"道德目的"（der moralische Zweck），当然在康德那里这没有什么区别，但在黑格尔这里还是有区别的。也就说你把这个目的设定在那样一个遥远的彼岸，那个里头道德意识和道德本身已经被扬弃了，那它是什么呢？那就是伦理。"伦理"前面已经讲了，一开始讲"精神"，它的第一个阶段就是"伦理"，古希腊那种伦理，男人和女人的、神的法则和人的法则等等，它们都是不考虑自由意志的。我们现在讲的道德则是把自由意志考虑在里头的，你把道德扬弃了以后，那剩下的就只是伦理了。但现在我们以伦理目的为纯粹义务，这样一种意识又还是道德意识，是一种以伦理目的为纯粹义务的道德意识。这里"纯粹"打了着重号，表明这种意识的纯粹性。那么在这样一个道德的意识里呢，"人们根本不能设想有差别，至少不能设想有量的大小这样肤浅的区别"。就是说，你要衡量前进了多少或者退步了多少，都必须要有个量化标准，但是它不适合于这样一种"以伦理目的为纯粹义务的意识"。像康德所讲的，你是"为义务而义务"，当然也不否认人还有其他的目的，但是其他的目的在这里都不起作用，都要服从义务本身，你应当把义务本身摆在第一位，这就是完全的道德，没有说半信半疑的、百分之五十地为义务而义务，或者百分之三十，不存在那个问题，它只有第一位，百分之百，才是"为义务而义务"，没有妥协的余地，没有中间状态。在这样一个意识里面，"人们根本不能设想有差别，至少不能设想有量的大小这样肤浅的区别"，如果你还参杂了一点其他的非义务的目的，比如说个人的幸福啊，情感啊，不论有多少比例，那都不是为义务而义务了，也就不是真正的道德了。与纯粹义务相比，这些百分比都是一些肤浅的差别，是庸人逃避义务的借口。"只有一个德行，只有一个纯粹义务，只有一个道德"，这三处"一个"都是大写，说明道德在性质上的不可分，因此也不能通过渐进过程来实现，而只能是一次性的，道德就是道德，非道德就是非道德。康德的"为义务而义务"不是逐渐进化的产物，而是纯粹实践理性的绝对命令，要么遵守，要么违背，没有中间状态。因此，按照康德的观点，那种逐渐接近终极目的的道德进程就被否定了，那是不可能的，由此也就导致了第二悬设的被置换、被扬弃。所以这个第三次置换所达到的这个未完成状态呢，如果说它成为了对意识唯一有效准的东西，那它就是一种扬弃了道德的状态，这样一个中间状态，不论是前进状态还是退化状态，都是一种非道德的状态。

所以，由于意识并不认真看待道德的完成，它认真看待的反倒是中间状态亦即刚才讨论的那种非道德状态，于是我们就从另一个方面返回到第一个悬设的内容上来了。因为无法预见的是，应当如何因道德意识配得上的缘故而为道德意识要求幸福。

这句话主语是"我们"，也就是说，我们现在从旁边来看一看。前面都是按照康德自己的原则来推出他的这样一种自相矛盾，前面这个第二悬设是"成圣"，要成为纯粹的"为义务而义务"的圣人，把它悬设为一个无限遥远的目标，一个理念，这是康德的做法。但是这个做法跟道德行为的基本原则是矛盾的，是偷换了或者说置换了这个基本原则。那么我

们现在从旁边来评价一下。"所以，由于意识并不认真看待道德的完成"，
道德的完成也就是成圣，也就是"为义务而义务"在道德行动中的达到。
但是，意识并没有认真地看待道德的这个完成，这是"我们"的评价。你
如果认真看待道德的完成，那就只有一个德行，一个纯粹义务，一个道德，
而不会有从非道德到纯粹道德的中间过渡阶段或未完成状态。但是意识
却把未完成状态看作是有效准的东西，这说明它没有认真地看待道德的
完成，因为这两者是冲突的。"它认真看待的反倒是中间状态亦即刚才
讨论的那种非道德状态"，意识在第二悬设里面，把那个东西悬设在那里
以后就不管了，然后呢它认真看待的其实是这个中间状态。康德把那个
目标设定了以后，他其实认真看待的就是我们怎么样在现实生活中向那
个遥远的目标前进，就是这个中间状态，也就是刚才讨论的那种非道德
状态。"于是我们就从另一个方面返回到第一个悬设的内容上来了"，"从
另一个方面"，也就是从第二个悬设的立场上返回到第一个悬设的内容
上来了。第一个悬设的内容是什么呢？就是道德和幸福的和谐，也就是
道德和自然的和谐。我们现在又返回到道德和幸福的和谐的内容上来了，
就是说，在这个中间状态中，道德和幸福如何和谐。你既然在现实生活
中始终是道德上未完成的，那么你有什么资格来要求你相应的幸福？这
个是在第一悬设里面悬设的，道德和自然在现实中不能和谐，于是只能
悬设为彼岸的目的。而第二悬设本来是认为不需要这个悬设，在道德行
动本身中就可以实现道德和自然、道德和幸福的和谐，尽管它只是一个
无限接近的过程。但现在，第二悬设的这种立场置换本身也失败了，就
是只要道德行动还没有达到最终完成，这种和谐就是不现实的。于是它
只有回过头来求助于第一悬设了，就是还是有必要悬设一个彼岸的绝对
目的，它是现实的道德行动不可能达到的。"因为无法预见的是，应当如
何因道德意识**配得上**的缘故而为道德意识要求幸福"，就是说，道德意识
在它的未完成状态中，既然没有衡量的标准，没有量化的标准，那么你的
道德达到了哪个层次，才会因道德意识配得上的缘故而为它要求相应的

179

幸福呢？这就成了问题，第二个悬设在这里就被动摇了。前面第一个悬设就是说德福一致，但那个不由人的行动支配；第二个悬设则认为，德福一致不是简单的一致，而是人的道德行动要配得上幸福，有道德的人应该获得与它的道德相当的幸福。但现在呢，按照道德来分配幸福，就必须给道德定量，但因为道德无法定量，所以也就无法预见该如何根据道德意识配得上幸福的程度来为道德意识要求幸福。由于道德意识处于中间状态，其实是未完成状态，我们就失去了分配幸福的标准，我们未来有一天，比如说上帝再临来主持公义，要分配幸福了，那么我在世间做了多少道德的事情，或者达到了什么样的道德程度，怎么衡量？我们从中间状态中看不出来，预见不到我们的道德意识是否配得上幸福，配得上多少幸福，因为我们没有量化的标准。

　　道德意识知道它自己没有完成，所以实际上它不能把幸福作为它的功劳、作为某种它仿佛配得上的东西来要求，而只能出于某种自由的恩典，也就是说，把幸福作为其自在自为的**本身**来渴望，并且不能出于那个绝对根据、而只能按照偶然和任意来期待幸福。

　　"道德意识知道它自己没有完成，所以实际上它不能把幸福作为它的功劳、作为某种它仿佛配得上的东西来要求，而只能出于某种自由的恩典"，道德意识没有完成，那么它有什么功劳呢，它有什么资格来要求幸福呢？它没有这个资格。如果有量化标准，那么你在某种程度上做到了道德，或者是向道德又迈进了一步，这就是你的功劳，就可以论功行赏。但是现在这个衡量标准没有了，你在道德上究竟迈进了一步呢还是退后了一步呢？这都不好说，所以你不能把幸福作为自己的功劳来要求，仿佛你配得上这种幸福似的；而只能出于某种自由的恩典，你只能希望上帝白白地赐给你幸福。"也就是说，把幸福作为其自在自为的**本身**来渴望"，幸福就是幸福，幸福不是什么道德的报偿，幸福跟道德根本就不相配，或者不需要相配，它就是幸福本身。把幸福作为其自在自为的本身来渴望，我渴望幸福，不是因为我有资格，有理由来希望，而是因为呢，我就是希望幸福,谁不希望幸福呢? 谁都渴望幸福。但是这个幸福不需要什么根据,现在已经没有什么根据了,而只能是出于某种自由的恩典,渴望它来自某种自由的恩典。"自由的恩典"也就是说是任意的,它也可以给我,也可以不给我,它给了我那就是恩典,它没给我呢,我也不能抱怨,我只能渴望,渴求什么时候它能给我一种恩典。但是什么时候给,给多少,那都是它的自由。当然这里是讲的新教的上帝了,就是说你想要得到幸福,你不能理直气壮地凭"我是一个道德的人",或者说,我在道德上有所进步,我就要求有一定的幸福;这个已经站不住脚了。我得到了某种幸福,那我当然要感恩戴德,但是这个幸福呢,是上帝白白地给我的,不是因为我有什么值得这个恩典、值得这个幸福的行动,当之无愧。恰好相反,我没有什么理由可以得到这个恩典,出于某种自由的恩典,也就是出于上帝的任意、上帝的自由意志,上帝的随心所欲,它想给谁就给谁,它也有可能给我。"并且不能出于那个绝对根据、而只能按照偶然和任意来期待幸福",我渴望幸福,但是不能出于那个绝对根据,就是道德的资格,以及德福一致的公平。上帝使你的幸福配得上你的道德。你有多少道德,你就有多少幸福,这是一个绝对根据,但是现在呢,那个绝对根据已经不存在了,那幸福就完全是碰运气了,那就是一种幸运了。你得到了幸福,这是偶然的,或者说这是上帝任意给的。并不是说上帝看到你是一个好人,它就给了你幸福。这些都不用考虑,不管它是偶然也好,是任意也好,我们渴望的都是幸福本身,而不附带任何条件,只凭运气。

　　——这种非道德在这里恰好表明了它是什么,——它并不关心道德,　{337}
而是关心那与道德毫无联系的自在自为的幸福。

　　最后的结论就是说,这样一种状态就是一种非道德状态,"这种非道德在这里恰好表明了它是什么"。这种中间状态、过渡状态恰好表明了它是什么。它是什么呢,"它并不关心道德,而是关心那与道德毫无联系的自在自为的幸福"。这种中间状态,原来我们以为它是一种向着道德前进的状态,它有一个最终的目标在那里,我每天努力精进,向它接近,向它靠拢；但实际上呢，我们现在发现了，它并不关心道德，而只关心幸福，这幸福是自在自为的，是就事论事的，是与道德毫无联系的。它关心的就是幸福，而且这个幸福跟道德毫无联系，完全是偶然的、是任意的。我期待幸福，期待的是幸福本身。但是最开始定的目标就是德福一致，是与你的道德相配的一定程度的幸福。原来追求幸福是在这样一个大旗之下，在这样一个口号之下，至少有这种信心吧。康德当然不是说，我们为了幸福而去做道德的事情，但是至少你有这种希望吧，你做了道德的事情就希望能够获得相应的幸福，原来是这样的。现在这个希望已经不寄托于你做多少道德的事情，它就是希望幸福本身，与道德相不相配，这个已经没有标准了，所以最后剩下来的就是希望得到幸福。当然这是站在我们旁观者的立场上来看的，这个第二悬设最后所达到的就是它的反面。第二悬设想要成圣，结果最后呢，我们关心的只是幸福本身，那就永远成不了圣了，那就是一个凡人，甚至于是一个很低层次的俗人。他只关心幸福，只关心得利。

**通过道德世界观的这第二方面，甚至还扬弃了第一方面的另一个断言，即那个预设道德与幸福不相和谐的断言。**

"通过道德世界观的这第二方面，甚至还扬弃了第一方面的另一个断言"，"第二方面"也就是第二个悬设了。通过这第二个悬设，它不但扬弃了第一个悬设，而且还扬弃了这个悬设的另一个断言。什么断言呢？"即那个预设了道德与幸福不相和谐的断言"。根据前面所说，第一方面，也就是说第一个悬设，笼而统之地讲就是德福一致，但是它有另外一个断言就是德福不一致，正因为在现实中德福不一致，有这么个断言，所以才要悬设德福一致。所以德福一致的悬设是立足于另外一个断言，就是在现实生活中德福不一致。那么这个德福不一致的断言呢，也通过道德世界观的第二个方面的矛盾被置换掉了。这就是更深层次的了，不但扬弃了德福一致的悬设，而且把这个悬设的根基，即德福不一致的断言都扬弃掉了。连这个德福不一致、不相和谐的断言都不能说了,都被第二悬设置换了,那还谈什么德福一致的悬设? 为什么会这样? 下面就解释了。

    ——因为想要造成的经验是:在目前当下有道德的人常常倒霉,而不道德的人反而常常走运。然而,未完成的道德的那种已经作为本质的东西得出来的中间状态明明显示出,这种知觉和本应有的经验只是置换了事实。   [142]

    "因为,想要造成的经验",这个"想要造成"是说,人们本来想要造成这样一种经验,当然这种经验还没有完成,但是人们在现实生活中经常会做出这样的断言,以为自己有这样的经验。我们日常生活中经常遇到人们有这样一种感叹,或者这样一种经验之谈,特别是经验比较丰富的人会有这样的说法,就是,"在目前当下有道德的人常常倒霉,而不道德的人反而常常走运"。也就是说,好人总是吃亏,而坏人总是走运的,这是一种经验之谈。但是这是不是能成为经验,我们先要存个疑,我们姑且把它当一种经验,就是说好人吃亏,坏人走运,这很简单。"然而,未完成的道德的那种已经作为本质的东西得出来的中间状态明明显示出,这种知觉和本应有的经验只是置换了事实",这就是提出反驳了。对我们的日常经验,对于人人都似乎觉得很有道理的那种说法,就是"好人吃亏,坏人得便宜"这种说法,我们要加以分析,我们不能贸然接受。就是说,有道德的人倒霉,但是谁是有道德的人呢? 既然道德还处于未完成的过程中,那么,未完成的道德的那种已经作为本质的东西得出来的中间状态,正好表明这种说法是错的,是置换了事实。前面已经讲了,那种未完成的道德、那种道德的中间状态,其本质并不是真正道德的,因为道德本身是不可分的,是"一个"道德,在它还未完成的时候是算不上道德的。那么由此也就显示出来,这种有道德的人倒霉而无道德的人走运的知觉和本应有的经验,只不过是置换了事实,也就是把现实经验的眼光置换为抽象道德的眼光了,或者反过来说,只不过是把抽象道德的眼光冒充为知觉和经验的事实了。我们通常都认可好人吃亏、坏人得利是一种经验的事实，但这种说法只是在某种道德眼光下的一种知觉和一种本应有的经验，并不是真正的经验事实。哪怕是你经过统计，有多少有道德的人吃了亏，有多少不道德的人得了便宜，这个统计也是不可靠的。因为首先一个，谁是道德的人，谁是不道德的人，这个根本就没法确定。你不能通过现实的标准区分道德的人和不道德的人，因为每个人都在通往绝对道德的过程中，因而都是不道德的。其次，你更不能断定一个人有百分之五十的道德，另外一个人已有百分之七十的道德，因为并没有一个量化标准。没有标准主要是对人心你没有现实标准，这个人的内心究竟是道德的还是不道德的，有多少道德的成分，这个你没法测量。所以这种所谓的经验哪，只是一种虚拟的经验，据说的经验。别看所有的人几乎都会同意、点头，说得不错，但是，这种经验只是置换了事实，用抽象道德立场置换了经验事实的立场。

因为，既然道德是没有完成的，即是说，既然实际上**不**存在道德，那么关于道德倒霉这样的经验能有什么意义呢？

"既然道德是没有完成的，即是说，既然实际上**不**存在道德"，道德是未完成的，而按照康德的标准，不完全的道德就不是道德。道德严格地说来就是百分之百地"为义务而义务"，不能有一点其他的杂念，而现实的人是不可能做到这一点的。而凡是做不到的，都不是道德，都是冒充道德，所以实际上并不存在道德。"那么关于道德倒霉这样的经验能有什么意义呢？"实际上本来就没有道德，一切都处在中间状态，而中间状态都是非道德的。所以你说一个道德的人倒了霉，另外一个不道德的人得了便宜，你是根据什么来区分的？并没有所谓道德的人，关于道德的人倒霉这样的经验就没有意义了，它根本就站不住脚，是不符合事实的。

——由于同时还暴露出所关注的是自在自为的幸福，所以就显示出：在做出"不道德的人走好运"的评判时，并不意味着有某种不公正的事会在这里发生。

　　这就更进一步了。"由于同时还暴露出所关注的是自在自为的幸福"，前面讲了，人们所关注的其实是自在自为的幸福，而不是与道德相配的幸福，跟道德没有什么关系，每个人所关注的都是幸福本身。人人都是在追求幸福，至于这个幸福是否跟道德相符合、相配，这个人们其实并没有关注。"所以就显示出：在做出'不道德的人走好运'的评判时，并不意味着有某种不公正的事会在这里发生"，我们通常认为不道德的人就应该下地狱，但是不道德的人他偏偏走好运，所以我们会做出这样一种评判，认为这件事是不公正的。但实际上并不是如此，其实并没有什么不公正。所谓不道德的人走好运，不过是一个人走了好运而已，哪有什么不公正。

　　既然道德一般说来是没有完成的，那么把一个个体叫作一个不道德的人这种称呼**自在地**就作废了，因而这种称呼只有一种武断的理由。

　　"既然道德一般说来是没有完成的，那么把一个个体叫作一个不道德的人这种称呼**自在地**就作废了"，"自在地"打了着重号，也就说客观上它就作废了，它没有客观独立的意义，而总是相对于某种别的条件而言的。为什么呢？你说它是一个不道德的人，但是谁是道德的人呢？既然道德一般说来是没有完成的，那么世界上根本就没有道德的人，你说这个人是一个不道德的人，不过是说这是一个人而已，顶多表明他和你关系不好。没有道德上完成了的人，那也就是没有道德的人，实际上就没有任何人是道德的，因为任何人的道德都还没完成。所以一个不道德的人这种称呼自在地就作废了，从客观上来说是没有意义的，这只是一种主观的说法，是一种诛心之论和骂人的话。当你说人家不道德的时候，你就应该想想自己是不是和他一样，其实人人都如此，我在他那个位置上我也会那样做。"因而这种称呼只有一种武断的理由"，这只是你的任意的、武断的断言。

　　因此，这个经验判断的意义和内容就只是说，有些人不该得到自在自为的幸福，也就是说，它是一种披上了道德外衣的**嫉妒**。

　　这个就说得很到位、很毒了。当你说人家是一个不道德的人，他得到了幸福，这无非就是你嫉妒他嘛；你说他是贪官，无非是你自己想当贪官没当成嘛。这就是一种嫉妒心理，仇富心理。"因此，这个经验判断的意义和内容就只是说，有些人不该得到自在自为的幸福"，这种说法只具有这种意义和内容，就是觉得你所恨的那些人，你不喜欢的那些人，他们不该得到幸福，他们应该下地狱。"也就是说，它是一种披上了道德外衣的**嫉妒**"，这就抓住了本质。我们现在很多对贪腐现象的批评，都是站在局外的批评；一旦你自己在里面，你跟人家的做法没有区别。所以贪官人人都恨，打贪官反腐败人人都高兴，最能得到群众的拥护，这就是利用了人们的嫉妒心理，并没有真正解决问题。为什么贪官前赴后继？那么多人一上台，首先自己宣称要严格地坚持一种道德操守，结果自己还是变成了贪官。这就是不从制度上建立防范机制，而只利用人们的嫉妒心理来反腐的结果。所以我们只能用嫉妒来解释这种所谓的经验，就是"好人总是吃亏，而坏人总是得便宜"，其实所有的人都想成为那个得便宜的坏人，都觉得做好人是吃亏的，这才是腐败的人性来源。如果没有适当的机制来制约的话，腐败是不可能得到真正的遏制的。

　　可是，为什么另外一些人就应该对所谓的幸运有份，其理由则是有**良好的**朋友关系，这友情**乐于**看到并**希望**他们和自己都得到这种恩典，即这种机遇。

　　有的人会说，我并不嫉妒别人，为什么单嫉妒他呢？有些人我还是希望他能够万事如意、心想事成啊，这是一种质疑了。"可是，为什么另外一些人就应该对所谓的幸运有份，其理由则是有**良好的**朋友关系"，因为你跟他有朋友关系，你跟他是熟人，建立了友谊，所以你希望他走运。"这友情**乐于**看到并**希望**他们和自己都得到这种恩典，即这种机遇"，"乐于"、"希望"都打了着重号。你乐于看到他们得好处、得幸运，也是仅仅是希望他们获得一种恩典，一种机遇，而不是与他们的道德相符合的，也不是他们的道德所配得的。包括你自己，你希望自己得到幸运，你也希望你的朋友、你的亲戚得到幸运，你的孩子、你的父母得到幸运，或者你的好朋友他们都幸福快乐，那都只是你的好意，跟道德没有关系，和你关系好的人不一定是道德的人。所以其实你并不是希望"好人得好报"，而只是希望你喜欢的人、你熟悉的人得好报，如此而已。所以"好人得好报"，这个是没有事实根据的，只是一种披上了道德外衣的朋友关系。前面是一种披上了道德外衣的嫉妒，这里呢是一种披上了道德外衣的好意、希望。总之，第二个悬设经过这样的三重置换以后，已经完全面目全非了，起初想要成为圣人，结果最后成了一个最世俗的人，成了一个没有任何道德标准的人。这是从第二悬设自身的逻辑里面一步步推出来的，推出了这样的一个很可悲的结论，等于是第二个悬设由于它自身的矛盾已经把自己解构了。下面第三个罗马数字的标题是分析第三个悬设中的矛盾，我们把它的标题也改了一下。

　　**[III. 第三悬设的矛盾]** 所以，在道德意识中的道德是未完成的，这一点是现在所提出来的，但是，道德的本质却在于它只能是**完成了的纯粹的东西**；因此未完成的道德是不纯粹的，或者说它是不道德。

　　这个是承接上面所讲的。"所以，在道德意识中的道德是未完成的，这一点是现在所提出来的，但是，道德的本质却在于它只能是**完成了的纯粹的东西**"，这是上面第二悬设的最后置换所得出来的结论，即只要是现实的道德意识就是未完成的，但这结论早已蕴含在道德的本质中了，也就是道德本质上只能是完成了的纯粹的东西，只能是绝对的"一"，是不可分的。凡是把道德分成阶段、分成不同程度的都不是真道德。"因此未完成的道德是不纯粹的，或者说它是不道德"，这是顺着推出来的，既然现实的道德都是未完成的，而道德的本质却只能是完成了的纯粹的，所以一切现实的未完成的道德都是不纯粹的，因此也是不道德。注意这里"道德的本质"和"道德意识中的道德"是两样的，在道德意识中我们所意识到的道德都不是道德的本质，而道德的本质只能是完成了的纯粹

187

的东西。"完成了的纯粹的东西"打了着重号，这是康德的原则，所谓道德就是"为义务而义务"，它是完成了的而且是纯粹的，你掺杂了一点其他的东西，那就败坏它了，那它整个就不道德了。所以按照康德的道德洁癖，不能有一点非道德的东西掺进来的，这就是道德的本质。这样看来，实际上没有道德的东西。世界上不存在任何道德的东西，只存在中间状态，而中间状态是不道德的状态。

因此，道德本身存在于不同于现实意识的另一种本质里；这种本质乃是一位神圣的道德立法者。

这就推出第三悬设了，也就是上帝的悬设。既然在现实生活中没有真正的道德，"因此，道德本身存在于不同于现实意识的另一种本质里"，这另一种本质就是上帝。它不同于现实意识，也不同于我们的道德意识，它本身存在于另外一种本质里面，也就是在彼岸的本质里面，"这种本质乃是一位神圣的道德立法者"。这个本质也就是上帝，我们把它设想为一位神圣的道德立法者。它是道德立法者，它是神圣的，它是另外一种本质。这是第三悬设所提出来的。下面就来展开这个第三悬设的内在矛盾。

——在意识里**未完成的道德**，作为这个悬设的根据，**起初**具有这样的含义：道德由于它在意识里被建立为**现实的**，它就处在与一个**他者**、与一个定在的联系中，因而自己本身中就包含有他在或区别，借此才生发出许许多多的道德诚命。

"在意识里**未完成的道德**，作为这个悬设的根据"，这个悬设根据什么呢？这个悬设所根据的，就是在意识里面道德没完成，而道德的本质却必须是完成了的。这正如第一悬设的根据是道德和自然不能和谐，所以要悬设这种和谐一样。因为未完成的道德是不纯粹的，甚至可以说是不道德的，因此我们根据道德的本质，就必须要悬设一个高高在上的上帝，作为完成了的道德，作为道德的神圣立法者，来体现道德的本质。当然这是不同于我们的现实意识的另外一种本质。那么这种未完成的道德作为悬设的根据,"**起初**具有这样的含义","起初"打了着重号,说明第三悬设的起点是这样的,它的内在矛盾是从这个起点出发而发展出来的。那么这个起初的含义是什么呢? 就是:"道德由于它在意识里被建立为现实的,它就处在与一个他者、与一个定在的联系中,因而自己本身中就包含有他在或区别",就是道德要在意识中实现出来,要被意识看作是现实在场的,那就必须与一个他者或一个定在发生联系,就要跟其他的具体事物打交道,要跟现实的世界打交道。而这样一来,它肯定就在自己本身中包含了他在或区别,就会从单一的纯粹道德分化为众多不同的道德。道德一旦实现出来,它就有种种处境,在每一种处境之下,它要采取道德行动,就会导致道德的各种分化,就包含了他在或区别,这些不同的道德行动都要根据具体情况而定。"借此就生发出许许多多的道德诫命",道德诫命就有很多,在每一个场合之下都有一个道德诫命,比如说,不要说谎、不要自杀、要发展自己的才能、要与人为善等等。前面第 131页讲到过,众多义务有很多不同的道德诫命,但它们都不具有神圣性,必须依赖一个更高的本质来赋予它们神圣性,上帝的悬设正是从这里引出来的。

　　但是道德的自我意识同时又认为这**众多的**义务都是非本质的;因为道德自我意识只关注一个纯粹义务,而这众多义务,**对它而言**,既然都是**特定的**,就没有任何真理性。

　　"但是道德的自我意识同时又认为这**众多的**义务都是非本质的",在每一个具体场合之下,采取一种不同的做法,有很多不同的道德诫命,这些道德诫命都是非本质的,都是在具体场合之下具体化了的。道德跟现实打交道嘛,现实生活丰富多彩,那么道德诫命呢,也就丰富多彩,有很多的说法,但是所有这些说法都是非本质的。"因为道德自我意识只关注**一个**纯粹义务","一个"纯粹义务,那就是康德的定言命令或绝对命令,它是唯一的。它有很多表现形式,但是道德自我意识只关注一个纯粹义务。"而这众多的义务,**对它而言**,既然都是**特定的**,就没有任何真

189

理性"，也就是对道德自我意识而言，既然众多义务都是特定的，就没有任何真理性了。表面上好像这都是一些道德命令，但是实际上它们都是唯一道德命令的各种特定的表现，是非本质的。所以它们本身是没有真理性的，唯独那个唯一的纯粹义务才具有真理性。这样一个纯粹的义务在实现的过程中，有各种不同的情况参与进来，各种不同的现实的情况，包括外部的处境，也包括自己的心情，所有这些都是特定的，不能认真对待的。对这些众多的义务来说，你不能太认真地把它们当作是具有真理性的。唯一能当作是具有真理性的，就是你心中的那个纯粹的义务。所以为了这样一个纯粹义务呢，其他的东西你都可以不必认真对待。

[143] 　　所以它们只能在一个他者那里获得自己的真理性，它们在道德自我意识看来并不是这个他者，它们是由于一位神圣的立法者而是神圣的。

　　这句话和前面第 131 页上说的几乎完全一样，在那里关于众多义务说道："由于它们只能存在于一个道德**意识**中，它们同时也就存在于另外一种道德意识中，这种道德意识与那个只承认作为纯粹义务的纯粹义务才是自在自为的和神圣的义务的道德意识不同。于是，这就悬设了**另外**一种意识的存在，这另一意识使众多的义务神圣化，或者说，把它们当作一些义务加以认知和意愿。"而这里也说，"所以，它们只能在一个他者那里获得自己的真理性"，也就是说，众多义务只能在上帝那里获得它们的真理性。而现实的道德自我意识是没有任何真理性的。你不能凭你的道德自我意识来判定一个具体的行动是真正道德的，是符合纯粹义务的。你不能自己判定自己的行为就是符合绝对义务的，你没有这个判定的能力。所以这些具体的义务只能在一个他者那里获得它们的真理性，只有上帝能够判定你的行为的道德性，只有上帝才是知人心者。西方基督教一直把这一点看得很重要：你自己没有办法判定你的行为究竟是不是道德的，只有上帝能判断，上帝才是绝对的知人心者。至于众多义务，"它们在道德自我意识看来并不是这个他者"，你在具体情况之下所实行的这些众多的义务，在道德自我意识看来并不是上帝，"它们是由于一位神圣的立法者而是神圣的"。如果不借上帝的名义,单凭你的道德自我意识,那么你的这些众多的义务、这些众多的道德行为都不具有神圣性。这就是为什么要悬设一个上帝的理由,就是我们对我们的行为没办法判定,它到底是不是具有道德性的,只有请出一个上帝来,才能赋予我们的行为以道德性。这个上帝由此也就赋予了这样一些道德行为以神圣性,也就是把它们神圣化了。这是第三悬设所设定的东西,前面已经提到过,就是那些现实的道德行为由于有了一个神圣的立法者而被神圣化了。我们都是以上帝的名义在做这些事情,不是以我们个人的名义,就我们个人来说,我们没有这个资格。道德自我意识本身没有能力、也没有资格来判定它的众多的义务本身是否符合于纯粹义务,只有借助于一个神圣的立法者,才能够做出这种断言。当然这个断言是什么我们也不知道,但是我们可以悬设,可以假定上帝是最公正的。我虽然自己不能够认识我自己,但是上帝是知人心者,上帝在世界末日的时候会把一切都摆平,做公正的审判。这就是为什么一定要悬设一个上帝的理由。下面就来置换了,前面已经把第三悬设的理由摆明了。起初具有这样的含义,道德意识是未完成的,所以就需要一个上帝来作为我们的最终的信念。

　　——然而,这本身再度不过是对事实的一种置换。因为,道德自我意识自身是绝对的东西,而义务则完全只是**它作为义务来认知**的东西。

　　"然而,这本身再度不过是对事实的一种置换",当我们这样说的时候,这已经又是对事实的一个置换了,又把事实置换掉了。我们可以把这看作是第三悬设中的第一次置换。这次置换是怎么样的呢? "因为,道德自我意识自身是绝对的东西,而义务则完全只是**它作为义务来认知**的东西",这个第一次置换就是这样一个原理。即因为道德自我意识自身是绝对的东西,道德自我意识是你的出发点,有一个道德自我意识,这是一个绝对的出发点。你讲来讲去,你最后还是立足于道德自我意识,包括你的悬设,都是悬设一个另外的道德自我意识。而义务是什么呢?义务完全只是道德自我意识作为义务来认知的东西,或者说,义务就是绝对的道德自我意识对义务的认知，这样它才有真理性，也才有神圣性。这个"认知"打了着重号，再次突出道德自我意识作为认知的绝对性，而众多义务则是要符合这个唯一的绝对认知才有真理性。

{338}　　可是它只把纯粹义务作为义务来认知；对它来说，凡是不神圣的东西，自在地就是不神圣的，而凡是自在地不神圣的东西，就不能通过神圣本质而被神圣化。

　　"可是它只把纯粹义务作为义务来认知"，在道德自我意识看来，只有"为义务而义务"才是义务，道德自我意识是绝对的东西，它这个绝对的出发点就是"为义务而义务"。由"为义务而义务"而建立起了道德自我意识的认知对象，只有这种纯粹义务才是符合道德自我意识这个绝对的对象的，其他众多义务都是不符合的。所以"对它来说，凡是不神圣的东西，自在地就是不神圣的，而凡是自在地不神圣的东西，就不能通过神圣本质而被神圣化"，就是说它的出发点就是"为义务而义务"，这就堵死了其他众多义务通往神圣本质的道路。对道德自我意识来说，凡是不神圣的东西，自在地就是不神圣的，即它们在本身是不神圣的，需要由外部赋予自己神圣性；而凡是自在地已经不神圣的东西，又怎么能够通过另一个神圣的本质而被神圣化呢？所以这里实际上是把这些借助于上帝而获得神圣化的众多义务全部置换掉了。本来是借助于上帝，使得所有这些不神圣的东西获得了神圣化；但是在道德自我意识本身看来，纯粹义务就只是"为义务而义务"，其他的都不是。其他的不是，那就不神圣，既然不神圣，那就不能通过神圣本质而被神圣化。上帝也不能够使这些众多义务神圣化，它们本身就是不神圣的。不道德的事情怎么通过上帝就可以使它成为道德的呢？我的那些众多的义务，我都不能够评价它究竟是不是道德的，是不是符合那唯一的纯粹义务的，它们本身都不具有神圣性。它们不能因为你悬设了一个神圣的本质，就把这样一些可疑的道德行为全部神圣化了，这是在我的道德意识里面没有的。当然我可以悬设一个上帝，但是那个悬设是很外在的，就道德自我意识本身来说，它并没有看到这些不神圣的东西被神圣化，或者说，顶多是一种悬设。所以道德意识对于这个悬设也不是很认真地对待的，它说说而已。就是说，这些事情，虽然我不能断言它们就是神圣的，是符合唯一的纯粹义务的；但是有了一个悬设的上帝，我们就可以姑妄言之，我们可以把它们姑且看作就是神圣的。否则的话，我们怎么向道德的最终的目标前进呢？所以在这里呢，黑格尔揭示出来，道德自我意识实际上是不相信上帝悬设的，它在自己的意识中没有证据，只是姑妄言之。但是如果我把这种前进过程本身都置换掉、否定掉了，那么这种姑妄言之也就不起作用了。

况且，道德意识也不是认真地要让某种东西**通过**不同于它自己所是的**另一种**意识而神圣化；因为它认为只有那种在它看来是通过**自己本身并且在其本身中**神圣的东西，才是不折不扣地神圣的。

这就是我们刚才讲的，它实际上并不是认真地对待这个悬设以及这个悬设对众多义务的神圣化。"况且，道德意识也不是认真地要让某种东西**通过**不同于它自己所是的**另一种**意识而神圣化"，它并不是认真地要让某种现实的义务，通过另外一种意识即上帝的意识而得到神圣化。当然这另外一种意识是不同于这个东西的，这个东西是现实的行动，而另外一种意识是悬设的道德意识，它在现实性的彼岸。你要通过现实性彼岸的一种意识来神圣化现实性中的某一种东西、某个行动，这个只能是姑妄言之，不是认真对待。"因为它认为只有那种在它看来是通过**自己本身并且在其本身中**神圣的东西，才是不折不扣地神圣的"，姑妄言之是没有用的，道德意识真实的想法，是认为只有那种凭借自己本身而神圣的东西才是真正神圣的。借来的神圣性、外来的神圣性并不是真正的神圣性，只有通过自己本身并且在自己本身中的神圣性才是真正的神圣性。就是说，只有自己本来就是神圣的，那才是不折不扣地神圣的，至于那些被神圣化了的东西，我们不必认真对待。这就通过这样一种方式用不神圣的东西把貌似神圣的东西置换掉了，虽然那个神圣的悬设还在，但是它并不认真对待，并没有让这个悬设干扰现实的行动。实际上它眼睛里面看到的只是这些不神圣的东西,不神圣的东西本身就是不神圣的,并不因为我悬设了一个上帝,它们就变得神圣了。上帝我还要悬设,但是我不认真对待,我认真对待的呢就是这些东西的不神圣。而那个神圣的东西呢,那还在彼岸,那是唯一通过自己本身、在其本身之内神圣的东西,但是我不能认真地把它运用于我们的现实生活中。

　　——因此,它对"这另一个本质是一个神圣的本质"也同样不是那么认真的,因为据说某种在道德意识看来、也就是自在地没有任何本质性的东西,在这另一本质中竟会取得本质性。

　　也就是说,在第三悬设中,道德意识不但对此岸的态度不认真,对彼岸的悬设也不认真。所以这个破折号后面讲,"因此,它对'这另一个本质是一个神圣的本质'也同样不是那么认真的"。前面讲了,"况且,道德意识也不是认真地要让某种东西**通过**不同于它自己所是的**另一种**意识而神圣化",就是对那种现实的有限的东西的神圣化这一方面,它不是认真对待的;而另一方面,既然如此,按道理来说,对于悬设于彼岸的那个神圣的东西应该是认真对待的了,但其实呢,同样也不是认真对待的。"因为据说某种在道德意识看来、也就是自在地没有任何本质性的东西,在这另一本质中竟会取得本质性",这里用的是虚拟式,也就是一个荒唐的命题,这个命题荒唐到根本不是认真说出来的。因为据说某种在道德意识看来根本就没有本质性的东西会在另一本质中、也就是在上帝那里取得本质性,这怎么可能?这不是把上帝当冤大头了吗?所谓众多义务啊,在现实中的各种道德法则啊,本来已经被证明了本身是没有本质性的,在道德意识看来已经是没有本质性的,而在另一本质中、在上帝那里竟会取得本质性。这样一来,不但不会使这些无本质性的东西真正取得本质性,反而使得另外一个真正的本质也失去了它的本质性,或者说,失去了它的神圣性。这种做法不但没有解决现实生活中的那些具体道德行为缺乏神圣性的问题,反而使得上帝的悬设被污染了,失去了神圣性。所以这种置换实际上是一种互相置换,一方面,你用神圣的东西置换了不神圣的东西；另一方面呢，你的神圣的东西本身也由此而失去了它的神圣性，被置换成了不神圣的东西。你一方面把神圣的东西从现实生活中排除出去了，置换掉了；另一方面呢，彼岸的那个神圣的东西也被你此岸的这些不神圣的东西所玷污、所置换了。结果双方不是双赢，而是双方都遭到了失败，造成了互相损害。你本来想把它们联系在一起，统一在一起，作为一个上帝悬设之下的大一统，但是实际上两败俱伤。现实你没有能拯救得了，彼岸的上帝也遭到了污染。那些没有本质性的东西在上帝里面竟会取得本质性，那你这个上帝还有什么神圣性可言呢？所以这里对待"另一本质是一个神圣的本质"这一点同样不是那么认真的，并不是认真地把它看作是一个干干净净的神圣本质，而是用没有本质性的东西把它给污染了。这是第一次置换，第一次置换导致了两败俱伤，上帝的悬设既失去了它的现实性，同时也失去了它的神圣性。下面是第二次置换。

　　所以，如果说神圣本质当初被悬设为这样，在其中的义务不是作为纯粹义务，而是作为各种**特定**义务的多数性而具有有效性，那么，这一点必须再次被置换掉，而那另一本质，必须唯独当它里面只有**纯粹义务**具有有效性时，才是神圣的。

　　"所以，如果说神圣本质当初被悬设为这样，在其中义务不是作为纯粹义务，而是作为各种**特定**义务的多数性而具有有效性"，这是用的过去时。就是说，当初上帝这个神圣的本质被悬设时是这样考虑的，就是它的义务不是作为纯粹义务，而是作为特定的义务的多数性而发生效力。也就是上帝我把它设想为降临到了人间，使得各种各样特定的义务都具有了有效性，都是上帝的表现，因而也带有了神性。当初是这样设定的，"那么，这一点必须再次被置换掉"。就是说，这个再次置换跟前面的置换不一样了，前面是针对第三悬设的这样一个规定，即上帝高高在上，上帝代表纯粹义务，那么我第一次置换呢，就用这种不神圣的东西把它这个神圣的东西、把它的神圣性置换掉了。神圣本质的悬设当初从强调它的纯粹义务被置换为强调它的无所不在。因为上帝本来有这两个方面，一方面，它高高在上，居于彼岸，代表纯粹义务；另一方面它又是无所不在的，它在现实中到处在起作用。那么前面第一次置换呢，针对的是它的第一个方面，着眼于上帝的神圣性、上帝的纯粹义务这一方面，把它置换成了为世俗的行为加冕的现实作用。那么现在第二次置换，我们着眼于另一方面，即神圣本质的义务已不再是作为纯粹义务，而是作为各种特定的义务的多数性而起作用，于是我们将再次置换掉对上帝的这种过于世俗化的理解，而恢复它的纯粹义务的神圣性。前面是用不神圣的东西来置换神圣的东西，那么现在你必须再次用神圣的东西置换不神圣的东西。这就是第二次置换，回到了纯粹义务的神圣性。"而那另一本质，必须唯独当它里面只有**纯粹**义务具有有效性时，才是神圣的"，就是说，你必须要再次置换掉上帝在多数性里面所产生的那种效果，而坚持唯独当它里面只有纯粹义务具有有效性时才有神圣性。也就是上帝在众多义务中起作用的时候，它就已经不是神圣的了，所以这一方面就被置换掉了。第二次置换呢，就是把这种纯粹义务的神圣性又恢复了。第一次置换是在道德自我意识中，就是上面那一段讲的，"道德自我意识自身是绝对的东西，而义务则完全只是它作为义务来**认知**的东西"。这是从道德自我意识中进行的第一次置换，就是用不神圣的东西，置换了神圣的东西。而这个第二次置换则是在"另外一个本质"中，另外一个本质就不是在现实的道德自我意识之中了，而只是在彼岸另一种道德意识中。那么在这个彼岸的领域里面呢，我们进行第二次置换，就是使上帝的概念返回到纯粹义务的神圣性。我们把它放到彼岸来考虑，我们不把它放到现实的人的道德自我意识这个范围里面来考虑，所以这两次置换的立场是不同的。

实际上纯粹义务也只有在另一本质中，而不是在道德意识中具有有效性。虽然在道德意识里好像纯粹道德是唯一有效的，然而道德意识毕竟必须以另外的方式被提出来，因为它同时也是自然意识。

　　这两个立场摆得很明确。"实际上纯粹义务也只有在另一本质中，而不是在道德意识中具有有效性"，也就是纯粹义务只有在彼岸的上帝本质里面，而不是在现实的人的道德意识中才有效。在人的道德意识中纯粹义务要实现出来是不可能的，因为人总是有限的、此岸的，纯粹义务则是无限的、彼岸的。所以我们悬设的时候总是把它悬设在彼岸，在另外一个本质中，不是我们的本质，这个时候纯粹义务才具有有效性。这个两个的立场是不同的，第一次置换是在人的道德意识中发生的置换，第二次置换是在另一本质中发生的置换。我们的道德意识里面已经用不神圣的东西、用我们的众多的义务把那个神圣的东西、把纯粹的义务置换掉了。"虽然在道德意识里好像纯粹道德是唯一有效的"，在我们的道德意识里面，好像纯粹道德是唯一有效的，至少我们自己设定了纯粹道德是唯一有效的，道德就是"为义务而义务"嘛，"为义务而义务"就是纯粹义务啊。我们觉得为义务而义务的纯粹道德是唯一有效的，掺杂了一点感性的自然的东西就没有道德效准了。尽管如此，"然而道德意识毕竟必须以另外的方式被提出来，因为它同时也是自然意识"，也就是说，道德意识本身必须有一个另外的本质把它提出来，而不是由我们人的道德意识自己提出来。为什么？因为我们的道德意识同时也是自然意识。我们人的道德意识由于我们人同时也是自然存在，所以不可能由我们自己提出来。我们这些充满感性的不纯粹的人为什么会有这么纯粹的道德意识呢？从哪儿来的呢？显然我们不能以我们的自然方式提出道德意识，我们必须以另外的方式提出这个道德意识。所以这个纯粹的道德意识只能是来自于彼岸的，来自于作为纯粹道德意识的上帝。如果仅仅立足于此岸，那么我们只有自然意识，我们提不出道德意识来的。我们人之所以具有道德意识，必须以另外的方式被提出来，也就必须要假定一个另外的本质，假定一个上帝。由于有上帝，所以我们人作为自然的人，我们可以提出道德意识。所以我们的道德意识虽然是人的一种意识，但是它的来源是依赖于另外一个本质的，它是依赖于上帝的。

道德，在道德意识中是被感性刺激起来，并以之为条件的，所以不是自在自为的，而是自由**意志**的一种偶然性；但在作为纯粹**意志**的自由意志中，它是**认知**的一种偶然性；因此，道德在另一本质里是**自在自为的**。

这里讲的是一般道德，不仅仅是我们主观意识中的道德。"道德，在道德意识中是被感性刺激起来，并以之为条件的"，我们人是自然的，人身上有感性的方面；而道德呢，在道德意识中，当我们意识到道德时，这个道德是被感性所刺激起来并以之为条件的，它是由感性刺激起来的，以感性为条件的。这是我们道德意识本身的特点，也是我们道德意识所意识到的道德的特点。所以我们的道德意识同时也是自然意识，它摆脱不了自然感性的方面。康德所讲的"为义务而义务"是一种理想化了的道德，好像人可以完全不受感性的干扰，但实际上是做不到的。它就是受到感性的刺激，被现实生活刺激起了我们的道德意识，我们才意识到道德的。"所以不是自在自为的"，这种道德意识中的道德不是自在自为的，不是一个独立自在的东西，而是受到各种外部偶然因素的影响的。"而是自由**意志**的一种偶然性"，"意志"打了着重号。它是感性所刺激起来，并且以感性为条件的嘛，所以它在人身上影响到自由意志，是自由意志的一种偶然性。我选择了道德，这是我的自由意志，但是这个选择带有偶然性，作为感性的人，作为自然的人，我不一定要选择道德。我为什么恰好选择了道德行为？我也可以不选，既然是自由意志，我就可以选择它也可以不选择它，道德在我这里并没有自在自为的不受干扰的特点，它的产生或不产生都有一种偶然性。"但在作为纯粹**意志**的自由意志中，它是**认知**的一种偶然性"，"纯粹意志"的这个"意志"打了着重号。作为纯粹意志的自由意志，就是说自由意志撇开那些外在偶然的影响，单就它作为"意志"来看的自由意志，"它是**认知**的一种偶然性"，"认知"打了着重号。这和前一个"意志"的着重号是相对应的。就是说前面讲的"自由意志的偶然性"其实是可以认知的，只要我们掌握了足够的外在事物的信息, 这种偶然性是可以预测的; 但就纯粹意志本身来看, 它是认知所不可把握的一种偶然性, 所谓"认知的偶然性"就是对于认知而言的偶然性, 因为它纯粹出于自由意志, 不可预测。这个"意志"在康德那里跟"认知"是决不相干的, 认知的必然性对于意志来说是外加的偶然性; 相反, 意志的选择对于认知来说又是不可预测的偶然性。当然在黑格尔这里, 意志本身就是一种认知, 整个《精神现象学》最后要达到的目标, 就是要走向绝对认知。但在道德阶段还达不到那种统一, 还停留于康德所规定的二元对立中。所以这里有两个方面, 一方面自由意志在以感性为条件时, 它的选择对意志本身来说是偶然的、不可预测的; 但在不以感性为条件而仅就其自身作为纯粹意志来看, 它又对认知而言成了偶然的。或者说, 可认知的东西、感性对不可认知的东西、意志是偶然的, 但不可认知的东西、意志对可认知的东西也是偶然的。所谓认知的偶然性, 意味着它无法用必然规律把握自由意志。"因此, 道德在另一本质里是**自在自为的**", 道德在道德意识中不是自在自为的, 因为它是受偶然性支配的, 只有在超出认知范围之外另一本质里面, 道德才是自在自为的, 那就是在上帝的自由意志那里。上帝的意志才是"作为纯粹**意志**的自由意志", 它是不为认知所把握的, 在认知看来它完全没有道理, 哪怕它带给人幸福, 也是偶然的, "白白地"恩赐的。这就是第二次置换了。第二次置换就是把上帝的纯粹义务的神圣性又换回来了。就是说, 虽然前面第一次置换你已经把它置换掉了, 但是现在呢, 我可以把它再置换回来, 因为你第一次置换只是立足于道德意识之中, 但是你没有立足于另外一种本质之中, 在另外的地方, 在超出道德意识之外的彼岸, 道德还是自在自为的。你的道德自我意识不要太主观了, 你本身只是在主观的范围之内, 但是, 还有另外一个本质在你的道德意识之外, 你如果认真对待你的悬设的话, 那么另外一种本质的这个自在自为的道德你也不能不考虑。所以一旦考虑这一方面, 你的道德自我意识里面的那种东西就只被看作仅仅是偶然的东西。而道德在另外一个本质里面仍然是自在自为的, 是具有纯粹性和独立性的。这第二次置换就返回到了纯粹义务,返回到了上帝的神圣性。休息一下吧。

刚才我们已经讲到两次置换了。第一次置换是在道德意识中,在道德自我意识里面,我们用不神圣的东西置换了神圣的东西。我们把上帝已经排除出不神圣东西的现实世界之外。你尽可以高高在上,但是你不能干涉、你不能解释我们的现实生活,我们的种种道德的行为,你不能把这些道德行为借助彼岸世界的神圣性而使它们神圣化。当然另一方面呢,被推到彼岸的这样一个神圣的东西呢,也就被解构了,因为你如果不能用它来解释我们这个现实世界,不能用上帝的神圣性来使我们现实世界的行为神圣化,那你这个上帝本身的神圣性也就可以质疑、也就不必认真对待了,它没有那么神圣。但是第二次置换呢,就是说,尽管如此,你还是局限于道德自我意识的领域里面来谈。但是道德自我意识本身是一个有限的领域,因为它产生于人的内部,而人是一个自然的意识,是一个自然的存在,它的道德意识是被感性所刺激起来并且以感性为条件的。所以我们还得跳出人的感性,立足于彼岸,立足于另外一种本质来看道德的本质。这个时候呢,我们就把道德意识的这种观点又置换掉了,我们又回到了纯粹义务的神圣性,在另外一个本质中、在彼岸中找回了纯粹义务的神圣性。我们把意识、道德意识和认知都看作是偶然的,它对于另一本质中的上帝的神圣性不起任何作用。你不能凭借这种偶然的东西来评价另外一个本质中的自在自为的道德。或者说,道德意识不能评价道德本身,道德意识里面有道德,但是不能用道德意识来评价道德本身,道德还有它自在自为的另外一个本质,那才是它的效准之所在。这是第二次解构、第二次置换,它提出了另外一个角度,也就是上帝在道德自我意识里面虽然失去了神圣性,但是在另外一个本质里面仍然作为神圣的立法者有效。这是第二悬设的两次置换的主要精神。那么第二次置换呢,它还有一些延伸的说法。我们再来看下一段。

于是，这个本质在这里之所以是纯粹完成了的道德，是因为在这一本质里道德同自然和感性没有联系。然而，纯粹义务的**实在性**，就是它 [144] 在自然和感性中的**实现过程**。

"于是，这个本质在这里之所以是纯粹完成了的道德，是因为在这一本质里道德同自然和感性没有联系"，也就是说，在另外一个本质中道德才是完成了的，为什么呢？因为在这个彼岸，道德已经同自然和感性没有任何联系了，我们把双方隔绝开来了。没有了感性自然的干扰，那么我们就可以说这个道德是完成的了。它是在高高在上的，是在一个彼岸世界里面完成的。上帝在彼岸世界里面完成了道德，那个是没有任何可怀疑的，因为我们当初就是这样设定的，悬设了一个高高在上的上帝。"然而，纯粹义务的**实在性**，就是它在自然和感性中的**实现过程**"，就是你悬设了一个上帝，但是如何使它具有实在性呢？你不光是悬设了一个上帝在道德上的完善性、完成性，你还必须悬设它的实在性，因为上帝的悬设就是要用来保证道德和自然的和谐的。道德和自然的和谐是第一个悬设，而第三个悬设则是第一个悬设的保证，上帝就是用来保证德福一致、道德和自然的和谐，就是用来保证一切完善的道德的实在性的。现在，纯粹义务的实在性就是它在自然和感性中的实现过程，而完成了的道德却和感性自然没有联系，这岂不是发生矛盾了吗？上帝的实在性必须是在自然和感性中的实现过程，你现在把它架空了，道德跟自然和感性没有联系，那么上帝的实在性就成了问题。

道德意识把自己的不完满性归咎于，在它那里道德同自然和感性有一种**肯定的**联系，因为在它看来，被当作道德的一个本质环节的，就是道德同自然和感性完全只应有一种**否定的**联系。

前面是讲的另一个本质，彼岸上帝，现在我们回头再讲道德意识。"道德意识把自己的不完满性归咎于，在它那里道德同自然和感性有一种**肯定的**联系"，道德意识前面已经讲了，它是不完满的，它是不神圣的，为什么它不神圣呢？是因为在它那里道德同自然感性有一种肯定的联系，

201

它太迁就自然和感性了，所以它就不完满了。你使道德跟现实妥协了，跟自然感性妥协了，你做道德的事情就是为了得利，那么道德跟现实的幸福、现实的幸运就有一种肯定的联系，这样一种道德当然是不完满的。你怀有一种现实利益的考虑，这种道德怎么可能是完满的呢？"因为在它看来，被当作道德的一个本质环节的，就是道德同自然和感性完全只应有一种**否定的**联系"，道德和自然、和感性势不两立，只能是一场战斗，一种克制，"克己复礼为仁"，你必须要克制这些自然和感性的冲动，战胜这些爱好。这被当作道德的一个本质环节，就是要跟感性作斗争。康德并不完全否定追求幸福，他认为这是很自然的，但是反对把它当作是道德，你要是想做道德行动的话，那么道德就体现在不为感性所动。各种欲望、各种爱好都不能够动摇道德的至上地位，道德就是在克制这样一种刺激，克制这样一些自然和感性的动摇的斗争过程中才体现出来的。所以在道德意识看来，道德的一个本质环节就是同自然和感性只应有一种否定的联系，应该否定一切感性的东西。所以你一旦发现有肯定的联系，那就是道德意识的不完满了。康德所讲的道德的动机，所谓敬重感，也无非就是对一切情感的否定。敬重感它里面包含有痛苦，就像崇高一样，它有种痛苦，我达不到，我对它表示敬重，它比我高得多，道德法则比我所有的一切对幸福的追求、一切欲望、一切冲动都高得多。所以我首先有一种痛苦，就是我的一切感性的东西都上不了桌面，都层次太低。然后呢，从中产生一种敬重感，一种满意的感情，这种唯一的感动才是道德的动机。所以道德的动机虽然也是感性的，但它跟其他所有的感性冲动相比，它只应该有一种否定的关系，就是否定一切其他情感，这种道德情感同自然和感性完全是一种否定的联系。道德律更加是这样，正因为道德律凌驾于一切感性和自然之上，所以我们才有这样一种否定一切情感的道德情感，它把人的情感引向服从道德律。通过敬重感这种否定一切情感的情感，最终引了向道德。既然这样呢，那么道德意识如果和感性自然有一种肯定的联系的话，那它显然就是不完满的了。

　　<u>与之相反的是，纯粹的道德本质由于它超越于对自然和感性的**斗争**</u>之上，所以同自然和感性并不处在**否定的**联系中。

　　上面所讲的仍然是在道德意识的立场中来看，道德和自然感性有一种否定的联系，虽然是否定的联系，它毕竟还是有联系的，它离不开自然和感性。在道德意识中你的道德只能体现在否定你的自然感性的行动中，如果没有这种联系的话，那道德意识就没有对象、没有落脚处了，就像前面讲到的，如果没有斗争对象了，那也就不存在道德了。所以道德意识还是需要一个对象、需要一个对手来体现自己，需要通过否定自然和感性来体现自己。那么这里的立场却完全不同了。"与之相反的是，纯粹的道德本质"，纯粹的道德本质，这跟道德意识就是完全不同的立场了。道德意识里面的道德都是不纯粹的，它要跟这个自然和感性保持有一种否定的关系，这恰好说明它还陷在这样一种关系之中。它总是要不断地跟冒出来的这些感性的欲望做斗争，那它就总是不纯粹的。真正纯粹的道德本质呢，"由于它超越于对自然和感性的**斗争**之上，所以同自然和感性并不处在**否定的**联系中"。纯粹的道德本质应该跳出这样一种否定的关系，摆脱感性和自然的纠缠，到另一个完全超感性的彼岸去寻求自己安身立命之所。

　　<u>因此，实际上留给它的就只有一种与自然和感性的**肯定的**关系了，即是说，留给它的正是刚才被看作未完成的非道德的东西。</u>

　　既然纯粹道德本质不再与感性自然作斗争了，那它是否可以和感性自然相互协调合作呢？是否可以与之建立一种肯定的关系呢？"因此，实际上留给它的就只有一种与自然和感性的**肯定的**关系了"，这是一种排除法，先排除了否定的关系，再来排除肯定的关系。纯粹的道德本质跟自然和感性已经没有斗争了，也就是没有否定的联系了；于是剩下留给它的就是那种肯定的关系。可是这种肯定的关系恰好更是它所不能接受的，"即是说，留给它的正是刚才被看作未完成的非道德的东西"。纯粹道德本质连原先被看作是道德意识中的道德的东西都不接受，它怎么

会看得上原先道德意识中被看作未完成的非道德的东西呢？所以这对它来说更加是一个不可能的选择。

**但是当纯粹的道德与现实性完全分离，以致它与现实性同样完全不具有肯定的联系时，它就会是一种无意识的、不现实的抽象了，在这种抽象中，道德，作为对纯粹义务的思维以及一种意志和行为的概念，就会完全被扬弃了。**

所以纯粹的道德与现实性既没有否定的联系，也更不存在肯定的联系，而是完全脱离现实性的。这里语气一转。"但是当**纯粹的道德**与现实性完全分离，以致它与现实性同样完全不具有肯定的联系时，它就会是一种无意识的、不现实的抽象了"，这就揭示出这种完全脱离现实性的纯粹道德所带来的严重后果了。当纯粹道德与现实性完全分离，就是不但没有肯定的关系，也没有了否定的关系，没有任何关系时，它就会是一种无意识的、不现实的抽象了，它就被完全推到彼岸了，它跟这个现实性就没有关系了，成了无意识的、不现实的抽象。而这样一来，"在这种抽象中，道德，作为对纯粹义务的思维以及一种意志和行为的概念，就会完全被扬弃了"。就是在上帝那里，上帝作为一种抽象的、高高在上的、彼岸的、跟现实完全没有关系的抽象，就把道德本身都扬弃了。不仅仅是把那种未完成的道德扬弃了，而且把纯粹道德，也就是作为对纯粹义务的思维以及一种意志和行为的道德概念，都完全扬弃掉了。在康德那里我们看到，纯粹义务、为义务而义务的道德只是对人而言的，上帝并不需要也不可能有这种义务，在上帝那里也不具有德行的概念。这说明，一旦我们超升到彼岸来规定上帝，那么纯粹道德的概念本身就被扬弃了。上帝不是因为有道德才成为上帝，而是因为你把它悬设为居于彼岸它才是上帝，因此这个上帝完全是非道德的。

所以，这样一个如此纯粹的道德本质，也就再次是对事实的一种置换，必须放弃。

"所以，这样一个如此纯粹的道德本质"，就是刚才讲的，我们回到了纯粹的道德本质, 纯粹的义务, 重申了纯粹义务的神圣性、至上性, 我们在另外一个本质、在彼岸世界中, 单独地来考察上帝, 考察道德。那么这样一个如此纯粹的道德本质呢, "也就再次是对事实的一种置换, 必须放弃", 这就引出了第三次置换。那么第三次置换, 就是下面这一段了, 前面其实也已经讲到了, 你把这样一种道德的本质把它抽出来, 把它变成一种完全的跟现实不发生关系的抽象, 那你就把原来的那样一种纯粹本质、那种上帝的概念的实质内容置换掉了。原来上帝概念虽然是纯粹的, 但是它还是要跟现实发生关系, 在第一次置换中使现实的道德行动神圣化; 但现在呢, 这种现实的神圣化使上帝本身失去了神圣性, 于是经过第二次置换, 它完全成了一种抽象, 以在另一本质中保持上帝的神圣性, 所以这种抽象是对纯粹道德中的事实 (die Sache) 的一种置换。但纯粹道德中的事实被置换掉了以后, 它本身就失去了道德的含义, 我们现在必须放弃这样一种纯粹的道德本质, 也就是把这种置换再次置换掉, 这就是第三次置换。

　　但在这个纯粹的道德本质中, 这个综合的表象作用曾在其中荡来荡去的那个矛盾, 它的各个环节就彼此接近起来了, 彼此接近的还有那些对立的"也", 这个综合的表象作用并没有使它的这些思想相关联, 而是让这些"也"前后相继, 并且总是让对立的一面为另一面所替换, 直到这一地步, 以至意识在此不能不放弃其道德世界观而逃归于自身。 {339}

　　这就是第三次置换。"但在这个纯粹的道德本质中, 这个综合的表象作用曾在其中荡来荡去的那个矛盾, 它的各个环节就彼此接近起来了", 现在有待置换的是纯粹的道德本质, 也就是第三悬设"上帝"这个综合的表象, 这个表象曾经在矛盾中荡来荡去, 这个矛盾就是上帝接触不接触现实, 上帝在场不在场的矛盾。意识一会儿用上帝来解释现实的这些义务, 也就是众多的义务行为, 使它们得到神圣化, 使得上帝看起来无所不在, 上帝是在场的; 但是一会儿又把上帝推上彼岸的高位, 不受这个现实世界的污染，又脱身躲到彼岸世界去。上帝在这两方面荡来荡去，时而下降到经验，时而上升到超验，意识觉得这两方面都不可偏废，这就使双方彼此彼此，单独都不可能解释上帝。而这也使这两个环节彼此接近起来了，它们都同样是上帝所不可缺少的维度。这是我们在前面所走过的路，所以这里用过去时。注意这里都是谈的一种综合的表象作用Vorstellen，而不是概念。这个表象作用、表象活动，它是起综合作用的，它把矛盾的双方综合起来，但是不是用概念综合起来，而是用表象把它们拉到一起。在康德的这三大悬设中他所运用的都不是概念，都是表象，而表象都是经不起分析的，一分析，它就在其中遇到矛盾，于是就一会儿荡到这一边，一会儿荡到那一边。它的各个环节不像概念，它们只是"接近起来了"，而不是融合了，不是统一了。后面还讲到"重叠起来了"，这都是表象思维的特点。他经常用这样一些字眼来描述表象思维，"接近"、"重叠"，或者是"拆开了"，或者"混合起来了"，这都是一些表象的术语。表象的术语就是没有概念，它不能够深入到本质里面的那种可通约性和透明性。表象的思维方式是不可通约的，一会儿跳到这边，一会儿跳到那边，只有概念才能把这些表象打通。"彼此接近的还有那些对立的'**也**'"，这个"也"打了着重号，Auch，前面在"感性确定性"一章里面也讲到了这个"也"。什么叫"也"呢？这是一种典型的表象思维，就是说我们既要顾到这一面，也要顾到那一面，既要看到正面，也不能忽视了反面。我们经常把这看作就是"辩证法"，所谓"一分为二"，"一点两面"，有人还总结出一句话："人有两只眼，看事情要看两点"。有次黄克剑说，"看事情看两点"，那不叫辩证法，那叫散光，眼睛散光是看不清事物的。这就是表象的思维方式，我们既要看到优点，也要看到缺点，任何事物都有两面，我们对于"文革"也不能一棍子打死嘛，它也有好的一面嘛（众笑）。表象的思维方式就是满足于对立双方的"也"，既有这方面"也"有那方面。"这个综合的表象作用并没有使它的这些思想相关联，而是让这些'也'前后相继，并且总是让对立的一面为另一面所替换"，这就是表象思维的特点，不断地一分为二，不断地左右震荡，既要反左，又要反右，似乎这个眼光就很全面了。我们在解释前面那些悬设的时候，我们不断地置换立场，就是出于这样一种表象的思维方式，不断地荡来荡去。但这种表象作用并没有使这些对立的思想相关联，而是在讲这一方面的时候，就把另一方面替换掉、置换掉了，讲另一方面的时候，又把这一方面置换掉了。而当你在这一边那一边之间荡来荡去的时候，实际上你每一次都不是认真对待的，你每一个命题讲出来的时候，你都准备着随时岔到第二个命题。我们通常讲的辩证法就是这样一种表象的综合，这种表象的综合民间把它称为"变戏法"。你讲一个命题的时候，你心里随时有另外一个命题在等着，但是你不都讲出来，讲半截留半截，这就叫作"阳谋"（笑），就是我已经话里有话，其实已经说出来了，你自己不听嘛，那只能怪你自己，我没有阴谋，我都是"阳谋"。这很"辩证"嘛，既要反左，又要反右，既不能这样，又不能那样，反正他讲的都很全面，绝对正确，表象思维都是很全面的。"直到这一地步，以至意识在此不能不放弃其道德世界观而逃归于自身"，意识终于意识到，对立的双方彼此彼此，都无法逃脱自身的片面性和自相矛盾，因此整个道德世界观都是站不住脚的。这时意识就不得不放弃道德世界观而逃归于自身，我们不再用道德的眼光"观世界"了，我们反观意识自身，这就是后面将要过渡到的"良知"。这有点类似于"文化大革命"两派打来打去，到"文化大革命"结束时，大家都突然意识到这是一场"浩劫"，于是回归人性和人道主义。所以第三次置换就是这样一种置换，就是将这种荡来荡去的不断置换彻底置换掉，最终把道德世界观本身都置换掉了。最后你发现，你不能不从整个道德世界观里面逃出来，逃归于自身。什么叫"逃归于自身"？就是放弃道德世界观，逃归于自己的良知或良心。这就是后面一个标题："c. 良心：优美灵魂，恶及其宽恕"。所以这里已经向下一个环节过渡了，第三次置换就是向良心过渡，或者说最终用内心的良知置换了道德世界观。良心把道德世界观中所有这些矛盾都扫到一边去了，你别给我来这些诡辩，一会儿这边，一会儿那边，我只相信我自己的良心。我没有这一方面、那一方面，没有那什么"也"，我就只有我自己，我就只相信我的内心直观、直觉。我认为对的就是对的，我对得起自己的良心就行了。这就完全改换了一个新的立场，而从道德世界观里面脱身出来，进入到下一个阶段了。良心一出来，就暴露出你讲的那些东西实际上都是抓不住人的东西，都是一些虚假的东西，都是不认真的。你表面看起来好像很善意，你想面面俱到，但实际上你是一种伪善。我现在退回到我自身，我逃到我自己里面去，只相信自己的良心，还更可靠一些。当然良心也不见得可靠，后来黑格尔分析出来，你逃回自己的良心和直觉，实际上还是一种伪善。你不能仅仅批判了伪善就了事，你还要分析它为什么会走向伪善，这才会推进我们对于事情的认识。下面两段就是向良心过渡了，同时也是对前面讲的做一个了结。

意识之所以认识到它的道德是未完成的，乃是因为它被一个与道德相反的感性和自然所刺激，感性和自然一方面使道德本身混浊，另一方面生发出一大批义务来使意识在现实行动的具体事件中陷于困惑；

我们先看这半句。"意识之所以认识到它的道德是未完成的，乃是因为它被一个与道德相反的感性和自然所刺激"，意识发现自己在道德上总是未完成的，因为人是有限的，人都有一个自然赋予的感性的肉体，人被感性所限，被肉体所限。"感性和自然一方面使道德本身混浊"，这是康德极力反对的。康德认为道德本身应当是纯粹的道德，是不计利害的"为义务而义务"，不能够掺杂一丝一毫感性和自然的考虑。但是感性和自然不可避免地混杂进了道德本身。"另一方面生发出一大批义务来使意识在现实行动的具体事件中陷于困惑"，感性和自然一方面使道德本身不纯粹了，另一方面使唯一的道德分化为各种具体的现实的道德行动，生发出一大批义务、众多的义务，这就使意识在现实行动的具体事件中有多项选择，莫衷一是，陷于困惑。有这么多的义务，所有这些义务都不具有神圣性；但是如果没有这些义务的话，唯一的纯粹义务又不能体现出来，所以你还得去实行，采取现实的行动。在采取现实的行动的具体事件中，你就会陷于困惑，到底如何做才是对的，如何来判定这些义务的道德性和神圣性，时常会面临道德冲突。

　　因为，每一事件都是许多道德联系的凝聚点，就像一个知觉对象一般是具有许多属性的一个事物一样；而且由于**特定的**义务是目的，它就拥有一个内容，而它的**内容**就是这目的的一部分，而道德就不纯粹了。

　　这个也是前面已经讲过的。"因为，每一事件都是许多道德联系的凝聚点"，每一事件，这里的"事件"，Fall，也可以译作"场合"、"场景"。每一事件都凝聚了很多的道德联系。"凝聚点"，Konkretion，本来是"具体化"的意思，可译作"凝结"、"凝聚"，"凝结点"、"凝聚点"，就是集结成了一个东西的意思。每一事件都是许多道德联系凝聚起来的，都具体地体现了各种各样的道德联系。"就像一个知觉对象一般是具有许多属性的一个事物一样"，一个知觉对象一般来说都具有许多属性，是一个"事物"，这个在前面"知觉；事物和幻觉"章中已经交代过了，这里是打个比方。"而且由于**特定的**义务是目的，它就拥有一个内容，而它的**内容**就是这目的的一部分"，特定的义务，"特定的"打了着重号。你总要把它实现出来，实现出来就必须要受到规定，就被限定在一个目的之上。特定的义务就是目的，你针对这个目的去做，你才能完成这个义务。因此特定的义务就拥有一个内容，而不能像康德所说的只是一个抽象的"为义务而义务"的形式。而这个义务的内容就是这目的的一部分，它要跟现实打交道嘛，要受到现实的规定和限制，那么这个限制就使它不再只是一个抽象公式，而拥有了一个特定的内容。它的内容是这目的的一部分，意味着这目的还有另一部分，那就是形式，就是纯粹的道德意识。纯粹"为义务而义务"的道德意识，加上它的特定的感性内容，"而道德就不纯粹了"。纯粹道德义务里面混杂进了感性的内容，不像康德所讲的那种单纯的形式了，那么这样一来道德就不纯粹了。所以这一句话主要是讲，在意识中道德义务肯定是不纯粹的,原因就在于人不仅自身是有感性的,有自然需要的,而且他的行动总是在具体的自然条件中进行的。

——道德于是就在另一本质中有其**实在性**。但这样的实在性只不过
[145] 意味着道德在这里将会是**自在自为的**, ——是**自为的**,意思是说它将是一个**意识**的道德,是**自在的**,意思是说它将会拥有**定在**和**现实性**。

在道德世界观中,由于摆脱不了自然感性,这里面的道德注定是不纯粹的。"道德于是就在另一本质中有其**实在性**","实在性"打了着重号。我们要注意,"实在性"和"现实性"这两个概念还不太一样。一个是 Realität(实在性),一个是 Wirklichkeit(现实性)。现实性是指在感性世界中的做出来的事情,而实在性则可以是一种事实,不论是感性的事实还是理性的事实。比如康德认为自由意志作为一个悬设,它没有感性的现实性,但却有实践的实在性,可以体现为一个理性的事实。黑格尔不像康德那样把这两个概念在此岸现象和彼岸本体上的运用加以区分,但他也把实在性用在并非感性事物身上,比如这里就是把它用在意识的实在性上面。现在,道德在另一本质中有其实在性,也就是它并不是限于感性自然事物的实在性,而可以是意识中的实在性,这里指的其实就是良心的实在性。这里的"另一本质"如同前面讲的,是超越了感性自然之上的本质,但前面是用来容纳彼岸的上帝,而这里则是用来安放内心的良知。所以这里道德虽然是不同于自然的另一本质,但它并不像在上帝那里那样成了一种非现实的悬设,而是具有自身内在的实在性。在另一本质中,它还是实实在在的东西。"但这样的实在性只不过意味着道德在这里将会是**自在自为的**",这里用的是虚拟式,就是后面要讲的良心将会是一种自在自为的道德,它既不依赖于自然感性,也不服从抽象的上帝,而将有自己的独立性。下面解释什么是自在自为的。"是**自为的**,意思是说它将是一个**意识**的道德",这也是用的虚拟式。良心这种自为性体现为它是意识的道德,是主观内心的道德,而不是外在自然事物中显现出来的道德。"意识"打了着重号,是为了表示它与自然物的区别,与

世界观的区别。世界观是离不开自然感性事物的，而意识的道德则摆脱了这种束缚，只限于内心意识。第三悬设已经为道德设定另一本质的归宿，它是超自然的，它已经是一个另外的意识的道德了，这就是上帝的意识。但是上帝的意识是没有现实性的，所以它只有自为性而没有自在性，只是一个主观悬设。而现在这种意识的道德除了是自为的以外，它还"是自在的，意思是说它将会拥有**定在**和**现实性**"，"定在"和"现实性"都打了着重号。这就跟上帝的悬设不同了，现在我们回归到内心的良知，这已经不是什么悬设，而是每个人心中的事实，它具有每个人的定在和现实性。每个人都有自己的良心，这是每个人当下现实地就可以确定的，不需要到彼岸去悬设，它对于我们自己的意识有现实的影响。

　　——在第一种未完成的意识中，道德没有实行出来；它在那里是一个**思想物**意义上的**自在**；因为它同自然和感性，同存在的现实性和意识的现实性结缘，将其构成自己的内容，而自然和感性则是道德上无谓的东西。

　　"在第一种未完成的意识中，道德没有实行出来"，这是指道德世界观中的道德意识，它总是未完成的。如前面第141页所讲的："因此对于意识而言，反倒只有这样一种未完成的中间状态，才是有效准的东西"。第二悬是立足于道德意识而提出来的，第三悬设中的第一次置换也是立足于道德意识而置换掉了绝对本质，但这种道德意识是一种永远处于未完成状态的意识，它在道德行动中总是伴随着自然意识，因此不可能完全实行出来，只能处在无限延伸的过程中。所以在这个未完成的道德意识中，道德并没有实行出来，"它在那里是一个**思想物**意义上的**自在**"，道德在那里是一个思想物，脑子里面有一个目的，它自有其思想物的意义，但是它没有实行出来。为什么没有实行出来，"因为它同自然和感性，同存在的现实性和意识的现实性结缘，将其构成自己的内容"，在这个未完成的意识中，道德之所以没有实行出来，是因为它只是一个抽象形式，这个形式必须同自然和感性、同存在的现实性和意识的现实性结缘，它虽然不被这些现实性所扭曲，而是有其思想物意义上的自在，坚持自己的"为义务而义务"的原则，但毕竟，离开这些现实内容它就没有任何现实性。"而自然和感性则是道德上无谓的东西"，就是说，作为它的内容的这些感性自然都是在道德上没有意义的东西，它们不能帮助道德这个思想物本身实行出来。自然和感性在道德上面根本就无足挂齿，所以道德才没有实行出来，而是停留在思想物的自在状态之中。你要讲道德，你就把它推到思想物，跟我们的道德意识中的现实的道德行动没有关系；道德意识中的道德行动是未完成的，因此也是非道德的，在道德上它是无谓的东西。前面讲的道德意识都是未完成的意识，也就是第一种意识，即在道德世界观中的意识，它与现在要讲的从道德世界观被扬弃之后所"逃归于自身"的意识是不同层次上的道德意识。

——在第二种意识中，道德作为**完成了的**而不是未实行的思想物，而现成在手了。

"在第二种意识中，道德作为**完成了的**而不是未实行的思想物，而现成在手了"，这第二种意识就是良心。在良心中，道德作为完成了的思想物而现成在手。良心是每个人都现成在手的，每个人手拍胸膛想一想，都会认为自己还是有良心的，只要不蒙蔽自己的良心，都会本着道德的原则办事。所以虽然良心也是一种思想物，但它不像上帝那种思想物是缺乏现实性的，而是实行着的，是现实起作用的，是现成在手的。一个人要昧着自己的良心也是不太容易的，良心是自己内心的法官，它不能说决定我们的行为，但至少它能够影响我们的行为，并且能够评价我们的行为。就此而言它是有现实性的，当然这种现实性并不是自然感性的现实性，但却是能够影响自然感性的。

但是这种完成恰恰在于，道德在一个**意识**中拥有了**现实性**，以及**自由的现实性**，拥有了一般定在，它不是空的东西，而是充实的、充满内容的东西；——就是说，道德的完成被置于这一点，即刚才被规定为道德上无谓的那种东西就在道德中、并成为道德上现成在手的了。

前面讲，道德作为完成了的思想物而现成在手了，"但是这种完成恰恰在于，道德在一个**意识**中拥有了**现实性**，以及**自由的现实性**"，也就是这种完成了的现成在手的思想物恰好是意识中的现实性，良心拥有的是自由的现实性，而不是自然的现实性。当然它也不和自然的现实性绝缘，不是如同康德所想的，只是理性的事实而不是经验的事实，相反，它应当是用理性去统摄经验的事实。所以说它"拥有了一般定在，它不是空的东西，而是充实的、充满内容的东西"，这就是刚才讲的，良心它是自在自为的，因而"是**自为的**，意思是说它将是一个**意识**的道德，是**自在的**，意思是说它将会拥有**定在**和**现实性**"。这两个环节，一个是意识的环节，一个是现实性的环节，这是良心的两个方面。良心作为完成了的道德意识就在于，道德在一个意识中拥有了现实性，意识和现实性在良心中统一起来了，而这正是自由的现实性，它立足于人的自由意志。这是跟其他的现实性不一样的，其他的现实性是不自由的，是受制约的，而自由的现实性则拥有了一般定在，并以这定在为自己的充实的内容。"就是说，道德的完成被置于这一点，即刚才被规定为道德上无谓的那种东西就在道德中、并成为道德上现成在手的了"，道德的完成现在被置于良心对非道德的东西的统一，这是刚才被规定为道德上无谓的那种东西，也就是前面讲的自然和感性，现在就在道德中，并成为道德上现成在手的了。它们正好就是道德本身的内容，良心就体现在如何与它们打交道，如何处理与它们的关系，类似于朱熹所讲的"格物致知"，也就是从待人接物中体现良知。

道德一度据说完全只是作为纯粹抽象的非现实的思想物，而具有有效性，但同样又以这种方式而不具任何有效性；它的真理之所在，据说就在于它和现实相对立、完全摆脱了现实性，并且是空的，又在于它就是现实性。

这句话展示了道德世界观中非常尖锐的自相矛盾性。"道德一度据说完全只是作为纯粹抽象的非现实的思想物，而具有有效性"，这里的

"据说"，就是在前面展示道德世界观的时候一度有这种说法。什么说法呢？就是道德只有作为纯粹抽象的非现实的思想物，也就是作为一种不具有现实性的悬设，才具有有效性。比如说上帝的悬设，只有当它被表象为彼岸的思想物，才可以体现道德的作用。"但同样又以这种方式而不具任何有效性"，既然它在彼岸，它高高在上，它不接触现实，它是一种非现实的思想物，它又怎么可能具有有效性呢？它的效果体现在什么上面呢？所以它完全是一个自相矛盾的悬设，或者说，道德世界观中的悬设本身就是自相矛盾的。"它的真理之所在，据说就在于它与现实相对立、完全摆脱了现实性，并且是空的，又在于它就是现实性"，这也是自相矛盾的。据说所谓的道德真正说来，本来就应该是和现实性相对立的，应该像康德所讲的那样完全摆脱了现实性，并且是一种形式主义的公式，为义务而义务的公式；然而真正的道德又在于它就是现实性，不现实的道德只能是假道德，所以又不得不悬设一个上帝来解决这种矛盾；但这同时也正是上帝悬设本身的内在矛盾。这就是康德的那种纯粹道德、纯粹实践理性所面临的最尖锐的矛盾。正是由于这种矛盾，道德世界观最终遭到了全盘扬弃。

　　在道德世界观中这些被拆分开来的矛盾的混合物，便在自身中重叠在一起了，因为这混合物赖以立足的那种区别，从本来不能不必然地被设想、被建立而同时毕竟是非本质的区别，变成了一种连语词中都不再包含的区别。

　　"在道德世界观中这些被拆分开来的矛盾的混合物"，我们刚才提到过了，把这样一个矛盾"拆分开来"，这是一种典型的表象思维。两个方面，本来是合在一起的，合在一起才会冲突矛盾；现在我们把它们拆分开来，以避免矛盾冲突，但又无法丢弃一方，于是拆分开来之后又把它们混合在一起，它们"便在自身中重叠在一起了"。他不说统一在一起了，而说重叠（zusammenfallen）在一起了，这就是表象思维。如果说"统一

在一起了"，那就是概念思维，概念才能够统一；而表象呢，它没办法把
它们消化掉，只好停留于这样一种夹生的状态，所以只能够把这些矛盾
的混合物重叠在一起。"因为这混合物赖以立足的那种区别"，这混合
物是基于区别之上的，它不能够把这区别消化掉，相反，这种区别只是
发生了变化。什么变化？它"从本来不能不必然地被设想、被建立而同
时毕竟是非本质的区别，变成了一种连语词中都不再包含的区别"。道
德和非道德，道德和感性，道德和幸福，纯粹道德和现实性，所有这些都
是区别，在一个道德世界观中，它们不能不必然地被设想、被建立起来，
但同时毕竟又是非本质的区别。道德和自然，此岸和彼岸，意识和现实，
等等，没有任何一方单独可以是本质，所以它们只好一个置换另一个，
不断地在两者之间震荡而停不下来，而变成了一种连语词中都不再包含
的区别。就是最后连说出来的话都不包含这种区别了，或者说这种区别
都不可能用语词说出来了，因为一说出来就被固定了，而这里恰好是无
法固定的，这就使这种区别成了一种说不出来的意谓。道德世界观一开
始固然是从这种区别出发，但是从来都没有认真对待过这些区别，因为
你一旦认真对待这些区别，就会导致自相矛盾。于是它就在语词中姑妄
言之，哪怕在说话里面，都已经不再包含这样一种区别了，而只是使区
别的双方重叠在一起，在表述一方时暗示着另一方，好像这两方是没有
区别的一样。这是一种非常可笑的状态。本来你是从这个区别出发的，
后来呢你把这些区别都逃避掉了，变成在语词中和稀泥，使一切说法都
成了重叠和暗示，成了意谓。最后你没办法了，你只好逃回自身，逃到
自己的良心，而把所有的过程都否定了。整个道德世界观就由此而遭到
了扬弃。

　　那最终作为一种差别建立起来的东西，既是作为无谓的东西，又是
作为实在的东西，就正好是一个并且是同一个东西，是定在和现实性；而
那据说绝对只作为现实存在和现实意识的**彼岸**、同样也只存在于现实意
识之中、并且作为一个彼岸是无谓的那种东西，就是纯粹义务和对纯粹

义务作为本质的认知。

"那最终作为一种差别建立起来的东西，既是作为无谓的东西，又是作为实在的东西，就正好是一个并且是同一个东西，是定在和现实性"，前面讲区别被掩盖了，道德世界观被扬弃了，那么最终结果是什么呢？最终建立起来了一种有差别的东西，这个东西既是无谓的东西，又是实在的东西，而这两者既有差别，又是同一个东西。什么是无谓的东西？前面讲了，"而自然和感性则是道德上无谓的东西"，就是在第一种意识即道德世界观的道德意识中，作为它的内容的这些感性自然都是在道德上没有意义的东西。所以自然感性作为道德世界观的内容是没有道德含义的，它们只是定在和现实性。虽然没有道德意义，但是它们是实在的东西，它们占据了实在性的立场，这是一方面，即道德世界观的客观自然内容方面。而另一方面就是主观意识形式方面，这方面也有它的内在差别。"而那据说绝对只作为现实存在和现实意识的**彼岸**、同样也只存在于现实意识之中、并且作为一个彼岸是无谓的那种东西"，这就是主观意识形式的方面了，它据说、也就是据康德所说，绝对只应该作为现实存在和现实意识的彼岸，"彼岸"打了着重号，也就是一个自在之物，一个彼岸的悬设。但它同样也只存在于现实意识之中，因为它毕竟是道德意识本身所做出的一个悬设，如果认真看作彼岸的东西，它反倒会是无谓的东西，因为它不会对人的道德发生实际的影响。这个东西是什么东西呢？"就是纯粹义务和对纯粹义务作为本质的认知"，也就是康德的道德律、绝对命令。康德的道德命令被设想为存在于彼岸，但它同样对于此岸的道德意识是一个纯粹理性的事实，是对此岸道德行为起作用的，它既是从彼岸接受下来的纯粹义务、为义务而义务的命令，又是在此岸对这纯粹义务作为道德本质的认知，也就是把它看作道德本身的形式。这双方一个是彼岸的空洞无谓的形式，一个是现实的道德意识本身的形式，其中同样是有差别的，但又是同一个形式。这就是从道德世界观的矛盾中总结出来的一种有差别的结构，不但内容和形式有差别，而且内容本身以及形式本身内部也有差别，由此而导致了前面一系列的不断置换、不断转移立场、不断逃避矛盾。

那作出了这种不是区别的区别的意识，同时既为无谓的东西又为实 {340}
在的东西表明了现实性，同样也既为真正的本质又为无本质的东西表明
了纯粹的道德，这样一个意识把它以前所分离开的那些思想合在一起说
出来了，它自己说出了：它对待这种规定以及对**自我**和**自在**这两个环节 [146]
的分立，都不是认真的，而是把它所表明为绝对的在意识之外**存在着的**
**东西**反而封存在自我意识的自我之中，并正因此而把它所表明为绝对**被**
**思考的东西**或绝对的**自在的东西**，都当作一种不具有真理性的东西。

"那作出了这种不是区别的区别的意识"，就是说，一方面意识作了
区别，另一方面它又取消了这个区别，因为它把这些区别都重叠在一起
了。"同时既为无谓的东西又为实在的东西表明了现实性"，在现实性中
它重叠了无谓的东西和实在的东西。"同样也既为真正的本质又为无本
质的东西表明了纯粹的道德"，在纯粹道德中它重叠了真正的本质即上
帝，以及无本质的东西即空洞的定言命令形式。一个是"表明了现实性"，
另一个是"表明了纯粹的道德"，这是道德世界观中的一对根本性的矛
盾。"现实性"和"纯粹的道德"是完全对立的，其中，"无谓的东西"和"实
在的东西"是完全对立的，"真正的本质"和"无本质的东西"也是相互对
立的，但是它们都被混合重叠在一起了。为了避免矛盾冲突，道德世界
观采取的是一种荡来荡去、不断置换的处理矛盾的方式。它已经看到了
这些对立，但是它拿这些对立不知道怎么办，它只好忍受着这种矛盾，运
用表象思维来把这些对立的东西都聚拢在一起，维持一种表面的平衡。
"这样一个意识把它以前所分离开的那些思想合在一起说出来了，它自
己说出了：它对待这种规定以及对**自我**和**自在**这两个环节的分立，都不
是认真的"，所谓"合在一起说出来了"，就是前面讲到的"综合的表象"。
而这种综合的表象后面隐藏着的是不诚实和自欺，就是说，它其实并没
有认真地对待自己的规定，一个是自我，一个是自在，或者说，一个是主

217

观的规定，一个是客观的规定。它没有认真地对待主客双方的对立。"而是把它所表明为绝对的在意识之外**存在着的东西**反而封存于自我意识的自我之中，并正因此而把它所表明为绝对**被思考的东西**或绝对的**自在的东西**，都当作一种不具有真理性的东西"，这就是它不认真地对待自我和自在这两个环节的做法了。一个是自我的环节，自我的环节也可以看作是自为的环节，它恰好在这个自为的环节中封存了在它之外存在着的自在的东西，也就是把它所悬设的彼岸的东西封闭在自我意识内部，而不让它在我之外现实地起作用。这就既没有认真对待自为的环节，没有发挥出自我意识的能动性，同时也没有把自在的环节认真地看作是在我之外存在的东西；而是两败俱伤，使得它把这种表明为绝对被思考的东西，和那种绝对自在的东西，双方都看作是不具真理性的东西，甚至是无谓的东西。本来它的悬设是表明为绝对地在意识之外存在着的一个彼岸的东西，现在，它把它封存于自我意识的自我之内，就是把一种彼岸的客观的东西，把它封存于自我的主观之中；这样一来，不管主观的思维也好，彼岸的自在也好，它都没有把它们真正地当作具有真理性的。

——对意识来说事情就成了这样，即这些环节的分立是一种置换，假如它还是要坚持这种置换，那它就会是**伪善**了。

这句话就很关键了。"对意识来说事情就成了这样，即这些环节的分立是一种置换"，这些环节的分立，"分立"（Auseinanderstellen）也可以译作"分置"，它和"置换"也就是 Verstellen 词根相同，也是一种表象思维的说法。这种分立和区别仅仅体现为在双方之间荡来荡去，在双方之间游走，这是一种变戏法，一种诡辩技巧。这种分立本来就是一种置换，你把它们分开来，又把它们换来换去，正像网上的段子说的："你和他讲道理，他和你耍流氓 / 你和他耍流氓，他和你讲法制 / 你和他讲法制，他和你讲政治 / 你和他讲政治，他和你讲国情 / 你和他讲国情，他和你讲接轨……"。他永远立于不败之地，永远比你高一筹。"假如它还是要坚持这种置换，那它就会是**伪善**了"，就是说这种主观运用的辩证法，当它说一个命题的时候，它实际上暗藏着另一个命题。它表面上好像是要顾全大局，要面面俱到，实际上它心里有它自己的小九九，打小算盘，这就是伪善。它说出来的跟它想的完全不同，它想的跟它说出来的也完全不同。道德世界观在各种自相矛盾中最终暴露出来，它实际上就是一种伪善，因此而被道德意识所扬弃。

但是它作为道德的纯粹自我意识，从它的**表象**作用与它的**本质**所是的东西之间的这种不同一性中，从把它认为不真实的东西说成是真实的这种非真理性中，怀着厌恶逃回到自身来了。

"但是它作为道德的纯粹自我意识"，"它"就是指道德世界观中的意识，道德世界观虽然垮台了，但是意识作为道德的纯粹自我意识还在。现在这种道德的纯粹自我意识就从道德世界观中逃离出来了，也就是"从它的**表象**作用与它的**本质**所是的东西之间的这种不同一性中"，一个是表象，一个是本质，都打了着重号，表象和本质两者不同一，表象是掩盖矛盾，本质是真正的矛盾冲突，虚假的东西总想掩盖真实的东西，两者不能符合。"从把它认为不真实的东西说成是真实的这种非真理性中"，它把这些东西要来要去，每一次都没有认真的态度，它都是把它不真实的东西说成是真实的，它表象出来的东西跟它本质是完全相反的。那么现在道德的纯粹自我意识就"怀着厌恶逃回到自身来了"。"怀着厌恶"，就是对这些东西已经深恶痛绝了，已经厌烦了。这个主观的变戏法，变来变去，都没有诚意，都不道德，都是伪善。之所以是伪善，就是说它的出发点好像在标榜它是从道德世界观出发的，但是实际上呢，它所达成的后果经过它的置换，没有一样是道德的。因此如果你还有道德的纯粹自我意识没有被败坏的话，那就只有怀着厌恶的心情逃回到自身，那就是良心。

这就是**纯粹的良心**，良心鄙视这样一种道德的世界表象；它**在自己本身中**就是单纯的自身确定的精神，这种精神无须上述那些表象的中介而直接地凭良心行动，并且在这种直接性之中拥有自己的真理性。

"这就是**纯粹的良心**"，"纯粹的良心"打了着重号。"良心"，Gewis-sen，也可以译为"良知"，因为它的词根就是"知"（Wissen），就是已经知道的东西。我们这里良心和良知是同义词，可以根据情况换用。每个人都有一个良知，都是"已知的"，只要你拍拍胸膛，你就可以知道它在那里。"良心鄙视这样一种道德的世界表象"，黑格尔这里故意用 eine moralische Weltvorstellung（道德的世界表象）替换了道德世界观（die moralische Weltanschauung），就是要突出这种道德世界观的表象思维的弊病，这种表象把道德的世界"置于面前"（vorstellen），对它的各个环节作任意的玩弄。三大悬设的表象晃来晃去，都是在那里忽悠人，都不是真实的，不是真心的。相反，良心则不是这样，"它**在自己本身中**就是单纯的自身确定的精神"，"在自己本身中"，打了着重号。也就是良心回到了自己的本心，它是单纯的自身确定（gewisse）的精神，它不需要那些间接的论证，更不需要所有这些摇摆不定的设置和置换的交替，而是直指人心。"这种精神无需上述那些表象的中介而直接地凭良心行动，并且在这种直接性之中拥有自己的真理性"，这就过渡到下一个环节即良心了，这个环节是被道德世界观的矛盾所逼出来的，它本来作为纯粹道德意识而置身于道德世界观中，但现在它为了逃避伪善，为了逃避那种不断地没有结果的置换，被逼回到自己的本心，截断众流而回到直接性，扬弃了道德世界观中的种种表象。那些悬设的表象设置在那里都是抓不住的，忽悠人的，我不如相信我自己。

——但如果这个置换的世界，无非就是道德自我意识在其各环节中的发展，从而就是它的**实在性**，那么按照它的本质来说，它通过返回到自身也将不会变成什么别的东西；它的返回于自身毋宁只是它**已达到这种意识**：它的真理性是一个假冒的真理性。

"但如果这个置换的世界，无非就是道德自我意识在其各环节中的发展，从而就是它的**实在性**"，这里预先对良心加以检讨了。就是说，你回到良心，回到了良心很好啊；但是这里要指出你的问题了，因为这个置换的世界无非就是道德自我意识在其各环节中的发展，从而就是道德自我意识的实在性。这一切忽悠人的表象难道不都是道德自我意识自己发展出来的吗？它们都是它在自己各环节中的发展，是它自己的实在性啊。你现在厌烦了这些环节的颠来倒去，你就想逃回到你的自身里面去，你以为你现在摆脱困境了？但是你仍然受到这些困境的纠缠。道德自我意识现在想逃到良心里面去，一走了之，"那么按照它的本质来说，它通过返回到自身也将不会变成什么别的东西"。你还是原先那个东西，你逃不掉的，你想逃避的其实就是自己，但你还必须面对自己。所以"它的返回于自身毋宁只是它**已达到这种意识**：它的真理性是一个假冒的真理性"，它唯一的进步就在于意识到了这一点，即它的真理性是一个假冒的真理性。这是道德世界观所未能意识到的，它把自己一开始看作是真理性，后来走向了这样一个自我解构，这样一种伪善，走向了自己的反面。那么你现在想要回到自身，只不过是表明你已经意识到，你原来宣称的那种真理性是一个假冒的真理性。你已经意识到你没有真理性了，那么你逃回自身不还是没有真理性吗？唯一不同的是，你已经自觉到了你的伪善，你现在是有意识地作伪。

　　它还将**不得不**一直用这个真理性来**冒充自己的**真理性，因为，它将不得不把自己表现和陈述为对象性的表象，但又**知道**这只是一种置换；因此它实际上就会是伪善，并且对那种置换的上述**鄙视**态度已经就是伪善的初步表现了。

　　这个就很厉害了。你想逃回到你的良心里面去，但是这只不过是表明，你已经意识到你的真理性是假冒的了。"它还将**不得不**一直用这个真理性来**冒充自己的**真理性"，你明明知道它是假冒的真理性，你还得用它来冒充自己的真理性，因为你的道德自我意识并没变。你返回自身，返回到自己的直接性，它还是那样一个道德自我意识，它不能不用这个已被识破的虚假的真理性来冒充自己的真理性。"因为，它将不得不把自己表现和陈述为对象性的表象，但又**知道**这只是一种置换"，你逃不掉

221

表象，不信你说说看，你内心那种说不出来的东西是什么东西。你说你说不出来，只知道自己是凭良心，人家就要问你良心"几斤几两"，你说出来看看。你一说出来，它就还是那个表象。尽管你知道这只是一种置换，只是姑妄言之，你也没有其他办法。你本来就是要逃避这种表象，但你现在还不得不把自己陈述为这样一种表象，哪怕你已经知道这样一种表象只是一种置换、一种偷换。"因此它实际上就会是伪善，并且对那种置换的上述**鄙视**态度已经就是伪善的初步表现了"，你鄙视人家的那种置换，但你自己不也在置换吗？你不置换，你如何能向人家表示你是凭良心呢？所以对别人的置换加以鄙视，这本身就是一种伪善，本身就是一种标榜。你实际上跳不出来、逃避不掉，但是你又要标榜自己对这种东西深恶痛绝，以撇开自己的良心的责任。一边干着不道德的事情，一边说我对这种不道德的事情深恶痛绝，那不是伪善吗，那不是伪君子吗？真小人，它干了不道德的事情，他就说这是不道德的事情，他承认；而伪君子呢就是一边做不道德的事情，一边说我对这个事情真是深恶痛绝啊，我从良心上说是不愿意这样的，那不就是伪善吗？这个眼光是非常毒辣的，只有饱经世故的人才看得出来。我们在现实生活中到处都可以看到这种逃避，但又逃避不了，只好装傻、装天真，说"难得糊涂"，以便逃回内心。我只要内心是真诚的就行了，标榜自己的内心的"诚"。外面的事情是不是真理我搞不清楚，我难得糊涂，我也不去搞清楚，我只要守住自己内心的诚就行了，这本身就是一种伪善。所以良心也是不可靠的。黑格尔对于康德的道德世界观的解构是非常彻底的，一直到最深处就是良心。康德讲着讲着最后就归结为良心，但是黑格尔就讲良心不是个东西。（众笑）

好，今天就到这里。

\*　　　　　\*　　　　　\*

好，我们今天开始讲良心这一部分。上次我们讲到，在道德世界里面发生了一系列置换的现象，置换也可以理解为偷换，就是说当你这样说的时候，你实际上在想的是另外一件事情，这就是伪善的根源。那么黑格尔对这个伪善的态度是两面的，一方面他指出这个伪善，这当然是个贬义词了，是一种虚伪的现象；但是另一方面呢，我们上次最后一段读到："但如果这个置换的世界，无非就是道德自我意识在其各环节中的发展，从而就是它的**实在性**，那么按照它的本质来说，它通过返回到自身也将不会变成什么别的东西；它的返回于自身毋宁只是它**已达到这种意识**：它的真理性是一个假冒的真理性。它还将**不得不一直用这个真理性来冒充自己的**真理性"。这个态度呢就比较辩证了，或者说就比较实在了，就不是那种一味的道德谴责了。如果一味的道德谴责，那很简单，就像孔夫子讲的，"乡愿，德之贼也！"一句话骂完了，然后就批。但是黑格尔指出来，乡愿、也就是伪善了，这样一种现象实际上是道德自我意识在其各环节中的发展，它具有实在性。也就是说，乡愿它虽然从道德的意义上说是"德之贼也"，但是从客观上、实际上来说是人性之不可免也，甚至于是善之途也。你要走向善，你就必须要通过乡愿，乡愿是通往真正的善的道路。康德就已经意识到这一点，他在《实用人类学》中曾经讲到过"可以允许的道德假象"。道德假象虽然是假的，但是如果能够长期经过这样的熏陶、经过这样的训练，弄假成真，慢慢的，它会越来越变得真；你如果连这个道德假象都不要的话，那你就没有道路去达到你所理想中的善，每个人都是痞子，就一直痞下去。所以这个观点是非常深刻的，一方面它具有批判性，具有揭露性，但是另一方面，它又具有历史感，具有现实性。黑格尔上面甚至于还讲到，"对那种置换的上述**鄙视**态度已经就是伪善的初步表现了"。就是说，骂乡愿是"德之贼也"，这种鄙视本身已经是乡愿的初步表现了。你置身于乡愿之外、之上去指责乡愿，而没有把自己放进其中，这本身就是一种伪善，因为你自己也逃不了。这个逃不了并不是说你愿意不愿意的问题，而是客观上人性中具有这样一种辩证关系。道德世界观和道德自我意识本身就是辩证的，它里面有一种不断的置换关系，你必须承认它，必须意识到它。你要摆脱乡愿，只有一个办法，就是要意识到自己的乡愿，进行自我反省和忏悔。这是从孔子儒家文化以来从来都没有达到过的层次，从来没有意识到这个乡愿是不可摆脱的，伪善是人的本性，人始终处在一种伪善之中。黑格尔则在上面揭示出来，哪怕你诉诸自己的良心，乡愿也无法避免，你必须承认它；所谓良心就是返回于自身，返回自身就意味着它已经意识到了自身的这种乡愿的本性。所以孟子讲"返身而诚，乐莫大焉"，但是黑格尔指出，一个真正讲良心的人恰好是"返身而诚，苦莫大焉"。当然最初良心还没有达到这种反省，最初它还是要批判伪善，回到良心，以自己的良心和伪善对立，标榜自己的"优美灵魂"。要经过一个历程，才能意识到自己内心人性的"恶"，并最终在宗教那里寻求"宽恕"，这就是我们今天要讲的这个小标题。

## c. 良心：优美灵魂，恶及其宽恕

这个"良心"后面要打个冒号，当然它原来不是冒号，而是逗号，有的版本是句号。我们翻译的时候要打个冒号，因为"良心"是一个总标题，其中"优美灵魂，恶及其宽恕"是从里面发展出来的。

[147] 道德世界观的二律背反，即，有一种道德意识和没有任何道德意识，——或者说，义务的效准既是意识的彼岸，相反地，这效准只存在于意识中，这种二律背反在前面已被归结到了这样一种表象，在这种表象
{341} 中，非道德的意识被看成了道德的，它的偶然的认知和意愿被当作了充分重要的，它是从恩典中分得幸福的。

"道德世界的二律背反"，一开始就讲到道德世界的二律背反，前面没有出现过。但是前面已经提到"整个一窝无思想的矛盾"，康德原来的说法是"整个一窝辩证的狂妄"，黑格尔认为康德的这个说法用在他自己的道德世界观里面最为合适。黑格尔前面对道德世界观中的矛盾

的多层次展示的确也和康德二律背反的辩证论非常相似，所以这里提到了道德世界观中的二律背反。这种二律背反，"即，有一种道德意识和没有任何道德意识"，这个前面已经讲了，就是在第一悬设到第二悬设这个中间，我们已经走向了这样一个悖论。有一种道德意识，这是第一悬设的出发点，但是到了第二悬设，把它否定了，有一种道德意识，但是它又是不道德的，我们在世界上看到没有任何一件行为是道德的，所以没有任何道德意识。这世界上没有任何道德意识，那怎么办呢？那就只有设定一个彼岸了，你不断地向一个无限遥远的道德意识的目标前进，但是在前进过程中的任何一种意识都不能称之为道德意识。这是前面已经证明过的，但这是一个二律背反：这意识既是道德的，又是不道德的。"或者说，义务的效准既是意识的彼岸，相反地，这效准只存在于意识中"，这是第二悬设的二律背反。义务的效准只存在于意识的彼岸，只有在无限未来才能够维持其有效性；但是相反，它又只存在于意识中，而在意识中它就失去了有效性。因为义务对于意识来说在彼岸就等于没有效，在现实中没有效；而在此岸，它又是未完成的，因而也是不道德的。这就必须提出第三悬设的上帝表象来综合这些矛盾。"这种二律背反在前面已被归结到了这样一种表象，在这种表象中，非道德的意识被看成了道德的"，这种二律背反，实际上是相当于第一个悬设和第二个悬设的二律背反的结合，这两种二律背反前面已经归结到了这样一种表象，也就是上帝的表象，这种表象调和双方的矛盾，把非道德的意识当作道德的来悬设。有了上帝的表象以后，现实生活中的非道德的意识就被神圣化了，哪怕你从来没有想到道德，但在上帝眼睛里面，你实际上完成了上帝的目的，在人的眼睛里面有道德和非道德的区别，而在上帝的眼睛里面则没有这种区别。"它的偶然的认知和意愿被当作了充分重要的，它是从恩典中分得幸福的"，一方面是看重人的认知和意愿，另一方面却只看重恩典，这也是矛盾的。前一方面在第132—133页上已经讲到了，他说："道德上不完善的认知和意愿被看作是完善的，同时也因为绝对本质把这认知和意愿当成十分重要的，它因此也就按照**配得上的评价**、亦即按照**应归于**这认知和意愿的**功劳**来分配幸福了"，也就说在上帝那里把人的认知和意愿当作我们配得幸福的重要根据，哪怕你的道德意识是未完成的，是不完善的，但是上帝用它来衡量你的配得幸福的标准，所以它是充分重要的。但后一方面，它又是从恩典中分得幸福的，如前面第 132 页说到不完全的道德意识即认知和意愿时讲道："由于它的无价值之故，它就不能把幸福视为必然的，而只能视为某种偶然的东西，并且只能指望从恩典中得福。"所以你所有的幸福都要看作是上帝的毫无理由的白白的恩典，这是与前一方面完全相反的。但这些二律背反都被归结到了上帝的表象之中，纳入到了第三悬设里面，使它成为一个无以言表而只能意会的表象了。

　　对这样一个自相矛盾的表象，道德自我意识并不曾接纳到自己身上，而是把它安置到与自己不同的另一个本质里。

　　"对这样一个自相矛盾的表象"，这个表象肯定是自相矛盾的，前面已经讲到了，上帝的表象本身就带有一系列的置换。为什么要置换？就是因为发生了矛盾嘛，不得不通过置换来回避矛盾。你说这个不行，那么我就换一个，或者表面上是这样一个东西，骨子里头呢是另外一个东西，通过这样一种偷换来回避矛盾。但这种表象"道德自我意识并不曾接纳到自己身上"，它并没有把这样一个自相矛盾的表象承担下来，因为这种表象太糟糕，太不能自圆其说了，而它又还没有掌握概念思维，无法驾驭这样一种辩证的矛盾。道德自我意识凭借其表象思维不可能消化这种自相矛盾，"而是把它安置到与自己不同的另一个本质里"，也就是把它安置到彼岸的上帝那里。凡是问题解决不了了，就把它放到上帝那里去，假定上帝可以解决一切问题。我们之所以解决不了矛盾，是因为我们人类的理性有限，但上帝的理性是无限的。至于上帝究竟是怎么解决的，我也不知道，我只有一个表象，我只停留在表象思维。这就是康德所继承下来的传统的思维方式，在莱布尼茨那里就已经是这样了。黑格尔曾批评莱布尼茨,说他把一切解决不了的矛盾都归到上帝那里,结果上帝最后就成了一条藏污纳垢的大阴沟,凡是麻烦事都推给上帝。康德仍然是如此,就是说,凡遇到自相矛盾的表象,就把它安置到与自己不同的另一个本质里面,比如德福一致,道德和自然的和谐,在人世间是没有办法解决了,那我们就把它放到彼岸。这样一来,我们就可以把它化解了,其实是回避了,我们把它推给另外一个本质,在现实中我们就可以不必考虑它了。

　　但把道德自我意识不得不作为必要的来思考的东西这样置于它自身以外,正如这是内容上的矛盾一样,也同样是形式上的矛盾。

　　"但把道德自我意识不得不作为必要的来思考的东西这样置于它自身以外",这就是上帝的悬设了,上帝的悬设是逼出来的,不得不作为必要的来思考,因为有这么多矛盾你没办法解决嘛,所以你必须要悬设一个上帝来思考它,把它这样置于道德自我意识之外。本来是道德自我意识自己碰到的矛盾,那么它把它放到了道德自我意识之外的一个彼岸世界,由一个上帝来承受。这样一种做法,"正如这是内容上的矛盾一样,也同样是形式上的矛盾",内容上就是说已经有这个矛盾,所以逼得道德自我意识不得不把上帝作为必要的东西来思考嘛,本来是这样的;但这同样是形式上的矛盾,就是说内容逼迫你在形式上设定了一个彼岸,但是这样一种形式上的设定同样是矛盾的,同样是说不过去的。本来道德和自然的矛盾是一个现实中发生的矛盾,是有其现实的内容的,现在你为了解决这一矛盾而人为地划分出一个此岸和彼岸,通过这种形式上的划分而回避矛盾,但却把矛盾带到了形式上来。所以把上帝作为必要的彼岸悬设来解决现实中道德和自然的矛盾问题,这不但在内容上陷入了更复杂的矛盾,而且在形式上同样是不合法的,不能自圆其说的。

　　但是,由于那显现为矛盾的东西,和因其分离及重新化解而让道德世界观在其中荡来荡去的东西,自在地就是同一个东西,亦即由于纯粹义务作为**纯粹认知**无非是意识的**自我**,而意识的自我则是**存在**和**现实**

性；——同样，由于那据说是在**现实**意识之彼岸的东西无非是纯粹思维，因而实际上即是自我，所以，自我意识无论**对我们**来说还是**自在地**都返回到了自身，并知道那个本质就是其自身，在那个本质中，**现实的东西**同时也就是**纯粹认知**和**纯粹义务**。

"但是，由于那显现为矛盾的东西"，"显现为矛盾的东西"，那就是前面讲的在形式上已经显现为矛盾的了，"和因其分离及重新化解而让道德世界观在其中荡来荡去的东西"，这是内容上的矛盾了。内容上的矛盾就是道德世界观在其中荡来荡去，荡来荡去也就是置换来置换去，每一个悬设里面都有三重置换，这三重置换都是一正一反，然后又回到起点。荡来荡去是因为什么呢？是"因其分离及重新化解"，你把它分离开来，又重新把这种分离化解掉，本来是固定的区分，区分了以后又把这种区分化解、融化掉了，既区分了，同时又没有区分。由于这样一下子分、一下子不分，就使得道德世界观在其中荡来荡去，造成了一种内容上的矛盾。所以这两个因素就表现了一个是形式上显现为矛盾的东西，一个是内容上因其分离及重新化解而让道德世界观在其中荡来荡去。而这两方面"自在的就是同一个东西"，也就是说，这种矛盾，不管是形式上的矛盾还是内容上的矛盾，都出自于同一个东西，显现为矛盾的东西和使得道德世界观荡来荡去的那种东西自在地是同一个东西，都是由同一个东西造成的。下面还有两个"由于"。这句话上面是，由于那两个东西自在地是同一个东西，下面是，"亦即由于纯粹义务作为**纯粹认知**无非是意识的**自我**，而意识的自我则是**存在**和**现实性**"，这是对前面讲的"由于"进一步加以解释，前面讲的还比较抽象，还没有指明这个"同一个东西"是什么东西，是什么引起了形式上和内容上的矛盾。这里就具体说明了。纯粹义务作为纯粹认知，"纯粹认知"打了着重号，就是说纯粹义务不单纯是一种抽象形式，作为纯粹认知，它的内容"无非是意识的自我"，"自我"也打了着重号。"而意识的自我则是**存在**和**现实性**"，"存在"和"现实性"也打了着重号，这几个打了着重号的词相互之间形成一种关联。也就是说纯粹义务、纯粹认知就是自我,而自我呢,就是存在和现实性,所以在纯粹认知和现实性两者之间、也就是形式和内容之间的中项或中介,就是自我。纯粹认知就是自我,虽然它很抽象,但是道德自我意识的这个自我它就是纯粹意识啊,就是纯粹认知和纯粹义务啊,道德自我意识一开始不就是宣称自己是"为义务而义务"吗?"为义务而义务"这种抽象形式就是纯粹认知。但是反过来看,这种纯粹认知无非就是意识的自我,你把它讲得好像跟现实根本不搭界,但是它实际上就是意识的自我,意识的自我则是存在和现实性。意识的自我不就是存在的吗?我思故我在嘛,我有我的现实性,我是一个现实的思维者,"为义务而义务"虽然很高超,似乎不食人间烟火,但是它是人所提出来的,而人的自我是现实的,它也是自然,它也有它的感性,也有它的欲望。所以一个意识的自我就把这两端结合起来了,一端是纯粹道德的义务,"为义务而义务",另一端呢,它还是要食人间烟火的,它有它的感性欲望,有它的行动和冲动,没有这个东西,它怎么去实践它的"为义务而义务"的原则呢?那不是空的吗?它要把义务实践出来,就要凭借自己的现实性,把义务化为现实性,只有一个感性的人才能把这样一种抽象的原则化为现实性。所以自我是这两者的中项,或者说是两者的纽带,把一个抽象的东西和一个现实的东西结合起来了。由这三者之间的关系就可以看出来了,所谓同一个东西就是这个自我。下面还有一个"由于":"——同样,由于那据说是在**现实**意识之彼岸的东西无非是纯粹思维,因而实际上即是自我",这是讲彼岸和此岸的联系,那据说是在现实意识之彼岸的东西也通过纯粹思维而归结到自我了。这和前面两个"由于"不同,前面两个还是在此岸的形式和内容之间、认知和现实之间插入一个自我作为中介,这里的自我则是成了此岸和彼岸之间的中介。你把上帝设定在现实意识之彼岸,它跟现实意识好像没有关系了,但是既然它无非是纯粹思维,所以它实际上就是自我,因为自我也无非就是我思啊。这里讲了三个"由于",一个是由于那显现为矛盾的形式和道德世界观在其中荡来荡去的内容是同一个东西，但是同一个什么东西，没有说；第二个是由于意识的自我把形式方面的纯粹义务和内容方面的存在和现实性联系起来了，这就把前面讲的同一个东西点明了，无非就是意识的自我；而第三个则是把彼岸和此岸的联系也归于意识的自我了。下面就是结论了，由于上面三个理由，"所以自我意识无论**对我们**来说还是**自在**地都返回到了自身，并且知道那个本质就是自身"。前面都已经点明了，那同一个东西无非就是自我嘛，所以这个自我意识无论对我们来说还是自在地，无论在我们旁观者看来还是它自己客观上，它都返回到了自身，并且还知道那个本质就是自身。那个本质是什么本质呢？下面讲了，"在那个本质中，**现实的东西**同时也就是**纯粹认知**和**纯粹义务**"，也就是内容和形式在这个本质中统一起来了。原来在道德世界观中，现实的东西和纯粹义务始终调和不起来，总在闹分裂，而现在道德自我意识认知到了，它们的本质其实都是自我意识自身，由于有自我作为中介，所以现实的东西同时也就是纯粹认知和纯粹义务。就是说在自我意识中，只要是现实的自我，它就是纯粹认知和纯粹义务，我们按照这个现实自我去做，这就已经尽到了良心了。良心就是自我意识中最现实的，每个人只要你手拍胸膛想一想，你就会感到它在你的胸腔里面跳动，它是很现实的，你凭良心做事，这是最符合你内心的真实性的；但它同时就是纯粹认知和纯粹义务了。"纯粹认知"，就是你撇开一切外在的、功利的考虑来纯粹地认知自身，"认知"就是 Wissen，"良心"就是 Gewissen，也可以译作"良知"，Gewissheit 则是"确定性"、"确知"，这些词都有词根上的联系。纯粹认知就是良知或良心，在这里就是纯粹义务了，这就是道德认知，每个人在良知中，不必借助于任何其他东西，都会知道自己的义务，这就是纯粹义务，也就是为义务而义务。只有为纯粹义务而行动才是道德的，为别的东西行动那就是不道德或者非道德的。"良心"其实翻译成"良知"更切合德文词意，但是在中文的语感上，"良知"还是太冷静了，孟子讲"致良知"，讲"不学而能，不虑而知"的"良知良能"，良知就是最好的知识，就是道德知识，这种知识是不需要思考的，回到本心就是良知。但是德文的 Gewissen 是经过对外部世界的认知和思考才返回自身的知，并非不学而能、不虑而知就可以达到的，所以具有强烈的反思色彩，只有这样才能和人性的恶和罪联系起来。所以我们在这里统一译成"良心"比较方便。但是我们要知道，这个"良心"就是"良知"，就是跟"认知"紧密结合着的，跟"认知"这个词是不可分的。

**自我意识自身就是在其偶然性中充分有效的东西，它知道它的直接的个别性就是纯粹的认知和行动，就是真正的现实性与和谐。**

自我意识作为这样一种良心、这样一种良知，是一种什么样的状况呢？"自我意识自身就是在其偶然性中充分有效的东西"，我们通常讲凭良心说话，但是这个良心是偶然的，是有偶然性的，虽然从道理上我们知道每个人其实都是有良心的，但是你凭不凭良心做事说话，这是很偶然的。你有时候可以凭良心做事，比如见孺子入井，你自然就会伸手去救他，而不管这是谁家的孩子。但不一定每次都会这样，比如在"文化大革命"的大屠杀中，一些农村对"四类分子"实行"斩草除根"，连吃奶的孩子都不能幸免。良心在其偶然性中，当你凭良心做事的时候它是充分有效的，它就是纯粹义务，但是这是很偶然的情况，你不可能时时刻刻每句话、每一个行动都代表纯粹义务，你代表纯粹义务的情况是很偶然的。当然，哪怕这个良心是偶然的，但是在这种偶然性中它也是充分有效的，因为"它知道它的直接的个别性就是纯粹的认知和行动，就是真正的现实性与和谐"，"它知道"，"知道"也就是"认知"了，它认知到它的直接的个别性就是纯粹的认知和纯粹的行动。所谓直接的个别性，就是我手拍胸膛想一想，我自己就是一个活生生的具体的个人，但同时又是纯粹认知和纯粹行动，没有任何其他感性欲望的考虑，这样我的行动就是真正的现实性与和谐，也就是体现了现实性和纯粹道德之间的和谐。前面第 139 页也讲到，第二悬设就是"道德意识与直接在它自身中的自然即感性相和谐"，它体现在道德行动中，如第 140 页说，"道德行动直接就是冲动或道德间的当下在场的和谐"。但那是在道德世界观中的悬设，而且马上就被置换掉了。而这里是自我意识回到自身后的自觉，它知道自己的确就是这种和谐。现实和纯粹认知通常都是两端，都是互不相谋的，现实是现实，纯粹认知呢那还不一定是现实，那是一种理想；但是在这样一种自我意识中，在良心中，直接的个别性就是纯粹认知和真正现实性的和谐。这样一种自我意识就是良心了，虽然良心这个词在正文中还没有出现，但是已经描述了良心的状态，它就是自我意识的这样一种本质状态，就是现实的东西和纯粹认知、纯粹义务两者的统一；在这种统一中，首先是立足于直接的现实性，直接的个别性，每个人心中的良心。凡是我们讲良心的时候，那是要靠每个人去体会的，每个人固有良心，它是一种直接的个别性。但是在这种直接的个别性里面，它就有纯粹认知和纯粹义务。那么接下来就直接说良心了，就不用解释了，前面都是在解释良心。下面一个罗马字的小标题，本来是 [Ⅰ. 良心是在自己本身内的自我的自由]，我把它改了一下，根据它的内容，应该改成：

**[Ⅰ. 良心是道德自我意识的直接定在]**

良心实际上讲的是道德自我意识的直接定在，它不再是夹在道德世界观里面，也不再是为了形成一个道德世界观，而是立足于自身。一个是直接性，一个是定在，道德自我意识自身直接呈现出来就是良心，同时它是每一个人的个别性、个别的定在。良心是道德自我意识，但是它不是那种抽象的普遍的道德自我意识，而是道德自我意识的直接定在，它回到直接性了，它把那些间接的论证，那些证明，那些悬设，那些推理，全部扬弃了。它回到了它的直接的定在，这就是良心。所以这个小标题应该改成"良心是道德自我意识的直接定在"，或者"良心是道德自我意识的直接的主体"，因为后面讲到了主词和宾词，主体和客体。

这种**良心的自我**，亦即对自身直接就是绝对真理和存在具有确信的

**精神，乃是第三种自我，**

"这种良心的自我"，"良心的自我"打了着重号，它就不用解释了，前面已经解释了，所以这个地方第一次出现"良心"这个词，它打个着重号就够了。良心的自我就是以良心的形式出现的自我意识，"亦即对自身直接就是绝对真理和存在具有确信的精神"，这种良心的自我对它自身直接就是绝对真理和存在这一点是具有确信的，具有确信的，gewisse，也可以译作"确定的"、"确知的"，它的名词形式就是良知 Gewissen。这个自我确信的精神自己直接就是绝对真理和存在。我们讲良心是一个人的底线，我们回到良心，那是不用质疑的，一方面良心本身就是绝对真理，这是天经地义的，良心肯定是对的；另一方面它直接就是我的存在，我这个人没有良心，我这个人也就没有了，一个没有良心的人已经不是人了，或者说作为人已经不存在了，也许作为动物他还存在，但是作为人他已经不存在了。所以良知是一种确定的知，一种确信自己有绝对真理性和存在的精神。这样一种精神"乃是**第三种自我**"，什么是第三种自我？这里贺、王的中译本加了个注，说明第三种自我是从第三种精神里面来的，第三种精神就是指的道德，其中的道德自我就是第三种自我。我们看到"精神"这一章（第六章）里面，底下分三节，"一、真实的精神；伦理"，"二、自身异化了的精神；教化"，"三、对其自身具有确定性的精神；道德"，也就是说，伦理、教化和道德是精神的三个阶段，第三种精神就是道德。这个注释说，"第一种精神世界为伦理社会，其自我是法权状态下的原子式的个人；第二种精神世界为教化世界，第二种自我是经过启蒙而反宗教、重功利，争自由的自我；这两个阶段的主体有别于讲道德、重义务的这'第三种自我'即道德自我"。这种划分大体上不错。继前两种自我意识之后，这个地方提出了一个新的自我意识，也就是良心。然而一开始讲道德自我意识还不是讲良心，还只是为了撑起一个道德世界观，但是这个道德自我意识从道德世界观的矛盾中逃脱出来，最后返回到了自身，也就是把道德世界观全部扬弃了以后回到自身，这才显出它就是良心。

既然有第三种自我，也就有第一种、第二种自我，那么这三种自我之间是什么样的关系？这就是下面要解释的。

这种自我，是从第三种精神世界中对我们形成起来的，可以将它跟以前两种自我作一简单比较。

"这种自我"，也就是说第三种自我，"是从第三种精神世界中"，也就是从道德世界观中，"对我们形成起来的"，对我们，也就是对我们旁观者，我们现在站在一边来分析精神现象的这个发展历程，我们可以把这三种自我做一个比较。第三种自我是从第三种精神世界中对我们形成起来的，它自己还没有意识到，但是我们旁观者清，我们看出来它已经形成了一种新的自我，它是从第三种精神世界中形成起来的。那么，"可以将它跟以前两种自我作一简单比较"，下面这一段都是三种自我的比较，也是回顾整个"精神"章走过的历程。

整体性或现实性曾表现为伦理世界的真理，那是**人格**的自我；人格的定在是**被承认的存在**。

"整体性或现实性曾表现为伦理世界的真理"，伦理世界的真理前面我们已经看到了，精神的第一个阶段就是伦理世界，第一节的标题是"真实的精神；伦理"。什么是真实的精神，什么是伦理世界的真理？它必须具有整体性和现实性，就是说在这个伦理世界里面什么东西是囊括一切的，什么东西是可以贯通一切？伦理世界五花八门，从古希腊的城邦世界、城邦社会就可以看出来，它有各种各样的法则，神的法则呀、人的法则呀，男人的和女人的法则呀等等，你可以从它的每一个方面来观察古希腊人的生活方式，它的伦理状态。但这些都缺乏整体性，所以导致各种冲突和悲剧。那么从整体上来看，不管什么样的法则，它里面贯穿着的一种现实性的原则，"那就是**人格**的自我"，它表现为伦理世界的真理。当然这个人格的自我是在伦理世界的后期才突显出来，并被人们所意识到的，比如说在斯多葛派和罗马时代，这样一种人格的自我意识才开始形成起来，开始被人们所意识到，但实际上它是贯穿在整个伦理世界中的真理。"人格的定在是被承认的定在",一个伦理社会人与人之间互相承认,凭什么承认呢? 就是凭人格。在自我意识的主奴关系里面就已经体现出这样一种承认,但那是一种片面的承认,不是平等的人格;那么真正的人格确立呢,它要求一种普遍的承认,只要是一个人,你就得承认他有平等的人格,这就是斯多葛派的精神。斯多葛派的精神后来到了罗马时代,在这个基础之上形成了罗马法。罗马法、民法的精神就是承认每一个公民都是一个人格,你得承认他的权利,所以从伦理世界里面发展出它的真理,这就是法权状态,它是从整体性和现实性来对整个伦理世界起支配作用的。我们可以翻到前面第 34 页:"于是从此以后,这个我就被作为自在自为地存在着的本质而有效;这个被承认就是它的实体性;但这实体性是抽象的普遍性,因为它的内容是这种不可触碰的自我,而不是消融于实体中的自我。这样,人格性就在这里从伦理实体的生活中突显出来了;它是意识的有现实效准的独立性。"这就是法权状态的情况,主要是讲罗马法时代已经形成起来的那样一种以人格为基础的权利意识。人格不是一个单个人固有的什么东西,而是在整个社会中人们互相承认所建立起来的一种个人的确定性,没有这种承认,你个人自己再怎么确定,那都是不确定的,只有当整个社会建立起了一种法制,才能够确立每个人的人格的定在。下面是对这种人格的评述。

　　<u>正如人格是实体空虚的自我,同样,它的这个定在也是抽象的现实性;人格是**有效的**,而且是直接有效的;自我是直接静止于自己存在的元素中的点;这个点没有与自我的普遍性分割开来,所以与之并不处于相互运动和相互联系之中,共相是无区别地存在于这个点中的,不但它不是自我的内容,而且自我也没有由自己本身充实起来。</u>

　　这一句话是对人格的一种批评了。就是说它的这个缺点在什么地方? "正如人格是实体空虚的自我",人格这个概念它最初建立起来,它是实体空虚的,它本身没有实体,它只是相互承认建立起来的一种社会关系。人与人之间的相互承认,我尊重你的人格,你也尊重我的人格。

但是人格是什么东西呢？人格是一个面具，它里面什么也没有，它后面空空如也。它装出一个面具，以便于在社会上生活，人家承认你；人家凭什么承认你？凭你这个面具，凭你这个角色，你在社会上扮演一个角色，人家就凭这个角色来尊重你的人格。但是你自己是什么，你内心究竟是个什么人，人家是不关心的，人家只关心你在社会上表现为一个什么人，你扮演一个什么角色。在西方社会就是这样的，树立起个体人格以后，人家就再不关心你内心究竟是怎么样了，不像我们中国人，处处要追究你内心究竟怎么想的，你究竟是不是真心诚意的，这就没法建立起独立人格了。西方社会不必去追究人家是不是真心诚意的，只要他这样做了就够了，只要他表现出是这样就够了。所以人格是实体空虚的自我，它本身内心是一个虚无。萨特写了一本书《存在与虚无》，虚无才是人的本质，人的内心是怎么都可以的，你不要把它定在那里，这个没法定，它就是一个虚无。你总想触及人的灵魂，灵魂怎么能够触及到呢？只有肉体才能触及到。"同样，它的这个定在也是抽象的现实性"，它的这个定在，它表现出的这个面具当然是现实性，人的肉体当然是现实性；但是这只是个抽象的现实性，因为它不代表你的内心是这样想的。你扮演一个角色，你扮演一位英雄，你扮演一个好人，但是也只是社会评价说你是个好人，你究竟是不是个好人，难说。所以这个定在也只是抽象的现实性。"人格是**有效的**，而且是直接有效的"，人格当然是有效的，人家要凭你的人格来评价你，来跟你相处，来跟你发生联系，所以你的人格是有效的，而且是直接有效的，因为它就是你的面具，包括你的身体。所以人格(Person)又译作"人身"。人身当然直接就会发生关系，发生影响。而"自我是直接静止于自己存在的元素中的点"，自我在自己存在的元素中，在这个 Element 中，也就是在组成自己的外部素材中，在身体中，它就是一个静止不动的点，不论我健康也好，生病也好，年轻也好，衰老也好，我就是我，行不更名，坐不改姓，我就是这样一个人，这就是我的人格。每一个人都立足于自己这一点，这一点是静止不变的人格。"这个点没有与自我的普遍性分割开来，所以与之并不处于相互运动和相互联系之中"，这个点并没有与自我的普遍性分割开来，每一个人的人格都是个别的，但是这个个别的点又没有与自我的普遍性分割开来，它贯穿你的一生。所以自我的个别性与普遍性并不处于相互运动和相互联系之中，人格的自我最初提出来的时候就是这样的，它并没有与这个普遍性处在相互作用之中。后来到了基督教就不同了，基督教就说你心中有个普遍的人格，那就是上帝，每个人的灵魂都代表他自己的人格，都是个别的，但每个人内心的灵魂都是跟圣灵、跟上帝的普遍人格相通的，所以个别性和普遍性在这里就处在相互联系、相互运动之中了，在基督教里面就开始出现人格的分裂了。但是在罗马斯多葛派那里，它还没有分裂，它既是个别人格，而且本身又是一个普遍的东西。"共相是无区别地存在于这个点中的，不但它不是自我的内容，而且自我也没有由自己本身充实起来"，共相也就是普遍的东西了，它无区别地存在于这个点中，每一个人格都是普遍的东西，都具有普遍性，都具有这个共相，但我还没有把这个共相运用起来，它还是空洞无物的。所以这个共相并不是自我的内容，而且我也没有通过推行自己的这一共相而使自己本身充实起来。斯多葛派抽象地承认人人都有一个平等的人格，这人格并不因为现实中有不平等、有贵贱高低的身份而受到影响，也不影响现实生活中现存的等级秩序，所以这种平等意识并没有用现实的内容把自己充实起来，它就只是一个抽象的共相。这是第一种自我所显现出来的抽象法权状态，它体现在斯多葛派学说中，斯多葛精神主要就是人格精神，就是承认每个人有自己普遍的人格，但这个普遍的人格是抽象的，它没有具体的内容，它必须对任何内容都加以忍受。

　　——**第二种自我**是已到达自身真理性的教化世界，或者说，是由分裂重返自身的精神，——是绝对自由。

　　"第二种自我是已到达自身真理性的教化世界"，第二种自我是在教化世界的最后阶段，在"绝对自由与恐怖"这个标题中所显示出来的自我。我们可以看前面第 115 页倒数第 4 行："这种意识所意识到的是自己的纯粹人格性，以及其中的一切精神实在性，而一切实在性都只是精神性的东西，对它而言，这个世界完全是它的意志，而它的意志就是普遍的意志"；以及第 116 页第 3 行："因为，意志自在地就是人格性的或者每一个人的意识，并且它作为这种真正的现实的意志，应该是一切人格性和每个人格性之自我意识到的本质"。这种自我意识到的本质，就是绝对自由，或者说普遍意志，普遍意志就是卢梭的"公意"。这就是精神世界中的第二种自我，它已经达到了教化世界的真理性，也就是开始走出了教化世界的迷雾。它是对人格性的一种发展。前面第一种自我是人格性，它没有内容，是抽象的；那么第二种自我已经具有了内容，它建立在人格性之上，但是它已经有了具体的内容，要把自己在现实政治生活中实现出来。古代罗马世界还没有经过教化，那么经过基督教以及近代文艺复兴、启蒙运动，这都是一个教化的过程。教化最终导致了分裂的意识，矛盾冲突不断，但是这些东西恰好使得自我意识具有了自己具体的内容，从这些内容中返回到自我意识，这就是第二种自我。"或者说，是由分裂重返自身的精神——是绝对自由"，绝对自由是由分裂重返自身的精神，本来是分裂的精神，但是这个分裂的精神在分裂中开始意识到自身，它返回到自身，意识到自己有普遍的绝对自由。分裂的意识在它的分裂的后面发现，有一个东西是一切分裂的根源，那就是绝对自由，它返回到这个根源，就发现自己是绝对自由的，它已经不受任何约束了。所以绝对自由，或者公意、普遍意志，就是精神的第二种自我。

在这种自我中，个别性与普遍性那个最初的直接统一瓦解了；共相虽然还是纯粹精神的本质、被承认的存在、或普遍的意志和认知，同时却是自我的**对象**和内容，是这内容的普遍的现实性。

这是第二种自我的情况。"在这种自我中，个别性与普遍性那个最初的直接统一瓦解了"，前面讲到在人格之中，在第一个自我之中，最初个别性就是普遍性，两者是直接统一的，它没有内容。正因为个别性没有内容，所以它可以直接就是普遍性，它就是一个普遍人格。张三李四，每个人起一个名字，那就是他的个别性；但实际上张三李四也好，谁都是一样的，都是平等的，都是普遍的，所以在人格这样一种眼光之下，所有的人都没有个性的内容，但是又必须是每一个个体才具有人格。所以在第一种自我中，个别性和普遍性最初是直接统一的，而在第二种自我中这种统一瓦解了。"共相虽然还是纯粹精神的本质、被承认的存在、或普遍的意志和认知"，共相就是普遍性，它还是纯粹精神的本质，这个"还是"是跟人格、第一种自我相比而言，它仍然继承了人格的这一方面，就是纯粹精神的本质。这个在人格那里就是这样，普遍的东西对于每个人格来说，它是一种纯粹精神的本质，虽然它表现在外，但是我们是把它当作一种精神本质来看的，每个人的人格不可侵犯，表现在外就是他的人身不可侵犯，他的财产不可侵犯，他的荣誉不可侵犯，等等。我们不是把人格仅仅当作一种利益关系，他的财产不可侵犯不光是为了保护这个财产，而是为了尊重他的人格，这是人格的一种纯粹精神的本质。这种纯粹精神性本质在这里被继承下来了。"被承认的存在"也是如此，人格都是被他人所承认的，这一点也继承下来了。"或普遍的意志和认知"，普遍的意志和认知真正说来不是第一个自我的特点，而是第二个自我的特点，当然抽象地说第一自我中的共相也可以说已经是普遍的意志和认知了，但它并没有内容。只有当它在第二自我中被赋予了内容，它才真正成了一种普遍的意志和认知，普遍的意志就成了公意，认知就成了对公意的认知。这个层次就比斯多葛派的那样一种人格的层次要高了，虽然都讲普遍性，但层次更高，它是种纯粹认知，在这方面它是普遍的；"同时却是自我的**对象**和内容，是这内容的普遍的现实性"，"对象"打了着重号。这就是两种普遍性的差别，前一种普遍性是抽象的，不能成为现实的内容；而这种普遍性却同时成了自我的对象和内容，具有了这内容的普遍现实性。"对象"为什么要打着重号呢？就是说，普遍意志在前面的第一种自我中还不是对象，也不是内容，它没有把自己本身充实起来；而现在呢，这样一种普遍性成为了自我的对象和内容，并且呢是这个内容的普遍的现实性。也就是说，第二种自我已经拥有了这样一种现实性，它不再是抽象的普遍性、抽象普遍的人格，而是具有普遍现实性的对象和内容，它已经把"自由、平等、博爱"写在了自己的旗帜上，具有了非常明确的行动目标。人们在第二种自我中追求的是公意，是绝对自由，但是这个公意、这个绝对自由呢，它不是天上掉下来的，而是需要你去追求的对象，社会契约论，大家约定要追求这样一个社会，它成了自我的对象和内容，这个在斯多葛派那里是没有的。斯多葛派并没有说我们要建立一个每个人都有普遍人格的制度，它没把普遍人格当对象去建立；而现在是当作一种政治行动去追求这种普遍的意志和认知，这样一种共相。所以这个内容具有普遍现实性，法国大革命就是全社会在付诸行动，努力争取这样一个对象、实现这样一个内容。

　　但共相并不具有摆脱了自我的定在形式；因而它在这种自我中根本没有得到充实，没有取得积极内容，没有成为世界。

　　这个又是对第二自我的一种批评了。"但共相并不具有摆脱了自我的定在形式"，这共相虽然是争取一个普遍的社会现实，大家努力去建立一个绝对自由的、人人平等的社会，但是，这种共相并不具有摆脱了自我的定在形式。"摆脱了自我的定在形式"，也就是说它还是以自我为形式，它不具有摆脱了自我的一种客观的社会存在的形式。法国大革命每个人都标榜自己是追求自由的，但是这种自由只是自我的一种个别的认知和目标，还不具有摆脱了自我的一种定在形式，就是还没有建立起一种客观的、确定的社会制度，这个社会制度是不以个人为转移的，是摆脱了自我的。但是在法国革命中还没有这种形式，它采取的只是一种自我任意的形式，凡是我不满意了，那么你定下来的规矩我就要破坏它，我要不断地革命，你建立一个我推翻一个，反正就是不满意，对一切说"不"。所以这种普遍的共相、这种绝对的自由采取了一种任意的为所欲为的形式，一种无政府主义的形式，那就导致一种恐怖了，它没有形成一种给人以安全感的、固定的制度。第二种自我、绝对自由、公意，还没有形成自己客观的定在。"因而它在这种自我中根本没有得到充实，没有取得积极内容，没有成为世界"，因而它在这种自我的为所欲为中没有得到充实，这种绝对自由到头来还是一场空，虽然它在社会上表现为波澜壮阔的一场革命，已经体现为普遍的现实性，但是它本身这种自我还是一种空洞的口号，它没有取得积极的内容，没有成为世界，没有实现为一个稳定的社会制度。这是第二个自我，它停留在这样一个层次上面，虽然标榜绝对自由，标榜公意，但是在客观上并没有成为一个社会体制。那么没有成为社会体制就只好又退回到自身了，这就是普遍意志向道德世界观中的退缩。而第三种自我正是从道德世界里面形成起来的。

　　道德自我意识**虽然**让它的普遍性独立出来，使之成为一种独特的自然，它同时又坚持在自身中将这种自然当作扬弃了的东西。但这只不过是玩弄了一个将这两种规定交替置换的戏法。

　　"道德自我意识**虽然**让它的普遍性独立出来"，跟前面一个自我意识相比，道德自我意识"虽然"让它的普遍性独立出来，"虽然"打了着重号。这个跟法国大革命就不一样了，道德自我意识在道德世界观中已经让它的普遍性独立出来，"使之成为一种独特的自然"。什么是"独特的自然"（eine eigene Natur）？就是所谓道德世界观，它还是要用道德的眼光放眼看世界，在它眼里，整个自然界都成了一个道德的自然界，这与科学家眼里的自然界是不同的。一个世界的结构应该是怎么样的，在道德的眼里有自己特定的标准，也就是道德自我意识把自己的普遍性独立出来，加之于自然身上，使它成为了一种独特的自然。比如在道德意识中所建立的三大悬设就构成了一个独特的道德世界观，在这样一种世界观中，自然是应该和道德相和谐的。所以如果说第二种自我还没有成为世界，没有取得积极的内容，那么第三种自我的道德世界观则取得了积极内容，建立起了一个道德的世界。它不是我们通常讲的物理世界，也不是外在的法制世界，而是内在的道德世界，是在内心中悬设的世界，但却是由它

241

的普遍性独立出来而形成的世界，一种独特的自然。"它同时又坚持在自身中将这种普遍性当作扬弃了的东西"，它在它自身中又把这种普遍性扬弃了，它随时都意识到这个世界不过是它自己根据某种需要而悬设的，因此它总是不断地返回到自己现实的道德意识，以此来置换那种悬设的普遍性。这就导致了前面讲的伪善，你明明设定了这样一个世界，但是在道德行动中你根本就不认真对待这个世界，那只是你逃避矛盾的一个借口。"但这只不过是玩弄了一个将这两种规定交替置换的戏法"，这两种规定一个是悬设的道德普遍性，一个是现实的个别性或自然的现实性。道德的普遍性独立出来，成为了一种独特的自然，看起来道德和自然、普遍性和个别性似乎结合起来了，但这只是玩弄了一个将这两者交替置换的戏法，一会儿立足于普遍原则，一会儿立足于现实的行动，普遍的原则在彼岸，现实行动在此岸，你想把这两者统一起来，但实际上只是在两者之间荡来荡去，这就形成了二律背反，导致道德自我意识的伪善。意识到这一点，道德自我意识就要想办法脱身了。

{342}　　只有作为良心，它才在自己的**自我确定性**中为以前那种空虚的义务以及空虚的权利和空虚的普遍意志取得了**内容**；而由于这种自我确定性同样是**直接的东西**，它也具有定在本身。

　　道德自我意识从道德世界观中脱身出来，它就是第三种自我，即良心。良心继第一种人格、第二种绝对自由之后，成为了精神的第三种自我。在道德世界观中，道德自我意识是不稳定的，它老是在处于不断地置换之中，不断地荡来荡去，于是它发现，只有作为良心，返回到它自身，才是最终确定的道德自我意识。所以，"只有作为良心，它才在自己的**自我确定性**中为以前那种空虚的义务以及空虚的权利和空虚的普遍意志取得了**内容**"，自我确定性和内容都打了着重号。也就是说以前道德自我意识都是不确定的，不断地置换，只有作为良心才确定下来。良心回到了本心，回到了自身，你那些论证、那些二律背反我一概不管了，那些都是诡辩，现在我只相信一点，就是我自己良心的确定性，这才是真正的道德自我意识。所以精神的第三个自我应该就是良心，人格、自由和良心，这是精神自我的三个阶段，它们依次体现为真实的精神、异化的精神和自身确定的精神。首先是人格要确立起来，然后人格是干什么的呢？是追求自由的，而真正的自由体现在道德自我意识的良心上，良心才体现出道德是一种"自身确定的精神"。康德也讲良心，但是他没有展开，他实际上心目中只有那种空洞的道德命令，定言命令才是良心。那么黑格尔这里分析得比较深入，良心是有内容的，只有作为良心，它才在自己的自身确定性中，为康德所讲的那种空虚的义务取得了内容，也为以前那种空虚的权利和空虚的普遍意志取得了内容，空虚的权利指那种法权状态，空虚的普遍意志指那种绝对自由或公意。可见，良心不仅使康德的道德自我意识的抽象形式获得了内容，也使从前的第一自我和第二自我都获得了内容。所有那些义务也好，权利也好，公意也好，都是建立在良心之上的，良心是最直接、最现实的内容。每个人都有良心，都可以认知自己的良心，精神只有作为良心才是自我确定的，在这种自我确定性中取得了内容。"而且由于这种自我确定性同样是**直接的东西**，它才具有定在本身"，这种自我确定性是直接的东西，因为良心是每个人内心直接现成在手的东西、直接"在此"的东西，"定在"Dasein 的意思也就是在此的东西。以上就是这个标题"I. 良心是道德自我意识的直接定在"的内容。那么这个直接定在体现在哪些方面呢？所以下面列了三个阿拉伯数字的小标题，一个是"良心作为义务的现实性"，第二是"对信念的承认"，第三是"良心作为认知者和行动者的统一"，这都是良心作为道德自我意识的直接定在所体现出来的内容。我们休息一下。

### [1. 良心作为义务的现实性] [149]

前面这一大段等于是一个导言，是概括下面三个小标题的一个总括，就是良心的概念已经出来了，它是道德自我意识的直接定在。那么其中，首先我们要考虑的良心的定在，是作为义务的现实性。抽象地谈义务，为义务而义务，那都很空；而当我们回到良心的时候，它就很现实了。在康德那里其实也是这个意思，就是他谈到良心的时候呢是比较实在的，是在谈宗教的时候谈的；而谈为义务而义务的时候，是谈的纯粹实践理性的法则，谈定言命令、道德律，这个是比较抽象的。那么这里考察良心，我们首先要考察良心的现实性，但它不是一般的现实性，是作为义务的现实性，当你把义务实现出来的时候，这个时候就是凭良心，因而良心是具有现实性的。那么这种现实性是一种什么现实性？下面就来讨论。

**道德自我意识达到了它的这种真理，于是就抛弃或者毋宁说扬弃了它本身中由之产生出置换来的那种分离，这就是那种在自在与自我之间、在作为纯粹目的的纯粹义务与作为一种同纯粹目的相对立的自然和感性的现实性之间的分离。**

"道德自我意识达到了它的这种真理"，前面讲了道德自我意识达到了良心，良心是最高的或者是真正的道德自我意识，也是最现实的道德自我意识，是道德自我意识的定在。那么这里讲，道德自我意识达到了它的这种真理，或者说良心就是道德自我意识的真理。"于是就抛弃或者毋宁说扬弃了它本身中由之产生出置换来的那种分离"，道德自我意识一旦达到了良心，就扬弃了它本身中的分离，正是从这种分离中产生出了前面那些不同层次的置换。前面讲到那么多的置换是由哪来的呢？就是由道德自我意识本身的分离中产生出来的。而现在道德自我意识在良心中扬弃了这种分离，什么分离呢？下面就讲，"这就是那种在**自在**与**自我**之间、在作为纯粹**目的**的纯粹义务与作为一种同纯粹目的相对立的自然和感性的**现实性**之间的分离"，这里"自在"与"自我"、"目的"与"现实性"都打了着重号，这是对分离的两种表述。自在与自我的分离，就是自在与自我无关，它自行其是，而自我也失去了自在的支持，成了过眼烟云。再就是纯粹目的和感性的现实性之间的分离，纯粹目的是抽象的义务，是为义务而义务的抽象形式；而自然和感性的现实性则是和它对立的，通常是非道德的，前者缺乏现实性，后者缺乏道德的神圣性。这当然就是道德世界观中的矛盾了，它引发了道德自我意识不断地在两边摇摆，产生出一系列的置换。道德意识在良心中已经达到了对这些分离的一种扬弃，它已经没有这些分离了，自在与自我在良心中其实就是一回事情了，自我就是真正的自在，自在也就是自我。同样，良心既是纯粹目的、纯粹义务，也是内心直接可感的现实性。所以在良心中把这些分离都扬弃了，没有此岸和彼岸的区别了。

<u>道德自我意识这样返回到了自身，它就是**具体的**道德精神，这种精神不借纯粹义务的意识为自己提供一种与现实意识相对立的空虚尺度，相反，纯粹义务正如那与之相对立的自然一样，都是一些被扬弃了的环节；具体的道德精神在直接的统一性中是自身**实现着的道德**本质，而这行动则直接是**具体的**道德形态。</u>

道德自我意识成了一种具体的、不再分离不再抽象的精神自我。"道德自我意识这样返回到了自身，它就是**具体的**道德精神"，道德自我意识返回于自身，就是返回到良心了，道德自我意识在不断地分离、不断地扬弃、不断地动荡之后，最后大彻大悟了，返回自身才是真正的道德自我，那就是良心。这样，它就是具体的道德精神，"具体的"打了着重号，具体的道德精神就意味着它既是有抽象的环节在里头，它又有现实性的环节在里头。如果它只有抽象的环节在里头，它就不具有现实性，那就不是具体的；如果它只有现实性，而没有抽象的纯粹义务，那它就不是道德，虽然是一种行为，但不是道德行为。两方面不可分离地结合起来，就成了一种具体的道德精神。"这种精神不借纯粹义务的意识为自己提供一种与现实意识相对立的空虚尺度"，这种精神它肯定包含有纯粹义务的环节，否则的话怎么叫做道德精神呢？但是它不用纯粹义务的意识来为自己提供一种与现实意识相对立的空虚尺度，就是说它的这种纯粹义务的意识不再是一种空洞的大道理、一种脱离现实的空洞的尺度，它已经不是这样了。"相反，纯粹义务正如那与之相对立的自然一样，都是一些被扬弃了的环节"，纯粹义务作为一种抽象的教条已经被扬弃了，正如那

与之相对立的非道德的自然也被扬弃了一样。本来这两方面是相分离、相对立的，一方面是空洞的教条，另一方面呢是与之对立的自然的冲动，现在这两方面都被扬弃了。当然都没有被抛弃，实际上被扬弃了的环节被包含在具体的道德精神里面了。"具体的道德精神在直接统一性中是**自身实现着的道德**本质"，自身实现着的道德本质打了着重号，意思就是说，是一种具体的道德本质，因为良心它是一种直接的统一性，是道德义务和现实冲动的直接统一。我知道我有良心，这个良心有种直接实现出来的冲动，它的本质就是如此。我欲仁斯仁至矣，我知道了就去做，这就是良心。"而这行动则直接是**具体的**道德形态"，"具体的"打了着重号，也就是这种自身实现着的道德本质就是一种道德行动，它直接就是具体的道德形态。良心是一种具体的道德形态，它是非常具体的，它把那些对立的环节都扬弃地包含在自身之内，成为一种自身实现的道德形态。下面继续分析这样一种具体的道德形态是怎么样的。

现在有一件行动在手头；它对于认知着的意识来说是一个对象性的现实性。认知着的意识，作为良心，以直接具体的方式认知这件行动，同时这件行动只是当认知着的意识认知它时才存在着。

"现在有一件行动在手头；它对于认知着的意识来说是一个对象性的现实性"，这中间是一个分号，也就意味着这两个意思是并列的。一个意思是，现在我们在手头在做一件行动；另一个意思是，对于认知着的意识来说，这件行动是一个对象性的现实性，也就说这样一件行动同时被认知着的意识看作一个客观的现实性，我现在把这个行动当作我的意识的认知对象。我们前面讲了，凡是谈到意识，它都是有对象的，意识肯定是对象意识。那么这个在行动中认知着的意识，它的对象是什么呢？它的对象就是这件行动本身，它不是一个物理对象，但它跟一个物理对象一样地现实，一样是对象性的现实性。"认知着的意识，作为良心，以直接具体的方式认知这件行动"，认知着的意识，作为良心，良心就是良知，就是最好的认知，那么，它就是以直接具体的方式认知这件行动。当它在做一件事情的时候，认知着的意识就以直接具体的方式在认知这一行动，也就是说，良知是认知与行动的直接统一。当我行动的时候，我就已经认知这一行动了，而不是说我行动了以后再回过头来认知它。我在行动的时候已经伴随着对它的认知了，良知与行动是统一的。我们中国人讲"知行合一"，知和行是统一的，并不是说我先知了然后再去行，或者行了以后回过头来我再认知。"同时这件行动只是当认知着的意识认知它时才存在着"，这是从正反两个方面来讲，就是说，一方面认知着的意识以直接具体的方式认知这件行动；反过来说，这件行动也只有当认知着的意识认知它时才存在，如果不认知它，如果是盲目的，这个行动根本就不会发生。良知的行动、道德的行动哪里会盲目地存在呢？未经思考、未经认知，这种良知的行动是不可思议的，或者说是不可能的。从正反两方面都可以说明它们是直接统一的，认知和行动两者在良心中、或者在良知中完全是统一的，是一回事情的两个方面。所以从这里来看，我们这个"良心"翻译成"良知"可能更加明白一些，但联系到后面，翻译成"良知"可能有些地方不太好处理，因为后面讲到优美灵魂这些东西，良心跟良知的色彩是不太一样的。良知跟认知更具有明白的直接联系，而良心呢它带有一种情感的因素，"心"是带有情感的，我们前面讲本心，本心的规律和自大狂，都带有一种情感的因素。手摸良心想一想，我们通常就会说情何以堪，主要是指一种情感。但是西方的良知主要是一种认知，从苏格拉底开始，美德即知识，他们强调这个知，强调这个认知。当然孟子也讲良知，但是孟子讲的良知它不是一种知识，不是一种客观知识，他是指的你知道这样去做。或者说它是一种实践知识，这个实践知识里头其实更多地包含情感，不是一种客观知识，而是一种情感，恻隐之心啊、羞恶之心啊、是非之心啊，这种心就是知，或者说良知就是这种心，就是良心。

　　只要这认知是不同于对象的东西，则认知就是偶然的；但是对这对

247

象本身具有确定性的精神不再是这样一种偶然的认知，不再是思想从自身中创造出来的、将会与现实不同的东西，相反，由于**自在与自我的分离**已经扬弃了，所以这件行动正如它**自在的**那样，直接存在于认知的感性**确定性**中，并且它也只有像它在这种认知中那样才是**自在的**。

　　"只要这认知是不同于对象的东西，则认知就是偶然的"，这个前面讲了，现在有一件行动在手，它对于认知的意识来说是一个对象性的现实性，我把它当成一个对象来看待，这对象不是外在的物理对象，而就是这件行动。那么只要这个认知是不同于对象的东西，则认知就是偶然的。就是说，假如说这个认知是不同于对象的，那么认知就是偶然的，认知就要取决于这个对象，而不取决于它自己。它本身不是这个对象，那么认知当然就是偶然的，它要符合这个对象，而这个对象并不符合于它，所以它符合这个对象就是偶然的，取决于这个对象是怎么样的，能不能认识它还在未知。通常我们讲的认识论都是这样的，你要符合这个对象，而你对这个对象的符合是偶然的，对象它本身有它必然的规律，一般是这样的。但是在这里情况不一样。"但是对这对象本身具有确定性的精神不再是这样一种偶然的认知"，我们现在讲的这个精神对这个对象本身是具有确定性的，这个"确定性的"，gewisse，也就是"确知的"，是一个形容词，它的名词形式就是 Gewissen，也就是良知。对于对象本身具有确定性、确知性的精神，那就是良知的精神了，良知的另一种说法就是"确定的知"，或确知，它不再是一种偶然的知。良知不会觉得自己的认知是偶然的，它完全是确定的、必然的，它跟它的对象是一回事。它"不再是思想从自身中创造出来的、将会与现实不同的东西"，不再是单纯从思想中、从主观中造出来、想出来的，而跟现实好像会不同的。在这里，良知已经跟现实没什么不同，就是同一的，因为它的现实不是自然物理的现实，而是它自己的行动，是把这个行动看作认知的对象，这同时也就是认知本身，就是良知本身，它是知行合一的。如果是单纯从思想自身创造出来的，那就有可能跟现实不同，那是你主观的嘛，你主观思想出来的东西跟外面的现实性怎么会必然一致呢? 那肯定会有所不同的,如果有相同,那也只是偶然的,你想出来的东西,恰好和现实又合上了,那不是偶然的吗? 良知已经不是这样的了。"相反,由于**自在**与**自我**的分离已经扬弃了",自在与自我的分离、主观的思想跟客观自在的现实的那种分离、那种对立,在良知中已经扬弃了。"所以这件行动正如它**自在的**那样,直接存在于认知的感性**确定性**中","确定性"打了着重号,这里又回到了感性确定性了,回到了我们在《精神现象学》一开始就讲到的感性确定性。当然,良知的那样一种自我内在的感性确定性,跟一般意识的感性确定性已经不一样了,意识的感性确定性是外在的,感觉到一个东西,这是一棵树,那是一栋房子,这样一种感性的确定性总是指向外在的对象,"这一个",是一种对象意识。但是良知的感性确定性完全是内在的自我意识,我知道我有良知,我随时随地感受一下自己内心,就发现确确实实有一个良知在,并且是如同它自在的那样,直接存在于感性确定性中,直接存在于良知的直觉之中。这件行动存在于感性确定性中,它是由良知直接发动的,那么它就是自在的,客观和主观在这里没有区分,就是一回事情。正如王阳明说的,"良知发动之处就是行了",这种行动既是客观的,同时也是主观的。我们前面讲了,良知的意思就是一种确定的知,而这种确定的知在良知中是在感性中直接呈现的,在直觉中直接呈现的,所以良心或者良知是直接的感性的东西,但不是对外在事物的感性,而是内在的、对内心的感性。人们经常把这个道德、良知说成是一种内感官,特别是经验派的伦理学家,如哈奇生等人,认为人的道德是人的一种内感官,就是诉之于人的良知或良心。但是这个内感官中的良心它是要发为行动的,因为人的行动就是受到这种感性支配的,这种良知的冲动,它会要变成一种行动,变成一种实践的活动,至于它成不成功那是另外一回事情,但它要做出来,它要表现出来,它要实践出来。所以它存在于感性确定性中,具有实践的现实性;并且反过来说,它也只有像它在这种认知中那样才是自在的,它并不存在于任何别的地方,它只存在于这样一种认知中，这样一种感性确定性中，如果没有这种感性的确定性，它就不可能存在，并不是说没有这种感性确定性，它还存在于某个地方，存在于物理世界，存在于自然界，那是不可能的，它只存在于这样一种认知之中。这个知行合一是讲得比较彻底、比较透彻的。

——这样一来，这一行动，作为实现活动，就是意志的纯粹形式；也就是那单纯的倒转，从作为一件**存在着的**事件的现实性倒转为一种**被做出来了的**现实性，从单纯**对象性的**认知的方式倒转为对意识所产生的那样一种**现实性**的认知方式。

"——这样一来"，就是总结上面讲的这两个方面，一方面它这种行动存在于这样一种感性认知中，另一方面它也只能存在于这种感性认知中，不在这种认知中它就不存在；一方面它就在这个认知里面，另一方面，除了这个认知，它不存在于任何地方。那么，"这一行动，作为实现活动，就是意志的纯粹形式"，作为一种实现活动，实现什么？实现良知啊。它就是意志活动的一种纯粹形式，凡是意志活动都有这样一种纯粹形式。良知实际上是纯粹意志的一种形式，这个康德早就已经讲了，纯粹意志在形式上就体现为道德律，只要你把其他的那些附加上的东西都去掉，把那些感性的东西都去掉，你把它剥离出来，它就是赤裸裸的道德律。而道德律就是一种纯粹形式，就是定言命令的公式，那么良知的这个行动作为实现活动就是意志的纯粹形式。意志的纯形式是什么形式呢？下面就讲了，"也就是那单纯的倒转"，意志的纯形式就是种单纯的倒转。Umkehren，倒转，跟 Verkehren 颠倒，有点类似，但是又不完全一样。这个地方他不用颠倒，他用倒转，转过来了。意志的纯形式就是那种单纯的倒转。什么样的倒转？有两个方面。"从作为一件**存在着的**事件的现实性倒转为一种**被做出来了的**现实性"，这是第一个方面，就是从作为一个事件的现实性倒转为一种行动的现实性。"存在着的"打了着重号，"做出来了的"也打了着重号，就是说本来是一种存在着的事件，它是具有现实性的，现在把它倒转为一种被做出来了的现实性，也就是改变现实的现实性。意志的形式无非就是改变现存事实，这是一切意志的形式特点。所谓被做出来了的现实性，就是它的行为业绩，是体现为它的行为业绩的现实性。第二个方面是，"从单纯**对象性的**认知的方式倒转为对意识所产生的那样一种**现实性**的认知方式"，这也是一个倒转。前面那个倒转是就现实性而言的，把存在的现实性转变为行动的现实性；而现在这个倒转是就认知方式而言的，是从单纯对象性的认知方式倒转为对意识所产生的那样一种现实性的认知方式。或者说，前一个倒转是存在论上的，后一个倒转是认识论上的。对象性的认知方式，就是首先是把它作为一种对象、一个客观存在来认知的那种方式，那是一种静止的、主客二分的方式，主客观对立，那么主观认识客观、符合于客观。而现在呢，它被倒转为对意识所产生的那样一种现实性的认知方式，就是说它不是认知一个单纯的对象，而是认知一个意识的能动的实践过程。前面是把它当作一种现实的客观的对象来认知，后面是把它倒转为对意识的现实能动性的认知，就是从客观决定主观颠倒为主观决定客观了。现在是从意识的能动性里面认知到它的主观性，从对客观性的认知倒转为对主观性的认知，这又是另外一种方式。这就是意志的纯形式它的倒转的两个意思、两种含义，一个是存在论上从被动的现实性转向能动的现实性，一个是在认识论上从被动的认知转向能动的认知。在意志本身的纯形式中主观和客观是统一的，并且是由主观来统一客观，不论是从存在论上还是从认识论上来看，意志本身就是这样一种倒转的活动，这样一种 Umkehren，这样一种转化、转变的活动。

正如感性确定性直接地被接受到精神的自在中来、或不如说直接被倒转为精神的自在那样，同样，就连这种倒转也是单纯的、不经任何中介的，是一种通过纯粹概念的过渡，而不改变由认知内容的那个意识的兴趣所规定的内容。

"正如感性确定性直接地被接受到精神的自在中来"，这个地方的感性确定性跟前面第一章讲的感性确定性有同样的内容，但是有不同的层次，这里的感性确定性是指良知的、良心的感性确定性，内在的感性确定性，因而不是意识中的感性确定性，而是精神中的感性确定性。所以这里说，这种感性的确定性是直接地被接受到精神的自在中来，是作为精神的自在阶段的感性确定性。道德世界观最根本的东西就是良心，现在道德意识把良心的这种感性确定性直接地纳入到精神中来，作为它的自在阶段，精神返回到了这种良知的感性确定性，就是返回到了自身。"或不如说直接被倒转为精神的自在那样"，感性确定性直接地被倒转为精神的自在，就是说本来感性确定性是在精神之外，作为一种自然感性的对象，而现在它被倒转为精神内部的自在存在了。良心既是一种最直接的感性确定性，同时又是精神本身的内在直接性或起点。所以我把感性确定性直接接受到精神的自在中来，并不是作为一种外来的东西接受进来，而是作为精神自身最根本的东西，这里有个倒转，有个反客为主。本来把感性确定性接受进来，好像是客观的，好像是外来的，因为道德精神是一种纯粹义务，它是超感性的，现在我把感性接收进来，好像是纳入了一种外来的东西；但是它现在直接倒转为精神的自在，它不是外来的东西，它才是本质的东西，你那些纯粹义务、纯粹认知反而是在这个基础之上才具有它的内容，才具有它的意义，反而是以这样一种感性确定性作为自己的内容，以良知作为自己的内容。所以这里有个倒转，好像是一种外来的东西，但是反客为主，它变成了精神自身的一种自在。"同样，就连这种倒转也是单纯的、不经任何中介的"，就连这种倒转本身也是直接的倒转，没有经过任何中介，这和前面那个倒转一样，也是直接的。前面那种感性确定性直接地被接受到精神自在中来，这本身就是直接的接受的，接受进来以后它就反客为主，倒转过来，直接成了精神的自在了；那么同样地，就连这种倒转也是单纯的、不经任何中介的。前面是从内容上看，这里则是从倒转的形式上看，两者都是直接的，不需要解释，你一提出来，大家都恍然大悟。前面讲了那么多悬设、推理、对立面的置换等等，都是白费力气，这些东西都是做无用功，把握不到精神的自在。而这里只要加以倒转,直接回到良心,不经任何中介就把握到精神的自在了。这是一种道德直觉,实际上是一种直觉主义的伦理学,你手拍胸膛想一想就知道了,这个还需要论证吗? 每个人内心都有良知,这个还需要论证吗? 所以这"是一种通过纯粹概念的过渡,而不改变由认知内容的那个意识的兴趣所规定的内容",就是从良知的概念一提出来它就过渡为道德精神的自在,而不改变由认知内容的那个意识的兴趣所规定的内容。认知内容的那个意识的兴趣,那个意识在认知内容时,它的兴趣何在? 这个它并不改变,而只是凭良知的概念对它加以倒转,使它从意识的认知对象转化成了良知的内容。那些内容都可以在那里,但是它们的意义已经倒转了,从对外部的认知变成了对内心的良知。所以这种倒转在道德自我意识里面没有触犯任何一件具体的内容,它可以解释一切,但是它又超越这一切内容之上,它直接过渡为一种意志的纯形式。这个地方又用的是"过渡"(Übergang),过渡具有一种直接性,具有一种不需要说明、不需要论证的特点。黑格尔《逻辑学》里面存在论部分,那些范畴之间都是一些过渡的关系,它不需要推理,也不是发展出来的,也不是互相反映的,而是直接过渡,从一个概念直接地过渡到它的对立面。这里就是从一个对象意识的感性确定性,当它在精神的自在中被接受下来时,就直接过渡为自我意识的良知。因为良知是纯形式的道德,所以它不管内容,它对内容没有任何改变、没有任何触动。

　　——此外,良心并不把这件事情的各个情境分隔为各种不同的义务。　[150]

　　这是从形式上来看,前面是讲在内容上它不管,它不触及内容。那么在形式上呢,"此外,良心也并不把这件事情的各个情境分隔为各种不同的义务"。这个前面已经讲了,所谓纯粹义务跟众多义务有一个层次上的区别,纯粹义务是唯一的,众多义务呢往往不是义务,往往不是真道德,它是由情境所决定的,由环境、由处境所决定的。而良心呢它是唯一的,所以良心是立足于唯一的纯粹义务,它并不把这件事情的各个情境分割为各种不同的义务,良心不做这个工作。良心把一切东西都扬弃了以后，那么它就是唯一的了，它就跟前面讲的"纯粹义务是唯一的"接上头了。当然良心不是抽象的，不是高高在上的，而是最现实、最具体的，良心是一种直接的定在，是一种感性的确定性；但是尽管如此，它又不像一般的感性那样，遇到什么情况就设立一个义务，不要自杀，不要说谎，要怎么怎么。各个不同的义务都是根据各个不同的情境来定的，而良心呢，它在所有这一切的后面，它躲在所有这一切的后面作为更深层次的东西，它并不把这件事情的各个情境分割为各种不同的义务。它躲在后面，一般的时候它不出来，只有当你反思到终极的、最后的根据的时候它才出来，所以它是唯一的义务，它并不按照各个情境来分割出各种不同的义务。

　　<u>良心并不表现为**肯定的普遍媒介**</u>，仿佛在其中，众多义务就会各自<u>为自己维持一种不可动摇的实体性</u>，以至于**要么**根本不可能有什么行动，<u>因为每一个具体场合一般都包含着对立，它作为一件道德的事情则包含</u><u>着诸义务的对立，因而在这行动的规定中就总会有一个方面、一种义务</u><u>受到**损害**</u>；——**要么**，当采取行动时，那互相对立的诸义务之一就会现实{343}地受到损害。

　　"良心并不表现为**肯定的普遍媒介**"，"肯定的普遍媒介"打了着重号，就是说，良心并不把这件行动的各个情境把它分割为各种不同的义务，好像它在其中是一种联系各个义务的肯定的普遍的媒介那样。好像纯粹的义务具体的情况之下可以分为各种不同的义务，而另外有一个纯粹义务、一个良心，作为所有这些不同的义务的一个普遍的媒介，把它们联结在一起。这种想法是不对的，良心一方面并不根据各种情境分隔为各种不同的义务，另方面它也不是作为一种肯定的普遍的媒介，来把这些各种不同的义务统一起来。"仿佛在其中，众多义务就会各自为自己维持一种不可动摇的实体性"，这个地方用的是虚拟式，就是说假如它是一种肯定的普遍媒介的话，那么在其中众多的义务就会各自保持一种前后一贯、不可动摇的实体性了，这些众多的义务实体如果还要被称之为

义务的话，就都会是以那个普遍的义务为纽带或媒介了。而这样一来，"以至于**要么**根本不可能有什么行动"，这些都是用的虚拟式，"要么"和后面的"要么"都打了着重号。也就是这将导致两个方面的问题，一个方面是，要么就根本不可能有什么行动了。为什么？"因为每一个具体场合一般都包含着对立，它作为一件道德的事情则包含着诸义务的对立，因而在这行动的规定中就总会有一个方面、一*种*义务受到损害"。为什么根本就不可能有什么行动了呢？因为每一个具体场合一般都会包含着对立，因为它是不同的情境分化出来的各个不同的义务嘛，比如忠孝不能两全，或者你要想坚持不撒谎，就有可能伤人性命，这种情况很常见。我们在采取道德行动的时候经常会碰到这样一种现象，你要服从这个义务，你就会损害另外一种义务。我们有时候讲善意的谎言，善意的谎言好像是满足了某种义务，但是你毕竟说了谎，你损害了不说谎的义务。道德冲突在各种不同的义务中经常要发生，要想各方面都能够保全，那就根本不可能有什么行动了，你的任何行动都会危及这个实体性或那个实体性，不是损害这个义务，就是损害那个义务，无法维持实体的一贯性。康德在《道德形而上学》里面就提了很多这样的案例，比如你遇到一伙罪犯要抓某一个人，你知道他躲在什么地方，但是你不能告诉他们，你告诉他们呢，好像是没有违背"不说谎"的义务，但是你实际上害了别人，违背了"与人为善"的义务。我们在这个时候就只好根据它的偶然的后果来权衡利弊，到底说谎的害处大一些呢，还是不说谎的害处大一些？但是按照康德的原则呢，这种权衡本身就不是道德的，不是从道德本身考虑问题。黑格尔在这里讲到的也是这样一种矛盾，就是按照康德对义务的唯一性的要求，我们根本就无法采取行动。"**要么**，当采取行动时，那互相对立的诸义务之一就会现实地受到损害"，要么你就没法行动，要么你采取一种行动，那么互相对立的诸义务之一就会现实地受到损害，不是损害这一方，就是损害那一方，你总要损害一方。以上讲的情况都是不可能的，良心是不会表现为一种肯定的普遍媒介的，它并不会去肯定这个义务、那个义务,也不会作为一切义务共同的普遍媒介,它不会这样做。

　　倒不如说,良心乃是清除这些不同道德实体的那个否定的一,或绝对自我;它是单纯的、合乎义务的行动,这行动并不履行这一义务或那一义务,而是去认知和做那具体的正当的事。

　　"倒不如说",良心不是那种肯定的普遍媒介,那它又是什么呢? 倒不如说,"良心乃是清除这些不同道德实体的那个否定的一,或绝对自我"。良心清除了这些不同的道德实体,不同的道德实体就是前面讲的,众多义务会各自为自己维持一种不可动摇的实体性,每一个义务都能在那种普遍媒介里面保持自己的实体性。但是良心是清除这些不同道德实体的那个否定的一,良心是一个否定的一,良心把所有的这一切众多的义务全都撇开,全都加以否定。你们那些这个义务那个义务,搞得那么繁琐,那都是不凭良心,都是推论出来的,应该这样,应该那样;我没有那些推论,我唯一的就是凭良心说话,凭良心办事。所以,它是清除这些不同道德实体的那种否定的一,就是绝对自我的"一"。绝对的自我是唯一的,我的良心是绝对自我,是否定的一,对一切我都不考虑,我只考虑我的良心。良心正是凭借它的这种否定性把前面道德世界观的一切悬设和置换都扬弃了。"它是单纯的、合乎义务的行动,这行动并不履行这一义务或那一义务,而是去认知和做那具体的正当的事",良心并不复杂,它是单纯的、合乎唯一义务的行动,它是否定的一嘛,它的行动并不履行这一义务或那一义务,它不看场合,只讲动机。它不考虑所有这些义务所设定的那些命令、那些规定,要它怎么做,不能怎么做;它就只是一个行动,就是凭良心来行动,这个行动只去认知和做那具体的正义之事。什么是具体的正义之事? 前面已经讲了,良心就是具体的道德,它既是一种纯粹的认知、确知,同时呢它又具有现实性。具体的认知和它的现实性是直接相符合的关系,不经任何中介,它是单纯的合乎义务的行动。这个单纯的合乎义务,不是合乎一种外在的这个那个义务,而是它自己的对自己的认知,良知和它的具体行动是不可分的,它的认知就是一种具体行动,它的具体行动就是这种认知。什么是正义之事? 合乎良知的就是正义之事。

因此一般说来,良心只有作为上述无行动的道德意识所已过渡到的行动,才是道德**行动**。

"因此一般说来,良心只有作为上述无行动的道德意识所已过渡到的行动,才是道德**行动**",良心只有在一种情况下才是道德行动,"行动"打了着重号。良心当然是道德行动,知行合一嘛;但分析起来,它又有一个条件,只有作为上述无行动的道德意识已经过渡到的行动,它才是道德行动。无行动的,tatlose,就是上面讲的那种根本不可能在众多义务中采取行动的场合,只有当你的道德意识已经意识到你的任何一种行动都免不了损害到某一种义务,因而对这些义务不作任何行动时,你所采取的行动才是良心的道德行动。这恰好体现了上面讲的,良心是一种否定的一,是绝对自我,是单纯的合乎义务的行动,它不为履行这个那个义务而做任何事,就此而言它是无行动的,但它只去认知和做那具体的正义之事,就此而言它又是有行动的。但正因为如此,它的行动是超越一切众多义务之上的。

——行为业绩的具体形态尽可以由进行区别的意识分析为各种不同的属性,在这里就是分析为各种不同的道德联系,而且这些道德联系的每一个要么可以被宣称为绝对有效准的、正如当它成为义务时必然所是的那样,要么可以经受比较和审核。

"行为业绩",Tat,与上面"无行动的"(tatlose)一语有关,"行为业绩"也可以译作"行为"、"行动",但它是从后果、结果来考虑的行为,我们翻译成行为业绩。而这种行为跟良知不一样,良知的行动是"无行动的道德意识"所过渡到的行动,也就是不考虑行为业绩和后果、只考虑动机的。所以这里讲行为业绩是跟良心对照来谈的,就是行为业绩跟良心不同,它的"具体形态尽可以由进行区别的意识分析为各种不同的属性,在这里就是分析为各种不同的道德联系"。这些行为业绩就是从后果来考虑的，它的具体形态我们可以对它进行分析，把它区别或分析为各种不同的属性。行为业绩的具体形态属于众多义务，它可以分析为不同的属性，它是道德的、还是不道德的，它哪一方面是道德的，哪一方面是不道德的，也就是分析为各种不同的道德联系。同一个行为业绩我们可以从不同的角度去看它，所以经常会有这种道德争议，同一个行为，有的人说它是道德的，有的人说它是不道德的，可以分析为各种不同的道德联系。很可能这些争论的各方都是对的，站在不同的角度，你可以对它的行为作出不同的分析。"而且这些道德联系的每一个要么可以被宣称为绝对有效准的、正如当它要成为义务时必然所是的那样，要么可以经受比较和审核"，这些道德联系的每一个联系可以有两种归宿。要么它被当作义务，这时它必然被人们宣称为绝对有效准的；要么呢，它会被拿来和别的义务相比较，并由此得到审核。因为正如前面讲的，这些道德联系作为众多不同的义务都是互相矛盾、互相对立的，你要根据它们中的任何一种义务采取行动，都不免损害另一种义务。所以，正如前面曾提到过有"立法的理性"和"审核法律的理性"一样，在这里在各种不同的义务之上，也应该有一种"审核义务的义务"，这就是良心。这里讲的是一般的行为业绩，也就是众多的义务行动，它是跟良知或良心对照而言的。

　　在良心的单纯道德行动里，这些义务就都被埋没了，以致所有这些个别本质都直接被**打断**了，在良心的不可动摇的确定性中，根本就不会在义务上发生审核性的震动。

　　这是跟前面众多义务对照来看的，这些义务是多，而良心是一。"在良心的单纯道德行动里，这些义务就都被埋没了"，良心的道德行动是单纯的道德行动，是一，它没有那么复杂，它诉之于良心。一个人只要是凭良心，那他就绝对有理，当你把一个人的行为追溯到他是凭良心在干的时候，那所有这些众多义务就都被埋没了，连对它们的审核、比较都不必要做了。只要你能证明他是凭良心在做的，这些义务就都提不上来说了，因为良心是不受其他义务审核的,良心本身才是审核义务的义务。这样一来,"以致所有这些个别本质都直接被**打断**了",所有这些义务的个别本质,这个本质那个本质,前面讲各种不同的义务都有自己的本质,都有自己的实体,都有自己的连贯性,但是在良心这里都被中断了,它们的连贯性都被打断了。"在良心的不可动摇的确定性中,根本就不会在义务上发生审核性的震动",良心它本身有不可动摇的确定性,虽然是一种感性的确定性,是一种直觉的确定性,但它是用来审核其他一切义务的,所以它自己根本就不会在义务上发生审核性的震动。在义务上面它已经是唯一的、单纯的,它没有什么比较,没有可比性,所以它不会在审核中发生动摇。

　　同样,在良心中也不现成地存在上述意识反复徘徊的不确定性,即意识时而把所谓纯粹道德置于自己以外的另一个神圣本质里,自视为不神圣的东西,时而又反过来把道德的纯粹性置于自己本身中,而把感性的东西与道德的东西的结合置于另一本质中。

　　良心把以往那样一些置换全都扬弃了,摆脱了道德世界观里面的各种的悬设和置换、各种伪善。上面是从内容上讲,而这里则从形式上归纳了良心的特点。"同样,在良心中也不现成地存在上述意识反复徘徊的不确定性","不现成地存在",并不是说根本不存在,而是现在不现成地存在。但是良心在它的发展过程中也有可能会出现徘徊动摇和不确定性,最有确定性的东西在发展过程中也会变得不确定。所以他这里留了一手,在良心中也不是现成地存在意识的上述反复徘徊的不确定性。它没有现成的不确定性,它后来会变得不确定,那后面再说,但是至少在这个起点上它是确定的。不存在怎样一种意识的不确定性呢?"即意识时而把所谓纯粹道德置于自己以外的另一个神圣本质里,自视为不神圣的东西",这是一方面,就是意识时而把纯粹道德放在自己以外的另一个神圣本质里,也就是放在上帝那里,而自视为不神圣的东西。人都是不神圣的，都是有限的，那么纯粹道德也并不因此就没有了，而是保留在上帝那里。另一方面，"时而又反过来把道德的纯粹性置于自己本身中，而把感性的东西与道德的东西的结合置于另一本质中"，就是道德自我意识本身就有道德的纯粹性，就是那种"为义务而义务"的道德意识；当然这个道德的纯粹性跟感性的东西没办法结合，那就诉之于上帝，把它推到上帝那里，让上帝去结合，但是人仍然是有道德的纯粹性的。一方面自己把自己看作不神圣的东西，有限的东西，另一方面又把自己看作是本身就拥有纯粹道德的东西，只是无法调和与感性的矛盾。总而言之，两种情况之下都需要设定另外一个神圣的本质，要么是纯粹道德，要么是道德和感性东西的结合，总而言之就是诉之于另外一个彼岸的本质。而良心则不需要这些，良心已经摆脱了这样一种置换，一会儿这样解释，一会儿那样解释，一会儿认为自己是感性的、是不纯粹的，一会儿又认为自己是理性的，是纯粹的。以往的这种道德意识、这种道德世界观就是这样的，把自己的个体一方面看作不神圣的、看作动物性的东西，看作自然的一种本能，另一方面又把自己看得很神圣、很崇高，但是它跟这个自然界又是不能调和的，一半是天使，一半是野兽。在两种情况下都需要悬设一个上帝，而悬设上帝就导致了一种置换：当他把自己看作神圣的时候，他实际上把自己看作不神圣的，看作未完成的；当把自己看作是不神圣的时候，实际上他心怀一个理想，于是又用这种神圣性偷换了这种不神圣的未完成性。而如果诉之于良心，这些问题都不存在了，良心本身既是感性的确定性，同时又是纯粹的道德。良心本身就是两方面的统一，甚至于它都不需要一个上帝了，它自己就可以把两方面统一起来。所以良心就摆脱了这样一种分离，同时也摆脱了这样一种置换。今天就只能讲到这里了。

＊　　　　＊　　　　＊

我们上次已经讲到了良心。第一个小标题是"良心作为义务的现实

性"。前面已经讲了良心对于具体的义务是不加支持的,你要给他一个
什么义务呢,他不要,他只凭自己的良心。任何人说你应该怎么怎么样,
他是不听的,他只听自己的良心告诉他应该怎么做。当然自己的良心本
身对他来说也是一种义务,这又是另外一回事情。但是以前道德意识、
道德世界观所讲的那种义务,良心都摆脱了,因为原来的那个道德世界
观是充满着矛盾、充满着置换的。置换就是把一种东西偷换成另外一种
东西,讲这一方的时候实际上想的是另外一方,讲另外一方时,实际上又
标榜着这一方,所以充满着置换。那么良心出来以后呢,就把这些置换
全都摆脱了,这是上次已经讲到的,摆脱了各种各样的徘徊不定,摆脱了
各种置换。那么今天讲的这一段,就是从上次讲的那个地方进一步深化,
摆脱那种道德世界观的置换。

　　<u>良心拒绝了道德世界观的所有这些忽而设置、忽而又置换掉的做法,
因为它拒绝了那把义务与现实性理解为互相矛盾的意识。</u>
　　良心是道德世界观最后的成果,道德意识最后回到自身,因为置换
来置换去找不到一个着落,于是呢,它就只好回到自身,回到自身呢,就
回到了良心。而"良心拒绝了道德世界观的所有这些忽而设置、忽而又
置换掉的做法",前面讲了,它已经摆脱了这种设置和置换交替的自相矛
盾的做法。"因为它拒绝了那把义务与现实性理解为互相矛盾的意识",
不光是表面上拒绝了那种做法,而且拒绝了那种做法的根源,也就是在
原先的道德意识中义务与现实性被理解为互相矛盾的,这是道德世界观
的最本质的矛盾。道德自我意识就是这样理解的,就是义务,它是抽象
的,它是纯粹的,像康德讲的,必须要为义务而义务,那才是真正的道德,
你掺杂了一点现实的考虑,那就不是道德了。而现实则是完全与道德义
务无关的,并且相冲突,当你考虑现实的目的的时候呢,那就是不带义务
的,或者说是败坏义务的。这是道德世界观一开始就有的这样一个矛盾
结构,所以它只好不断地置换,从这一方跳到那一方,以免被人家抓住把

柄。当他讲为义务而义务的时候呢，人家就抓着他了，说你那是空谈，你没有跟现实结合；当他跟现实结合的时候呢，他又被人家抓住了，说你陷入到了现实的考虑，你没有考虑到道德义务，这就总是摆来摆去而摆不平。那么良心从这个矛盾中间跳出来，它回到自我意识自身。道德自我意识毕竟是种自我意识，于是良心就回到了这样一种自我意识，而拒绝把义务与现实性理解为互相矛盾的意识。

[151]　　按照这一意识，我采取道德的行动是因为我**意识到**我只是在完成纯粹义务，而不是在做任何**别的什么**，这实际上就意味着，这是**因为我并没有**行动。

　　"按照这一意识"，按照什么意识呢，就是按照被良心所拒绝的那样一种意识，那样一种把义务与现实性看作矛盾的意识。那么这样一种意识其实就是原先的道德意识了，那样一种道德意识是什么情况呢？就是康德所理解的情况。"按照这一意识，我采取道德的行动是因为我**意识到**我只是在完成纯粹义务"，意识到打了着重号。也就是说按照这样一种道德世界观，这样一种道德的意识就是为义务而义务的纯粹道德意识，也就是道德意识把道德的行动看作只是完成纯粹义务，为义务而义务，不为任何别的东西。只是在完成义务，"而不是在做任何**别的什么**"。这里只强调我的动机，我的意识只是在完成纯粹义务，我意识到我是为义务而义务，而没有掺杂任何其他的东西，其他的东西那就是非道德的东西了，已经不纯粹了，如果要做任何别的什么事情，就会把这个纯粹义务玷污了，这就是康德道德意识的原则。但是，"这实际上就意味着，这是**因为我并没有**行动"，我采取道德行动是因为我只是在为义务而义务，而排除了任何其他行动，那么这意味着什么呢？这意味着，我采取道德的行动是因为我实际上没有任何行动。或者说，只是因为我没有采取任何行动，我才是在道德地行动。这就是非常矛盾、非常吊诡的了，这也正是人们对康德道德学说的指责，就是你的那个为义务而义务能干出任何现实的事情吗？你做任何事情实际上都有别的东西掺杂在里头，你要真正追求那种为义务而义务的道德，那就只好什么也不做了，这就是一种道德空谈。通常人们对康德的指责就是这样的，你只有道德意识，而没有道德行动，你空有一番为义务而义务的绝对纯粹的道德意识，但是你不能够把它付诸实现。因为你对做任何别的什么都是排斥的，你都认为是对道德义务的玷污，那你也就只好什么也不做了。

　　**但由于我采取现实行动，我就意识到一个他者，一个已现成在手的现实性和一个我想要造成的现实性，我拥有着一个特定的目的并履行着一个特定的义务；在这里有某种与纯粹义务不同的东西，而纯粹义务本来是应当作为唯一的意图的。**

　　"但由于我采取现实的行动，我就意识到一个**他者**"，这是从另一方面来说的了。前面是说在我的意识中，如果我按照纯粹义务来做事，那我就只好什么也不做了；而这里说，如果我还是要做某种行动，那我就必然会意识到一个他者。只要你采取现实行动，你就肯定有一个他者插进来了，你不采取任何现实行动，你当然可以单独在意识里面去为义务而义务，排除一切他者。他者，Ander，也就是前面讲的"别的什么"，也是Ander。你本来是不想做任何别的什么，只想做为义务而义务的事情，但是那样你就什么也做不了；而你一旦采取现实行动的话，那你就不能够维持义务的纯粹性了，就已经有一个别的什么插进来了。这就是"一个已现成在手的**现实性**"，就是说你一旦做什么，你就遇到了一个现成在手的现实性，你甩都甩不掉了，它已经粘在你手上了。"和一个我想要造成的现实性"，你投入到现实行动，那你肯定要跟他者打交道，一方面你遇到了一个现成在手的现实性，你必须要对付它；另一方面，你有一个你想要造成的现实性，这就是一个现实的目的，一个很具体的目的。你到底想干什么，你想要为义务而义务，你空喊，那是不行的，你得付诸现实的行动；而现实行动总是有一个具体的目的，一旦你投入到现实的行动，那人家就要问你到底想干什么，你的目的何在。"我拥有一个**特定的**目的并履行着一个**特定的**义务"，这两个特定的都打了着重号。就是说你只要不限于空谈，而是现实地行动起来，那么你就有一个特定的目的，并因此而履行着一个特定的义务，一个被限定了的具体的义务。这个义务是被固定在一个特定的目的上面的，这个特定的目的是很现实的，是要由很多他者来加以规定的。所以，"在这里有某种与纯粹义务**不同的东西**"，这个"不同的东西"也是 Ander，他者，或者说别的东西，这都是一个词，都打了着重号。那么在这里有某种与纯粹义务不同的东西，有某种与前面讲的为义务而义务不同的东西，也就是现实的东西。"而纯粹义务本来是应当作为唯一的意图的"，按照道德自我意识和道德世界观来看，纯粹义务本来应当被看作唯一的意图、不可分的意图，但这就与那种特定的目的和特定的义务不同，甚至是相矛盾的了。所以我一旦投入到现实行动中，就违背了当初的这样一个设计，把一个本来应当作为唯一意图的纯粹义务变成了一个由各种特定条件所规定的众多义务了。这就造成了道德意识的内在矛盾性，就是纯粹义务和现实性的互相矛盾性。所以这两句话是讲，良心所拒绝的这样一种矛盾的意识是什么，一方面它是为义务而义务，是唯一的纯粹义务，不掺杂任何别的东西，但是另一方面，一旦投入到现实的行动，它又否定了它的出发点，成为了众多不同的义务。在道德世界观里互相矛盾的这两个方面是采取一种互相置换的方式来处理的，实际上是逃避双方直接的冲突，在两者之间荡来荡去。但是良心已经看出这一点了，所以它就拒绝了道德世界观所有这些置换的做法，拒绝了那把义务与现实性理解为相互矛盾的意识。

    ——与此相反，良心则是意识到，当道德意识把**纯粹义务**宣称为自己行动的本质时，这个纯粹目的乃是对事情的一种置换，因为事情本身是这样的：纯粹义务在于纯粹思维的空洞抽象，它只以某种特定的现实性为自己的实在性和内容，而这种特定的现实性乃是意识自身的现实性，这个意识不是作为一个思想物、而是作为一个个别人的意识。

前面都是谈良心所拒绝了的那两种道德意识的偏向，即要么脱离现实性，要么又违背了道德的纯粹性和单一性。这一句就是正面谈良心的意识了。"与此相反,良心则是意识到,当道德意识把**纯粹义务**宣称为自己行动的本质时,这个纯粹目的乃是对事情的一种置换",良心意识到了一个最根本的置换错误,就是把那种纯粹义务宣称为自己行动的本质,这种做法在良心看来就是用一条抽象原则置换了一个事情。一个什么事情呢?"因为事情本身是这样的",事情本身,也就是前面讲的"事情本身",die Sache selbst,我们前面多次碰到这个词,例如前面讲理性章的第三大环节,里面有"a. 精神的动物王国和欺骗,或事情本身",这个事情本身指精神实体。而这里的"事情本身",它的意思稍有不同,是指与抽象概念相对立的事实(Sache)。那么这个事实本身是怎么样的呢?是这样:"纯粹义务在于纯粹思维的空洞抽象,它只以某种特定的现实性为自己的实在性和内容"。这种空洞抽象的纯粹义务,你要说它有某种实在的内容的话,那么这种内容只可能是某种特定的现实性。什么特定的现实性?"而这种特定的现实性乃是意识自身的现实性,这个意识不是作为一个思想物、而是作为一个个别人的意识",这种特定的现实性其实就是意识自身的现实性,也就是这个有意识的人的现实性。这就落到实处了,实际上就是,这种纯粹思维的空洞抽象只不过是个别有意识的人的意识,而不是什么单独存在的思想物,所以它是以这个人的特定的现实性为自己的实在性和内容,也就是以这个意识自身的现实性为自己的内容。康德的为义务而义务原则完全无视这一基本事实,而把人身上的一切现实内容都抽掉了,或者说用一条抽象原则、纯粹的思想物把具体个人的现实性置换掉了。这样一种纯粹思维的空洞抽象是没法实行的,事实本身迫使它不能不以个别人的意识的现实性作为自己的内容,从而放弃自己的抽象立场而转到现实的众多义务的立场上来。这就是为什么这种道德意识总是免不了要进行这样一种置换的内在原理或机制。事实上,这样一种纯粹义务当你说出来的时候,你就已经意识到它的实在的内容了,那就是你的这个意识本身,它本身就是一种现实性。当康德说要为义务而义务的时候,他的这种意识本身就具有一种现实性,虽然他说出来的话是空洞的、抽象的，但是他这个意识本身是一种现实性，它不是作为一个思想物，而是作为一个个别人的意识。任何人，当他说为义务而义务的时候，他都有一种很现实的意识，就是他把这个为义务而义务作为他自己的意识说出来了；但是，当他以为他说出了一个纯粹目的时，实际上他已经用他自己意识的现实性把这个纯粹目的置换掉了。所以良心正是看出了这一点，你所意识到的这个纯粹义务是空洞的、抽象的，而你的这种意识本身是现实的，是你在意识，唯有这样一种内容，才使它成为现实的。那么良心就抓住这一点，说你既然已经产生了这个意识，那你就赶快把这个意识抓住啊，这才是本质啊。至于你说什么话，那还在其次，你要返回自身，返回到自我意识自身。

**良心对其自身来说**，把它自身的**直接确定性**当作自己的真理。这种对它自身的**直接的**具体的确定性，就是本质；按照意识的对立面来考察这种直接确定性，那么特有的直接的**个别性**就是道德行为的内容；而道德行为的**形式**恰好就是作为纯粹运动、亦即作为**认知**或**特有信念**的这个自我。

"良心**对其自身来说**"，对其自身来说都打了着重号，就是说你不要追究良心说出了什么别的话，你要回到自身。良心本身就是回到自身了。良心对其自身来说，"把它自身的**直接确定性**当作自己的真理"，我们刚才讲了，良心马上把这个意识抓住了，这个意识是直接确定的。这个意识究竟说出了什么，究竟意识到了什么，这个还不是最直接的，最直接的就是我意识到了。是我意识到了，这是最直接确定的，于是良心把这个直接确定性当作自己的真理。我现在发现，我说出来的话都不算数，但我说了这句话，这是作数的，这个是真理。良心就是回到了我自己，回到了在说这个话的我，我是凭借一种直接确定性来说这句话的，那我就回到这个直接确定性，其他的我都不管了。"这种对它自身的**直接的**具体的确定性，就是本质"，这就是良心所抓到的本质。你说出什么话来，这个都无关紧要，你说要为义务而义务，那是空洞的，那没有内容，那也不是本质，你不要抓住这句话，你要抓住说这句话的人。他现实地把这句话说出来了，这个人的这个意识就是他的直接确定性，那才是本质。所以良心现在已经不对外界了，已经不考虑我们究竟能不能做出什么事情，这都是外部的条件，我说的为义务而义务能否实现出来，那取决于很多外部的条件，这个我都不管了，我只管对自己。良心对其自己来说，只把它自身的直接确定性当作真理和本质。良心就是回到自我意识的直接性，我说什么，这个已经是间接的了，是我在说，这个是直接的，这就是本质。"按照意识的对立面来考察这种直接确定性，那么特有的直接的**个别性**就是道德行为的内容"，按照意识的对立面，意识它是有对立面的，我们前面讲了，意识就是对象意识，意识是有对象的。按照意识的对立面来考察这种直接确定性，也就是把这种意识的直接确定性当作对象来考察，那么这种特有的直接个别性就是道德行为的内容。特有的直接个别性，也就是说话的主体，或者意识的主体，比如说康德这个人的直接的个别性，个别性打了着重号。这一个个别性的内容就很丰富了，他是个什么样的人，他的各个方面，他的认识，他的感情，他的感觉，他的教养等等，这都形成了他的个别性，你就要回到这样一个个别性。为义务而义务的道德原则是挺空洞的，但是一旦实现出来，它就是根据每个人的个别性而有所不同的，每个人都做得不一样。所以为义务而义务是不可能的，它实现出来总是既为义务，也为每个人的个别性的，除非你什么也不做。"而道德行为的**形式**恰好就是作为纯粹运动、亦即作为**认知**或**特有信念**的这个自我"，前面是讲道德行为的内容，就是他的个别性，而这里讲它的形式。道德行为的形式是什么呢？原来以为道德行为的形式就是为义务而义务，现在不是了，而是作为纯粹运动的自我，是作为认知或特有信念的这个自我，"认知"和"特有信念"都打了着重号，这两者，认知和信念，是后面讨论的两个关键词。就是说，个别性作为道德行为的内容，它不是完全被动的，不是盲目的，它是由这个自我在形式上所掌控的，这个自我作为纯粹的运动，而形成了道德行为的形式。自我是通过它的认知和特有信念来掌控整个道德行为,掌控整个行为的运动进程。下面还要讲到,这个认知和特有的信念就是一回事,这个认知不是一般的认知,而是作为一种特有信念的认知。Übezeugung,我们译作信念,也就是确信,相当于确定性 Gewissheit,就是确知的意思,它本身就是确定的认知,那就是良知 (Gewissen) 了。特有的信念,"特有的"eigene,也可以译作"自己的",就是说,这种信念为什么那么确定呢?因为它是对自己的信念,是自我返回到自身,对自己这个特有的自我的信念,所以它也是对自我的最直接的认知,这个自我就是良知。所以良心在这里回归到自身,回归到自身的个别性,它以自身的个别性为内容,而以自我对自身的直接认知和特有信念为形式。那么这样一种自我究竟是一种什么样的自我呢?下面就来考察一下。

{344}　　如果在其统一性和各环节的含义中更仔细地考察这个自我,那么道德意识曾经只把自己作为**自在**或**本质**来把握;但作为良心,它把握到的就是它的**自为**存在或它的**自我**。

　　"如果在其统一性和各环节的含义中更仔细的考察这个自我",在其统一性和各环节的含义中,就是说现在全面地来考察一下这个自我,把它的各环节和统一性都考虑在内,那么我们就可以看出,这个自我是两个环节的统一。这是对这个自我的更仔细的考察,也是给良心在这个统一中的位置作一个定位。"那么道德意识曾经只把自己作为**自在**或**本质**来把握",这是一个环节,即自在的环节。就是道德意识只把自己的自我作为自在,或者作为本质来把握。这里用的是过去时,就是在前面道德世界观中,道德自我意识只是充当一个自在的本质环节,它被各种其他令人眼花缭乱的置换或悬设所遮蔽着,而显不出它自己的作用来。"但作为良心,它把握到的就是它的**自为存在**或它的**自我**",这就是第二个环节了,也就是自为的环节。"自为存在"和"自我"打了着重号,这是和前面的"自在或本质"相对应的。也就是说,如果在其统一性和各环节的含义中来更仔细的考察这个自我，那它就有两个环节，一个环节是道德意识的自在环节，一个环节是良心的自为环节。这两个环节构成道德意识的自我的统一体，但它们的层次显然是不同的。自在或本质的环节还只是作为道德意识的对象，而只有良心才把自我作为自我本身、即作为自为存在来把握。良心也就是一种道德意识本身了，但它是达到了道德自我意识的道德意识，它把对象性的道德意识颠覆了。作为良心的道德自我意识所把握到的就是它的自为存在或它的自我，它不再把这个自我当作一个对象、当作一个客观的本质来把握了，而就把它当作自己自身的本质来把握，那么道德意识就变成良心了。或者说，道德意识一旦成为自为存在，一旦回到它的自我，那就是良心。我们前面讲，所谓良心就是道德意识返回自身嘛，所有那些义务，那些各种各样的矛盾，各种置换，我都撇开不管，我回到我的良心，这是最单纯的，是最简单的解决问题的办法。这是对这个自我的进一步考察，就是把它放到自在的道德意识和良心的相互关系中来考察，这两者构成一个自我统一体的两个环节。

　　——**道德世界观的矛盾自行化解**了，就是说，作为这一矛盾的基础的区别，已经表明自己不是什么区别，这区别归结为纯粹的否定性；但纯粹否定性恰恰就是**自我**；这是一个单纯的**自我**，它既是**纯粹的**认知，又是对它自己作为**这个个别**意识的认知。

　　"道德世界观的矛盾自行**化解**了"，也就是到良心这里，道德世界观的矛盾就自行化解了。道德世界观的矛盾，前面讲了，纯粹义务和现实行动的矛盾，在这个道德世界观里是没有解决的，它只是采取一种置换的手法来逃避这个矛盾。而到了良心这里，这个矛盾就自行化解了。也就是纯粹义务它本身就是现实的行动，当然这个现实的行动不是什么别的，就是良知本身的感性确定性。就是手拍胸膛想一想的那样一种确定性，那就是义务。你不要跟我讲大道理，我的良心知道我该怎么做，我的良心指导我去做的，那就是义务了，不需要看什么书，也不需要听别人的说教，我凭我自己的良心做的事情就是合乎义务的。所以义务和它的现

269

实的行动在良心这里已经没有矛盾了，而在道德世界观那里是矛盾的。你从纯粹的道德意识出发，要求为义务而义务，但是怎么施行？一施行就把这个"为义务而义务"破坏了。但是在良心这里不存在这个问题，从良心出发就是为义务而义务，同时也是感性确定性的行动。所以道德世界观的矛盾在良心这里自行化解了。什么叫"自行化解"了？就是它不是由别的外来的力量化解的，而就是由道德世界观自己发展到极致，回归到良心，这个矛盾就化解了。良心就是道德意识本身发展的结果，良心就是一种扬弃道德意识的道德意识，也就是道德自我意识，或者说良心就是道德世界观的自我否定，它发展到极致，就自我否定而变成了良心。而一旦自我否定到良心这里，道德世界观的矛盾就自行化解了。所以它是自行化解的，是它自己把自己的矛盾发展出来，发展到自我否定，它的矛盾就化解了。"就是说，作为这一矛盾的基础的区别，已经表明自己不是什么区别"，道德世界观的矛盾的基础建立在一种区别之上，就是前面讲的纯粹义务和现实性之间的区别，也就是意识和意识对象的区别；而这种区别在良心这里已经表明自己不是什么区别。在这里，纯粹义务就是现实行动，我的良心指导我做的事情就是符合纯粹义务的，纯粹义务再纯粹、再抽象，也是一个人的良心所发出来的，也是一个个别的具体个人的意识直接确定的，本身就是一种现实性。所以康德的绝对命令听起来是很抽象的，但是提出绝对命令的这个人是很具体的，他的意识是很具体的。于是这种区别其实已经不是区别了，只要你换一个角度，你站在良心的角度来看，这些区别就不是什么区别。或者说原来把自在和自为看作是一种区别，现在看起来呢，它就是同一个自我的不同方面，一个是自在的方面，道德意识把自己作为自在的来把握，另一个是自为方面，良心把握到的是它的自为存在，双方都是把握的同一个自我。在良心这里是回到自我，回到自我就把两方面都统一起来了，自在和自为，它们的区别无非就是一个自为，一个自在。而自在的我和自为的我就是同一个我。自为的我本身也是自在的，而自在的我肯定要自为，所以它们已经表明自己不是什么区别。"这区别归结于纯粹的否定性;但纯粹否定性恰恰就是**自我**",这区别归结为否定性,我们刚才讲了,所谓良心就是道德意识的自我否定,就是道德世界观的自我否定,这种纯粹的自我否定性就是良心,就是良心的自我。自我是自在和自为的统一,既是自在的我,又是自为的我,但归根结底是自我否定的我。我们讲到自我的时候,就要着眼于它的自我否定性,所谓的自我,就是说它不想是原来那个样子,它要否定它原来的样子,这就是自我。它一旦肯定下来就不是自我了,所以它不愿意停留在原地,而要"生活在别处"。米兰·昆德拉的一本书就叫《生活在别处》,而用萨特的话来说,就是要"是其所不是,不是其所是"。他要成为他不是的东西,他要否定他已经是的东西,总之是要超越自我。超越自我才是真正的自我,这就是自我意识。所以自我意识恰好就是纯粹的否定性,纯粹的不安息、不安分,我们讲这个人不安分,他是纯粹的能动性,他不愿意静止,不愿意停留在老地方,他老是想要不断的有所创造,有所发明,有所发展,有所运动,这就是自我。"这是一种单纯的**自我**,它既是**纯粹的**认知,又是对它自己作为**这个个别**意识的认知",这种自我它回到了单纯性,作为这样一种纯粹的否定性,它就是很单纯的了,没有很复杂的东西。但它又是对自己作为这个个别意识的认知。一个是纯粹的认知,或对纯粹义务的认知;另一个呢,它又是对自己作为这个个别意识的认知。"纯粹的"和"这个个别"都打了着重号,以示对照。也就是这样一个单纯的自我,说起来很单纯,它就是自我否定,但是它有两方面,一方面是纯粹的方面,就是纯粹认知,另一方面是个别的方面,就是对自己这个个别意识的认知。注意这里都是在"认知"层面上展开的讨论,这是和后面一个小标题"对信念的承认"以及第三个小标题"良心作为认知者和行动者的统一"相对照的。

　　这个自我于是构成以前的空虚本质的内容,因为它是**现实的**本质,这个现实的本质不再意味着一种对本质而言陌生的并具有特有规律的独立的自然。

"这个自我于是构成以前的空虚本质的内容"，这个自我一方面它是纯粹的认知，另一方面它又是作为这个个别意识的认知，所以这个自我就不再是抽象、空洞的本质了，在良心这里，这个自我就有内容了，不像在纯粹义务那里那样是抽象的空洞的了。"因为它是**现实的**本质，这个现实的本质不再意味着一种对本质而言陌生的并具有特有规律的独立的自然"，这个自我现在已经是现实的本质了，现实的打了着重号。现在，这个现实的本质不再像在道德世界观中那样，意味着一种对本质而言陌生的并具有特有规律的独立的自然，也就是不再是那种物理世界的自然，这种自然对道德本质而言是外来的，陌生的。我们通常一讲到现实的本质，马上就想到自然规律，想到客观存在，想到环境，想到外在条件等等，这里讲的则不是。这里讲的现实本质不是那些外在的条件，而是另外一种现实性，是个体内部的现实性，比如说感性的确定性、良心就是这样一种内在的现实性。自然有两层含义，一个是外部的自然，一个是内在的自然，感性的欲望、冲动，这个是内在的自然。它也是自然，但是它跟外部的规律不一样，它是一种主体本身内部的自然冲动。这样一种现实性使得原来那些空虚的本质、为义务而义务等等具有了现实的内容，具有了现实的本质，那就是良心。

这个自我，作为否定的东西，是纯粹本质的**区别**，是一种内容，确切地说，是一种自在自为地有效的内容。

"这个自我，作为否定的东西，是纯粹本质的**区别**"，这个自我就是否定的东西，或者说是自我否定的东西。前面讲了，这个自我其实就是自我否定，就是否定自己原来的样子，要往前去，要运动起来，要投入变化，要变成不是原来的自己。所以它是纯粹本质中的区别，你否定自己原来的样子，那就是对自己和自己作了区别，在自己内部过去的我、现在的我和将来的我之间作出区别。这是纯粹本质的区别，是在自己内部的本质中作出的区别。"是一种内容，确切地说，是一种自在自为地有效的内容"，你一旦进行自我区别，那就有了内容了，你静止地停留在原处，不作区别,那当然没有内容,那就是空洞的,抽象的。为义务而义务作为一条静止不动的原则,那就是空洞抽象的,没有任何内容,但是一旦投入到区别里,那就有了内容了。而且这种内容是一种自在自为地有效的内容,因为它自己跟自己相区别,它是自在的又是自为的,所以它本身就是自在自为地有效的。前面一直都是在讲良心的否定性,它的个别意识,以及它的这种能动性,那么下面一段则是讲另外一方面。

　　此外,这个自我作为纯粹自身等同的认知,就是**不折不扣的共相**,以　[152]
至于正是这个认知**作为它特有的**认知,作为信念,它就是**义务**。

　　前面讲的主要是强调良心的个别性,回到直接的确定性,回到感性确定性,回到我的感觉。我觉得这个东西是昧良心的,或者我觉得这个事情应该凭良心,这是一种感觉,甚至是一种直觉。我们今天也有人讲直觉主义的伦理学,直觉主义的伦理学就是强调人的良心,强调人凭直觉想一想,马上就可以知道自己应该做什么。至于那些一般的道德命令,那些普遍的道德义务,那些书本上的教条,我一概不管。这是从个别性来讲的。但良心还有另一方面,就是普遍的方面。所以这里讲,"此外,这个自我作为纯粹自身等同的认知,就是**不折不扣的共相**"。也就是说,虽然这个自我拼命地要跟自己不同,要在自身中作出区别,要超越自我,但是作出自我超越的区别的这样一个自我不还是同一个自我吗? 它还是同一个自我,这种区别不是外来的,不是陌生的,不是别人给它做出来的,是它自己做出来的,所以虽然它区别了,但其实又没有区别,区别开来的双方都还是它自己。所以它还是把自己看作自己的认知,自身具有同一性。我们讲人格的同一性,人格的前后同一,自身等同,不管你怎么否定自身,批判自身,忏悔自身,它还是你自己,还是同一个自我在进行批判,进行忏悔,进行否定。在这种意义上,它就是不折不扣的共相,就是一种普遍性。"以至于正是这个认知**作为它特有的**认知,作为信念,它就是**义务**",也就是说,它在自我区别中、在自我否定的运动中始终保持着自身的同一性。作为它特有的认知，"作为它特有的"打了着重号，也就是说这是一种对自己特有的个别性的认知，而这种认知其实就是对自己的信念，而保持这种信念，保持它对自己的一贯性不变，也就是保持自身人格的同一性不受中断，则成为了它的一项义务。认知和信念在这种意义上就成了一回事，由此使认知和义务结合为一体了。自我意识在否定自身的运动中产生了一个信念，就是说我这样才能保持我自身的前后一致，这就是对自己的一种确知，是对自己的个体保持人格同一性的信念，它就是一个人最起码的义务。义务现在成了个别的自我本身的一种一贯性，一种人格同一性。这种人格同一性作为自身等同的认知，作为一种共相，它就是纯粹义务。原来的那个抽象的义务是脱离个体的，你不能考虑个体，你得把个人所有的东西都撇开，我们回到理性，回到纯粹实践理性本身的法则，那就是道德义务，在康德那里就是这样讲的。但是现在，当我诉诸良心的时候，我的良心就是我的前后一致的自我，那么对这个前后一致的自我的认知，那就是义务。我唯有一个最根本的义务，就是怎么保持自己的前后一致。我能够保持我将来对我做过的事情不后悔吗？孔子也讲，有一言能终身行之者乎？己所不欲勿施于人。有一句话你能终身行之吗，你能终身持守吗？那就是"己所不欲勿施于人"。这本身是一种义务，但是这条义务它后面的最终根据仅仅在于能够"终身持守"，用黑格尔的话说，就是能够作为"纯粹自身等同的认知"。不论你做什么，你一个人能终身保持一贯的这样一种行动，那就是你的义务。所以，前面讲的就是，良心是一个个别的东西，是凭自己个别的感性的直接确定性说话做事；那么这里讲的除此而外呢，它还是一种共相，一种义务，或者一种信念。如果完全只凭它的个别性说话做事，那它就是为所欲为了；但它还有另一方面，就是为了维持自身人格的同一性，于是把这种自身同一性当作共相或义务来把握。

　　义务不再是站在自我对立面的共相，而是被认知到，它在这种分离中是没有效准的；现在它就是为了自我之故而存在的法则，而不是为了

**法则之故而存在的自我。**①

那么现在这样一种义务和以前的那种义务就不一样了, 以前道德世界观的义务是一种纯粹义务, 是一种高高在上的抽象的共相, 是不食人间烟火的, 而现在不同了。"义务不再是站在自我对立面的共相, 而是被认知到, 它在这种分离中是没有效准的", 义务作为共相不再与自我相对立, 它现在被认知到, 一旦和自我对立, 成为外在的义务, 那么在这种主客二分中它就失效了。高高在上加之于我的义务对我无效, 我凭良心做事, 凭良心说话。这良心就是我的共相, 就是我的法则, 我何必去考虑那个由外面加之于我的义务呢? 我的良心在我的胸膛里, "现在它就是为了自我之故而存在的法则, 而不是为了法则之故而存在的自我"。这里有个德文编者的注, 说这是借用雅可比的说法, 据说雅可比在和费希特的通信中说过这句话。不过这句话的典故最早出自《圣经·马可福音》第2章, 说耶稣在安息日从麦地经过, 他的门徒掐了些麦穗来吃, 受到法利赛人的指责。于是耶稣就说, 人因为饥饿是可以在安息日掐麦穗吃的, 因为"安息日是为人设立的, 人不是为安息日设立的。所以人子也是安息日的主。"黑格尔在这里是不是一定要引雅可比, 而不是直接引圣经, 这个存疑。不过雅可比是道德上的直觉主义者, 主张凭直觉、凭良心直接就可以认知什么是义务, 从这点来看, 黑格尔把雅可比拉来作证也不是没有可能。

**但是法则和义务因此就不仅有*自为存在*的含义, 而且有*自在存在*的含义, 因为这种认知为了自己的自身等同性之故, 恰好就是*自在*。**

"但是规律和义务因此就不仅有*自为存在*的含义, 而且有*自在存在*

---

① 显然, 这里暗中引用了雅可比的说法。参看雅可比致费希特: "是的, 我是无神论者和不信上帝的人, 我这个人是会让虚无的意志讨厌的, ——对它来说, 我在故意撒谎[……] 是的, 在安息日去掐麦穗, 也只是因为我饿了, 律法本来应该是为人而造的, 而人不应当是为了律法而造的。"(《全集》第3卷第37—38页) 而雅可比这里又是用的《马可福音》2, 27. 的典故。——丛书版编者

的含义"，我们前面讲了，道德意识在道德世界观中曾经把自己看作是自在的本质，而当它返回到良心，就意识到自己是自为存在了。而这里又反过来，说良心本身所拥有的法则和义务不仅有自为存在的含义，而且也有自在存在的含义。或者说，良心作为个别性的单纯否定性，它是自为的存在；而作为自身一贯的人格的法则或共相，它同时又是自在存在。这种法则和义务既然是一种不折不扣的共相，一种一以贯之的信念，那么它就不仅有自为存在的含义，而且有了自在存在的含义。前面讲了良心的自我本身就是这两者的统一，自在的我和自为的我；但前面先是强调它是自为的，而现在反过来，强调这个自为的我也不是没有法则的，它也有一种自在的共相。虽然它是良心，是一种纯粹的否定性、纯粹的能动性，但是它也要受某种束缚，不是受外在的规律的束缚，而是受自己的法则的束缚，所以它也是自在的。"因为这种认知为了自己的自身等同性之故，恰好就是**自在**"，这样一种法则是自在的，它在那里，它是你必须去服从的。所以主动性和被动性这两者是不可分的，一方面它是主动的、能动的、自为的，但另一方面，它又是自在的，否则的话这个自为就发挥不出来。我们往往讲能动性的时候忽视了它的被动性，忽视了它的自在，其实双方是不可分的，它也要服从某种规律。当然它的规律已经不是外在的自然规律了，也不是服从彼岸的法则了，而是服从它自己的法则，它的人格的自我同一性。这也就相当于康德的意志自律、自我立法，只不过康德的意志过于抽象，那种自我立法只是逻辑意义上的。而这里的良心的法则却是感性确定性自身的共相，具有能动实践的现实意义。

这种**自在**在意识中也把自己从上述与自为存在的直接统一中分离出来；这样站在对立面，它就是**存在**，就是**为他存在**。

"这种**自在**在意识中也把自己从上述与自为存在的**直接统一**中分离出来"，这种自在，这种义务，这种共相，这种信念，或者这种法则，在意识中也把自己从那个自在与自为的直接统一中分离出来。也就是说，既然有自在和自为两面，那么在意识中，也就是在对象意识中，我们把它当对象来考察，也就会把这种自在抽出来单独加以考察。虽然它和自为存在是直接统一的，在良心那里本来是这样的，但是既然良心被放在意识中作为对象来考察，那也就免不了拆开这种直接的统一性，对双方分别加以考察。"这样站在对立面，它就是**存在**，就是**为他存在**"，把它的自在分离出来，你就把它看作在对立面的了，虽然它本来并不是对立面，而是与自为存在直接统一的，但现在它在意识中被看作一个对立面了，因为意识把它当作一个对象了。而在这种情况下，它就是存在，也是为他存在，"存在"和"为他存在"都打了着重号。它是存在，也就是说良心的存在、自我的存在就体现在它的法则上。自我是运动没错，它不断地自我否定、超越自身；但是它本身还有一个可以把握、可以抓得住的存在方面，这就是它在运动中所遵守的法则。而这个存在方面，这个法则，就是为他存在。法则的自在存在不可能离开为他存在而单独存在，否则它就只是空洞的抽象形式，而不是真正的自在存在。法则的真正的自在存在就是和其他的存在相互之间处在关系之中的存在，法则无非就是这种与他者的关系。你把这个良心的法则看作一个自在存在，那么我们可以看到还有很多很多其他的存在，而这个良心的法则和其他的存在是有关系的，是和它们打交道的，是为了作用于它们而存在的。良心的法则正是由于自己的为他存在而成为共相的，它不是一己之私的特殊法则，而是良心的普遍法则，这个普遍法则超出了良心的私人的个别性，而成为了一切良心或一切有良心者的共同的法则。这是从意识的角度、也就是从对象意识的角度来看，这样一个自在的存在，这样一种共相，这样一种法则，就被看作了与良心的私人个别性相对立的普遍共相，也就是说，你有你的人格的一贯性和同一性，他人也有他人的人格一贯性和同一性，在这种法则上，你和他人是一致的。我们可以把它看作是站在个别性的对立面的存在，这个存在是为他的。但它其实又并不是与个别性对立的，而是每个个别性自身的同一性法则，用今天的话来说，是一种"主体间性"的法则。这里实际上已经向下一个小标题过渡了，这就是"信念的承认"。这种为他存在就是说，良心和其他人的良心互相之间有一种承认的关系，如果你的法则成为了信念，那就必然会承认他人的法则，并且必然会得到他人的承认，你的信念正是在这种相互承认中建立起来的。你的为他存在就是为其他存在所承认并且也承认其他的存在，是这样一种存在。它的存在是在各个人的良心或者说各个自我之间的关系中存在的，而不是单独存在的。这个里头有一个原理，我们下面看看他怎么阐明这个原理。

——义务，正是在现在，作为被自我所抛弃的义务，而被意识到它只是一个**环节**；它从自己就是**绝对本质**这一含义已下降为这样一种并非自我、并非**自为**存在的存在了，所以它就是**为他存在**。

"义务，正是在现在，作为被自我所抛弃的义务，而被意识到它只是一个**环节**"，义务正是在良心这里，被意识到了它只是一个环节。义务原先一直是在道德世界观那里被讨论的，那么在良心这里，我们也讨论义务，但这里义务和道德世界观的义务已经大不一样了，虽然它表述出来的形式和道德世界观里面是一样的，也是空洞的共相，为义务而义务的，但是它是放在个别良心的基础上，被良心所充实和赋予了内容的。而义务在意识中又被自我所抛弃，本来它是由自我所统摄的，刚才讲，"这个自我作为纯粹自身等同的认知，就是不折不扣的共相，作为信念，它就是义务"，它本来是自我的自身等同的一个共相，而现在在这里呢，又被自我抛弃了。为什么被自我所抛弃了？因为在意识中，我把它看作一个对象了。在自我意识中，它就是我的一个环节，但是在意识中，它就是我的对象。我们从意识的立场上看，它是被自我所抛出去了的，是放在自我的对立面的。所以前面讲，这样站在对立面，它就是存在，它就是为他存在，前面一句是这么讲的。自我一方面包含着义务，另一方面呢，它又把义务抛出去，作为意识的对象抛出去。因为义务只是自我的一个环节，而不是自我的全部，所以自我可以把它抛出去作为一个对象来看待。良心它本身就是义务，但是，它又把这个义务当作对象抛出去，抛到对象上面来考察。当然实际上是考察自己了，在对象上面来看待，看我的这个义务究竟是怎么样的。良心把它的义务实现出来的时候,它还要考察一下它的有效性,看看别人怎么样看待它,是不是被别人所承认。所以"它从自己就是**绝对本质**这一含义已下降为这样一种并非自我、并非**自为存在**的存在了,所以它就是**为他存在**",它就降低了自己的层次,从绝对本质降为为他存在了。原来是它自己就是绝对本质,义务就是绝对本质,居高临下,我的道德意识、包括良心,都是把义务看作我的最高的绝对本质。现在我把它作为一个环节抛出去,那么这个义务就下降为一种并非自我,并非自为的存在了,它要看他人的脸色行事了。它不是我可以为所欲为、想怎么就怎么样的。当初以为,只要我是凭良心做事,那么我的行为就是符合义务的,就是绝对义务。但是现在良心在它的实行过程中,它还要考虑别人是否承认的问题。你说你凭良心办事,你说你凭良心说话,那么是不是你随便做出什么事来都是凭良心呢,是不是你完全是自为的存在、为所欲为的存在呢,也不是的。它已经没有那种绝对性了,你所感到的那个义务,它就好像完全是一种自为存在,但是在意识中,它现在已经不是的了,它并非自我、并非自为的存在了,所以它就是为他存在。我凭良心做的事情,我为所欲为所做的事情,还要看一看在他人那里造成了什么影响,看看人家是否承认,这个很重要。如果一个人根本不看别人是否承认,他就说他凭良心说话,这个人是很虚伪的。我自以为我是凭良心的,我主观意图是好的,但是实际上呢,你既然要把它付诸现实行动,那么这种行动就已经是为他存在了,要考虑其他人的反应。

　　但是这种**为他存在**之所以还保持为本质性的环节,是因为自我作为意识,构成了自为存在与为他存在的对立,而现在义务在其直接的**现实**中就不再只是抽象的纯粹意识了。

　　"但是这种为他存在之所以还保持为本质性的环节",就是说,我现在把义务抛出去了,使它成为了为他存在的,最后要取决于他人的承认,但是,它还保持为自我的本质性的环节。自我还是把它看作是自己的本质,虽然不是绝对本质,只是一个环节,但至少呢,它还是一个本质性的环节。那么，为什么会这样呢？"正是因为自我作为意识，构成了自为存在和为他存在的对立"，自我作为意识，也就是作为对象意识，它就要区分为一个自为的和一个为他的，要区分出一个主体和客体，主观和客观。我们前面也讲到，意识的特点就是自身和对象是不一样的，主客观是不一样的，主观要符合客观，意识的特点就是要树立一个对象，它是对象意识，这跟自我意识是不同的。所以在意识中自我本身也有一个主客观的对立，一个自为存在是主观的，一个为他存在是客观的。但是这是作为意识的一种对立，所以它还是属于自我的本质性的环节。这个对立是意识在自我中所设立的，不是外来的。为什么它还是本质性的环节呢，因为它还是在自我意识自身中作为意识的对象而设立起来的，所以它还是保持为自我的一种本质性的环节。"而现在义务在其直接的**现实**中就不再只是抽象的纯粹意识了"，就是这个义务一方面是本质性的，另一方面又已经是现实的了。如果仅仅是本质性的，那就和道德世界观中没什么区别了，道德世界观已经把义务看作是本质性的了，但是它并不是现实的，它是和现实性相对立、相矛盾的。而在良心这里，义务虽然也是本质性的，但在其直接的现实中不再只是抽象的纯粹意识，不再具有那样一种高高在上的绝对性和不食人间烟火的抽象性，而是在良心的这样一种现实性中具有了自己现实的内容，成为了现实的东西。而既然是现实的东西，那就涉及到一个人的良心与他人的关系，与其他人的关系，这种关系就是"对信念的承认"。你相信你是在凭良心做事情，那么人家是否承认呢，这个是最关紧要的。如果所有人都不承认，那么你的这种信念就落空了，就是人家不承认你了。你之所以抱有这种信念，之所以有这种自信，是因为别人的承认。这就是下面这一段要讲的内容了，即第二个小标题"对信念的承认"。我们先休息一下吧。

[ 2.对信念的承认 ]
因此，这种**为他存在**就是**自在**存在着的、与自我区别开来的实体。

　　我们来看这一个标题。"对信念的承认"，这涉及到承认。我们前面讲自我意识章的时候也涉及到承认，自我意识是在承认中才得以确立的，"我就是我们，我们就是我"，需要我们来对我加以承认，一个我离开了我们的承认就不成立。自我意识本身就包含有"我们"的结构，一个我对另外一个我的意识就叫做自我意识，把自己看作一个对象，看作另外一个我，这就是自我意识，这本身就具有"我们"了，但这还是内在的。这样一种内在的"我们"必须在与外在的他人的关系之中才能形成起来，就像人照镜子一样，你必须看到一个镜子里面的对象，你才意识到这就是我。社会就是人的镜子，你在别的人身上照见了自己的形象，你才有了我们的概念，你才有了我需要得到他人承认这样一种意识。那么良心呢，它本来是一个自我，一个单独的个体；但是这个个体呢，也需要得到承认，只有得到他人承认，良心对自己义务的信念才得以确立。"因此，这种**为他存在**就是**自在**存在着的、与自我区别开来的实体"，为他存在是一种自在存在着的实体，为他存在就说明有一个他人，我是为他的，那么我为他而存在才是自在存在的实体。这实体是与自我区别开来的，是在我之外的客观的实体，它形成了一种社会良心。本来良心就是自我，但是良心里面有为他存在的环节，而且自我必须把这个为他存在看作是自在的实体，看作是与自我不一样的、与自我区别开来的一个实体。良心看起来是一个单个的个体的良心，但是实际上它承载着为他的本质或实体。对照前一个小标题"良心作为义务的现实性"，那么这个小标题"对信念的承认"可以理解为良心作为义务的社会普遍性。

　　<u>良心并没有放弃纯粹义务或**抽象自在**，纯粹义务毋宁是本质环节，与别的环节相比它是**普遍性**。</u>

　　这个是对上面的一个进一步的说明。"良心并没有放弃纯粹义务或**抽象自在**"，你讲良心，并不是说纯粹义务就无效了，自在就被放弃了，良心就只剩下否定性的自为了，并非如此。相反，良心把纯粹义务作为自身的自在环节而吸收了。良心当然都是每个人个体性的，很具体的，

基于每个人直接的感性确定性，"这一个"。每个人都知道自己做一件事情是否凭了良心，但这不等于说，良心就没有标准了，这个标准只在自己内心了。其实良心在自己内心的个人的标准仍然是一种社会标准，是我自己心中的他人眼光，并不完全是自为的，不是他想怎么定就怎么定。有人自认为自己是凭良心，干了坏事还"青春无悔"，哪怕犯了罪、杀了人，也是凭良心的，在法庭上还面带微笑，觉得自己很满足。是不是就没有客观自在的标准了呢？不是的。良心本身虽然是自为，但是它也有一种抽象自在的衡量标准。"纯粹义务毋宁是本质环节，与别的环节相比它是**普遍性**"，在良心那里，纯粹义务还是本质环节，这个环节与别的环节相比，也就是与个别性和特殊性环节相比，它是普遍性。在良心里面还有其他的环节，有个别性的和特殊性的环节，纯粹义务则是普遍性的环节，它们都同属于一个良心，而且互相包含。良心看起来是个人心中的一杆秤，但这杆秤的准星是人人一样的，它有普遍性的。一个人凭良心做事的标志，就是看他是否考虑到普遍性，他是否考虑到他人。他损害了他人，我们就说这个人做事不凭良心，损人利己肯定就是不凭良心。一个人凭良心做事，他就不会损人利己，他就是为他的，或者他就是利他的，他尽量想把自己的事情做得对别人有好处，这就是凭良心做事。所以纯粹义务就是本质环节或普遍性的环节。

　　良心是各个自我意识的共同元素，而这个共同元素乃是行为业绩在其中拥有**持存**和**现实性**的那个实体；它就是被别的自我意识所**承认**的那个环节。

　　"良心是各个自我意识的共同元素"，凡是讲到良心，每个人都有，不要以为只有你有良心，所有人都有良心，只不过有的人按良心办事，有的人昧着良心办事。良心是每个自我意识都有的共同的元素。"而这个共同元素乃是行为业绩在其中拥有**持存**和**现实性**的那个实体"，这个共同元素是一个实体，在这个实体中，行为业绩拥有持存和现实性。行为业绩就是你把它做出来，做出一个行为，把它做成业绩，那么这个业绩如何能拥有持存和现实性呢？孔子说，有一言能终身行之者，那就是"己所不欲勿施于人"。这句话为什么能够终身行之呢？就因为它符合各个自我意识的共同元素，符合每个人的良心。所以你对这句话终身行之，是能够拥有它的持存和现实性的，因为你遵守的是所有人共同的那个良心，这个共同的良心就是实体。你按自己的良心办事，你就是按照这个实体办事，就是按主体间性办事。那么你所办的事就有持存和现实性，它就会现实地持存下来。你做好事嘛，做好事总是可以持存的，可以具有现实性的，大家都认可。你在现实中就有了业绩了，你做的事情就被大家承认了，就留下来了。否则的话，你作出损人利己的事，你马上就被别人否定了，被别人制止了，你昧着良心干的事情为人所不容，人神共怒，就把你灭掉了。所以我们把良心看作一个持存的实体，是各个自我意识的共同元素。"它就是被别人的自我意识所**承认**的那个环节"，承认打了着重号。这样一个实体就是被别的自我意识所承认的环节，它的实体性就在于这种承认。其他的自我意识要承认它，被承认就是实体，就具有现实性，就具有持存，不被承认，那它是长不了的。你可以得逞于一时，但是不可能永远成功，你总有一天会遭到报应。

　　道德自我意识不具有被承认这一环节，不具有**定在着的纯粹意识**这一环节；所以它根本不是行动着的，不是实现着的。　　　　　　{345}

　　这是反过来说了，对照而言，刚刚讲了良心，那么对照道德自我意识而言，"道德自我意识不具有被承认这一环节，不具有**定在着的纯粹意识**这一环节"，这是道德自我意识与良心的区别。道德世界观，前面讲了它具有内在矛盾，道德世界观发展到它的顶端，就解体了，道德意识就从里面冲杀出来，回归到自身了，这就是道德自我意识，但这时它还不具有被承认这一环节，不具有对象意识环节。特别在康德那里体现出来的道德自我意识，它是不考虑别人承认的，它只考虑它自己内心的一贯性，自己的纯粹道德实践法则是否能够一致，它的行动的准则是否能成为一条普遍的法则。所以它不考虑被承认这一环节，虽然它相信自己一定会被承认，每个有理性者一定都会承认，但并不是由于要别人承认才遵守法则，不是说要拿到现实行动中去检验一下，根据人家的反应来建立自己的信念。康德体现的是最纯粹的道德自我意识，它不把承认当作自身的一个环节，不考虑人家承不承认。当然这也有好的一面，它不考虑承认问题，那就是"虽千万人吾往矣"，像孟子讲的，虽千万人反对，我也一往无前。康德也有这个特点，就是说，他不考虑人家怎么看他，他只考虑是否符合自己的理性法则。所以它也不具有定在着的纯粹意识这一环节，"定在着的纯粹意识"打了着重号，就是说不考虑这个纯粹意识它的定在。定在就是现实性了，它是否能够实现出来，成为一个现实存在？康德是不考虑它是否能够得到实现的。所以这个道德自我意识在这里显然是针对康德的，康德的道德意识虽然是纯粹意识，但是它不具有定在着的纯粹意识这一环节。而良心则不同，良心既有纯粹意识，又有定在，而道德自我意识却没有定在。"所以它根本不是行动着的，不是实现着的"，它不考虑具体的行动，或者说它考虑行动是在抽象中考虑，而不考虑现实的行动。康德的道德意识受人批评、遭人非议的也主要就是这一方面。

**它的自在**，对它说来，要么是抽象的**非现实的**本质，要么是作为一种本身非精神的**现实性**的**存在**。

"它的**自在**"，还是讲的这种道德自我意识，这种道德自我意识自在的来说，就其自身来说。"对它说来，要么是抽象的**非现实的**本质"，那就是空谈，纯粹义务，为义务而义务，是一种抽象的非现实的东西，非现实的本质。"要么是作为一种本身非精神的**现实性**的**存在**"，就是一旦付诸现实行动，那就完全是非精神的现实性的存在。换言之，这样一种行动在康德眼里就是一种类似动物性的存在，因为它付诸现实行动，具有了感性的现实性，那就成了一种动物性的现实性。要么人就是天使，不食人间烟火，要么人就是动物，就是野兽。这个前面也讲了，道德世界观的自身矛盾就在这里。一会儿讲纯粹义务，为义务而义务，但是，眼光一旦降到现实生活中来，就发现没有人是道德的，整个世界都是一个动物王国。它还不是"精神的动物王国"，它连精神都没有，就是一个动物王国。所有人都是为了自己的欲望，为了自己的冲动，为了求自己的幸福在那里拼搏，在那里熙来攘往，孜孜于名利。即使他标榜道德，但是，这个道德是未完成的，哪怕他有这么一个心，但是没有这么一个实。未完成的道德按照纯粹道德标准来说，就是不道德，所以由此推出来没人是道德的。前面的前提就是说，每个人都有道德意识，但是它推出来的结果是，没有人真正有道德，都是一样地取巧，都是打着道德的招牌来谋自己的私利。所以前面讲道德世界观总是在两极之间荡来荡去，一会显得很高超，一会显得很低下。一会用高超的东西掩盖着低下的东西，一会用低下的东西取代高超的东西，不断地置换。这就是道德意识的内在的矛盾性。

　　**但良心的存在着的现实性**则是这样一种现实性，它就是**自我**，这就是说，它是意识到自我的定在，是被承认这一精神元素。

　　与上面道德自我意识相对照，良心则完全不同了。"但良心的**存在着的现实性**则是这样一种现实性，它就是**自我**"，"存在着的现实性"打了着重号。良心是一种非常现实的存在，每个人都有自己的良心，这是一种非常具体的可感受到的现实性。但这种现实性不是别的现实性，它就是自我，"自我"也打了着重号。什么是自我？"这就是说，它是意识到自我的定在"，这里讲的自我是一个定在，一个此在，是这里的"这一位"；而这个定在是意识到自我的，具有自我意识的，但它又是现实的。良心是很现实的，良心是一个定在，在现实中，良心在人心中会起作用。这个良心的定在是意识到自我的定在，不再是那样一种非精神的现实性，而是精神的现实性。它"是被承认这一精神元素"，良心就是被承认这一精神元素，"被承认"打了着重号。被承认是一个精神元素，正是它使良心从道德自我意识上升到了精神自我，凡是精神都是对意识和自我意识的超越或提升，它总是涉及到人与人的关系。被他人所承认，表明它不是主观为所欲为，而是客观上受到其他自我意识承认的一个精神元素，良心就是这么一个元素。所以良心比道德自我意识要更高，它把矛盾的双方都统一到一个点上了，统一在自我身上了，这个点本身表现为被承认，大家都承认这个点，并且每个人都有自己的一个点。所以良心被不被承认这是至关重要的，这就是它的定在。你特有的良心是否被他人承认，这是检验你是否真有良心的一个标准。你的良心虽然是内在的，每个人主观所认可的，但是最后还要由他人来认可。不是说你标榜自己有良心就有良心了，因为良心是一个现实的行动，它必须在行动中与他人打交道，通过得到他人承认而体现出来。

[153]　　　行为因而只是一种转化，只是把它的**个别的**内容转化成**对象性的**元素，在这种元素中，个别内容是普遍的和被承认的，而且正是由于它被承认，才使得行动成为了现实性。

　　"行为因而只是一种转化"，良心是要导致行为的，凭良心做事。良心不是一种空洞的大道理，它是跟人的感性的直接确定性相关的，或者说它是直接建立在它的感性确定性之上的，那么它就要行动。而这个行动呢，只是一种转化，什么转化？　"只是把它的**个别**的内容转化成**对象性**的元素"，"个别"和"对象性"都打了着重号。个别的内容是主观的，每个人个别的良心都是主观的；但是，在行动中它把主观的个别内容转化成了对象性的元素，或者说转化成了客观的元素。他用"转化"Übersetzen 这个词，原意是"翻译"，就是说，实际上是一回事情，但是，转化为了不同的形式。个别的内容还是个别的内容，但是现在采取了对象性的形式，被赋予了对象性的元素。"在这种元素中，个别的内容是普遍的和被承认的"，个别和普遍本来是对立的，但是经过这样一种行动的转化，个别的内容从个人内心转化为对象性元素，成为了外在现实的定在，而得到了普遍的承认。被承认的就是普遍的了，你的个别的内容被别的自我意识所承认，被认可为也是他们的个别内容，那它不是本身就成了普遍的了吗？　"而且正是由于它被承认，才使得行动成为了现实性"，由于它被承认了，你把它做出来了，你的行动得到了大家的认可，那么你的行动就成为了现实性。否则的话你成不了现实性的，你得不到别人承认，别人就会制止你，你就实现不了。或者你顶多得逞一次，不会有第二次，这种行动也成不了现实性。但是如果得到承认，那你就能够顺利地实现出来，成为对象性的元素，就可以保持下去。你做了好事，总会被别人承认，总会被别人保持，总会被别人纪念，这就成为了现实性。

行动之所以被承认从而是现实的，乃是因为定在着的现实性是直接与信念或认知结合着的，或者说，对行动的目的的认知直接就是定在着的元素，就是普遍的承认。

"行动之所以被承认从而是现实的"，这是从逻辑上继续往前追。前面讲了，正是由于它被承认，才使得行动成为了现实性，那么行动为什么被承认呢？既然由于它被承认，才成为现实性，那么它为什么被承认呢？之所以这样，"乃是因为定在着的现实性是直接与信念或认知结合着的"。这就涉及到承认的理由、承认的根据了，你凭什么让人家承认你？人家又怎么会承认你？是因为定在着的现实性是直接与信念或认知结合着的。因为你的定在着的现实性，你的现实的行动，它不是心血来潮，不是一闪念，而是与信念与认知结合在一起的。信念或认知，这里的信念就是一种认知，这种认知当然是道德意义上的认知，不是自然科学意义上的认知，它是一种信念或道德知识。它认定了这样做才是凭良心的，这种认知是不会动摇的，是一贯的，可以终身行之的，所以成了信念。正因为你的现实行动不是单纯的一闪念，而是直接和信念或认知结合着的，所以能够被别人所承认。一个没有信念、朝三暮四、见风使舵的小人是不会被人承认的，只有那种有自己的原则并且对一切对象一视同仁的人，才会得到承认和信赖。而这种一贯的原则有赖于一贯的认知，也就是合乎实践理性的，有一种理性的确定性，Überzeugung 既是信念又是确信，你相信这个，你确信这个。确信在康德那里是认知的一种形式，在《纯粹理性批判》的方法论（参看 A822=B850）里面讲到信念，意见和认知，认为只在主观上充分有理由的认其为真就叫做"信念"（Glaube），又叫做

"确信" Überzeugung；而主观和客观上都有理由的就叫做认知 (Wissen)。这里的这种信念也是认知的一种体现，就是说，当你客观上认知了之后呢，你主观上也就确信了，那就不是意见了。意见是摇摆不定的，而认知它是给人带来信念、带来确信的。所以良知是与信念或认知结合着的，不过这里的认知是指对普遍承认的认知。"或者说，对行动的目的的认知直接就是定在着的元素，就是普遍的承认"，对行动的目的的认知，也就是你的行动是指向外部、指向他人的，对它的认知直接就是定在着的元素，因为他人对你的行动马上会作出现实的反应，你的行动是否能够达到目的就取决于这种反应，那么从这种反应你也就可以认知到你的行动目的是否得人心，是否能够被大家承认了。所以这种认知也就是对普遍承认的认知，普遍的承认就是你的认知的定在元素，或者说现实的内容。行动之所以被承认的原因就在这里。凭良心做出来的行为之所以会得到别人的承认，就是因为它是信念；而认知到别人的普遍承认，则是信念中的定在元素，它进一步巩固了这个信念。

　　因为，行动的**本质**、义务，就在于良心对义务的**信念**；这种信念正是**自在**本身；这就是**自在的普遍的**自我意识，或者说，就是**被承认**因而就是现实性。① 所以凭借对义务的信念而做出来的行为直接就是这样一种具有持存和定在的东西。

　　"因为，行动的**本质**、义务，就在于良心对义务的**信念**"，行动的本质就是义务，这种本质、这种义务就在于良心对义务的信念。良心在行动时，它的本质就是义务，而义务就在于对义务的信念。直觉主义伦理学诉诸自己内心的良知，良心，好像是凭借一种直觉，凭借一闪念，但实际上不完全是这样。它是心中首先有一种信念，然后你才能凭一闪念而行动，

---

① 这里似乎借用了费希特的一个公式，参看费希特：《伦理学体系》第 202 页："永远要按照对你的义务的最好的信念去行动，或者说，要按你的良心去行动。"黑格尔针对这种关联而引入的承认概念，参看费希特：《按照知识学原理的自然法基础》，耶拿和莱比锡，1796 年，第 34—54 页。——丛书版编者

而这个一闪念也是在信念的范围内，受信念所支配的。"这种信念正是**自在本身**"，自在打了着重号。这种信念就是良心的自在方面，那种一闪念、那种单纯的否定性则是它的自为方面。也可以说，良心的自在的实体就是信念，而信念就体现为被普遍的承认，它使良心成为了主体间性的。这个信念是普遍的信念，每个自我意识都有这种信念，都有这种确信，都有这种认知，所以它才能够得到普遍的承认。所以这种信念就是自在本身。"这就是**自在的普遍的**自我意识，或者说，就是**被承认**因而就是现实性"，这个地方有一个德文编者的注，说明这里借了用费希特的一个公式，是模仿康德的定言命令而提出来的。在《伦理学体系》里面费希特说："永远要按照对你的义务的最好的信念去行动，或者说，要按你的良心去行动"。康德的绝对命令是说：要按照你的准则能够成为一条普遍法则那样去行动，或者说，要按照这样的去行动，使你的准则永远能够成为一条普遍的法则。费希特的定言命令是按照你对义务的最好的信念去行动，你对义务有一种最高的信念，按照这个信念去行动，而这个信念就是良心。就是说费希特的良心就相当于康德的能够成为普遍法则的个人准则，也就是能够得到普遍承认的个人准则。对这样一种普遍法则或者普遍承认的信念就是对义务的最好的信念，这种最好的信念就是良心。黑格尔的这句话也是这个意思，"行动的**本质**、即义务，就在于良心对义务的信念"，这相当于说，义务作为行动的本质目的，就在于良心相信自己的准则是有普遍性的；而"这种信念就是**自在本身**"，就相当于说这种信念是定言命令、无条件的命令。最后，"这就是**自在的普遍的**自我**意识**，或者说，就是**被承认**因而就是现实性"，也就相当于说，这种信念就是对自己成为普遍法则的定言命令，自己命令自己按照普遍承认的法则那样去做；而且，正由于这条命令不是纯粹实践理性的单纯形式上的法则，而是良心自己的信念，所以它在被承认的同时就是现实性。当然这已经和康德的抽象的形式主义不同了，前面也讲了，通过良心这种形式法则获得了现实性。你的自我凭良心行动，这个行动在被别人承认的时候就具有了现实性，用我们今天的话说，它是一种主体间性，这种主体间性就是在别人的承认中才得以成立的一种现实性。下面一句是："所以凭借对义务的信念而做出来的行为直接就是这样一种具有持存和定在的东西。"为什么是"具有持存和定在的东西"呢，因为它被承认了，因为它被所有的人所认可，所以它才具有持存和定在。凡是凭借对义务的信念而做出来的行为，直接就具有持存性和定在，为什么"直接"具有？因为你是凭借对义务的信念而做出来的，那就是凭你的良心做出来的，不需要推论，也不需要其他条件，这直接就是一种具有持存和定在的东西，是一种直接现实的定言命令。

因此在这里，再也谈不上什么善意未得实现或是好人不走运等；而是被认作义务的东西做出来了，成为了现实性，因为符合义务的东西正是一切自我意识的共相，是被承认的东西，因而是存在着的东西。

"因此在这里，再也谈不上什么善意未得实现或是好人不走运等"，这是前面已经讲到的，人们在道德世界观里面经常陷入这样一种困惑，虽然道德命令高高在上，但是在现实生活中总是好人不得好报，好人总是倒霉；但是当你回到良心，这些问题就都不存在了。"而是被认作义务的东西做出来了，成为了现实性"，用中国人的话来说就是求仁得仁，你本来没有求别的东西，你凭良心做事，你做出来了，这就是你的回报了。求仁得仁，你还要得什么别的呢，你本来的意图就是从良心出发，现在你把它实现出来了，这不就是最大的幸福么？你总是说好人未得好报，但是你把好事做出来了，就是得了好报啊。所以凭良心做事，这个原则一旦确立，就谈不上什么善意未得实现或好人不走运。凡是说善人没有得好报的人，都是没有立足于自己的良心，而是立足于其他事情，立足于功利。你如果立足于良心的话这些都不成问题。我本来就没有指望改变这个世界，或是从中获得好处，我只是想要把自己认为合乎良心的事情做出来，我做出来了，我做到了，那就行了嘛，不要去埋怨什么命运不好。"因为符合义务的东西正是一切自我意识的共相，是被承认的东西，因而是存在着的东西"，只要是你做的是符合义务的事情，那它就是一切自我意识的共相。你不用专门去为人民服务，你只要凭自己的良心做出来，那人家都会承认、都会认可的。而得到大家承认的东西，也就是存在着的东西，那就是现实的东西，所谓公道自在人心。那就是你的目的的实现，不要说你的目的没有实现。你的目的如果不是出自良心，那当然是很偶然的，是不容易实现的；但是如果你是凭着良心，那它就一定会实现，因为有目共睹，人同此心。

但是如果分离开来单独看待而不考虑自我的内容，这种义务就是**为他存在**，是透明的东西，这种东西完全只具有无内容的本质性的含义。

"但是如果分离开来单独看待而不考虑自我的内容"，不考虑良心的内容，你把这个行动单独分离开来，你把自我撇开，那么你所做的这种事情就是为他存在，"为他存在"打了着重号。单独来看，它就是为他存在。那么这种为他存在，它"是透明的东西，这种东西完全只具有无内容的本质性的含义"，离开了自我，离开了良心来看待这个行为本身，那么这种义务就是单纯为他的，也就是我们经常讲的，毫不利己，专门利人。其实如果把良心考虑进来，这种情况是不存在的，利人都是为己，不一定是为具体的利益，但是为了自己的良心，也是为己。我为了自己的良心能够舒服，我不做这个良心上就过不去，为了自己的良心也是为己。但是如果把这些全都撇开，那么这个义务就是一条抽象的公式，是没有内涵的行动法则，是"毫不利己专门利人"的空洞的大道理。康德的绝对命令中就有这一条，就是在四个例子中有一个是帮助别人，这是非常形式主义的道德法则。这里讲"是透明的东西"，透明的东西就是说它没有内容了，它是一个抽象的、空洞的东西，它完全只具有无内容的本质性的含义。它是本质性，但是它没有内容，没有人的具体的个体性，抽象而苍白，不需要个别人的决断而贯穿于一切人之间。这里对"透明的东西"的用法跟别的地方不太一样，在别的地方黑格尔用"透明的"这个字眼，通常是指概念的透明性，概念不遮挡什么，它把里面的具体的丰富的内容都展示出来了，这就叫透明性。在这里用这个透明性，则是说它没有内容。或者它不展示内容，你把它单独割裂开来看嘛，要抛开与自我的关系来看这件行为，那它就只是一种无内容的本质性的环节。

**如果我们回顾一下一般伴随着精神的实在性一起出现的那个领域，那么曾经有过这样的概念：对个体性的表述就是自在自为。**

黑格尔在这里讲了良心或信念的承认以后，回过头来跟前面所讲的作一番比较。"如果我们回顾一下一般伴随着**精神的实在性**一起出现的那个领域，那么曾经有过这样的概念，对个体性的表述**就是自在自为**"，这里用的过去时。我们回过头来看一看《精神现象学》的上卷，第五章"理性"下面的第三部分："三、自在自为地本身就是实在的个体性"。这个标题中，一个是自在自为，一个是个体性，一个是实在性。在个体性上体现出来的自在自为的实在性，这是什么呢？其实已经是精神的实在性了，已经在为下一章即"精神"章作准备，向精神章中"真实的精神"过渡了。当然这个阶段上的精神还是很粗糙很原始的，所以下面第一个小标题是"精神的动物王国和欺骗，或事情本身"，它还必须经过"立法的理性"和"审核法则的理性"，才能最终形成后面伦理世界中的"人的法则"和"神的法则"，这才是真正的精神。但精神的实在性在这里已经出现了，所以说，它里面曾经有这样的概念，就是把对个体性的表述看作自在自为的。个体性就是自在自为的，独立地自己作决定的，这样一种个体性就体现了精神的实在性。这里把良心回溯到前面曾经出现过的环节，这是黑格尔一贯的做法，螺旋式地上升过程中随时螺旋式地回顾。

**但是，当时直接表现这个概念的那种形态是诚实的意识，诚实的意识当时在和抽象的事情本身一起游走。**

"但是，当时直接表现这个概念的那种形态是**诚实的意识**"，诚实的意识打了着重号，这句都是用的过去时。就是说，在精神的动物王国那里就提到了"诚实的意识"，欺骗嘛，肯定是对诚实的意识的欺骗。所以那个时候直接表现这个概念、表现这个自在自为的个体性概念的那种精神的形态，就是诚实的意识。诚实的意识当时就是自在自为的个体性，但是它遭到了欺骗，因为当时是一个精神的动物王国，是精神的很低层次的表现。虽然它是"伴随着精神的**实在性**一起出现的一个领域"，但是人们以动物性的态度对待精神，在其中充满着尔虞我诈。尔虞我诈的对象就是诚实的意识，你只要稍微老实一点你就遭到欺骗。但是这种精神的个体性还是落实在诚实的意识上的，只有诚实的意识才意识到了它的这种自在自为的个体性。诚实的意识在精神的动物王国里面已经涉及到抽象的事情本身了，它认为它自己就是事情本身。我是诚实的，我不欺骗，你们都欺骗，都偏离了事情本身，只有我在凭事情本身说话。但是，"诚实的意识当时在和**抽象的事情本身**一起游走"，你自认为是事情本身，但是你那个事情本身是抽象的。你把所有的欺骗，尔虞我诈都推到别人身上，你是说真话的，人家都是说假话的，那你这个诚实原则又有什么普遍性呢？所以你这个事情本身是抽象的，只是你自己内心自以为的，不能在现实中体现出来。你没有把整个社会的尔虞我诈，互相欺骗这种情况考虑进来，而是把它们排斥出去，和诚实的意识绝对对立起来。那么你这个诚实的意识就是动摇不定的，它随着抽象的事情本身一起游走。这个"游走"herumtreiben前面多次遇到过，它带有一种贬义，也可以翻译成"闲逛"，"厮混"，混在一起。诚实的意识和抽象的事情本身结合在一起的，一起游荡，一起闲逛，啥事也不干，就标榜自己是诚实的。你标榜自己是诚实的，那是一种抽象的事情本身，是一种站着说话不腰疼的事情本身。你说说很容易，每个人都可以说，我是诚实的意识，但是实际上有一种不自觉的自欺，有一种伪善。虽然接触到了事情本身，但是没有产生出积极的结果来，只是在闲逛、游走。所以在"精神的动物王国"里面也谈到了事情本身，但是这个事情本身始终是不确定的。这和我们这里讲的良心有类似的情况，不同的是，良心本身已经具有普遍性的环节，一切人都有良心，而不是我个人特别具有的。当我说"我是有良心的"，这不是什么标榜,而是对人的起码的要求。

这种**事情本身**在那里曾经是**宾词**;它在良心这里才第一次是一个**主词**,这个主词在自己身上把意识的一切环节都建立起来了,在它看来,所有这些环节,诸如实体性一般、外部定在和思维的本质,通通都包含在它对自身的这种确定性中了。

"这种**事情本身**在那里曾经是**宾词**",在精神的动物王国阶段,诚实的意识和事情本身打交道,在一起闲逛,在一起游荡,在利用这个抽象的事情本身作为自己的宾词。就是说诚实的意识标榜自己,我就是事情本身,但是这个事情本身是个宾词,或者说,只是它用来作为它自己的属性,来自我标榜的词。我就是事情本身,你们都偏离了,你们都是虚伪的,你们都不说真话,我呢,是诚实的意识,所以我是事情本身。事情本身成了附属于我的一种宾词。当然这个宾词可以有,也可以没有,也可以变化,也可以去掉。诚实的意识是主词(主体),那么事情本身是宾词,它没有自己的自主性,而是任人使用的。而"它在良心这里才第一次是一个**主词**",良心是事情本身,这不意味着事情本身只是良心的属性,或者只是一个宾词;相反,事情本身才是良心的主体。主词(Subjekt)也可以翻译成主体。在良心这里,事情本身第一次是个主词,它不再只是宾词了。为什么?因为,"这个主词在自己身上把意识的一切环节都建立起来了,在它看来,所有这些环节,诸如实体性一般、外部定在和思维的本质,通通都包含在它对自身的这种确定性中了"。作为一个主词,它是有内容的,它不再是抽象的一个属性,一个标榜,一个招牌,我随时可以拿来,也随时可以去掉。诚实的意识就是把它拿来作为自己的标榜,事情本身是我的一个记号,是我的一个属性,那么这种事情本身是一个抽象的片面的符号。但是现在在良心这里,宾词变成了主词,而且是主体。宾词之所以能够成为一个主词,就是因为这个主词不再只是一个词,而是一个主体,它能把许多环节都统一在自身之内。它对所有这些环节都有一种把握,有一种统摄,这就是主词——主体,它的含义。事情本身只有在良心这里才第一次成为主词，原先在理性章里还不是，这样一个事情本身还只是说说而已，它是一个宾词，只有到了良心它才第一次是个主词，它真正成了主体。它在自己身上把意识的一切环节都建立起来了，意识的一切环节，道德世界观的一切环节，都包含在良心里面了。虽然良心是一个单纯的认知，好像是一种直觉，好像是一种直接的确定性，好像很简单；其实良心不简单。每个老百姓都可以说我有良心，好像是特别简单的一个东西，但实际上它包含着意识的一切环节，使前面的意识的一切环节都建立起来了，让它们得到了确立。一切意识环节在它这里都成了唯一的一个事情本身的各环节。"在它看来，所有这些环节，诸如实体性一般、外部定在和思维的本质"，这里他举了三个，一个是实体性一般，一个是外部定在，一个是思维本质，"通通都包含在它对自身的确定性中了"。这三个环节，后面马上要讲到，都是有所指的，都不是随便说的。"实体性一般"，实体性一般现在成了主词，成了主体。黑格尔在"导言"里面就说了，全部的问题在于应该把实体看成是主体。现在在良心这里，我们已经可以把实体看作是主体了。"外部定在"就是客观的存在，"思维的本质"就是主观的本质，它们都是良心的环节。实体性一般，外部定在和主观思维本质，都包含在它对自身的确定性中，都被压缩在良心的这样一个点之中，都被压缩在这样一个果壳之中。我们把良心看作一个果壳的话，那么所有的这些都被压缩在这一点上了。下面就来解释这三个环节。

**事情本身**在伦理中拥有的是实体性一般，在教化中拥有的是外部定在，在道德中拥有的是自我认知着的思维本质性，而在良心这里，事情本身就是**主体**，这主体在自己本身中知道这些环节。

这是对前面三个环节按照精神的发展历程分别加以定位了。"**事情本身**"，事情本身打了着重号，"在伦理中拥有的是实体性一般"。《精神现象学》下卷精神章的三大阶段，一个伦理，一个教化，一个道德，每个阶段都分得了上面的某个环节。其中，在伦理中拥有的是实体性一般，伦理中就是要把实体性、把伦理实体展示出来，而这个实体性一般在事情本身中、在良心这里，是作为第一环节而拥有的。"在教化中拥有的是外部定在"，在教化中考虑的是外部定在，是社会现实生活，不管是国家权力还是财富，是信仰还是启蒙等等，这都是一种社会教化。在教化中都是从外部世界来受到教化的，这是良心的第二环节。"在道德中拥有的是自我认知着的思维本质性"，这个前面已经讲了，道德世界观作为事情本身来说，为道德而道德，为义务而义务，这些都是"自我认知着的思维本质性"。所以道德世界观是一种纯粹主观的世界观，它是良心的第三环节。"而在良心这里，事情本身就是**主体**"，事情本身在前面都是用来说明其他东西的，实体性一般也好，外部定在也好，思维本质性也好，你都可以把事情本身当作它们的一种宾词。实体性一般是事情本身，外部定在是事情本身，思维本质性是事情本身，这些都是宾词，你都可以用事情本身来说明它们。但是只有在良心这里呢，事情本身就是主体，主体打了着重号。"这主体在自己本身中知道这些环节"。"知道这些环节"也可以翻译成认知这些环节，它把握了这些环节。只有在良心这里，事情本身作为主体把握了所有前面那些环节，把前面那些一概归总，压缩在良心里面。

[154]　　如果说诚实的意识所把握的永远只是**空虚的事情本身**，那么相反，良心则是在它的充实状态中赢得它的，这种充实是良心由自己给予事情本身的。

　　"如果说诚实的意识所把握的永远只是**空虚的事情本身**"，也就是前面讲的诚实意识只能把握抽象的事情本身，空虚的事情本身，它只是一般地声称，我是说实话的，我是触及到了事情本身的，你们都没有，即自认为诚实，这样一种认识永远都是空虚的。"那么相反，良心则是在它的充实状态中赢得它的"，赢得"它"，也就是赢得事情本身。良心所获得的事情本身，是在它的充实状态中获得的。良心也获得了事情本身，但这跟诚实的意识所把握到的已经不一样了，诚实的意识把握到的只是一种抽象的自我意识，良心所获得的则是一种充实的事情本身，它既有自己内心的感性确定性，又有他人良心的共相和普遍性。而"这种充实是良心由自己给予事情本身的"，这种充实从何而来呢，事情本身的内容从何而来呢，就是由良心自己提供的。良心才把事情本身的内容给出来了，而诚实的意识还没有。我们通常认为，所谓诚实的意识就是凭良心，说实话、说真话就是凭良心说话。但是黑格尔这里做了一个层次区分。光是说实话、说真话还不一定是凭良心说话，那有可能是一种标榜，而真正的能够说出事情本身的，那就是良心。良心由自己给事情本身提供了它的内容，特别是它的这种普遍承认。良心通过他人的承认，通过其他的自我意识的承认，才具有了现实性，这个事情本身才具有了内容。不然的话，你单纯的从诚实的意识出发，你觉得自己不说谎、不欺骗，主观上不欺骗那就够了？其实那是空洞的，那是你主观想象的。你以为你把真实的事情说出来了，但是实际上呢，不见得。因为真实的事情不仅仅包含你的诚实的意识，如果只看这一点，那么包括那些欺骗本身也是真实的、出自诚心的。罗曼·罗兰说，一个人想要真诚并不难，难的是要能做到。你真正要能说出真话，你得经过历练，走过伦理实体，走过教化，走过道德意识，最后达到良心，良心又得到普遍承认，你才能够真正的说出真话来。

　　良心之所以是这样的力量，乃是由于它把意识的这些环节当作**环节**来认知，并当作事情本身的否定性本质来统治它们。

　　"良心之所以是这样的力量"，为什么它能够给事情本身提供内容呢？"乃是由于它把意识的这些环节当作**环节**来认知"。良心高高在上，它控制着所有这些环节，前面那些环节都被它一个个地纳入进来，尽收眼底，它注视着这些环节，把它们当作自己的一些"环节"来看待，而不是当作独立自在的东西。它不认可任何一个环节，同时也不抛弃任何一个环节，它把所有这些环节"当作事情本身的否定性本质来统治它们"。你们这些环节都没有达到事情本身，你们自认为是事情本身，但你们都不是事情本身造成的；现在我把你们全都当作事情本身的否定的本质来统摄你们，我才是事情本身，这就是良心。良心的内容是很丰富的，它把前面所有这些环节都统摄起来了。但是，把它们每一个当作环节来认知，"环节"打了着重号。我把你们都考虑在内了，但是，都是当作环节来考虑的，每个环节肯定都是要向下一个环节过渡的，不是自身就可以看作是纯粹的事情本身了。每一个都标榜自己是事情本身，但是，良心知道它们都还不是。当然事情本身离不了它们，而是要通过这些环节、经过这些环节才能够达到。这就是对前面的一个回顾，"对信念的承认"是他的第二个小标题，就是要把这个良心作为一种承认加以定位。下面是第三个小标题。

{346}　　　　[3. 良心作为认知者和行动者的统一]

　　这一小标题原来标为"信念的绝对自由"，这是不能概括这一部分五个长自然段的内容的，这些内容其实都在围绕着知行关系转来转去，是良心作为知和行的关系的展开。所以我把这个小标题改为"良心作为认知者和行动者的统一"，是根据它的内容来的。

　　如果联系到在行动中显现出来的对立的那些个别规定来考察良心，并考察良心对这些个别规定的本性的意识，那么良心首先是作为**认知者**来对待行动不得不于其中进行的那种**情况**的**现实性**的。

　　"如果联系到在行动中显现出来的对立的那些个别规定来考察良心"，也就是说我们接下来要考察的就是良心在具体行动中所显现的那些个别规定，也就是进一步细致地来考察良心在行动中的细节。前面都是笼而统之地讲良心，讲良心把道德世界观的矛盾都扬弃了、都拒绝了；但良心本身在行动中也显现出有它的对立。那么这对立有一些个别规定，我们怎么样联系这些个别规定来考察良心？这是对良心的进一步的细致的考察。前面可以说是给良心定位了，对良心本身的环节也做了一种区分，但是对良心自身在行动中的对立关系，我们还没有做具体的考察。

"并考察良心对这些个别规定的本性的意识"，良心在行动中有一些个别规定，但是良心是怎么对待这些个别规定的本性的呢？本性，Natur，也可以翻译成自然。也就是说，良心在行动中显现出一种对立，这种对立的具体规定有自己的自然本性，要考察一下良心对待这些自然本性的意识或态度。"那么良心首先是作为**认知者**来对待行动不得不于其中进行的那种**情况**的**现实性**的"，"认知者"和"情况"、"现实性"都打了着重号。就是说，良心在行动中面临自身的对立以及各种具体规定，而良心首先是以认知者的身份来对待行动所处的各种现实规定的，也就是把这些个别规定的自然本性都看作是认知对象。良心虽然已在行动中，已在行了，但它却首先以知的态度来对待行的现实性，把这种现实性看作它的行动不得不在其中进行的现实条件，所以它必须认知这些条件，必须使自己的认知符合这些条件，这样才能使它的行动顺利进行。良心要通过行动实现出来嘛，要实现出来，你就必须要有实现的环境，要有一个实现的现实条件；而良心呢，就必须对这些条件的现实性有所认知，良心在实现过程中必须对自己的行动的现实可行性有所认知。所以，良心首先是作为一种认知者，来对待或者说来认知行动不得不在其中进行的现实性的。良心要实现出来，要成为行动，那就必须要考虑这种行动在什么样的条件之下才能实现，它不像道德意识一样高高在上，说些"为义务而义务"的空话，而是要实行，不实行就对不起自己的良心。那你要实行你就必须要考虑实行的具体情况，考虑可行性。而这时良心就是作为一个认知者考虑这些问题的，就像苏格拉底讲的，"美德即知识"，有了知识你就知道什么是好的，什么是善的，什么是恶的，你就会去做好事，一切犯罪作恶的事都是由于无知。这是苏格拉底最开始提出来的西方伦理学的一个传统，一个带有主流性质的传统。"美德即认知"，"德行即认知"。那么良心在黑格尔这里首先就表现为一个认知者，这是从西方伦理学的大传统来的。当然后面将表明，他并没有停留于这一传统，这只是他首先占据的出发点。

　　只要**普遍性**这个环节存在于这种认知中，则带有良心的这个行动的认知所应该做的就是对摆在面前的现实性以不受限制的方式加以囊括，从而对情况的细节做确切的认知和权衡。

　　"只要**普遍性**这个环节存在于这种认知中"，就是说在良心的认知中，普遍性这个环节是要起作用的，良心要认知这些现实的具体情况，它是带有普遍原则、带有义务意识的。虽然良心就是义务，但是这个义务是作为普遍性的环节，它是带有这种普遍性的环节来考察那些个别规定的。"则带有良心的这个行动的认知所应该做的就是，对摆在面前的现实性以不受限制的方式加以囊括"，摆在面前的现实性有很多，五花八门的，杂七杂八的，很多细节，良心必须以不受限制的方式，也就是尽可能详尽地对它们加以囊括。你有一个普遍原则，你必须用这个原则来将诸多现实性，各种现实的情况，各种处境，各种条件，无所不包地尽收眼底。"从而对情况的细节做确切的认知和权衡"，要广泛地收集现实情况，为的是能够把握全面，对情况的细节有确切的认知，以便加以权衡。良知要把自己的义务实现出来，必须要考虑现实的细节，不能鲁莽从事，不能光从主观动机出发盲目行动，而必须考虑可行性。这个行动的环境有很多细节，你就都要加以掌握，不但要有全面的认知，而且要加以权衡，考虑利害，两害相权取其轻，两利相权取其重，当然这种利害不是现实利益的权衡，而是如何有利于良心充分实现出来，要有技术性的考量。究竟哪一个能够更好地实现你的普遍性原则，要加以认知，权衡里面包含选择，同时包含认知，认知是权衡的前提，没有认知，两眼一抹黑，就谈不上权衡。

　　但这种认知，由于它把普遍性作为一个**环节**来**认识**，所以它对这些细节是这样一种认知，这种认知意识到它并没有囊括这些细节，或者它在囊括这些细节时并不带有良心。

　　这就是话头一转了。"但这种认知，由于它把普遍性作为一个**环节**来**认识**"，就是说这样一种认知，是把普遍性作为一个环节来认识的。认识 kennen 打了着重号, 它和认知 wissen 有微妙的差别, 认识更具体一点, 也更狭隘一点, 认知则无所不包, 层次也更高些, 含义广一些, 它包括认识。认识主要是一种认识论上、知识论上的认识, 它把普遍性作为一个环节来认识, 这只是从认识论上来把握普遍性, 我认识到普遍性、普遍义务, 它是一个环节。而认知已经包含有权衡、包含有行动的意思在里头了, 它涵盖一切实践的活动。所以认知在此意义上和意志是一回事, 黑格尔在前面道德世界观里讲的认知就是意志。而认识则不是, 认识就是认识, 它不是意志, 在这种认识中, 普遍性只是一个环节, 它不是全部, 它和现实性、和个别环节是对立着的。"所以它对这些细节是这样一种认知", 这里头又回到认知了, "这种认知意识到它并没有囊括这些细节"。对于这些细节, 这种认知意识到它并没有能够囊括它们, 因为认识论上的认识是在主客二分中认识那"摆在面前的现实性", 而完备的细节应该把主观方面的情况也囊括进去。所以认识论上对这些细节的把握永远不可能是完备的。"或者它在囊括这些细节时并不带有良心", 当它埋头认知这些细节时, 便陷入片面的认识, 力求客观和不偏不倚, 避免带上良心的眼光和角度, 避免使这些细节受到主观的扭曲和遮蔽, 这就是认识论的态度了。就是说, 要么良心采取广义的认知的立场, 主客统一或知行合一的立场, 它就会意识到这种对细节的掌握永远是不够的, 因为在行动中它主观上随时都可以改变或增添细节, 没有条件也可以创造条件; 要么呢, 它采取主客二分的认识论的立场, 它就会发现在囊括这些摆在面前的细节时它并不带有良心。这里埋藏着良心中认知和行动互相对立和分裂的种子, 于是就在良心的进一步展开中导致了它内在矛盾的冲突。

**认知的真正普遍而纯粹的联系本应是一种与并非相对立的东西的联系, 一种与自己本身的联系; 但是由自身本质上包含着的那个对立而来的行动却是与对意识的否定、与一种自在存在着的现实性联系着的。**

"认知的真正普遍而纯粹的联系本应是一种与并非**相对立的东西**的联系, 一种与自己本身的联系", 这里用的是虚拟式。就是说, 良心作为

301

认知,它的真正普遍的联系本来应当是与自己本身的联系,而不是主客二分地与一个对立东西的联系;而只有自己本身才不是同它相对立的,那些细节则是同它相对立的,那些细节太丰富了,无法囊括进来,总在与它对立之中。只有与自己本身的联系才不和这种普遍而纯粹的联系相对立,才不会和这种为义务而义务的普遍原则相对立。而这样一来,这种认知就只和良心本身的普遍法则相关,而并不和这些具体的场合、这些具体的细节相关。如果是这样,认知就为了保持自身的无矛盾性而将牺牲掉行动的现实性,当然这是不可能的,所以要用虚拟式。"但是由自身本质上包含着的那个对立而来的**行动**却是与对意识的否定、与一种**自在存在着的**现实性联系着的",这一句就不是虚拟式了,而且"行动"打了着重号。就是说,良心是要行动的,不是为了保持自身一致而什么也不干的,什么行动呢? 由自身本质上包含着的那个对立而来的行动。这个行动是由良心本身包含着的对立而来的,这种对立,一方是普遍的法则,一方是具体的细节,要有这个对立才有行动。你要在行动中把自己实现出来,就要把自己投身于这个对立之中,而不单纯是一种纯粹主观的义务,你必须要面对无数的不同的细节。所以这样一种包含着自身对立的行动,是与对意识的否定、与自在存在着的现实性联系着的。这个行动它不能仅仅停留在主观意识的普遍性上面,而必须与对意识的否定相联系,也就是与客观现实的对象相联系。对意识的否定就是那个与意识对立的东西,那个不以人的意识为转移的客观存在,你要行动就要与这些客观现实的东西相联系。

与纯粹意识的单纯性、与绝对的**他者**或**自在的**多样性相比,这种现实性是一种细节的绝对众多性,这种众多性无限地往回分化和扩散到它的诸条件,往旁边分化和扩散到与它并列的东西,往前分化和扩散到它的后果。

这就讲到现实的细节了。"与纯粹意识的单纯性、与绝对的**他者**或**自在的**多样性相比,这种现实性是一种细节的绝对众多性",这种现实性和这三个东西相比，一个是"纯粹意识的单纯性"，一个是"绝对的**他者**"，他者打了着重号，一个是"**自在的多样性**"，自在的打了着重号，这些东西都是抽象的。纯粹意识的单纯性是抽象的，这个不用说；绝对的他者，比如上帝，这也是抽象的；自在的多样性，也就是离开主体的各个不同的客观对象，也是抽象的，它们都是固定不变的。与这些东西相比，这种现实性是一种细节的绝对众多性，绝对众多也就是无限众多的。前一句讲这种现实性是"自在存在着的现实性"，但它不仅仅是客观自在的多样性，而是在细节上绝对的众多性，就是说，它是无限扩展着的众多性。"这种众多性无限地往回分化和扩散到它的诸条件，往旁边分化和扩散到与它并列的东西，往前分化和扩散到它的后果"，这种无限的分化和扩散有三个不同的向度，一个是往回溯源，一个是向前推出后果，再一个是影响旁边的事物，总之，一个是时间，一个是空间，现实性的联系越多，细节就分化和扩散得越多。它是无限复杂化的，也就是这些细节往前往后，往左往右，全都是越来越复杂化的。本来良心只跟自己的本性打交道，它是自己的一种当下的感性确定性；但是一旦实现出来，它就跟大自然打交道了，它就跟物理时空中的自然打交道了，那就有无限的偶然性、无限的细节了，这是它掌握不了的，因而对它是否定性的。

　　——带有良心的意识对事情的这种本性以及它与事情的关系都是意识到了的，它知道它并不是按照这里所要求的这种普遍性来认识它于其中行动的那种情况的，知道它自称对一切细节都做了这样带着良心的权衡，其实是一句空话。

　　"带有良心的意识对事情的这种本性以及它与事情的关系都是意识到了的"，"本性"还是用的 Natur，也就是自然本性。就是说带有良心的意识在它的行动中遇到了事情的自然本性，遇到了各种各样的不同的越来越复杂化的现实细节，以及自己与这些事情的关系，它对这些都意识到了，它知道在它的行动中它肯定要遇到各种条件了，所谓谋事在人成事在天，各种各样的自然的环境决定了它能够做出什么样的成果。"它知道它并不是按照这里所要求的这种普遍性来认识它于其中行动的那种情况的"。它的那种普遍性只是谋事在人，但是做不做得成，它无法认识，不能掌握。它所要求的这种普遍性是普遍义务，但没有人认为单凭义务就能判断自己的行动能够成功。更何况，它"知道它自称对一切细节都做了这样带着良心的权衡，其实是一句空话"，这些细节无限复杂，它用良心是无法把这一切细节囊括在自己的视野中来全部加以权衡的，而且这种权衡与它带不带良心没有关系，甚至它不带良心而作客观的权衡可能还会更少片面性。所以它自称自己带着良心进行了这种通盘考虑和权衡，这只不过是一句空话。

[155]　　　然而对一切细节的这种认识与权衡，也并不是完全没有现成在手；不过只是作为一种**环节**，作为某种只为**他者**存在的东西；而这种东西的不完全的认知，由于它是**对这环节的**认知，就被这意识看作充分的完全的认知了。

　　前面讲到人完全无法控制它的环境，控制细节，这里则有所缓和。"然而对一切细节的这种认识与权衡，也并不是完全没有现成在手"，就是良心在行动中尽力去认识对象和环境也不是毫无成效的，虽然最终是"成事在天"，但人的主观努力还是有一定作用的。"不过只是作为一种**环节**，作为某种只为**他者**存在的东西"，环节和他者都打了着重号。就是这种作用只是作为一个环节而现成在手的，不能把它看作是全部。它是我在行动中必须要考虑的。至于考虑了以后是不是就会按照那样去实现，这个还要取决于他者，所以这也是某种只为他者而存在的东西。我的普遍的原则在行动中是否能够实现出来，这依赖于他者，而不是由我的这个环节单独可以决定的。"而这种东西的不完全的认知"，这当然是种不完全的认知了，无限的细节我没办法完全的掌握嘛。"由于它是**对这环节的**认知"，"对这环节的"打了着重号，原文是个物主代词 sein，应该是指最近的那个中性名词，或者是"这种东西"，或者是"环节"，我这里取"环节"，意思上是一样的。这里是说，这种不完全的认识当然也有一定的成效,它是对这环节的一种认知;但正因为它有这点成效,所以就被夸大了,被这意识看作是充分的完全认知了。本来是不完全的认知,被夸大成了充分的完全的认知,但实际上它仍然是不完全的认知。如何解决这一矛盾? 只有一个办法,就是把它不完全的那一部分补上去,把它所缺的部分补全,而这个部分不在认知者这一方,而在行动者那一方。前面考察的都是认知者这一方的情况,意识把认知对象看作是立于行动者对面的现实性,因此认知者本身永远摆脱不了片面性和不完全性。而这种缺陷本身就把认知引向了行动者本身,而在行动者这一方所拥有的就是普遍义务。总而言之,上面这段话就是讲,如果要考察良心的细节的话,那么呢,对这些细节的认知,它必须要持这样一种客观的态度,但这种认知的态度永远是不完全的。那么下一段就是从另外一个方面来看,不是从客观细节方面来看,而是从主观的普遍义务本身来看,从行动者方面来看。这就分别阐明了认知者和行动者两方面的情况。再下来,第三自然段讲行动与认知的关系,第四段讲认知与行动的关系,第五段讲双方的统一,这就是这个小标题下面五个自然段的内容。今天就到这里。

＊　　　　　　　＊　　　　　　　＊

　　好,我们再接着上次来。我们上次已经讲了第 3 个小标题的第一段。这一段的主要的意思呢,我们上次已经提到了,就是良心作为认知者,良心在认知方面,它处于一种什么状态。就是说凭良心做事,那么这件事就有多方面的情况,有各种各样的细节需要认知。我要把这些细节全部认识到,来指导自己的行为,那是不可能的,因为那些细节太多了。我们只能够从一种信念出发,带有良心的意识把这些不可能全盘认识到的细节全部当作是我自己已经知道的。上次讲的最后这一句等于是归总了,他说,"而这种东西的不完全的认知,由于它是带有良心的意识的认知,就被这意识看作是充分的完全的认知了",就是说,凭良心去做一件事情,虽然我不能够方方面面都能顾及到,但是我把这些细节看作是已知的。我把它们看作全部都是由我做出来的，所以我要为它每一个细节负责。你不能说我这方面没考虑到，那就不属于我的责任了，那不行。你必须把它看作是已知的，虽然你不知道。我们每个人做事都有这个问题，你在做一件事情的时候，总有一些是你没有意识到的。它的方方面面联系太多，你不可能都知道；但是，你必须把它看作是在自己的良心控制之下所做的事情。当你在凭良心做的时候，你必须把你的良心看作是对你的行为能够完全把握的，所以做成了你会感到是你的功劳，也许并不是你的功劳，也许是偶然的机会；那么做砸了，你也会看作是自己的责任，当然实际上也许并不完全是你的责任。所以这个良心在它的认知方面，作为认知者来说，它既是无能的，但是同时呢，它又被假定为全知的，它把带有良心的认知看作是完全的认知，这样才会有信念，才会有信心去做。这是第一段，第一段讲的是良心的作为认知者的方面。那么今天讲的下面一段呢，就是讲的良知（心）作为行动者。良知（心）一方面它是一种知，另一方面呢，它是作为行动者。良知、良心不是用来进行科学认识的，而是用来行动的。所以良心它有两个方面，一个是作为认知者的方面，一个是作为行动者的方面。上次讲的第一段，就是讲作为认知者，良心对于行动的现实的细节必须有个全面的认知，这个认知者很重要，因为它涉及到一种信念。如果不是作为认知者，不是把这些不完全的认知看作是完全认知，那我们的行动就没有信念，或者说没有信心，我们就不会相信自己是在按良心办事。所以首先要考虑到良心作为认知者，就像上一段一开头就讲到的，"那么良心首先是作为**认知者**来对待行动不得不于其中进行的那种**情况的现实性**的"，这是整个上面一段的思想。那么下面这一段就是讲良知在行动的时候，作为行动者，它是一种什么情况。

以同样的方式，在**本质**的普遍性或由纯粹意识对内容的规定方面，也是这种情况。

"以同样的方式",以上面的同样的方式。上面是讲的良知它的所认知的对象就是那些摆在面前的现实的细节,这些细节无限扩展和分散到它的条件、它的旁边的东西以及它产生的后果,都是碎片化的、非常偶然的一些细节。良知不可能把它们都把握住,都认识到,那是不可能的。但是它又要把它们看作是完全认识到了的。这样才能够有信心去行动。那么,这里就讲,以同样的方式,"在**本质**的普遍性或由纯粹意识对内容的规定方面,也是这种情况","本质"打了着重号。前面一段讲的是各种细节,那些细节当然就不是本质的了,也没有普遍性,那些细节被分散开来、扩散开来是很自然的,因为偶然性太多。人一旦行动,就会遇到许多不能掌握的具体情况。但是在本质的普遍性或由纯粹意识对内容的规定方面,也是这种情况,就是良知在行动的时候,不但要考虑很多细节,另一方面呢,还要考虑本质的普遍性,考虑纯粹意识在内容上的规定,就是普遍义务、纯粹义务,或如康德所讲的为义务而义务。在这些方面,虽然所涉及的不是行动的外部环境或对象,而只涉及行动者自己固有的原则,情况也是这样的。情况是怎么样呢? 就是同样也被分散了。我在具体行动中,伴随着细节的分散,我的义务也被分散成了无限多的义务。

——正在走向行动的良心,同事件的许多方面都有联系。这事件将自己分散开来,同样,纯粹意识与事件的联系也分散开来,于是,事件的多样性就是**义务**的多样性。

"正在走向行动的良心,同事件的许多方面都有联系",良心要采取行动,就要涉及到事件的方方面面,各种各样的细节,和许多方面都有联系,这是上面已讲过的。"这事件将自己分散开来,同样,纯粹意识与事件的联系也分散开来,于是,事件的多样性就是**义务**的多样性",义务打了着重号。这里就强调不同的方面了,在纯粹意识与事件的联系中,前面强调事件的细节的多样性,这里强调纯粹意识、也就是义务,它以同样的方式也分散为多样性。这两方面的比较就在这里。由于事件的细节的多样性,不但在现实的环境条件上扩散出了无限多的细节,同时也影响到行动的主体方面,使行动者的义务也从单纯的义务分散成了众多的义务。每个人都有良心,每个人都知道为义务而义务,但是你一旦把这种纯粹意识、纯粹义务投入到事件中,把它付之于实现,那就会遇到各种各样的情况,使这个单一的义务变成了众多的义务,甚至有多少事件,就有多少义务。于是在什么处境之下,就有不同的义务,处境一变,义务也就跟着变。所以事件的多样性就是义务的多样性,义务的多样性就影响到我们的行为了。

——良心知道它必须在这些义务中进行选择,必须做出决定;因为其中没有任何义务在其规定性中或在其内容上是绝对的,而是只有**纯粹义务**才是绝对的。但是这个抽象物已经在它的实在性中获得了自我意识到的"我"这样的含义。

"良心知道它必须在这些义务中进行选择,必须做出决定",义务现在已经是碎片化了,已经打碎了,已经多种多样了,有各种各样的义务;那么良心就必须在这些义务里面进行选择。比如说我面临一个情况,这个情况有很多方面,每一方面都带有它特有的义务。比如我们中国人讲的忠孝不能两全,遇到这种情况,有两种义务摆在你面前,有时候还不止两种义务,有多种义务摆在你面前,那么你究竟选择哪一个? 这是很头疼的问题。你必须要在这些义务之间进行选择,做出决定。"因为其中没有任何义务在其规定性中或在其内容上是绝对的",没有任何一个义务和其他的相比是绝对的,因为每一种义务在内容的规定性中都是受到具体限制的,都只是义务的一个碎片。所以每一种义务都不是可以排除其他的义务成为唯一绝对要执行的,这些义务都是一些多样性的具体的义务。"只有**纯粹义务**才是绝对的",纯粹义务打了着重号。就是说,所有这些义务都是面对事件的具体细节时所生发出来的各种各样具体的义务,这些义务都很具体,需要你去选择的;唯有一个义务是绝对的,那就是纯粹义务,是抽象的为义务而义务,或者说所有这些多种多样的义务都是纯粹义务在它的具体执行过程中所生发出来的多样性。所以你在具体执行过程中找不到一个纯粹的东西,但是所有这些义务,它们都来自纯粹义务。就是说,你要对得起良心,但是究竟怎么样才算对得起自己的良心,那就各有各的解释了,各有各的选择了。也许你做出的任何一种选择,都不见得对得起良心,但是你必须选择,你不能够停留在纯粹义务这样一个高度上什么也不干。什么也不干,就更加对不起良心,更加是违背了纯粹义务,因为你把这种义务束之高阁了。纯粹义务高高在上,众多义务又让你无所适从,这是我们遇到的一种尴尬。"但是这个抽象物已经在它的实在性中获得了自我意识到的'我'这样的含义","这个抽象物"就是纯粹义务,只有这个纯粹义务才是绝对的。但是它已经在它的实在性中获得了自我意识到的"我"这样的含义。这个纯粹义务本来是抽象物,它到底是什么东西? 没有人知道,它是完全形式化的。但现在在行动中,作为行动者自身固有的环节,它的实在性就意味着自我意识到的这个"我"。我在良心中意识到了,这个抽象物的实在性就是我,在这一点上我达到了自我意识。纯粹义务讲起来很抽象、很空洞,但是有一点它不空洞,它是"我的"纯粹义务。它代表我,这是我的原则,是我的良心要我这样。所以这个纯粹义务的抽象物现在不再抽象,不再空洞,它其实就是自我意识到的我,它代表着我的良心,代表着真我。别看它抽象,它有它的实在性,它的实在性就是我的实在性,就是一个具体的人的行动的实在性。虽然是一个普遍的法则,但它是由某个具体的"我"所代表的。这就把前面那种尴尬解除了,纯粹义务不再高高在上、缺乏实在性了,而是在行动者的自我意识上获得了自己的实在性。

　　对其自身有确信的精神,作为良心静止于自身中,它的**实在的**普遍性或它的义务就在于它对义务的纯粹**信念**。

　　"对其自身有确信的精神",这个是我们的大标题了。精神的三个大标题,第一个是真实的精神:伦理;第二个是自身异化的精神:教化;第三个是对其自身有确定性的精神:道德。这里提到"对其自身有确信的精神"就是"对自身有确定性的精神",确信和确定性都是用的gewiss。

那么，这种道德精神"作为良心静止于自身中"，道德作为良心，它对自身有确信，已经有了确定性，所以它静止于自身中了。当然有了确定性还不一定有真理性，道德法则在良心中达到了确定的静止，成了"我"的安身立命之所，但是是否符合客观事实，是不是能够客观地实现出来，达到真理性，这还未定。良心试图在行动中把这两方面结合起来，只有行动才能使这种主观确定性成为客观真理性。只不过要行动首先必须有个前提，就是要建立起坚定的信念。所以，"它的**实在的**普遍性或它的义务就在于它对义务的纯粹**信念**"。注意这里打了着重号的，一个是实在的，一个是信念。对自身有确定性，那当然就是有普遍性了；但是"实在的"普遍性必须体现为"信念"，因为信念是一切实在的行动的前提。纯粹义务必须变成"我"的信念，才能从这种确定性里面发动起现实的行动，所以良心的义务就在于它对义务的纯粹信念。如果我是有良心的，我就要把这种纯粹义务建立为我的纯粹信念，不受任何偶然因素的干扰。这种信念就具有一种实在的普遍性，它是一种要将纯粹义务普遍现实出来的意向。

这种**纯粹的**信念本身同纯粹**义务**一样地空洞，它在这种意义上是纯粹的，即义务在它那里不是任何东西，不是任何被规定的内容。

"这种**纯粹的**信念本身同纯粹**义务**一样地空洞"，纯粹的信念打了着重号，义务也打了着重号。这里是指出信念的不足了，就是说，纯粹信念虽然是行动的前提，但是它本身仍然是空洞的，和纯粹义务一样空洞。纯粹信念和纯粹义务都是很空洞的，纯粹信念虽然是我，好像获得了实在性；但是这个我本身，在行动之前什么内容也没有，它只是对自我意识的一种确定性，行动只是它的可能性。"它在这种意义上是纯粹的，即义务在它那里不是任何东西，不是任何被规定的内容"，纯粹信念和纯粹义务一样，既然是纯粹的，那么义务在它那里不是任何东西，没有任何可以看得见摸得着的内容，没有任何具体的规定性。这就是纯粹义务，以及把纯粹义务体现为"我"的纯粹信念，它本身在行动之前还是空洞的。良心是根据纯粹义务的信念来行动的这样一种活动，但如果你要单凭这种纯粹义务的信念去行动，那你就无所适从，因为它没有告诉你该做什么，它只告诉你做事要凭良心，至于怎么做，那它没有告诉你。所以这个纯粹义务虽然在"我"身上获得了一种实在性，但是，它本身还只是一种空洞的纯粹信念。不过有了这种信念，就会导致行动了。

　　但良心却应当采取行动，必须要从个体那里得到**规定**；并且对其自身有确信的精神，既然在它那里自在已获得了自我意识到的"我"的含义，它就懂得在其自身直接的**确定性**中去拥有这种规定和内容。这个自身直接的确定性作为规定和内容，就是**自然的**意识，也就是冲动和爱好。　{347}

　　前面就是讲在本质的普遍性方面、在纯粹意识的内容方面也有这种碎片化的景象，就是义务被打散了，被分散了，分散成诸多的义务，义务的多样性让你无所适从，你必须选择，必须做出决定。但是有一个东西是确定的，那就是纯粹义务作为你的自我、你的信念在那里，你凭借这个要去采取行动。只不过单凭它自己没用，它是空洞的，你直接拿来行动，那是不行的。你说我把纯粹义务作为我行动的具体法则，那是不行的，因为它没有内容。"但良心却应当采取行动"，良心本身是一个行动的法则，是一个知行合一的东西。所以你如果停留在一个纯粹信念，我只相信我有纯粹义务，但我什么也不干，这个是违背良心的。良心是一定要采取行动的，它"必须要从个体那里得到**规定**"，规定打了着重号，也就是必须要从"我"的信念那里得到规定。如果停留在纯粹义务、纯粹信念这个层次，你不做任何规定，那就等于没有了。但它不是从外部得到规定，它是从个体自己，从行动者那里得到规定。你必须要自己规定自己的内容，这就要有坚定的信念了。"并且对其自身有确信的精神，既然在它那里自在已获得了自我意识到的'我'的含义"，这个前面已经讲了，这个对其自身有确信的精神的自在就是"我"，自在的这种确定性就是自我意识到的"我"。良心的自在正是在这种对自身有确信的精神那里获得了自我意识到的我的含义。既然如此，"它就懂得在其自身直接的**确定性**

中去拥有这种规定和内容"，确定性打了着重号。良心本身是对自身有确定性的精神，这个确定性要从个体那里得到规定，那它必须从对自身的直接确定性中来拥有这种规定和内容。个体本身已经直接从自身拿来了一种确定性，它不必从外界拿来什么确定性，它自己就是感性的确定性，它必须从这里面去拥有自己的规定和内容。"这个自身直接的确定性作为规定和内容，就是**自然的**意识，也就是冲动和爱好"，这是感性确定性里面的内容了，它就是自然意识，自然的打了着重号。也就是说抽象的纯粹义务哪怕成了纯粹信念，都还是抽象空洞的，都没有任何内容；但是良心它又必须要行动，良心要行动，它不能从抽象的信念中拿来什么东西，但是它可以自己凭自己给这种抽象的信念提供它的内容或具体的规定。那么它自身的具体的规定是什么呢，就是自然的意识，或者说冲动和爱好。冲动、爱好、欲望，这些都是属于感性的确定性，这就是良知它在提出来的时候，它所意谓的东西，这时候派上用场了。这才是那种直接导致行动的东西，而前面那些纯粹义务也好，纯粹信念也好，都只不过是在"我"身上的一个意向，一个环节，都只是空洞的，单凭它自身是产生不了行动的。把冲动和爱好都归于良心，这是黑格尔讲的良心与康德的良心最根本的区别。为了克服康德伦理学的形式主义，黑格尔从雅可比那里，或者还从卢梭那里，借用了直觉主义和情感主义的良知说。卢梭特别强调道德情感，主张道德情感是一种自然意识，当时英国经验派伦理学也是如此，把道德情感称为良知。所以黑格尔认为，良心能够自己给抽象的纯粹义务提供具体的规定和内容，使自己的行动能够直接以感性确定性的方式实现出来，因为它本身就是立足于感性确定性的。这是良心能够化为行动的必不可少的环节。

　　——良心不把任何内容认作对它是绝对的，因为它是一切被规定东西的绝对否定性。它**由自己**规定**自己**；但是，规定性本身落入到其中的那个自我的圈子，乃是所谓感性；要拥有出自于自己本身的直接确定性的内容，手头除了感性之外，什么也找不到。

"良心不把任何内容认作对它是绝对的"，在良心那里呢，任何内容都不是绝对的。"因为它是一切被规定东西的绝对否定性"，良心它是一种绝对否定性，就是说把所有这些有具体规定的东西都纳入自身之内，但又不是它们中间的任何一个。它置身于一切规定之外，是一种绝对的否定性、绝对的能动性、绝对的主体，后面讲它是绝对的主词。其他的内容可以倒来倒去，换来换去，但是它是不变的，它本身不被规定，它规定一切。"它**由自己**规定**自己**"，一切被规定的东西在它那里都是被否定的，那么它自身呢，它只有自身规定自己，其他的内容都不能规定它，这才叫作良心。"但是，规定性本身落入到其中的那个自我的圈子，乃是所谓感性"，自己规定自己的良心形成了一个自我圈子，它的一切规定都是在这个圈子内部的规定，这就是所谓的感性。就是你要自己规定自己，直接给自己带来确定性，那就只有在自己的感性中作规定了。感性是直接的，只有通过感性，那才是直接的自己规定自己。"要拥有出自于自己本身的直接确定性的内容，手头除了感性之外，什么也找不到"，你要把出自于自己本身的那种直接确定性当作内容，那么你所能找到的就只有感性。没有任何别的内容既是出自于自己本身的，又是直接的，又有确定性，只有感性是这样。

——所有在先前那些形态中曾体现为善或恶、法律和权利的东西，都是与自己本身的直接确定性**不同的东西**；所有这些东西都是**普遍的东西**，这普遍的东西现在是一种为他存在；或者从另一方面看，它是一个对象，这对象通过充当意识与它自身的中介，而插足于意识与它自己的真理性之间，不但不会是意识的直接性，反倒使意识与自己分离开来。 [156]

刚才讲，除了感性之外，良心在自己内部找不到任何其他的直接确定性，只有像卢梭那样，凭借自己的情感或良心来进行选择。那么反过来看，"所有在先前那些形态中曾体现为善或恶、法律和权利的东西，都是与自己本身的直接确定性**不同的东西**"，这是把良心与前面那些间接形态的东西作一个比较，比如说善和恶，法律和权利，这些形态都不像良心这样是直接的确定性，不是在自身的直接确定性中的东西。那么我们现在看看，那些东西是什么情况。所有那些形态，前面已经讲了，精神在教化世界中体现为善和恶，在法权状态里体现为法律和权利等等，那些东西都是外在的，都是与良心的自身直接的确定性不同的东西。"所有这些东西都是**普遍的东西**，这普遍的东西现在是一种为他存在"，这些普遍的东西都是为他存在，而不像良心这样是自己规定自己的个别的东西。所以它们都受制于各种各样外在的关系。"或者从另一方面看，它是一个对象，这对象通过充当意识与它自身的中介，而插足于意识与它自己的真理性之间"，前一方面，它是为他存在，即算我心里有，善恶啊，法律啊，但也是为他的，不是自己直接确定的；或者从另一方面来看呢，它本身就是一个对象，而不仅仅是我心里的一个为他存在。就是说，它是立于我对面的东西，你要服从法律，这个法律是对面的，你要符合善的要求，这个善的要求是在对面的，它是一个对象。当然这对象只是表面上是对象，它充当的是意识与意识自身的中介，这个法的世界，这个善和恶的世界，它看起来是一个对象，其实还是意识本身把自己外化出去的产物，为的是让它来充当意识与意识自身的中介，或者意识与另一个意识的中介。意识它要达到自我意识，它就必须把自己外化出去，把自己变成对象，然后再从这个对象上返回到自身。我们前面讲了意识和自我意识的区别，就在这里。意识本来是对一个对象的意识，但是它在这个对象上又看到了自己，那就是自我意识了。那么这个对象在其中呢，就成了意识与它自身的中介。这些对象，善和恶，法律和权利，由于充当了意识与意识的中介，"而插足于意识与它自己的真理性之间，不但不会是意识的直接性，反倒使意识与自己分离开来"。插足于意识与它自身的真理之间，意识本身是确定性，它在良心这里已经有了它的确定性，但是还不具有真理性。这个确定性要成为真理性，那就必须有一个对象插足于其中，让意识来符合于这个对象，才会获得真理性。当然这就是和良心相违背的了，良心是不需要有外在的东西插入进来的。你还要在一个对象上面看到真理性,那就不是良心了。良心是直接展现出来的,那才是良心。所以像法律啊,善恶这些概念,作为这样一些对象,它把意识和它自身的真理性分离开了,一方面是确定性,另一方面是真理性,这就把意识分成了两截。这是从另外一个方面来看,从外在的方面来看,是这样的。

　　——但是对良心来说,它的自身确定性就是纯粹的直接真理性;而且这种真理性因此就是良心的被表象为**内容**的自身直接确定性,一般说来,也就是个别人的任意性和个别人的无意识的自然存在的偶然性。

　　这跟前面讲的就不一样了,前面是换个角度,拉出去讲一讲外在的东西,那些先前的意识形态如善和恶、法律和权利,它们都是普遍的东西,但却是一种为他存在,一种中介性的对象。在良心这里是不讲这些东西的,把它们都统统一扫而光,截断众流,我就是真理,我凭良心做事没错,所以要有信念。这就反过来看良心了,"但是对良心来说,它的自身确定性就是纯粹的直接真理性"。良心的自身确定性就是直接真理性,我认为对的就是对的,我认为不对的就是不对的,确定性和真理性是一回事,不需要中介。"而且这种真理性因此就是良心的被表象为**内容**的自身直接确定性",良心被表象为内容,内容打了着重号。良心是强调内容的,它不强调形式。康德伦理学就是只强调形式,要有个公式,要有个定言命令式摆在那里。但是良心就讲内容,我不要那些繁琐的公式,我不要那些证明,我直接就可以在我的内容中确定下来,不需要确定了以后再用其他的内容来证明它。所以这种真理性"一般说来,也就是个别人的任意性和个别人的无意识的自然存在的偶然性",这是与前面讲的那些善恶法权、那些普遍的东西相反的。讲良心的人往往凭借的就是个人的任意性,我认为对的就是对的,一种独断,一种不听劝告,不看场合,不看形式,不加反思,甚至是无意识的偶然性。他把自己这种偶然性直接就看成真理,凭自己的良心为所欲为,它认为这就是凭良心,我认为没错那就没错。这种情况我们在社会上看得太多了,很多人都是凭借这样一种个人的任意性、个人存在的偶然性,觉得自己非常的纯洁、非常的真诚、

315

非常有良心，大骂别人都是没有良心的，都是汉奸，只有自己正确。网络愤青都是这样，这就叫凭良心。良心发展到极端就是这样一种自以为正确，觉得自己凭良心就够了，不必去动脑子。良心的直接确定性最后被归结为一种感性的确定性，但感性确定性是靠不住的，情感和直觉是靠不住的，这个后面再讲。这一整段讲的就是良心作为行动者这个环节，它就是这样的，它最后是立足于一种任意性和偶然性，立足于一种感性确定性。前面一段是讲良心作为认知者，认知者最后是把握不到全面的知识，但虽然把握不到，却又要把这些细节看作是已经把握到了的，良心把这些所有的认知都看作是完全的认知，虽然它根本不完全。所以第一个自然段是讲良心的认知方面，现在这第二个自然段是讲的它的行动方面。行动的方面看起来和认知的方面是相背道而驰的，就是说它不讲认知了，只诉诸自己的感性冲动。听从自己自我感觉的指挥，指挥它干什么，它就干什么，这是行动。但是这两方面又是有联系的，它们是同一个良知的两方面，一个是认知的方面，一个是行动的方面。所以下面一段就是专门来考察行动与认知的关系。认知的方面是要把握各种各样的细节，但又把握不住；但是行动呢，它按照自己的良心去行动，但是它行动的根据完全是个人的任意性和偶然性。而这两方面看起来是完全相反的，实际上又是相辅相成、对立统一的。

　　这种内容同时又被看作道德的**本质性**或被看作**义务**。因为纯粹义务，正如在审核法则的理性那里已发生的那样，对任何内容都是完全一视同仁的，对任何内容都可以容忍。

　　这跟刚才又是完全相反的了，刚才是讲个人的任意性和无意识的自然存在的偶然性。但是，"这种内容同时又被看作道德的**本质性**或被看作**义务**"。我凭良心做事虽然是一种任意性，是为所欲为，虽然是凭自己内心的感觉，一种偶然冒出来的情感，但是这种情感恰好被看作是道德的本质性，或者是一种义务。这就好像是一种普遍原则，不光是我有这样的冲动，所有的人都应该有这样的冲动。实际上是一种自然冲动，一种青春期的骚动，一种逆反心理，但是理直气壮，觉得自己很符合义务啊，很有正义感啊。虽然没有经过任何证明，没有经过任何反思，但是先天地就把它设定为这就是道德的本质性，这就是我应该履行的义务。"因为纯粹义务，正如在审核法则的理性那里已发生的那样，对任何内容都是完全一视同仁的，对任何内容都可以容忍"，这里讲的是纯粹义务，而在前面，在审核法则的理性那里，也讲过一种审核的标准，与这里有类似之处。我们可以看到上卷第284页，讲到"审核法则的理性"，最后三行说，"但出于这个理由，这种审核就是行之不远的，正是由于审核的尺度是同语反复，而对于内容则漠不相干，这尺度就对于接受这个内容和接受相反的内容一视同仁"。就是审核法则的理性它的标准是空洞的，是同语反复，审核的尺度是同语反复。我们前面讲到，康德所谓的纯粹实践理性批判，就是要建立一种审核的尺度来审核一般的实践理性，但是这个审核尺度是同语反复。为义务而义务就是一种同语反复，它跟内容是不相干的，所以你可以塞进任何内容，这个尺度对于接受这个内容和接受相反的内容一视同仁。接受什么内容都可以，只要它形式上符合为义务而义务，符合它的审核标准，那就行了。所以黑格尔指出这种审核其实是任何内容都审核不了的，因为任何内容都能够和自身在形式上构成同语反复，什么东西都可以说成是符合这个标准的。这里也存在这个问题，纯粹义务也可以看作是一个审核的标准，它对任何内容都是完全一视同仁的，因此在它里面可以塞进任何东西，它对任何东西都可以容忍。你只要是出自良心的任意性，怎么都行。

　　在这里纯粹义务同时具有**自为存在**的本质形式，并且这种个人信念的形式不是别的，正是对纯粹义务的空洞性的意识，并且意识到，纯粹义务只是一个环节，这个环节的实体性是一个宾词，这宾词以个体为它的主词，这个体的任意性赋予纯粹义务以内容，并能够把任何内容连接在这种形式上，而使这内容带有凭良心的性质。

　　这句话比较长，一环套一环。"在这里纯粹义务同时具有**自为存在**的本质形式"，纯粹义务摆在那里，它本来是自在的，但是在良心这里呢，它同时又具有自为存在的本质形式，自为存在打了着重号。也就是它要行动起来，它要通过它的有所为来灌注它的本质。虽然它本身是良心的一个静止的、自在的环节，但是它同时具有一种能动的本质形式，这样一种本质形式是要投入到行动中的。"并且这种个人信念的形式"，自为存在的本质形式即是这种个人信念的形式，就是这个我，这个我是什么呢，是一种信念。它"不是别的，正是对纯粹义务的空洞性的意识"，就是说，纯粹义务的本质是空洞的，但是它又要成为自为存在的形式，于是个人的信念就意识到这个纯粹义务本身是空洞的。"并且意识到，纯粹义务只是一个环节"，也就是意识到它不是全部，它只是良心的一个环节，一个方面。它只是我的出发点，我要用它来干什么，这个还没干出来，所以这个纯粹义务只是一种抽象的要求，要你坚持自己的良心，至于如何坚持，它并不提供建议，它还不现实，还没有内容。"这个环节的实体性是一个宾词，这宾词以个体为它的主词"，纯粹义务作为实体性还没有自己的内容，我当然要去完成它，但是，它只是一个宾词，它本身空空洞洞，它是服从于另一个主词的。这个"主词"也可以翻译成"主体"，就是纯粹义务的内容要由每个个体的具体行动来定，它只是我这个主体、这个个体的宾词，我的个体是怎样，我的纯粹义务也就是怎样。"这个体的任意性赋予纯粹义务以内容"，这个体我们前面讲了，它就是个人的任意性，个人的偶然性。良心的真理性就是个人的任意性，就是我们前面讲的，凭自我感觉和冲动为所欲为，但是这个为所欲为赋予了纯粹义务以内容。你光讲纯粹义务，良心它知道，这是空的，它知道它要有内容；那内容从哪来呢，你不能从外面去拿，一个讲良心的人是从自己的内心把这个内容赋予纯粹义务的。"并能够把任何内容连接在这种形式上，而使这内容带有凭良心的性质"，良心作为感性确定性可以有各种各样偶然的内容，但任何内容良心都可以把它们连接在这种纯粹义务的形式上，因为这个形式是无所谓的。纯粹义务本身是空洞的,所以我可以认为我所做的任何事情都是对的,因为我是凭良心的。一个相信自己是凭良心在做一切事的人,他所做的任何事情、任何内容都可以带上凭良心的性质。良心不需要反思,只要自我感觉良好就行,只要知道自己有信念、自己有确信就够了,那就是真理了,确定性就是真理性。下面就举了一个例子来说明,这个例子是康德也举过的。

　　——一个个体以某种确定的方式增加自己的财富;这就是一种义务,即每个个体都要操心养活他自己以及他的家庭,同样也要照顾到自己成为对周围人有用的人和给需要帮助的人做好事的**可能性**。

　　"一个个体以某种确定的方式增加自己的财富;这就是一种义务",康德在《道德形而上学》里面也谈到过,一个人如果没有财产,成为一个贫困的人,他就容易犯罪,容易违背自己的义务。就像我们中国人讲的,饥寒起盗心,仓廪实而知礼节,衣食足而知荣辱嘛。就是你有饭吃了,吃得饱了,你富足了,那就会遵守道德了。康德也承认这个,他当然不会把追求自己的幸福直接当作义务,但他不否认自己的幸福是自己能够履行义务的现实手段或保证,在这种意义上,人有义务去满足自己对幸福的渴望。就是说你要有一定的生活物质基础,你才能够谈得上道德。否则你就很容易违背道德律了。黑格尔则直接提出,这本身就是一种义务,"即每个个体都要操心养活他自己以及他的家庭",所谓养家糊口就是一家之主的义务,就是一个人的义务。"同样也要照顾到自己成为对周围人有用的人和给需要帮助的人做好事的**可能性**",可能性打了着重号。就是说也要考虑这方面,除了自己养家糊口以外,这方面也不能少,就是要考虑与人为善的可能性。因为自己能够养家糊口是帮助别人的可能性,你自己饭都吃不饱,也就谈不上接济别人了。这也是康德讲过的,康德的定言命令所举的例子里面,不完全的义务中有一条就是"尽可能的帮助别人",促进他人的幸福。这都是很通俗的例子,黑格尔在这里也用了这个例子。

　　这个体意识到这是种义务，因为这个内容已直接包含在他的自身确定性中了；此外他还明见到，他就是在这件事中履行了这个义务。

　　"这个体意识到这是种义务"，为什么意识到这是义务呢，"因为这个内容已直接包含在他的自身确定性中了"。这是非常直接的，或者是一种感性的确定性。人生在世嘛，首先你要养家糊口；然后呢，你要尽可能与人为善。这都需要以某种确定的方式来增加自己的财富，这是直接的确定性，是由自己的感性就可以确定的。每个人的良心都会告诉你，人首先要在社会上自立，要成为自食其力的人；然后呢，你如果想帮助谁，也就有了能力。这个是每个人自身的确定性里面已经包含了的，这很通俗，小孩子都懂。"此外他还明见到，他就是在这件事中履行了这个义务"，这个就需要一点眼光了，但如果他有义务观念，他就会明见到，正是在这样一件事里面，也就是在增加自己的财富方面，他就在履行这个义务。也就是他直接意识到知和行是合一的，不存在超越于行动之上的另外一种义务，这行动就是他的义务。我们刚才讲行动和认知的关系，首先就体现在这一点上，知寓于行，知是行的宾词。

　　别人也许把这种确定的方式看作是欺骗；**他们**所依据的是这个具体事件的一些别的方面，但**这个体**之所以坚持这一方面，是因为他意识到增加财富是纯粹的义务。

　　"别人也许把这种确定的方式看作是欺骗"，前面也讲了"某种确定的方式"，也就是不论你采取什么方式，总之你认为自己这种方式是凭自己的良心（Gewissen）所确定（gewiss）下来的。但别人也许会把你这种方式看作欺骗，他们并不是你肚子里的蛔虫，搞不清你是真的凭良心还是假的。而且即使你是真的，别人从另外的角度、从别的方面出发也可能有别的确定的方式，他们也可能是真的，这就体现出众多义务的冲突性了。"**他们**所依据的是这个具体事件的一些别的方面"，其他的人，他们的良心所依据的是这个事件的别的方面。一个事件总有相关的各个方面，你抓住这一方面，他抓住那一方面，这就会发生相矛盾的判断了。前面讲了，任何一个具体的事件都有无数的细节，你一个人不可能把所有这些细节都认识到，都掌握住，因此你从你的良心出发所认可的义务只是众多义务中的一种。别的人也可能看到了别的方面，是你可能没有考虑到的，但良心又必须自认为考虑到了所有的方面，因此别人就会把你的这种欠考虑视为故意的欺骗了。"但**这个体**之所以坚持这一方面，是因为他意识到增加财富是纯粹的义务"，"这个体"打了着重号，和前面也打了着重号的"他们"相对照。就是说，别人可能会误解我的意图，以为我蓄意欺骗，但我仍然坚持自己是凭良心的，因为我看到了这一方面的义务，就是每个人都必须增加自己的财富，我认为这是我的"纯粹义务"，而不只是众多义务中的一种。我不认为别人有别人的义务就一定要取消我的这个义务，或者别人的义务是真我的就必定是假，我看准了自己的这个义务没错，死咬住不放，因为我是凭良心而选择的，是不会因条件不同而改变的纯粹义务。这里个体和他人之间的这种冲突实际上表现的，是前面所说的众多义务之间的冲突，在众多义务中，每个人把自己所坚持的义务看作是纯粹的、唯一的义务，那就必定会与他人的义务发生冲突。同时，对同一个义务的看法也就可能会有截然相反的评价，你自己认为是道德的，别人可能会认为不道德。

　　——所以，别人称之为强横不义的事，所履行的就是在别人面前坚持自己的独立性的义务；别人称之为怯懦的事，所履行的就是保全生命和保持为周围的人谋利益的可能性的义务；但别人称之为勇敢的事，反倒是有损于上述两项义务的。

[157]

　　这就产生矛盾的评价了，他们怎么看和我怎么看，这两方面就不一致了。"所以，别人称之为强横不义的事，所履行的就是在别人面前坚持自己的独立性的义务"，我所做的事情，以别人的立场看起来也可能是强横不义的，他们会说你怎么这么强霸；但是在我看来，这恰好是履行着在别人面前坚持自己的独立性的义务。保持自己的独立性当然也是一种义务，你不要随大流，你要坚持自己的信念，按自己的良心做事，"虽千万人吾往矣"。但在别人看来，你一意孤行，不听劝告，尤其在那些受到伤害的人眼里，"庆父不死，鲁难未已"，你就是他们的灾星。这是对于同一件事情的两个完全冲突的观点。同样，"别人称之为怯懦的事，所履行的就是保全生命和保持为周围的人谋利益的可能性的义务"，别人会认为你怯懦、怕死，但是你却可以为自己辩护，说保全生命本身也是一种义务，为义务而保全生命。康德就讲过保全生命的义务，就是不要自杀。中国人讲"杀身成仁，舍生取义"，为了义务可以自杀，但也常常给自己找理由，说是上有老母，要尽孝道，不能自杀。总之怎么说都有理由，就看各人是否凭良心了，但恰好这一点外人无法确定，只有自己知道。所以保全生命一方面它本身就是一种义务，另一方面呢，保全生命是为了给周围的人谋利益，不管是父母也好，子女也好，当然都不希望我死，而且我还可以为社会作贡献啊，具有这种可能性。我们讲留得青山在，不怕没柴烧，你把命保住了，那么以后干什么都可以。所以我不去冒生命危险也可以说是在坚持自己的义务，你不要说我怕死，我死了对谁都没好处，我为什么要去送死。"但别人称之为勇敢的事，反倒是有损于上述两项义务的"，别人称之为勇敢的事，很可能在我看来是莽撞行事，不但有损于保全生命的义务，也有损于为周围人谋利益的义务。这两项义务都因为你所谓的勇敢，由于你逞一时的匹夫之勇，而遭到了违背。当然勇敢也是种义务，为国捐躯啊，也可以是一种义务，但还有许许多多别的义务，它们都构成种种义务的冲突。就是说凭良心做事可以做完全不同的甚至完全相反的事情，都是凭良心。

{348}　　但怯懦也不可笨到如此地步，以至于不知道生命的保全和对别人有用的可能性都是义务，——以至于对它的行动之合乎义务没有**信念**，而不知道合乎义务的东西就在于上述**认知**；否则的话，怯懦就会犯笨拙到不道德地步的错误。

前面讲怯懦也可能是种义务，它可以是符合义务的。"但怯懦也不可笨到如此地步，以至于不知道生命的保全和对别人有用的可能性都是义务", 就是你的怯懦不能笨到如此地步, 现成的有用的借口你都不去用, 而是赤裸裸的怯懦, 那就坐实了就是不道德或未尽义务了。怯懦它可以解释为道德的, 就是你如果不蠢不笨的话, 如果认知到自己的行为可以合乎某种义务的话, 例如说保全生命是一种义务, 哪怕屈辱地活着, 同时我活着可能对别人有用, 对国家有用。如果你连这个现成的理由都不会去找, "以至于对它的行动之合乎义务没有**信念**, 而不知道合乎义务的东西就在于上述**认知**", 那你就太笨了, 活该被人骂为"胆小鬼"。信念打了着重号, 认知也打了着重号。前面是说不知道还有这些义务, 这个不知道就表明你没有信念, 你如果真有信念, 肯定会有这方面的认知。你如果不相信自己真是怯懦, 那就肯定找得到理由为自己辩护的, 就会对上述义务有所认知了。"否则的话, 怯懦就会犯笨拙到不道德地步的错误", 这就把话挑明了, 否则的话, 如果没有这样一些认知的话, 归根到底如果没有自信的话, 那么怯懦就会笨到犯不道德的错误。言下之意, 就是说道德不道德全在于自己的信念, 你相信自己是道德的, 你就是道德的, 理由总是可以找到的; 而你之所以不道德, 不是因为你真的不道德, 而是因为你太笨, 太不相信自己的良心, 太没有信念。这样一来, 信念也好, 认知也好, 良心也好, 统统都成了一种自欺的机心, 只要你不太笨, 都可以找到解脱自己良心折磨的办法。所谓我凭良心做事这样一种说法, 实际上是一种取巧的办法, 一个聪明人总会找到种种理由, 来使自己的行为从不道德变得道德。因为客观上事情的联系无限丰富、无限复杂, 从每一个侧面你都可以找到一种冠冕堂皇的理由, 而以某种义务的名义来为自己辩护。哪怕你的行动出自于本能的为所欲为, 出于个人的感性冲动、欲望和任意性, 出于一种"无意识的自然存在的偶然性", 但是从良心的角度出发, 都可以把它解释为道德的。所以在历史上和日常生活中, 对于有些人做的事情众说纷纭, 见仁见智, 诛心之论易, 知人论世难。如果我们仅仅停留于良心的解读, 我们确实无法判定任何说辞的真伪, 凡是我们觉得不道德的, 但是经过他一解释, 我们都会发现它可能是道德的。

由于道德就在于这种履行了义务的意识，所以被称为怯懦的行动将正如被称之为勇敢的行动一样，不缺少这种意识；叫作义务的这个抽象的东西正如它能够承担任何内容一样，也能够承担怯懦这个内容；

"由于道德就在于这种履行了义务的意识"，道德就在于这样一种信念，我做这件事情，是履行了义务的，是合乎义务的，这种信念或这种认知，这样一种主观意识就是道德。"所以被称为怯懦的行动将正如被称之为勇敢的行动一样，不缺少这种意识"，怯懦也好，勇敢也好，都不缺少这种意识，除非你自己太笨。勇敢地面对你的命运，或者战场上你的英勇行为、自我牺牲的行为，固然可以说是出于一种义务；而一种怯懦的逃跑行为也可以说是出于另外一种义务，它一样不缺少自己履行了义务的意识。我保存自己的生命不是为了自己，我是为了别人；而且即使是为自己，这也是自己的义务，不是因为我害怕，是因为我有义务。"叫作义务的这个抽象的东西正如它能够承担任何内容一样，也能够承担怯懦这个内容"，抽象的纯粹义务可以包含任何内容。这可以看作对康德的形式主义义务论的反驳。

——所以这意识知道，凡是它所做的都是义务，而由于它知道这一点，由于对义务的信念也就是合乎义务的东西本身，那么它就得到了别人的承认；这行动因此就有效并拥有现实的定在。

最后这是个结论了。就是行动和认知之间这样一种关系，我们立足于行动来看认知，我们发现这种行动它可以把任何内容加进去，加到这个认知的义务里面去，这样，行动就归结为认知了，归结为你是否足够聪明，找得到各种理由来解释你的行动，而只要你能够把握足够多的细节，你总是可以为自己的行动找到理由的。"所以这意识知道，凡是它所做的都是义务"，我就凭自己为所欲为的偶然性去做，不论什么事情，只要我做出来，它都是义务，只要我凭良心做的都是义务，不是义务我也可以运用自己丰富的认知把它解释成义务。凭良心就是凭本能，凭情感冲动，做什么不重要，重要的是如何解释它。"而由于它知道这一点，由于对义务的信念也就是合乎义务的东西本身"，一个是他知道这一点，他有对这一点的认知，知道也就是认知了；再一个是，对义务的信念就是合乎义务的东西本身，只要你有对你的行为合乎义务的信念，那你就是合乎义务的。什么是合乎义务的，对义务的信念就是合乎义务的，我相信自己的行动合乎义务，它就是合乎义务的。而你如何能够相信呢？取决于你对细节的认知，你掌握了多少细节，你就能够说服自己，当然也能够说服别人。"那么它就得到了别人的承认"，由于他说得头头是道，他就可以得到别人的承认，"这行动因此就有效并拥有现实的定在"，如果别人知道了他做这件事情是有对义务的信念的，那么别人就会承认他，哪怕他看起来是做了不义的事情，别人也会原谅他。就看别人是不是知道他的行为的理由，是不是掌握了他那样多的细节知识。比如前不久学界为秦桧翻案，秦桧这个墓葬里面发掘出了他留给后人的书信，把自己内心表白出来了，说明秦桧不是一个奸臣，相反是一个忠臣，他正是为了大宋的江山永固，不惜留下千古骂名而设计除掉岳飞。当然有人可能不会相信，认为他留下的遗书也可能是假造的，或者是言不由衷，说假话，但是会有人相信。所以秦桧是不是忠臣现在取决于对历史细节的认知，只要你能够提供足够充分的历史材料，你就可以运用历史知识为他翻案。当然即使如此，在我们今天看起来，岳飞仍然是天大的冤案，有那么大的功劳，结果被皇帝12道金牌在风波亭处死；但是另一方面呢，秦桧也不是个坏人，虽然在此之前人们都认为他是个坏家伙，那是因为他的心迹没有得到表白，你不知道他究竟有没有信念。一旦你发现他原来可能是这样的，那就要重新评价了，就会得到人们的承认，或者至少得到人们的原谅，于是他的行动就会在历史上作为道德行为而拥有现实的定在了。这个是从行动的角度来看它和认知的关系，最后行动被归结为认知，有什么样的认知，对行动就有什么样的评价。那么下面一段呢，就是反过来，从认知的角度来看它与行动的关系。休息一下吧。

　　把随便哪一种内容完全和别的内容一样放进纯粹义务和认知的普遍被动媒介中去的这种自由，是无法通过主张应该放进另外一种内容来反对的；因为无论什么内容，每一种在自身中都有**规定性的缺点**，这种规定性是纯粹认知所摆脱了的，纯粹认知可以鄙视它，正如它同样可以接受任何一种规定性一样。

　　前面已经用怯懦和勇敢这样一些例子来证明了一点，就是随便什么内容都可以容纳进良心里面。所以他这里就讲，"把随便哪一种内容完全和别的内容一样放进纯粹义务和认知的普遍被动媒介中去的这种自由，是无法通过主张应该放进另外一种内容来反对的"。就是说，把随便一种内容，不管是勇敢还是怯懦，我把它放进纯粹义务和认知的普遍被动媒介中去，这是我的自由。纯粹义务和认知，就是良心的认知方面，你把这种纯粹义务当作一种普遍的被动媒介，比方说，你把它当作一个容器，当作一个框架，把那些内容往里面装，它不会有任何意见。不管装这个内容或者装那个内容，它都是无所谓的，随你的便，这是你的自由。你要把怯懦装进去，可以；你要把勇敢装进去，也可以；你要把强横无理装进去也可以。这种自由是无法通过主张应该放进另外一种内容来反对的，并不因为你主张应该放进另外一种内容而不应该放进这种内容，就能够反对这种自由。你反对不了，它们各有各的解释。你说这是我的义务，他说那是我的义务，你们互相无法反对，这个自由没法剥夺。当你认知了他的这样一种相反的理解的时候，你就会同情他，你就会承认他，或者你就会原谅他。你会想到如果我在他那样一个地位，我也会像他那样做，那么他的这样一种做法就会得到承认。"因为无论什么内容，每一种在自身中都有**规定性的缺点**"，规定性的缺点打了着重号。无论你放进什么内容，只要你选定了一种，它都是有规定性的，都是有限的内容，这就是每种义务内容上的缺点。它跟那个纯粹的义务不一样，纯粹义务自身没有具体的规定性，因此没有内容，它只是一个框，一个容器；但你放进去的那些具体的义务都是有规定的，因而是有缺陷的，都是片面的、不

完全的。你看到这一方面, 他看到那一方面, 每个人看到的都是片面的,
不会因为换成了另外一个, 它就全面了, 换另外一个还是有它的片面性。
所以这个框子是不变的, 里面装什么东西, 那可以变来变去。"这种规定
性是纯粹认知所摆脱了的"。纯粹认知已经高高在上, 已经把这些具体
的内容、它们的片面性、它们的这种限制性的缺点都摆脱了。纯粹认知
也就是良知本身, 良知的信念, 良知相信自己是合乎义务的, 这样一种信
念是摆脱了具体内容的。不管我做什么, 我都相信我是对的, 我是合乎
义务的。"纯粹认知可以鄙视它, 正如它同样可以接受任何一种规定性
一样", 纯粹认知瞧不起这种规定性, 可以鄙视它, 说它太狭隘、太片面;
但是, 同样也可以接受它, 良心是个框, 什么都往里装, 无所谓。

一切内容都在于它是一个被规定了的内容, 在于它处在与另一个内
容同样的水平, 哪怕这另一个内容看起来好像恰好拥有在它里面被扬弃
了特殊性的那种个性也罢。

"一切内容都在于它是一个被规定了的内容", 凡是内容它都有规定
性, 那就有片面性。除非没有任何规定, 那就是纯粹义务, 那它就没有片
面性了, 但也就没有了内容。一旦规定, 一旦具体地实行, 那么它就有它
的片面性。而这样的内容, "在于它处在与另一个内容同样的水平"。你
放进另一个内容和放进这个内容, 它们的水平都是一样的, 它们的层次
都是一样的, 它们同样的片面。"哪怕这另一个内容看起来好像恰好拥
有在它里面被扬弃了特殊性的那种个性也罢", 哪怕另一个内容它看起
来好像是没有特殊性的, 是普遍的。或者说比起这一个内容来, 另一个
内容层次好像更高些, 好像它更带普遍性而更少特殊性, 它是被扬弃了
特殊性的那种个性。扬弃了特殊性, 但它还是一种个性, 它是另外一个
内容嘛。那么尽管如此呢, 它和前面一个内容呢, 仍然是处于同样的水平。
你不要以为另外一个内容宣称自己更加具有普遍性, 它就可以取代这一
个内容了, 好像这些内容里面还有层次的不同, 有的是比较特殊的, 比较
个人的, 有些是考虑得比较全面的, 或者为更多人所承认的。被更多数

人承认的好像已经扬弃了特殊性，但是它还是一种个性，所以还是与前面那个内容处在同样的水平。只要有现实的规定性，它们就处于同样的水平，不管你这个内容、那个内容在普遍性上、在特殊性上有什么区别。有的比较特殊一些，有的比较普遍一些，但是总的来说它们处于同一水平。下面就来进一步解释这种情况。

　　有可能看起来是这样：由于义务在现实事件中一般分裂为**对立**、并因而分裂为**个别性**与**普遍性**的对立，因此以共相本身为其内容的那种义务，在自身直接就会拥有纯粹义务的本性了，而且形式与内容彼此就成了完全吻合的了；因此比如说为普遍最善的东西而行动就必然会优先于为个别最善的东西而行动。

　　"有可能看起来是这样"，有可能是这样一种情况，这后面实际上是一种假设了，后面都是用的虚拟式。是什么情况呢？"由于义务在现实事件中一般分裂为**对立**、并因而分裂为**个别性**与**普遍性**的对立"，义务在现实世界中，前面讲了，它一旦落实，一旦实现出来，这个义务就会形成分裂，形成分散，就会碎片化，就会根据不同的细节而有各种不同的立场。碎片化经常表现为义务的对立，比如中国人讲忠孝不能两全。你要忠就不能孝，你要孝就不能忠。并因而分裂为个别性与普遍性的对立，比如说孝，那就是个别性，那是你的小家的义务，而忠是为一个大家，是更加普遍一些的义务。在这些义务里，有的是个别一些的义务，有的是更加普遍的义务。注意这里都是用的虚拟式，好像是这样。后面也是虚拟式，"因此以共相本身为其内容的那种义务，在自身直接就会拥有纯粹义务的本性了"，以共相自身为内容的，比如说我们刚才讲的忠于国家，这就是一个更大的共相了，孝顺父母则是一个个别的殊相，那是你的小家庭，而国家是大家庭、共同的家庭。以共相自身为内容的那种义务，似乎自身直接就拥有纯粹义务的本性，就是说相对而言，忠看起来就是纯粹义务了，因为它看起来大一些嘛，它是共相、是普遍性嘛。"而且形式与内容彼此就成了完全吻合的了"，形式就是纯粹义务，内容就是忠于国家。就是说纯粹义务在前面一直是高高在上的，都是一个抽象的概念，它是不能实行的，一实行就不是的了。但是在这个地方，在忠这里，形式与内容好像成了一回事，相互吻合了。忠和孝相比就是纯粹义务，孝是你小家庭的特殊义务，忠是对整个国家的义务，那就是普遍义务了。"因此比如说为普遍最善的东西而行动就必然会优先于为个别最善的东西而行动"，这里也是用的虚拟式。看起来是这样的，为普遍最善的东西而行动就肯定优先于为个别最善的东西而行动。最善的东西, das Beste，这里译作最善的东西。我们通常也讲，要先顾大家而放弃小家，为了国家而放弃小家庭的利益，所谓"大河有水小河满，大河无水小河干"，个人要为集体做出牺牲等等。那么为普遍最善的东西行动就具有优先性，尽管都是义务。你孝也是要完成的，国家义务也是要完成的，但是首先要完成国家的义务，它有优先性。下面就反驳了。

　　然而这种普遍的义务一般是那作为自在自为地存在着的实体、作为权利和法律而**现成在手**的东西，是**不依赖**于认知和信念以及个别人的直接兴趣而有效的东西；而这恰恰就是道德一般比照它的**形式**而得到校正的那种东西。 [158]

　　"然而这种普遍的义务一般是那作为自在自为地存在着的实体、作为权利和法律而**现成在手**的东西"，也就是这种普遍的义务是这样一种东西，一般来说，它作为自在自为地存在着的实体、作为权利和法律而现成在手。这个在上卷最后讲"自在自为地本身就是实在的个体性"部分已经谈到，事情本身就是个体性，这样一种普遍的义务就是一种自在自为存在着的个别实体，它通过立法的理性和审核法则的理性而体现为一种精神实体或伦理精神，由此向下卷的精神章的伦理部分过渡。所以普遍的义务如果脱离道德世界观的语境来看，是一种伦理的义务，伦理义务它和道德义务是不一样的，它是自在自为的，作为权利和法律而现成在手的，是由传统传承下来的。所以它"是**不依赖**于认知和信念以及个别人的直接兴趣而有效的东西"，也就是这样一种普遍义务不依赖于认知和信念，因而跟良心没有关系，它只是一种习惯，一种伦理。它不依赖于个别人的直接信念而有效，它的有效性不是由人的良心，或者由人的认知和信念，由人的直接的感性确定性而决定的，所以它还没有上升到道德的层次，还停留在前面的伦理的层次。"而这恰恰就是道德一般比照它的**形式**而得到校正的那种东西"，就是这样一种普遍的伦理义务，它的形式成为用来修正道德的东西，成为审核道德法则的标准。就是说，道德本身是依照伦理的形式而得到校正的，道德本身的立法是由这种形式来审核的。伦理和道德是不同的东西，但是，道德按照伦理的形式而得到校正和审核。就是说实际上你凭良心做事的时候呢，你用来作为自己高高在上的审核标准的那种普遍的纯粹义务并不是道德义务，而只是伦理义务，这种义务是现成的，但是并不能在道德行为中成为具体义务的立法，并不具有内容和现实性。良心只取这种普遍的义务的"形式"，不管它的内容是国家也好，是大集体也好，还是小家庭也好，都不考虑，只是参照它的普遍形式来校正自己。所谓校正自己，也就是当任何一种行动导致了片面性时，就到另一种行动中寻求补充，寻求折中或缓和，或者如同亚里士多德那样寻求"中道"，但永远也达不到真正的普遍性。因为这种普遍性本身没有内容，它只是用来不断审核和校正的抽象形式。但是良心主要立足于它自己的这种认知和信念，跟这种伦理的审核形式是不一样的，但是它要受到这种形式的审核。审核的结果，肯定没有一个行动是合格的，都有片面性，那就只有不断地在两极中摇摆、尝试和寻求中道了。而这一不断校正的过程全部都有普遍义务这种审核的形式标准在作参照，都是这一形式标准所要求的。

　　至于它的**内容**，只要普遍最好的与个别最好的是**对立的**，那么它也是一种**特定的**内容；因此它的法则是这样一种法则，良心知道自己完全不受其束缚，并赋予了自己随意增减、放弃还是履行的绝对权限。

　　前面是讲形式，形式上面这样一种普遍义务可以说对良心起了一种修正或校正的作用，或者说起了一种纠偏的作用。你凭良心做事时陷入了义务冲突,易走极端,于是普遍义务要求你寻求中道,并以此来审核你的行为,但却始终不能直接告诉你什么是中道,因为它只是一个抽象的形式。"至于它的**内容**,只要普遍最好的与个别最好的是**对立的**,那么它也是一种**特定的内容**",这个"内容"与前一句的"形式"都打了着重号,形成对照。那么内容方面的情况是,只要普遍的最好和个别的最好是对立的,那它就只是特定的内容,而不能上升到普遍的形式。假如从形式上看,这两者并不形成对立,普遍的东西高高在上,它没有特定的内容,因此不与个别的东西对立,而是干脆摆脱了一切个别的东西。但是在现实的内容中,普遍与个别是对立的,比如说忠和孝是对立的,那么对立双方都是一种特定的内容。也就是说现实中普遍最好的,虽然看起来挺普遍的,但还是个别的、有限的。"因此它的法则是这样一种法则,良心知道自己完全不受其束缚",良心完全不受这些具体规定的束缚,良心只从自己出发,它只有形式上的普遍性,而在内容上,它不管你是普遍的也好,是个别的也好,它都不管,它只知道从自己的良心出发就是合乎义务的。"并赋予了自己随意增减、放弃还是履行的绝对权限",良心在内容的选择上具有绝对的权限,它不受限于这些特定的内容,它可以随意增减、放弃或履行这些义务,在各种义务中进行调和、折中,寻求中道和平衡。比如在这个义务上加重一点,在那个义务上减轻一点,或者做得过分了的就及时停止,不足之处则要落实履行,它有绝对调配的权限。当然,这种权限还是它自己的纯粹义务的形式赋予它的,因为有这种抽象形式在高处审核它的行动,或者说它用这种形式进行自我审核。

——此外,这样一来上面对于义务在比照个别与比照共相时所做的区别,按照这对立的一般本性,也就不是什么定规了。

"此外",也就是除了我对这些东西有绝对的权限加以选择,不受这些区别的束缚之外,"这样一来上面对于义务在比照个别与比照共相时所做的区别,按照这对立的一般本性,也就不是什么定规了",这个前面已经讲了,一般义务比照着普遍义务的形式而得到校正,但那是从形式上说的。而这里从内容上看，那种形式上的比照所带来的区别就都成为了相对的，并不是什么固定不变的。良心不但在这些无论个别的义务还是普遍的义务之间拥有任意选择的权限，而且在它看来，个别的义务也好，普遍义务的共相也好，它们并没有固定的区别。因为它们的对立的一般本性都没有超出内容的范围，因此它们都是在同一个水平、同一层次上的区别。比如家庭义务对照个别成员来说是共相，而对照国家义务它又是个别，而一个国家的义务对照全人类的义务又成了个别的，没有哪一种义务可以永远占据共相的位置而不变。这样一来，这种区别就不是什么固定的区别，都是相对的区别。在现实中，不管你有多么大的范围，都是相对而言的，你要把它搞成绝对的宇宙真理，那是不可能的，因为你不是宇宙，你还是地球上的人，地球上的人只能是相对的。这是从内容上看，个别和共相的区别就变成流动性的标准了。

{349}　　**相反，毋宁说，个别人为自己做的事也是有利于共相的；不仅他关心他自己越多，他有利于别人的可能性也越大；而且，他的现实性本身只不过就是他同别人关联在一起存在和生活；他的个别享受本质上有这样的含义，即他借此而为其他人奉献出他自己的东西，并帮助他们获得他们的享受。**

　　"相反"，这个相反就是说，前面讲内容上无论多么普遍的东西其实都还是个别的，那么反过来，个别的东西本身倒是也有它的普遍性。由这两方面可以看出，实际上普遍的义务和个别的义务并不是那样严格区分开来的，而是相对的，两极相通的。"毋宁说，个别人为自己做的事也是有利于共相的"，就是说个别人完成自己的义务，如养家糊口，这本身是有利于普遍义务的，甚至个别的私人行为和普遍共相是一回事。我相信我做的事情虽然是出自于我的偶然性，虽然是出自我的任意和欲望冲动，但同时也是在完成普遍的义务。我有这种信念，我诚实劳动，不但对自己有好处，而且对社会、对一切人都有好处。这才使个人的良心不再有内容和形式上的分裂，而是达到了平衡。"不仅他关心他自己越多，他有利于**别人**的**可能性**也越大;而且,他的**现实性**本身只不过就是他同别人关联在一起存在和生活",我们前面已经知道,黑格尔深受亚当·斯密的《国富论》的影响,就是每个人为自己,同时也就是为大家,所谓的自私自利一定会损人利己,这是站不住脚的。每个人只有拼命地为自己,那么他有利于别人的可能性也就越大。我们今天也讲,让一部分人先富起来,先富起来的就可以带动后富起来的,于是我们一起共同富裕。理论上是这样的,实际上是怎么样,当然还要看你是如何先富起来的,靠搞腐败而先富起来的情况不适合这条原理。这条原理只有在法制健全的条件下才生效,必须用法治来保证市场经济规律的正常运行,这时人们关心自己越多,他就越有可能为别人作出贡献。在这种情况下,他的现实性本身就是他同别人关联在一起存在和生活,整个社会都呈现出有机的相关性,而不是各自为政的、碎片化的,甚至断裂和对立的。市场经济就是这样的,每个人为自己,然后整个社会就发展起来了,就繁荣起来了。你给予每个人为自己的权利,社会自然就会受益,大家都共同富裕。有的人会走在前面,有的人会走在后面,但总的来说,整个社会在往前进。所以一个人的现实性同时就是其他人的现实性,就是整个社会的现实性,别的人和他一样,都是人人为己,结果大家都会生活在一个互相有利于对方的关联中。"他的个别享受本质上有这样的含义,即他借此而为其他人奉献出他自己的东西,并帮助他们获得他们的享受",这个在市场经济社会是非常明显的一个常识,就是刺激消费的政策是激活社会生产的有效方法,国内消费不足则是阻碍经济发展的最大障碍。你以为你少吃少喝少消费,所谓的勤俭节约,对社会就会有好处?老黄历了!大家都存钱都不用钱,整个社会生产都会停滞。所以你的个别享受本质上有这样的含义,实际上是在为其他人奉献出了自己的东西,你拿钱买消费,别人就赚了你的钱,你给别人提供了工作岗位,而你为了消费也会更努力地工作,你不是奉献出了你自己的东西吗?你不是在帮助他人获得了自己的享受吗?黑格尔在经济学方面受到英国古典政治经济学的影响,在这里表现得很明显。

所以在履行针对个别人、因而针对自己的义务时，针对共相的义务也就被履行了。

这就是双赢了。你对个人履行了义务，你对普遍共相也就履行了义务。"所以在履行针对个别人、因而针对自己的义务时，针对共相的义务也就被履行了"，良心哪怕只是在完成自己私人的义务、也就是争取自己的幸福时，看起来好像非常主观，好像是从自己的任意性出发，从自己的偶然性出发；但是实际上后面有一只看不见的手，让你的行为成为有利于整个社会的行为，不但在个别义务上无愧于良心，而且在普遍义务上也使你无愧于自己的良心。亚当·斯密认为在个人发财致富的活动后面有一只看不见的手在调节，用西方一句谚语说，就是"个人为自己，上帝为大家"，无形中实现了人人为我，我为人人，应该是这样一个关系。并不要你去另外牺牲自己的利益来完成普遍的义务，而是就在我完成自己私人的义务的同时，整个社会的义务也就被履行了。农民工到城里来赚钱，他们没有意识到自己才是这个城市发展起来的功臣。这就将良心在内容上所面对的个别义务和普遍义务的对立扬弃了。

——因此，在这里假如要进行对各种义务的**权衡和比较**，就会导致对共相从一件行动中将会得到多少利益的算计；但一方面，这样一来，道德就会陷入**明见**的不可避免的**偶然性**，另一方面良心的本质正在于**剔除**这种**算计**和权衡，不根据这些理由而由自身做出决定。

"因此，在这里假如要进行对各种义务的**权衡和比较**"，这里用的虚伪式。在这个地方假如你要用你掌握的知识来计算，来比较，什么东西更符合道德，如何牺牲个别义务而成全普遍义务。比如说我们采取一种计划经济，由经济主管部门来安排，由行政命令来安排。房价太高了，这个不道德，我就出台各种政策把它压一压；太低了的话，企业得不到发展，这也不道德，我又把它抬一抬，这叫作宏观调控。这样来做经济，"就会导致对共相从一件行动中将会得到多少利益的算计"，表面上是对道德义务的权衡或兼顾，实际上是把道德共相归结为一种利益计算。但这是违背市场经济规律的，不按市场规律办事，经济被搞乱了，道德也遭到了败坏。有人甚至主张给每个老百姓、生意人建立"道德档案"，就是想把社会道德变成一种计算，可以由政府来掌控，用道德义务来发展经济，这套"左"的做法完全是缘木求鱼，越搞越发展不起来。现在很多人，特别是地产商都在呼吁，要让市场的看不见的手来起作用，不要老去过度干预。你自以为聪明，自以为算的很准，实际上市场有它自己的规律，它不受你的调节。由所有个别人的偶然性导致的这样一种平衡才是真正的平衡，你用外在的行政的手段去干预，去求得平衡，反而导致人为的不平衡。"但一方面，这样一来，道德就会陷入**明见**的不可避免的**偶然性**"，明见，Einsicht，识见、洞见。你以为你洞察秋毫，什么东西都掌握在你的智囊里面，有案可查，其实陷入到了不可避免的偶然性，反而是对道德的一种摧毁。比如说掌管经济的人他更熟悉哪一方面，或者这个人出身于哪一个阶层，他更同情哪一方面等等；还有很多偶然性因素，他的知识面，他的情绪，他的上下左右的关系等等，都有不可避免的偶然性。这些偶然性是不顾道德的，比如说为了工程圈地而搞强拆；甚至是违反道德的，例如裙带关系和腐败等等。你的初衷也许是出于道德的，或者你自称是出于道德的考虑，打着发展经济的道德旗号，但是实际上呢，做出来的事恰好是违背道德的。"另一方面良心的本质正在于**剔除**这种**算计**和权衡，不根据这些理由而由自身做出决定"，就是说，不但从整体来说，道德会陷入到偶然性，而且从个体来说，良心的本质也得不到实现，因为良心的本质正在于剔除对各种义务之间的这种算计和权衡。前面讲了，我凭良心做事，那么我用不着对众多义务的权衡，要把这些全部撇开，单由自身做出决定。每个人诚实劳动，等价交换，公平交易，这就是凭良心，这无形中就维护了社会基本道德的健康发展。亚当·斯密的《国富论》实际上讲的是一种经济道德，一种资本主义市场经济的道德，我们不要把它仅仅当作一套经济管理技术来读。总之，这一段讲认知和行动的关系，实际上又把认知扬弃掉了，讲良心的人，他不需要掌握那么多共相的知识，去为全国人民的道德状况操心，只须埋头老老实实赚钱就行。前面这两段，一个是讲行动与认知的关系，一个是讲认知与行动的关系。也就是从行动看认知，然后从认知看行动，前者归结为认知，后者归结为行动。黑格尔的辩证程序是把良心看作认知者和行动者的统一，他先是从这两方面分别来分析，而最后做一个总结，所以下面这一段就是讲双方的统一了。

　　良心于是就以这种方式行动于并保持自身于**自在存在**和**自为存在**的统一之中，行动于并保持自身于纯粹思维和个体性的统一之中，它就是自身确定的精神，这精神在自己的身上、在自己的自我中、在自己的认知中，并且在自己的认知作为对义务的认知中，拥有自己的真理性。

　　"良心于是就以这种方式行动于并保持自身于**自在存在**和**自为存在**的统一之中"，良心行动于并保持自身于这种统一之中，一个是自在存在，一个是自为存在，自在存在就是必须要用认知加以把握的，自为存在就是它自己的行动，这两者是统一的，知和行是统一的。而且，"行动于并保持自身于纯粹思维和个体性的统一之中"，也是知和行的关系，纯粹思维体现为纯粹认知，个体性体现为一种个别的行动，一种任意性。"它就是自身确定的精神"，这个第三节的总标题就是"对其自身有确定性的精神；道德"，道德的顶点就是良心，良心就是自身确定的精神。"这精神在自己的身上、在自己的自我中、在自己的认知中，并且在自己的认知作为对义务的认知中，拥有自己的真理性"，这个"自我"就是前面讲的自我意识到的我，就是纯粹的义务，就是信念。在自己的认知中，这种认知也是信念，所以在后面补充一句，"并且在自己的认知作为对义务的认知中"。这种认知作为对义务的认知，也就是一种信念。前面那种认知，你还可以说是对各种细节的认知，各种细节你当然把握不住，它们是无限分化的，但是你把它认为是在良心之下被把握了的，被完全认知了的，这

就是对自己的信念了。良心在这样的认知中拥有自己的真理性，本来是
自身确定的精神，那就是确定性，这种确定性现在在它自身中拥有了自
己的真理性，确定性和真理性在良心身上合而为一了。这第一句话就点
明了这一段的宗旨，就是要展示这样一种统一，行即是知，知和行统一。

　　它恰好借此就把自己保持在这种状态中：那在行动中的**肯定性的东**　[159]
**西**，不论是义务的内容还是义务的形式，以及对义务的认知①，都是隶属
于自我、隶属于它的确定性的；但是凡是想作为一种**特有的自在**与自我
相**对立**的东西，则被看作没有什么真实性的东西，只被看作已扬弃了的
东西，只被看作环节。因此，有效的东西并不是**普遍的认知**一般，而是**它
的**有关细节的**知识**。

　　前面讲了良心是这样一种统一，把确定性和真理性统一起来了，合
而为一了。那么"它恰好借此就把自己保持在这种状态中：那在行动中
的**肯定性的东西**"，肯定性的东西打了着重号，这是和前面的"否定性"
相对照而言的。前面第155页下面："良心不把任何内容认作对它是绝
对的，因为它是一切被规定东西的绝对否定性"，这是讲的良心在行动中
的自然意识或感性冲动的方面，它在这方面是绝对的否定性。而这里讲
的是认知方面，这种肯定性的东西，"不论是义务的内容还是义务的形式，
以及对义务的认知，都是隶属于自我、隶属于它的确定性的"。义务的内
容也好，形式也好，包括对义务的认知，也就是信念，都是隶属于自我的
确定性的，自我的确定性从知的方面把良心在行动中的肯定的方面全都
统一起来了。我的良心作为认知者，把所有这些东西统一起来，这些都
是属于它的自我的确定性的。"但是凡是想作为一种**特有的自在**与自我
相**对立**的东西，则被看作没有什么真实性的东西"，就是那些不在这种
统一之中、而是与它相对立的特有的自在，也就是那些在我的认知范围
之外的把握不到的细节，就被忽略了。那些细节每个都有它自身的特殊

---

① "认知"（Wissen）在丛书版中为"本质"（Wesen），此处据袖珍版。——中译者

337

的义务,不同于我所把握到的这个义务,各种各样的义务和我的这个义务相对立。但现在它们都被看成没有什么真实性的东西,"只被看作已扬弃了的东西,只被看作环节"。当然我也不否认它,你有你的义务,和我的义务不同,但是我只取它的形式,它的内容我不管。我只取它的形式,它的形式就是普遍义务。普遍义务的形式我可以取来,我的良心就是普遍义务,但是普遍义务只是作为环节,作为一个我的标准,它的内容是空的,所以在现实行动中并无现实的效力。在现实行动中,我说是什么它就是什么,我做什么它就是什么,我赋予它什么内容,它就是什么内容,它只被看作自我行动中的一个形式上的环节。"因此,有效的东西并不是**普遍的认知**一般,而是**它的**有关细节的**知识**",这里是说的在内容上有效的东西,在这方面普遍的认知一般是无效的,良心所依据的只是自己的感性确定性和自然冲动。当然从形式上来说这种普遍义务还是有效的,我们前面读到,"然而这种普遍的义务一般是那作为自在自为地存在着的实体、作为权利和法律而**现成在手**的东西,是**不依赖于**认知和信念以及个别人的直接兴趣而有效的东西;而这恰恰就是道德一般比照它的**形式**而得到校正的那种东西。"(第 157—158 页)那是从形式上来说的。而现在从内容上看,从良心的实际行动中看,有效的东西并不是普遍的认知一般,而是它的有关细节的知识。但这个打着重号的"知识"(Kenntnis)和前面同样打着重号的"普遍的认知一般"(das allgemeine Wissen überhaupt)是不同的,前面讲过,知识和认知不同,一个是具体的知识,即有关细节的知识,限于内容方面;而认知则涵盖内容和形式方面,普遍的认知一般则是专指形式方面,在内容上它并不有效,只有在形式上它才有效,但它是空的。所以,有效的东西并不是普遍的认知一般,我虽然在形式标准上要参照对普遍义务的认知,但在行动的实际内容中真正起作用的就是有关细节的知识,包括我特殊的处境和情绪直觉、欲望冲动等等。在这时,有效的东西并不是普遍的认知一般,而是良心本身的感性确定性,我可以根据这些直觉到的知识来采取行动。

　　自我把它取自于自己的自然个体性中的内容放进义务亦即普遍的**自在存在**中；因为这内容是在它自身现成在手的内容；这种内容通过它所在的普遍媒介而变成了自我所行使的**义务**，并且空洞的纯粹义务正是借此就作为被扬弃了的东西或作为环节而建立起来了；这种内容就是它的被扬弃了的空洞性，或者说就是充实性。

　　良心作为认知者具有了细节的充实性，因为这些细节的充实性，这些知识它是有效的；但是主要是在内容上和细节上有效，具有可操作性。良心首先作为认知它具有这样一种细节上的可操作性，但是这些细节主要是行动者自己的细节，不是说我把所有情况都调查清楚了再来操作。所以说，"自我把它取自于自己的自然个体性中的内容放进义务亦即普遍的**自在存在**中"，普遍的自在存在它本身在内容上是无效的，但是我把这些有效的细节知识放进去，它就作为形式而有效了。我们前面讲了，普遍义务是一个容器，一个框架，我把一切内容往里面塞。这个内容是取自于自己的一种自然个体性的内容，也就是良心的那种任意性，那种情感和欲望冲动，我把它放进了义务的普遍自在存在里面去。义务是一个普遍的原则，但是那只是一个大原则，那只是我的一种信念：我相信我的良心是符合义务的。我相信我的良心就是相信这些义务，就是这些义务的确定性，但它只是一个框，要由自然个体性中的内容来充实。"因为这内容是在它自身现成在手的内容"，这内容是现成在手的，我的良心出自于我的欲望、我的冲动，清清楚楚在那里，是在它自身现成在手的内容。"这种内容通过它所在的普遍媒介而变成了自我所行使的**义务**"，这内容从冲动出发，通过普遍的媒介，也就是通过它所在的那个普遍的框架，我把它塞进这个框架里面，那它就变成了自我所行使的义务。"并且空洞的纯粹义务正是借此就作为被扬弃了的东西或作为环节而建立起来了"，空洞的纯粹义务，就是那种对良心的信念，它本身是空洞的；但"借此"，也就是借我从良心中取来的一种偶然性，这样一些冲动，这样一些从自然个体性里面取来的、从我的自然本性中取来的内容，就作为被扬弃了的东西或作为环节而建立起来了。空洞的义务作为被扬弃了的东西，扬弃了它的空洞性。它本来只是一个空洞的义务，但是，作为环节，作为不可缺少的一环，我把它建立起来了。"这种内容就是它的被扬弃了的空洞性，或者说就是充实性"，这种纯粹义务，它的空洞性被扬弃了，那它就是充实的了。所以说，空洞的纯粹义务是通过个体性的这样一种自然本性，通过塞进了一种内容，而得到了充实，扬弃了它的空洞性。但是因为它本身不能够充实自己，它要靠另外一个环节来充实它，所以你只能把它当作一个环节来看，你不能把它看作全部。如果当作全部，它就停在那里一动都不能动了，它就高高在上挂起来了。但是良心通过自己的冲动、通过自己的感性确定性，把自己的行为充实进去，那就使它得到了确定的真理性。我做的事情那就是纯粹义务，但纯粹义务已经不再是空洞的了，已经被我充实了。这是从作为认知者来看是这样的，普遍的认知高高在上，而它的内容通过细节的知识而得到了充实，在认知中知与行得到了统一。

　　——但同样，良心也摆脱了任何一般内容；它从任何想要充当法则的特定义务中脱身出来；凭借它自身的确定性之力，它拥有一张一弛的绝对排他的至尊。①

　　这是从行动方面来看了，刚才是从认知方面，它导致了这样一种统一，那么从行动方面也是这样。"但同样，良心也摆脱了任何一般内容"，任何具体内容良心也已经摆脱了，它不服从任何具体法则的束缚。"它从任何想要充当法则的特定义务中脱身出来"，任何特定的义务在它看来都不在话下，都要经过我良心的批准。所以它虽然凭众多义务而有效，但它本身就是这些众多义务的决定者，而不是反过来被这些义务所决定。"凭借它自身的确定性之力，它拥有一张一弛的绝对排他的至尊"，它是

---

① 参看《马太福音》16,19 或 18,18，原文均为："凡你在地上所捆绑的，在天上也要捆绑；凡你在地上所释放的，在天上也要释放。"——丛书版编者

自身具有确定性的精神，它可张可弛，均由它自己来决定，既可以把所有的内容都排除出去，不受那些东西的束缚，也可以把所有这些内容包容进来，一网打尽。良心具有了这样一种至高无上的排他的尊严，它可以独断专行。这是从良心作为行动者来看，它是封闭的、不容外部插手的绝对权威。这里有个德文版编者注，要我们参看圣经马太福音第16章19节，或者第18章18节，两处都是说的一句话："凡你在地上所捆绑的，在天上也要捆绑；凡你在地上所释放的，在天上也要释放。"这是耶稣对彼得说的，说我要把天国的钥匙交给你，这就使彼得获得了至高无上的权柄。因为黑格尔这里讲了"一张一弛"，"张"就是 binden，就是捆紧的意思，"弛"就是 lösen，就是放松、释放的意思。总之，良心不论是在"天上"的抽象层面，还是在"地上"的感性层面，都能够做到收放自如，就像从上帝那里获得了权柄似的，树立了自己至高无上的至尊。

　　——因此，这种**自我规定**直接就是完全合乎义务的东西；义务就是认知本身；不过这种单纯的自性就是自在；因为**自在**就是纯粹的自我等同性；而自我等同性就在这种意识之中。

　　"因此，这种**自我规定**"，自我规定打了着重号。刚才讲的良心它就是自我规定了，它成了自己的主人，成了具有绝对排他性的至尊。而这"直接就是完全合乎义务的东西"，良心在自己的那一点上，自己规定自己，它就完全合乎良心的义务。"义务就是认知本身"，义务不是被认知的东西，什么抽象普遍形式啊，偶然的个别细节啊，这些都只是被认知的东西，只有义务是认知这些东西的认知本身，也就是信念。"不过这种单纯的自性就是自在"，自性，Selbstheit，我们前面也遇到这个词，翻译成自性。这种自性就是自在，就是在自身存在。前面讲自我规定是自为，那么我们跳出来看这种自为本身，它其实也就是自在。"因为**自在**就是纯粹的自我等同性，而自我等同性就在这种意识之中"，纯粹自我等同性，如费希特所讲的"我＝我"，就是在这样一种自我规定的意识之中，它不需要别的东西，它自己独立存在。而这种自在就是纯粹的自我等同，就是这种自我规定的意识，也就是良心对义务的认知，它就是一个确信的基点。最后这一段就是做了一个总结，把良心的两个方面都讲到了，双方之间的这种统一是统一在良心的自我等同性之中的，这个自我等同性既是认知，又是认知行动，它是知行合一的。再下面这一段，讲的题目是"II.良心的普遍性"，这又是另外一个话题了，就是把良心这种内在的矛盾性分析出来以后，再看这种立足于个别确定基点上的良心是如何成为社会普遍性的。也有三个小标题，一个是"1.特定的行动只有通过认知才成为普遍的"；再一个，"2.信念的语言"，良心是由语言确定为普遍性的，由此形成了主体间的良心；第三个，"3.优美灵魂的形成"，良心在语言底下的意谓，就是自认为优美灵魂，那么由于优美灵魂的不可言说性，实际上会导致伪善。我们只能讲这么多了，今天就到这里。

＊　　　　　　＊　　　　　　＊

### ［II.良心的普遍性］

我们上次讲到了良心的两方面。良心本身它有一个内在的矛盾，一个是作为认知者，另外一个是作为行动者。作为认知者，它必须要有它的一些细节，这些细节使它的空洞的抽象的普遍义务具有了内容。但是这些内容不是像一般的认知那样构成一种规律，能够对它形成束缚，相反，良心是不受束缚的，凡是形成了各种义务，它就不受它们的束缚。所以作为行动者的良心它是独断专行的，只凭内心的感性确定性行事。这是我们讲的良心的两个方面，而这两方面是统一的。上次我们读的最后这一句话，等于是一个总结性的了。他说，"因此，这种**自我规定**直接就是完全合乎义务的东西"，这是一个分号，首先良心的自我规定是绝对的合乎义务的，这是它的一种信念。其次，"义务就是认知本身"，它的这样一种自我规定也就是一种认知了，既然这种认知是绝对合乎义务的，那它就是义务。接下来，"不过这种单纯的自性就是自在"，这里转折了一下，这种单纯的自性，这种主观的自为活动，它本身就是自在，就是说它是不依赖于其他东西的存在。"因为**自在**就是纯粹的自我等同性"，这样一种自在就是纯粹自我等同，不跟外边发生什么关系，它只跟自己内部有关，自己跟自己等同，我＝我，自己跟自己保持一致。"而自我等同性就在这种意识之中"，虽然它是一种自在存在，但是它的自在是封闭在意识之中的。当然它也要行动，但是它把这个行动当作一种自我规定性，还是在自己的内部。这是我们上次得出来的一个结论。良心的双方，两个环节，一个是作为认知者，另外一个是作为行动者，它们是统一的，是一种知行合一的自我规定。那么今天要讲的这一段，标题为"Ⅱ．良心的普遍性"。前一个标题是讲良心的个别性，前面第 147 页，"Ⅰ．良心是道德自我意识的直接定在"，是讲良心作为一种直接定在的个别性。它的个别性里面当然包含有两个环节，包含有它的内在矛盾。这个内在矛盾前面已经做了一种阐明，最后导致了一种统一，统一于这样一种自我意识的自我等同性里面。而这样一种自我等同性既然是封闭在意识里面的，它从哪里来的普遍性呢？难道完全是为所欲为的一种定在吗？所以接下来就来讲良心的普遍性。良心不光是作为一种个别的行动者带有它的认知，同时呢，它的这个行动导致了一种普遍性。这就是今天要讲的这一段。

　　这种纯粹认知直接就是**为他存在**；因为作为纯粹的自我等同性，它就是<u>直接性</u>，或者存在。但这种存在同时是纯粹共相，是一切人的自性；<u>或者说行动是得到了承认的，因而是现实的</u>。

　　"这种纯粹认知"，也就是纯粹的义务、对义务的认知。前面讲，它是封闭在它的自我等同性里面，封闭在它的意识里面的，但是，它又是一种存在。我们从旁边来看，一个有良知的人，他在行动中，他是存在的，而作为一个存在者，他对别人是有影响的。虽然他自己凭良心做事，他自满自得，觉得不需要去求别人，也不需要去影响别人，只要对得起自己的良心就够了，但是这种纯粹的认知"直接就是**为他存在**"。他的这个对自己的良心、对自己的义务的认知直接就会影响到他人。"因为作为纯粹的自我等同性，它就是**直接性**，或者存在"，作为纯粹的自我等同性，它是直接性，或者说它是直接的存在。它存在，别人也存在，所以它跟别人肯定要发生一种联系。每个人的自我等同性它就是直接性，每个人直接从自己的等同性出发，这就是每一个人的存在。"但这种存在同时是纯粹共相，是一切人的自性"，这种存在，你不要把它看作是完全个体的存在，它同时是纯粹共相。一个人的存在，它凭良心而存在，它同时是纯粹共相，是一切人的自性（Selbstheit）。每个人都有个良心，都自认为是凭良心存在的，有一种自我等同性，所以个人的这种自我等同性其实是一切人的自我等同性，这是一种共相。"或者说行动是得到了承认的，因而是现实的"，如果一个人凭良心做事，那所有人都会承认他、认可他，至少口头上会承认，而得到别人承认的也就是现实的。你得到别人承认，那你就是现实的，你就能够把你的出自良心的行动付诸实现，实现出来之后不会被别人否定掉。所以真正的现实性就是把它实现出来，得到别人认可，得到别人的承认。你光是在自己的内心里面，根据自己的欲望，根据自己的直接的感性把自己的目的实现出来，那是不算数的，那也不一定实现得了，因为别人不承认。真正的现实性是能够得到承认的。

这种存在是这样一种元素，通过这种元素，良心直接与一切自我意识处在平等的联系中；并且这种联系的含义并不是无自我的规律，而是良心的自我。

这是进一步说这个为他存在了。"这种存在是这样一种元素，通过这种元素，良心直接与一切自我意识处在平等的联系中"，良心的存在，或者纯粹认知的存在，既然是为他存在，它就是一种与其他的自我意识平等地相互联系的元素。存在是很具体的了，可以被看作一种元素，我们前面讲了 Element，元素这个词一般指的是这样一种物质性的、质料性的、来自于感性的东西，是一种感性的具体媒介。你要同他人打交道，成为为他存在，那你就要通过你的具体行动，通过你造成的现实的后果，通过你对他人造成的影响，而与他人发生联系；如果你是凭良心的，那么你就会发现你和其他的一切自我意识处在"平等"（Gleichheit，又译作同一性）的联系中。人心都是肉长的，人都是有良心的，这是我们通常说的话，只要你凭良心，在现实生活中，你和他人就会达到一种认同。因为人同此心，心同此理，在这方面人人是平等的，每个人都有同样的良心。"并且这种联系的含义并不是无自我的规律，而是良心的自我"，这样一种平等的联系，它的含义是什么呢，不是无自我的规律，不像自然规律那样，完全没有自我，一种强制性的外在的规律，它恰好就是良心的自我。它不是无自我的，而就是自我本身的法则，用今天的话来说，它就是一种主体间性，每个人都是主体，但是主体间是平等地联系着的，是相通的。平等不是外在的法则，不是平均主义，而是每个人自己内在的法则，是人格的平等。

[1.特定的行动只有通过认知才成为普遍的]　　　　　　　{350}

上面一段实际上是"良心的普遍性"这一标题的总纲了。良心它有普遍性，它的普遍性就在于一种主体间性，也就在于别人的承认，以及每个自我意识的平等。别人的承认是真正的现实性，或者说是最大的现实性，这种现实性体现为一种人人平等的联系。这是前面一段话。然后是这个阿拉伯数字的小标题，德文编者原来标的是"信念的无规律性"，我把它改了一下，应该是"特定的行动只有通过认知才成为普遍的"。特定的行动、定在是个别的，那么它怎么样才能成为普遍的，成为"良心的普遍性"，只有通过认知才成为普遍的。看这部分的内容，应该是讲这个，因为它的总标题是"良心的普遍性"嘛，那么这个普遍性从哪里来的？怎么形成的？首先要讲这个。前面一直在讲良心的个别性，从良心的个别性到良心的普遍性，要有个过渡。原来的"信念的无规律性"这个标题，意图大概是想首先从个别性的无规律性说起，再看它如何成为规律；但是这里毕竟不是为了说这个无规律性，而是说如何从这样的个别的无规律性、从这种为所欲为的偶然性走向主体间性，走向普遍性。所以我把这个标题改了一下，"特定的行动只有通过认知才成为普遍的"。

　　但是良心所做的这种正当的事同时是**为他存在**，正是在这里似乎就出现了一种不平等性。良心所履行的义务是一种**特定的**内容；这内容虽[160]　然就是意识的**自我**，且在其中就是意识对它自身的**认知**，就是意识同它自己的**同一性**。

　　前面讲良心和其他自我意识的平等的联系并不是放弃自我，服从规律，而正好是良心的自我。"但是良心所做的这种正当的事同时是**为他存在**，正是在这里似乎就出现了一种不平等性"，为他存在打了着重号。既然它是为他存在，那么在这里似乎就出现了一种不平等性，不平等性也就是不同一性。你的存在是一种为他的存在，那么你和他之间，就有一种不同一、不平等，我们在这里根据情况译作不平等性或不同一性。本来良心是自我同一、自我等同的，但是它作为一种存在，在它的行动中恰好是为他的，或者说，只要它一行动，哪怕是正当的行动，它就不是自我等同的了，就是为他存在了，这就使自身同一性变成了对待他者的不平等的态度了。"良心所履行的义务是一种**特定的**内容"，就是说，在这种情况下，良心在它的行动中要完成的义务有了它的特定内容，即"为他存在"的内容，而不再只是限于抽象的自我等同、自我同一性。而"这内容虽然就是意识的**自我**，且在其中就是意识对它自身的**认知**，就是意识同它自己的**同一性**"，虽然这内容仍然是它的自我，作为意识对自身的认知来说仍然是自我同一的。这是一个让步句，就是说，良心在行动中已经失去了自身的同一性和抽象平等性了，虽然它还是它，虽然它的内容还是与自身同一的内容，但是这是从它的认知上来说的，"认知"打了着重号。而从另一方面来看，也就是从行动方面来看，则呈现出相反的情况，这就是下面一句所要讲的。

　　但是，在实现出来并被置于**存在的**普遍媒介中时，这种同一性就不再是**认知**，不再是这样一种做出区别同样也直接扬弃其区别的活动；而是在**存在**中区别被持存地建立起来，而行动则是一种**特定的**行动，它与一切人的自我意识的元素并不同一, 因而并不是必然被承认的。

　　"但是", 这个地方口气一转, "在实现出来并被置于**存在的**普遍媒介中时, 这种同一性 [平等性] 就不再是**认知**", 你封闭在意识自身里面, 当然你可以在那里自满自足, 说这个就是我的义务, 它就是意识的自我, 就是我自己对自己的认知, 也是我的自我同一性。但是, 一旦实现出来并被置于存在的普遍媒介中, 这个"存在的"打了着重号, 就是你要在行动中把这个义务真正实现出来, 使它变成存在, 那就不单纯是一个认知的事情了, "认知"又打了着重号。你要进入到存在的媒介, 存在为什么是媒介呢? 就是你把你的行动变成存在了, 它就是一个媒介, 它使你和别的东西、和他人联系起来了。所以存在就是自我和他人之间的一个媒介。这种同一性或者平等性就不再是认知了, 并不是说你只要跟你自己同一, 你就可以凭借这种自我认知而在现实行动中达到和他人平等。你可以知道自己是自身同一的, 在这方面你可以拥有"我 = 我"或者"为义务而义务"的直接认知; 但人家并不知道, 也不见得会相信和承认这一点, 人家会"听其言, 观其行"。你在和别人打交道的时候, 你和你自己的同一性在这个时候就不再是认知, "不再是这样一种做出区别同样也直接扬弃其区别的活动"。你自己对自己做出区别又扬弃区别, 这都是你自己内心的事, 你自己认知自己, 使你自己的对象和你自己达成同一, 不再有什么区别, 这都可以; 但是你不能把这种一厢情愿扩展到别人身上, 以为别人和你也肯定是同一的, 是完全平等的、没有区别的。人心隔肚皮, 别人怎么会知道你做出来的事情和你想的事情是不是同一的呢? 又怎么会一定要出自内心地认同你做的事情呢? 本来在我自己内部, 那是毫无疑问的, 我自己跟自己做出区别, 但是我知道, 这个区别是没有区别的。我的表现和我的内心是一致的, 虽然有区别, 但是我知道它们没有区别, 我的义务和我的行为是一致的。但是一旦进入到存在的普遍媒介中, 就不再是这样了。"而是在**存在**中区别被持存地建立起来", 存在打了着重号。你在你内心当然可以这样想, 我自己和自己是同一的, 虽然有区别, 我的义务，我的认知，我可以把它变成行动，实际上这种认知和行动的区别是没有区别的，都是自我的两个环节。但是在存在中，这个区别就被持存地建立起来了，你一旦把你对义务的认知实现出来，你把它变成存在，那么这个行动和一般对义务的认知就是有区别的，它不一定符合于别人对义务的认知。你自己可能认为是一回事，但人家不一定这么看，人家也许认为你的行为是别有用心。这个区别就化解不了了。你自己是很容易化解的，但是你进入到存在，你进入到和他人打交道，这个区别就持续存在了。"而行动则是一种**特定的**行动，它与一切人的自我意识的元素并不同一，因而并不是必然被承认的"，你的行动是一种特定的行动，或者说是一种被规定了的行动，你的行动就是做出这件事情来。这样一种行动与一切人的自我意识的元素并不同一，它可能和你自己的自我意识是同一的，但是和他人呢？那不一定。这个行动有它的特殊性，有它的规定性，它不一定能够跟他人同一，因为人是各种各样的，各个人的自我意识的元素不可能全体一致地认同你的行为，因为你这个行动很具体。越是具体就越难得到大家的认同，越是抽象，大家越是可能拥护。你空空洞洞地不加任何规定，你一般地说，每个人都要凭良心，都要为义务而义务，大家都会承认；但是你做出一件事情来，说这就是凭良心，那就不一定得到承认了，可能很多人都认为你没有凭良心。或者说至少在我看来，你是不凭良心的，因为我所理解的良心和你所理解的良心在具体的内容方面可能会不一样。"因而并不是必然被承认的"，并不同一嘛，所以不是必然被承认的。只有在很偶然的情况下，有可能得到某些人的承认，但是绝对不是必然被承认。你以为你凭良心做出来的事情理所应当地就会得到别人的承认，那你就太幼稚了，太没有经验了。一个有社会生活经验的人都会知道，哪怕你再凭良心做事，你还是众口难调，还是难得到大家的认可或承认。因为当你把行动付诸存在的时候，使它变成存在的时候，你就要和他人打交道，这就是为他的存在。

　　这两个方面，即行动着的良心和将这行动作为义务来承认的普遍意识,都**不依赖于**这种行为的规定性而是同一的。

　　"这两个方面",一个方面是"行动着的良心",你凭良心而行动;另一方面呢,是"将这行动作为义务来承认的普遍意识",就是承认你的行动是合乎义务的,这样一种普遍意识或者一切人的意识,也就是前面讲的"一切人的自我意识的元素"。或者说,主观行动和客观承认这两个方面,"都**不依赖于**这种行为的规定性而是同一的"。你的这种特定的行动,"特定的"行动也可以翻译成"被规定的"行动,那么它的这种规定性,对于双方的同一性是没有影响的。一方面呢,行动着的良心并不以自己的行为的客观规定性而影响自己良心的同一性,反正只要我凭良心做的事,不管结果如何,我都认为是合乎义务的。哪怕我做的事效果不好,但是我的本心是好的,我的出发点是好的。所以这个行动实现出来,它的那些规定性,它的那些效果到底好不好,这个无损于它的良心的出发点,行动着的良心都可以将自己等同于将这行动作为义务来承认的普遍意识。也就是说,不管这行为的规定性如何,只要我是凭良心做的,我都认为人们应该普遍地意识到这行为是符合义务的,我的良心和这种普遍意识是同一的。这种同一性不仅是行动者自己内心所认可的,而且也是其他人在评价一个行动时所应当共同认可的。实际上,如果强调良心的动机,那么其他人其实也都会认为,只要一个人是凭良心在做事,那么不管这件事做得怎么样,做好了还是搞砸了,都是符合义务的,行动着的良心和对行动的承认应当是同一的。这里,"不依赖于"(frei von)的意思是"摆脱……而自由",所以下面讲到了"自由"(Freiheit)。

　　**由于这种[不依赖于行为规定性的]自由之故,在这关联的共同媒介中的联系反而是一种完全不同一性的关系;由此,那行动为之产生的意识就处在对那行动着的具有自身确定性的精神的完全不确定性中。**

　　"由于这种[不依赖于行为规定性的]自由之故",这个自由(Freiheit),就是前面讲的不依赖于(frei von)行为规定性的自由,就是说我做出来的这些行为的规定性,我可以不受它的束缚而保持我的自由。主观

349

上我的行动着的良心保持着我的自由，我做了什么事情都不足以束缚我的自由，客观上呢，人家的普遍的承认也不应该受这种行为的规定性束缚，从道德观点上说每个人的良心是唯一的评价标准，当然前提是，一个人能够直接知道另一个人是否真正凭良心，但这其实是做不到的。那么由于这种自由之故，"在这关联的共同媒介中的联系反而是一种完全不同一性的关系"。共同媒介就是存在，这种存在把个人的良心和他人的评价，他人的承认联系起来、关联起来了，而在这共同媒介中的联系，现在反而是一种完全不同一性的关系了。"反而"，就是说，个人的良心和他人的评价脱离开行为的客观规定性是同一的，或者本应该是同一的；但是如果把这种规定性考虑进来，联系到这种规定性的存在媒介，那么情况相反，双方就会是完全不同一的了。你即使想要出于自己的良心而行动，但是人家并不考虑你的内心如何想的，也猜不透你的心思，只能凭借外在的效果来评定你的内心，以为你的行为的规定性就代表了你内心所想，这就必然出现错位。所以道理上虽然每个人的良心都应该会得到别人的承认，但现实中个别的意识和普遍的意识却达不到那种理想的同一性。你在个人意识内部，可以觉得我是本着良心，我是出于一种普遍的纯粹义务来办事，在这里头我是完全同一的，我个人既有个体性，也有普遍性，甚至我个人就是普遍性，因为我不是从我个人出发，我是从良心出发，我是从普遍的义务出发。你在自己内心可以达到这种同一性，但是人家不承认，所以这种同一性就失效了，客观上反而成了一种完全不同一性的关系。"由此，那行动为之产生的意识就处在对那行动着的具有自身确定性的精神的完全不确定性中"，行动为之产生的意识，也就是表现为良心的道德意识；而具有自身确定性的精神，就是"道德"这一部分的总标题："三、对其自身有确定性的精神；道德"。也就是这样一来，道德意识就处在对于道德这个自身确定的精神的完全的不确定之中了，它完全不知道自己怎样做才是道德的了。道德意识本来是想要确定什么是道德，什么是真正的义务，但现在它完全成了不确定的，或者说，它自以为是确定的,因为它是凭良心的,但客观上得不到承认,走向了不确定性和任意性,与它的初衷完全不同一了。这好像是一个悖论,你一开始那么样地自身确定,你终于找到了良心作为自己牢固的支点,你认为你凭借良心就可以成为自身确定性的精神,以至于被普遍地承认;但是现在呢,你对它完全不能确定了,虽然你自己内心可以确定,但是一旦付之于实践,你把它实现出来,你在行动中使它变成存在,变成具体的规定性,那它就是完全不确定的了。我出发点那么好,为什么大家都不承认,为什么得不到理解? 所以自身确定的精神现在走向了完全的不确定性。要如何才能得到确定性呢? 要大家都承认你,别人出自他自己的良心也承认你,这才有确定性。你把它实现出来,效果怎么样,人家会怎么说,这个是至关重要的。你光是自己自我感觉良好,你有好的良心,那是不够的,对于他者来说是不确定的。别人不是你肚子里的蛔虫,他怎么知道你是出于良心呢? 他怎么知道你不是别有用心呢? 这个是完全不确定的,而他者不确定,你自己到头来也会陷入不确定了,所以这种道德意识的道德性是完全不确定的。

　　**这精神行动着,它把一种规定性建立为存在着的;其他那些意识则把这种存在当作它的真理性来遵守,并在其中对这真理性确信不疑;精神已在其中表明了它把什么看作义务。**

　　"这精神行动着",这精神就是前面讲的那个行动着的具有自身确定性的精神,也就是道德精神。这样一种具有自身确定性的道德精神行动着,"它把一种规定性建立为存在着的"。为什么要把一种规定性建立为存在着的? 为了使自己的确定性成为真理性嘛。它不光是要自身确定,而且要在一个对象的存在规定上现实地做出来,获得真理性。"其他那些意识则把这种**存在**当作它的真理性来遵守,并在其中对这真理性确信不疑",道德精神在行动中把一种规定性建立为存在着的,已经把它实现出来了,人家看见了,人家就会把这种存在当作这个精神的真理性来遵守,"存在"打了着重号。道德精神的真理性就在于它实现出来的存在的规定性，其他那些意识，也就是那些道德意识，就会遵守这种规定性，一举一动都会以此为标准，它们对这种真理性确信不疑，达到了确定性和真理性的统一。如果仅仅是空有一种道德意识，而不去行动，或者行动了，也不关注它的效果，就像讲良心的人所做的那样，只在自己内心转圈子，那就没有什么客观的标准，也没有真理性。你做出来这个事情了，人家就凭这个事情来认识你，来把握你的道德精神，并且把它当作真正的道德精神来遵守。你所做出来的事情那就代表了你的精神，这个不需要怀疑，不看你说什么，也不看你想什么，只看你做什么。你说你是好人，那你拿出行动来看。你做出行动，做出事业，那么我可以相信你，其他的东西都不可信。而且你做出来的事情实际上也为他人垂范，不仅仅是你自己的规范，其他人也会把你做出来的事情当作道德精神的标准来遵守。"精神已在其中表明了它把**什么**看作义务"，在这种垂范之中，道德精神通过它的行为表明了它把什么看作义务，"什么"打了着重号。就是说，义务现在有了一个存在着的东西作为标准，不再是内心所意谓的，而是有某种看得见的客观标准了，即你做出来的事情就体现了义务。这是一个层次，就是说其他的那些意识是根据你做了什么来理解你所表明的义务。下面是另一个层次。

　　**不过，这精神不依赖于任何一种特定的义务；它在此已经超出了其他意识以为它是现实的那个层面；而且存在本身的这个媒介以及作为自在而存在着的义务在它看来只不过是环节。**

　　这就是道德精神本身的另一个层次了，道德精神分两个方面，上面讲的是客观方面，这里则转向了主观方面，主观方面在道德意识看来更重要。虽然别人把你的道德精神或良心所做出来的事情当作他们所认可的义务来遵守，"不过，这精神不依赖于任何一种**特定的**义务"。就是说精神在行动中把这种规定性实现出来，把它做成了义务的客观标准，以便别人来共同遵守，但是，你的道德精神或良心本身主观上却并不依赖于任何一种特定的义务。前面已经讲了，行动着的良心不依赖于这种行为的规定性，行为一旦被规定下来，那它对你就是一种束缚，它就成了例行公事，而不再是本着良心了。良心是一，你做出来的事情是多，一不受多的束缚，用康德的话说，单一的伦理义务不受多种多样的德行义务的束缚，"为义务而义务"的形式原则不受各种作为义务的目的内容的束缚。① 你把某件事情看作是义务，那对你就是一种束缚，好像你在任何情况下都必须这样做。但是精神的自由就在于它不受这种束缚，它摆脱了任何一种特定的义务，它就是凭良心做事。凭良心做事不一定做这件事，并不由外在的目的所决定，我抽象地讲凭良心做事，但具体地说，我并不依赖于任何具体义务。有的人就是这样的，任何特定的义务他都不去遵守，他都不去实行，但他还是振振有词，他还是可以说，我凭良心做事，但是我并不按照你规定的那个义务做事，我只按我认为的义务做事。但是我认为的义务是什么呢？没有一定，我可以任意规定，那岂不就是为所欲为了？如果碰巧也是你认可的，那还好；但是如果你并不认为那是义务，那我就可以振振有词，我认为我的良心不受任何特定义务的束缚，我有我的自由。所以哪怕是自己所形成的、或者由自己的行为所造成的一种存在的规定性，我也可以不受它的束缚，不视为义务。甚至我前面这样做了，我转过身就可以把它否定，我现在不那样做了，我现在改主意了。我原来认为这样做是好的，我现在认为另外的做法更好，我不受它的束缚。"它在此已经超出了其他意识以为它是现实的那个层面"，其他意识就是旁人了，旁人本来是承认他的合乎义务的行动的，这种规定性等于是建立了一种普遍的规范，其他的意识应该把它当作真理性来遵守，并且对它的真理性确信不疑；但是这个精神马上又抽身走开了，它出尔反尔，超出了其他意识以为它是现实的那个层面。这个现实的层面就是具体的行动效果的层面，具有行动的规定性的层面，良心马上又超出了别的意识刚刚准备承认它的那个层面。"而且存在本身的这个媒介以及

---

① 参看康德《道德形而上学》"德行论导论"第二节。

作为**自在**而存在着的义务在它看来只不过是环节"，也就是存在本身的规定性，它作为个人和他人之间的媒介，以及作为自在而存在着的义务，也就客观上规定下来的义务，在这个良心看来只不过是环节。只不过是什么环节呢？只不过是内在的自我等同性的诸环节，是可以由这个自我任意玩弄的。我的自我等同性要实现出来，就必须把它变为存在，变为存在才能被别人所承认，才有可能影响别人；但是对我来说这都是环节，不是全部。这只不过是我的一个环节，我的一种外在的手段。所以我自己在行动中建立起一种义务，但是我马上可以自己不遵守它，反而去违背它，我回到自己内心，保持我不受任何束缚的自由。

因此，它向其他意识展示的东西，它又重新予以置换，或者不如说，将其直接就置换掉了。因为对它来说，它的**现实性**并不是这种被展示出来的义务和规定，而是它在绝对自身确定性中所拥有的那种义务和规定。

"因此，它向其他意识展示的东西，它又重新予以置换，或者不如说，将其直接就置换掉了"，"它"就是这样一种自身确定的精神，也就是良心。这个主观的良心向其他人展示出来的东西，我凭良心做出一种特定的事情，有了具体的规定性，这就向其他意识展示出来了，展示在众人眼前、展示在众目睽睽之下了。但是它对这些东西又重新加以置换，或者不如说，将其直接就置换掉了。我转过身就不认账了，甚至转身都用不着，我本来就没打算受自己做出来的行为束缚，我一开始就把它置换掉了。我出于良心做了这件事情，但是你们不要急于认可，我马上又做别的事情，也许就把这件事情完全否定掉了。我的目的不在这件事，我的目的在于抽象的良心。至于我的良心做了什么事情，这个不是我的顾虑，所以你们不要抓着我做的事情不放，把它当作我的辫子抓住，我随时准备抽身离开。我意不在此，我不在意做这件事情，我考虑的是只可意会不可言传的那个东西，你们要体会我的苦心，我这样做并非我的本心，我本来并不着眼于要做这件事情，而是要用这件事情表达我的良心，表达我的心地的纯洁。良心始终强调的是自我同一性的精神，它的内在性，它的这种不受任何束缚的自由。不受任何束缚,也包括不受自己的束缚。良心不受任何束缚,它无法无天,我就是法,而且这个法可以朝令夕改,刚刚建立起来的一种规范,马上就把它置换掉了。所以良心有时是很可怕的东西,它的伪善也在这里。"因为对它来说,它的**现实性**并不是这种被展示出来的义务和规定,而是它在绝对自身确定性中所拥有的那种义务和规定",现实性打了着重号。良心这样一种自身确定的精神要实现出来,我们通常会以为,它的现实性就是把它做出来,客观展示出它的义务和规定,但其实不是。它的真正的现实性不在于外在的规定,外在的固定存在,而是它在绝对自身确定性中所拥有的那种义务和规定,这仍然只是主观内心的规定。不是展示出来有目共睹的那种义务和规定,而是在它的内在的良心中,在绝对的自身确定性中所拥有的那种义务和规定,如同康德的定言命令那种抽象形式的一贯性规定。这个是现成在手的,甚至于不需要实际地去做,它自己直接就可以理解了。我的良心所本有的那些义务和规定,这就是我的现实性,至于做出来,那就已经降格了,做出来的事情那已经不是我的本心了,那只是一种外在的表现而已。这就是自身确定的精神在良心这个层面上所处的这样一种矛盾状态,它又要把自己的规定性做出来,但是做出来以后呢,又不愿意让人家抓住;它希望人家认可,希望人家承认,但是人家对它做出来的事情即算能够承认,它自己也不认可,它自己又认为这个不算什么,主要是它的内心,那种内在确定性才是更加本质、更加现实的东西。这是一个矛盾,个别性、特定的行动如何能够普遍化,如何能够成为主体间性,如何真正能够得到他人承认,同时又还是个别的良心。这就遇到了一个困难。下面根据这样一个思路,接下来讲。

　　<u>其他意识因而并不知道究竟这个良心在道德上是善的还是恶的,或者不如说,它们不仅不能够知道这一点,而且它们甚至必须把良心当作是恶的。</u>

"其他意识因而并不知道究竟这个良心在道德上是善的还是恶的"，就是这样一来，这个良心在道德上究竟是善的还是恶的，就很成问题了。人心隔肚皮，你怎么能够看得到呢，你怎么能凭它做的事或者不凭它做的事看到它的内心呢？良心始终强调要看到内心，强调它的动机，而不强调它的效果，对于它的存在，它所做出来的具体行动规定性，良心始终不强调这个。当然它必须要做出来，但是做出来以后，它认为这些具体行为的规定性是不应该重视的，应该重视的是背后的良心。那么其他人的意识呢，它只能够看到你做出来的东西，无法直接看到你的良心，而你又认为做出来的东西是不重要的，那你究竟是怎么想的，人家无从知道，因而他们并不知道这个良心在道德上究竟是善的还是恶的。"或者不如说，它们不仅不能够知道这一点，而且它们甚至必须把良心当作是恶的"，人心难测啊，这个"人心叵测"本来就是一个贬义词，它的意思实际上是委婉地表达了人性本恶。当我们说人心难测的时候实际上是说人心很险恶，我们说一个人隐藏得很深，如果不是心思很坏，犯不着隐藏嘛。好人总是一眼可以看出来的，凡是坏人都是需要隐藏的，是看不出来的，所以你要人家体会到你的良心，或者叫作"良苦用心"，但是人家还是不知道你的良心究竟是怎么样的。你越是说人家没有体会到你的本心，你的本心越是难测，那在别人看来就越是险恶，一个饱经世故的人就会像鲁迅那样，不忌惮以最坏的恶意揣度人的心思。到了必须把良心当作是恶的这一步，这就完全是悖论性的了。良心本来是好的、善的，汉语里面的良心就是善心，善良的心，那么善良的心是恶的。为什么是恶的呢？因为它难测，一难测它就不能够得到大家的承认，不能得到大家承认的东西那不就是恶的吗？

因为如同良心不依赖于义务的**规定性**，不依赖于作为**自在地**存在着的义务那样，其他意识也是同样的情况。

"因为如同良心不依赖于义务的**规定性**"，前面已经多次讲到了，良心它不依赖于义务的具体规定，特定的行动。良心一旦实现出来，它就有了规定性,但是良心又要摆脱这种规定性,要保持它的自由,它不受外在的规定所束缚。"不依赖于作为**自在地**存在着的义务那样","自在地存在着"就是客观地存在着,良心一旦做出来,它的事情的后果就不由它所支配了,那就是一个自在的后果了。你做的事情,你在做的时候是由你决定的,做完以后就不由你决定了,那就是自在的了。"其他意识也是同样的情况"。你摆脱了义务的规定性,摆脱了自在存在着的义务,但是其他的意识呢,和你一样,他们也是有良心的,所以也是同样的情况。也就是说,他们也摆脱了义务的规定性,摆脱了自在存在着的义务。这个前面已经讲到了,两个方面,一方面即行动着的良心,另一方面呢,将这种行动作为义务来承认的普遍意识,普遍意识也就是其他人的意识了,都同样摆脱了这种行为的规定性。那么这里又重新提到,如同良心那样,其他意识也同样摆脱了具体行动的规定性。就是说你的良心别人猜不到,别人也一样啊,你怎么能够猜到别人的心思呢。你自己的心不能被别人猜到,那你也猜不到别人的心,每个人的良心都是隐藏在他们的内心深处的,你不能够要求别人把他的心掏出来,他也掏不出来,他如果能掏得出来,也肯定是假的。你自己的良心处于这样一种尴尬之中,其他的意识也是同样的情况。他们也有良心,但他们也不能把良心掏出来加以规定。人同此心嘛,每个人都是一样的。

对良心向它们摆出来的东西,它们自己懂得加以置换;良心是这样一种东西,通过它所表现出来的,只是一个他人的**自我**,而不是它们自己的自我;它们知道自己不仅不受其束缚,而且必须在它们自己的意识中将其化解掉,通过判断和解释使之消除,以便维持自己的自我。  [161]

"对良心向它们摆出来的东西",一个人的良心向其他的意识摆出来了它的行为,它的规定性。一个人的良心通过它的行动付诸存在,向其他人的意识摆出来了,做出来了一个事情,这个事情是有它的特定的规定性的。对于这种东西,"它们自己懂得加以置换"。就是说,良心做出来的事情,其他人也不看这个事情本身,认为它后面还有东西,也许是凭良心，但也说不定后面是别有用心的。所以往往一个人好心不得好报，往往好心做了一件事情，人家就横加猜测，是不是别有用心，是不是炒作。所以别的意识"自己懂得加以置换"，顺手就把它置换掉了。明明也许做的是一件好事，但是，被其他人的诛心之论置换掉了。所以"良心是这样一种东西，通过它所表现出来的，只是一个他人的**自我**，而不是它们自己的自我"，这个"它们自己"，也就是指其他的意识了。对其他人的意识来说，一个人通过良心所表现出来的只是一个他人的自我，只表现了他个人的自我，而不是他们大家的自我，并不具有普遍性。其他人并不认同，并不能够同情地理解，并不能够感同身受，不能够认可它做的事情就像它自己以为的那样是凭良心的。因为它个人的良心并没有成为大家普遍的良心，所以这个自我只是他个人的自我，并不是我们这些人的自我，不是其他意识的自我。这就有一种不同一性了，人与人之间就有一种隔阂了，一个人的自我和其他人的自我不能相融合。"它们知道自己不仅不受其束缚，而且必须在它们自己的意识中将其化解掉"，也就是其他人知道，自己不受这个人的自我的束缚，你的自我是你的，和我们不同，那么我们为什么要听你的呢？我们为什么要按照你的意思办事呢？相反，他们必须在自己的意识中把这个人的自我化解掉。你一个人不但不能影响它人，不但不能够垂范于大众，不但不能得到大众的理解，而且大众还要把你的自我化解掉。如何化解掉？"通过判断和解释使之消除"，你做了一件事，哪怕做了一件好事，那么我通过对这件好事加以置换，加给它一个"居心叵测"的目的，在这种判断和解释中，好事就变成了坏事。事情总是由人解释的，我判断你做的这件好事后面还有不可告人的目的，我来帮你解释一下，它就成了坏事，这叫作诛心之论。"以便维持自己的自我"，诛心之论多半不是为了贬低别人，而是为了抬高自己。大众还是我行我素，每个人都自行其是，这就维持住了自己的自我。这就是良心的不相通，人与人的不相通，本来自以为能够相通，其实不可能。这个标题讲的是"特定的行动只有通过认知才成为普遍的"，那么特定的行动在没有成为普遍的之前,它与别人是不相通的。如何能够使这种一盘散沙的、各怀良知但相互之间又不相通的这样一种意识状态沟通起来、成为普遍的,这就是一个大问题了。前面两段都提到了这个问题,就是不相通怎么办。下面两段就开始解决这个问题了。不相通怎么办呢,你做出来的事情,大家又把它置换掉了,说你是炒作,人家不就事论事,不看这个事情本身,而且你自己也不看,只顾表白自己的良心,那么人与人就各自封闭在自己内心了。如何能够沟通,如何能够达到一种普遍性呢? 需要一个认知,一个信念。

**不过良心的行动并不仅仅是这种被纯粹自我抛弃了的存在规定。那应该作为义务而生效并被承认的东西,只有通过对这种东西、即对这义务的认知和信念,通过在行为业绩中对它的自我的认知,才是这种东西。**

"不过",这就是转折了,前面两段都是一脉相承的,从这一段开始就转折了。"良心的行动并不仅仅是这种被纯粹自我抛弃了的存在**规定**",规定打了着重号。一旦良心的规定性在行动中定下来了,那么良心就把它抛弃了。这个"纯粹自我"在这里相当于良心了,你们不要把我限定在这个规定性上面,我做的事情是凭我的良心,这个规定是很有限的,而我内心的良心是无限的,所以纯粹自我就把这种存在的规定抛弃了。虽然它做了很多事情,但是它不受任何一件事情的规定所束缚,它不让人家捉住它的任何一个规定,把它定在那里。它的良心是高高在上,超越于一切具体规定之上的,它自认为是一种普遍的东西。这种存在规定当然是这种行动所造成的规定了,良心要行动,就必然要带上规定性;但是它又不仅仅是这种规定,这种规定是被纯粹自我抛弃了的,它靠自己抛弃这种存在规定而保持自己的前后一贯的普遍性,不让自己陷入到特殊性中。纯粹自我要回到良心,依靠的是它不受它行为的具体规定的约束,或者说依靠的是对自己行为规定的抽象。"那应该作为义务而生效并被承认的东西,只有通过对这种东西、即对这义务的认知和信念,通过在行为业绩中对它的自我的认知，才是这种东西"，前面是讲良心的行动不受这种存在规定的束缚，也就是这种存在规定没有被看作"应该作为义务而生效并被承认的东西"。那么如何才能成为这种东西呢？如何才能作为义务而生效并得到别人的承认呢？只有一个办法，就是通过对这种应该被承认为义务的东西的认知和信念，也就是通过在行为业绩中对这种东西自身的自我的认知，才能做到。你在做这件事情，做出来了，这是一个行为业绩，但是你在这个行为业绩中，你要对做出它来的那个自我有一个认知。你的自我并不是这个行为业绩，并不是这个存在规定，你的自我处在一个更深的层次，必须让人家对这个更深的层次有一个认知。这样一来，这个存在规定、也就是你的行为业绩才是那应该作为义务而生效并被承认的东西。前面是讲应该，应该但还不是现实；怎么样才能成为现实呢，只有通过对这种东西的认知和信念，它才能现实地成为被承认的义务。这个里头的关键在于，如何能够使得良心的行动达到一种普遍的被承认？只有通过认知和信念。认知和信念在这里是一回事了，信念，Überzeugung，又译确信，认知并且确信，也就是确信的认知，如果没有确信那就不是认知，那就是意见了，那就是意谓了。认知就是确信，所以这个确信也可以省掉，单讲认知。① 这个地方有一个中介，那就是认知，或者带有确信的认知。为什么确信？因为它带有行为业绩，带有存在的规定性，这些都可以作为证据。但关键是要以此为根据来认知，这样它才能一方面作为义务而生效，另一方面又得到别人的承认。良心的行动要得到承认，它就必须通过在行为业绩中对自我的认知才能够做到。这是一个关键，就是说良心的行动除了有它的存在规定以外，还有一个

---

① 康德在《纯粹理性批判》中说，如果一件事情"对每个人，只要他具有理性，都是有效的，那么它的根据就是客观上充分的，而这时视其为真就叫作确信。"（A820=B848）又说："主观上和客观上都是充分的那种视其为真就叫作认知。主观上的充分性叫作确信（对我自己而言），客观上的充分性则叫作确定性（对任何人而言）。"（A822=B850）这里把确信和确定性视为认知的主观和客观两个方面。

方面就是认知，这样良心的行动就不是为所欲为，不是出于本能了，出于本能只是一种任意性，那是不能够得到普遍承认的。必须要有一种认知，通过这种认知来支配自己的行动，那才能够得到承认。

行为业绩一旦不再在自身拥有这个自我，它也就不再是唯一成为自己本质的那种东西了。行为业绩在抛弃这种意识时，它的定在就会是一种普通的现实性，而这行动在我们看来，就会显得是一种实现自我的快乐和欲望的活动了。

"行为业绩一旦不再在自身拥有这个自我，它也就不再是唯一成为自己本质的那种东西了"，这个自我也就是上面讲的，在行为业绩中对它的自我的认知。在行为业绩中是带有一种自我认知的，你不要以为这个行为业绩就只是客观事实，只是摆在那里的事实，其实它里面是有自我的，它是自我的产物。但是，这个行为业绩一旦不再在自身拥有自我，它抛弃了这个自我，或者如前面讲的，它被这个自我所抛弃，这个自我独行其是，不再把它看作是自己良心的代表，那么这个行为业绩也就不再是唯一成为自己本质的那种东西了。它失去了这种自我以后，它就成为了一个客观事实的空壳，失去了自己的本质。原来良心的本质何在，唯一地只看它的行为业绩，听其言观其行，只看它怎么做；但如果良心一旦从中抽身而去，不承认自己还要依赖于这些行为业绩，自以为高高在上、深不可测，那么行为业绩就不再是唯一成为自己本质的东西了，它只是其中一个环节，还需要加进更重要的东西才能恢复到自己的本质，也就是加进对自我的认知。"行为业绩在抛弃这种意识时，它的定在就会是一种普通的现实性"，行为业绩一旦抛弃这种意识，抛弃这样的自我，抛弃这样一种认知和信念，如果仅仅就这种行为业绩来看，把里面的认知的信念都剔除干净了，把它精神性的层面都挖掉了以后，那么它的定在就会是一种普通的现实性了，这用的是虚拟式。本来行为业绩是带着信念、带着确信去做的，但是你一旦把这种确信排除掉，它就会成为一种普通的、世俗的现实性，没有任何道德含义可言了。"而这行动在我们看来，就会显得是一种实现自我的快乐和欲望的活动了"，这也是虚拟式。就是说既然它成了一种很世俗的现实性，那在我们旁观者看起来，就会显得是自我的一种低层次的快乐和欲望的活动。这就正像人们所猜测的，这个自我做任何事情都会被怀疑，认为它这是为了自己的欲望，为了满足自己的本能和快乐。所以你一旦去掉这行动的精神性的东西，这行动在我们旁观者看来，或者说客观地来说，它就会成为一种本能的行为，动物性的行为。假如去掉了精神性，或者说"去魅"了，把它的那些光环都去掉，赤裸裸地显示出来了，那它就会被看作一种单纯追求利益和享受的活动，行为业绩就会沦落到这样一种地步。

{351}　　凡是应当**定在着的**东西，在这里都只有通过它作为自我表现出来的个体性而**被认知**才是本质性；并且这种**被认知**即是那本身被承认的东西，是那**作为这样的东西**而应当拥有**定在**的东西。

　　"凡是应当**定在着的**东西"，这里又出现了一个应当，定在着的打了着重号，也就是凡是应该实际存在的东西，"在这里都只有通过它作为自我表现出来的个体性而**被认知**才是本质性"。就是应当定在着的东西，它不是仅仅作为既成事实已经在那里定在着，而是有它定在着的理由，或者说它是凭我的良心而定在着的、凭我的良心而实现出来的行为业绩。凡是这样的东西，它的本质性是什么呢？只有通过它作为自我表现出来的个体性而被认知，才是本质性，"被认知"打了着重号。或者说，我们必须把它作为自我表现出来的个体性来认知，才能把握住它的本质。这句话缩短一下：凡是应当定在的东西，都只有通过被认知才是本质性的。也就是必须认识到它无非是自我本质表现出来、表现在外的个体性。被这样认知是这个定在达到一种普遍的本质性的关键，它被认知为一种自我表现出来的个体性，现在它被认知了，通过这种认知它才显出它的本质性，如果没有这种认知，那它就成了一种动物性的活动。它做的这件事情你不要只着眼于它的表面效果，你要看出这件事情的本质，这是自我的一个道德行为，是体现出一个人的良心的行为，那就必须要有认知。

你必须把定在作为自我表现出来的个体性来认知，所以这个认知的环节是不可缺少的。"并且这种**被认知**即是那本身被承认的东西，是那**作为这样的东西**而应当拥有**定在**的东西"，有了被认知这个环节，那么别人就可以依据这个环节来认知你，就可以借助这个环节来和你达到沟通，你也就可以由此得到别人的承认了。而作为被承认的东西，那它当然就应当拥有定在，这又回到这句话的开头了，"凡是应当**定在着**的东西"。什么是应当定在着的东西，就是作为被承认的东西，它本身应当拥有定在。什么东西是应当拥有定在的？那就是大家都承认的东西；如何才能达到大家都承认呢？那就是必须被大家认知，必须作为自我表现出来的个体性而被认知。人家能够把握你这个个体性，认知你这个个体性，那么人家才可能承认你。你老是觉得自己是有良心的，只是别人都不理解你，那人家是不理解你——你没有让人家理解嘛，你没有让人家认知你嘛。如何能够让人家认知你呢，那就必须要在这样一种现实的定在活动之上，还要加上一个层次，不仅仅是做这件事情。光是做这件事情，守住一个存在规定，这是你自己也不承认，别人也不承认的，但是如果加上一个层次，就是对你个体性的认知，你认知到如何才能把自己的良心实现为定在，如果有了这个层次，那么就能够达到一种沟通了。上面这一段是一个转折了，就是说在这样一种个别性和普遍性的互不相干之中，必须要插入一个中介，那就是认知，这样才能使个别性成为普遍性。

下面这一段是一个总结了，它的几个命题都是用的分号，这分号就是一个个的结论。

自我进入到**作为自我**的定在；自我确定的精神作为这样一种精神是为他者而实存着的；它的**直接的**行动不是本身有效和现实的东西；并非**被规定的东西**、并非**自在存在着的东西**就是被承认的东西，而是只有那自知的**自我**本身才是被承认的东西。

363

这几个分号的意思就是说，把这些命题在逻辑上排了一下次序。首先，"自我进入到**作为自我**的定在"，分号，"作为自我"打了着重号。这就是我们刚才讲的，在良心一开始，自必须把自己作为自我实现出来，付之于行动。这个付之于行动是一个特定的行动，它是一个定在，是一个个别性，这个时候它还不具有普遍性，还得不到别人的承认。自我第一步，它进入到了作为自我的定在，这个定在还是作为自我的，所以它还是封闭的，还是内在的自我等同性。当然它已经是存在了，已经是定在了，已经是为他存在了，但是它还没有意识到。它整个都封闭在自身内部，还保持自身内在的自我等同性，这个是良心所迈出的第一步。第二步，"自我确定的精神作为这样一种精神是为他者而实存着的"，分号。自我确定的精神在它的定在中已经自我确定了，但是它是为他者而实存的。这个实存 existieren，跟这个定在即 Dasein，意思很相近，但是多了一点能动性的意思，又译作"生存"。这是更进一步了，这个自我在精神上是为他者而实存的，我的行动是为别人而做出来的。这个时候不能够再封闭下去了，它已经意识到它是为他的了，有一个他者在那里。它的行为、它的实存必然会影响到他人，所以它是为他者而实存着的，这是第二步。第三步，"它的**直接的**行动不是本身有效和现实的东西"，这个直接的行动，就行动本身来看，如果你把它的精神层面撇开了的话，那么它不是本身有效的和现实的东西，是得不到别人承认的。我们前面也讲到了，它就是自我的一种快乐和欲望的实现活动，而不是本身有效和现实的东西。下面第四步，"并非**被规定的东西**、并非**自在存在着的东西**就是被承认的东西，而是只有那自知的**自我**本身才是被承认的东西"，这就是最后这个结论了。那种被规定的东西，或者说你的行为一旦实现出来就被规定了的那个东西，也就是那种自在存在着的东西，那种跟你无关的、不以你的意识为转移的东西，并非这样一些东西就是被承认的东西。你做出一件事情来，你给它赋予了客观的规定，让它客观存在了，但是往往不被承认，所以并非这些东西就是被承认的东西。相反，只有那自知的自我本身才是被承认的东西。"自知"也就是知道自己了，这里必须要有个认知。自己认知自己的自我本身，这样一种东西才是被承认的东西，才能够被承认。这是总结了前面讲的几个步骤，前面一路讲下来，首先讲自我的定在，它的个别性；然后讲这种个别性一旦实现出来成为存在，它就影响他人了，它就是为他的了；那么这种为他的存在，一旦去掉它的精神层面，它就成了一种并不是真正有效和现实的层面；那么接下来就是说，真正有效的只有认知，只有作为自我认知的自我，这才是被承认的。所以最后的结论就是，只有这样一个自知才是被承认的。这种被承认是一种什么样的情况呢？

　　持存的元素是普遍的自我意识；凡是进入到这种元素中的东西都不可能是行动的**效果**，这种效果在其中坚持不下来，维持不了持久；相反，只有这种自我意识才是被承认的东西，才会获得现实性。

　　"持存的元素是普遍的自我意识"，就是说，你要人家承认，那么呢，你就必须有个持存的元素，转瞬即逝的东西要人家怎么承认你？而这种持存的元素，一直持续不变的那个元素，就是普遍的自我意识。你必须要通过认知，通过这个自知的自我，而达到一种普遍的自我意识，它才是持存的元素。这是你要人家承认你的一个前提，如果人家认识不到你是具有普遍自我意识的，那也就无从承认你的行动了。或者说，这是达到主体间性的一个基础。你要达到主体间性，必须有个基础，必须有个元素，也可以理解为基本概念了，这就是普遍的自我意识。"凡是进入到这种元素中的东西都不可能是行动的**效果**"，效果打了着重号。行动的效果就是那种行动的被规定性。你做出来了一个行动，它产生了一个效果，这个效果有它的被规定性。但这种被规定的东西不可能进入到这种元素里面，不可能进入到普遍的自我意识里面，因为它太受局限了。前面讲了，一个良心的行动自己不承认这种规定性，人家更加不承认。因为讲良心的人是唯动机论者，他只要自己出发点是出于良心，至于产生什么效果，他是不关心的。而其他人也是这样，在作道德评判时并不把行动的效果计入到这样一种普遍的自我意识中。行动的效果必然是有限的，对一些人有好处，对另外一些人可能没有好处，有利于一些人，却可能伤害了另外一些人。所以要得到普遍的承认，就不能把这个效果放进去。"这种效果在其中坚持不下来，维持不了持久"，"在其中"，也就是在这种元素中。为什么它不能进入到这种元素中呢，是因为这种效果在这种元素里面是坚持不下来的，维持不了多久的。效果都是暂时的，都是片面的，都是对某些人有利，对某些人不利的，所以是坚持不了多久的，它只是一个很具体的现象。但是实际上你要得到普遍的承认，你就必须立足于普遍的自我意识。"相反，只有这种自我意识才是被承认的东西，才会获得现实性"，只有这种自我意识，也就是前面讲的自知的自我，只有这样一种自知的自我、这种认知到自己的普遍性的自我，才是被承认的东西，才能获得现实性。被承认就是现实性，不被承认就没有真正的现实性。前面讲了，"这种直接的行动不是直接有效和现实的东西"，直接的行动为什么不是有效现实的东西？我们不是明明看到它很现实吗？它不是能够满足自己现实的欲望吗？能够使自己快乐吗，难道还不现实？我们经常说一个人你要现实一点，就是说你要追求实利。但是在良心看来，这都不是现实的，只有自我意识才是现实的，因为它能得到承认。只有得到承认才是现实的，良心也是这样，如果仅仅作为人的快乐和欲望的一种实现的活动，那个不是现实，那顶多是一种动物的现实性，或者说是一种抽象的现实性。后面提到有一种抽象的现实性，它和一种真正的现实性是不一样的。而真正的现实性就是被承认了的，被承认了的才是真正能够持存和持久的现实性。那么如何才能被承认？前面讲了必须要有认知，那么认知又是如何使得一个人的行动得到承认的呢？下面就讲到了语言。就是说你的认知体现在什么方面，就体现在语言上面。认知的现实性是普遍自我意识的现实性，其实就是一种语言的现实性，语言才真正带有现实的普遍自我意识。所以下面一个小标题就是"信念的语言"。

[2.信念的语言]

借此我们就再次见到了作为精神的定在的**语言**。这种语言是**为他者**而存在着的自我意识，这种自我意识直接**作为这样一种现成在手的**自我意识和作为**这一个**普遍的自我意识而存在。

"借此我们就再次见到了作为精神的定在的**语言**"，语言打了着重号。我们前面多次见到、多次谈到了语言，而且语言是精神的定在。就是说精神，它的现实性存在首先就体现在语言上，当然也体现在行动上，但是首先体现在语言上，没有语言，那种行动只是原始本能的行动，不是精神。语言是最纯粹的精神的定在，语言不像任何其他行动，也不像你做出来的产品，你的作品，语言它是专门为精神的。其他事情，你做出来的一件事情，你可以吃它，可以住它，但是语言它既不能吃，也不能住，它就是专门为精神的，它就直接是精神的定在，精神的现实性。前面已经得出这种结论，"只有这种自我意识才是被承认的东西，才会获得现实性"，那么我们在这里就见到了语言。为什么提到自我意识的被承认的现实性就见到了语言？这种被承认的、具有现实性的自我意识肯定就是语言，不是别的什么。"这种语言是**为他者**而存在着的自我意识"，这个是对语言的一种概括了。语言是什么，语言就是为他者而存在着的自我意识，为他者打了着重号。语言是说给人家听的，是为了告诉别人什么而存在的；但是语言又是自我意识。前面讲了，自我意识是被承认的东西，你有自我意识，人家才会承认你，因为自我意识本身包含被承认。我们知道自我意识就是把自己当作他人看，同时把他人当作自我看，我就是我们，我们就是我，这是前面对自我意识的规定。那它在这种意义上也就是被承认，自我意识就是被承认。但自我意识如何被承认呢？通过语言。自我意识封闭在个体自己内部，若不为他者存在，那它就没有现实性。它要有现实性，那它就要为他存在，你就必须说给人家听，你就必须把你想的东西告诉人家。"这种自我意识直接**作为这样一种现成在手的**自我意识和作为**这一个**普遍的自我意识而存在"，"作为这样一种现成

367

在手的"打了着重号，"这一个"也打了着重号。就是说语言是非常现实的，它是现成在手的；凡是自我意识都有语言，凡是会讲语言的都有自我意识，这已经是现成在手的自我意识。所以自我意识总已经是"这一个"普遍的自我意识，它既是普遍性，但是又是"这一个"，是具体的一个人说出来的语言。每个人都能说语言，但语言本身又是普遍的，那么语言就是作为这一个普遍的自我意识而存在的。就是你随便说出一句话来，它都具有普遍性，甚至说出来一个字，比如说"我"，这个我字就有普遍性。虽然每个我都是这一个，但是每个我都是普遍的自我意识。任何人都能说"我"，任何人说出的这个"我"都是一样的。只有皇帝不说我，皇帝说朕，说孤，说寡人，那就是没把自己当人了，凡是把自己当人的都说"我"。

[162]　　　语言是那种能把自己从自己本身分离开来的自我，这种自我作为纯粹的"我＝我"，而对自己成为对象性的，同样也在这种对象性中保持自己为**这一个**自我，正如它直接与别的自我相汇合并且就是**它们的**自我意识一样；这种自我正如它被别的自我所觉察到一样，同样也觉察到自己，而这种觉察正是那个**成为了自我的定在**。

　　　这一整句话是借用了费希特的《全部知识学的基础》的三条基本原理：自我设定自我，自我设定非我，然后自我在同非我的统一中回到了绝对自我。这是从费希特的自我意识学说那里借用来说语言，因为这样一种三段式恰好体现在语言上面。"语言是那种能把自己从自己本身分离开来的自我"，语言是能够把自己分离开来的这样一种自我，就是一个人说话的时候，他就把自己和自己分离开来了。为什么把自己分离开来了呢？因为语言它不是自言自语，它是说给别人听的，它是把自己想到的东西告诉别人，这就把别人当作了自己的另外一个我，把自己的我寄存在别人那里。我们通常讲语言是沟通人与人的，实际上也是人与人互相寄托的一种媒介。但前提是，它能把自己本身从自己分离开来。我不仅仅是一个孤独的存在者存在于世界上，而是我把自己分裂成一系列的我，寄托在周围各个他人身上,这些他人都是能够和我讲同一种语言的,属于我的同类。凡是能和我讲同一种语言的都是另一个我,我都把他看作是我。因为语言是我自己讲出来的,但是又能被别人所理解,那别人也就是另一个我了。"这种自我作为纯粹的'我＝我',而对自己成为对象性的",自我作为纯粹的"我＝我",这是费希特的自我设定自我的第一原则。第一原则就立足于"我＝我","A=A",立足于形式逻辑的同一律。"而对自己成为对象性的",当"我＝我"对自己成为对象性的,那就是我把自己作为一个"非我"设立起来了。真正的自我设定自我严格说起来,恰好是把自我设立为非我。自我设立自我只是空洞的形式,必须要把自我建立为非我才能够使自我建立起内容来。你把自己看作是一个对象,把自己看作是一个不同于自己的别人,你才能够真正地了解自己。就像我们照镜子一样,你说你长什么样,你不照镜子你怎么知道,你只有通过一面镜子你才能看到自己的相貌。自我意识也是这样,你如何形成自我意识呢,只有通过一个别人你才能看到,我就是他那样,或者说,他就是我这样。所以你必须设定一个非我,你才能理解到自我是什么样的。"同样也在这种对象性中保持自己为**这一个**自我","这一个"打了着重号。保持它自己为这一个自我。这一个自我本来是保持不住的,这一个是转瞬即逝的。我们前面讲"感性确定性"的时候,我现在看到,这里是房子,但是转一下身,我看到这是一棵树。这一刻的自我和下一刻的自我也是如此,是不断变化流动的,是保持不住的。但是有一个办法可以保持住,就是把自我变成非我,变成对象。我随处看到的都是自我,我在房子上看到的,我在树上看到的其实都是我自己的内容,不是看到别的东西,这就能够把自己保持住了。"正如它直接与别的自我相汇合并且就是**它们的自我意识一样**",这个对象不限于树、房子等等,而且可以是另一个人。我如何保持自我呢,不是自己保持自己,而是在他人那里保持自己。我与别的自我相汇合,别的自我就是我的自我,我也就是他们的自我意识,我把我的自我意识寄托在它们那里,这就把自己的自我意识对象化了,使它变成对象性的了，也只有变成其他人的自我意识，我才能保持我的自我。你不愿把自己释放出去，不愿把自己对象化为别人，那你对自己也就把握不住。自我意识把所有人的自我都当作它的自我，它随处都看到它的自我，随处都能寄托它的自我，这样的自我意识才是最强的，才是能够一直保持它的自我的。"这种自我正如它被别的自我所觉察到一样，同样也觉察到自己"，vernehmen 我把它翻译成"觉察"，nehmen 就是抓取，vernehmen 在德文里有"听到"的意思，是一种内心的微妙的知觉，我翻译成觉察。这种自我正如它被别的自我所觉察一样也察觉到自己，或者说它通过别人觉察它而觉察到自己，通过它对别人产生影响而觉察到自己，而看出自己是一个什么样的人。一个人要形成自我意识，觉得自己是什么人，必须要看他对他人产生什么影响。如果一个宅男宅在家里，谁也不接触，那他也就不能把握自己究竟是一个什么人。你究竟是个什么人，你觉得自己很伟大，你觉得自己是个伟人，你觉得自己就像国务院总理一样，但是你一出门，接触到第一个人，比如说让你去买一回菜，你马上就发现你不是什么总理，发现你什么也不是。你跟谁都不会打交道，你动不动就得罪人，所以你实际上是封闭的。你只有把自己敞开，你在社会上跟人家都混熟了，你知道和什么样的人该怎么打交道，而且呢，你和人家都心领神会，互相沟通，没有困难，这个时候你才对自己是个什么人有了把握。你知道自己的缺点所在，自己的长处所在，对你自己是个什么人，你有个清楚的意识。这都是由别人来给你定位的，不是你自己关在屋子里一个人就可以想出来的。"而这种觉察正是那个**成为了自我的定在**"，这样一种觉察，这样一种相互的影响关系，正好成为了自我的定在，这个定在是这样来的，而不单纯是由"我＝我"而确定下来的。

语言在这里所获得的内容已不再是教化世界中那颠倒和被颠倒的、分裂的自我；而是已返回到自身的精神，是确信自己并在自己的自我中确信自己的真理性或自己的承认活动的精神，并且是作为这种认知而被承认的精神。

　　"语言在这里所获得的内容"，语言是一种自我意识，那么这个自我意识的内容是什么呢？"已不再是教化世界中那颠倒和被颠倒的、分裂的自我"，前面讲教化世界时也谈到过语言，像第 62 页的小标题就是"2. 分裂的语言"，讲到拉摩的侄儿那种如同暴风骤雨的潮水一般抵挡不住的语言，但是都是带有分裂性的，是分裂的自我的语言。而现在这里的语言已不再是教化世界中那颠倒和被颠倒的、分裂的自我了，"而是已返回到自身的精神，是确信自己并在自己的自我中确信自己的真理性或自己的承认活动的精神"，它的内容已经是自身确定的精神了，它在道德中返回到了自身，不再是分裂的自我，而是自己在自身中确定自己的真理性，并且在主体间性中确立了自己的承认活动。"并且是作为这种认知而被承认的精神"，一个认知，一个由认知而得到承认，现在语言的内容已不再是那种分裂的自我了，那种不断的颠倒和被颠倒，倒来倒去，带有疯狂性的那种语言，那种自我，已经一去不复返了。现在它已返回到本身，确信自己，也就是返回到良心了，成了自我确信的精神了。而一旦这种自我确信被认知，它就成了被承认的精神，对自身的确定性就具有了承认的保证。在自己的自我中确定自己的真理性，就是确信自己和他人的自我相符合，自己的主观观念和他人的相符合，那就是得到他人的承认了。良心的真理性就是由他人的承认而得以确立起来的，而承认必须以认知为条件，所以认知在里面起了一个枢纽的作用。精神正是通过这种认知而被承认的，只有通过认知，才能够被承认。那么语言的内容就是这样一种通过认知而被承认的精神，凡是说出一句话来，它就不再只是意谓了，而是可认知的，他人就能够凭借这种认知而和你的精神相通，达到相互之间的承认。语言本身由于其可认知，就带有一种承认的精神，语言在这里和教化世界中那种颠倒的、分裂的语言相比，它已经大不相同了，它已经具有了自己的确定性，具有了自己的认知，这才是真正的语言。而在那种分裂颠倒的语言中，这一切都是不确定的，它没有确定性，也没有认知。尽管它有纯粹认知在后面，但没有表达出来，在语言中它还没有认知，你不能从拉摩的侄儿的那些颠三倒四的疯话里面去认知什么。当然你可以去猜测，去体会，听出它的"言外之意"、"弦外之音"，它背后当然有认知，有了认知才能说出那些话，但是那些话本身是分裂的。而现在，在良知这里，这些话本身就是一种认知，良知的语言本身是一种认知，因而它是一种被承认的精神。这是和教化世界的那种颠倒的语言相比，下面再和伦理世界以及道德世界相比。

　　伦理精神的语言就是法则，就是单纯的命令，就是抱怨，这种抱怨更多的是对于必然性的一种悲泣；与此相反，道德意识还在**沉默不言**中，在自身封闭于自己的内心，因为在道德意识那里自我还不具有定在，而是定在与**自我**才刚刚处于外在的相互联系中。

　　这里又把伦理的语言和道德中的语言做了比较。教化世界处于伦理和道德之间，但是，它先把教化世界提出来，说明和教化世界语言相比良心的语言已经提升了一个层次。那么其他两个层次呢，一个是伦理的语言，一个是道德意识，这就更不用说了。教化世界的语言已经是一种比较高级的语言了，但是跟良心的语言相比，它还是层次不够的，它无法从语言本身来认知。那么伦理精神和道德意识呢，这里也做了一个比较。"伦理精神的语言就是法则，就是单纯的命令"。在伦理实体这个阶段呢，黑格尔并没有专门提到语言，但这里也讲到伦理精神的语言其实就是法则，也就是前面讲的"人的法则"和"神的法则"，还有"人的认知和神的认知，罪过与命运"，这些当然都是通过语言来规定、来表达的。但是他在那里没有专门谈语言，因为那个时候语言并不像后来这么重要，而且它不是主体间交流的媒介，而是单方面的命令，是从来如此的法则。"就是抱怨，这种抱怨更多的是对于必然性的一种悲泣"，这也是单方面的，抱怨啊，悲叹啊，都不是为了和对方交流，不是在双方中达成互相认知和承认。要么是神的法则和人的法则，规定下来就不得违抗的；要么是单纯的命令；要么就是抱怨和悲泣，无处求告。希腊悲剧是一种命运悲剧，命运就是必然性，在命运面前你无法认知和把握，你只有掉眼泪的份儿。那些语言基本上就是一种抱怨、一种悲泣，语言本身没有什么意义的，主要是那种必然性在背后支配，跟现在这种作为自我意识的自由表达的语言是完全不一样的。这是在伦理世界、伦理精神里面的语言是这样的。"与此相反，道德意识还在**沉默不言中**"，沉默不言打了着重号。就是道德意识是无言的，是沉默的，道德意识不用说，只可意会不可言传。我们前面也讲到了，在道德世界观中，道德意识是完全主观的，它做一件事情，强调它的为义务而义务的动机，不在乎把这个动机说出来或者不说出来，它是沉默不言的，这就更不能和这里讲的语言相比了。它是"在自身封闭于自己的内心，因为在道德意识那里自我还不具有定在"，在道德意识那里，这个自我还没有定在，它是道德，但这个道德还只是理想，道德不是定在，不是现实，而是理念。道德和现实的对立，是道德意识的一个必要的条件。如果现实中已经是道德的了，那就没有道德了。我们前面多次提到，如果现实都是道德的，那么道德的法则就失效了，正因为现实不道德，所以道德法则才有效，才值得树立起来。所以在道德意识那里，自我还不具有定在，这是道德本身成立的条件。自我不能够在道德意识那里获得定在，它总是处在不断的置换，不断的动摇，不断的偷换、转移这样一种冲突和矛盾之中。"而是定在与**自我**才刚刚处于外在的相互联系中"，定在与自我不是说完全没有联系，它是有联系，但是刚刚处于外在的相互联系中。道德意识的自我跟外部的定在处于冲突中。当然，道德意识不断地返回自身，不断地退缩，不断地与这个现实世界相抗衡，相斗争，但是这种抗衡和斗争都是外在的，它要排除外在的影响，这是在道德意识那里的情况。在伦理精神中的语言它是受必然性支配的，它本身没有自由，本身不具有自我意识的自由；那么在道德意识那里呢，它本身不需要语言，它是沉默的。

但语言只是作为独立的和被承认的诸自我意识的中项而出现的，而**定在着的自我**直接就是普遍的、多重的，并且在这种众多性里是单纯的被承认。

"但语言只是作为独立的和被承认的诸自我意识的中项而出现的"，这还是讲的道德意识的情况。道德意识本身不需要语言，因为它本身没有定在，一切定在都在它的自我意识之外，在这种情况下，语言只是作为一个中项。中项就是媒介了，什么的媒介？就是那些独立的被承认的诸自我意识的媒介，那就是作为主体间性的媒介了。我们讲主体间性，每个主体都是独立的和被承认的自我意识，这个时候就需要语言作媒介了，否则独立的主体之间就无法达到互相承认。语言就是作为诸自我意识的中项而出现的、主体间的媒介。"而**定在着的自我**直接就是普遍的、多重的，并且在这种众多性里是单纯的被承认"，"定在着的自我"打了个着重号。前面讲道德意识的自我还不具有定在，这里则强调在以语言的中项作媒介时，道德意识的自我就成了定在着的自我，它在语言中获得了自己的定在。并且这个定在不再是孤独的，它本身直接就是普遍的、多重的，它是个别与普遍、一和多的统一。这就是下面讲的良心的语言的情况了，良心只有获得了自己的语言上的定在，它才能成为普遍的多中之一，它作为唯一的义务才和众多义务达成了一致，它就是在这种众多性中的那个单纯的"被承认"。在这种意义下，一个自我就是所有的自我，就是大家，我就是我们，我们由语言所导致的承认而互相联系着。所以这个定在着的自我直接就是普遍被承认，被所有的人承认。这就是道德自我意识作为良心的情况，它借助于语言而实现了自己的普遍性。

良心语言的内容是**将自己作为本质来认知的自我**。唯有这个自我是良心的语言所表述的，这种表述是行为的真正现实性和行动的效准。

"良心语言的内容是**将自己作为本质来认知的自我**"，这里又回到了良心语言。也就是在语言问题上转了一大圈，这一小节一开始就讲到"我们再一次见到了作为精神定在的语言"，接下来就回顾前面见到过的语言，主要是在教化世界中那种颠倒世界的分裂的语言，然后是伦理世界中和道德世界观中的语言。而现在这种良心的语言，它的内容是将自己作为本质来认知的自我，它和教化世界的语言是不一样的。教化世界的语言，它的内容是分裂了的自我，你不能把这种分裂的语言当真，而必须去猜测后面的意思。而良心语言的内容直接就是自我，而且是将自己作为本质来认知的自我。这个自我已经把自己看作是本质了，这个自我已经立起来了，这个自我已经是"对自身有确定性的精神"了，所以它是可以作为本质来认知的，它本身表明对自我有一种清醒的认知。这是对良心的语言的一个定义，或者说良心的语言就是自知的自我，是自己知道自己、确知自己的自我。"唯有这个自我是良心的语言所表述的，这种表述是行为的真正现实性和行动的效准"，唯有这个自知的自我是良心的语言表述的。它不像分裂的语言，表述的是颠倒错乱的分裂意识而不自知；也不像伦理的语言，仅仅是上面颁布下来的法则和命令，以及对不可抗拒的命运的悲叹；更不像道德意识中的沉默反思，而是直接将自我作为本质是什么表述出来，形成对这个自我的认知。而这样一来，这种表述就成了行为的真正现实性和行动的效准，它就能够从他人那里获得承认了。这里用了"真正现实性"，真正的现实性和抽象的现实性是不一样的。抽象的现实性就是本能的，动物性的欲望啊，那些东西当然也可以叫作现实性；但是真正的现实性是行动的有效性或效准，你的行动的有效不在于获得了多少物质回报，而在于你是否实现了自我的普遍性，即获得了他人的承认。

**这意识表述着它的信念；这种信念是行动唯一在其中就是义务的东西；行动之所以被看作是义务，唯一的是由于信念被说出来了。**

"这意识表述着它的**信念**"，刚才讲"这种表述是行为的真正现实性和行动的效准"，所以良心的自我意识对自己的表述成为现实性是有信念的，"信念"打了着重号。没有信念的日常生活只是醉生梦死的生活，靠的是运气和偶然性，没有信念，那个不是真正的现实性，真正的现实性就是这样一种信念。"这种信念是行动唯一在其中就是义务的东西"，良心作为自我的行动只有在这种信念中才是义务，它不是靠碰运气，而是坚信只有这样做才符合自己的本质。"行动之所以**被看作**是义务，唯一的是由于信念**被说出来了**"，这个"被说出来了"，对我们中国人来说很出乎意料。行动之所以被看作是义务，"被看作"打了着重号，就是说，行动不论是被自己还是被别人看作是义务，唯一的原因是由于信念被说出来了，"被说出来了"也打了着重号。你一定要把信念说出来，你说出来才成为你自己的义务，别人也才会把你的行为看作是义务。这个我们中国人不太容易理解，我们不太看重语言，说不说出来，只要心到了，凭良心做事，这就尽到义务了。但是在西方人的理解中，你必须要把它表述出来，只有把你的信念说出来，它才具有了普遍性和必然性，你自己和其他人才有了着手之处，可以看看你说的是否"在理"。只有在理，即合乎理性，才能得到他人的承认，你自己也才能坚定信心。所以西方人认为说出来是很重要的，你不能闷在心里面，你不说，那就随时可以动摇，你说出来就对你有了约束，言必信，行必果。当然你也可以不遵守，但那样就要承担道德上的自责，这不是对外在规范的违反，这是对你自己的本质的违反。中国人重实效，看行动，但是同样的行动和效果所根据的有可能是完全不同的原则，你想用这个行动干什么，你不把信念表述出来，就不知道这个行动是符合义务还是违背义务。西方人则是从古希腊开始就有一种语言精神、逻各斯精神，就是人与人之间是通过语言而建立起信任的。比如说契约精神，说话算话，你一定要说出来，有时还要签字画押，那是很神圣的，因为那代表你的人格。中国人不重视语言，就给人际关系中的权谋机变留下了广阔的余地，说什么都不作数，甚至以说假话为荣，"兵不厌诈"，只要最终结果赢了就行。所以语言的弱势地位甚至缺位给中国传统伦理带来了很大的漏洞，给伪善之徒留下了很多可钻的空子。

　　因为普遍的自我意识不依赖于那**仅仅存在着的特定的**行动；**这种行动**作为**定在**对普遍的自我意识是无效的，有效的则是对这种**行动**就是义务的那种**信念**；而这种信念在语言中是现实的。

　　这句话说得比较明确一点，同样的意思。为什么行动被看作是义务是由于信念被说出来了呢？"因为普遍的自我意识不依赖于那**仅仅存在着的特定的**行动"，"仅仅存在着的特定的"都打了着重号。我们要特别注意他的着重号，当我们不能理解的时候，我们要以他的这些重点符号作为线索，去推敲它的背后的意思。有的意思看起来简直没办法把握了，但是通过他的重点符号还是可以看出些蛛丝马迹。这里讲，你要想让你的自我意识被别人所理解，成为一种普遍的自我意识，被别人所承认，那么你必须摆脱那仅仅存在着的特定的行动，或者说，你要超越于那仅仅存在着的特定行动之上。我们中国人喜欢用实际行动来证明，做的是一锤子买卖，不喜欢说出来，也不在乎是否合乎普遍原则；但是，普遍的自我意识恰好要超越于这些特定行动之上，才能获得普遍性。做出来了什么，这个没有什么意义，你要摆脱这种特定行动。"**这种行动**作为**定在**对普遍的自我意识是无效的"，这种具体的行动作为定在，行动和定在都打了着重号，也就是这个行动作为具体的行动本身，对普遍的自我意识是无效的，它只是个别特例，并不能达到普遍性。普遍的自我意识不看这个。你要得到别人的承认，你不能仅仅凭你的这个或那个行动。你做一次行动，下次又做一次行动，这些东西都不算数。"有效的则是对这种**行动**就是义务的那种**信念**"，行动和信念都打了着重号，以示对照。这个才是有效的，就是说，同一种行动，如果限于行动本身，它是无效的；但是如果着眼于对这种行动本身作为义务的信念，那它就有效了。这种信念是有效的，就是你确信你的行动实现了某种义务。你做什么这个无所谓，但是做出这个行动来的那种信念是很要紧的，你用它来完成什么样的义务，你确信这个行动将完成某种义务，这是有效的。因为这种有效是对普遍的自我意识有效，对得到其他自我意识的承认来说有效，这个是更重要的。"而这种信念在语言中是现实的"，这种有效性是在语言中实现出来的，只有在语言中，这种信念才不是空的。你自己有那种信念，你不说出来，人家怎么知道呢，怎么能发挥它的效力呢？语言把信念说出来了，它就成了现实的规范，你违背它，你就是违背公认的规范。所以信念一旦说出来，那它就是现实的了，它就能够被推敲，而经过推敲的纯正的语言、"在理"的语言就会得到大家承认。当然你也可以说话不算话，那你以后就没有语言了，那你就一次性把自己的语言卖掉了。你骗了一次，人家就再不相信你了，你就食言了。但是语言本身它是现实的，你诉诸语言，它就是现实的，语言的重要性就在这里。为什么从古希腊开始就那么重视语言，重视逻辑和修辞，重视辩论术，重视公民大会上的演讲，重视契约，文书，签字，信用，要重视这些东西，这是西方的精神。他们认为语言才是现实的，你具体做这件事情，那件事情，都不见得是现实的，但是你在做这件事情时的那个信念和原则，那是更重要的。而那个信念必须说出来，必须在言词上得到推敲，经不起推敲、自相矛盾的言词还不是真正的语言，因为它无法说出那个前后一贯的自我。语言说出来它本身就是现实的，是可以供人家去检验的，你内心的东西人家无法检验，你一说出来就可以检验了，说的对不对啊？马上就可以和逻辑、和事实相对照，这是很现实的。你的信念必须通过语言说出来。

{352}　　——在这里，把行动实现出来，并不意味着把它的内容从**目的**或**自为存在**的形式翻译为**抽象**现实性的形式，而是意味着，要将之从那种把这行动的认知或自为存在作为本质来认知的、对内容本身的直接**确定性**形式，翻译为这种**保证**的形式，即保证对义务的意识得到确信，并将义务

[163] 作为**出于自己本身**的良心来认知；因此，这种保证就是担保意识已经确信自己的信念就是本质。

这跟前面讲的是一个意思。"在这里，把行动实现出来，并不意味着把它的内容从**目的**或**自为存在**的形式翻译为**抽象**现实性的形式"，这句话很关键。在这里，把行动实现出来，这意味着什么呢？并不意味着把它的内容从目的或自为存在的形式翻译为抽象现实性的形式，"**抽象**现实性"在这里出现了，而且打了着重号。抽象现实性就是那种一般认为的日常现实性，就是得到实惠，得到实利的那种现实性，把自己的欲望和

快乐现实出来的那种生物性的本能的现实性。这里的行动并不意味着达到世俗的目的,也就是把内心的目的"翻译为"或者转变为那种抽象现实性的形式,也就是把目的实现出来。这是通常的理解,一个行动它要实现出来,当然就是要把它的目的变为现实性,这不就是一个行动实现出来的意思吗? 但是他说,这种直接把目的转化为现实性,是一种抽象的现实性,不是真正的现实性。在生物学意义上可能是现实的,在一般的人类日常生活意义上也可能是现实的,但这里谈的是道德良心,那就不同了。"而是意味着,要将之从那种把这行动的认知或自为存在作为本质来认知的、对内容本身的直接**确定性**形式,翻译为这种**保证**的形式",简化一下:从那种直接确定的形式翻译为保证的形式。这种行为的内容是直接确定的,良心就是一种对自身有确定性的精神嘛,把这种内容的直接确定性翻译为、转化为一种保证的形式。这就比较玄了,它就不是直接确定性了,不是在这里了,而是在将来了。我保证要怎么怎么,那就是对将来的一种保证了。那么这个直接确定性的形式是一种什么样的直接确定性的形式呢? 是一种把这行动的认知或自为存在作为本质来认知的、对内容本身的直接确定性形式。这种直接确定性本来是把这种行动的认知或自为存在作为本质来认知的,行动的认知和自为存在就是本质,我认知到了这一点;并且是对内容本身的直接确定性的形式。这样一种直接确定性的形式,本来它只是确定了"认知"这样一种自为存在是它的本质。我们前面讲了,认知很重要,认知是一个关键,有认知你才能够获得人家的承认,才能获得普遍性。那么这种直接确定性、这种形式它已经有了这种认知了,现在就要把这种认知的本质的直接确定性翻译为这样一种保证。你内心有这样一种直接确定性,但是你还没有做出来,在没有做出来之前,你要保证做出来。要保证做什么呢? 下面就讲了,"即保证对义务的意识得到确信,并将义务作为**出于自己本身**的良心来认知"。要保证的内容,一个是保证对义务的意识得到确信,你要保证对你的义务的意识得到确信,你要确定你的义务,你要对你的义务有确定的意识，要有信念；还一个是，保证将义务作为出于自己本身的良心来认知，这个义务是出于自己本身的，出于自己本身打了着重号。这个义务不是外加的，不是人家给你强加的，而是你出于自己本身的良知，我保证把我的义务作为我的自发的良知来认知。这不是别人强加的，而是我自己自发认可的义务，我保证做到这一点。当然保证还没有实现，但是已经有了这种保证，有了这样一种信念。就是本来是一种直接的确定性，有了认知了，但是，我的行动要实现出来，意味着把这样一种直接确定性翻译为保证的形式。但是，翻译为保证的形式，还没有完全实现出来，完全实现出来，必须要你的保证得到他人的认可。但是我的行动实现出来就有这样一种含义，就是我已经把它变成一种保证了。我签订了契约，契约上面写得很清楚，我准备怎么干。我和他人之间相互达成一种契约，我怎么做，他怎么做，我们相互之间都有这样一种保证，那么，我们相互之间就会得到承认，这个都是必须通过语言来运作的。"因此，这种保证就是担保意识已经确信自己的信念就是本质"，这种保证就是一种担保，担保什么呢，担保意识已经确信自己的信念就是本质，担保我自己一定遵守契约。意识在我的契约上，在我的合同上面，已经担保，我的这样一些信念就是本质的东西，这后面再没有别的东西了，这就是我的本意。西方的文化它是认这个的，你签了字的东西，不管是不是你的本意，这我不管，但是我们已经认可这就是你的本意。我不再在上面做文章了，这个做文章是没有边的，没有底的。你就是追究人家内心，说不定人家自己都不知道自己怎么样，那是追究不到的。但是你写出来了，你说出来了，这个是可以作数的，尤其是写出来的东西是作数的。说出来它随风而去，可能过几天他不认账了，你也没办法，你顶多找几个见证人；但是你写成白纸黑字，那就赖不掉了，那就是你的语言已经定下来了。这个是可以做证的，在法庭上可以拿得出来的，你签了字的，你就不能反悔了。签了字的，那就是把它当作你的本心来相信的。人家相信的不是你的不可言传的内心的东西，而恰好就是你说出来的东西，人家就相信这个。所以信用在西方人与人交往中是最重要的东西。海德格尔讲，语言是存在的家，其实从古希腊就开始了。这个我们今天还在学习，还在学会做这样一种保证。但是在黑格尔这里讲到了，所谓的凭良心办事，并不是那种只可意会不可言传的东西，而就是这种在语言上做出保证的东西，换言之就是信用。良心就是信用，良心的行动要实现出来，并不意味着具体地干一件什么事情，而在于它提供一种信用，提供了一种保证，这个是最重要的。今天就到这里。

＊　　　　＊　　　　＊

我们上次讲到良心的语言，信念的语言。也就是说，良心必须说出来，一旦说出来它就成了现实。因为在西方人的心目中，语言本身就是一种现实，这种现实是一种对自己确定意识的保证。我们上次讲的最后一句话"因此，这种保证就是担保意识已经确信自己的信念就是本质"，实际上这是西方的一种契约精神。就是说你说出来的话，或者说你宣称你凭良心说出来的话，那么这句话是有信用的，它代表你的本质性的东西，所以它是一种担保。这是我们上次讲到的，良心的普遍性体现在什么地方，首先体现在语言上面，信念的语言。我们这个总的标题就是"良心的普遍性"，首先是特定的行动通过认知成为普遍的，然后通过信念的语言成为普遍的。由语言来体现良心的普遍性，这是一种现实的普遍性，因为语言本身既是现实的，同时又是具有普遍性的。这个信念的语言最后还有一段，我们来看看。

**对出于义务的信念而行动**的保证是不是**真的**？那被做出来的事是否**现实地**就是**义务**？——这些问题和怀疑对良心来说是毫无意义的。

我们上次也讲到，我们中国人对语言是不太相信的。听其言，观其行，凡是说出来的东西我们还要看它是不是真的去做。这里也讲到了，"对出于义务的信念而行动的保证是不是**真的**"？真的打了着重号。"那被做

381

出来的事是否**现实地**就是**义务**"？现实地打了着重号，义务也打了着重号。这是对良心提出的两个问题。你无非要说出来，说出来就成了现实嘛，但是你说出来的这个是不是真的呢？你把它实现出来是不是就是现实的义务了呢？这是两个相反方向的提问，一个是质疑义务的保证是否能做到，一个是做出来的事，它是不是义务。但是"这些问题和怀疑对良心来说是毫无意义的"，也就是对一般的语言你可以这样问，但是对良心的语言来说这是毫无意义的问题。因为良心已经把这个问题解决了，就是说它的出于义务的信念而行动的保证本身就是真的，这个真不是和一个外在对象相符合的真，而是良心本身直接的真。良心的担保本身就是真的担保，并不要等到做出的事情来证实，它真就真在一种主观确信的态度。同样，那做出来的事情是不是现实的义务，不在于事情有什么样的规定性，而在于你是怎么样去做，这里讲的现实不是事情客观上的现实，而是主观态度的现实，所以只要它是出于对义务的现实的信念做出来的，那肯定就是义务。这是良心已经解决了的问题，所以你把这些问题对良心提出来那是毫无意义的，就是对良心的语言你就不用去追问了。追问良心的保证是不是真的，以及追问你的行动的结果哪一点规定了它是义务，这样一些问题是毫无意义的。为什么是毫无意义的，下面就讲了理由。

——在提出这**保证**是否**真实**那一问题时，就会预设内心的意图与装出来的意图不同这一前提，就是说，预设了个别自我的意愿能够与义务、能够与普遍的和纯粹的意识的意志相分离这一前提；这样一来，这意志就会停留在口头上、而真正说来个别的意愿却是行为的真实动机了。

为什么这种问题对良心提出来是毫无意义的？这里讲到，"在提出这**保证**是否**真实**那一问题时，就会预设内心的意图与装出来的意图不同这一前提"，当你追问这保证是不是真的，你就预设了一个前提，就是内心的意图与装出来的意图是不同的，你就把良心不是当作一切判断的出发点，而是有待于判断来裁定的对象了。"就是说，预设了个别自我的意愿能够与义务、能够与普遍的和纯粹的意识的意志相分离这一前提"，这是同一个意思了，就是说你的内心的意图和装出来的意图是不一样的，那么你的内心的意愿和普遍的意志是相分离的，和你表达在语言中的这样一种普遍意志是相分离的。也就是你口头上说出来的东西，人家都能够承认，都能够同意，但是你内心的意愿是不是这样，我们必须把它剥离开来看。当你提出这个问题的时候，就有这样一个前提。"这样一来，这意志就会停留在口头上、而真正说来个别的意愿却是行为的真实动机了"，这里用的虚拟式。就是假如这样的话，你把表面的东西和内心的东西这样割裂开来、区别开来对待的话，那么意志就是口头上的，而行为在内心的真正意愿才是行为的真实动机了。这就是口是心非、心口不一了，推动你的行为的实际上是内心没有说出来的意愿，而不是你口头上的承诺。但出于这一前提你可以用来对待人们通常的意愿和行为，却不能够用来分析良心的语言和行为。

**然而，普遍意识和个别自我的这一区别正好是一种自身扬弃了的区别，而扬弃它的就是良心。**

就是说，当你这样提问的时候，你已经不是针对着良心了。因为"普遍意识和个别自我的这一区别正好是一种自身扬弃了的区别，而扬弃它的就是良心"，在良心这里，它已经扬弃了这样一种区别，就是言行不一、心口不一的区别，亦即表现在语言上的普遍意识和表现在行动中的个别自我的区别。一个人如果是凭良心说话的话，那他就不存在内心另外还有一个意图跟它所说出来的东西相冲突的问题。凭良心说出来的都是心口如一的，他怎么想的，他就怎么说，因为他是凭良心嘛。当然平时说话，不见得每句话都凭良心；但是，凭良心说出来的话不可能是假的，即使你假装凭良心说话，实际上另有所图，这也没有用，只要你说出来了，人家还是把你说的话当真，认为这代表你的良心。如果后来人们发现你没有兑现你所说的话，人们也不会说你的话本身是假的，而只会说你的行为是假的，你违背了你的良心的语言。所以凭良心说出来的话是有信用的，它是可信的，它是一种契约。当我们和别人签约的时候，首先就要假定这个前提，就是人家是认真的，人家是凭良心在签约，我也是凭良心在签约，这就叫信用。契约是建立在信用之上的，当然它背后有法，就是说你不遵守信用的话，那就会受到惩罚；但是从原理上来说，信用才是法律建立的根据。首先我们的契约是凭良心的，如果你违背了你的契约，你就违背了你的良心。你当然可以违背你的契约，但是那就不是你的真正的本质了。所以你的个别意愿也可能违背你的普遍意志，但是按照你的良心来说，你的意志和你的自我的本质是同一的，它本身不可能虚假。

　　对自身确定的自我的直接认知就是法律和义务；而这自我的意图，由于义务就是自己的意图，它就是正当的事；它所要求的只是：自我知道这一点，再就是它要把它的认知和意愿是正当的事这一信念说出来。

　　"对自身确定的自我的直接认知就是法律和义务"，自身确定的自我，也就是良心了，良心对自己有种直接认知，前面讲，它正是凭借这种直接认知而使自己具有了普遍性。而这种普遍性的认知就是法律和义务，我们刚才也讲到了契约和法律。良心的普遍性的直接表现就是在法律义务上面，那是很现实的，法律和义务用信念的语言把它制定下来，用良心的语言把它定下来，那是很现实的。法律和义务的现实性就是良心的语言的现实性，这个语言是不能违背的，你违背了那就会有现实的后果，就会有一种现实的语言强制你回到你自己的本质上来，回到你的良心上来。所以法律和义务是一种对自身具有确定的自我的直接认知。"而这自我的意图，由于义务就是自己的意图，它就是正当的事"，这个自我的意图，这个自身确定的自我的意图，也就是良心的意愿，由于义务就是自己的意图，或者说它的意图就是义务，所以这个意图就是"正当的事"，das Rechte，这个词有正当的、合法的、正义的等等意思。当然一般来说，并非自我的任何意图都是义务，你可以为所欲为，想干什么就干什么，但是那一般都没有自身确定性，也缺乏直接认知。一个达到自身确定性的自我的直接认知，亦即一个良心的认知，那就是义务。这个良心的认知有点康德定言命令的意思，定言命令就是一种自身确定的自我的直接认知，其他的命令都是假言命令，都是有条件的命令，但是那自身确定的自我的命令就是无条件的命令，那就是义务。这就是正当的事，是合法的、有权去做的事。"它所要求的只是：自我知道这一点，再就是它要把它的认知和意愿是正当的事这一信念说出来"，这样一个自我的意图，它所要求的只是这两点，一个是自我知道这一点，也就是对这义务的认知；再就是把这认知的信念说出来。这信念就是确信它的认知和意愿是正当的，但一定要把这种确信说出来，你不说出来，那就还没有现实性。所以这个自我的意图，这个良心，它所要求的就是两件事情，一件是你自己知道，有对自己自我的明确的自我意识，知道自己的义务何在；另外一件事就是你要把它说出来，你把它说出来就有了现实性，或者说至少你在契约上面要签字，签字也是说出来。你说我同意，这就是说出来，至少你要把这一点说出来，这个也是契约精神的体现。就是说一方面你知道这一点，——我们中国人就会说，我知道就够了，就不用说了，就尽在不言中了。但是还不行，在黑格尔看来，良心真正要把正义当作自己的意图，那么除了你知道这一点以外，就是要把你对于这一点的认知和信念说出来，把你的保证说出来。你把它说出来，它就成了本质的东西，你把它变成语言固定下来，它就有了现实的效力。所以黑格尔，包括整个西方世界，对语言都非常重视，你一定要将义务、权利、正义这些东西说出来，把它变成一种语言，最终变成一种文字，变成一种文本。我们今天讲的所谓宪法和宪政的关系就是这样，你必须把它变成宪法，成文法，变成文字，这就意味着你必须按照它去实行。但是我们由于不重视文字，所以可能有宪法而没有去落实。我把它说出来了，我当然是凭良心说的，否则是通不过的；但我可以不实行，我不实行也不觉得是违背良心，而是马上把它置换为某种政治需要或"策略"。所以，我凭良心说出来的东西也可能是假的，可能是忽悠人的，因为个人的良心必须为政治需要服务，而说出来的话也没有人当真。我们没有契约精神，我们还停留在伦理实体阶段，而没有进入到法权状态，也没有经过教化、启蒙而达到道德意识，我们自己说的话自己都不相信。黑格尔讲的这种契约精神，就是要把对良心的义务和正义的信念这样一种认知和意愿说出来，一旦说出来它就代表你的良心，同时也是每个人的行为标准，违背它就会有种良心上的负罪感，这些都是西方社会的原则，对我们是很有启发意义的。

将这样一种保证说出来，这就在自己身上把自己的特殊性的形式扬弃掉了；这就在其中承认了**自我的必然普遍性**；由于自我把自己叫作**良心**，它也就把自己叫作纯粹的自我认知和纯粹的抽象意愿，这就是说，它把自己叫作一种普遍的认知和意愿，这认知和意愿承认其他那些自我，并与之**同一**，因为它们正好就是这样的纯粹的自知和意愿，这种自知和意愿也因此得到了它们的承认。

"将这样一种保证说出来"，这不是一种一般的语言了，这是信念的语言，这是保证的语言，或者说这是良心的语言。"这就在自己身上把自己的特殊性的形式扬弃掉了"，你保证自己的信念就是本质，你的这个保证意味着你的这样一种语言是当真的，你不是忽悠人。那么当你说出这个保证的时候，你就把你自己身上的特殊性形式扬弃掉了。本来是你个人说出来的一句话，那是很特殊的；但是你是作为良心的保证把它说出来，这个时候它的特殊性就被扬弃掉了。也就是说，它的语言成为了一种具有普遍性的语言。"这就在其中承认了**自我的必然普遍性**"，自我的必然普遍性打了着重号。就是说，当我在确定自己的信念就是本质的时候，我用语言担保它就是我的真心，这样一来实际上就承认了自我的必然普遍性。一个人把自己的这样一种真心作为义务说出来了，它说出来的实际上是一种普遍性的语言，自我虽然是张三李四的自我，但是在语言上面体现出来的是具有必然普遍性的自我。"由于自我把自己叫作**良心**，它也就把自己叫作纯粹的自我认知和纯粹的抽象意愿"，我这句话是凭良心说的，当我这样说的时候，我把自己叫作良心，我本着我的良心，这良心就是我的真正的自我。而与此同时，我也就把自己叫作纯粹的自我认知和纯粹的抽象意愿了，这就是良心的意思。良心、良知就是纯粹的自我认知,而纯粹自我认知也就是纯粹的抽象意愿,因为它本身就是知行合一的,认知和意愿是连着的、分不开的。这就是一种良心的普遍性了,因为纯粹的自我认知和纯粹抽象意愿已经不带有个人的特殊性了,它把自己所具有的那种个别特殊的东西都扬弃掉了,只剩下了一种普遍性的东西,一种必然性的东西,它所说出的话是每个人都必然会认可、必然会承认的,因为人都是有理性的,人同此心,心同此理。"这就是说,它把自己叫作一种普遍的认知和意愿,这认知和意愿承认其他那些自我,并与之**同一**",同一打了着重号。我们前面讲到,这就是一种主体间性,主体与主体之间具有一种平等性或同一性。这种同一性就是一个人的认知和意愿对他人的认知和意愿的普遍承认,在一句话上面体现的不单是你说话人自己的认知和意愿,而是所有的人都承认的普遍的认知和意愿。当你用这样一种良心的话语把自己的认知和意愿说出来的时候,你就会得到其他自我的承认,并且与其他自我相同一,你也就找到了与其他自我的共同语言。"因为它们正好就是这样的纯粹的自知和意愿,这种自知和意愿也因此得到了它们的承认",为什么当我把自己叫作普遍的认知和意愿的时候,我就承认了其他的自我并且和其他的自我同一呢? 因为其他自我正好也是这样的纯粹的自知和意愿。你在说出这句话的时候,你就已经承认了别人的自我,那么说出来以后呢,别人也会承认你,也会承认你的自知和意愿。

　　<u>正当的事的本质就在于这种自身确定的自我的意愿,在于对自我即是本质这件事的这一认知。</u>

　　"正当的事的本质就在于这种自身确定的自我的意愿","正当的事"也就是合法的、合乎正义的事情。自身确定的,也就是在语言上确定了的,这样一种自我和意愿是自身具有普遍性的,这样一种普遍意愿就是正当的事情,法律就是根据这个确立起来的。自身确定的自我就不是那种变来变去的特殊的自我了,而是一种表现在语言上、可以被普遍理解和接受的普遍的自我,据此法律才有了正当的和不正当的区别,有了合

法的和不合法的区别。所以，正当的事的本质也就"在于对自我即是本质这件事的这一认知"。一是讲意愿，一是讲认知，这两者是分不开的。从实践的方面来讲是意愿，从认识的方面来讲是认知，这两个方面是分不开的。我认知到了，自我就是本质，自我不是为所欲为，不是动物性的愉快，而是一种普遍的本质。真正的本质的自我和其他的自我是同一的，是相通的。这就是一种合法性，或者说一种正当性，也就是人的人格性。人格性是具有普遍性的，当然它又是个别的，但是它同时又是普遍性的。这是讲正当的事情，什么是正当的事情，什么是应该做的事情，什么是有权去做的事情，这都包含在这样一个自身确定的自我中，包含在它的意愿和它的认知中了。

　　——因此，谁要说他自己是出于良心而行动，谁就是在说真话，因为他的良心就是认知着的和意愿着的自我。但是他本质上必须**说出**这一点，因为这个自我必须同时是**普遍的**自我。

　　"因此，谁要说他自己是出于良心而行动，谁就是在说真话"，如果有人说，我是本着良心而行动的，那么他就是在说真话，就是说一个人他说他是出于良心而行动的，这个就是说真话。你不要去怀疑他内心是不是真的这样想的，他这句话就是真的。他真不真就在于这句话上面。至于他内心是怎么想的，他当然可以说谎，他当然可以心口不一，但是不妨碍这句话是真话。如果他真的心口不一，那么他的心倒不是真的，而他这句话仍然是真的。他违背了他说出来的话，实际上是违背了他的本质。他说出来的这句话才是他的本质，而他做的事情是违背他自己的本质的，因为他的良心就是表达在这句话上面的认知和意愿着的自我。所以，谁要说他自己是出于良心而行动，他就说出了他的本质。这就是为什么人家也许知道他有可能口是心非，但仍然都把他的这句话当真。西方的契约精神就是这样，我不管你心里怎么想的，但是只要你把它说出来了，你以人格担保了，你签过字了，我就把它当真，我就是认真的，我就把它当作你的本质。因为它确实就是你的本质，你如果不按照这样做，你就违背了你的本质，那不真的不是这句话，而是你自己，你就是一个假人，但是你的话是真的。所以你说你是出于良心而行动，人家就当真了，我们中国人会觉得很好笑，觉得外国人很天真，美国人都是大孩子，好骗。其实他就是把这当作你的信用了，至于你珍不珍惜你的信用，那是你的事情。你如果破坏你的信用，就再也没有人相信你，那你就无法立足了，你就违背了你的本质，你变成了一个假人，但我相信你说的话仍然没错。"但是他本质上必须**说出**这一点，因为这个自我必须同时是**普遍的**自我"，"说出"和"普遍的"都打了着重号。从本质上看，他必须要说出这句话，而不能闷在心里不说。为什么一定要说出来呢？就是因为你的这个自我是把它当作了普遍的自我，而普遍的自我必须体现在语言上。从本质上看，只有当你把它说出来的时候，它才是普遍的自我。你不说出来，只可意会不可言传，那每个人有每个人的理解，那你就不具有普遍性了，那很可能人家就会误会了，就理解错了。唯一能够抓得住你的，就是你说出来的话，因为话语是真的，话语是有普遍性的。你的行为、你的意图要根据这句话来做，如果不这样的话，你就违背了你自己的本质，违背了你的信用，那就是不真的，那不是真正的你。所以你必须说出这一点，说出了这一点，你才能够成为普遍的自我，因而也才能够成为真正的自我。因为人跟动物的不同就在这里，动物都是个别性的，它是冲动型的，但是人是具有普遍性的，人是具有普遍的理性和社会性的。

　　自我并非在行动的**内容**中就是这种普遍的自我，因为行动内容由于**其特定性**之故，自身是无所谓的；相反，普遍性在于行动的形式；正是这种形式才可以被作为现实的建立起来；形式乃是这样一种**自我**，它本身在语言中是现实的，它宣称自己是真实的，正因为这样，它承认一切自我并为一切自我所承认。　[164]

　　"自我并非在行动的**内容**中就是这种普遍的自我"，自我必须是普遍的自我，但自我如何才是普遍的自我呢？并非在行动的内容中是普遍的自我，"内容"打了着重号。也就是说，这个自我要达到普遍的自我，并不看它的内容，你着眼于它的内容，那它就是特殊的，就没有普遍性了。签订契约时，每个契约的内容都是不一样的，这些内容并不能够决定它的普遍性，内容是五花八门的。"因为行动内容由于其**特定性**之故，自身是无所谓的"，每一个内容都有具体的规定性，它都不一定是普遍的，所以它自身是无所谓的。"无所谓"的意思就是说它可以有，也可以没有，或者它是这样也可以，是那样也可以，它是无所谓的，它不具有普遍性，可以换来换去。它可以换个内容，可以有它的替代品。"相反，普遍性在于行动的形式"，这就是遵守规则，遵守程序。比如你签订买卖契约，它有一个固定的形式，我们去签约的时候，中介经常就会给你一个一般格式，打印好了的，当然这个格式不是不可以改，你们互相协商，在某些地方可以改，但是它的大体的形式，里面有哪几条，哪几款，应该遵守什么样的义务和权利，它都写得清清楚楚。打起官司来，法官不看你是什么内容，只看形式是否合法。"正是这种形式才可以被作为现实的建立起来"，真正的现实性就是这种形式，它是全世界通用的，固定不变的。我们前面讲它是一种语言，语言本身是具有现实性的。语言本身就是一种形式，文本就是一种形式，它的语法格式和逻辑形式是不变的，一旦建立起来，它就具有一种现实的普遍性了，它就有现实的约束力，它代表人的普遍本质。它的约束力不一定是强制性的，但它是信用。你要是不讲信用，那就违背了你的本质，那其他人就不再会把你看作值得信任、值得交往的了，谁也不相信你了。而且现在还有信用记录，你一次违背信用，就记录在案，如果你年轻，那还问题不大，但是如果你是一个成年人，那就很麻烦甚至很危险了。所以这种形式是很重要的，它可以作为现实的建立起来。"形式乃是这样一种**自我**"，自我打了着重号，形式就是你的自我。我们中国人不太讲形式，不太讲规矩，认为那个东西无所谓，那个东西是外在形式，是抽象形式，是空洞形式，只是做给人家看的。我们中国人真正看重的是内容，是内心感受，是利益所得和"实惠"，是这样一些东西。但是西方人在凭良心说话的时候，他注重的是它的形式，认为形式才是自己真正的自我，破坏了形式他会无地自容。"它本身在语言中是现实的，它宣称自己是真实的，正因为这样，它承认一切自我并为一切自我所承认"，语言才是人的本质，或者说语言形式才是人的现实。海德格尔讲，"语言是存在之家"，实际上语言就是人的存在，我说故我在，你要不说就等于不存在。所以西方人为什么那么强调言论自由，这是有他的传统的。自古以来，西方人对能够自由地说看得很重要。你能够凭良心说自己想说的事情，这个很重要。而在中国说真话是很难很难的，你说假话很容易，从小就被鼓励说假话，但是你要凭良心说话是很难的。中国人就是看需要，需要说什么话就说什么话，或者就是不说话，成为鲁迅所说的"沉默的国民"。中国人往往会认为，反正说出来的话又不代表我的真心，只是为了一种临时的需要，所以话太多的人会被视为巧言令色，不诚实。哪怕是真心说的话，我们通常认为你不要执着于这个话本身，你要体会这个话后面的东西，那个是说不出来的，但是那个比说出来的重要得多。所以中国人的真心、良心隐藏得很深，不是在语言上可以体现出来的。但是在黑格尔这里，语言才是现实的，形式才是真正的自我，而那种说不出来的、只可意会不可言传的东西是不真实的，不现实的。所以这种形式可以宣称自己才是真实的，宣称自己是真正凭良心的自我。正因为这样，这种自我才能够承认一切自我，并为一切自我所承认。它承认一切自我，因为它对别人说出来就是对其他人的承认，就是认为其他人肯定能理解我，而不是对牛弹琴；它又为一切自我所承认，它凭良心说出来的话，别的人也会承认，它由此在别人当中建立起了信用。所以凭良心所说出来的一种信念的语言就是沟通人与人的一个根本性的媒介。信念的语言就是良心的语言，良心的语言具有这样一种共同性，良心借此而达到了与别人互相承认的普遍性。

[3.优美灵魂的形成]

下面还有一个环节，就是第三个小标题"优美的灵魂"，我主张把它改一下，实际上它这里谈的是"优美灵魂的形成"。他一开始并没有谈优美灵魂，直到最后才提到一句，所以这里主要是谈优美灵魂是如何形成的。贺麟和王玖兴先生在译本中有一个中译者注："在早期的神学著作里，黑格尔把优美灵魂说成是一种想要逃避命运摆布而创造上帝无限爱情的内心世界的精神。他承认'这样一种高度被动的主观性并不能逃脱世俗的干扰'。在这部《现象学》里，优美灵魂仍然是孤芳自赏，静观自己的纯洁，不采取任何足以造成局限性的行动，只在语言中表现自己。黑格尔在这里似主要在评述耶可比"。当然不光是耶可比了，这是一种时代潮流，它的理论上的根据实际上是起源于费希特的主观唯心主义，甚至于是唯我论，它导致了德国浪漫派的爆发。从费希特到谢林，到诺瓦里斯、施莱格尔兄弟以及早年歌德等人，德国浪漫派的诸位代表人物都是立足于这样一种优美灵魂，类似于中国人所讲的"性灵"。优美灵魂是良心发展的一个阶段，良心最后发展到了优美灵魂，在良心的进一步发展中就形成了优美灵魂。良心是从卢梭和康德那里来的，但是发展到费希特和谢林，引出了一种优美灵魂的学说。所以这里不单是影射耶可比，费希特啊，还有其他德国浪漫派，包括歌德的早期，他都有影射，我们下面要谈到。

所以良心在其凌驾于特定法律和任何义务内容之上的崇高至尊中，把随便一种什么内容都安置于自己的认知和意愿里；它就是这样一种道德天才，这种天才知道它自己的直接认知的内心声音就是神的声音，而且由于它凭这种认知同样直接知道这种定在，所以它是一种在其概念中{353} 拥有生命活力的神圣创造力。

"所以良心在其凌驾于特定法律和任何义务内容之上的崇高至尊中，把随便一种什么内容都安置于自己的认知和意愿里"，我们刚才讲了，这个良知的普遍性不在于内容，而在于行动的形式。那么这个形式就是凌驾于一切具体内容之上的。所以良心有一种凌驾于特定法律和任何义务内容之上的崇高至尊，它居高临下，把随便一种什么内容都纳入到自己的认知和意愿里面来。就是良心在它的形式上拥有这样的崇高至尊，可以装进任何内容，可以随意取舍。"它就是这样一种道德天才"，道德天才就是说，它凭自己的灵感和直觉，可以把任何内容都装进自己的形式中，表现出一种天赋的道德智慧。对于各种内容，它可以为所欲为，可以发挥想象，随便选取，它怎么做都是对的，它把什么内容装进来都是对的，只要它合乎形式，它具有这样一种崇高至尊。"这种天才知道它自己的直接认知的内心声音就是神的声音"，这种道德天才它执着于它的创造性的形式，这个形式它是直接知道的，这就是良知的形式，语言的形式，它不是从别的东西推出来的，而是一种直接的认知。它把自己直接认知到的内心声音看作就是神的声音，如同苏格拉底的"灵异"一样，看作上天的启示。"而且由于它凭这种认知同样直接知道这种定在，所以它是一种在其概念中拥有生命活力的神圣创造力"，这就是康德所谓的知性直观。康德讲，人只有感性直观，而没有知性直观；感性直观是着眼于内容的，它是受内容摆布的，而知性直观是形式的，但是它又是一种直观，它能够凭借它的形式创造出直观的内容来。康德认为，凭借知性的形式直接创造出感性的内容，或者是直观的内容，这是人所不具备的一种直观，只有上帝可能具备。从费希特开始，就把这种知性直观引入了人的知识学里面，费希特认为人恰好就具有这样一种知性直观，比如说道德的创造，道德天才就是一种知性直观。这种天才直接地认知到，自己内心的声音就是神的声音，就是一种很现实的、具有创造性的声音，因为它凭这种认知同样直接地知道自己的定在，直接直观到它的具体的存在。它虽然只是一种知性概念，但它在这概念中拥有神圣创造力，可以创造出活生生的生命来。在费希特那里，这就是那种创造性、生产性的想象力。这种想象力就像上帝创造世界一样，只要它知道这种定在，它就已经把这种定在创造出来了。上帝创造世界不是凭具体的物质的东西，而就是凭它的思想和语言，上帝说要有光，于是就有了光，这就是知性直观。康德认为这是人不可能具有的，人只有感性直观，只有上帝才具有这样一种知性直观。但是康德以后，费希特、谢林和雅可比（耶可比）都认为人具有知性直观，在这种直观的概念中就拥有生命和活力，拥有直观的创造力，因此具有类似于上帝的神圣性。只有上帝才能凭语言创造大千世界，创造出整个宇宙；但是从费希特以后，人们认为人也具有这种神性，人的想象力也能够把语言变成现实。优美灵魂的起点就在这里，就是说费希特他们实际上是从理智直观出发来进行论证的。

这种神圣创造力同样也是在自己本身中对上帝的侍奉；因为它的行动就是对它自己特有的这种神圣性的直观。

"这种神圣创造力同样也是在自己本身中对上帝的侍奉"，刚才讲了，这样一种创造力本身就具有神性，是对神的模仿。人身上是具有神性的，人凭借自己的概念创造出定在，类似于上帝靠逻各斯、话语从虚无中创造出整个世界。那么，人借助于这样一种神圣的创造力，实际上就是一种对上帝的侍奉，因为人在自己身上看到了上帝，看到了上帝的能力。当你在凭良心说话、凭良心做事的时候，你可以为所欲为地纳入任何内容，你只凭良心而凌驾于一切特定的法律和义务之上，这具有一种崇高的至尊。这个时候呢，你是在自己本身中完成对上帝的侍奉，或者说，你是以上帝的启示的名义在做这些事情。你凭良心在做事就是以上帝的名义在做事，而且名副其实。确实你有神性，你在凭良心做事的时候，你就体现出你的神性，因为你不受任何内容的局限，可以超越一切个人私欲、个人的利益考虑，这实际上就是在模仿上帝了。所以这种行为同时又是对上帝的侍奉，侍奉，Dienst，我们前面也曾翻译为"服务"。"因为它的行动就是对它自己特有的这种神圣性的直观"，这个说的很明确了，你的行动就是对自己神圣性的直观，你的什么行动呢？就是凭借你的语言创造你认为应该的定在、创造你认为应该的现实性这样一种行动。而你这种行动就具有神圣性，也就是对自己的神圣性的直观。你已经在行动中直观到你自己的神圣性了，这就是一种知性直观了。

**这种孤独的上帝侍奉本质上同时也是一个团契对上帝的侍奉，纯粹的内心自我认知和察觉延伸到了意识的环节。**

"这种孤独的上帝侍奉本质上同时也是一个**团契**对上帝的侍奉"，这种侍奉是很孤独的，因为天才都是孤独的，道德天才也是孤独的。他从自己的原则出发，不考虑别人，不考虑周围世界，独断专行，完全是凭借为义务而义务来行动，来进行一种创造。团契，Gemeinde，通常我们可以把它理解为教会，但是新教的教会跟天主教的教会有些不一样。新教的教会强调教会是一种团契，它反对那种制度化的东西，那种教阶制，等级制，什么社区主教啊，红衣主教、大主教啊，一级一级的，最后到教皇。这样一种教会在新教徒看来不符合基督教的原教旨。基督教的原教旨应该是一大群人有共同的信仰，于是就在一起做礼拜。基督教最开始发展起来的时候，没有那么多规矩，那么多教阶制等级制。所以团契主要是个新教的概念，新教认为基督徒应该是一个侍奉上帝的团契。当然它有地区的划分，这个地方有个教堂，有什么事情大家可以聚在那里，进教堂不是为了去做善功，而是为了大家在一起形成一种团契，互相交流心得。还有什么查经班，在一起读圣经、谈体会。尽管这样，每个基督徒还是孤独的个体，他是凭借天才领悟到上帝的启示、领悟到圣灵的，而一旦领悟到了，就是和他人相通的，可以传递给他人的，所以孤独的侍奉同时也是一个团契的侍奉。我们在一起侍奉上帝，当然我们也可以不在一起，我甚至在自己一个人的时候也可以自己祈祷，但是我们在一起祈祷我们会更有信心。在团契中可以让你感觉到有一种大家庭般的温暖。我们中国人在家庭关系中从来没有感到过孤独，但是基督徒相当于半个"出家人"，虽然上帝和你同在，但在世俗生活中总是会感到孤独，他们是靠团契来解决孤独的问题。团契就是一种归属，因为团契就是对上帝的侍奉，最终的归属在上帝那里。所以你自己一个人的灵魂在这种意义上也就是大家共同的普遍灵魂、圣灵，人与人的灵魂不能直接沟通，只有通过上帝、圣灵才能够相通。如果不通过圣灵，那人与人是没办法相通的，每个人都是孤独的。于是，"纯粹的内心自我**认知**和察觉延伸到了**意识**的环节"，"察觉"，Vernehmen，前面讲了，它原来的意思是听到，这个听到不是用耳朵听到，而是用心来听到，所以它带有一种精神性的意味，是一种纯粹的内心自我认知。这样一种内心的自我认知是察觉的，基督徒是凭内心的听觉来倾听上帝的声音。西方基督教对听觉很重视，费尔巴哈曾经讲过，如果没有听觉的话，就不会有宗教了，宗教起源于听觉。我看到的世界都是五花八门、五彩缤纷的，令人眼花缭乱；但是我静下心来听，用心去听，可以听到上帝的声音。而这样一种内心的自我认知和自我察觉延伸到了意识的环节，意识打了着重号。为什么意识打着重号？我们前面讲了，意识就是对象意识，纯粹的自我通过一种察觉而延伸到了意识的环节，也就是说可以变成你的对象。你听，听到了什么吗？听到了一个对象，认知到、察觉到了一个对象。自我意识延伸到意识的环节，自我意识是个人内在的，而意识是外在的，有目共睹的，内在的自我意识延伸为一种外在的环节，这就有普遍性了。自我意识回到内心，但回到内心又可以延伸为对象，又可以从这个对象上面获得对象的意识。本来已经回到内心了，孤独的自我在内心侍奉上帝；现在成为一种团契的侍奉，那就不能够封闭在你的内心了，那就必须要有对象了，那就必须走出去，走到团契中去，团契就是你的对象。

对自我的直观就是自我的**对象性的**定在，这种对象性元素就是对自我的认知和意愿作为一种**共相**的表述。通过这种表述，自我就成为有效准的东西，行动就成为实行着的行为业绩。

这也是刚才讲的那个意思。"对自我的直观就是自我的**对象性的**定在"，"对象性的"打了着重号，与上一句的"意识"相呼应。对自我的直观本来是纯粹内心的自我认知和察觉，但是它又是一种知性直观，是针对自我的直观，也就是把自我当作一种对象性的定在来直观。你把自我的这样一种内心的侍奉当作自己直观的对象，那么它就是一种对象性的定在。它有了一个对象性的客观的存在、也就是团契在那里，让你把它作为对象。而"这种对象性元素就是对自我的认知和意愿作为一种**共相**的表述",对象性的元素就是一个客观的要素,它是对自我的认知和意愿作为一种共相的表述。我们在团契里面可以看到,个体自我的认知和意愿被作为一种共相表述出来了,就是说不光我是这样地认知和意愿,大家都是这样认知和意愿的,这是一种共相,是一种普遍性。你进入到团契里面,你就会发现,你的那种个人内在的、说不清道不明的觉察到的东西可以得到充分的表述,可以尽情地倾诉出来。大家都在那里说,都在那里谈,谈出来的都是大家能够达到默契的,能够达到认同的,能够承认的,这就是团契精神。"通过这种表述,自我就成为有效准的东西,行动就成为实行着的行为业绩",就是在团契里面,大家你一言,我一语,大家说着每个人都想说,都能够说的话,于是通过这种表述,自我就成为了有效准的东西。你说的东西打动了别人,启发了别人,不是你灌输给人家的,而是人家本来就有的,但是经过你的启发,把它明白说出来了,引起了共鸣,那它就有校准了。一旦说出来就有校准了,那大家就都按照这个去思考、去做了,你就影响了大家。所以行动也就成为了实行着的行为业绩,也就是行动就有了效果,有了结果。在团契里面,你那种孤独的上帝侍奉,通过你把它说出来,它就达到了它的效果,就产生出它的业绩。你就使得这个团契更加巩固起来,更加成为人们一种不可分离的精神生活。

它的行为的现实性和持存就是普遍的自我意识;但是对良心的表述,则把它自身的确定性建立为纯粹自我,并从而建立为普遍的自我;其他的人由于使自我被作为本质来表述和承认的这种言辞之故,而赞同这行动。

这是继续展示这样一个团契行为的过程了。"它的行为的现实性和持存就是普遍的自我意识",也就是自我的行为,其现实性和持存就是普遍的自我意识。你自己的行为怎么样能够实现出来,怎么能够保持住,只有凭借普遍自我意识,只有凭借团契。在团契中,其他人接受你的说法,接受你的表述，那自我就具有了现实性和持存性，就保持下来了，它就不是你自己的一时突发奇想，或者一时的灵感，说了就过去了，什么痕迹也留不下来，不是的。在团契里面，你的行为就具有了现实性和持存性，被融入了圣灵。那么这就是普遍的自我意识，你的自我意识被每个人所意识到，就成了也是他人的自我意识。"但是对良心的表述，则把它自身的确定性建立为纯粹自我，并从而建立为普遍的自我"，前面讲自我成为有校准的东西，成为行为业绩，成为现实性和持存，这都是从它的外在方面来说的，即在团契里面，你的自我造成了影响，影响了他人，这就成了普遍的自我意识。但是，从内在方面来说，你的良心得到了表述，那么它自身的确定性就建立为一种纯粹自我，也就是建立为一种超越于良心个别性之上的一种纯我。只有对良心的表述把它自身的确定性建立为纯粹自我，这个纯粹自我才能够成为普遍的自我，这也是在团契里面所实现出来的。前面讲自我的现实性和持存性就是普遍的自我意识，这是从它的客观效果来说的。它成为了所有人的自我意识，那它当然就是普遍的自我意识了。但是从良心自身的内部来说，它就是凭借自身的纯粹化而把自己建立为普遍的自我的，就是它的普遍的自我还是建立在它自身的确定性之上。这个普遍的自我，一方面体现在它在团契中是大家都认可的，另一方面，它体现为在良心的自我内部，由确定性建立为纯粹自我，良心把自己提高了。一方面是良心把自己扩展到团契之中，另一方面是良心在内功方面下功夫，把自己提高到普遍性。同样都是普遍的自我，一个是在它的现实性中、在它的团契中扩展到一种客观的普遍性，另一个是把自己内在的自我提升为纯粹的自我。所以这个中间是个分号，这是两个方面。"其他的人由于使自我被作为本质来表述和承认的这种言辞之故，而赞同这行动"，这是第三个层次。第一个层次就是说它具有了现实性和持存性，在这个意义上，它是普遍的；第二个层次就是说，良心成为纯粹的自我，而把它自身的普遍性建立起来，在这个意义上，它也是普遍的；第三个层次则是说，其他的人由于那种使自我被作为本质得到表述和承认的言辞，而赞成这行动，这样来达到普遍性。其他的人赞同这行动，为什么赞同这行动，正是由于自我练内功，通过一种言辞使自己作为本质得到表述和承认。这也就是说，在团契中互相交流，通过语言交流，使得自我作为本质得到表述和承认。这种语言也就是良心的语言了，良心的语言使得自我作为本质得到表述和承认。由于这种语言的交流，你的行动得到其他人的赞同，这是第三个层次。第一个层次就是这种客观普遍性，主观自我在团契中具有了客观普遍性；第二个层次讲，良心把自己提升到主观普遍性，具有了内在的普遍性；第三个层次讲别人对你这个行动的承认和赞同，表现为一种主体间性的普遍性。这是由两个分号所隔开的这三句话，说明了三个不同的层次。

　　于是，它们结合而成的那种精神和实体就是在它们怀有良心和善良意图上的相互保证，就是为这种相互关系上的纯洁性而高兴，就是在认　　[165]
知和表述的这种庄严妙境上、在对这种超凡脱俗加以坚守和维护的壮丽奇景上感到赏心悦目。

　　"于是，它们结合而成的那种精神和实体"，那就是团契。团契是一种精神实体，它们结合在一起，靠精神把它们联系起来。"就是在它们怀有良心和善良意图上的相互保证"，这样一种团契，就是对它们的相互保证。对它们的什么相互保证呢？就是它们都是怀有良心的，怀有善意的。这些聚在一起的人都是怀有良心和善良意图的，你为什么加入这个团契？就是冲着这个氛围而来的，因为你自己有良心和善良意图，你相信别人也对你有良心和善良意图，你们有一种相互保证。我们在这里所说出的话就是一种保证，就是使自己的作为本质而得到表述和承认的言辞，我们借此而相互担保。"就是为这种相互关系上的纯洁性而高兴"，这种团契的精神是一种欢乐的氛围，大家都为这种相互关系上的纯洁性而高兴。基督教的团契在相互关系上有一种纯洁性，这个是大家有目共睹的。我们经常会碰到这种情况，你到医院里面看病，遇到一个好医生，特别细心，对病人特别关照，后来一了解，她是一个基督徒。加入了基督教的这些人特别有这种面貌，就是纯洁性，而且她相信你也是纯洁的。在团契中互相信任，人们都是以一种纯精神的理想来结成团契的，并不把利害关系的考虑带进这里面来。人们有共同的理想，共同的追求，共同的境界，相互生活在一起，并且为这种纯粹性而高兴。他们心甘情愿地投入到这样一种精神生活中，把其他的利益、财产等等都看得很淡，这就是团契精神。"就是在认知和表述的这种庄严妙境上、在对这种超凡脱俗加以坚守和维护的壮丽奇景上感到赏心悦目"，感到高兴，感到赏心悦目，这都是在团契中的一种境界。对什么东西感到赏心悦目呢？ 一个是在认知和表述的庄严妙境上，一个是在对这种超凡脱俗的坚守的壮丽奇景上。"庄严妙境"，Herrlichkeit，可以翻译成庄严、壮丽、高尚等等，我们这里为了修辞上的原因，把它做了两种译法，一种是庄严妙境，一种是壮丽奇景。团契中的认知和表述都是在极高的层次上进行的，大家都自觉地维护着这种精神上的超凡脱俗，这种庄严妙境，并对此感到赏心悦目。在认知和表述中，由于以精神的纯洁性为内容，以自我意识的普遍本质为对象，所以具有庄严肃穆的气氛。进入到团契里面，你就会发现一个个都是那么样的庄严，那么样的严肃，那么样的正襟危坐，那么样的虔诚，这是一种庄严妙境。基督教团契形成于古罗马的普遍堕落的时代，到处都是一片腐败，基督徒们聚在一起有一种出类拔萃、超凡脱俗的自我感觉，觉得我们这些人出污泥而不染，不要和世俗同流合污，因为我们是有信仰的，我们真正的故乡是在天上，在上帝身边。大家都对这种自我感觉加以关怀和维护，团契精神中有这样一种共同的氛围，确实令人赏心悦目。虽然我们不一定信上帝，但是我们也会想到，一个人如果信上帝的话，生活在这种团契中，恐怕会使自己内心的精神境界得到很大的提高，让自己超凡脱俗。基督徒确实有这样一种自尊，这种自尊不是盛气凌人，不是傲慢矜持，恰好相反，他们对世俗之人表现出一种谦卑，非常谦和有礼。他们认为能够做到这样一种谦虚，才是自己的骄傲，因为他们值得骄傲的地方不在世俗，世俗没有什么可骄傲的，他们值得骄傲的是在天上。

所以世俗的东西，他们可以放弃，可以不跟你争，他们眼睛朝向天上，所以他们认为自己是出类拔萃的。

　　——只要这种良心还把它的**抽象的**意识同它的**自我意识**区别开来，它就把自己的生命只是**隐藏**在上帝中；上帝虽然**直接**对于它的精神和本心、对于它的自我当下在场；但是那启示出来的东西，它的现实意识及其中介运动，对它来说却不同于那种隐藏在内心的东西，不同于当下在场之本质的直接性的东西。

　　"只要这种良心还把它的**抽象的**意识同它的**自我意识**区别开来"，抽象的意识和自我意识本来是有区别的，因为抽象的意识就是对象意识，而自我意识是从对象意识返回到自身，这两者是有区别的。只有自我意识才意识到这种区别其实不是什么区别，但从对象意识的角度看，它们仍然有区别。所以当良心把自己的意识和自己的自我意识区别开来时，它其实还停留在意识的层次，而没有提升到自我意识的层次。这时它的对象意识和它的自我意识还有区别，对象是对象，自我是自我。只要良心还处在这样一个层次，"它就把自己的生命只是**隐藏**在上帝中"，隐藏打了着重号。只要它还在做这样一个区别，对象是对象，自我是自我，它就还没有进入到团契。你要进入到团契，那对象和自我就打通了，但是良心在它的初级阶段呢，还没有打通。这个是讲在良心的初级阶段、在团契以前的阶段的情况，它的生命力，它的活力还隐藏在上帝中，没有充分发挥出来。它也许察觉到自己的灵感或天才来自上帝，它隐隐约约觉得自己是有神性的，但是，由于它把它的抽象意识同它的自我意识区别开来，所以这个神性呢，还寄存在上帝那里，它的生命力、它的创造力也隐藏在上帝那里，上帝仍然只是对象意识，而不是自我意识。"上帝虽然**直接**对于它的精神和本心、对于它的自我当下在场"，上帝对它当下在场，上帝在我心中，我凭良心说话就是凭我心中的上帝说话，以上帝的名义说话。本心，**Herz**，我们前面讲"本心的规律和自大狂"时遇到过这个词。良心在这个意义上也是本心，上帝直接对它在场，"直接"打了着重号。就是上帝对于良心、对于自我的精神和本心当下在场，上帝直接在我心中。"但是那启示出来的东西，它的现实意识及其中介运动，对它来说却不同于那种隐藏在内心的东西"，虽然上帝对于我当下在场了，对于我的本心来说是当下在场了，但是，它启示在现实意识中的东西，也就是通往上帝的那种世俗的中介活动，仍然不同于隐藏在内心的灵感。你要对上帝进行侍奉，你的现实的意识，你的行为，你的业绩，你所做的行动，这些都是此岸的事情，而隐藏在内心的东西仍然停留于彼岸。你毕竟是个有限的存在，你尽可能地要接近上帝，动用了各种中介，但却永远达不到，上帝始终是隐藏在内心的。所以良心或本心的生命是隐藏在上帝之中的。做出来的东西、自我意识到的东西都是有限的，不同于那隐藏在内心的东西，"不同于当下在场之本质的直接性的东西"，而只是我自己的中介活动。上帝虽然是当下在场的，上帝在你心中，具有了本质的直接性，但是，它跟你的现实的言行啊，举止啊，行为啊，那还是不一样的。良心在还没有达到它的最后阶段时就是这样的，最初它还没有克服意识和自我意识的这种区别，那么它的生命就只能隐藏在上帝之中，不能发挥出来。但接下来就不一样了。

不过，当良心完成时，它的抽象意识和它的自我意识的区别就自行扬弃了。

前面讲良心还没有达到完成的时候，它的意识和自我意识是有区别的，是分离开来的，意识就是对象意识，而对象意识和自我意识是不同的。自我意识只限于一种很现实的东西，我做善功，做好事，积德，甚至于购买所谓的赎罪券，把自己的钱交给教会等等，这都是一种手段，都是一种中介的活动。天主教就是干这个事情的，这是在良心还没有完成的时候是这样。良心到了完成的时候，就是新教了，新教意味着良心已经完成了。"不过，当良心完成时，它的抽象意识和它的自我意识的区别就自行扬弃了"，在团契的生活中，这种区别就扬弃了。我们已经在团契中加入到圣灵了，圣灵就是上帝。我的灵魂已经加入到圣灵，加入到上帝，我就是上帝的一分子。所以这种对象意识和自我意识的区别就自行扬弃了,上帝不再对我隐藏,而是公开启示在团契生活中,被自我意识把握到了。

它知道,**抽象的**意识恰恰就是**这个自我**,就是这个对自己具有确信的自为存在,它知道**差别性**恰好在自我与那个自在、与那个建立于自我之外并且是抽象本质和对自我隐藏的东西的自在**相联系的直接性**中被**扬弃了**。

"它知道,**抽象的**意识恰恰就是**这个自我**",就是说它的对立和区别已经被扬弃了,怎么扬弃了呢? 它知道抽象的意识不再抽象,不再隐藏了,"抽象的"打了着重号。抽象的意识就是对象意识,就是上帝的意识,但现在这个对象意识恰恰就是这个自我,就是作为"这一个"的我。抽象的意识、这个对象其实就是我本身,就是我的本心。良心在这里,当它完成的时候,它就知道了原先那个抽象的意识恰恰就是这一个自我,就是我这一个,就在我这一个里面。"就是这个对自己具有确信的自为存在",这一个我现在是对它自己具有确信的自为存在。对自身具有确定性的精神,也就是良心,现在采取了一种自为存在的形式,那就是这样一个自我在团契中发声,用语言表达自己对上帝的见证,而获得其他教友们的赞同。于是良心就在其他人的赞同中知道了上帝恰恰就在我心中。因此良心还知道了,上述区别并不是什么区别。"它知道**差别性**恰好在自我与那个自在、与那个建立于自我之外并且是抽象本质和对自我隐藏的东西的自在**相联系的直接性**中被**扬弃了**","差别性"、"相联系的直接性"和"扬弃"都打了着重号。压缩一下句子:它知道差别性被扬弃了。如何被扬弃了呢? 恰好是在自我与自在的直接联系中被扬弃了,这个自在原来是建立于自我之外的,并且是对自我隐藏着的抽象本质,是作为对象意识的上帝,现在它与自我意识直接发生了联系。自在本来是建立于自我之外的,自为和自在一个在内,一个在外,自在是建立于自我之外的抽象本质和对自我隐藏的东西;现在通过这种直接联系,自在不再是抽象的,也不再对我隐藏了;而造成这种直接联系的就是团契。自我既然采取了自为存在的形式，而自我和自在之间又发生了直接联系，所以在这种直接性中就既扬弃了对象意识和自我意识的差别性，同时也扬弃了自我意识本身的自为和自在之间的差别性。自我的自为存在和自在存在的区别已经被扬弃了，或者说，自为的我和自在的我、自我和上帝的区别已经被扬弃了。自我在这种直接联系中终于看出，对象意识和自我意识的这种区别其实并没有区别；于是良心就从对象意识的立场提升到了自我意识的立场。

因为，原先那种联系是一种**中介性的**联系，在其中，被联系的并非同一个东西，而是一个互为的**他物**，只在一个第三者中才合而为一；但**直接性的**联系则实际上无非意味着统一性。

"因为，原先那种联系是一种**中介性的**联系"，中介性的打了着重号，中介性的也可以翻译成间接性的。前面讲了联系的直接性，差别在联系的直接性中被扬弃了；而原来的联系则是一种间接性的联系。所以他讲，"在其中，被联系的并非同一个东西，而是一个互为的**他物**"，"他物"打了着重号。这种中介性的联系就是，你把两个东西联系起来，这两个东西肯定不是同一个东西了，而是什么呢，而是一个在互为中的他物。互为，für einander，一个和另外一个互相为了对方。也就是说，它在联系的时候，是联系一个外在的他物，还不是联系自己，还没有在他物上看出自己来。因为对象意识和自我意识还没有统一，还是间接的，它们的联系还不是直接的。这样的联系，"只在一个第三者中才合而为一"，它需要一个作为中介的第三者。良心在它的初级阶段，它的自我意识和对象意识之间还不是同一的，它必须在一个第三者那里才能找到同一，两者相互之间互为他物，还没有达到那种内在的融合。"但**直接性的**联系则实际上无非意味着统一性"，"直接性的"打了着重号，和前面的"中介性的"相对应的。现在良心所达到的已经是直接性的联系，它本身就是统一性，而不需要一个第三者来促成统一性了。自我意识和对象意识在良心完成的时候就达到了统一。

　　这种超越于将这些并不是什么区别的区别还看作区别的无思想性之上的意识,就把它那里面的本质的当下在场的直接性作为本质与它的自我的统一来认知,因而把它的自我作为有生命的自在来认知,并且把自己的这种认知作为宗教来认知,这宗教作为被直观到的或定在着的认知,就是团契对自己的精神的言说。

　　"这种超越于将这些并不是什么区别的区别还看作区别的无思想性之上的意识",就是现在这种意识,它已经超越了原先那种无思想性之上。什么样的无思想性呢? 就将这些并不是什么区别的区别还看作区别,这就是无思想性。也就是说,前面讲的自我意识和对象意识的区别现在已经被扬弃了,在自我意识的立场上看,这两者的区别其实并不是什么区别,你还把它们看作是有区别的,那岂不是无思想性吗? 所以现在这种意识,也就是立足于自我意识立场上的意识,已经超越了那种无思想性的对象意识立场,于是"就把它那里面的本质的当下在场的直接性作为本质与它的自我的统一来认知"。我们今天已经达到了这样一种境界,已经达到了良心的完成,所以能够把意识里面的本质的当下在场的直接性看作是本质与它的自我的统一。我通过理智直观所认知的是,我的本质的当下在场的直接性,也就是前面所说的,上帝在我心中的那种直接性,也就是我的良心本身具有神圣性的那种直接性,不再看作隐藏在彼岸的上帝,而是看作本质与它自己的统一。自我意识的本质和上帝的当下在场是统一的,在良心的完成的阶段,我已经把这两者统一起来了。一个是作为彼岸上帝的对象意识,另外一个是我的自我意识,现在我把双方统一起来加以认知。就是我所做的所有这些事情都是具有神性的,都可以通过我的理智直观直接看出它里面的神圣性,没有什么对我隐瞒的东西,在良心的完成阶段,就达到了这样一个境界。"因而把它的自我作为有生命的自在来认知",自我现在是自在自为的存在,因此它成了有生命的自在,不仅我成了有生命的,上帝也成了有生命的,而不再是隐藏着的,因为自我和上帝合为了一体。现在自我的认知本身就是一种自在,它意识到了的东西直接就把它实现出来了,这就是理智直观。"并且把自己的这种认知作为宗教来认知",这里有两个认知,但这两个认知的层次不一样。前一个认知是我在行动中对我自身的认知,后一个认知是把这种认知作为宗教来认知。这个地方又出现了宗教。前面讲信仰的时候出现了宗教,这个地方再次出现了宗教,后面我们马上要讲到宗教,可能要到下学期了。这里谈到团契,其实已经开始向宗教过渡了。把我对自己良知的认知当作宗教来认知,后者是更高层次的认知,那就是宗教层次的认知。当然还不是绝对认知,绝对认知是最后阶段。宗教阶段也是一个认知,这种认知比良心的认知高一个层次。良心的认知就是把自我作为有生命的自在来认知,把这种自我的生命看作上帝自我的生命的体现,这种观点已经是一种宗教认知的观点了。"这宗教作为被直观到的或定在着的认知,就是团契对自己的精神的言说",这宗教作为一种具体认知,被直观到的认知,就是在团契中对上帝的精神的言说。我们现在还没有真正上升到宗教的阶段,但是,我们已经有一种直观到的或定在着的宗教认知,我在自己内心已经对自己和上帝的相通有一种认知了。在团契精神里面,在良心的完成阶段,我们已经有这样一种认知了,团契在对自己的精神做出言说的时候,已经是宗教了。但是仅仅在这个层次,还没有提升到宗教,你要全面来考察宗教,那还要上升到更高的层次。当然在团契中,这种言说已经是基督教了,它已经是一种基督教的团体了,已经具有基督教的精神了,但是不见得每一个基督徒都在考察宗教本身,不一定考察宗教本身作为一种认知究竟是怎么样的。它们自在地已经是宗教了,但是它们的认知还没有达到宗教的层次。它们只是在按照宗教那样去做,但是还没有考虑宗教应该是怎么样的,这个在后面要讲到的。所以对这样一种认知本身已经是一种宗教的认知,但还只是作为直观到的或定在着的认知,也就是最基本的层次,我们这里从直观出发,从定在出发。作为这样一种精神,就是团契对自己的精神的言说。人们聚在一起,对自己的精神加以言说的时候,这就形成了宗教。所以这个言说是很重要的，宗教必须是说出来的，必须要在团契中能够得到大家的承认和赞同的，能够形成一种团契的精神的。良心在它的完成阶段应该是这样，而整个来说就是优美灵魂如何形成，这中间有一个形成过程，从良心的没有完成的阶段，进到它的完成阶段，进到宗教的团契阶段，这个里头就产生出了优美灵魂，优美灵魂是这样来的。当然它表现在德国浪漫派身上，德国浪漫主义有一大批人，它们都强调优美灵魂，但是实际上都是从基督教精神中生长出来的。基督教造就了这样一批拥有优美灵魂的个人，自认为凭自己的良心，凭自己美好的愿望、虔诚的信念和纯洁的心地，就可以解决一切问题。我们休息一下吧。

　　于是我们在这里看到自我意识返回到了自己最为内在的东西，对这最内在的东西而言，一切外在性作为外在性都消失了，——返回到了我＝我的直观，[①] 在这直观中这一个我乃是一切本质性和定在。　　{354}

　　"因此我们在这里看到自我意识返回到了自己最为内在的东西，对这最内在的东西而言，一切外在性作为外在性都消失了"，那就是良心在它完成的阶段所达到的层次。良心本来就是道德意识的最后阶段，在最后阶段它已经返回到自身。我们前面已经讲到，道德本来有各种各样的义务，它们都有具体的特定规定性，但是良心撇开这一切，回到自己内心，从自我出发。但是良心本身也走了一个过程，一开始它的意识和自我意识还是区分开来的，但是后来到了它的完成阶段，意识和自我意识合为一处，或者合为一体，达到了统一。这样一来，自我意识就返回到了自己最内在的东西，在这一点上一切外在性作为外在性都消失了。当然还有外在的东西，比如说在团契里面，还有其他人，还有别的自我意识，但是这些别的自我意识就是你的自我意识，它们作为外在的东西都消失了，

---

① 黑格尔在此有可能是着眼于费希特伴随着"知识学的第一原理"（参看费希特：《全部知识学基础》，§1.) 的智性直观的概念。——丛书版编者

你在他们那里看到的是你自己最内在的东西。他们不是外在的东西，每个人都在他人那里感到精神上的合一，亲密无间。他们都是圣灵，都是上帝的选民,他们的精神都是和上帝合一的。"返回到了我 = 我的直观"，在费希特那里，我 = 我，自我设定自我。这里有个德文版的注,让读者参看费希特的《全部知识学基础》的第一原理,并且说明黑格尔这里可能是着眼于其中的智性直观的概念。返回到了我 = 我的直观，这个在费希特那里表述为知识学原理的第一条原理：绝对无条件的原理,他认为这条原理是"直截了当地设定的"。① 费希特根据 A=A 这条形式逻辑的同一性原理,确立起了我 = 我，自我设定自我或自我建立自我；虽然这是根据形式逻辑建立起来的,但最终形式逻辑本身也要建立在这条原理上,其实这原理不是推出来的,而是智性直观所直接确定的。所以黑格尔说，"在这直观中这一个我乃是一切本质性和定在"，在这种直观中，每一个我都是"这一个"我,那么这一个我就是一切本质性和定在，这一个我就是一切我的本质,每一个我里面它的最根本的出发点、最内在的东西就是我 = 我。所以我就是我，自我 = 自我，我思故我在,这就到底了,这是一切的出发点。在良心这里，我们已经返回到这个最深的、最内在的出发点：我 = 我，而这个我 = 我本身是直观,它是一个智性直观,或者译作理智直观、知性直观。

　　自我意识在对它自身的这样一种概念中沉没了,因为,它已被推上了它的各端的顶点,也就是到了这样的地步：它借以成为实在的或仍保持为**意识**的那些区别开来的环节,都并非对我们而言仅仅是这些纯粹的端点,相反,它对自己而言所是的东西,以及对它来说是**自在的**、对它来说是**定在**的东西,都蒸发为一些抽象了,这些抽象对这个意识本身而言不再拥有任何立足点和实体了；并且对意识来说,一直曾经是本质的那

[166]

①　中译本参看《费希特文集》第一卷，梁志学编译，商务印书馆 2014 年版，第 505—506 页。

一切,现在都返回到了这些抽象之中。

　　"自我意识在对它自身的这样一种概念中沉没了",在我＝我的这样一个直观的概念里面,其实已经把自我意识淹没了,或者自我意识其实已显不出来了。"因为,它已被推上了它的各端的顶点",自我意识本来是把自己看作对象,自我意识就是在对象上看到自我,在自我中看到对象,这才是自我意识;但是我＝我这样一个概念呢,它使这样一种自我意识沉没了,它只剩下自我意识之名,而无自我意识之实。自我意识本来包含有一个间接性或自我中介性,但是现在它完全是直接性了,完全是直观就没有反思了。它不再反思我是谁,我是什么,它就只是一个立足点,我＝我。我就是我,我不问我是什么,我只承认我是我,这就是一个固定的点。它已被推上了它的各端的顶点,"各端"用的是复数Extreme,自我意识的各端就是两端,一端是自我,一端是对象,我在对象上意识到我,这就是自我意识,而这两端的顶点就是我＝我。那么,你从这个理智直观出发,把它推上了它的顶点,推到最高点,下不来了。"也就是到了这样的地步:它借以成为实在的或仍保持为**意识**的那些区别开来的环节,都并非对我们而言仅仅是这些纯粹的端点",也就是造成了两个后果,其中一个是对外的,自我意识借以成为实在的或仍保持为意识的那些区别开来的环节,意识打了着重号,也就是使自我意识获得实在性的对象意识环节,这些环节本来是把自我意识区别开来,由此使它获得实在性的,而现在并没有"对我们而言"被抽象为只是些纯粹的端点。也就是对象意识的环节仍然在我们这些旁观者看来构成着自我意识的实在性,那是甩不掉的。这是一个后果,就是说我＝我在外面旁观者看来并没有将意识的环节抽象为只是纯粹的各端,以便为自我所吞并,而仍然对自我构成实在性的条件。这也是费希特急于从这种纯粹自我中建立起非我的原因,没有非我,他从起点上就无法使自我本身建立起来,这个非我就是意识的对象或对象意识。那么第二个后果则是对内的,"相反,它对自己而言所是的东西,以及对它来说是**自在的**、对它来说是**定在的**东西，都蒸发为一些抽象了"。就是在我们旁观者从外面看起来，费希特的命题并没有摆脱对象意识或非我的纠缠；但另一方面对它自己而言，它却把自己架空了。就是说，费希特的这个我＝我的唯我论命题实际上是把自己的存在蒸发掉了，尽管他后来尽量想从这个自我中建立起经验世界，使自己获得自在和定在，但由于他在起点上就把这些定在抽象掉了，所以他的这种补救也是没有用的。"这些抽象对这种意识本身而言不再拥有任何立足点和实体了"，既然在自我意识中一开始就已经把对象意识抽象掉了，那么要想从这种抽象中再建立起对象意识来，使自我意识获得非我的内容，这是没有根据的，这种非我在对象意识上不再拥有任何立足点和实体。"并且对意识来说，一直曾经是本质的那一切，现在都返回到了这些抽象之中"，对意识来说，也就是对于对象意识而言，它曾经拥有过的本质全部都返回到了这些抽象中，都被这个空洞无物的我抽空了。以往这些意识被看作是本质，比如说，对象啊，物质世界啊，时空啊，范畴啊，自在之物或者是自在之我啊，这些在康德那里被当作意识的本质或本体的东西，现在都返回到了这些抽象之中，都返回到了我＝我的基点，都蒸发为抽象了。这就陷入到了唯我论，它一方面是我们这些旁观者所不能接受的，认为它并没有把对象意识的诸环节化为纯粹的抽象；另方面，对这个唯我论系统本身而言，它也是不能自圆其说的。意识或对象意识一旦被自我意识抽空，自我意识就无权再把它们作为现实的定在建立起来，自我意识自己也就沉没于它自己的抽象概念中，没有具体内容了。

——提纯到了这样的纯粹性，意识就是它的最贫乏的形态，而且构成意识唯一财产的这种贫乏本身就是一种消逝；实体已消融于其中的这样一种绝对的**确定性**就是自身崩溃着的绝对**非真理性**；这就是**意识沉没于其中的绝对自我意识**。

"提纯到了这样的纯粹性"，"提纯"，就是把它纯化了，所有这些意识的对象都是由我＝我派生出来的，它们本质上都是我，都是纯粹自我意识。现在，"意识就是它的最贫乏的形态"，一切都被抽空了，意识就一无所有了，对象意识就一无所有了。你所研究的这个对象只剩下了一个非我的概念，而且它没有任何东西可以把自己与自我区分开来。意识的对象里面只剩下了这样一个最贫乏的形态。"而且构成意识唯一财产的这种贫乏本身就是一种消逝"，财产和贫乏是相反的，这是一个悖论了，构成意识唯一的财产就是贫乏，贫乏成了它的唯一的财产，那它实际上就什么都没有了，所以它本身就是一种消逝。"实体已消融于其中的这样一种绝对的**确定性**就是自身崩溃着的绝对**非真理性**"，确定性、非真理性都打了着重号，作为对比。就是费希特讲自我建立自我，这是他的第一个基本原理，由智性直观赋予了绝对的确定性；对象意识通过我＝我建立起来，成为非我，因为是由我＝我的第一原理建立起来的，所以它也有绝对的确定性；但代价就是，它必须事先把所有的东西都抽掉，把它的实体消融于其中，否则一个抽象的自我怎么能够建立起非我，这就说不通了。而对于对象意识来说，这样一种绝对的确定性无非就是自身崩溃着的绝对的非真理性，因为已经没有什么对象能够支撑起它的空洞概念了。这就为了确定性而牺牲了真理性，成为了非真理的确定性。费希特由自我的确定性，由我＝我的确定性出发，试图确定地推出自我设定非我的真理性，也就是推出经验世界的定在和实体；但由于他的起点仅仅是自我的抽象的确定性，他不承认自我以外的任何对象，他的绝对的确定性是建立在这样一种唯我论之上的，所以他从这样一种确定性中根本建立不起对象意识来，反而使自己和对象都成了自身崩溃着的绝对非真理性。所有的人对他都不满，所以后来谢林等一些人纷纷要摆脱他、超出他。他只认同他的自我，那我们怎么办呢？我们都成了他的一个环节了，大家肯定都不干。所以一旦他眼里没有对象意识，他就失去了真理性，就成了绝对的非真理性。所谓真理性就是观念和对象的符合，现在你没有对象了，你只有一个主观的观念，那还有什么真理性呢？唯我论必然失去真理性，因而是大家所不能够认同的。"这就是**意识**沉没于其中的绝对**自我意识**"，对象意识沉没于自我意识中，你没有独立存在的对象，即使你推出一个绝对的自我意识也没有用。费希特的第三个基本原理就是设定"绝对自我"了，就是从自我设定自我，到自我设定非我，最后达到自我和非我的统一，建立起绝对自我，这就是他的知识学的三条最重要的原理。但由于费希特的中间这一环节没有能够真正立起来，并没有真正建立起对象意识，所以在这一走向绝对自我意识的过程中，意识沉没于其中了，或者说对象意识沉没于自我意识中了，这最终导致了自我意识本身沉没在自己的抽象概念中。意识打了着重号，自我意识也打了着重号，这也是作为对比。你进入到了绝对自我意识，但是你实际上先就把意识撇开了，意识的对象实际上已经早就被你抽空了，已经失去了真理性，所以只有自我意识是绝对的，意识或对象都看不到了。后来的德国浪漫派其实都是从费希特的这一原理出发的，当然还有谢林的影响，谢林把费希特的精神扩展到了整个自然界，对于浪漫派的诗性精神有更加广泛的影响，但是理论上的出发点都是费希特的绝对自我。良心的最终归宿也正是在这里，良心首先从卢梭、康德关于良心的观念引出来，经过感性确定性、认知、信念到团契的普遍性，最后它的完成阶段就是费希特的主观唯心主义，自我直接走向绝对自我、走向上帝。这是后来浪漫派的理论基础，它的一个特点就是对象意识沉没于自我意识之中。在绝对自我意识里面，对象意识已经被蒸发掉了，个别自我在一个抽象的层次上拥有了上帝的权力。

　　如果考察一下自我意识自己内部的这样一种沉没，那么对意识而言，**自在**存在着的**实体**就是作为**意识的**认知的**认知**。

　　"如果考察一下自我意识自己内部的这样一种沉没"，现在考察一下自我意识内部的这种沉没，考察一下自我意识内部意识和自我意识是怎么样一种关系，意识是如何沉没于自我意识之中的。"那么对意识而言，**自在**存在着的**实体**就是作为**意识的**认知的**认知**"，对意识而言，这里仍然有一个自在地存在着的实体，因为意识就是对一个对象的意识，这个对象被看作自在的实体。自在打了着重号，实体也打了着重号。然而在自我意识的内部，在这种沉没的过程中，意识的这种自在存在的实体就是一种认知，一种作为意识的认知的认知，"意识的"打了着重号，后面这个"认知"也打了着重号。意识就是这样作为意识的认知而沉没的，因为意识在对自己的认知中把自己的内容都抽象掉了；但意识仍然把这种沉没，或者把这种认知当作一个对象来认知，并且把这种对认知的认知当作自在存在着的实体。当然，现在这个对象只是意识自己的一种认知活动，它现在已经没有什么客观对象了，它的对象已经被抽空了，或者说，它已经意识不到对象了，但它本身仍然是一种寻求对象的认知活动。这种认知是意识的认知，区别于自我意识的认知，但两者从内容上看其实都是空的，没有任何具体的认知对象，只是把这种抽象的认知活动当作自己的对象。然而这样一种认知是更高层次的认知，实际上是一种宗教性的认知。我们前面讲到，宗教性的认知就是对认知的认知，参看前面第 165 页倒数第 9 行："并且把自己的这种认知作为宗教来认知，这宗教作为直观到的或定在着的认知就是团契对自己精神的言说"。在宗教的层次上看，一切意识的对象都被蒸发了，只有意识活动被作为意识的对象，形成自我意识内部的一种抽象关系。

　　作为意识，自我意识分裂为它自己与在它看来是本质的那个对象的对立；但是这样一个对象恰恰是完全透明的东西，是**它的自我**，而它的意识则只是关于它自己的认知。一切生命和一切精神本质性都返回到了这种自我中，并丧失了它们与我——本身（Ichselbst）的差别。

　　"作为意识，自我意识分裂为它自己与在它看来是本质的那个对象的对立"，我们刚才讲了，要考察一下自我意识自己内部的这样一种沉没，那么我们就把自我意识当作对象来看待，也就是把自我意识作为意识来看待。于是我们就看到，自我意识分裂为它自己和对象的对立，当然这个对象并不是客观的对象，而只是在它看来是本质的那个对象。或者说，我们考察这个自我意识，把它看作是这样一种对立，一方面是自我意识自身，另一方面是在自我意识看来构成自己的本质的对象。这个自我意识自身把这个对象看作就是它的本质，或者说，自我意识把自己的本质外化为一个对象，来与自己相对立。自我意识本身就是这样的，自我意识就是把一个对象看作是自己的本质，或者把自己的本质看作一个对象。那么，当我们考察自我意识是个什么样的对象的时候，自我意识作为对象意识就分裂成了两个方面，一方面是它的自己，另一方面是作为它的本质的那个对象。作为意识来看，它这两方面是对立的，但作为自我意识来看，这两方面又是统一的。"但是这样一个对象恰恰是完全透明的东西，是**它的自我**，而它的意识则只是关于它自己的认知"，前面是讲，自我意识分裂为对立的双方，那么这里讲，这种对立实际上又是统一的，因为它的对象恰恰是完全透明的东西，这对象正是它的自我，"它的自我"打了着重号。它的自我也就是自我意识的自我，自我意识把一个对象看作是和自己对立的，但同时又看作是它的自我，这个对象和自我之间完全是透明的，没有隔膜。我把我的自我变成了对象，我把它对象化；虽然把它对象化了，但它还是我的自我，它骨子里头就是自我。而对这样一个对象的意识只是关于它自己的认知，我意识到这个对象，无非是要通过它来认知自己。因为如果我没有一个对象，我对自我就没办法认知，但是有了一个对象，我就可以在这个对象身上认知到自我了。所以它的意识就是关于它自己的认知，这是自我意识本身的结构，也是在费希特的原理里面所体现出来的一种关系。我把自己建立为一个非我，我假装它是一个与我对立的对象，但其实它是一个完全透明的东西，它就是由我建立起来、推演出来的，它其实就是我。所以对这个对象的意识只是关于它自己的认知，我拼命认知这个对象，最后我发现这都是对自己的认知，都是对绝对自我的一种自我认知。这里实际上揭示的是基督教的上帝作为自我意识的本质的异化过程。绝对自我就是上帝，因此这个上帝与自我意识是相通的，是透明的，因为它本来就是由自我所建立起来的对象。"一切生命和一切精神本质性都返回到了这种自我中，并丧失了它们与我—本身的差别"，前面第 164 页讲过，良心"这种天才知道它自己的直接认知的内心声音就是神的声音，而且由于它凭这种认知同样直接知道这种定在，所以它是一种在其概念中拥有生命活力的神圣创造力。"这里则通过自我意识的结构指出，良心的这种生命活力和一切精神的本质性虽然被看作来自上帝，但它的最终归宿仍然是自我，在绝对自我的认知中，这种生命与这个"我—本身"(Ich-Selbst) 没有区别。当然抽象地说，它是有生命的，费希特的三大原理本身是有生命的，而且具有一切精神的本质性和神圣的创造性；但是它们都返回到了绝对自我中，并丧失了它们与这个我本身的差别。然而，一切生命、一切精神本质性，只有在有差别的时候才能体现出来；但现在它们都回到了这个自我里面，回到了单纯的、单一的自我概念里面，它们就丧失了它们与这个我本身的差别，于是我的生命、我的精神的本质性，在费希特的唯我论里面就被窒息了。一切都是无差别的了，到谢林那里更是成了"无差别的绝对同一性"，主体和客体，自我和对象都无差别了。当然谢林不是从自我出发的，但这种无差别性是从费希特那里来的。

　　意识的诸环节因而都是各端的这样一些抽象，它们之中没有任何一个是站得住的，相反，任何一个都丧失自身于另一个抽象之中，并将另一个抽象产生出来。

　　"意识的诸环节"，意识的各个环节，包括意识、对象、我和对象。意识的两个环节首先是我和对象，凡是意识都有两个环节，一个是意识者，一个是被意识者，或者一个是我，一个是对象。但由于以上原因，意识的诸环节"因而都是各端的这样一些抽象"。"各端的"，也就是意识的两个对立环节各自构成一端，而每一端都是一个抽象，都没有自己的内容或定在，因为它们的定在已经沉没了，蒸发掉了。"它们之中没有任何一个是站得住的"，它们都没有自己的实体，因此它们都是立不住脚的。"相反，任何一个都丧失自身于另一个抽象之中，并将另一个抽象产生出来"，自我啊，非我啊，绝对自我啊，转来转去，每一个都站不住，都是一个抽象丧失于另一个抽象之中，又将另一个抽象产生出来，都是在抽象的层次上转来转去，绕圈子。在费希特体系里面就体现出这种循环的关系，因为他从抽象的自我出发推出一切，但他又不承认自己是唯我论，而声称他是世界论，是宇宙论，他通过绝对自我找到了宇宙的法则。后来谢林就把这一点通过客观唯心主义的方式确立起来了，就是认为，既然你要把自我变成一种宇宙论，那还不如就从宇宙论推出自我，做一个颠倒。而在费希特这里是这样一种关系，意识的每一环节都丧失于别的环节之中，每一个环节自身都感到空虚，都到别的环节中寻求自己的充实，但别的环节也是同样的空虚，又必须再次出发去寻找。但所有这些寻找都是在抽象层面上进行的，因而也是没有结果的。

这就是不幸的意识的与自身的交替转化，但这个转化对自我意识自己来说，是在它自身之内进行的，并且就是在它自己身上被意识到的那个理性概念，这概念仅仅**自在地**是不幸的意识。

"这就是不幸的意识与自身的交替转化"，这个地方又提到了不幸的意识，我们可以参考前面讲不幸意识的部分，也就是自我意识章的最后的部分，讲自我意识讲到最后，就出现了不幸的意识。上册的第 140 页就讲到了不幸意识，它是自我意识的终极阶段，这个终极阶段最后要过渡到理性。而在这里，不幸的意识是这样一种与自身的交替转化，它在自身内循环不已。"但这个转化对自我意识自己来说，是在它自身之内进行的"，它始终转不出去的原因就在这里，就是自我意识在不幸的意识里面自我缠绕，没有结果。自我意识最初在斯多葛主义那里得到弘扬，但在怀疑主义那里发现自己是不幸的；而在不幸的意识里面，就产生出了最初的宗教意识。人们意识到这个彼岸世界是永远追求不到的，此岸的人生都是不幸的，人在世间没有立足点，立足点在彼岸；而彼岸又达不到，能够追求到的都没有意义。尽管如此，这种不幸的意识毕竟调动起了人不断追求彼岸证据的渴望，这种不断追求彼岸是在自我意识内部的一种从抽象到抽象的理性思辨活动，所以这个转化对自我意识自身来说是在它自身之内进行的，"并且就是在它自己身上被意识到的那个理性概念"，这就过渡到理性了。就是说自我意识的这种怀疑和这种不幸的意识，在否定世俗生活的同时把自我意识提升到了理性的层次，理性的抽象思维能力在这里面得到了锻炼，一旦这一点被意识到，它就能够独立出来，成为理解外部世俗世界的利器了。我们虽然不能够达到彼岸，但是我们通过我们的理性可以居高临下地把握此岸的一切，为自然界立法，所以就有了观察的理性、实践的理性等等。那么这样一个阶段在这里又重现了，不幸的意识使理性在中世纪经院哲学中得到了训练，而在新教中则正式确立了理性的地位。上帝在我心中，我不用再到彼岸去寻求了，我在我心中就可以追求到整个世界的规律，只要我心怀理性之光就可以照亮整个世界，从而不再感到自己不幸了。这就充分发挥出了理性概念的积极面，"这概念仅仅**自在地**是不幸的意识"。或者说，理性概念面对世俗生活表现了它的积极进取的一面，但这种积极进取恰好是由底下的不幸的意识激发起来的，正是因为人类到达不了彼岸上帝的这种不幸意识的痛苦，促使他们把理性发挥到了极致，去把握上帝所创造出来的这个世俗的世界。所以这样一个理性的概念仍然是由不幸意识激发起来的，但现在它仅仅自在地是不幸的意识，这就是西方世界在理性和科学如此发达的时代，宗教仍然有它不可替代的地位的原因。或者说，西方近代科学的发展背后，实际上潜伏有它的宗教意识前提，理性的概念自在的就是不幸的意识。理性有两个层面，表层是自为的层面，所谓知识就是力量，人为自然立法，多么自信；深层则是自在层面，是不幸意识的痛苦在驱赶着人类拼命向前，探索经验世界，扩展科学的地盘。前面理性章主要是讨论了前一个层面，现在我们要深入的是后面这个层面，它是通往宗教的。

　　因此，自我意识的自身这种绝对确定性，对它自己作为意识来说，直接翻转为一种发出来的音响，翻转为它的自为存在的对象性；但是这个创造出来的世界，正好是它直接听到的自己的**话语**，这种话语的回声只返回到它这里。

　　虽然自我意识现在进入到理性了，但是它自在的还是不幸的意识；而这种自在的不幸意识本身也必将表现出自己自为的活动。"因此，自我意识的自身这种绝对确定性，对它自己作为意识来说，直接翻转为一种发出来的音响，翻转为它的自为存在的对象性"，不幸的意识本来是作为自我意识的一个确定的环节，但是当它被作为意识来考察的时候，它就直接翻转为一种发出的音响，作为它的自为存在的对象性。"翻转"，umschlagen，也就是从自我意识又倒转为对象意识，作为一种自为存在的对象性，一种不断追寻上帝的活动。为什么是翻转为发出的音响（Austönen）？前面第 164 页讲到，在对上帝的孤独的侍奉中，"纯粹的内心自我**认知**和察觉延伸到了**意识**的环节"，这个"察觉"（Vernehmen）我曾解释为含有"听觉"的意思，西方基督教特别把听觉视为宗教最内在的体验。这里的发出音响也是从这个意思来的。上卷讲不幸意识的时候也提到宗教的"纯粹意识"，说"它的思维本身停留于无形的钟声的沉响或一种暖融融的烟雾弥漫，一种音乐式的思维，它没有达到概念"［上卷第 144—145 页］，与这里讲到的"发出来的音响"一脉相承。自我意识内部的这种不幸的意识在发出一种声音，正是这种声音构成一个纯粹精神的世界，并由此把意识引向一个彼岸的上帝。这就是自在的不幸意识在它的自为存在活动中营造出来的一个对象世界。"但是这个创造出来的世界，正好是它直接听到的自己的**话语**，这种话语的回声只返回到它这里"，它的发声创造了一个对象性的世界，但是它其实不过是在自说自话，它听到的只是自己的话语。这里的"听到"也是用的 Vernehmen，就是前面译作"察觉"的那个词。察觉到就是听到，内心听到了，用心去听到了。庄子讲"无听之以耳而听之以心，无听之以心而听之以气"。你不要用耳朵去听，你要用心去听，你要用气去听。人家说庄子在练气功，实际上他讲的还是要回到内心，但回到内心只听到万物的气息，所以庄子听不到上帝的声音。西方人不讲气,讲逻各斯或话语,所以他们在听之以心的时候,听到的是自己内心的话语,它是上帝的话语的"回声"。自我意识的这个世界就是它的话语以及话语的回声、音响,这种回声只返回到它这里,封闭在它的内部,只是一种"默想",一种音乐式的思维,它没有达到概念。而只有概念才是唯一的内在的对象性的方式,但那就超出"宗教"的表象阶段而进入到"绝对认知"的领域了,暂时还不是这里要谈的。

这种返回因而并不意味着自我意识**自在自为地**存在于其中;因为对它来说,这本质并不是什么**自在**的本质,而就是它自己;同样,自我意识也并不具有**定在**,因为对象性的东西并没有成为现实自我的一个否定者,正如这对象性的东西也没有成为现实性一样。自我意识缺乏的是外化之力,来把自己变为事物并承受住存在。

[167]

"这种返回",这种返回就是这种回声了,我自己说的话又返回到自我意识里面,被自己所听见。这种返回"因而并不意味着自我意识**自在自为地**存在于其中",自在自为地打了着重号。在这种返回中,自我意识并不是自在自为的,并不是客观存在的对象。我们前面讲了主观唯心主义,当我们考察这种唯我论的自我意识结构的时候,我们会发现,虽然它在自身内部回荡着它自己的话语,但这种回荡、这种返回里头,并没有对象意识,因而没有自我意识的自在自为的存在。"因为对它来说,这本质并不是什么**自在**的本质,而就是它自己",因为它的本质并不是客观存在的本质,而就是这个自我意识自己,里面没有自在的对象。它在里面全部都是自说自话,这种话语没有自在的内容,内容都被蒸发掉了,只剩下话语本身,跟对象没有关系。"同样,自我意识也并不具有**定在**",定在打了着重号,定在就是一个具体对象的存在,这就更谈不上了。为什么谈不上具有定在呢? "因为对象性的东西并没有成为现实自我的一个否定者",这里对象性的东西就是前面讲的,自我意识的确定性"翻转为它的自为存在的对象性",也就是自我意识把自己异化为上帝这样一个对象

419

性的东西。这个由自我意识的自我异化而来的对象性的东西、上帝，并不能成为对现实自我的否定，因为在团契中它对我完全成了透明的了。它不能够否定我，它就是我，我就是它，因此它也就不能对我形成任何规定性，从而不能使我具有任何定在。它并没有给现实自我的行为增加或减少什么规定，而只是这个自我内部的某种回声。"正如这对象性的东西也没有成为现实性一样"，这和上面是并列句，对象性的东西既然不能否定现实自我，它也就无法体现出它的现实性了。自我意识虽然翻转出了自己的自为存在的对象性，但这没有用，这并不能给它自己带来某种定在，因为这个对象性的东西本身并不能成为现实性，而只是被封闭在自我意识内部。要成为现实性，那它就应该对这个自我意识有一种现实的否定作用，要打破这个自我意识的封闭的外壳，必须和现实世界打交道，并由此给自我意识带来各种定在的现实规定性。但在这里并没有发生这种情况，一切风暴都发生在自我意识这杯水之中。"自我意识缺乏的是外化之力，来把自己变为事物并承受住存在"，自我意识在良心完成了的情况之下，虽然从自身推出了一个对象性的上帝，但这上帝仍然被封闭在自我内部，缺乏外化出来的力量，缺乏一种能够把自己变为事物并承受住存在的力量。这是它的一个致命的缺陷，费希特也好，雅可比也好，德国浪漫派也好，他们的上帝是无力的，是封闭在他们的自我意识内部、用来提升和美化自我意识的附属品，是他们的自我意识在内部转来转去的自恋的产物，不具有现实性。而"优美灵魂"的概念就是这样产生出来的。

自我意识生活在担忧中，生怕被行动和定在玷污了自己内心的庄严妙境；并且为了保持自己本心的纯洁，它回避与现实性的接触，它固执地认定自己无力舍弃它那被推到最终抽象的顶点的自我，无力给予自己以实体性，或者说，无力把自己的思维转变为存在、并把自己托付给这种绝对的区别。

"自我意识生活在担忧中"，因为它封闭嘛，它封闭在内心。它内心的那些东西其实都是它自己的东西,那么它就有一种担忧。"生怕被行动和定在玷污了自己内心的庄严妙境",唯我论一种恐惧,生怕有外面不可预测的东西把它内部的这种美好的秩序打乱了。"庄严妙境"我们前面已经看到过,Herrlichkeit,良心陶醉在团契的精神生活中,"在认知和表述的这种庄严妙境上……感到赏心悦目"[第165页]。这种陶醉实际上是自我意识的一种自恋的洁癖,一种清高孤傲,对行动和接触外部世界都有一种恐惧,这是包括基督教路德宗里面的虔敬派也有的心理。他们生活在团契中感到赏心悦目,自我欣赏,但实际上反映出一种恐惧,生怕把自己的理想玷污了。"并且为了保持自己本心的纯洁,它回避与现实性的接触",逃避现实,回避与现实接触,只愿意生活在自己的虔诚的梦幻之中。"它固执地认定自己无力舍弃它那被推到最终抽象的顶点的自我",它固执地认定自己没有能力了,它缺乏的是外化之力嘛,所以它认定自己无力舍弃它内心那个最高抽象的自我。这个达到最终抽象的顶点的自我,我＝我,也就是费希特全部体系的那个出发点,是它毫无反思地要坚持的,因为这就是它的良心或本心。这样一来,它就"无力给予自己以实体性"。你封闭在你的自我意识里面,哪来的实体性呢?你的唯我论、主观唯心论不具有实体性。当然虔敬派把实体性寄托在上帝那里,但是在现实世界中它的自我没有实体性,无力自己给予自己以实体性,只有消极地等待上帝的拯救。"或者说,无力把自己的思维转变为存在、并把自己托付给这种绝对的区别",把自己的思维转变为存在是要花力气的,你必须把思维和存在的区别当作绝对的区别,并投身于这种绝对区别中,在思维和存在的冲突中去奋斗。但自我意识缺乏这样一种力量,它过分依赖于、沉醉于自己和上帝的那种天然的"天人合一"的梦幻中,而不去努力把自己的思维实现为存在,努力从思维和存在的绝对区别中去实现双方绝对的同一。这里顺便也批评了谢林关于思维和存在的"绝对无差别的同一"的原则,黑格尔主张的是绝对有差别的同一。他主张,如果你没有力量投身于这种区别之中,勇敢地把自己托付给这种区

421

别，并靠自己的努力跨越这条界限，到外部世界里面去承担起一种存在来，你就不能给自己以实体性。

{355}　　　它自己所产生的这个空洞的对象，因而仅仅 [1] 使它充斥着空虚的意识；它的行为是这样一种渴望，这种渴望在它本身变成无本质的对象的过程中只会丧失掉，并且当它超越这一损失而回落到自身时，就觉得自己只是一种失去了的渴望；——在它的诸环节的这种透明的纯洁性中，自我意识就是一个不幸的所谓**优美灵魂**，[2] 它在自身中逐渐熄灭，如同一缕消散于空气中的烟雾，消逝于无形。

　　"它自己所产生的这个空洞的对象，因而仅仅使它充斥着空虚的意识"，自我意识在自己内部所产生的这个空洞对象，也就是它的对象意识或者对象性的东西，就以空虚的意识使它填得满满的，这就是万事皆空了。所有的现实对象都被抽空了，都被蒸发掉了，都成了自我意识所制造的一个幻影。凡是对象性的东西，都是自我意识所造出来的，不光是自我设定非我，甚至绝对自我都是由自我意识造出来的。并没有什么外来的东西否定它、压迫它，它就只是在自身内部为所欲为，绕轴旋转，成为一种空虚的意识。"它的行为是这样一种渴望，这种渴望在它本身变成无本质的对象的过程中只会丧失掉"，自我意识或者良心所采取的这种行为，只是一种渴望而已。这种渴望实现不了，它本身成了无本质的对象，一个虚设的上帝。在你渴望得救、渴望跟上帝打交道、渴望圣灵等等的过程中，这个渴望的对象已经丧失掉了，那么这个渴望本身也就失去了。这种渴望一旦意识到自己的对象不过是自己制作的幻影，它就只可能丧失掉。"并且当它超越这一损失而回落到自身时，就觉得自己

---

① 丛书版为 nur（仅仅），袖珍版为 nun（现在），此处据丛书版。——中译者

② 关于这个在当时的文学中甚为流行的优美灵魂的概念，黑格尔所想到的或许是歌德，尤其是雅可比的表述，参看歌德：《威廉·迈斯特的学习时代》第六集，"一个优美灵魂的自白"，柏林 1795 年版（《歌德全集》，第一部分，第 22 卷）；以及雅可比：《沃德玛》，哥尼斯堡 1796 年版（《雅可比全集》第 5 卷，第 14、281、312、375、419 页）。——丛书版编者

只是一种失去了的渴望"，它回过头来看，就会发现它自己就是失去了的渴望。这个在上卷的第144页，145页都讲了很多，像第145页第4行起："由此而现成在手的是**纯粹**心情的内在运动，这种心情**感觉**到自身，但却是把自身作为痛苦的分裂来感觉的；而这是一种无限**渴望的运动**，这种渴望确信它的本质是那样一种纯粹的心情，是纯粹的**思维**，是把自己**作为个别性来思维**；并确信，它之所以被这个对象所认识并承认，正是因为它把自己作为个别性来思维。但同时这个本质是一个不可达到的**彼岸**，这个彼岸当你要捕捉它时，就飞走了，或者毋宁说，早已经飞走了"。这段话就是对这里所说的这种渴望的一种印证。渴望而不能实现，那就陷入到一种不幸的意识，向外面看，渴望的东西只是一种失去了的东西，它不能够实现；但从内面看，这种不幸意识却恰好是一种自恋和自怜。所以，"在它的诸环节的这种透明的纯洁性中，自我意识就是一个不幸的所**谓优美灵魂**"，不幸的意识在这里体现为一种优美灵魂。它跟基督教的不幸意识又不太一样了，它开始转向内面，转向灵魂本身的超越层次。跟后面讲的理性也不太一样，理性由这个不幸意识激发，而面向整个世界大踏步前进了，走向了一个外部世界的方向。但是内部世界呢，不幸意识在这里走向了一种优美灵魂。它对这样一种自怜和自恋感到一种自我欣赏，一种感伤的欣赏。席勒讲，有素朴的诗和感伤的诗，古代是素朴诗，近代则是感伤的诗。感伤什么呢？就是它的渴望是一种失去了的渴望。在这种感伤中，它的内部诸环节都是透明的，有种透明的纯洁性；但由于没有实体的支撑，这种自我意识就作为一个不幸的优美灵魂，"它在自身中逐渐熄灭了，就像一缕消散于空气之中的烟雾，消逝于无形"。前面也讲到了"烟雾"，就是上册的第144页，讲到了这个纯粹意识或者纯粹思维就像"无形的钟声的沉响或一种暖**融融**的烟雾弥漫"，一种"音乐式的思想"。那里是说最后"飞走了"，这里是说熄灭了、消散了、消逝了，是一个意思。这里讲的优美灵魂最后也消散了，但是当它还没有消散的时候，当德国浪漫派处于鼎盛期的时候，它标榜自己是一种优美灵魂，在自恋、自叹、自爱、自怜中自我标榜，是这样一种弥漫在德国思想界的情绪。这里有一个德文编者注，就是说明优美灵魂是当时很流行的概念，黑格尔在这里引用的是歌德，尤其是耶可比的思想，并且让读者参看歌德的《威廉·迈斯特的学习时代》第六集，"一个优美灵魂的自白"，还有耶可比的一本书叫《Woldemar》。总而言之，优美灵魂的概念是有来由的，不是黑格尔突然提出来的，虽然黑格尔在早期神学著作中也谈到过这个概念。整个这一段就是说，优美灵魂从良心里面引出来，当良心发展到它的完成阶段，就成为优美灵魂，但优美灵魂是在自身中逐渐熄灭的一种没有实体性的观念。浪漫主义在德国也是昙花一现，虽然起了很大作用。由费希特，谢林他们发起，影响到歌德和席勒以及施莱格尔兄弟、诺瓦里斯、荷尔德林等等这些人的浪漫主义运动，曾经时髦过一阵子，但是后来就逐渐熄灭了。特别是因为他们这种优美灵魂的观点是没有理论上的根据的，当然，他们也不要求理论上的根据，他们反对的就是理论上的根据。像荷尔德林，到了后现代，海德格尔又把他翻出来大加推崇，这些人就是厌恶黑格尔式的理论体系，认为只有把那些理论抛弃了之后，才能重新发现他们的价值。但是这些人的价值在黑格尔的理论体系里面是没有什么地位的，所以他基本上对这些流派采取一种批判的态度。当然黑格尔自己也有浪漫主义的成分，甚至有人把他归于浪漫主义传统，但是他对浪漫主义在理论上是持一种批判的态度的，认为这个东西是没有前途的。我们中国文学评论界后来也受受黑格尔、马克思以及苏联的影响，把这种消沉了的浪漫主义称之为消极浪漫主义，歌德早年和席勒则是属于积极浪漫主义。法国浪漫主义，像雨果是积极浪漫主义，夏多布里安就是消极浪漫主义，消极浪漫主义是没有前途的，最后要沉沦，只能陷入到一种感伤，我们对他们评价不高。但是现代、后现代的这些理论家们可能对他们评价更高一些，甚至于比积极浪漫主义还更高，认为他们才挖掘出了人性里面更深层次的东西。好，今天就讲到这里。

＊　　　＊　　　＊

我们上次已经讲到, 良心现在走向了它的内部, 也就是优美灵魂。所谓的优美灵魂, 体现出良心的这样一个状况, 就是意识沉没在绝对自我意识里面。我们上次在倒数第二段最后一句话里面讲到了, "实体消融于其中的纯粹**确定性**就是自身崩溃着的绝对**非真理性**; 这就是**意识**沉没于其中的那种绝对**自我意识**"。费希特的主观唯心论、唯我论为浪漫主义的优美灵魂提供了一个理论基础, 就是绝对的自我意识把一切对象性的东西都消融了, 都"蒸发为一些抽象"了, 凡是在自我意识自在的内部的东西、客观定在的东西都蒸发掉了。所以良心就成了一个在自己内部自我欣赏、自恋自怜的不幸的意识。为什么叫不幸的意识, 就是说, 它不接触外界, 为的是保持自身的透明的纯洁性, 但是, 由于没有外界定在的内容, 所以它就在自身中"逐渐熄灭, 如同一缕消散于空气之中的烟雾, 消逝于无形"了。良心到了优美灵魂这么一个地步, 它已经没有生命力了, 它只好尽可能保持自身的这种纯洁, 但是又保持不了, 只能消散于无形。良心到了优美灵魂这里已经走向了末路, 它的下一步就是从道德意识向宗教的过渡, 下面这个标题就是分析这种过渡。

### [III. 罪恶及其宽恕]

今天讲的这个标题, 叫作"罪恶及其宽恕"。这是罗马数字第三个标题, 当然也是编者加上的标题。那么这个标题可以和前面两个标题对照一下。这三个标题都是列在黑格尔自己的标题"c. 良心, 优美灵魂, 恶及其宽恕"之下的, 它们是: "I. 良心是道德自我意识的直接定在", 就是从道德自我意识的直接定在来考察良心, 这是良心的第一个层次, 它是着眼于良心的个别性, 良心的自我; 接下来是第二个标题: "II. 良心的普遍性", 就是从个别性到普遍性, 进入到团契精神, 与宗教联系起来了, 它的内面就是优美灵魂; 那么, 到第三个标题就是: "III. 罪恶及其宽恕",

这个是涉及到它的特殊性。从个别、普遍到特殊，这是黑格尔的三段式。首先良心肯定体现为个别的定在；但是，良心又表现为普遍的团契，在良心的语言里面，它体现为一种主体间的普遍性；那么最后呢，考察良心在它的特殊的行动中怎么样扬弃自身。其实在第二个标题的结尾，就是我们上次讲的这一段的最后结尾的时候，当意识沉没于绝对自我意识的时候，就已经开始向后面的阶段过渡了，已经开始向绝对精神过渡了。绝对自我意识把意识吞没了，这个有一点像上卷自我意识章的结尾的地方，有类似的处理。在那个层次上面，意识被自我意识所吞并，或者意识把自己发展为自我意识，它最后是过渡到了理性，也可以说意识在自我意识面前沉没了，凡是对象的东西，自我意识都把它把握住了，这就进入到了理性，就是人为自然界立法，从我思把握到了客观世界，这就是理性。而这里自我意识又一次扬弃自身，它过渡到的是绝对精神，就是进入到了宗教，这和前一次有点不同。就是说，它的层次更高了，它不是过渡到理性，不是过渡到我思故我在，而是过渡到了宗教。有一点是相同的，就是理性对于感性世界是一种超越，把那种不幸的意识跨过去了；那么，这里呢，优美灵魂也是一种不幸的意识，是不幸意识的内面，现在也通过把这种不幸意识扬弃掉而向宗教过渡了。那么我们今天讲的这个主题，"罪恶及其宽恕"，就是讲的如何把不幸的意识扬弃掉而过渡到宗教。宗教的产生首先是由于一种罪恶意识，然后产生出宽恕精神，这样产生的。经过这样一个阶段，精神就提升到了一个纯粹的精神层面。而这一过程正像理性超越了感性世界一样，也使宗教精神超越了整个世俗生活，就是通过对罪恶的意识及其宽恕，而把现实世界的世俗的东西全部扬弃掉了，这样才过渡到宗教。但是在此之前，现实世界的东西如何被良心扬弃还缺乏考察，前面还只是讲到良心在它的自我意识内部的这样一种状况，这样一种沉没。上面那段话的第一句话说，"如果我们考察一下自我意识自己内部的这样一种沉没，那么对意识而言，**自在**存在着的**实体**，就是作为对意识的**认知**的认知"，最后达到了优美意识，这都是属于对自我意识内部的考察。那么在世俗生活中,优美灵魂已经在努力超越于世俗生活之上,生怕受到污染,但是世俗生活也不能不考虑,如果完全不考虑世俗生活的话,优美灵魂就自生自灭,慢慢地失去自己的生命力了。所以现在还必须回过头来从外部层面考察一下,现实的生活世界是如何被良心扬弃掉,以便使精神攀升到宗教的高度的。

　　但是,对蒸发了的生命的虚弱无力的诸本质性这样无声无息的汇合,还必须从良心的**现实的**另一含义上、并在良心运动的**现象**中来看待;应把良心当作行动中的来考察。

　　前面已经讲了良心的自我意识内部的状况,最后归结到了优美灵魂,它是一种没有生命力的流逝。这是从内部来考察,单从内部来考察,那它就是一种沉没,上面讲到,它的自在的存在都蒸发为一些抽象了。凡是在自我意识里面所发现的东西,都不是一些固定的东西,都成了一些抽象的概念,都成了一种完全透明的、不形成阻碍的东西。那么这里讲,"但是,对蒸发了的生命的虚弱无力的诸本质性这样无声无息的汇合",诸本质性就是上面讲的诸环节了,在自我意识里面它有很多环节,有很多本质性,但是由于它们都蒸发为一些抽象了,所以它们都无声地汇合于自我意识之中了。这完全是由于它们的虚弱无力的被动性造成的,不是由它们主动追求而得的。但是,对这样一种无声无息的汇合,"还必须从良心的**现实的**另一含义上、并在良心运动的**现象**中来看待"。就是说,前面都是从良心的内面来看待,从它里面推出了优美灵魂这样一种没有生命力的形态,它的诸环节毫无阻碍地消散并汇合于自我意识中,没有留下任何痕迹;但是,除了这种向内考察外,我们还必须向外考察一下良心的活动,这就是还必须从良心的现实的含义上对它加以考察,也就是在良心运动的现象中来考察。所以这里"现实的"和"现象"都打了着重号,也就是说我们前面考察的是良心的内部状态,那么我们现在来考察一下良心的外部运动的形式,这是另外一个角度。同样一个良心,它在内部走向了优美灵魂,那么它在外部呢,表现为一种现实的现象。那么我们对这一方面加以考察，我们就会发现，良心在另外一个角度上展现出了一种矛盾性，即内和外的矛盾性，必须要扬弃这种矛盾性，我们才能走向宗教。

——在上面，这种意识里的**对象性**环节已把自己规定为普遍的意识；这种自我认知的认知作为**这一个**自我而与别的自我区别开来了；在语言中，一切人都相互承认为带有良心而行动的，这种语言，这种普遍同一性，分化成个别自为存在的不同一性，每个意识同样都是从自己的普遍性中完全反思到自身；借此，就必然出现个别性与其他的个别东西以及与共相的对立，而这种对立关系及其运动是必须加以考察的。

这段话里面有好几个分号，都是在回顾前面的意思，主要是回顾前面的第二个罗马数字的标题"良心的普遍性"里面的内容。"良心的普遍性"，见第159页。那么良心的普遍性底下有三个小标题，一个是"特定的行动只有通过认知才成为普遍的"，这是159页;161页是"信念的语言";165页是"优美灵魂的形成"。这一长句就是回顾了这一结构，但却不是简单地回顾，而是站在一个不同的立场上，也就是不是从良心内面的结构方面，而是从它的外部行动方面来重新看待这些内容。首先，"在上面，这种意识里的**对象性**环节已把自己规定为普遍的意识"，这就是我们前面的标题"II. 良心的普遍性"，但不是着眼于良心如何做内功把自己变成普遍的，而是着眼于其中的"对象性"环节，它已经外在地把自己规定为普遍意识了，这是一个分号。然后，"这种自我认知的认知作为**这一个**自我而与别的自我区别开来了"，这也是分号，针对着刚才的标题之下第一个小标题，即"1. 特定的行动只有通过认知才成为普遍的"，但前面强调的是认知所起的作用，而这里则是强调个别自我对这种自我认知的认知，它作为"这一个"自我而与别的自我相区别，显然更看重个别自我之间的外在关系。再就是，"在语言中，一切人都相互承认为带有良心而行动的，这种语言，这种普遍同一性，分化成个别自为存在的不同一性，每个意识都是同样从自己的普遍性中完全反思到自身"，这是第三个分号，相对于第二个小标题，即"2.信念的语言"，并且带上了第三个小标题"3.优美灵魂的形成"。但这里谈语言的着眼点不再是语言对团契中每个个体精神上的融合，而是每个意识行动在其中的分化，即每个意识分化成个别自为存在的不同一性，但又都从自己的普遍性中反思自身，个别自我就代表着普遍精神，这就形成了优美灵魂。而优美灵魂形成后暴露出一个更深刻的矛盾，这就是每个人的优美灵魂封闭在自己的内心，人与人不相通，人生怕受到现实和他人的污染；从内面看，这样一种优美灵魂注定会在自身中逐渐熄灭，但从外面看，自认为优美灵魂的个别自为存在和其他的自为存在形成了不同一性。"借此，就必然出现个别性与其他的个别的东西以及与共相的对立，而这种对立关系及其运动是必须加以考察的"，这是优美灵魂必然会发生的问题。所以最后这个分句就是总结性的了，就是良心的上述一系列环节的层层推进，最后在优美灵魂这里引出了尖锐的矛盾。一个是个别人与其他的个别者的对立，优美灵魂导致唯我独尊，人自为战，瞧不起其他的个别者，甚至把他人看作地狱。再就是个别者与共相的对立，每个个别者都把自己视为天才，世上无双的个体，凡是能够与他人分享的都不是自己的本质，都立即被排除出自我之外。这种个别性与共相、与普遍的东西就变成格格不入甚至截然对立的了。优美灵魂必然会导致这样两种对立，而这种对立关系及其运动正是这里有待于考察的，这就引出了下面所要讨论的主题了。这就是我们在"罪恶及其宽恕"的题目之下所要解决的问题。"罪恶及其宽恕"就是把眼光放到了我们所生活的这个外在现实的客观世界，从内心的优美灵魂里面跳出来，不要有那么多洁癖，睁眼看看你所生活的周边环境，你所打交道的那些普通人。你就会发现，你处在一个罪恶的世界里，你内心的优美灵魂到处受到其他个体的威胁，你保持自身的洁癖你是活不下去的，这就体现出你的个别性与其他个别的东西的对立。至于个别性与共相的对立，也正是在优美灵魂中体现出来了。优美灵魂虽然从团契精神中发展出来，但它把这种普遍的精神附属于自己的个别性，仅仅用它来装点自己的灵魂，其实已经把普遍性个别化了。这样一些浪漫主义者是些自视甚高、目中无人的个人主义者，他们必然带来自己与共相、与普遍性的关系问题，由于没有共同的观念，他们总是免不了与其他个体处于对立中，甚至与其他个体发生矛盾冲突。那么这种对立关系及其运动也是现在必须加以考察的，否则的话，你就不能从外在的方面真正把现实的世俗生活扬弃掉，从而提升到宗教，而仅仅限于自己内心的孤芳自赏、顾影自怜，最终消散于无形。

——或者说，这种普遍性和义务具有与共相截然不同的特定**个别性**这一完全相反的含义，对于这样的个别性来说，纯粹义务只是进入到了**表面**的和转向了外部的普遍性；义务只在于言辞，并被看作一种为他的存在。

"或者说"，这个"或者说"是就前面说的最后一句来讲的，就是出现了个别性与其他的个别的东西以及与共相的对立，这种对立关系及其运动是必须加以考察的。或者说，"这种普遍性和义务具有与共相截然不同的特定**个别性**这一完全相反的含义"，个别性打了着重号。前面讲了个别性与其他的个别的东西以及与共相的对立，怎么对立的呢？这里就讲到，这种普遍性和义务，也就是共相，却具有与共相截然不同的特定个别性这样一种完全相反的含义。这种普遍性以及由这普遍性所形成起来的义务，本来是良心自己所承担起来的，良心嘛，肯定是要坚持自己的共相和义务的，讲良心的人都是有原则的，都是有普遍性、有普遍义务的。但是，这种普遍性和义务现在却具有了一种完全相反的含义，它不再是共相，反而与共相截然不同，而是一种特定的个别性。你说你凭良心说话，但你的那个良心是你自己自以为的良心，你把它当作普遍的，但是实际上它有没有普遍性呢？不一定。你以为你凭良心说话就能得到普遍的承认了？别人不一定会承认你，别人只会把你看作是一种特定的个别性。普遍性和义务尤其在良心的完成形态即优美灵魂这里，它具有一个与共相完全相反的含义，只具有特定的个别性。"对于这样的个别性来说，纯粹义务只是进入到了**表面**的和转向了外部的普遍性"，对于良心、对于优美灵魂来说，这样一种纯粹义务只是用来从外部装点自己的，自己的现实行动并不受其束缚。"义务只在于言辞中，并只被看作一种为他的存在"。在良心那里，它当然也讲普遍性，也讲义务，但是那是说给人家听的。实际上，它的真正出发点，还是自己的那种感性的确定性。这个我们前面已经讲到过，良心是出于自己的感性确定性，自己的欲望，冲动，但是，它把自己打扮成普遍的义务，它凭良心说话，实际上是凭它自己对普遍义务的感觉说话，最终是凭自己的感性欲望说话。所以，普遍义务就变成了单纯只是口头上的言辞，只是进入到了表面的和转向了外部的普遍性，也就是装个样子而已，那实际上已经涉及到伪善了，我们后面马上就会讲到伪善。他这一句也可以说，是对上面第三个小标题进一步深入和批判，我们下面要讲的都已经在这里面包含着，实际上已经讲到伪善了。义务只在于言辞中，口头上说得好听，却只被看作一种为他的存在，只是教训别人的。

　　良心最初只是**否定地**指向作为**这一个特定现成**义务的义务，它知道它自己是摆脱了义务的；但是由于它**从它自身**拿出一种**特定的**内容来充　　[168]
实那空虚的义务，它就肯定地意识到，是它作为**这一个**自我构成着自己的内容；

　　我们先看这半句。"良心最初只是**否定地**指向作为**这一个特定现成**义务的义务"，良心最初是干什么呢？否定地指向现成的义务，也就是说它最初是否定那些具体特定的义务的，只要是已经被规定下来的义务，它一概不遵守，只凭自己的良心办事。我们前面讲了，道德世界观中的这个义务、那个义务，互相冲突，彼此纠缠，理都理不清楚，你到底如何选择？选这个也不是，选那个也不是，最后我干脆不选择了，我就凭良心。所以对所有的众多义务，我都把它们否定了，我回到自己的良心，本来是这样的。但作为抽象的义务它并没有否定，良心认为，我还是讲义务的，但是我不是讲你们那些义务，我不是讲那些具体的、你指定的这个

431

义务那个义务。我就凭良心，这就是最大的义务。所以最初是这样的，它只是否定了一切具体的义务，而没有否定它自己所认可的抽象义务。"它知道它自己是摆脱了义务的"，它摆脱了所有这些具体的义务，截断众流，回到内心。"但是由于它**从它自身**拿出一种**特定的内容**来充实那空虚的义务，它就肯定地意识到，是它作为**这一个**自我构成着自己的内容"，就是说，这样一来，它的良心就很空了，你这个义务也不干，那个义务也不干，那你到底要干什么呢？就是一个空虚的义务了。但是良心认为它不空虚，因为它认为它是从它自身拿来了一种特定的内容，来充实那已经被它抽空了的义务。注意这里仍然是"特定的内容"，这打了着重号，就是它拒斥一切其他特定的义务，却把自己特定的内容当作义务，所以问题不在于特定不特定，而在于排斥外来的特定义务而坚持内在的特定义务，于是它自己以为的内在普遍性立刻转变成从外人看来的它个别的特殊性了。所以当它用外人的眼光看自己时，它就肯定会意识到，是它作为"这一个"自我构成着自己的内容，"这一个"打了着重号。而"这一个"自我就是它的感性确定性了，那就是我的冲动，我的欲望，我的爱好，甚至于我的本能，哪里还有什么贯穿始终的普遍义务呢？现在我的冲动，我的欲望就是义务。它不是没有内容的，只是你们那些内容我都不要，我要自己的内容，自己的内容就是这样一种主观的冲动，主观的欲望。那么这样一个内容虽然打着义务的旗号，我只对自己负责，但这实际上是什么呢？实际上就是恶。这里还没讲到，下面马上就要讲到了。

它的纯粹自我，作为空虚的认知，是无内容、无规定的自我；它给自己提供的内容，是从它的自我作为这一个特定的自我中，从它作为自然的个体性中取得的，并且当它对它的行动所带有的良心加以言说时，它所意识到的固然是它的纯粹自我，但是在它行动的**目的**中，亦即在现实的内容中，它所意识到的却是这个特殊的个别者，以及它的自为存在的东西和它的为他存在的东西之间的对立，普遍性或义务与它从义务中得到的反思之间的对立。

"它的纯粹自我"，就是说它还有一个纯粹自我，就是纯粹义务。良心就是回到自己的纯粹自我啊。"作为空虚的认知，是无内容、无规定的自我"，良心也就是良知了，它就是一种认知，但却是作为空虚的认知，它的自我是无内容无规定的。这样一个良心作为纯粹自我是没有认知的内容、没有规定的，所有内容的规定都被它排除掉了。但是它自己的内容或规定除外，所以，"它给自己提供的内容，是从它的自我**作为这一个**特定的自我中，从它作为自然的个体性中取得的"，这一个打了着重号。它的纯粹的自我是空虚的，是没有内容的，它的内容是从它的自我作为这一个特定的自我中、从它作为自然的个体性中拿来的，那么这个内容的拥有者就不再是纯粹自我了，它只能是一个特定的自我，这是张三，李四每个人都不一样的。所以它的内容不是从纯粹自我来的，纯粹自我是空的，但是这一个自我呢，是有内容的，只不过这个内容是从它的自我作为这一个特定的自我中，从这个自然的个体性中取得的。什么是自然的个体性？那就是感性确定性、欲望、冲动、爱好，从这里头取得它的内容。这就是我们刚才讲的，实际上就是恶了。"并且当它对它的行动所带有的良心加以言说时，它所意识到的固然是它的纯粹自我"，也就是从它的外在的行动来看，这个行动被它自己视为是带有良心的，当它就此来加以言说时，它内心所意识到的还是它的那个没有任何内容的纯粹自我。它明明是出于自然冲动而行动了，但是它要说它的行动是带有良心的，是带有义务的，它心目中只有它的那个纯粹自我是它的本心。所以它要说出来，说我这个行动是本着良心的，是合乎义务的。尽管如此，"但是在它行动的**目的**中，亦即在现实的内容中，它所意识到的却是这个特殊的个别者"，目的打了着重号，实际上它所做的行动是有目的的，这个目的才是现实的内容。你不要只看它的言说，也不要只盯着它内心自以为的那种意识，哪怕这意识的确是真诚的，你要看到它行动的现实目的。它口头上说得那么漂亮，但是它行动的现实目的是什么呢？在现实的内容中它所意识到的却是自己这个特殊的个别者。它的目的其实是它个人的，是它私人的，是它特殊的个别者，而不是它在言辞中自我标榜的那种无私的纯粹自我或普遍义务。它并不是像它讲的那么样一个纯粹的自我，有一种纯粹的义务，有一种普遍的义务，有一个人人共有的良心。"以及它的自为存在的东西和它的为他存在的东西之间的对立"，它还意识到了对立，这对立一方面是它的自为存在和为他存在的对立。它自己有目的，它为了自己私人的这个目的而去做这件事，但这和它的为他存在之间是对立的，它说给人家听的时候要另说一套，与它自己现实的行动目的完全不同。它要言说，它要把自己的行动打扮起来、装饰起来，这都是为了给别人看的。如果没有别人的话，它根本用不着，它就去做就是了，但是由于它的行动影响到别人，它必须让别人感觉到这种行动合乎普遍义务，以免带来麻烦或冲突，它就必须利用语言的普遍性而将自己的行动合理化、合法化。但这样一来，它或许可以避开与其他自我的冲突，但却避免不了自身的冲突，这就是它的自为存在和为他存在之间的冲突。所以在它的为他存在和它的自为存在这两者之间是有矛盾的，是对立的。也就是在它的现实目的中，它所意识到的是它的特殊的个别者，但这只是它的自为存在的东西，这和它的为他存在的东西之间发生了冲突和对立，也就是它的言和行之间的对立。言是为他的，说给人家听的，行是自为的，是为了自己的。它还意识到另一方面的对立，即"普遍性或义务与它从义务中得到的反思之间的对立"。普遍性或义务就是它的纯粹自我，它是表达为言辞的并且是说给别人听的，通常是不会反思的。但它从义务中得到的反思，也就是它在说这些话给人家听的时候，由于我同时正在行动，所以我反过来就会知道，这些话和我行动的实际上的目的对不上号。所以通过反思我会知道，我的这些目的是不可告人的，是不能够说给人家听的，因为它出自我的自然本能，与别人是难以达成一致的，于是我就意识到这两者之间有一个对立。所以我在说这些话的时候呢，我是出自纯粹自我而自觉地说给人家听的；但同时我在行动中又是出于自然的个体性而别有用心，这就是伪善了。当它不自觉地陷入到这种矛盾冲突之中时，它是无意识的伪善；而当它明知这两方面不可调和，仍然还要维持这样一种言辞时，这就是有意识的伪善。那么我既意识到这样一个对立，又意识到自己的伪善，这个里面就包含了后面要讲到的道德的评判。我有一种评判，就是以普遍性和义务的标准来评判我的所作所为，所以在自觉的伪善里面有一种反思的因素。伪善在一般人看来是一个彻头彻尾的贬义词，但是实际上在黑格尔这里是一个意识阶段，它不完全是一个贬义词，它里面有它的结构，它是意识的一个必经阶段。要经过这个过渡阶段，我们才能达到忏悔，达到罪恶意识和宽恕。所以上面这一段实际上把后面讲的梗概基本上都概括了。

[1. 恶与伪善]

我们看第一个小标题，阿拉伯数字的1。第一个小标题它原来标的是"真诚与伪善的冲突"，这个不合它的内容了，根据它的内容，应该把它改成"恶与伪善"。它就是讲的"恶与伪善"，它没有讲"真诚与伪善的冲突"。它是讲恶与伪善的关系，以及用种种方式都不能扬弃这种伪善。当然有办法扬弃，但是那是在第二个小标题"道德评判"的时候，这个我们下面再讲。但是，这里主要是展开恶与伪善的结构。

如果说良心**在行动时**所进入到的对立，把自己这样表现于良心的内心中的话，那么这种对立同时也把这种不同一性向外表现于定在的元素中，所表现的是它的特殊的个别性与其他个别者的不同一性。

前面讲的都是从内面看的这样一种对立，现在要转向从外面来看。"如果说良心**行动时**所进入到的对立，把自己这样表现于良心的内心中的话"，前面讲的都是说，良心在行动的时候面临一种对立，这种对立把自己表现于良心的内在方面，就是通过主观唯心论、唯我论，一步步走向了优美灵魂。优美灵魂实际上是表现了良心的一种内部对立，但它是良心在行动时表现在内心中的，"行动"打了着重号，也就是说，它是外部行动的内部反映，所以现在还必须对它的外部状态加以考察。"那么这种对立同时也把这种不同一性向外表现于定在的元素中"，这就是这一段一开始讲的，"还必须从良心的**现实的**另一含义上、并在良心运动的**现象**中来看待；应把良心当作行动中的来考察。"现在必须考察的是良心的对立在外部现实运动过程中是如何表现出来的，它的定在元素是什么。开始是把这种行动的对立表现在良心的内部，但是它是良心在行动时所进入到的对立，所以我们现在有一大块还没有考察，就是这种对立的外部表现和它的定在元素。那么这种定在元素是什么？"所表现的是它的特殊的个别性与其他个别者的不同一性"，前面已经提到，优美灵魂是和其他人不相通的，它是封闭的，生怕其他人把它的优美灵魂玷污了，有一种洁癖。那么从外部看呢，这就是跟其他个别者的不同一性。前面是从良心的内在立场来看的，现在我们就直接对这种个别者的不同一性进行考察。这个内在的良心在内心自我标榜，自我欣赏，但它在外面跟其他个别者是如何不同一的呢？表现出怎样特殊的个别性呢？

{356}　　——良心的特殊性在于，构成着它的意识的两个环节，亦即自我与自在，在它这里的有效所依靠的是那**不相同的价值**，也就是说，所依靠的是这样的规定：它自身的确定性是本质，**相比之下自在**或共相只被看作环节。

前面讲了良心在行动中所表现的是它的特殊的个别性与其他个别者的不同一性，那么这种"特殊性"何在呢？"良心的特殊性在于，构成着它的意识的两个环节，亦即自我与自在，在它这里的有效所依靠的是那**不相同的价值**"。自我凭借一种价值而有效，自在则凭借另外一种价值而有效，它们分别依靠不同的价值而有效，双方是分裂的。自我就是它的这样一种确定性，也就是我们前面讲的，"它从自身中拿出一种特定的内容来充实那空虚的义务"，它从自己自然的个体性里面拿来那样一个内容，把它充当自我的价值。但是自在呢，它有另外一种价值，良心的自在就是它作为义务，作为一种普遍性的价值，它自认为我凭良心说话，那这个良心就是一种普遍的原则。但这个普遍的原则不是它从它自身中拿出来的,它是一种空洞的义务,一种空虚的义务。但是它又是自在,就是说良心以为自己凭自己的冲动和欲望所做的就是符合那个自在的良心的,就是凭良心的。我凭我的冲动做事情,就是凭我的良心做事,所以义务在这个意义上就是自在,它是良心的自在环节。这双方依靠不同的价值标准而有效,双方是分裂的、是对立的,这种对立在良心的内部就已经看到了。"也就是说,所依靠的是这样的规定:它自身的确定性是本质,**相比之下自在**或**共相**只被看作环节",良心在自己内部看到的这种对立,它自己对此作出了规定,也就是规定了双方的关系。作为自我的一方,它自身的确定是本质,就是把自己的感性确定性当作自己的本质,把冲动和欲望当作本质;而与之相对立的那个自在或共相,那个普遍的义务,则只是被看作自我的一个环节,它是附属于自我的。自我的本质是感性确定性,就是我的欲望冲动;那么为了实现这种感性确定性,自我利用共相,它宣称它自在地就是在完成良心的一种普遍的义务,但是,这只被看作是它为了使自己的行动名正言顺的一种为我所用的手段。或者说,良心打着普遍义务的旗号来实行自己出自感性确定性的行动,这其中双方的主次关系是很明确的,但这还是从内部来看的。

　　所以,这个内在的规定就有定在的元素或普遍意识与之对立,对于普遍意识而言,普遍性和义务倒是被看作本质,相反那与共相对立而自为存在的个别性只被看作是已扬弃了的环节。

　　这就是从另外一个不同的眼光即外部的眼光来看的了。前面讲的是一种从内部看的规定,就是自身确定性是本质,而共相是环节,现在则是倒过来看。"所以,这个内在的规定就有定在的元素或普遍意识与之对立",这就是与前面的内在规定相对立的另外一种角度。前面讲的是一种效准,就是自身确定性是本质,共相是我的环节,但这只是自我的内在规定;现在我们看到,这个内在的规定面临着其他定在的元素,也就是其他个别者,它们都具有自己的普遍意识,是不可能成为我的一种手段或旗号的,而是与我相对立的。我在我之外发现,与其他定在元素相比,我仍然是个别的定在，我的普遍意识只是附属于我的个别性之上的环节，我仍然面对着我的个别性与我之外的普遍性的对立。而立足于在我之外的这种普遍性，就会有与我的内部规定完全不同甚至相反的规定性。客观的普遍的意识就是别人也要承认的，而不只是我自己为我所用的手段，这种普遍意识是不以我的意识为转移的，并不因为我主观上宣布我的意识是普遍意识，它就成了普遍意识。我的那种宣布还是属于我的个别意识，它与客观上的普遍意识仍然是对立的。所以，"对于普遍意识而言，普遍性和义务倒是被看作本质，相反那与共相对立而自为存在的个别性只被看作是已扬弃了的环节"，就是说，一旦你站在普遍意识的立场来看，情况就倒过来了。虽然双方也是不相同的价值，但是主次关系发生了颠倒，现在普遍性和义务倒是被看作了本质；相反，自为存在的个别性，也就是良心本身的感性确定性，则只被看作是扬弃了的环节。或者说，现在普遍的义务反过来把感性确定性当作了自己的手段。你从良心本身的角度，你可以说，你自身的感性确定性是本质，它打着普遍义务的旗号来实现自己的本质，其实它和普遍义务、和共相是对立的，后者是前者的附庸；但是你站在普遍义务的立场上看，关系就颠倒过来了，普遍义务把你这样一个感性的人当作是它的手段，当作是扬弃了的环节，它把你使用过了，利用你实现了它自身，然后就把你扬弃了。这也是一个对立，是在客观现实中的对立关系。当然你在主观内部，你可以逃进自己的自我意识的内部，把自己看成一个优美灵魂，自命清高，拒绝和世界打交道，你就变得非常不现实了。但是一旦你进入到现实，你睁开眼睛看一看现实，你的优美灵魂在现实中会怎么样呢？它不过是一缕青烟，是迟早要被扬弃的环节。你把普遍的义务当作你的手段，但实际上你成了普遍义务的手段。

在这样坚持义务的立场看来，前一种意识是**恶**，因为恶就是意识的**自身中存在**与共相的不同一性，并且，由于它同时又把自己的行为说成是与它自己的同一性，说成是义务和带有良心的，它就是**伪善**。

　　恶和伪善都出来了，恶和伪善的关系也出来了。恶和伪善是什么关系，就是这样的关系。"在这样坚持义务的立场看来"，就是从后面那个立足于普遍的意识和义务的立场，把普遍意识看作是本质，把那种个别性看作是手段。那么从这种立场来看，"前一种意识就是**恶**"。前一种意识，也就是那种内在的规定性，把感性确定性当作是本质，而把普遍义务当作是一个旗号，当作是说给别人听的一个手段，这样一种意识那当然就是恶了。你要从坚持义务的立场上、坚持普遍性的立场上来看，就能看出来，前一种意识其实是恶。虽然它打着善的旗号，打着普遍义务的旗号，标榜自己的凭良心办事，但是这种意识是恶。为什么是恶呢？"因为恶就是意识的**自身中存在**与共相的不同一性"，这个前面已经有定义了，我们可以翻到前面讲"善与恶；国家权力与财富"的部分，就是第 48 页第 7 行："现在，对自我意识来说，凡是它发现其中有它自己在内的这种对象，就是**好的和自在的**，而凡是它发现其中有它自己的反面在内的那个对象，则是**坏的**；善即是对象性的实在性与它的**同一性**；**恶**则是对象性的实在性与它**不同一性**"。就是说，自我意识和对象的关系，如果是不同一的，那就是恶了，如果是同一的，那就是善了。所以这里讲，恶就是意识的自身中存在与共相的不同一性，这就是恶，也就是自我意识与它的客观共相、与它的对象的不同一性。这个共相是一个客观的东西，你的欲望、冲动、本能这样一些东西作为你的良心的自我意识来说是内在的，那么它与那种普遍的共相作为外在的定在不相同一，那就是恶了，这个跟恶的定义是一致的。"并且，由于它同时又把自己的行为说成是与它自己的同一性，说成是义务和带有良心的，它就是**伪善**"，就是说，它本来是与这个共相不同一了，但是它又把自己行为说成是与它自己的同一性，这就是伪善。与它自己同一，也就是与共相同一了，因为它把这个共相当作纯粹的自我，它把它的行为说成是与它的纯粹自我的同一性，那就是说，我还是本着良心在做事的，我的行为是带着我的良心和义务来做的，这就是伪善了。也就是说伪善本来就是恶，但是，跟一般的恶不同的地方就在于，它把自己的恶说成是和自己的良心、和自己的义务是同一的。它就把这个不同一性说成了一种同一性，说成了善，这就是伪善，而这就是伪善的结构。良心通过这样一种置换，居然就从善转化成了恶，从道德变成了不道德，这看起来十分吊诡，但在现实生活中的确是比比皆是的现象。只要你着眼于现实，而不是固执于自己的内心，你就会发现，多少人打着道德的旗号干着伤天害理的勾当！在"文化大革命"中，越是那些宣称自己本着良心或者"朴素的阶级感情"、"忠心"的人，干起坏事来越是毫无顾忌，越是可怕；更要命的是，他们至今还以自己的本心纯洁为借口，拒不认错，更不屑于忏悔。当然这在某种意义上也许是好事，就是它使我们清楚地认识到，一个人的伪善可以达到何种地步，从而引起我们的警惕和反思。所以我常说，"文化大革命"客观上是一场暴露人性阴暗面的不自觉的启蒙运动，这个阴暗面，中国人几千年来都在以"良知"、"诚"、"性理"、"明明德"等未经反思的遮羞布掩盖着，现在终于赤裸裸地被揭穿了，体现了人性的深化和历史的进步。

　　这种对立的**运动**，最初是形式地恢复了那在自身中是恶的东西与它所宣称的东西之间的同一性；必须揭穿它是恶的，这样它的定在与它的本质才是同一的，**伪善必须被揭露**出来。

　　"这种对立的**运动**"，我们现在已经把这种对立放在运动中来考察，运动打了着重号。我们前面已经分析出来，伪善是这样一个结构，恶和伪善之间是这样一个关系，是这样一个对立统一的关系，即恶是不同一性，善是同一性，当双方以内恶外善的方式结合起来时，就是伪善。那么这种对立的运动是怎么样的呢？"最初是形式地恢复了那在自身中是恶的东西与它所宣称的东西之间的同一性"，这是运动最初的起点。形式地恢复了，也就是表面上恢复了，恢复了什么呢？恢复了内与外的同一性。本来那在自身中是恶的东西已经破坏了这种内外同一性，为了恢复这种同一性，最初所做的就是在形式上宣称双方是同一的。它本来已经是恶,但是,你把它投入运动,它起步的地方就是使不同一的双方同一起来,但这只是表面形式的恢复。在自身中是恶的东西本来是没有同一性的,但现在我通过诉诸言辞,把这种同一性恢复起来了。但显然,在自身中是恶的东西与它口头上所说的东西之间的这种同一性是虚假的、形式化的,没有实质的内容,只是一种掩饰,它实际上仍然是不同一的,但是它说出来是统一的,它在口头上恢复了这种同一性,就是看起来好像是善了,其实还是恶。我们通常会认为,伪善也是一种善啊,虽然它是伪的,但是至少表面上好像还是善,总比赤裸裸的恶要好点。所以这是这个由恶向善、由不同一向同一性运动的起点。但进一步的运动就在于,"必须揭穿它是恶的,这样它的定在与它的本质才是同一的",这是第二步。最初是一种表面形式的同一性,这是第一步;第二步,必须揭穿它是恶的,这样它的定在与它的本质才是同一的,这就是通常所说的"打回原形"、"揭露它的真面目"。这种掩盖真相的所谓形式上的同一性必须揭掉,那是伪善,只在外部形式上恢复了同一性,内部意识则与这种外部形式处于更加尖锐的矛盾和不同一性中。那么现在我们要把它还原为真的同一性,就是使它的定在与它的本质回到同一性,从伪君子回到真小人。伪善不是善,伪善其实是一种恶,在这个意义上,揭穿伪善就使它的本质和它的定在同一起来了。所以"**伪善**必须被**揭露**出来",这是第二步。总之,这种对立的运动是如何运动的,最初就是那种形式上的同一性,伪善;那么第二步,就是要把这种形式上的同一性,这种虚假的同一性,加以揭穿,还原为真的同一性,这个真的同一性,就是实际上它是恶的。恶本来是不同一性,现在反而成了同一性,就是当恶被揭穿是恶,或者恶承认自己是恶,它就有了另外一种同一性,二阶的、更高的同一性。同一性本身可以说是一种善了,在这里你揭穿它的本质是恶,这个揭穿、这个回复到同一性的举动本身是善,揭穿罪恶的这个行动本身是善。揭露罪恶就是恢复到一种真正的同一性,恢复真相,那就是一种善。这是我们要考察的对立的运动。

[169]　　　——从伪善中现成在手的不同一性向同一性的这种返回之所以已经
完成，并不是由于伪善像人们惯常所说的，正因为它接受义务和德行的
**假象**，并用作掩饰它自己的意识、同样也掩饰异己的意识的面具，从而证
明了它对义务和德行的尊敬；仿佛就在伪善对其对立方的承认中自在地
就包含有同一性和一致性似的。

　　"从伪善中现成在手的不同一性向同一性的这种返回之所以已经完
成"，就是说，伪善已经是现成在手的不同一性了，本来就是恶，但把自
己装成了一种同一性。那么这是不是就是真的从不同一性返回到了同一
性呢？是不是这种返回就已经完成了呢？当然不是。那么这种返回是如
何完成的呢？"并不是由于伪善像人们惯常所说的，正因为它接受义务
和德行的**假象**，并用作掩饰它自己的意识、同样也掩饰异己的意识的面
具，从而证明了它对义务和德行的尊敬"，就是说，靠伪善是不可能返回
到同一性、不可能返回到真正的善的。人们通常以为伪善毕竟是一种对
善的崇敬，当一个人利用义务和德行的假象作为面具，来掩饰自己的恶
和他人的恶，这至少证明了他对义务和德行还是敬重的，他认为这种面
具是有价值的。他为什么要用这样一种东西掩盖自己的罪恶呢？这恰好
说明他对德行还是尊敬的，还是把它看得很高的。所以通常人们都会说
呢，伪善总比赤裸裸的恶要好。伪善也是善，一个人如果还有伪善，还有
一个面纱，至少他还没有恶到底，还留有某种善的余地。我们日常都是
这样认为的，一个人如果把最后的面纱也去掉了，那这个人就恶到极点
了；而如果一个人还懂得用面纱把自己的恶遮挡一下，说明这个人还有
点羞耻心，还不愿意把自己的最后一块面纱完全扯掉，对于德行和义务
还有一点点尊敬，这就还有办法，还有希望。如果在赤裸裸的恶和伪善
两者选择一下的话，一般人觉得伪善还是要好一点。伪善毕竟还有种善
在里头，虽然是假的，但假的也能说明问题，他为什么要用这个来搞假，
就说明他对这个东西还有一点敬畏。但是黑格尔这里讲，这个其实是无
济于事的，靠这个东西来使得伪善的不同一性向同一性返回，这是不行

的。"仿佛就在伪善对其对立方的承认中自在地就包含有同一性和一致性似的"，就是说在伪善对德行和义务的承认中，既然它给德行和义务留了一点面子，就已经自在地包含有同一性、包含有善了，这是根本不可能的。所以这里都是用的虚拟式。伪善本身就是一种同一性的假象，靠这种同一性的假象来解决恶的不同一性，那是解决不了的。

　　——**不过伪善在出自语言的这样一种承认的同时，同样也反思到了自身；而且在它把自在存在的东西只当作一种为他存在来使用时，这里面反而已包含着自己对这种东西的蔑视，显示着这种东西对一切人的无本质性。**

　　这实际上是对上述日常的观点的一种反驳了。"不过伪善在出自语言的这样一种承认的同时，同样也反思到了自身"，就是说，人们以为在伪善口头上对道德和义务的承认中就自在地包含着同一性了，但人们却忽视了伪善在作这样一种语言上的承认的同时，是反思到自身的。就是说，伪善当然是出自语言上的这样一种承认的，固然如此，它同时却是对自身有反思的，它口头上说义务啊、德行啊这些好话的时候，它是有反身性的考虑的，并不是出自本心地认为这些东西好，而只是考虑到这样说对自己有好处。反思到自身就是说，它明明知道自己并不相信这些东西，它并不把这些话当真，而只是考虑到自己的利益把它们作反思性的运用，它是有意识地自觉地把这样一种语言上的承认当作达到自己另外目的的工具。所以伪善的价值并不在于它的承认，不在于对德行和义务甚至于表示了某种尊敬，而在于它把这样一种好话当作一种谋利的工具。"**而且在它把自在存在的东西只当作一种为他存在来使用时**"，自在存在和为他存在都打了着重号。自在存在的东西就是说，作为义务和德行，它本来是自在存在着的，有它自身的固有价值，而不是以你的意志为转移的。一个东西是善的就是善的，是义务就是义务，是德行就是德行，不因为你说它是怎么就怎么样。但是伪善把这种自在的存在的东西仅仅当作一种为他存在而使用，也就是用作其他东西的手段了。"这里面反而已包含着自己对这种东西的蔑视"，你说它对这些价值还保持有一种尊敬，其实完全相反，它把这种自在存在当作为他存在来使用，它只是说给他人听的，只是当作一种谋利的工具来使用，所以完全不是什么尊敬，反而说明它对这个假话的内容是蔑视的。所以这种做法"显示着这种东西对一切人的无本质性"，实际上是把这些漂亮的言辞对一切人的无本质性显示出来了。人们听一听可以，千万不能把这些话当真，因为它们无非只是一种忽悠人的工具，没有任何本质意义。

　　因为，凡是可以被当作一种外在工具来使用的东西，就表明自己是一种不具有任何自身固有的重要性之物。

　　这就说得很明确了。为什么没有任何本质意义呢？"因为，凡是可以被当作一种外在工具来使用的东西"，外在的工具，也就是为他的工具，为其他目的的工具，"就表明自己是一种不具有任何自身固有的重要性之物"。它不具有任何自身固有的价值，这个是大家都可以接受、都能认可的。你已经把它当作别的东西的工具了，你还说对于这种东西有种尊重，那是说不过去的。所以，为伪善作辩护，这并不解决问题。伪善已经在那里了，这样一种表面上的同一性而实质上的不同一性，如何能够返回到真正的同一性，只有一个办法，就是揭露伪善，使它失去伪装作用。

　　而且，这种同一性既不是通过恶的意识之片面坚持自身而完成的，也不是通过对共相的判断而完成的。

　　前面讲到，从伪善中现成在手的不同一性向同一性的这种返回之所以已经完成，并不是由于伪善像人们惯常所说的那样，好像也是一件好事情，也有好的因素，并不是这样的。伪善并不是尊敬义务和德行，而恰好是蔑视义务和德行。这个已经解决了，不是因为这个。那么还有两种可能性。"而且，这种同一性既不是通过恶的意识之片面坚持自身而完成的，也不是通过对共相的判断而完成的"，这里提出了另外两种可能的考虑。如何能够完成这种向同一性的返回呢？一种可能的考虑是，通过恶的意识之片面坚持自身来完成。伪善里面也有这一方面，就是赤裸裸的恶的意识，也就是放任自己的感性确定性，自然本能，自然欲望冲动，一意孤行，这就是恶的意识。坚持这个片面性，似乎也可以成就一种同一性。另外一种可能的考虑就是，抓住另外一个环节，通过对共相的判断而完成这种同一性，一切从共相出发，坚持原则，大公无私。就是说，既然伪善里面也有共相，那么我们何不抓住这个共相来对伪善进行批判，迫使它去掉一切私心，按照共相兑现自己的言辞？所以，解决伪善的问题还可以考虑两种方式，一个是还原为真小人，另外一个呢，则是决心做个真君子。伪善就是伪君子嘛，你要想完成返回同一性的大业，做伪君子是不行的，那就只剩下两条路，要么做真小人，要么做真君子。但这两种方法也都是行不通的。首先，做真小人，一贯坚持自己的恶的意识，是无法完成同一性的，因为这注定会和他人发生冲突。真小人把不同一性当作自己的同一性来坚持，这本身是自相矛盾的。如果认可这一原则，注定将导致天下大乱，陷入一切人对一切人的战争。其次，做真君子，这也行不通，因为没有人是真君子，谁都不会愿意为了一个抽象的共相而放弃自己的一切私利。人都是有血有肉的，谁想通过共相的判断来批判伪善，他本身就是伪善了，他本身就是伪君子了。以这种讲大道理的方式来批判伪善，中国古代两千多年前的儒家就做过了。孔子说："乡愿，德之贼也"，乡愿也就是伪善，孔子说它是"德之贼"，这就是用共相来判断、来批判伪善。孟子则进一步提出了克服乡愿的办法，就是"返经"，也就是返回到经典，加强对古代圣贤思想的学习。然而，儒家道德说教了两千多年，并没有产生几个真君子，反而滋生出了人人都惯于教条主义地训斥别人、大搞诛心的风气，在"文化大革命"的"左祸"中发展到顶峰。所以这条路也绝对不是通往同一性的。这种教条主义的"道德评判"是下一个小标题的内容；但这里首先要解决的是做真小人这方面的问题。

　　——如果恶的意识否认自己违反义务意识，对义务意识指证为坏事、指证为与共相绝对不同一的东西，坚称是按照内心法则和良心做出的行动，那么，在它对同一性的片面担保中就仍保留着它与别的意识的不同一性，因为别的意识并不相信也不承认它的这种担保。

这是在分析第一条路，就是通过恶的意识之片面性来坚持自身这条路，即真小人之路。"如果恶的意识否认自己违反义务意识"，人家说你是恶的意识，那肯定是说你违反义务了，但是恶的意识可以这样来坚持自己的片面性，就是否认自己违反了义务意识。"对于义务意识指证为坏事、指证为与共相绝对不同一的东西，坚称是按照内心法则和良心做出的行为"，就是说，当人们指责你做了坏事，指责你做的事与共相不同一，违背义务的时候，你可以坚称自己是按照内心法则和良心做出的行动。这在前面也说过了，就是人在凭良心做事的时候可以不顾及在人家眼里的义务和法则，而觉得自己问心无愧。80 年代有部电影叫《北京人在纽约》，里面的主角王启明由姜文饰演，他有一句名言是："我坏，可我坏得纯洁！"坏都可以坏得"纯洁"，这种辩护不是没有道理，他的坏直来直去，他不搞那些阴的，他正大光明地坏。所以他是按照"内心法则和良心做出的行动"，尽管这行动是违反义务的，但他内心是完全同一的，问心无愧的。那么，这是不是就能够返回到同一性了呢？"那么，在它对同一性的片面担保中就仍保留着它与别的意识的不同一性，因为别的意识并不相信也不承认它的这种担保"，你要担保你的本心是好的，但是别的意识并不相信你，也不承认你，因为你的这种本心的"好"没有普遍性，只是你个人的看法，没有征求别人的意见。所以这种片面的担保还保留着它与别的意识的不同一性，你一意孤行，你只顾你自己，你只想强调你的动机，但是你得不到别人的承认，那你这种同一性只是你想象中的同一性，你自认为你是同一的。所以这仍然是一种伪善，虽然不是对别人的伪善，但却是对自己的伪善。王启明就认为自己是没有伪善的了，自认为是直来直去的真小人。我坏得纯洁，我痞得纯洁，我其实比你们都要干净，但是这还是一种伪善，是在自己内心的一种自我标榜，或自欺。你做了坏事就做了坏事，你为什么要说自己纯洁，无非是为了自己心灵的平静，掩盖自己的愧疚感。这就扬弃不了伪善的不同一性。王启明也好，王朔也好，都没有忏悔精神。

　　——或者一旦这种对**一个**端点的片面坚持自行取消，那么恶的东西虽然因此而会供认自己是恶，但它会在此时**直接**扬弃自身，而不会是伪善，更不会揭露自己是伪善。

　　这是反过来想了。"或者一旦这种对**一个**端点的片面坚持自行取消"，前面是讲对这一端作片面的坚持，也就是坚持自己的良心是好的、纯洁的；现在我不再坚持这一端，那么会怎样呢？"那么恶的东西虽然因此而会供认自己是恶，但它会在此时**直接**扬弃自身，而不会是伪善"。也就是你不要带入对自己的先入之见，自认为自己"本质是好的"，或者"本心是纯洁的"，而是客观地看待自己，是什么就是什么，那就会发现自己真的是本性恶劣，这时你就会产生刚才讲的忏悔精神。你不要片面坚持，不要曲意为自己辩护，你看看你自己做的什么事，你老是勉强为自己作辩护，那个是没有用的。你做了坏事就做了坏事，你就承认你坏，纯不纯洁都是坏，这样一来，恶的东西虽然因此而会供认自己是恶，但伴随着这种供认而来的就是忏悔。供认，einstehen，有"为之承担责任"的意思。供认自己是恶的，这就是知罪，也就是忏悔了，它不再想尽办法为自己开脱或辩护，而是勇于承担责任。正因为如此，这一认罪的态度本身直接就是恶的自我扬弃，而不再是伪善了。而既然它已经不再是伪善了，那就"更不会直接揭露自己是伪善"了，因为它一开始就自己敞开了自己的恶，不需要掩饰，那就不存在揭开真面目的问题了。这和"真小人"还不一样，真小人虽然也是敞开自己的恶或者小人行径，但它强调自己的"真"，好像还有某种值得骄傲的地方。而忏悔精神则是揭示自己的假和恶，失去了任何可以标榜的余地。可见真小人也没有摆脱伪善，甚至它本身就是一种二阶的伪善，真正要想走出伪善，就是要忏悔自己的恶，承认人性本恶。不要老是为自己辩护，老是自我感觉良好，老是要回到自己的出发点，强调自己的动机是好的，本性是纯洁的，这就摆脱不了伪善了。

实际上，在它坚称自己反对被承认的共相而按照**自己的**内在法则和良心行动时，它就供认了自己是恶。

就是说，以真小人来标榜自己的人，实际上也已经做了这种供认，只不过他还想为自己留点余地，不想彻底反思自己。所以"实际上，在它坚称自己反对被承认的共相而按照**自己的**内在法则和良心行动时，它就供认自己是恶了"，注意"自己的"打了着重号，说明只要坚持自己的个别性，哪怕冠以法则和良心的光环，就已经是恶了。所以真小人的自白在自己看来尽管可以是一种辩解，但在旁人看来却是一种坦白和供认。当然这件事情还没有被当事人作为一种认罪和忏悔来反思，而只是一种客观上、实际上所发生的供认，他自己还没有意识到或自觉到他已经承认自己是恶的了，他主观上还在为自己辩护，觉得自己没有违背自己的良心。但是客观上它已经供认自己是恶了。为什么呢？看下面。

{357}　　因为假如这种法则和良心不是它的**个别性**和**任意性**的法则，那它就不会是什么内在的、独有的东西，而会是普遍被承认的东西。因此谁要是说他是按照**他自己的**法则和良心来对待别人，它实际上是说，它在虐待别人。

"因为假如说这种法则和良心不是它的**个别性**和**任意性**的法则"，个别性和任意性打了着重号。你说你是按照自己良心的法则行事，那么人们可以问一句，你这些法则是你个别的和任意的法则吗？还是也适用于别人并能够被别人承认的法则呢？那些标榜自己的本心是好的并以此来为自己所干的坏事辩护的人肯定会说是前者。实际上，如果不是普遍被承认的法则，个别性和任意性的法则就是恶的法则，而恶的法则严格说来是不能成为法则的，因为它唯一地出自于自己的感性确定性，是偶然的、随时可以改变的。而假如这种法则，你认为并非你自己个人所独有的任意的法则，那它就不会限于你自己的内心，而会得到其他人的普遍承认。这甚至可以看作善与恶的试金石。这种试金石跟你标榜自己的良心的出发点是完全相违背的，如果你把那些普遍被承认的东西全部撒开，我不管人家承不承认，我就凭良心说话，凭良心做事，我就把良心看作我所独有的内在的东西，那么实际上你已经供认自己是恶了，只是你还没有意识到而已。"因此谁要是说他是按照**他自己的**法则和良心来对待别人，它实际上是说，它在虐待别人"，这就有点搞笑了。我们日常生活中经常推崇那种"性情中人"，就是不管别人如何，他凭借自己对良心和义务的理解行事，无意中常常把自己的好恶和意志强加于别人。这种人我们可以原谅和宽容他，是因为我们把他看作不成熟的人，或者不懂世故的孩子；但如果要你和他成天生活在一起，你肯定会有一种受虐待感，因为他习惯于按照他自己的法则和良心对待别人，而不顾及别人的感受。"他自己的"又打了着重号，就是强调这种人的个别性是唯我独尊、自我中心的，与普遍性格格不入，无法获得普遍的承认。如果我只按照我自己个人独特理解的良心来对待别人，那么实际上是说，我在虐待别人。别人不承认你，你强行把你的价值标准强加给别人，那不是虐待别人是什么？所以实际上你在作恶，你却说你是凭个人的良心在做事，这要么说明你的人格还不成熟，要么说明你是真正的伪善。

　　<u>但是**现实的**良心并不是对那与共相对立的认知和意志的这样一种坚持，相反，共相是它的**定在**的元素，它的语言把它的行为表述为**被承认的**义务。</u> [170]

　　"但是**现实的**良心并不是对那与共相对立的认知和意志的这样一种坚持"，现实的打了着重号。前面讲的良心只是表面上的良心，字面上的良心，它必然转化为自己的对立面恶。现实的良心则不是从一个片面出发，从一个片面出发它实际上已经误解了自己，已经不是真正的良心了。现实的良心并不是一味地坚持那与共相对立的认知和意志，像前面讲的"恶的意识之片面坚持自身"，做真小人，这并不是现实的良心。现实的良心不是说只有这一端，只有这一方，只有这一片面，而是还应该有另一方面。"相反，共相是它的**定在**的元素，它的语言把它的行为表述为**被承认的义务**"，这就是另一方面。也就是说在现实的良心里面，除了个别性

方面之外，还必须要有共相作为它定在的元素。如果没有这一点的话，那现实的良心就根本不存在。而这种共相又不是抽象的共相，而必须有它的定在元素，这就是语言。通过语言的表达，它的行为被表述为被承认的义务，"被承认的义务"打了着重号。现实的良心是有普遍性的，是有共相在里头的，它不光是一个人的本能冲动和欲望。这种本能冲动是闷在个人内心的认知和意志，然后傲然将它强加于别人，并把自己的欲望标榜为自己的良心，不看别人的态度而自以为自己的动机是纯粹的，是纯洁的。这是对良心的片面的误解，现实的良心其实还有另外一方面，也就是它的共相方面，它的通过语言而达到的普遍意识的方面。以上就是克服伪善、达到同一性的第一条路，也就是干脆就做个"真小人"，凭借自己的一份真心、一股性情而为所欲为，对自己的不良行为不加忏悔，而只有辩护。我们看到，这条路是走不通的，我们先休息一下吧。

好，我们再看第二个方面。前面讲了从第一个方面来说，它坚持它的恶的意识之片面性，坚持它的恶得有道理，恶得纯洁，这个是不能解决问题的，是另一种伪善。下面这一段则是从普遍意识方面来寻找出路。

同样，普遍意识坚持它的判断，也并不就是对伪善的揭露和消解。——当普遍意识宣布伪善是坏的、卑鄙的等等时，它在这样一种判断中所援引的是**它自己的**法则，正如**恶的**意识所援引的也是**它自己的**法则一样。

这是另外一条道路，这个前面也讲了。"同样，普遍意识坚持它的判断"，就是坚持它的共相的判断了，也就是普遍意识坚持它的道德判断，讲大道理。那么是不是对伪善的揭露和消除呢？那同样也做不到。为什么？"当普遍意识宣布伪善是坏的、卑鄙的等等时，它在这样一种判断中所援引的是**它自己的**法则，正如**恶的**意识所援引的也是**它自己的**法则一样"，这里又将两处"它自己的"都打了着重号。就是说当你从普遍意识出发,你宣称这个伪善是坏的,是卑鄙的,但这不过是你自己的标准。我们刚才讲了孔子的"乡愿,德之贼也",孟子也讲到,乡愿是应该批判的。但是他们在批判乡愿的时候,所援引的也还是他们自己的法则。什么样的人是乡愿,孟子列了好几条,什么"同乎流俗,合乎污世,居之似忠信,行之似廉洁"之类,"阉然媚于世也者,是乡愿也"。但是这些都是他自己总结出来的,都是他自己根据自己的经验拟定的。孔子杀少正卯时,也列了好几条罪名,那些罪名都很随意,什么"心达而险,行辟而坚,言伪而辩,记丑而博"之类,没有什么客观标准。他为什么会认为这些行为是乡愿,当然也有他自己的判断标准和原则,但这些原则并没有什么普遍性,人家不一定承认。先秦的百家争鸣中,儒家只是其中一家,反对它的原则的人多了去了。这样看来,他援引自己的法则来作道德判断,并没有什么特权可以使自己成为唯一正宗的道德标准。"正如**恶的意识**所援引的也是**它自己的**法则一样",恶的意识它也认为自己是凭良心啊,也是按照自己特定的义务来做事啊。同样是援引自己的法则,那么你这个批判,你自认为是根据普遍意识所作的判断,跟恶的意识又有什么区别呢? 少正卯和孔子一样收徒讲学,讲的内容不同而已,你凭什么杀他?你们不是彼此彼此吗?

因为它的法则在与后一种法则相对立中出场,因而它也是一种特殊的法则。

你在批判伪善的时候,你所援引的这个法则和后一种法则、也就是恶的意识的法则一样,也是一种特殊的法则。你和它相对立,你用你自己的法则跟它的法则相对立,因此你也是一种特殊的法则。你在批判乡愿的时候,你自己也并不是依据普遍的法则,或者你自以为是普遍法则,但乡愿之徒也自以为是普遍的法则。恶的意识也有它自己的、自认为是普遍的法则,因为它从良心出发,它认为自己是本着良心办事情,这个良心在它看来就认可为一条普遍法则。所以你在批判它的时候,你不过用你所认同的一条普遍法则批判它,当你们两种法则对立起来、在对立中出场的时候，你们双方其实都是特殊的，都不是普遍的，尽管你们都自以为是普遍的。

所以它丝毫也不比后者更强，反而使后者合法化了，而且它这种热诚恰好做了与它想做的事相反的事——即是说，竟把它称之为真正义务的东西和应该被**普遍**承认的东西表明为一种**不被承认的东西**，从而允许恶的意识有自为存在的同等权利。

"所以它丝毫也不比后者更强"，后者就是恶的意识了。它的这样一种法则，作为这样一种特殊的法则，丝毫也不比恶的意识更有优势。你和你批判的对象没有什么两样，你并不高于你所批判的对象。批判乡愿的人自己就是乡愿，为什么呢？因为你批判它，你也是凭借自己以为的这种良心，用你心目中的普遍法则去批判它。但是你自己以为的良心是不是就是真正的良心，就是真正普遍的法则呢？未见得，起码被你批判的那个人是不认可的。你要批判它，你就是在和它相对立中出场，那么，你的这样一种法则在它面前也是一种特殊的法则。这样一来，你"反而使后者合法化了"，反而使恶的意识合法化了，因为你也是恶的意识。你自以为自己的良心是普遍的，那么它也可以拿同样的理由为自己辩护，既然你认为你那样做是合法的，那我这样做也是合法的。所以它无形中使后者、使它的对立面也合法化了。"而且它这种热诚恰好做了与它想做的事相反的事"，它适得其反，它批判人家乡愿的时候，它那么样的热情高涨，义正词严，却跟它目的，跟它的出发点恰好相反。怎么样相反呢？"即是说，竟把它称之为真正义务的东西和应该被**普遍的**承认的东西表明为一种**不被承认的东西**"，普遍的打了着重号，不被承认的也打了着重号。既然你是出于真正义务和普遍原则来作判断，那就应该让这些原则表现为得到普遍承认的，就应该能使你的对方也承认你的原则。你批判人家是伪善，你也必须从它所承认的东西出发，你才能真正批倒它，让它心服口服。但是你现在对它的批判，却使得自己那种应该被普遍承认的东西表现为一种不被承认的东西，就是说你只承认你的良心，而否认对方的良心。那么你的良心哪有什么普遍性呢？你把它变成了一种不被承认的东西，你如何能够使对方接受你的批判？可见你的这样一种自以为普遍的东西实际上是不被普遍承认的，至少没有被对方所承认。"从而允许恶的意识有自为存在的同等权利"。就是说每个人都可以振振有词，你有你的良心，它也有它的良心，甚至恶的意识也以坚持自己的恶为良心，当你从自己的良心去批它的时候，你以身示范，无形中赋予了它也有和你同样的权利，也就是凭它自己的良心自行其是或自为存在的权利。它的权利和你一样。你批它的时候你就把自己摆在和它同样的地位上了。你们两个尽管去斗，你们两个的原则是完全不同的，哪有什么普遍的原则呢？实际上在这个里头已经隐含着：真正要扬弃乡愿的话，你必须从双方共同承认的普遍原则出发，你必须承认你自己也是乡愿，你也是伪善。伪善就是人性的普遍的原则，人性本恶，谁不伪善？你从这个角度，你才能批倒伪善。如果你站在一个自认为绝对真诚的立场上面去批伪善，那是批不倒人家的，人家反过来说你也是伪善，你一点办法也没有。儒家的要害也正在这里，他们首先自己自认为真诚，立足于人性本应该是善而且可以做到善，自己便是善的楷模，这样去批乡愿，只能暴露出自己是典型的乡愿，加码的乡愿，精致的乡愿，于是只能是越批越乡愿，两千年来把中国人的国民性熏陶得虚伪不堪。

[2.道德判断]

那么这就进入到了第二个小标题了，就是"道德判断"。"道德判断"里面实际上就把前面隐含着的、我们刚才讲的这样一个意思，发挥出来了。当然这个发挥有一个很长的过程，这一小节是比较长的，有五个页码。

但是普遍意识的这种判断同时还有另外一个方面，从这一方面出发，它就成了对现成在手的对立加以消解的引导。

上面讲到普遍意识要坚持它的判断来扬弃、来消解伪善，但是你从一味坚持普遍意识的判断来消解伪善是做不到的，你越是要消解伪善，你自己越是陷入伪善，这也恰好鼓励了伪善，给了恶的意识以同样的权利，你给了你所批判的对象以同样的权利。那怎么办呢？这里说，"但是普遍意识的这种判断同时还有另外一个方面，从这一方面出发，它就成了对现成在手的对立加以消解的引导"，这里隐约指示了一条解脱之道。当然这里直接还不能消解，但是它包含有另外一个方面，能够成为对这种对立加以消解的一种引导。我们来看一下这种引导是怎么引出来的，这个过程比较长了。

　　——**对共相的**意识并不是作为**现实的**意识和**行动着的**意识来反对恶的意识的，——因为恶的意识倒更是现实的东西，——而是作为这样的东西与恶的意识相对立，这种东西并不被束缚于在行动里发生的个别性和普遍性的对立之中。

　　"**对共相的**意识并不是作为**现实的**意识和**行动着的**意识来反对恶的意识的"，前面讲了，在普遍意识的维度里还有另外一个方面，它可以成为一种引导。但在揭示出另外一个方面之前，普遍的意识作出判断，说这个是伪善，于是就进行道德评判，说"乡愿，德之贼也"，乡愿是一种恶，乡愿是要不得的，我们要反对乡愿，等等；所有这些判断都有一个维度，就是它们并不是作为现实的意识和行动着的意识来反对恶的意识。就是说你反对恶的意识，但却只限于思想批判，你意识到要在现实中作为行动者来消除恶，或者消除乡愿是做不到的，但是在思想上、在意识上你可以做些事情。你并不是要在现实中阻止恶，把乡愿之徒清除出去，不让他们来干扰我们的现实活动，那个是做不到的，你能做的只是思想上的清除污染的工作。"因为恶的意识倒更是现实的东西"，对共相的意识实际上是不现实的，你要讲现实的意识的话，那恶的意识更现实，你抗拒不了它。你想用一种普遍的意识在现实中消除恶的意识，那你的力量远远不如它强大。在现实生活中，恶的意识才是更现实的，它更具有现实性。你想以现实行动者的身份去批判它，去阻止它，但你的现实性远不如它，而且你一旦进入到现实性，你也会变成恶，你也会变成乡愿。你的道德判断一旦变成现实,它本身立刻就会变成一种恶的现实,作为行动者它也会变成一种恶的行动者或者乡愿之徒,那是没有办法的。"而是作为这样的东西与恶的意识相对立的",作为什么样的东西呢? "这种东西并不被束缚于在行动里发生的个别性和普遍性的对立之中",也就是说,共相的意识必须作为这样的东西与恶的意识相对立,即它本身并不被束缚于这种对立之中。这种对立是一旦付诸行动就会发生的,这就是个别和普遍的对立,但共相的意识必须跳出这种对立,才能去批判恶的意识。在现实的行动里,每一个行动都是很具体的,是个别的,但它和普遍性是对立的。你要批它可以,但是你不要陷入到这个对立之中,这个对立你是纠缠不清的,你一旦陷入进去,你本来是普遍性的、共相的意识,你也就成了个别的意识,成了和那个个别性相对立的另外一个个别性。你要批乡愿之徒,你一旦介入进去,你就成了乡愿之徒,而普遍性同样被架空了。所以这种批判必须要有超越性,你笼而统之讲"乡愿,德之贼也",可以,但是你不要试图采取行动清除它。但孔子也好,孟子也好,荀子也好,他们都是知行合一的,他们都不是停留在口头上说一说,他们说出来就是要做的,那就要做一些事情,而这些事情与乡愿之徒并无根本的区别。他们占领着道德至高点,但他们所做的事构成了中国历来最大的乡愿,就像谭嗣同所说的:"两千年之政,秦政也,皆大盗也;两千年之学,荀学也,皆乡愿也。唯大盗利用乡愿,唯乡愿工媚于大盗,二者交相资,而罔不托之于孔。"但是黑格尔认为,所有的这些都没用,重要的是首先要做到知行相分。

普遍意识停留在**思想**的普遍性里,采取**统握的**态度,它的最初的行动仅仅是判断。——通过这种判断,它现在就像刚才指出的那样把自己同恶的意识**并列**起来,并**通过这样的同一性**而在这种恶的意识中直观到自己本身。

"普遍意识停留在**思想**的普遍性里",思想打了着重号,"采取**统握的**态度",统握的打了着重号,统握,auffassen,也翻译成领会、把握,统握,也就是理解。采取这样一种统握的态度，在思想里面做工作。"它的最初的行动仅仅是判断"，它没有现实的行动，它的行动仅仅是做判断。这只是一种知识，你不要试图去清除它，你不要把它付诸实践。中国的传统是知行合一，在西方呢，它的传统是知行相分，或者是先知后行。所以最初的行动仅仅是判断，仅仅是知识，如苏格拉底说的，美德首先是知识。最初的行为你仅仅是做判断，你先把判断搞清楚，其他的再说。"通过这种判断，它现在就像刚才指出的那样把自己同恶的意识**并列**起来，并**通过这样的同一性**而在这种恶的意识中直观到自己本身"，就是说，停留在思想普遍里做这样一种判断，采取一种统握的态度，把自己同恶的意识并列起来，"并列"打了着重号。这就像刚才指出的那样，你在批判伪善，你和它一样也是伪善，你们是并列的，你并不凌驾于它之上。这是通过这样一种思想的普遍性来做判断，跳出对立之外才能看出来的。你现在意识到，你和它是同样的，你批它是乡愿，你难道不是乡愿吗？你和它是同一的，那么"通过这样的同一性"，这都打了着重号，你就在这种恶的意识中直观到自己本身。就是说，你发现它是一种恶的意识，是一种伪善，但是你在它里面恰好看到了你自己，你直观到了你自己，你跟它彼此彼此。这是儒家孔孟始终未能达到的一种境界，因为他们跳不出来，意识不到自己和自己批判的对象的同一性。所以你在批它的时候，你不要希望在现实生活中把它清除掉，把它抑制住，你是抑制不住的，因为你自己就是这样，这是你和它双方共同的命运，摆脱不了的。所以在这种同一性中，你就在这样的恶的意识中直观到自己本身。所以这样一种思想的普遍性，恰好就是在恶的思想里直观到自己本身的这样一种同一性，普遍都是恶的，人性本恶。那么当你上升到这样一个层次的时候，你就会产生出一种忏悔意识。忏悔意识不是我忏悔做了哪些事情，而是忏悔人的本性是恶的。忏悔意识并不要求在现实中改过，那是改不了的。你要把你的罪、你的本性的恶改过来，那是做不到的，但是你必须忏悔，你只有忏悔。你在理论上、在思想上，要有这个意识，要意识到你做了坏事；

但是你下次还免不了要做，因为人性本恶，这个是没办法的事情，你不可能成为圣人。当你以为自己成为圣人的时候，你已经是乡愿了，你已经是伪善了。所以你只能够直观到自己本身，看清楚你自己也是恶的意识。这个里头已经有了忏悔精神，忏悔精神后面还要讲到，这里还没有出现，只是指出了这样一种态度，就是普遍意识的态度，这种道德评判的态度。你用道德评判对它下断言的时候，你要意识到你自己也是这样的。这是一种仅仅在思想上进行的判断，在思想中你可以跳出来，你可以超越出来。尽管我们在行动中免不了作恶，但我们在思想上仍然必须有种意识，知道这是不对的，不是用来批判别人，而是批判所有的人，包括批判自己，批判人性本身。

**因为义务意识采取的是统握性的、被动的态度；但它因此就处于与它自身作为义务上的绝对意志、与自己这个完全由自身进行规定的自身的矛盾中。**

"因为义务意识所采取的是**统握性的、被动的**态度"，就是说你并没有想去改变现实，你也不认为自己有能力去改变现实，你只是在思想上认清现实，所以它采取的是"统握性的、被动的态度"，而不是知行合一的、说了马上要去做的。义务意识没有想把自己变成圣人，把别人也变成圣人，或者把那些不是圣人的人清除掉，这个它没有打算去做，它只是一种被动的态度。"但它因此就处于与它自身作为义务上的绝对意志、与自己这个完全由自身进行规定的自身的矛盾中"，它作为义务的意识采取了被动的统握态度，没有打算行动，只作评价；而作为义务上的绝对意志，那就是它的行动了，意志就是要行动的了，它是一个完全由自身进行规定的自己。那么这两方面，一个是道德评判，一个是它自己的意志或行动，这两者就处于矛盾之中。因为你在用普遍意识做一种道德评判的时候，你本来是准备去行动的，道德不能只说不做，道德就是要做的；但是你现在不做，你现在只是在思想中对于这种恶的东西、对于这种伪善的东西进行批判，而在行动中你仍然是顺其自然，我行我素，没有任何改变。你既不想改变别人，也不想改变自己，你只是在思想中进行一种统握，用一种被动的态度来对待这种恶，对待这种伪善，那么就和你的出发点相反了。所以它就处于与它自身作为义务的绝对意志的矛盾中，就是说，你说应该这样做，但是你又只说不做。我们对西方这样一种忏悔意识有这样的批评，西方人自己也有这样的批评，就是它忏悔了一大通，但是在现实中还是我行我素，也改变不了。我们看卢梭的《忏悔录》就是这样，他忏悔他做了那么多坏事，写了一本书，坦白了自己，在上帝面前忏悔；可是忏悔以后，该干什么干什么，没有丝毫收敛。因为这个人的有限性你是没办法改变的，那是根本不可能的，人要变成圣人是做不到的，除非死后。你此生尽量的忏悔，死后上帝会拯救你，你的灵魂会融入圣灵。但是在现实的世俗生活中，你还是改变不了自己，也改变不了这个世界，你最好不要把眼光盯着这个世界，要仰望上帝。所以我们对这个忏悔意识很瞧不上眼，觉得西方人那么痛苦地拷问自己，忏悔自己，但是它做了什么呢？好像什么也没做，什么也没改变。黑格尔这里也是批评这样的被动的统握的态度。因为从现实的角度看，它本身就是伪善的态度，做了坏事只忏悔，认罪，却不改正，这不是伪善吗？但是反过来想，除了忏悔，人又能做什么呢？人性本恶，你能改变人的本性吗？你能够认识到人的本性就算不错了。

它很好地保持了自身的纯洁性，因为它**并不行动**；它就是伪善，这种伪善感兴趣的是把判断当作**现实的**行为业绩，不是用行动而是通过说出那些超凡的意向来证明其正派。

"它很好地保持了自身的纯洁性"，也就是这种义务意识在这样一种对思想的批判中保持了纯洁性，"因为它**并不行动**"，并不行动打了着重号。你不行动你就可以保持自己的纯洁性，一旦行动，你想保持自己的纯洁性是不可能的。中国儒家的传统就是认为自己在行动中仍然可以保持自己的纯洁性，保持自己的诚与天道，那就是要做圣人了。道家则认为，"圣人出，有大伪"，你要保持自己的纯洁，只有"无为"。但就连道家也没有看出自己的这种观点本身就是伪善，因为实际上没有人能够真正做到无为。黑格尔这里则明确指出，"它就是伪善"，包括基督教的忏悔，其实就是伪善。你忏悔了那么多，都是说空话。卢梭写了《忏悔录》，他自己一点都没有变，他也没有改变这个社会，那不是空话吗？空话你写那么多，不就是伪善吗？你说得那么痛心，那么痛哭流涕，但是你又不去改变自己，不去做。"这种伪善感兴趣的是把判断当作**现实的**行为业绩"，你为什么要说那么多话呢？无非是把忏悔本身当作一种行为业绩，好死后在上帝面前有个交代。不需要你改变什么，但是你要知道，你要知罪，知罪就是业绩，可以借此期待上帝的拯救。你自己无法拯救自己，因为你是有限的，你有欲望，有冲动，有本能；但是只要你知道自己有罪，你忏悔，那么呢，你就还有希望。所以在现实的人世间，人还是一无所为，人只能够伪善。"不是用行动而是通过说出那些超凡的意向来证明其正派"，不是通过行动来证明其为人正派，而是通过语言。忏悔要通过语言，忏悔一定要说出来。为什么要到教堂里去，要面对神父，或者在密室里面，面对十字架，口中念念有词？在我们中国人看起来这就是一些神经病了，在那里唠唠叨叨，不知道说给谁听。他就是要说出来，不说出来，闷在心里面，那是不行的，那不叫忏悔。我们说内心有种忏悔就可以了，那不行，必须要说出来。最近有个红卫兵在网上做了忏悔，发表声明，为他早年在"文化大革命"中所犯下的罪过而忏悔，这个是破天荒的，没有过的。一般顶多觉得自己做错了，就在心里忏悔，通常他是不说的，你问他他也不说，他要把他的悔过之心保持到进棺材，否则会觉得自己"做不起人"。唯有这个红卫兵他说出来了，引起了很大的争议，他给其他有罪之人造成了心理压力，这是不符合中国人的习惯的。我估计他还是受到一些西方文化的影响，就是说要有人出来说，要忏悔。当然说出来也于事无补了，没法用行动来补救了，只不过是用那种"超凡的意向"来证明其正派和诚实。这个诚实在中国人心目中是不用说出来的，而且是说不出来的，诚则明，明则诚，诚和明都是心里的东西，都不是语言的事情。说出来在

459

中国人看起来就不诚了，就有被逼无奈、蒙混过关之嫌，只有不说出来的内心直觉才能证明自己是诚心的。当然黑格尔是站在西方人的角度、站在启蒙运动以来的时代精神的角度来批判这种忏悔意识，就是说，你又不去做，只是通过说话来忏悔，那不是太便宜了吗，那不是伪善吗？既然明知你改变不了，说又有什么用呢？能够说明你是好人吗？

[171] 　　**因此义务意识整个都具有这种性状，就像那种被指责为只把义务放在口头上的意识一样。**

　　"因此义务意识整个都具有这种性状，就像那种被指责为只把义务放在口头上的意识一样"，凡是讲义务意识的，都是这样的。这里打了个比方，就像是那种口头上的义务意识，但实际上一点都不去做。但是说它们一样，还是说明它们有所不同。只放在口头上，那就是骗人的，那就是种欺骗的意识了；但是义务意识它还并不是这么简单，它并没有想骗人。所以这还是两种意识，一种是义务意识，只作评判，没想骗人；一种是"只把义务放在口头上的意识"，带有欺骗性。看起来是一样的，但还是不同的。怎么不同，看下面。

　　**在这两种意识中，现实性方面同样都区别于言辞的方面，这区别在一种意识中是因为行动具有自私的目的，在另一意识中是因为一般行动的缺席，而行动的必要性则包含在对义务的言说本身中，因为义务没有行为业绩就没有任何意义。**

　　"在这两种意识中，现实性方面同样都区别于言辞方面"，这是一样的。两种意识的共同点在于它们都只说而不做，言行不一。但是这个区别在两者中还有不同。"这区别在一种意识中是因为行动具有**自私的目的**"，这就是有意地欺骗，为了自私的目的而欺骗。"在另一意识中是因为一般**行动的缺席**"，在义务意识中，它倒不一定是自私的目的，而只是一般行动的缺席而已。为什么缺席，不是因为不去做，而是因为不能做到，如果自己能够做到，就不需要上帝了。前面一种呢，它说的和做的相反，它用一种欺骗性的方式来做；后面一种则是做了之后又说，说了也白说，无法改变人性。这是两种不同的意识，或者两种不同的伪善，它们的层次是不一样的。一般受到指责的口头上的义务，它有自私的目的，它是为了完成自私的目的而放在口头上的，所以私下里做的是相反的事，所谓满口的仁义道德，一肚子男盗女娼。而这里讲的这种意识，是批判伪善，批判乡愿，它实际上是在思想中进行批判，但在现实中，它虽然缺乏改正的行动，但也并没有那种自私的目的，它什么也不做，它为批判而批判。"而行动的必要性就包含在对义务的言说本身中"，就是说在义务的言说中就有行动的必要性包含在里头，但是你不去做，这就是你的伪善之处。"因为义务没有行为业绩就没有任何意义"，义务没有行为业绩，它仅仅停留在口头上，语言上，那么你的这种语言是没有任何意义的。所以你的忏悔的语言，既然不打算去做，实际上也是种伪善。因为你既然说出来，就包含了行动的必要性，有这种必要性而不去做，那么你的义务就没有任何行为业绩，也就没有任何意义了。这是对这样一种忏悔意识的批判，就是说对这样一种道德判断的批判，这样一种道德判断仅仅停留在口头上。

　　但是这判断也必须被视为一种积极的思想的行动，并且也具有一种　{358}
积极的内容；通过这个方面，在进行统握的意识中现成在手的矛盾及这
意识与这矛盾的同一性都变得更加完全了。

　　就是说前面已经对这种伪善，对这种道德评判或道德判断进行了一种批判，它也是一种伪善，当然比前一种伪善要强一点，前一种是借助于口头上说假话来谋私利，而这一种伪善只是停留在口头上，而不做任何事情。"但是这判断也必须被视为一种积极的思想的行动，并且也具有一种积极的内容"，这就是它的积极方面了。前面讲了，这样一种判断虽然并不行动，但它感兴趣的是"把判断当作现实的行为业绩"。判断本身也是一种行动，只有判断才是它的行动。这个红卫兵在网上发布他的忏悔录，这当然也是一种行动，你不要说它没有什么意义，它也是行动。所

以，这判断本身也必须被视为一种积极的思想行动，它是一种思想行动，"并且也具有一种积极的内容"。关键是后面这一句，"通过这个方面，在进行统握的意识中现成在手的矛盾及这意识与这矛盾的同一性都变得更加完全了"，也就是说，后面这种伪善仍然具有它积极的意义，前面已经批判了这种伪善，但是不要完全否定它。黑格尔有种辩证的眼光，一方面对这种伪善进行批判，但是另一方面他又看到它的积极意义，承认它具有一种积极的内容。在进行统握的意识中，矛盾以及意识与矛盾的同一性都变得更加完全了，注意这个地方，"更加完全了"，它不是说"完成了"，而只是说更加完全了。它是比较级，就是比以前更加完全一些，它更加接近于完成了。前面讲了，对于这种同一性，这个也不能完成，那个也不能完成，既不能通过坚持罪恶意识，也不能通过坚持普遍意识判断来完成对伪善的矛盾的消解。但是这样一种普遍意识的判断，这种道德意识的判断，虽然不能完成对伪善的消解，但是它使得这样一种同一性变得更加完全了。什么同一性呢？一个是"意识中现成在手的矛盾"的同一性，这个矛盾我们刚才讲了，就是一方面它说出来，另外一方面它又不做的矛盾，现在已接近两者的同一性了。再就是这意识与这矛盾的同一性，已经意识到这个矛盾，已经接受了这个矛盾，已经纳入了这个矛盾。在基督教忏悔意识里面，就是意识到了这个矛盾。人是有精神的，所以它去忏悔，但是它又是有限的，所以它不能通过忏悔而在现实中消除这种罪恶，它在现实中仍然是一个肉体的人，你要看清这样一个现实，你要意识到你的这样一个矛盾的处境。所以你这意识就与这个矛盾达到了同一性，这种同一性变得更加完全了。不是完全达到了同一性，而是变得更加完全了。既然变得更加完全了，它就可以成为一种引导，我们这一小节第一句话就讲到，"普遍意识的这种判断同时还有另外一个方面，从这一方面出发，它就成了对现成在手的对立加以消解的引导"，也就是对这个矛盾加以消解的引导。你已经意识到这个矛盾，那么你认同这个矛盾，你就使得你这种同一性变得更加完全了。这就向着最终达到这种同一性、恢复到同一性迈进了一步。所以它这是一个引导，接近于完成，但还没有完成。

——行动着的意识声称它的这个特定的行为就是义务，而评判的意识则不能否认它的这个说法；因为义务本身是一种没有内容却能具有任何内容的形式，——或者说，具体的行动由于它的多方面性而本身千差万别，它既具有一个被看作义务而存在的普遍的方面，同样自身中也具有一个构成个体的份额和利害关系的特殊方面。

它怎么变得更加完全呢？它前进了哪一点？下面就讲了。"行动着的意识声称它的这个特定的行为就是义务"，行动着的意识，不管你是说它是乡愿也好，是罪恶也好，它在行动的时候声称它的行为就是义务。你说它是乡愿，但是它自己说它是出于它的良心，是在完成它的义务，这是一方面，也就是一般的伪善。"而评判的意识则不能否认它的这个说法"，做评判的意识，你要进行道德判断，但是你也不能否认它就像它所声称的那样，是出于它的良心。当然从你的角度看，它就是乡愿，但是你也要考虑到它的角度，它的本心，它的确是出于良心在行动。为什么会这样呢？"因为义务本身是一种没有内容却能具有任何内容的形式"，这就是前面讲的，伦理义务和德行义务的区别。康德的为义务而义务，这是伦理义务，它是一个很抽象的法则，没有任何内容，但正因为如此，它却能具有任何内容，能够表现在各种德行义务中。所以一个人凭良心可以做这件事，另一个人凭良心也可以不做这件事，甚至做相反的事，问题不在于做什么，而在于怎么做，是不是凭良心做。所以你怎么能用一个特定的行为来否定他是凭良心在做事呢？康德的定言命令里面，黑格尔在很多地方都指出过，你可以把任何内容都填进去，都可以说是为义务而义务的，是按照普遍的法则、按照良心在做的。任何人都可以把自己做的任何事情都冠冕堂皇地说成是出于义务，因为义务本身是一种没有内容、却能够具有任何内容的形式。"或者说，具体的行动由于它的多方面性而本身千差万别"，每一个具体的行动都具有多方面性，所以是千差万别的。"它既具有一个被看作义务而存在的普遍的方面，同样自身中也具有一个构成个体份额和利害关系的特殊方面"，它在普遍的方面是与别的行动共同的，它具有一个被看作是义务的普遍的方面；但同时它也具有个别私利的特殊方面，这就各不相同了。每一个人在一个行动里面都有可能看出这个普遍的方面，只要你具有同情心，你就会理解，我在他那样一个地位也会那样做。你看这些贪官们，被审判、判刑，但是现在中国人都知道，我要处在他那地位，我也会贪，我甚至于比它更贪。所以贪腐也可以成为一个普遍的法则，甚至于成为一个定言命令，似乎谁不贪倒是天理不容了。的确在行贿或受贿的时候，人与人之间好像都在凭某种"义气"在办事，你今天不收我这个红包，就是看不起我了，就是不讲义气了。这个跟法庭上的讲法又不一样，被告会承认自己没有守住"道德底线"，那是对别人而言的，对自己而言，他是完全在按照某种良心办事。但好处受多了，底下的贪欲被激发起来了，有一天发现一个人没有送红包，你会感到不满，甚至会给人家小鞋穿，这就暴露出来，这里面同样也包含利害关系的特殊方面。每个人在行动里面都包含有一个个体的环节，有自己利害关系的份额，每一个具体行动都涉及到某个人的利益。所以在这行动中，义和利不是截然对立的，义务和利益可能同时都是具有的，看你从哪个角度去看。你从某个角度去看，你可以看出它完全出于义务，从另一个角度来看，你就会发现它其实是出于利益。义和利的关系不是熊掌和鱼怎么选择的关系，而是杂在一起分不开的，或者说就是一回事，是同一个东西。

现在进行评判的意识并不停留在义务的那一方面，并不停留在行动者的这种认知：以为这认知就是行动者的义务，就是它的现实性的关系和状况。

"现在进行评判的意识"，就是进行道德评判的意识。评判，德文 beurteilen，和这个判断 Urteil 是同一个词根，但也有一点区别，就是前者带有一点间接性，它不是直接做判断，而是做评判。这种评判的意识"并不停留在义务的那一方面"，道德判断本来就是从普遍意识来进行评判的，那就是从义务那一方面来做评判了；现在呢，它并不停留在义务的那一方面。因为你要对一个具体的事情进行评判，你要看到它是多方面的，每一个行动，它都涉及方方面面，包括各个方面的利害关系，你都要全面地考察到，不能仅仅停留在抽象义务的方面。"并不停留在行动者的这种认知：以为这认知就是行动者的义务，就是它的现实性的关系和状况"，这就是书呆子气十足了，就是把对于义务的原则的认知当作行动的现实性关系了。这就是前面讲的在思想中进行评判，"把这种判断当作现实的行为业绩"，里面包含有一种伪善。这种伪善就是把为评判而评判当作自己的行动，其他的行动一概不做。现在评判的意识不满足于这个了，不再停留在行动者的这种把理想当现实的抽象认知，它要往前再跨一步了。

相反，它坚持的是另一方面，把行动的作用归结到内心，并从行动中那与行动本身不同的**意图**和自私**动机**来解释行动。

前面讲，具体的行动"既具有一个被看作义务而存在的普遍的方面，同样自身中也具有一个构成个体份额和利害关系的特殊方面"。上面讲的是它的前一方面，而现在它不满足于停留在这个普遍义务方面了。"相反，它坚持的是另一方面，把行动的作用归结到内心，并从行动中那与行动本身不同的**意图**和自私**动机**来解释行动"，前面是把义务当作一种认知，以为这认知就是行动者的现实关系和状况；而这里则是把行动归结到内心。就是你不是凭借普遍义务去外在地批判一个行动，说它怎么不道德，而是把眼光对准内心的动机，看它究竟是怎么想的。这个批判因此就转入到了内在方面。它不再是停留在外在方面，看这个行动究竟是恶还是善，而是联系到内心意图来批判了。一般来说，批判的意识在批判伪善的时候，有两种批判方式，一种是批判行动本身的外在效果不符合义务，与行动者所宣称的道德目的不相称，或者说，他所许诺的道德行动并没有做出来，而是如前面讲的"缺席"，他是打着道德的旗号却不干道德的事情，所谓"沽名钓誉"或"挂羊头卖狗肉"；另一种则是直接批判行动者的内心动机不纯，不管他做出来的事情怎样，哪怕他做的是好事，反正他是出于自私的目的。于是就用这个恶的意图来解释他的行动，比如说给那些慈善家戴上一顶"炒作"的帽子，说他做的这件事情其实背后是别有用心、另有所图的。这就是批判乡愿的另一种方式，从批判外在效果转到了批判内在的自私的动机。

正如每一个行动都能对它的合乎义务性加以考察那样，每一个行动也都能对其**特殊性**做与此不同的考察；因为它作为行动就是个体的现实性。

根据上面讲的，这就是道德批判所能够着眼的两个方面。"正如每一个行动都能对它的合乎义务性加以考察那样"，这是一个方面。对一个行动，一方面你可以看它是不是合乎义务，它做的事情是不是合乎义务；另一方面，"每一个行动也都能对其**特殊性**做与此不同的考察"，特殊性打了着重号。前一方面是以普遍义务为标准来衡量，这一方面则是着眼于行动的特殊性，这种考察就与前面那种考察不同了。这就是要追究这样一种行动特殊的目的何在，要考察它的内心动机。"因为它作为行动就是个体的现实性"，因为作为现实的行动，它就是个体的现实性，它是每个人都不同的。

——所以这种评判就是把行动排除出自己的定在之外，并使之反思到内在的东西，或者说反思到自己的特殊形式。

"所以这种评判就是把行动排除出自己的定在之外"，现在就不考虑行动了，只考虑动机。行动再好，动机不纯，也不被认为是符合义务的，反而被认为是伪善。自己的定在这时就只是内心的意图，而与外在的行动和效果无关。"并使之反思到内在的东西，或者说反思到自己的特殊形式"，从这个行动里面反思到它的内在的动机，也就是行动者的特殊的形式。把行动本身挂起来，悬置起来，批判意识考察的对象现在转入到了内心，追究它到底是怎么想的。这是这种道德评判的一种深化，也就是进入到了一种诛心之论。在这方面，道德判断和前一方面相比，可以说是一种"积极的思想"，因为它深入到了人心可能有的真实状况；而前面那种援引普遍义务来批判行动本身的方式，仅仅限于效果上的不能兑现，是一种比较外在的对伪善的批判，只具有消极的内容。现在这种批判的积极内容不是那种外在的大道理，而是深入到具体的每个个体的现实性里面去，使之反思到内在的东西，反思到自己的特殊形式。你做的什么事情现在我们已经不管了，我们要看的是，你是出于什么样的目的来做这件事。而这样的眼光是可以针对任何一件事的，不论它做出来是好事还是坏事；前面那种方式则只能用于针对坏事的场合，也就是所宣称的好事实际上缺席的场合。

　　——当行动伴随有名誉的时候，评判的意识就把这个内在的东西当作**沽名钓誉**来认知；——当行动合乎一般个体的身份等级而并无僭越，以至于具有这种性状，即该个体性拥有的等级并非附加于其身的外在规定，而是由其自己施行的这种普遍性，并正因此而显示该个体性有能力做一件更高尚的事时，这判断就将该行动的内心作为好大喜功的野心来认知，如此等等。　　[172]

　　这就是举例说明了，这些例子表明无论你做了任何事情，都逃脱不了这种诛心之论。"当行动伴随有名誉的时候"，你做了件行动，这件行动给你带来名誉，显然这是件好的行为，因此大家都在称赞你，这时候，"评判的意识就把这个内在的东西当作**沽名钓誉**来认知"。刚才讲，评判的意识已经把行动排除出自己的定在之外了，这个行动究竟带来什么好处，它已经不管了，它现在要追究的是你出于什么动机。你的行动带来了名誉，那么评判的意识就是说你为了沽名钓誉，是为了炒作，是求名、虚荣等等。那么只要它有荣誉，评判的意识就把这个行动的内在动机当作是沽名钓誉来认知，这个总是万无一失的，而被批判的人则百口莫辩。再一个例子就是，"当行动合乎一般个体的身份等级而并无僭越，以至于具有这种性状，即该个体性拥有的等级并非附加于其身的外在规定，而是由其自己施行的这种普遍性，并正因此而显示该个体性有能力做一件更高尚的事时"，这句子太长了。就是当这样一个时候，当……时，什么

467

时候呢？"当行动合乎一般个体的身份等级而并无僭越"，你这个行动合乎你的身份等级，社会等级，而并无僭越，你的行为是很得体的，并没有僭越你的身份。"以至于具有这种性状，即该个体性拥有的等级并非附加于其身的外在规定"，就是你的这个社会等级并不是一个外在的规定，并不是由国王授给你的一个什么头衔，一个什么级别。"而是由其自己施行的这种普遍性"，你的这个身份、这个等级当然是普遍的了，是一种中规中矩的行为方式，像个上流社会的绅士。下层社会则没有这种规矩，而是为所欲为、乱来的。所以西方上流社会被称之为普遍性的阶级，与一般乌合之众是判然有别的。但是这种普遍性不是该个体的头衔带来的，而是由他自己在行动中实行的，他做了合乎他身份的事情，没有玷污绅士的名声。"并因此而显示该个体性有能力做一件更高尚的事"，因为你以自己的行动展示了自身固有的这种合乎你身份的普遍性，所以就表明你有能力做一件比你的身份更高尚或者更高贵的事情，即超越你的等级的事情。比如说，你不是一般的绅士，你可能被推崇为英雄，成为一切人追求和羡慕的伟人或楷模。你的行为方式证明你有能力获得更高贵的荣誉。当这个时候，"这判断就将该行动的内心作为好大喜功的野心来认知"。一个人哪怕地位不高，但他不搞歪门邪道，凭自己的能力去挣得自己的等级和荣誉；而我们做道德判断的人却仍然可以把他这样一个行动的内在动机说成是野心。这方面最典型的就是拿破仑了，拿破仑从一个小小的士兵，一个下士，后来凭自己的能力当上了统帅，当上了皇帝，被法国人推崇为民族英雄；但就这样也免不了有人说他无非是个野心家，投机分子。连拿破仑都不能幸免，那么推而广之，任何一个人的行为都可以这样来评价。

由于行动者在一般行动中达到在对象性中来直观**他自己**，或者说在他的定在中达到了对他自己的自我感，从而得到享受，所以这判断就把内在的东西作为追求自身幸福的冲动来认知，哪怕这幸福只在于内心的道德虚荣、在于对自己的出类拔萃的意识的享受、在于对未来幸福的希望的预先品尝也罢。

　　这个跟上面举的例子是一个意思。"由于行动者在一般行动中达到在对象性中来直观**他自己**"，凡是行动者在一般行动中都有这样一个层面，就是在这时他都会在对象性中直观自身，这是人之常情。他做出一个行动，他就会在其中直观他自己，人都有这样一个方面，因为他做任何行动都是有意识有目的的，目的的实现就是他自己的实现。"或者说在他的定在中达到了对他自己的自我感，从而得到享受"，"自我感"和"享受"都是出自对他自己的直观，都是直观他自己。由于行动者都是这样的，在他的行动中，一切目的的实现从客观上来说都会得到享受，总会有种成就感嘛。他做一件事情做成了，他就会有成就感，那么这种成就感就是一种对他自己的直观或享受。"所以这判断就把内在的东西作为追求自己幸福的冲动来认知"，既然如此，道德判断就免不了会把一种行动的内在的东西当作追求自身幸福的冲动来认知，一般来说这也不错。因为他得到了享受嘛，他享受了自我，他有一种成就感，那岂不是有一种幸福吗？所以，所有的行动我们的判断都可以把它看作是一种追求自己个人幸福的冲动，说你无非就是为了追求自己的幸福嘛。"哪怕这种幸福只在于内心的道德虚荣"，不一定是物质幸福，可能就是种荣誉，一种虚荣心，花大量的钱去满足自己的荣誉欲，甚至赔上性命，只要自己觉得很光荣。"在于对自己的出类拔萃的意识的享受、在于对未来幸福的希望的预先品尝也罢"，泰坦尼克号上的那些绅士宁可放弃自己的生命，也要保持自己的高贵意识，他们临死前都在享受这种意识。再就是对未来幸福的预先品尝，例如那些宗教殉道者，怀着幸福的希望赴死。这些人一般应该作为道德楷模而被人景仰，在道德上没有什么可挑剔的，但还是有人会钻牛角尖，说他们内心并不是不食人间烟火的，而是有自己的小算盘的，有利害考虑的，只不过他们考虑得更精致、更聪明、更长远而已。精神上的享受也是一种享受，虽然它更高级，但仍然是自私的，他们所标榜的大公无私都不过是高级的伪善而已。中国古代也有些忠义之士抬着棺材去向皇帝进忠言,就这样也还是有人说他是"卖直",为自己谋死后的名声。你可以说这种道德批判完全是以小人之心度君子之腹,很卑劣,但你不能不承认他们说的也并不是没有道理。撇开作评判的人本身这种居高临下的廉价的伪善不谈,他们所批评的对象的确在内心方面也是深不可测的,这种批评是没有办法用明摆着的事实来反驳的。

　　——没有任何行动能够逃脱这样的评判,因为像为义务而义务的纯粹目的是不现实的东西;目的在个体性的行为业绩中拥有自己的现实性,而行动本身也借此而拥有特殊性的方面。

　　"没有任何行动能够逃脱这样的评判",这就把上述情况普遍化了,所有的行动都是这样的,都逃不掉这样的批判。你可以说批评者是"站着说话不腰疼",但你还得承认他说的话没有办法反驳。"因为像为义务而义务的纯粹目的是不现实的东西",像康德所提倡的那种没有任何现实目的的考虑而纯粹为义务而义务的行为实际上是没有的。任何一个人的行动都可以从他的内心动机方面来分析,都是为了物质上或精神上的自我享受,总而言之都是为了享受。所以人是脱离不了追求愉快的本能的,这就是人的天生有限性的表现。"目的在个体性的行为业绩中拥有自己的现实性,而行动本身也借此而拥有特殊性的方面",个体的行动,只要它做出了行为业绩,实行出来了,它就是现实的,它就具有这样一种特殊的目的。所以诛心之论是最容易的,它不需要任何证据,因为人的本性的确决定了他的一举一动都包含有自己的特殊目的、自己对某种愉快的追求,没有人是圣人。

　　"侍仆眼中无英雄";[1] 但这并不是因为英雄不是英雄,而是因为侍仆

————

[1]　这里引用了一句法国成语,语出柯尔尼夫人 (Madame Cornuel, 1614—1694),据考证出自《阿依莎小姐致卡兰第尼夫人的信》(1728):"我提请您注意柯尔尼夫人所说过的话:'除了侍仆以外,没有英雄,而在这些侍仆的同时代人中,没有教父。'"一个当时的可以使我们追溯到黑格尔的德语证据是在荷夫迈斯特版 (第 468 页) 中提供的,即在歌德的小说《亲和力》(1809) 中 (第二部分,第 5 章,载《歌德全集》魏玛版,第一部分第 20 卷第 262 页) 说:"人们说,侍仆眼里无英雄。"——丛书版编者

就是侍仆，和侍仆打交道的英雄不是作为英雄，而是作为一个在吃饭的
人、在喝水的人、在穿衣服的人，总而言之，是在需要和表象的个别性中，
来和他打交道的。

　　"侍仆眼中无英雄"，这里有个注，说明这是一个法国成语。1787 年
在巴黎出了一本书，叫《阿依莎小姐致卡兰第尼夫人的信》，伏尔泰他们
对它都有评论，里面引用 17 世纪的一位柯尔尼夫人的话，传为"侍仆眼
中无英雄"。但是黑格尔在后面加了一句："但这并不是因为英雄不是英
雄，而是因为侍仆就是侍仆。"这句话在黑格尔的《历史哲学》里面也引
用了，并且后来连歌德也采纳了黑格尔这个思想，黑格尔颇为之自豪。①
虽然"侍仆眼中无英雄"这个不是黑格尔提出的，但后面的解释是黑格尔
提出的，英雄之所以不是英雄，是因为侍仆只是侍仆。英雄当然还是英雄，
但是他有两方面，有表现在外的英雄行为那一方面，同时呢，他也有不是
英雄那一方面，我们通常把这一点简化为：英雄也是人，或者说，伟人也
是人。这个道德评价就比较全面了，一方面看到他是英雄，另外一方面
看到他也是人，是一个普通人。在侍仆眼中，英雄"是作为一个在吃饭的
人、在喝水的人、在穿衣服的人，总而言之，是在需要和表象的个别性中，
来和他打交道的"，这当然不错。但是侍仆怎么也无法看到英雄作为英
雄的一面，因为他关心的只是英雄的作为凡人的一面。

　　这样，对于评判而言，没有任何行动是它不能从中找出个体的个别
方面去和行动的普遍性方面相对立、并在一个行动者面前造就出一个道　{359}
德的侍仆的。

　　这是一个总结。"同样，对评判而言，没有任何行动它不能从中找出
个体的个别方面去和行动的普遍性方面相对立、并在一个行动者面前造
就出一个道德的侍仆的"，就是说任何行动，即使它有它的普遍性方面，
即英雄就是英雄，但是对于道德评判者而言，却总是能够从里面找出个

_____

① 　可参看 [德] 黑格尔：《历史哲学》，王造时译，三联书店 1999 年版，第 33 页。

体的个别性方面,去否定它的普遍性方面。比如他的个人野心啊,他对幸福和享受的追求啊,他的欲望啊,他的各种各样的冲动,本能,不冷静的性格等等。这些都是和行动的普遍性方面相对立的。任何一个行动者都是一个矛盾体,他有普遍性的方面,也有个别性的方面,所以你总能找出他的个别性方面,并且长此以往,在这个行动者面前,就造就出了一个道德的侍仆。一个侍仆如果从道德的眼光来评价的话,那么他对他的主人的评价肯定不会很高,他甚至会奇怪他的主人凭什么能够成为人们崇拜的英雄。以小人之心度君子之腹是常态,任何一个大人物,你都可以从小人之心来看他,这种眼光是有它片面的道理的。黑格尔是很有一点小人之心的,他从来不怕做小人,他每天对家庭开支自己记账,还和他的女仆有一个私生子。但同时他也承认伟人的伟大,不因这些小节而掩盖伟人的光辉,他知道小人要借自己的狭隘眼光否定英雄的存在,无非是出于嫉妒。在《历史哲学》里面他批判了这种小人之心,认为这种小人之心不能把握历史,是由于嫉妒心和目光短浅而遮蔽了自己的眼睛。当然他们的道德评判也不是没有道理,而且道德评判能够进入到这样一个现实性的层次,倒也不失为一种进步,而且会产生出积极的结果,这是后面接下来要讲的内容了。今天就暂时讲到这里。

*　　　　　*　　　　　*

好,我们上次讲到道德评判。我们做道德判断,看起来好像很容易的,就是反正对人家做的事情我们从固定的标准出发,追究它的动机,也就是我们通常讲的诛心之论,这是不用调查取证,傻瓜都能做的事。任何事情我们从它的动机出发,追究它的目的,追究它的立场,追究它的意图,由此来对整个行动进行评判。当然这是一种伪善的做法,盛行于中国两千年传统、“文化大革命”时期和当今网络。这样一种评价作为一种道德评价,只要占领了道德制高点,就可以对一切对象,一切人,任意作出自己的评判和指责,以显得自己比别人高尚。黑格尔在上面对伪善做了一些批评，但是他又讲有两个不同层次的伪善，高层次的伪善是超越于事情的定在、超越于事情的客观性而追究人的本心，这样一种诛心的伪善有它的积极一面。我们上次讲的这个最后这一段，一开始就讲到了，"但这种判断也必须被视为一种积极的思想行动"，具有一种积极的内容。但是他在那里还没有直接谈到它的积极内容是什么，只是对它进行了一种描述，就是说任何一种行动里面都可以找到它的自私的动机，比如说沽名钓誉啊，或者野心勃勃啊，你都可以从这方面批判它。最后黑格尔举了一个成语，"侍仆眼中无英雄"，因为英雄他也是人，所以我用人的眼光去猜度他的内心，我会发现他和我一样的不堪，这就是奴仆的眼光，也就是我们通常讲的，以小人之心度君子之腹。但这样一种评判究竟有什么样的积极意义，这里还没有讲。今天我们讲的这一段就开始把这个积极意义阐发出来了。

　　<u>因此，这种评判的意识本身就是**卑鄙的**，因为它把行动割裂开来，制造出行动自身和自身的不同一性并加以坚持。</u>

　　"因此，这种评判的意识本身就是**卑鄙的**，它把行动割裂开来，制造出行动自身和自身的不同一性并加以坚持"，这还是讲这种评判的意识本身是卑鄙的，是以小人之心度君子之腹。就是说，人家做了一个行动，你就把它割裂开来，不去看这个行动本身，比如说英雄行为，而是去追究它的动机，说他作出这个行为是有野心的，好大喜功，是自私的。这样就把别人拉下来了，把这些崇高的，英勇的，高尚的行为拉到了和自己同样的水平，把人家的行为割裂成两半，并抓住其中不好的一半加以强调，这是一种卑鄙小人的做法。

　　此外，它又是**伪善**，因为它不是用这样一种评判去替换作恶的**另一种样式**，而是把它冒充为对行动的正当**意识**，在它作为得道者和纠偏者的这种非现实性和虚浮性中，它把自己抬到那些被贬低的行为业绩之上，并且极力想把它的不兑现的话语当作一种超凡的**现实性**。

这里就进一步指出这种卑鄙的做法实际上是一种伪善。"此外，它又是**伪善**"。前面的卑鄙和这里的伪善都打了重点。为什么是伪善？"因为它不是用这样一种评判去替换作恶的**另一种样式**"，另一种样式（Manier，又译风格）打了着重号。就是说，它并不认为自己这样的卑鄙的行动是一种不同样式的恶。当它用这样一种恶去评判人家时，其实不过是用一种恶的样式替换了另一种恶的样式，本来应该这样来看。你自己这样一种眼光很卑鄙，说人家做的事情有恶的意图，那么你呢，你这个意图同样也是恶的，好不到哪里去。但它并不这样看，它绝不只是简单地用这样一种评判去顶替作恶的另一种样式的位置，"而是把它冒充为对行动的正当**意识**"，"正当意识"打了着重号，和恶的"另一种样式"相对照。就是说，我对你的恶做出批评，那么我就占领了道德制高点，对恶的批判本身就好像是一种善了。其实当然不是的，因为对恶的批评完全有可能是另外一种恶，是两种不同的恶。但是，在这种伪善这里呢，我把自己假装成一种正当意识。我把这种恶揭穿了，那么我就具有道德上的评价权，我就是一个道德评价者，是一切道德的裁判者。所以这一节讲的是"道德判断"嘛，我占据的是正当意识这样一个制高点，取得了正人君子的地位。"在它作为得道者和纠偏者的这种非现实性和虚浮性中，它把自己抬到那些被贬低的行为业绩之上"，所谓"得道者和纠偏者"，原文为Gut-Besserwissen，字面意思是"优秀的和更好的认知"，Besserwissen也有自以为是、教训人的意思，这里是意译。这个地方当然是讽刺性的，自以为自己具有优秀的认知就可以训人、可以批判别人了，这是一种非常虚假的非现实的意识。实际上它自己的意图也是恶的，没有资格教训别人。但是它把它吹嘘成一种得道者的自傲，表现了一种自以为是和爱教训人。它把自己从道德上抬到那些行为业绩之上，人家做出了行为业绩，它不去做也做不了，只是袖手旁观，指手画脚，但却借此把自己抬到那些被它贬低了的行为业绩之上。"并且极力想把它的不兑现的话语当作一种超凡的**现实性**"，这就是站着说话不腰疼了，它说话不负责任，还自命清高，好像自己在旁边说了些空话就起了一种超越凡尘的现实作用，甚至把那些伟人和英雄都降到了自己之下。你看我多么高超，只有我能够对他进行批判，我的批判就是我所作出的贡献。虽然我什么也没干，但是我揭发了人家的狼子野心，只有我这个得道之人才看得出这一点，这就是我的贡献，起了一种现实性的作用。

　　——所以这样一来，在使自己和它所评判的那个行动者同一起来时，　[173]
行动者就被评判意识认作和自己是一回事了。

　　"所以这样一来，在使自己和它所评判的那个行动者同一起来时"，就是做判断、做评判的这个意识，在对这个行动者加以评判的时候呢，"行动者就被评判意识认作和自己是一回事了"，就使自己和那个行动者同一起来了，就把行动者拉到了和自己同一个水平。我在对它做判断，那么行动者不管多么高尚，多么英勇，但是它和我是同一个水平。行动者在那行动，评判者什么也没干，在那里指手画脚，然后呢，通过它的评判呢，行动者就被看作是和自己同一了。人家在做一件伟大的事情，但是你在旁边你什么也没干，但是你可以评判它，你可以指责它，那么它跟你就处在同一个水平。

　　评判意识不仅发现自己被行动者统握为一种异己的和与自己不同一的东西，而且反过来觉得行动者按其特有的性状是和自己同一的。

　　"评判意识不仅发现自己被行动者统握为一种异己的和与自己不同一的东西"。评判意识发现自己被行动者"统握为"，也就是理解为，一种异己的和与自己不同一的东西，因为评判意识在评判这个行动者的时候，它发现这个行动者不买账。你去对它指手画脚，当然你对它是一种异己者、外来者了，行动者肯定会认为你与它是不同一的。行动者在那里，它自认为在做一件伟大的行动，你在旁边指手画脚，横加指责，那么行动者当然就把你理解为一种异己的、和自己不同一的东西，一种光说不练的假把式。前面讲了，任何一件行动，你都可以找到它的个人动机，说它是居心不良的，主观意图是自私的，而且它的确有自私的一方面，没有自

私的一方面它干嘛行动呢？行动都是个别者的行动，个别者的行动就是
自私的行动，哪怕这个行动看起来大公无私，也是为了满足自己的荣誉
欲或者更高精神层次的幸福。但你指出这一点，你就和行动者等同起来
了？这是行动者不买账的，它仍然把你统握为一种异己的和与自己不同
的东西，因为毕竟，它才是英雄，而你是小人。而评判意识也发现了行动
者不会买账；但是它不仅发现了行动者不买账，"而且反过来觉得行动者
按其特有的性状是和自己同一的"。就是说你不买账不要紧，但是我知
道你其实没有什么了不起，你这个行动者按照你特有的性状，也就是按
照你的个别性，和我也没有两样，甚至比我还不如。黑格尔在《历史哲学》
中说："历史的人物在历史的文学中，由这般懂得心理学的仆从伺候着，
就显得平淡无奇了。他们被这些仆从拉下来，拉到和这些精通人情的仆
人们的同一道德水准上——甚或还在那水准之下几度。"① 就是这些评判
者的写照。

　　**通过直观这种同一性并把它说出来**，评判意识就向行动者**招认**了自
己，并且同样期待另一方就像它实际上已把自己置于与之同一中那样，
也会用它所说的这种**话语**来回报它，也会在这话语中说出它的同一性，
从而产生出那承认着的定在来。

　　"通过直观这种同一性并把它说出来"，这是评判意识了，评判意识
直观到了双方的同一性。虽然行动者不承认，但是我看到了，我已经直
观到了你是作为一个个体在行动，那么你肯定有你的性状，那么我把你
这个特有的性状放到和我特有的性状同一水平上来评判，那是没有错的。
那么，我直观到这种同一性并把它说出来，"说出来"打了着重号，这样一
来，"评判意识就向行动者**招认**了自己"。当它以小人之心度君子之腹并
且就这样说出来的时候，它恰好向行动者招认了自己，"招认"打了着重
号。就是说它实际上暴露了自己是小人了，并且承认自己是小人了。你

————————
① ［德］黑格尔：《历史哲学》，王造时译，上海书店出版社1999年版，第33页。

说人家是自私的,恰好说明你自己是自私的,说人家好色,恰好暴露了你自己好色。这就叫作"舍得一身剐,敢把皇帝拉下马",你把自己的道德水准摊开在别人面前了,不失为一种自我牺牲。那么这种牺牲会要求回报,也就是在这种牺牲的同时,"并且同样期待另一方就像它实际上已把自己置于与之同一中那样,也会用它所说的这种话语来**回报**它"。我已经说出来了,我招认了自己,我就是这么个下作的人;你说我小人之心,我就是小人之心,我是真小人,你是伪君子。我把我的不可告人的心思暴露出来了,在评判你的时候,把我的水平也暴露出来了,那么我期望的是你也放下身段,把你暴露出来好不好? 我在批判你的时候,我用一种很下作的眼光去批判你的时候,你也不要装崇高好不好? 你也把你的下作的地方暴露出来行不行? 当我在评判人家的时候,我说出了这样一种话语,我用这种话语把我跟对方的同一性说出来了。我是这样的,你也是这样的,所以我才可以评价你啊。我可以追究你的私心,因为我就是有私心的,我坦白出了我的私心,那么你能不能也用这样一种话语来回报,也坦白你的私心呢? 如果你用同一种话语来回报,你说是的,我是这样,你也是这样,你说我很卑鄙,我说你同样卑鄙,那我们就扯平了。这样,对方就"也会在它的话语中说出它的同一性,从而产生出那承认着的定在来"。如果行动者能够用同样的话语来回报他,就是说你指责我,我不否认,因为你的指责是没法否认的,因为每个人都有私心。伟大的人物也有私心,英雄也是人嘛,应该承认这一点,任何一个伟人都应该承认这一点,哪怕他被小人所指责,他也要承认,自己确实有小人指责的那一方面。当然他也可以说,你之所以指责我,是因为你是小人,那么这就扯平了,你指责我,我也指责你,那么我们彼此彼此。我们都不否认对方的指责是对的,但是都以对方出自于小人之心来批判对方,来贬低对方,但在这种互相斗嘴中,双方就打成了平手,每一方无形中承认了自己和对方是一样的。这会在话语中说出双方的同一性,从而产生出那承认着的定在来,也就是产生出一种现实的互相承认。你要觉得自己伟大,自己光荣,自己不得了，大公无私，那我们就互相承认不了，那就是两种人了，一种小人，一种君子，互相对立。但是你再怎么伟大，你也得承认自己有小人的一面，有普通人的一面，如果你承认这一点，那我们就有话说了，我们互相就承认了，我们就获得了一种承认的话语，产生了一种承认的定在。

它的供认并不是在与他者的关系中的一种贬低、屈辱、破罐破摔；因为这样一种言说并不是一种会导致它建立起自己与他者的**不同一性**来的片面的言说，相反，仅仅是为了直观到他者和自己的**同一性**之故，它才显露出自身来，在它的供认中从它这一方面说出**双方的同一性**，而它之所以要说出这一点，是因为语言就是作为直接自我的精神**定在**；所以它期待他者也会对这种定在做出自己的贡献。

"它的供认并不是在与他者的关系中的一种贬低、屈辱、破罐破摔"，它，也就是评判的意识，供认自己是小人，是流氓，但这并不是在与他者的关系中对自己的一种贬低、屈辱或破罐破摔。就像王朔说，"我是流氓我怕谁"，你千万不要以为他这是在贬低自己，或者破罐子破摔，不是的。他的意思其实是说，大家都不要装，大家都是流氓，我不过说出了大家的心里话。"它的这种言说并不是一种会导致它建立起自己与他者的**不同一性**来的片面的言说"，它在这样说的时候并不是只说了自己这一方，好像说我只把自己贬低了，那你就显得很高大了，那我跟你相比就很屈辱了，我就是自暴自弃了，不是这样。当我说我是流氓的时候，并不是说只有我是流氓，你们都是好人，他不是这个意思。如果是这个意识，就会导致它建立起自己与他者的不同一性了，而它恰好是要说，大家都彼此彼此。"相反，仅仅为了直观到他者和自己的**同一性**之故，它才显露出自身来"，它的现身说法，正是要表明大家都具有同一性，都是小人而已。为了这个目的，它才敢于公开承认自己是流氓，而当他说出我是流氓的时候，他自己觉得自己才是很了不起的，不要以为他在自暴自弃。他暴露出自己的真相是为了显露出大家的真相，所有人的真相。"它在它的供认中，从它这一方面说出**双方的同一性**"，双方的同一性打了着重号，他为此甚至有种自豪感，觉得只有我敢于做出这种牺牲，让大家都撕下自己的假面具，在世界上真实地做人。"而它之所以要说出这一点，是因为语言就是作为直接自我的精神**定在**"，这就显出语言对于塑造精神的重要性了。当所有的人都默不作声的时候，有一个小孩喊出"皇上什么都没穿啊！"这就造成了一个精神的定在。而王朔说，我这么好的人，连我都是流氓！这也塑造了一个精神定在，使所有的人都瞬间意识到了自己的同一个真相。评判的意识供认自己是小人，这就从它这一方面说出了对方、说出了大家共同的同一性，使大家都意识到同样的一个自己。有人会说，你可以不必说出来嘛，你是流氓你自己放在心里就是了，为什么一定要说出来呢？他一定要说出来，因为语言是作为直接自我的精神定在。他不说出来，他的精神不能固定在一种定在上，不能借此传播开来，得到他人的承认，这种隐含的精神就会消散于个体内心的黑暗深渊中，得不到现实的存在。所以他一定要把它表达为语言，才能够确立起精神的定在来。这个第三大节的标题是"对自身具有确定性的精神；道德"；道德评判是一种对自身具有确定性的精神，那么对自身具有确定性的精神靠什么来确定呢？就是靠语言。你不说出来，那是确定不了的了，那自我意识就没有根，只可意会不可言传了，自我意识就得而复失了。王朔的功劳就在于他说了，而且写成了书，而且卖得挺好。他对中国人的自我意识作出了很大的贡献，在中国历史上还是没有过的。中国历史上没有王朔这样的，说我就是流氓，庄子也不这样说，庄子觉得自己是高人。只有杨朱说自己"拔一毛利天下而不为"，这就到顶了，被骂个臭死，其实他说得很文雅，并不流氓。王朔就说我是流氓。当然王朔也认为自己是高人，他意识到只有自己说出来了，当然很高；但是他把它变成语言了，不管他自认为如何，这句话就是他的伟大的功劳。那么，既然他说出来了，"所以它期待他者也会对这种定在作出自己的贡献"，我已经说出来了，那么你能不能也说说？语言是大家的，我把它变成语言了，大家都可以说，你能不能也给予回应？给予承认？你如果给予回报，那么我们就在语言上达成共识了，就能建立起同一性了。这就是评判的意识了，道德评判一般来讲，专门从道德上贬低别人，是虚伪的，是卑贱的，是下作的；但是，实际上又是一种忏悔。这里讲的招认，供认，招供，其实都是忏悔，它初步建立了一种忏悔意识。当然王朔最后觉得自己很高，那就又离开了忏悔意识，回到庄子去了，他觉得自己看穿了一切，还是高人，这方面有中国文化的底色在里头，有他固有的局限性。但是他毕竟推进了一步，他作为"高人"来说，已经到了极低的极限，已经到底了。如果能够从这里面再突破出来，觉得即使自己说出了"我是流氓"，我也不是高人，而只是提供了人都必须要忏悔的理由，如果突破这一层的话，那就真是忏悔意识了。所以王朔在忏悔意识方面还缺一步，他没有达到忏悔意识，相反，他还理直气壮："我是流氓，我怕谁！"如果你真的觉得自己是流氓，并且从中生出一种忏悔精神，那就是对中国人的人性的一大推进。当然如果那样的话，他的书也不会卖得好了。大家之所以喜欢读他的书，主要还是因为他让大家都理直气壮了，基本上未能逃出中国传统不知忏悔的痞子精神。① 上面一段其实已经接触到了这种伪善的积极意义了。这种道德评判尽管它是伪善的，但是它有它的积极意义，它说出了真实的东西，那就是忏悔。

　　然而当恶者坦白承认："**我就是这个样子**"之后，跟着而来的并不是同这一样的供认的回应。行动者对那种判断从来都不曾采取过这样的态度；恰恰相反！它拒绝了这种共同性，它是本心坚硬的自为存在，并废弃了它与他者的连续性。

　　"然而当恶者"，恶者就是这个小人了，就是以小人之心对别人妄加评判的意识。这是一种伪善，当然就是恶者了。"然而当恶者坦白承认：'**我**

---

①　参看拙文《王朔与中国文化的底线》，载《世纪之风》（个人文集），湖北人民出版社2014 年。

**就是这个样子**’之后，跟着而来的并不是同这一样的供认的回应”，王朔说，我就是流氓，没有人回应他。大家都喜欢看他的书，心里都知道，但是没有人站出来说，我也是流氓，我们大家都是流氓。王朔说我是流氓，大家都把他当作是说假话，当作气话。王朔说气话，他被气坏了，所以他说出这样的话来解气。我们把他的话当作一种笑话来欣赏，把他当作讽刺大师来欣赏，但是没有人跟着他说，你是那样的，我也是那样的，没有人跟着来。谁跟着他这样说，谁就会被当作"傻冒"。"行动者对那种判断从来都不曾采取过这样的态度；恰恰相反！它拒绝了这种共同性，它是本心坚硬的自为存在，并废弃了它与他者的连续性"，行动者不受这种评判的影响，评判者坦白招认了，但是行动者对此无动于衷，从来没有像判断者那样，承认我就是那个样子，像判断者自供那样报以同样的供认。恰恰相反，它拒绝了这种共同性，它会说，我和你们不同，你们都是真小人，我是真君子。卢梭的《忏悔录》说，我做了这么多坏事，我就是这个样子，我一点都没有加以掩饰，我赤裸裸地摆在你们面前了，你们看着办。但是我要告诉你们，有一天，当我们都站在上帝面前的时候，我可以自豪地说，你们哪个比我更好！当然他是诉诸上帝，在面对上帝的时候，他是有信心的，他知道我们都是这个样子，凡人都是这个样子。所以他是当作一种同一性、共同性说出来的，不是一种个人的忏悔，不是片面地从对自己的批判来说的。但是行动者并没有这种忏悔精神，他从来没有采取过这种态度，他拒绝与其他人的共同性。判断者说我就是这个样子，我就是小人，他期待你也承认你是小人，既然我承认了，你也得承认。但是，行动者就是不承认，我和你不一样，你是小人，我是君子。它是本心坚硬的自为存在，自为存在就是独立存在了，我不受你影响。并且我跟你没有关系，你是你，我是我，我们中间没有联系，没有连续性，没有共同性，没有相通性。忏悔精神在行动者这里遭到了拒绝。

　　——这样一来，情况就倒转了。那坦白招供者看到自己碰了钉子，看到这个他者的不公正，这个他者拒绝把自己的内心表露在话语的定在中，而以自己灵魂的优美去反衬恶者，以说一不二的性格的坚强不屈、以矜持而不迁就别人的缄默，去反衬那种忏悔的态度。

就是说你对他展示自己，你表示了一种坦白，一种自白，但是对方不接受，那么"这样一来，情况就倒转了。那坦白招供者看到自己碰了钉子，看到这个他者的不公正"。你在对方那里碰了钉子，你承认自己是小人，指望对方也承认自己是小人，但对方却不承认。你本来并不是要贬低自己，而是要揭发一个共同的事实，但是对方拒绝加入这种共同性，于是你看到了这个他者的不公正。本来好像是你不公正，你老是要追究人家的内心动机，以便凌驾于他者之上；但是现在当你想要和他平起平坐时，倒是他者不公正了。"这个他者拒绝把自己的内心表露在话语的定在中"，你想和他掏心窝，说心里话，人家却不买账。现在显得不公正的是这个他者，也就是这个行动者，他拒绝把自己的内心用话语表露出来。他内心肯定有私心的，但是他拒绝说出来。"而以自己灵魂的优美去反衬恶者"，就是行动者现在反过来成了一个道德评判者，而原来的评判者反而成了被评判者，这个场面就倒转了。这个他者现在对原先的评判者说，你看我的灵魂多么优美，我是优美灵魂，哪像你这种小人、恶者，居心不良，专门往人家身上泼脏水。"以说一不二的性格的坚强不屈、以矜持而不迁就别人的缄默，去反衬那种忏悔的态度"，反衬，就是与它对立，与它相对照，形成一种反差。我高高在上，我跟你是不连续的，我和你没有共同性，我是优美灵魂，你是恶人。对于你邀请我一同跳粪坑的建议，我坚持不和你同流合污，表现了一种说一不二的性格的坚强不屈，以及不迁就别人的缄默。我是说一不二的性格，我是有原则的，优美灵魂当然要保持自己的纯洁性，对于你的坦白我不为所动，那是你的事，我不作声就是最大的蔑视。我以这种方式去反衬你那种忏悔的态度，那种忏悔的态度在我看来就是一种屈辱的态度，一种破罐破摔的态度。当然作道德评判的人当初并不是出于要贬低自己的目的，而是要说出一个真相，即大家都是这样的。但是行动者不这样认为，它认为你那样就是贬低自己，我优美灵魂为什么要贬低自己呢？我不能迁就别人，我不能改变自己的态度。我不屑于在别人面前卑躬屈膝，采取低姿态，采取一种忏悔的态度。这就把忏悔的态度看作是骂自己了，说自己有罪啊，说自己很卑鄙啊，我才不屑于那样做。行动者把自己看作是优美灵魂，前面讲是那些不行动的人保持自己的优美灵魂，这里讲行动者也有一种优美灵魂；可见优美灵魂不是完全不行动的，在行动者那里也有优美灵魂。但是因为它思想上没有任何动作，它保持思想的平静，保持那种纯洁，尽管在行动，但仍然坚持自己在思想上是静止不动的。所以这种优美灵魂是寄生于行动者身上的，这和前面讲的那个优美灵魂的层次不太一样。前面是讲优美灵魂本身，它是没有着落、没有定在的，停留在一种幻想之中，觉得自己境界很高尚，不能够遭到污染。那么在行动者这里呢，它也可以体现一种优美灵魂，就是说它不受污染，不管你怎么说，我跟你划清界限，不管你怎么贬低我，我都无动于衷，我不给你回应，这里也体现出一种优美灵魂。

　　在这里就激起了自身确定的精神的最高度的反叛；因为这精神直观到自己就是在他者中的这种**对自我的单纯认知**，就是说，它直观到，即便是这个他者的外在形态也不是像在财富中那样一种无本质的东西，不是一个事物。

　　"在这里就激起了自身确定的精神的最高度的反叛"，反叛，Empörung，这个词我们前面也遇到过。在讲教化的时候，讲国家权力和财富、高贵意识和卑贱意识的时候，情况和这里很相近。高贵意识和卑贱意识，以及优美灵魂和判断意识，这中间有种对应的类似关系。在那里第62页，他说："因此它的感恩的精神，既是对这种最深的被抛状态的感情，同样也是那种最深的反叛的感情。由于纯粹的我直观到自己本身在自己以外、并且是支离破碎的，于是在这种支离破碎中，一切具有连续性和普遍性的东西，一切称为法则、善和公正的东西，同时都分崩离析和崩溃了；一切同一的东西都已解体，因为，现成在手的是**最纯粹的不同一性**"。这后来就导致了分裂的意识，就是人与人不相通，一切同一的东西都被解体了，都被终结了。于是在这个里头，就生出了一种最深刻的反叛的感情，也就是在这样一种卑贱意识里面，对高贵意识产生了一种反叛的感情，分裂的意识本身就是对高贵意识的一种反叛。这个地方还讲到财富的作用，第62页第二段，说自我意识"从财富那里收回了自为存在的对象性，并且扬弃了这种对象性"，它可以"对它的被抛状态、也就是它的自为存在变成了对它异己之物的状态再加以抛弃，针对这种把异己之物本身接受下来的做法加以反叛"。这个地方讲的教化的过程，财富啊，权力啊，高贵意识和卑贱意识啊，都在这样一个外在的层次上纠结在一起。那么今天读的这个地方呢，自我意识作为自身确定的精神已经是内在的了，但是它还有类似的结构。就是这种优美的灵魂类似于前面讲的高贵意识，但是这种优美灵魂激起了道德评判这种自身确定的精神最高度的反叛。高在什么地方呢？高在它已经是一种纯粹精神中的反叛，跟外在的权力，财富都没有关系了。所以它比卑贱意识和分裂意识的反叛要更高，比那种很卑下的、对既无财富也无权力的状况的反叛更高，它已经完全是一种精神上的、内心的反叛了。所以他讲，"因为这精神直观到自己就是在他者中的这种**对自我的单纯认知**"，对自我的单纯认知打了着重号。为什么要打着重号？说明它是在这个层次上面的反叛，在单纯认知层面上的反叛。这种精神在它进行道德判断的时候，虽然是在批评他者，批判一个行动者，但是恰好在这个行动者里面直观到了自己。它已经超越于我和他者这个界限了，我在他者里面就看到了我自己。我说他是出于野心，是因为我自己有野心，我说他是出于私心，是因为我自己有私心，所以彼此彼此。我们大家都是一样的，我就是我们，对我的认知就是对我们的认知。它已经直观到这一点，这是通过他者而直观到的，他者就是我的镜子，我在他者里面看到了我自己。那么这样一种看到就不光是我自己的认知，而是对我们的一种认知，对我的自我和他者的自我的一种共同的认知。"就是说，它直观到，即便是这个他者的外在形态也不是像在财富中那样一种无本质的东西，不是一个事物"，这里为什么要提到财富？如果不联系前面第 60—62 页上面讲财富以及高贵意识和卑贱意识的关系，那你根本就没有办法理解。因为这里讲，直观到这个他者的外在形态，也就是伟人或英雄的形态，你要反叛这个形态；但是这个形态是一个行动者的形态，即是它的外在形态也不像在财富中那样是一种无本质的东西。财富是无本质的，是一个事物，但是现在我面对的是一个行动者，是一个活人。前面讲的反叛高贵意识就是反叛国家权力，也就是反叛那体现国家权力的财富，所以它可以从财富那里收回自为存在的对象性并且扬弃这种对象性；而现在它反叛的是行动者，情况就大不相同了。如何不同了？

相反，这个他者是思想，是与它相反对的认知自身，这就是纯粹**认知** [174] 的这样一种绝对流动的连续性，这种连续性拒绝同它建立沟通关系，—— {360} 尽管它已经在自己的忏悔中放弃了**孤立的自为存在**，将自己建立为扬弃了的特殊性，从而建立为与他者的连续性，建立为普遍的东西。

"相反，这个他者是思想，是与它相反对的认知自身"，这个他者不是财富，不是物，相反，这个他者是思想，这个行动者是思想。我面对这个行动者，是面对他的思想，包括他的外在形态其实都体现了他的思想，但却是与它、与这个判断的意识相反对的认知自身。他不承认我对它的判断，与我相反对，但它也是一种认知自身，它是通过它的认知来反对我的。它不是一个什么物，它是我的对头，我在批评它，它也在对我进行反批评，它否认我的批评，它有它的认知。"这就是纯粹**认知**的这样一种绝对流动的连续性，这种连续性拒绝同它建立沟通关系"，他者有他者的认知，这个行动者是按照自己的认知来行动、来判断的，它本身具有一种纯粹认知的绝对流动的连续性，在人格上有自己的前后一贯性。所以它的认知也有它的绝对性，我必须要承认它，必须要给它一定的地位。虽然它是我的对头，但是我知道，它跟我一样，它也是有认知的，只是这个流动的连续性"拒绝同它建立沟通关系"，也就是拒绝同我这个判断者建立沟通关系。"——尽管它已经在自己的忏悔中放弃了**孤立的自为存在**，将自己建立为扬弃了的特殊性，从而建立为与他者的连续性，建立为普遍的东西"，这个"它"还是指判断者。就是行动者不买判断者的账，尽管这判断者已经在自己的忏悔中放弃了孤立的自为存在，孤立的自为存在打了着重号。就是它的忏悔不是为了自己，而是为全人类在忏悔，它已经试图与行动者建立起沟通关系，把自己的忏悔看作行动者也应该接受和承认的一种态度。它这种放弃孤立的自为存在的态度实际上已经示范了一种打破孤立的人格，有可能据此扬弃自己的特殊性，建立起与他者的连续性，建立起普遍的东西，这就能够在新的层次上返回到同一性了。但是很可惜，被行动者拒绝了，行动者仍然坚持自己的个别性，生怕和别人同流合污。他不愿意承认自己在某方面也是小人，或者说，也是人，而是维护自己的优美灵魂，尽量把自己塑造为神。你放弃你的孤立性，那是你的事，我和你不同。这就使作判断的意识无从着手来感化行动的意识，没法达成人与人之间的普遍的沟通。它的忏悔没有造成广泛的影响，它的普遍共相的连续性的人性观成了它自己的一厢情愿，它的这种高层次伪善的积极意义由于毕竟还是伪善，就受到了限制。这种道德评判，虽然你可以说它是卑鄙的小人之心，你可以说它是伪善的，但是它有积极意义，它通过暴露自己，供认自己，招认自己，而建立起了一种全人类的忏悔精神，就是人都是有限的，人都是有毛病的，或者说人都是有罪的。但是遇到这样的行动者，它便无法施展自己的感化作用，得不到普遍的承认。谁愿意轻易放低身段，承认自己是小人呢？

但是他者却**在自己本身方面**先就保留了它那不进行沟通的自为存在；在忏悔者方面也保留了同样的东西，但却是已被忏悔者所抛弃了的东西。

"但是他者"，他者就是行动者了，行动者"却**在自己本身方面**先就保留了它那不进行沟通的自为存在"。"在自己本身方面"打了着重号，就是说这个行动者强调的是我跟你不一样，我在我这方面，预先就保留了不和你进行沟通的自为存在。我是独立存在，我不屑于跟你沟通，我跟你没话说,你是小人,我是君子。"在忏悔者方面也保留了同样的东西,但却是已被忏悔者抛弃了的东西",忏悔者也保留着这一方面,也意识到这样一种不同,这样一种不相通性,但这已经被忏悔者所抛弃了。忏悔者用一个道德尺度既评判自己,也评判他人,它就抛弃了这样一种人与人之间的不相通性,而立足于人与人之间的连续性,所以它才要忏悔。它的这种忏悔,面对行动者,它坦白,它忏悔,不只是为了它自己,而是为了它和它的对方以及所有人。所以它早就已经抛弃了这样一种不相通性。

这样,他者就显示自己是一种精神上被遗弃而又否认精神的意识,因为它没有认识到,精神在其绝对自身确定性中乃是凌驾于一切行为业绩和一切现实性之上的主宰,能够撇开它们并且使之犹如不曾发生。

"这样,他者就显示自己是一种精神上被遗弃而又否认精神的意识"。"他者"就是这个行动者,行动者显示自己在精神上被遗弃了,并且它自己也否认了精神。因为它拒绝这样一种连续性,在判断者指出了这种连续性、揭露出这种连续性时,它仍然否定连续性,否定人与人之间的沟通,强调自己的自为存在。那么这样一来呢,你拒绝和人家相通,那你就在精神上被遗弃了,因为人家指出的是一种普遍的东西,是人类精神上的共通性,你拒绝了这种共通性,那你岂不是拒绝了精神吗? "因为它没有认识到,精神在其绝对自身确定性中乃是凌驾于一切行为业绩和一切现实性之上的主宰,能够撇开它们并且使之犹如不曾发生",也就是说它没有认识到,精神的自身绝对确定性是超越的,不管是高贵的也好,是卑贱的也好,是有功劳的也好,还是没有功劳的也好,是英雄也好,是底层草根也好,你们都是人,都有人的普遍精神。这种精神凌驾于一切行为业绩和一切现实性之上,成为它们的主宰;既能够成就它们,也能够撇开它们,甚至使之犹如不曾发生。套用一句古话,叫作"水能载舟,亦能覆舟",时势造英雄,不管你世俗的行为业绩或你现有的身份地位怎样,普遍的精神才是凌驾于一切之上的主宰,它在其绝对的自身确定性中就是上帝。这个精神实际上相当于上帝,行动者拒绝了人与人之间的连续性,困于自己个别的行为业绩之中,为之沾沾自喜,自高自大,也就拒绝了上帝。我和你不同,人与人不同,这只是在行为业绩和现实性的意义上说的;但是在上帝那里,人与人是相同的,每个人的精神和别人的精神是相通的,都是同一个圣灵。人与人在肉体上不相通,但是在精神上是相通的。这种相通性能够凌驾于一切行为业绩和一切现实性之上,它是一种主宰,既能够"粪土当年万户侯",也能够使人世间的罪孽得到拯救,哪怕它发生了,也能够像不发生一样,能够去罪,能够赎罪。你如果过分坚持你和别人的不同一性,坚持你自己超越于大众之上的优越地位,跟底层的奴隶们格格不入,你自己觉得是主人,但是实际上你已经被你真正的主人上帝抛弃了。

同时它也没有认识到它所陷入的矛盾,即,一方面不让在**话语**中所做的那种撇开被看作是真正的撇开,另一方面它本身却不在现实的行动中,而是在它内心以及在对其做判断的**话语**里的内心定在中,而拥有的它的精神的确定性。

"同时它也没有认识到它所陷入的矛盾",这里就指出来这种行动者,它在拒绝判断的意识对它所做的评判的时候,陷入到了一种自身矛盾。陷入到什么矛盾呢? "即,一方面不让在**话语**中所做的那种撇开被看作是真正的撇开",话语打了着重号。这个评判的意识对它说出了那些话语,是做了一种撇开的,也就是撇开了那些定在,那些行为业绩和现实性。你有伟大的事业和功勋,但是现在我们讲的不是这个,而是你内心的真实意图,你只有撇开你那些外在的业绩和声望,才能跟随我的话语回到精神的确定性。这个撇开 Abwerfung 和上一句用的"撇开"是同一个字,上一句讲精神对于一切行为业绩和一切现实性都"能够撇开它们并且使之犹如不曾发生"。能够撇开这些行为业绩和现实性,也就是撇开所有这些定在的东西,才能达到精神;但是行动者不让撇开,而要死死地固守在自己外在的成绩单上。它不能把自己的内心收回来,而是依附于外在现实的行业为业绩之上，所以无法接受这些话语。它为自己辩护，认为你说的那些都是小人之见，看不到我所作出伟大贡献。这是一方面。"另一方面它本身却不在现实的行动中，而是在它内心以及在对其做判断的**话语**里的内心定在中，而拥有的它的精神的确定性"，就是它并不能够在这种现实行动的贡献中拥有自己的精神确定性，还是只能在自己内心中获得精神确定性，它还是只能通过对自己的内心做出判断并表述在话语中，才能成为精神的自为存在。这个"话语"和前一个一样也打了着重号。就是说，行动者你可以不听评判者的话，但你不可不听你自己内心的话，但这两种话一旦说出来，它们其实就是同一种话语。行动者拒绝评判意识的话语，等于自绝于精神；但只要它还想要拥有自己的精神的确定性，它就不得不充当自己的评判意识，对自己说出同样的普遍性的话语。这就是它所面临的最大的矛盾。一方面它对语言是不重视的，认为在话语中撇开了那些它所看重的定在的东西，那个不能接受；但是另一方面呢，它的自身的精神确定性却不在现实的行为中，而就在话语中，就在那种话语里的内在定在中，也就是说它的内心定在又离不开话语的定在。你要讲到精神的确定性，讲到道德上的评判，那就不能光是凭你做出的行动，你做出了伟大的行为业绩，英雄人物在道德上往往是乏善可陈的；而是要诉诸在你内心的东西，诉诸做判断的话语。话语所表达的是内心定在，但由于他忽视语言的定在，他重视的只是外在的业绩和行动，所以他陷入了矛盾：要么成精神动物，没有精神的确定性，成为世界精神的随时可以抛弃的工具；要么接受道德的审判，或者自己对自己开展道德审判，用一种普遍的语言来确定自己的精神。这种矛盾将逼迫他将自己提升到一种自我忏悔的境界，提升到与绝对精神即上帝对话的境界。但这是行动者目前所没有意识到的，它还陷在这种矛盾中，它一味强调自己的行动是有贡献的，是伟大的，而对于那种内心的反省和忏悔，它认为是对自己的贬低和羞辱而一概拒绝。

489

　　因此，行动者自己就是这种东西，它阻碍着他者从行为业绩向话语的精神定在以及向精神的同一性的返回，并以这种生硬态度将那仍然是现成的不同一性搬出来。

　　"因此，行动者自己就是这种东西"，这种行动者就是这样陷在矛盾中的东西。"它阻碍着他者"，也就是这种矛盾的东西阻碍着行动者，"向话语的精神定在以及向精神的同一性的返回"。整个前面一直考虑的就是如何能够向这种同一性返回的问题，如前面第169页讲同一性不能靠伪善返回，也不能通过恶的意识做真小人而返回；第171页讲道德判断的伪善作为一种积极的思想行动，可以接近但还不能完成这种向同一性的返回。这里则讲，行动者因为没有意识到自身的矛盾，它一味坚持自己这样一种行动的片面性，反对和拒绝道德判断对它的指责，这就造成了对这种返回同一性的最后的障碍。作为行动者来说，它固执地强调行动，这就阻碍了反思，阻碍了从它的行动、从它的行为业绩向话语的精神定在以及向精神的同一性的返回。向话语的精神定在的返回其实就是向精神的同一性返回，因为你通过话语把精神的定在表达出来了，你就进入到了精神的同一性，就进入到了和他人的连续性。大家都是同一个精神，你说出来了大家都能理解。但行动者专注于外在行动及其现实效果，它拒绝用语言表达精神，处处强调用行动来证明自己，"并通过这种生硬态度将那仍然是现成的不同一性搬出来"。它的不同一性是仍然在手的，一直没有放弃的，它认为自己跟其他人都是不同一的。它是英雄，它是独特的、独一无二的，它跟别人怎么能同一呢？所以它的态度非常生硬，一说它就搬出了自己早已认定的不同一性，就是我和你不同。它把不同一性搬出来，来抵制这样一种反思，拒绝反思。道德评判的意识就是催促它，期待它的反思，你能不能也反思一下，我说的话你也想一想，是不是说得对？人就是一样的，难道你就不同？你不是人？你就是圣人、就是上帝？我们大家都是流氓，就你一个人是天使？它不反思。它的拒绝手段很简单，就是搬出自己现成的不同一性。

　　既然具有自身确定性的精神,作为优美的灵魂,现在还不具有那对它自身做坚持不懈的认知的外化之力,它就不能与那遭到拒绝的意识达到同一性,因而不能在他者中达到它自己的被直观的同一性,不能达到定在;因此这种同一性只是否定性地作为一种无精神的存在而实现的。

　　"既然具有自身确定性的精神,作为优美的灵魂,现在还不具有那对它自身做坚持不懈的认知的外化之力",前面讲到行动的意识也是一种优美灵魂,就是这种行动的意识把自己的优美的灵魂去跟那种卑贱的意识相对照,就产生出一种蔑视。也就是在行动中的这种优美灵魂现在还不具有对它自身做坚持不懈的认知的外化之力,就是还不具有超越现实的差异而将自己当作认知对象来反思的力量。反思就是一种外化的力量,把自己当作一个对象来加以看待,这需要力量,这种优美灵魂还不具有这种力量。我们前面都讲到了,优美灵魂封闭在自身之内,对外面的事情一概拒绝,生怕它玷污了自己灵魂的纯洁。行动的意识这个时候也表现出这样一种优美灵魂,就是人家对它指责的时候呢,它把人家拒之门外,保持自己的优美灵魂,保持自己的自我感觉良好,对自己不加反思,不跳出自己,从外面客观地来考察一下自己,它没有这个力量。既然如此,"它就不能与那遭到拒绝的意识达到同一性"。遭到拒绝的意识就是判断意识了,做道德判断的意识在它这里碰了钉子了嘛。它就不能同它的批判者达到同一性,达到一种互相承认。"因而不能在他者中达到它自己的被直观的同一性",这一点在道德判断的意识那里已经做到了,但在行动的意识、在优美灵魂这里还做不到。道德判断的意识在对他人做批评的时候,就直观到了自己,就供认了自己,这就和他人达到了一种同一性。但是行动的意识还不能在他者中直观到自己,认知到他者和自己是同一的。这就"不能达到定在",就是这种自身确定性的精神还不能达到定在。因为它作为一种优美灵魂完全是封闭的,而封闭在自己内心就会逐渐走向熄灭啊。前面讲了,优美灵魂怀有一种洁癖,生怕自己的内心跟外界的东西相接触,那它怎么能达到定在呢? 它完全是一种不可言说的东西,

491

怎么能达到定在呢？它将会自己在封闭中因为缺氧而慢慢熄灭。"因此这种同一性只是否定性地作为一种无精神的存在而实现的"，它不能够达到同一性，如果说有一种同一性的话，那么这种同一性只是否定性地作为一种无精神的存在而实现，而不是自身确定性的精神的同一性的实现。它如果说也有一种同一性，那么这种同一性是没有精神的，或者非精神的。行动者它着眼于它的行动，它撇开了它里面的精神，它的精神是不可言说的，因此它所实现的是一种无精神的存在。你要说它有一种现实性，那么这种现实性是一种否定性的现实性，它的存在是一种无精神的存在。行动者它死死抓住它的行动，而拒绝反省它的内心，那么它的精神层次就没法提高了，而且会慢慢熄灭。没有精神了以后，它的行动就会成了一种无精神的存在。它要达到的这种同一性，也就是认同这种无精神的存在，把它的自我认同于它的行动，它的行为业绩，那么这种同一性就是把自己等同于客观过程了。但它毕竟不能把自己完全等同于客观过程，所以这一过程对于它的内心的精神来说是否定性的。因为行动者毕竟带有一种内心的精神的过程，它不能把自己完全等同于它做的事情，所以从它的内心来说，也可以说它是没有实现的，它所实现的是它的外在方面，而它的内在方面和这个外在方面又是不能同一的，只是一种否定的同一性。这是优美灵魂在这里所遭遇到的这样一种处境。

这种没有现实性的优美灵魂，处在它的纯粹自我及其必须外化为存在并翻转为现实性的必要性这两者的矛盾中，处在这种固定对立的**直接性**中，——这种直接性是被提升到自己的纯粹抽象上来的那个对立的唯一中项与和解，是纯粹的存在或空洞的虚无，——所以这种优美灵魂，当它意识到在其未经和解的直接性中的这样一种矛盾时，就被摧毁而陷于疯狂，终日思慕而殒于肺痨。

"这种没有现实性的优美灵魂，处在它的纯粹自我及其必须外化为存在并翻转为现实性的必要性这两者的矛盾中"，"这种没有现实性的优美灵魂"，我们刚才讲了，行动者只有一种现实性，就是无精神的存在的

[175]

现实性，但是它的内在精神方面即优美灵魂是没有现实性的。那么这种没有现实性的优美灵魂处在一个矛盾中，一个什么矛盾呢？一方面是它的纯粹自我，另一方面是它必须外化为存在并翻转为现实性，是这两方面的矛盾。就是一方面它有它的纯粹自我，就是优美灵魂，尽管它没有现实性，但是它是纯粹自我；但是另一方面呢，这个纯粹自我又必须外化为存在，必须翻转为现实性，有这样一种必要性。因为它本身没有现实性，它必须外化为对象才能翻转为现实性。这样一种没有现实性的优美灵魂就处在这样一种矛盾中，或者说它面临主观自我和客观必然性的矛盾。而且，"处在这种固定对立的直接性中"，不但面临着矛盾，而且这种矛盾还是直接性的固定对立，无法消解。什么样的直接性呢？"这种直接性是被提升到自己的纯粹抽象上来的那个对立的唯一中项与和解，是纯粹的存在或空洞的虚无"，就是说，优美灵魂它是直接的，我知道我的灵魂是优美的，这个没有什么道理可讲，也不是推出来的，我就直接知道，我自我感觉良好，我就是这种自我感觉。但是自我又感觉到了这样一种固定的、生硬的对立，内和外的对立，主观和客观的对立；这种对立被提升到纯粹的抽象，就是有和无的对立。这种对立的唯一中项与和解就是这种直接性，如果你执着于这种直接性，那么这种对立就和解了，有就是无。所以这种直接性作为唯一的中项与和解，它就"是纯粹的存在或空洞的虚无"。就是说，这种优美灵魂在自己的直接性中，它既是纯存在，同时又是纯粹虚无，所以这种直接性就是双方唯一的中介与和解。纯粹存在就是没有任何进一步规定的存在，而这种纯粹存在，按照黑格尔后来在《逻辑学》中的论证，它本身就是无。优美灵魂的直接性为了追求纯洁，把所有具体的外来规定都抽掉了，它不肯外化为任何东西，这样一来，它就必然会直接消逝于无，它就是无。"所以这种优美灵魂，当它意识到在其未经和解的直接性中的这样一种矛盾时，就被摧毁而陷于疯狂，终日思慕而殒于肺痨"，虽然直接性是唯一的和解的中项，它直接从有变成了无；但在尚未达到和解的中途，优美灵魂总还是觉得自己会从自身直接导致某种规定，它努力去追求这种虚无缥缈的规定，但却眼看着自己如同一缕青烟消散于无形。于是它意识到自身的这样一种矛盾而被摧毁，而陷于疯狂，甚至"终日思慕而殒于肺痨"。肺痨就是肺结核，这里贺先生和王先生的译本里有个注："指浪漫主义代表人物诺瓦里斯本人的情况（Novalis, 1772—1801）而言"。诺瓦里斯本人的确是死于肺结核，而且他 29 岁就死了，他是一个了不起的诗人。他的诗都是用来怀念他逝去的未婚妻或者说女友，非常感人的。所以诺瓦里斯虽然很年轻就去世了，但是他在德国浪漫派的运动中是一个非常重要的人物。他作品也不多，但有些诗、也有些文章流传很广，他就是强调优美灵魂的。但是这个注是从哪儿来的，译者也没有注明，好像几个德文版上面都没有，是不是中译者自己找来的？前面第 167 页关于优美灵魂的那段话说："它自己所产生的这个空虚对象因而就使它充满了空虚意识，它的行为是这样一种渴望"，"渴望"（das Sehenen）和这里用的"终日思慕"（sehensüchtig）词根相同，终日思慕就是渴望了，"这种渴望在它本身变成无本质对象的过程中只会丧失掉，并且当它超越这一损失而回落到自身时，就觉得自己只是一种失去了的渴望；——在它的诸环节的这种透明的纯洁性中，自我意识就是一个不幸的所谓**优美灵魂**，它在自身中逐渐熄灭，如同一缕消散于空气中的烟雾，消逝于无形"。这一段跟今天这里读的这个地方可以对照起来看。而第 167 页这个地方还有一个德文版的注，提到黑格尔是借用了歌德的说法，因为"优美灵魂"这个概念就是歌德在《威廉·迈斯特的学习时代》里面提出来的。那么这个地方讲到诺瓦里斯似乎没有找到佐证，但是很像是说诺瓦里斯。

　　因此这种意识实际上放弃了它对**自己自为存在**的顽强坚持，但所造成的不过是存在的无精神的统一性而已。

　　这是一个结论了。"因此这种意识实际上放弃了它对**自己自为存在**的顽强坚持"，这还是讲的行动的意识。行动的意识本来是对自己的自为存在顽强坚持，说一不二，坚强不屈。前面已讲到，它跟道德评判的意识相对抗,你们在忏悔,在贬低自己,自轻自贱,破罐破摔,我可不是这样,我是属于优美灵魂,高贵意识。所以它对自己的自为存在顽强地坚持。但是现在,由于它意识到自身的矛盾,它实际上放弃了这种顽强坚持,"自己自为存在"打了着重号。"但所造成的不过是存在的无精神的统一性而已",它所造成的,或者说它所带来的,只是存在的无精神的统一性。前面也讲,"这种同一性只是否定性地作为一种无精神的统一性而实现的"。就是说它有一种统一性,不过是一种无精神的统一性,只是在它所做的事情上面有一种统一性,但是这个事情的精神它已经放弃掉了。当它意识到了这样一种自身矛盾性的时候,它就只好把它这种顽强执着的精神放弃掉。这样一种事情做出来了,但是是出于一种什么样的内在的意图做出来的?原来它始终坚持它是出于优美灵魂,是出于高贵意识。但是现在呢,它发现了自身的矛盾性,于是它放弃了它对自己自为存在的顽强坚持。实际上就像诺瓦里斯一样,他被摧毁,陷入疯狂,终日思慕,而死于肺结核。因为他的精神已经疯狂了,精神已经崩溃了,优美灵魂坚持不下去了,导致了精神崩溃,剩下的就是这样一种"无精神的统一性"。休息一下吧。

[3.宽恕与和解]

我们再看这个小标题,"宽恕与和解",这就是他得出的积极结论。前面一直在讲,这样一种道德判断必须被看作是一种积极的思想行动。它的积极性何在?前面一直在讲这个积极性,那么最后得出的结果呢,就是"宽恕与和解"。没有这个结果,它的积极性始终是看不出来的,从一种伪善能够得出什么积极的结果来?但现在看出,前面一直在向这个目标前进,到了宽恕与和解,就是向宗教过渡了。所以这是道德的最后一个环节,就是达到一种宽恕,达到和解。

真正的亦即**自我意识到的**和**定在着的**调解,按其必然性来说,已经在上面所说的东西中包含着了。

495

"真正的亦即**自我意识到的**和**定在着的**调解"，也就是宽恕与和解的主题，宽恕与和解是真正的调解，而且是自我意识到的和定在着的调解；前面说的优美灵魂在固定对立中的直接性"是被提升到自己的纯粹抽象上来的那个对立的唯一中项与和解"，那个不作数，因为那个和解是通向虚无、通向死亡的。不会导致虚无而是导致定在的真正的调解在这里，它既是自我意识到的，又是定在着的，"自我意识到的"和"定在着的"都打了着重号。调解与和解是一个意思，这种调解，"按其必然性来说，已经在上面所说的东西中包含着了"。前面一直在讲，行动着的意识没有意识到它的矛盾，优美灵魂也没有意识到它的矛盾，但是一旦意识到了它的矛盾，那么它就进入到了疯狂，就陷入到死灭；但同时也讲，优美灵魂的伪善是一种积极的思想行动，并且有一种积极的内容。然而，这种积极的内容在哪里？我们一直都看到各方面的矛盾，评判的意识陷入小人之心的伪善，行动的意识则陷入优美灵魂的伪善，就连忏悔意识都没有完成向同一性的返回，这些好像都是消极的内容。直到宽恕与和解，我们才恍然大悟，原来前面一直在做准备，只有到了真正的自我意识到的这样一种调解，这种积极内容的意义才被揭示出来。这种调解作用不是那种单凭一种直接性作中项的和解，那种和解是通往虚无的，而是一种定在着的调解；但它按照其必然性来说，是必然包含在上面说的东西中的。它是必然会从上述意识形态中推演出来的，具体说，也就是宽恕与和解必然会从忏悔意识中产生出来。

　　但使坚硬的本心折服并使之提升到普遍性的那种运动，正是那个在自己招供的意识那里曾表现出来的运动。

　　这一句是关键了。"但使坚硬的本心折服"，坚硬的本心前面已经讲了，就是行动的意识的态度，行动的意识在道德评判的忏悔面前，它不做回报。道德评判已经向它招认了，我就是一个小人，那你怎么办？行动的意识不肯屈服。你是小人，我可不是小人，我是英雄，我是君子。所以面对道德评判在它面前的那种坦白，那种忏悔，它采取了一种硬心肠的、坚韧如铁的态度。它毫不动摇,我是不和你们同流合污的,我是说一不二的,我是坚强不屈的。它以自己的高贵与这种忏悔意识相对照,它反衬出这个忏悔意识是多么的卑贱。所以它是一种硬心肠的本心或优美灵魂。但在进一步的运动中就使这种坚硬的本心折服了。使之折服,"并使之提升到普遍性的那种运动,正是那个在自己招供的意识那里曾表现出来的运动",这个运动使这个硬心肠的本心折服,使它提升到了普遍性,不再执着于一己之高贵、不同凡响,而是与人类共同的本性相认同。是什么能够有这种效果呢? 正是前面讲的那个招供的意识,也就是忏悔意识。虽然忏悔意识一开始并未被行动的意识的本心所接受,但在进一步的运动中,忏悔意识开始显示出它强大的威力,使得行动者也不得不从自己个别的优美灵魂提升到了普遍性。你哪怕是一个了不起的英雄,但你还是一个人,英雄也是人,和所有的人一样,人所固有的我无不具有。要提升到这样一种普遍性,必须经历一个运动。这个运动正是那个在自己招供的意识那里曾表现出来的运动。这就是前面讲的,道德评判在评判他人的时候,实际上也是在做一种自我招供,袒露自身,袒露自己的本性,袒露自己的弱点,并对之作出忏悔。没有这种忏悔,道德评判就不是道德评判了,而是耍流氓了。但一个人的自我忏悔对别人是有压力的,高贵意识在面对这种压力时固然可以不为所动,可以自认为是出于污泥而不染,可以独善其身;但毕竟,它的优美灵魂并不足以构成自己精神的支点,而是一个不断消逝的虚无。作为一种自身确定的精神,它最终也不能不对自身的基点加以反思,把眼光从外在的功名业绩转向内在的精神生活。经过这样一种运动,行动的意识在寻找自己的自我的过程中必然会意识到,忏悔并不是受到别人压力的无奈之举,而是自身灵魂深处的需要,是有限精神的人唯一能够立足的精神生活。对自身进行忏悔,你就能把自己提升到一种人性的普遍性,这样才不再是一种无精神的工具,而是自我意识的自为存在。所以,真正的调解、调和或者和解,就是自我忏悔的精神,这个已经隐含在前面所讲的内容中了。

{361}　　精神的伤痕治愈了，不留丝毫疤痕；行为业绩并不是什么不可消失的东西，而是被精神收回于自身中去了，而在行为业绩中的个别性方面，哪怕是作为意图或是作为意图的定在着的否定性和限制而现成在手，它都是直接消逝着的东西。

　　"精神的伤痕治愈了，不留丝毫疤痕"，也就是这样一种自我招供、自我忏悔的运动，实际上是一种精神的治疗。西方人讲的忏悔精神，其实就是一种精神的治疗。西方个人主义者在和他人打交道时肯定会发生冲突，会留下精神的创伤，那么如何来治疗它？通过忏悔能够治疗精神的创伤，不留丝毫疤痕。因为忏悔可以达到精神的普遍性，把人从一种个人英雄降低到凡人，有罪之人，和其他大众没有两样，这样反而保持了精神上的完整性。你把自己的个别性扬弃掉，把自己提升到普遍的人性，那么精神的创伤就治愈了。就是在忏悔中你意识到，这不是你一个人的罪，这是人类的原罪，人类的本恶，是人的本性的这样一种有限性，我们都是同一个世界中受苦的难友。你意识到这一点，不要把自己摆得太高，要谦卑，这样你才能承受世俗的苦难和自我意识的严厉的拷问。基督教强调这种谦卑的精神，这种忏悔的精神，实际上是一种精神的治疗。你把自己抬得太高了，那你的矛盾就没法解决了，你就会陷入到疯狂，陷入到精神上的痨病。那么通过忏悔，精神创伤或精神疾病的治愈可以不留丝毫疤痕，只要你把自己放低一点，你把自己放到和所有人一样，不要觉得自己有什么了不起，有什么与众不同。"行为业绩并不是什么不可消失的东西"，你做出了伟大的业绩，好像可以万古留名，在精神看来其实都不是什么不可消失的东西，都是身外之物。"而是被精神收回于自身中去了"，用新教徒的话来说，都是为上帝增添了荣耀，这个精神已经不是你个人的个别的精神了，而是普遍的精神，是上帝。我们前面看到，"精神在其绝对自身确定性中乃是凌驾于一切行为业绩和一切现实性之上的主宰，能够撇开它们并且使之犹如不曾发生"[第 174 页]，也就是精神是现实性的主宰，能够拯救一切人的灵魂。行为业绩都是上帝的功劳，你做出了伟大的功劳，也要归功于上帝，也要归功于普遍精神，不是你自己个人做出来的，你不要太骄傲了。"而在行为业绩中的个别性方面，哪怕是作为意图或是作为意图的定在着的否定性和限制而现成在手，它都是直接消逝着的东西"，在行为业绩中的个别性方面，你觉得那是你的功劳，那是你的能耐、你的光荣，其实是直接消逝着的东西。个别性方面是微不足道的，没有上帝的安排，没有一定的机遇，你有再大的能耐也无济于事，时势造英雄，个人直接消失在精神的普遍性中。哪怕你自己觉得，你的行动的意图或者作为意图的定在着的否定性和限制，都现成在手地存在于你的个别性中，事实上是由你发起和制定的；但客观上也是直接消逝着的东西，因为你本身就在上帝的精神中啊。你的那些个别性自发性的创造或灵感，都要归功于上帝的启示和点拨。虽然这件事最初是我起意要做的，是我的意图，是我的目的，我现在把它实现了，我当然感到很自豪了；不光是我的积极的意图，而且包括我的消极的意图，也就是我阻止了一件事情，我限制了某件事情等等，都是我的业绩；但这些其实都是直接消逝着的东西，都没有什么了不起。

实现着的**自我**及其行动的形式只是整体的一个**环节**，同样，那通过判断进行规定并对行动的个别方面和普遍方面确立起区别的认知也是如此。

"实现着的**自我**及其行动的形式只是整体的一个**环节**"，这里有两个环节，一个是实现着的自我，自我打了着重号，它由行动者代表，采取了行动的形式。但它只是整体的一个环节，环节也打了着重号。整体的另外一个环节是，"同样，那通过判断进行规定并对行动的个别方面和普遍方面确立起区别的认知也是如此"，就是说，也是整体的一个环节，它由判断者代表，属于将个别和普遍区别开来的认知环节。所以整体有两个环节或者两个方面，一个是行动的方面，一个是认知的方面。这行动和认知的两个方面，我们在前面第154页，讲到良心的第三个小标题中也看到了："良心作为认知者和行动者的统一"，而且我们前面讲了作为认知者是怎么样的，作为行动者又是怎么样的，它们是如何统一的。那么这个地方呢，行动者就是这个实现着的自我，而认知者在这个地方则体现为道德判断。我们前面讲，道德判断对行动者横加指责，行动者则对这个道德判断一概拒绝，这是一个矛盾，一个不可调和的对立。现在它们双方都要意识到，它们各自都只是整体的一个环节，它们必须要统一起来。行动者和认知者或者判断者必须统一起来，行动者要成为判断者，要对自己的行动的个别方面和普遍方面加以区别，对自己的行动加以认知；判断者也要成为行动者，要变成自我的一个行动，而不是站着说话不腰疼，对别人指手画脚，这样才能返回到同一性。

　　前者即恶者，通过在他者中直观自己本身，而被诱导至招供的定在，于是建立了对自身的这种外化，或者说把自己建立为环节。

　　"前者即恶者"，前者指实现着的自我，就是行动者了，行动者现在成了恶者。前面讲道德评判者是小人，所以它是恶者，现在转过来了，行动者是恶者，因为它一意孤行、不在乎道德评判，而且拒绝了同一性，所以它是恶者。"恶者"与"他者"从这一句话开始颠倒了。当然"他者"是相对的，看对谁而言了；主要是这个恶者，原来是指做判断的卑鄙小人，是伪善者。恶者原来是指评判者，他者原来是指评判的对象，即行动者；现在倒过来了，他者是指评判者，而恶者是指行动者。因为行动者现在也要判断自身了，它将用道德标准把自己评价为恶者；而评判者则要投身于自己的行动了，于是它自己成了它所评判的他者。那么，现在的这个恶者或行动者，"通过在他者中直观自己本身而被诱导至招供的定在"。行动者在这个时候，由于采取了评判的态度，而能够从他者中直观到自己本身，发现从前它所看不上眼的那些小人、那些侍仆，其实正是自己的镜子，这样它就被诱导至招供的定在，也就是被引向了忏悔意识。原来它是拒绝评判者、拒绝道德判断的，现在呢，它想要客观地认知自己和评判自己，这就必须把自己和他者进行对照，从他者中来直观自己本身。原先对行动者做道德判断的人，虽然行动者把它斥责为小人，认为它很卑鄙，但是现在行动者从中直观到了自己本身，它是小人，那我是不是也是小人呢？经过这样的诱导，它就把自己引向了招供的定在。实际上，它如果不愿意像优美灵魂那样走向毁灭的话，那它就必须在自己的个别方面和普遍性方面作出区别，并对自己的自我作出普遍性精神的规定，使自己成为精神的定在。"于是建立了对自身的这种外化，或者说把自己建立为环节"，这是它使自己成为一个精神定在的唯一方式。它必须将心比心，把自己外化到自己的对象或他者身上去，在那上面直观到自己，并使自己获得定在的规定。这也才有了自我招供、自我忏悔的基础。原先是评判者在进行忏悔，而没有在它这里得到回应，而由于不回应，所以行动者在精神上就走向了灭亡，优美灵魂是没有出路的，因为它是不反思的。行动者精神上的出路就在于它必须要在对象身上反思到自己，要认知自己。于是它就建立起了对其自身的外化。既然你在他者那里看到了自己本身，并且反过来对其自身进行忏悔，那你的这种内在的精神就外化或客观化了，你的精神就成了客观精神的一个环节了，你就把自己建立为客观精神的环节了。所以你现在是代表客观精神对自己的个别性环节进行评判。

　　但是后者，即这个他者，正如对前者那方面必须克服其特殊自为存在的、片面的和不被承认的定在那样，对后者这方面也必须克服它的片面的不被承认的判断；而且就像前者显示那凌驾于自己现实性之上的精神力量一样，后者也必须显示那凌驾于自己的特定概念之上的力量。

　　"但是后者"，后者就是评判意识了，"即这个他者"，现在对于行动的意识来说，评判意识是他者了。原来行动的意识是他者，对判断的意识来说，它是判断的对象嘛；现在这个行动的意识的对象就是这个他者，也就是这个评判的意识。那么对于这个他者，"正如对前者那方面必须克服其特殊自为存在的、片面的和不被承认的定在那样"，前者就是行动的意识，它必须克服其特殊自为存在的不被承认的定在，也就是克服那种居功自傲、与他人格格不入的心态。所以，"对后者这方面也必须克服它的片面的不被承认的判断"，对于评判的意识来说，它这方面也必须克服自己的片面的判断，这种判断是得不到行动者的承认的。这种判断的片面性在于把道德判断只看作一种对小人的卑贱意识的谴责，一种自轻自贱的无奈，而没有看到忏悔意识是人的一种普遍必备的道德素质。当它克服这种无奈和自轻自贱，而把对自我的道德评判视为人性的功课，一种真正的高贵意识和精神境界，这就是对精神创伤的治疗，是在对人性本恶的供认和忏悔中重建了一种更高的善。荀子说："人之性本恶，其善者伪也"，性恶是不需要人努力的，性善则包含在人的努力之中，甚至包含在人的伪善行为中。① 忏悔本身仍然是一种伪善，但它是最后的伪善，是忏悔伪善的伪善，所以它是伪善的自我扬弃，即真正的诚实意识，是通往真正的善的。正是在这个层次上，忏悔意识或道德判断就能够得到一切人的普遍承认了。"而且就像前者显示那凌驾于自己现实性之上的精神力量一样"，就像行动者现在显示了那凌驾于自己现实性之上的精神力量，显示了自己的一切业绩都归功于其上的上帝的力量一样。我不管做了多少事情，有一个东西是远远高于我的，那就是精神的力量，是上帝的力量；我所做的事情、我的成功要感谢的不是我自己，而是上帝。同样，"后者也必须显示那凌驾于自己的特定概念之上的力量"，这个判断者也必须显示出，我做的这个判断并不是我个人的特殊概念，而是不可避免地将扩展到一切人性和人心，其力量使得那种坚忍不拔的行动者都为之折服。这两者，行动者和认知者，都转向了一个凌驾于个人之上的普遍的精神力量，转向了上帝。双方现在都必须抛弃它们的个别的东西，行动者必须抛弃它的个别的定在，个别的行动，个别的功劳；判断者也必须抛弃它的个别的偏见，双方都显示出那个普遍的精神力量，那就是上帝了。上帝是超越于行动者和判断者之上的一个精神的力量，行动

---

① 荀子的"伪"是指"人为"努力的意思，但也不排除伪饰、伪装的意思，历来很少有人看到这一点。

者要把所有的荣耀归于它，判断者要抛弃它的不被承认的小人心理，抛弃自己的特定的概念而归服于它，由此就引向了宗教。

　　<u>但这个他者，之所以放弃它的进行分裂的思想，以及那固执于思想中的自为存在的生硬性，乃是因为实际上它在恶者之中直观到了自己。</u>

　　"但这个他者，之所以放弃它的进行分裂的思想，以及那固执于思想中的自为存在的生硬性"，这个他者联系上面讲的，就是评判者了。这个他者，刚才讲了，必须抛弃它的不被承认的判断，抛弃它的这样一种特定概念、这样一种小人的定在。那么这个他者就要放弃它的进行分裂的思想，也就是对行动者你不要把它的动机和它的行动分裂开来。评判者不管行动者干了什么，仍然把他的动机分裂出来，认为即使他干了了不起的事情，他也是一个人，他的动机是自私的，他出于野心，出于沽名钓誉等等，这就把他的行为分裂开来了。一个是他的外在行为，那个不管，但是，他内在的想法导致我对它进行猜测，我对它的内心进行批判，就把它的动机和效果分裂开来了。现在呢，我要放弃这种它的进行分裂的思想，"以及那固执于思想中的自为存在的生硬性"。前面讲行动者有种自命清高的生硬性，他以自己的行为业绩而将自己凌驾于他人之上，拒不接受他人的道德评判；但评判者也有种生硬性，不是执着于自己的行为的生硬性，而是固执于思想中的自为存在的生硬性。就是说这样一种评判的意识，作一种自为存在，它也是一种自己的主观判断，这种主观判断是固执于思想中的。做道德评判很容易，站着说话不腰疼，因为你固执于你的思想中，你可以评价这个，评价那个，但是你那都是空话，你不接触现实。自为存在的生硬性就是那种主观武断的生硬性，你主观上凭借一个道德判断去评价一切，好像你是什么道德高人，但是你自己不去做事，只是停留在思想中，停留于一种思想批判。而现在要放弃这种生硬性，之所以要放弃，"乃是因为实际上它在恶者之中直观到了自己"。它在它所批评的恶者之中、在行动者之中直观到了它自己。行动者不听批评，一

意孤行，是恶者；评判者不看对象，一概酷评，也是恶者。这样一来，评判者的那种作为道德评判者的道德优越性就失去了，你的批评和你批评的对象一样都是恶者的行为，你说行动者沽名钓誉，你这不也是沽名钓誉吗？你承认自己是小人，不就是为了说人家都是小人，从而显示你自己的先见之明吗？当你明白了这一点，你就不会那么理直气壮，好像你自己说别人是小人，说他的行为是出于野心、出于沽名钓誉，就是揭发了一件多么大的秘密，有了多么大的功劳似的。谁也不用说谁，人都是有限的，人都是自私的，我要是处于他那个位置，我也和他一样。我批评它，其实也是批评自己，我通过批评它来批评自己。于是我就放弃了这样一种进行分裂的思想，以及那种主观的生硬性，我就把自己的判断变成了一种普遍的精神。

[176] 　　<u>这他者既然抛弃了自己的现实性，并使自己成为**扬弃了的这一个**，它实际上借此就把自己呈现为一个普遍的东西；它从它的外在现实性返回自身，返回本质；于是普遍意识就在其中认识了它自身。</u>

　　"这他者既然抛弃了自己的现实性，并使自己成为**扬弃了的这一个**"，这他者就是这个评判者，它抛弃了自己的现实性，抛弃了对行动者的嫉妒、眼红，就是那种不平。它之所以要说人家坏话，要猜度人家的隐私，要搞诛心之论，把人家拉下到和自己同一水平，无非是出于现实的这种不平衡，现在它把这些都抛弃了。它使自己成为扬弃了的这一个，"扬弃了的这一个"打了着重号。评判者作为道德的评判者，本来是"这一个"，它有它自己的私心，有自己不可告人的秘密，每个人的出发点都不一样，都是个别的，所以它是"这一个"。但是，当它抛弃了它的现实性，就使自己成为扬弃了的这一个，把自己的自为存在的生硬性扬弃掉。就是说，虽然还是"这一个"，但这一个已经是一个"共相"，人人都是"这一个"。"它实际上借此就把自己呈现为一个普遍的东西"，虽然它还是在作个别的判断，但是它现在已经对事不对人了，实际上它把自己呈现为一个普遍的共相了。"它从它的外在现实性返回自身，返回本质"，现在它已经不是批判现实中的这个人、那个人，甚至也不是批判自己现实地做了什么，而是从自己的外在现实性返回到了自己的本质，也是人人共同的本质，返回到了人性。它的忏悔现在具有了普遍人性的层次，不是忏悔自己做了什么不好的事，有什么不好的心思或意图，而是忏悔一切人的人性中的本恶。"于是普遍意识就在其中认识了它自身"，普遍意识在这样一种升级了的道德判断中认识到了自身，就是说它已经不再只是一个用来评判的抽象标准，而显示出自己是一切人的普遍本质。评判者把自己特殊的个别性扬弃了，那么普遍意识就在这样一种评判里面认识到了它自身，或者说，普遍意识在它这里达到了自我意识，普遍意识就意识到自身了。道德评价最开始是从私人的个别意识出发来进行普遍意识的评价的，现在它把它的个别性扬弃了，于是就把自己提升到了普遍意识，这个时候它就是认识到普遍意识的普遍意识。

　　——恶者在这普遍意识那里所得到的宽恕，就是对它自己、对它的**非现实的**本质的放弃，对于这种非现实的本质，普遍意识把它与曾经是**现实的**行动的他者等量齐观，并且把曾被那行动在思想中所获得的规定称作恶的东西承认为善的，或不如说，放弃在被规定的思想和它的自为存在着的做规定的判断之间的区别，就像他者放弃对行动所做的自为存在着的规定那样。

　　"恶者在这普遍意识那里所得到的宽恕"，这个时候讲的普遍意识，就是道德判断现在所代表的普遍意识了，判断者把它的私人的偏见扬弃掉了，现在它就代表普遍意识说话了。而恶者在它这里得到了宽恕（Verzeihung），因为它意识到，恶者所做的事都是我也有可能去做的，我要处在它那个地位也许我也会那样做，所以在这方面我对它表示一种同情的理解，那就是种宽恕了。"就是对它自己、对它的**非现实的**本质的放弃"，这种宽恕就是普遍意识对恶者的放弃（Verzichtleistung），对恶者的非现实的本质的放弃。普遍意识要抓住的不是恶者的体现为非现实的本质，而是一切人的人性的真正的共同本质；在它眼里，个别地去批判恶者是无意义的，那只是非现实的本质，要批判的是人的一般本质。这就是前面讲过的那个圣经故事的意义，一些人抓来一位行淫的女人，问耶稣怎么处置，耶稣说，你们中谁认为自己是没有罪过的，就可以拿石头砸她，结果那些人都面面相觑，扔下石头走开了。"对于这种非现实的本质，普遍意识把它与曾经是**现实的**行动的他者等量齐观"，这里"现实的"打了着重号，以与前面"非现实的"相对照。在普遍意识看来，恶者的这种非现实的本质其实是评判者撇开行动者的现实行动而给它的本质所作的抽象道德规定，你给行动者扣上"恶者"这顶帽子，这本身和曾经被你看作现实行动的他者一样，也不过是你自己的一种现实行动，你们都不是真正现实的本质，而只是表面行为业绩。所以普遍意识现在把这种非现实的本质与那曾经被看作现实的行动、也就是与当时认为的他者看作一回事，因为当普遍的意识有了自我意识之后，就发现原先那种被当作现实的他者其实和你加给它的非现实的本质一样，是表面的，是非现实的，那种本质并不是真正的本质。"并且把曾被那行动在思想中所获得的规定称为恶的东西承认为善的"，原来恶者、行动者所做的那些事情，评判者从思想上规定它们，把它们称之为恶的，说它的行动是出于野心，出于好大喜功，出于炒作，那岂不是恶的吗？现在我不搞诛心之论了，我对它表示同情，承认它们是善的。原来我把它称之为恶的，现在我把它称之为善的，认为这都是人的本性。人性就是这样，通过一种好像是恶的动机，而做出了善的行为，或者说所有的善的行为都是出于恶的动机而做出来的。前面讲了，任何行为你都可以从里面找到恶的动机，自私的意图，善的行为也不例外；既然如此，那么反过来，你就干脆承认所有这些东西其实都是善的。出于自私的动机是可以做出好的事情来的，反过来说，如果没有自私的动机，反而什么也做不出来，那才真正是最大的恶。所以我现在把它评价为善的。但如果仅仅限于在思想的规定中来看那些行动，它们都显得是恶的东西，你对它们的批判就会是意识形态批判，你就会觉得"社会主义的草"比"资本主义的苗"要好。现在呢，我承认这些行动是善的，原来那种在主观判断中叫作恶的东西，现在我从客观上来看承认它是善的，因为我经历了"思想解放"，已经把我的主观性扬弃了，已经把我的判断当作一种客观判断、一种普遍意识来理解了。"或不如说，放弃在被规定的思想和它的自为存在着的做规定的判断之间的区别"，一个是"被规定的思想"，一个是"自为存在着的做规定的判断"，两者其实是没有区别的。也就是说判断和被判断的思想之间是没有区别的。我们现在放弃了这个区别，也就是承认判断和被判断的思想其实是一回事。你对它做判断，你好像是自为的，你好像主观地在做规定，去判断那个思想；但是你所判断的思想其实就是你的思想，不是别人的。判断和被判断的思想其实是一样的，你指责它自私、动机不纯，你自己难道不是出于自私？可以算一算，有多少人靠搞"极左"一套、靠批判别人自私而占据道德至高点，而一路升迁、官运亨通，这甚至成了一条为官之道。而在普遍意识觉醒的今天，再去纠缠"姓社姓资"的区别已经没有意义了，贫穷不是社会主义，必须放弃这种区分，"就像他者放弃对行动所做的自为存在着的规定那样"。前面是指的判断者的放弃，这里是指的行动者的放弃，他者在这里指行动者。前面判断者放弃主观的判断和客观的被判断者、他者的区别，而这里讲，这个他者、行动者也就放弃了对行动所做的自为存在着的规定。行动者对行动所做的自为存在的规定是什么呢？就是优美灵魂。对行动所做的自为存在着的规定，在前面一直都是指优美灵魂。我是高贵意识，我是优美灵魂，而你们都是卑贱的、丑恶的，这个当然也是由它自己说了，它的自我感觉良好，但是它这种良好的自我感觉没有出路，反而把自己搞到了国民经济崩溃的边缘。它现在放弃对行动所做的这种自为存在着的规定，放弃了对自己无比骄傲的自我感觉，这种自命不凡。这两方面都互相放弃了它们的主观的偏见，评判者放弃它的善恶划分，行动者也放弃它的对自己行动的这种良好的自我感觉，双方都软化了自己的生硬性，那双方就接近了。

——和解这个词就是这种**定在着的**精神，这精神在它的对立面中，在把自己作为绝对在自身中存在着的**个别性**的纯粹认知里，直观到那作为**普遍**本质的对自己本身的纯粹认知，——这种精神就是一种相互承认，这种相互承认就是**绝对精神**。

"和解这个词就是这样一种**定在着的**精神"，定在着的打了着重号。和解就意味着定在的精神，精神到哪里去找它的定在、找它的具体的体现呢？就是在和解这里面找到了它的具体的体现，也就是它的定在。"这精神在它的对立面中，在把自己作为绝对在自身中存在着的**个别性**的纯粹认知里，直观到那作为**普遍**本质的对自己本身的纯粹认知"，这精神在它的对立面中直观到了对自己的纯粹认知。但这对立面本身也是一个纯粹认知，只不过它是把精神作为绝对的自身存在的"个别性"的纯粹认知，"个别性"打了着重号。而精神本身的纯粹认知呢，则是那作为"普遍"本质的对自己本身的纯粹认知，"普遍"也打了着重号。这就可以看出对比来了，也就是精神的对立面是对精神的绝对个别性的纯粹认知，而精神本身则是对自身的普遍本质的纯粹认知。两种认知都是纯粹的，而后一种纯粹认知是从前一种纯粹认知中直观到的。这种直观就是和解，因为两种直观都互不冲突，而是反映和被反映的关系，是直接同一的关系；精神的普遍本质直接反映在个别性中，反映在它的对立面中，这就是定在着的精神，就是精神本身的定在。所以，"这种精神就是一种相互承认"，个别性在普遍性中得到承认，普遍性在个别性里面也得到承认，而且与此同时，个别性和个别性之间也由此而相互承认，因为它们都承认自己是普遍性。那么这种精神就是一种相互承认的精神，这种相互承认的精神也就是互相和解的精神。"这种相互承认就是**绝对精神**"，这就是触及到了主题了，"绝对精神"打了着重号，它就是宗教的主题。一个宗教，一个哲学，哲学又叫绝对认知，宗教和绝对认知都是讲的绝对精神，这就是我们要过渡到的主题了。道德最终要过渡到的就是宗教，宗教就是绝对精神的第一阶段。

精神只在最高顶点上才进入定在,在这个最高顶点上,它对自身的纯粹认知就是它与它自身的相互对立和相互转化。精神,在认知了它的**纯粹认知**就是抽象**本质**时,它就是这样一种认知着的义务,这义务与知道自己作为自我的绝对**个别性**即是本质的那种认知是绝对对立的。

"精神只在最高顶点上才进入定在",这个定在就是我们前面已经看到的和解,和解这个词就是这样一种"**定在着的精神**",从前面真实的精神到异化了的精神到自身确定的精神,现在这是最高层次了,定在着的精神达到了精神的最高顶点,从此以后就是绝对精神了。"在这个最高顶点上,它对自身的纯粹认知就是它与它自身的相互对立和相互转化",这是对和解的另一种说法,所谓和解,就是在自身中的对立面的相互转化,我们讲的对立统一就是和解。一方面自己与自己相互对立,一方面又相互转化,这就是和解了。"精神,在认知了它的**纯粹认知**就是抽象**本质**时,它就是这样一种认知着的义务",那么这种精神的定在,这种和解,这种对立统一,是哪两个东西的对立统一呢?这里就讲了,精神认知到,它的纯粹认知就是抽象本质,这种对认知的认知就是把纯粹认知当作抽象本质来认知,纯粹认知和本质都打了着重号。那么这就是对立中的一方,它现在成了认知着的义务,精神现在把对认知的认知当作自己的义务。当然这还是从道德评判来的,道德评判总是以普遍义务来要求人、评判人,但现在最高义务就是这种对认知的认知。一个人是否真有道德,就看你是否有自知之明,是否努力认识你自己。义务就是认知,美德即认知。但是这对立中还有另一方,是与义务对立的一方。"这义务与知道自己作为自我的绝对**个别性**即是本质的那种认知是绝对对立的",个别性打了着重号,与前面的纯粹认知和本质相对照。当然,这里也把个别性认作本质,把自我的绝对的"这一个"认作本质,也是一种对认知的认知;但这本质不是抽象本质,所以这两方面是对立的。这种对立相当于普遍和个别的对立,这正是刚才讲的,"这精神在它的对立面中,在把自己作为绝对在自身中存在着的**个别性**的纯粹认知里,直观到那作为**普**

**遍**本质的对自己本身的纯粹认知"，也就是普遍的抽象本质在个别性中直观到了自身，而这就使对立双方达成了和解。而且绝对精神认知到了这一点，或者说，绝对精神就是这种对认知的认知，对纯粹认知的认知被看作绝对精神的抽象本质。所以对立双方是这样的，一方面是认识到纯粹认知是抽象本质，另一方面呢，是认识到自己作为自我的绝对个别性就是本质。这里有两种对认知的认知或纯粹认知，一个是抽象本质，一个是个别性的本质；这两者作为认知是绝对对立的，但前者在后者中直观到了自身，从而获得了精神的定在。而在这双方的相互转化中，在这种相互承认中，就形成了绝对精神。所以绝对精神必须包含两个绝对的对立面，一个是抽象本质，一个是个别本质。

前一种认知是共相的纯粹连续性，这共相把那将自己认知为本质的个别性作为自在的虚无的东西、作为**恶**来认知。

"前一种认知"，前一种认知就是对抽象的本质的这种纯粹认知了，也就是这个对立中的普遍性方面。"是共相的纯粹连续性，这共相把那将自己认知为本质的个别性作为自在的虚无的东西、作为**恶**来认知"，纯粹认知的普遍性方面所抓住的是共相，是一种普遍义务、普遍意识，所以它和个别性那方面是绝对对立的。因此它把那将自己认知为本质的个别性看作是虚无的东西，看作是恶。后者把个别性看作是本质，认为自私就是人的本质，这样一种观点肯定是一种恶的观点，所谓"人不为己天诛地灭"，"宁教我负天下人，不教天下人负我"，这与普遍义务是直接相冲突的。自私的本质、只把个别性认作自己的本质的观点，对义务来说是恶，是虚无的东西，它必将导致人类社会走向灭亡。与此相反，普遍义务是纯粹连续性，是把人类结合为一体的环节。

但恶是绝对间断性，这间断性在它纯粹的"一"中把自己认知为绝对的，并把那种共相认知为非现实的东西，即只是**为他**存在着的东西。

"但恶是绝对间断性，这间断性在它纯粹的'一'中把自己认知为绝对的"，这就是与此相对了，前面讲的是"前一种认知是共相的纯粹连续性"，那么后一种就是恶，就是绝对的间断性。这间断性在它纯粹的"一"
(Eins) 中把自己看作是绝对的原子，每个原子都是间断性的，和其他原
子不相掺和，每一个间断的原子都是一个独立不倚的"一"，都在它纯粹
的单一性中把自己认知为绝对的。自私自利啊，个人主义啊，都是这种
德性。"并把那种共相认知为非现实的东西，即只是**为他**存在着的东西"，
为他打了着重号。那种共相，那种普遍的义务，在自私的原子看来那是
不现实的。世界上没有所谓的为义务而义务，也没有什么连续的共相，
那都是说给人家听的，是为他存在的，那跟我没关系，我就是一个个别的
一，我只为自己，我不管为他存在的事。这是讲的另一方，即个别性一方，
它与前面那普遍的一方是完全对立的。

　　双方都被净化到了这样纯粹性的地步，在其中，它们都不再有无自
我的定在，都不再有意识的否定者，毋宁说，那种认知着的**义务**乃是精神
的自我认知的自身一贯的性格，而这种恶也同样在它的**自身中存在**里有
自己的目的，在它的话语中有自己的现实性；这种话语的内容乃是精神
持存的实体；话语在自己本身中就有精神确定性的保证。　　　　　　　［177］

　　"双方都被净化到了这样纯粹性的地步"，就是纯粹的普遍性和纯粹
的个别性都是纯粹认知，极端的义务论者和极端的个人主义者都是纯粹
的，它们都到顶了。在绝对精神的最高顶点上进入到定在，就是在这样
的极端对立中进入的。双方都被净化到了这种纯粹性，"在其中，它们都
不再有无自我的定在，都不再有意识的否定者"。它们都把那种无自我
的定在扬弃掉了，都不再是外在现实中的冲突，不再是和物打交道或把
对方看作物，而是和对方的精神打交道，对方和自己一样也是自我意识
的存在者。无自我的定在是那种没有精神的定在，那种外在的东西，财
产啊，权力啊，那些东西现在都不考虑了。当然一般来说个人主义者追
求财产，追求权力，觉得好像财产，权力就是它的自我，但是现在这些无
自我的定在都被扬弃掉了。义务论者也是这样，什么国家啊，民族啊，这
些大话啊，都是无自我的。真正的义务是纯精神的，是对认知的认知，跟

世俗的东西完全无关。所以双方都到了这种纯粹地步，它们都不再有意识的否定者，它们和他者打交道不必担心对意识的否定，因为双方都是纯粹意识本身的两个环节，一个是个别意识，一个是普遍意识。外在的客观现实是意识的否定者，现在都不再有了，我们已经通过和解把双方都提升到了一个纯粹精神的领域里，所有的东西都是意识，而不是意识的否定者，没有意识否定者的位置了。"毋宁说，那种认知着的**义务**乃是精神的自我认知的自身一贯的性格"，那种认知着的义务，义务打了着重号。现在这种认知的义务成了精神的自我认知的自身一贯的性格，义务已经成了一种性格（Charakter），一种精神的自我认知的性格，它是自身一贯的，就是说，它是我的一条原则，它不是无自我的。一般讲义务好像要把自我撇开，要牺牲自我或小我；但是这里不是的，牺牲小我就没有我了，大我则是虚假的。"性格"则完全是个别的，但它又有自身一贯的原则，精神的自我认知就是一个个别人格的内在的普遍原则，所以这种性格可以称为"典型性格"，它是个别与普遍的统一。这是一方面，即普遍的方面有其个别性。另一方面，"而这种恶也同样在它的**自身中存在**里有自己的目的，在它的话语中有自己的现实性"，自身中存在（Insich-sein）打了着重号。也就是说，个别的方面也有其普遍性。这种极端的个人主义，当然我们说它是恶了，但是，它也不是那种单纯动物式的冲动，而是在它的自身中有自己的目的，在它的话语中有自己的现实性。恶也要经过策划、权衡，并且要形成话语，在话语中具有自己的现实的定在，它也是一种意识，一种精神现象，而不是物理现象。"这种话语的内容乃是精神持存的实体"，你把它说出来了，它就有了精神持存的内容。杨朱说他"拔一毛利天下而不为"，说出来了，就是一种精神，就是一条原则；这条原则是恶的，但是作为原则却是善的，它可以戳破那些惯于说大话、假话、空话的伪君子的假面具，在普遍和个别之间起一种中和作用。"话语在自己本身中就有精神确定性的保证"，你一旦把它说出来，那它就具有了精神的确定性的保证，就可以和对立方达成平衡，精神的确定性正是由两种对立的原则的互相转化来保证的。这就像订契约一样，你把你的意思说出来，对方也把自己的意思说出来，你们经过协商和妥协，把契约定下来，形成契约文字。所以在话语中就有精神确定性的实体，哪怕是对恶人，你也可以和他进行谈判，甚至跟魔鬼都可以谈判，就像歌德的《浮士德》那样，只要你进行谈判，那就有精神，契约精神就必定会走向善，成为善。比如《旧约》，就是上帝和那些恶人订的约，那些恶人要得到拯救，那就要订立契约，恶人要受到这个契约的约束，当然也是出于自己的目的，我们要得到好处，害怕下地狱，就和上帝订约了。《新约》更加是如此，是精神上的契约。但是这都是通过话语而订立的契约。所以恶人不怕多，就怕没规矩，中国的事情就是由于没规矩导致的，不是由于人心坏了导致的。我们说人心不古，世风日下，现在的人都没有道德，这个不怕，只要有规矩。盗亦有道嘛，坏人有坏人的规矩，只要你按规矩办，坏人就会变成好人，就会被改造成好人。问题是我们中国人不重视规矩，不重视话语，说的话都是欺骗，说的话自己不遵守，说的话不代表自己精神的内容，这个就没有出路了。就是不怕人是坏人，就怕坏人没有规矩，没规矩好人也会变坏，就是这样。所以西方人这个原罪意识是非常起作用的，就是首先承认大家都是坏人，然后我们就想办法在坏人中间建立规矩，这就一步步发展到今天的民主制，就是民主宪政体制。宪政都是约束坏人的，好人不用约束，如果都是好人的话，那就不用宪政了，正因为假定大家都是坏人，所以要有宪政，要有法律，要有契约来约束。当然这都是一种精神，精神不是高高在上的，精神是很现实的，就在这些坏人的现实之中，恶人之中，就有精神。不要把这些恶人踢出去，觉得它们没有精神就可以把它们抛弃，上帝不会放弃任何一个人，上帝要拯救每一个人。

　　——这两种对其自身具有确定性的精神所拥有的目的，无非是它们 {362}的纯粹自我，所拥有的实在性和定在，也无非是正好这个纯粹自我。

　　"这两种对其自身具有确定性的精神"，一个是义务，普遍的义务；

一个是个别，个别性，个别的自我，它们都是自身确定性的精神，是两种截然对立的道德原则。"所拥有的目的，无非是它们的纯粹自我"，双方都有一个纯粹自我，那么双方的目的都是指向这个纯粹自我，双方的自我都是同一个自我，都是纯粹精神的自我，当然这个自我拥有普遍和个别两个环节，是这两者的对立统一。"所拥有的实在性和定在，也无非是正好这个纯粹自我"，双方的精神的实在性和定在，就是纯粹自我的定在。前面也讲，精神只在最高顶点上才进入定在，这个定在就是普遍自我与个别自我的和解与统一，也就是双方的互相转化。这个作为对立双方统一的纯粹自我就是绝对精神，就是上帝。上帝既代表恶人的自我，也代表善人的自我，既代表义务，也代表个人的权利。正因此，它就拥有实在性和定在，或纯粹自我的定在。世俗生活中的精神只有作为上帝的定在，才具有它的实在性，其他的实在性都是过眼云烟，都是消逝着的。人性的普遍的本质、普遍义务体现在个别人身上，这才是真正的实在性。

但是它们还是有差别的，而且这种差别是绝对的差别，因为这差别是在纯粹概念这样一种元素中建立起来的。这差别也不仅对我们而言是这样，而且对那些处于这种对立中的概念本身而言也是这样。

尽管这两种精神的目的都是同一个纯粹自我，"但是它们还是有差别的，而且这种差别是绝对的差别"。为什么是绝对差别？"因为这差别是在纯粹概念这样一种元素中建立起来的"，也就是说这种差别是纯粹的差别，不是具体的这个事物和那个事物的差别，如果是这个事物和那个事物的差别，那么这个差别是会消失的，这个差别是站不住的，是会变化的。而这里讲的这个差别是绝对的差别，也就是善与恶的差别，或者是上帝和人的差别，无限的上帝和有限的人的差别。这种差别是以纯粹概念为元素建立起来的，你必须追溯到纯粹概念，你才能理解到这样的差别，理解到它的绝对性。追到顶，最高追到上帝，追到至善；最低，追到人心、人性，人性本恶，追到恶。反正要在一种纯粹概念的元素中，才能把这样一种绝对差别建立起来。"这差别也不仅对我们而言是这样,而且对那些处于这种对立中的概念本身而言也是这样",这差别不仅对我们这些研究精神现象学的旁观者是绝对的差别,而且是事情本身的绝对差别,是处于这种对立中的概念的差别。这些概念本身就处在这种绝对对立之中,概念是一种普遍的媒介,在其中,普遍义务和个别自我是绝对对立的,是在纯粹概念的元素中建立起来的差别,这种差别是无法取消的。

　　<u>因为这两个概念虽然是彼此对立的**特定**概念,但同时又自在地是普遍的概念,以至于它们充满了自我的整个范围,而这个自我所拥有的内容无非是它的这种规定性,既不超出自己,也不比自己更窄;</u>

　　我们先看这半句。"因为这两个概念虽然是彼此对立的**特定**概念",这两个概念当然是彼此对立的,在这种意义上是特定的概念,特定的打了着重号。之所以是特定的,是因为它们是互相有分殊的,这两个概念不同嘛,每一个对于另外一个都是有规定的,都是规定好了的。这两个概念,一个是普遍性,一个是个别性,这两个概念都是特定的。"但同时又自在地是普遍的概念",就是客观上来看,它们又是普遍的概念,虽然一个是普遍的,一个是个别的,但是自在的它们又都是普遍的,因为就连个别的也是普遍的,一切事物都是个别的。这个关系黑格尔在《逻辑学》也讲过,就是真正的普遍性并不是那种和个别性相对立的普遍性,而是包含着个别性在内的普遍性。因为一个和个别性相对立的普遍性,那它就不够普遍了,那就把个别性排除在外了。只有把个别性也包含进来的普遍性才是真正的普遍性,才真正是无所不包的,它把个体性也包括进来了。所以真正的普遍性,它不是和个别性对立的一个特定的概念,而是一个整体的概念。如果它是一个特定的概念,那普遍性本身也成为一个个别的东西,你和个别对立,那你岂不是也成为一个个别的东西了?所以它一定是一个涵盖一切的普遍概念,"以至于它们充满了自我的整个范围",这两个概念,一个个别性,一个普遍性,占据着自我的全部范

围,此外再没有别的概念了。自我即是个别的,又是普遍的,我就是我们,我们就是我。"而这个自我所拥有的内容无非是它的这种规定性,既不超出自己,也不比自己更窄",这个自我所拥有的内容只能是这样一种既不超出自己、也不比自己更窄的规定性。因为超出自我之上的,那就是神性了,神性是超出自我之上的;而比自己更窄,那就是兽性了,那就比自我的概念要更窄了。而这里讲的是人的精神,人的精神在神性和兽性之间,它既不是神,也不是野兽,它既没有神那么高,也没有野兽那么低,它处于这两者之间。它所拥有的无非是这种规定性,这种规定性是在神性和兽性之间的规定性。

因为一个规定性,即绝对共相,正如另一规定性,即个别性的绝对间断性一样,都是纯粹自我认知,而且两者都只是这种纯粹的自我认知。

"因为一个规定性,即绝对共相,正如另一规定性,即个别性的绝对间断性一样,都是纯粹自我认知",一个规定是绝对共相,绝对共相就是普遍精神;另一规定即个别性绝对间断性,那就是个别人了,那就是有限的人的个别精神。但是这两个规定性一样,都是纯粹自我认知,都是同一个我。"而且两者都只是这种纯粹的自我认知",纯粹自我认知,不管是普遍性也好,个别性也好,都是对自己的这样一种纯粹认知,都是自我意识的两个纯粹认知环节,并且都"只是"这种环节。

所以两种规定性都是认知着的纯粹概念,它们的规定性本身就是直接认知,或者,它们的**关系**和对立就是这个我 (das Ich)。

"所以两种规定性都是认知着的纯粹概念",哪两种规定性?一种是普遍性,一种是个别性,它们都是认知着的纯粹概念。认知着的纯粹概念就体现为这两种规定性,它就是普遍性和个别性的统一。"它们的规定性本身就是直接认知",普遍性也好,个别性也好,都是直接的认知,都是在最高顶点上的认知,不是从别的认知推出来的,而是回到直接性的认知。那么,回到最高顶点的直接性,那就是这个绝对的我。"或者,它们的**关系**和对立就是这个我 (das Ich)",关系打了着重号。这两种规定,它们之间的关系和对立,一个是关系,一个是对立,也就是对立统一的关系,就是这个我,das Ich。带有定冠词的大写的Ich,就是指那个唯一的我,也就是指上帝了。这个在普遍性和个别性的关系中回到直接认知的自我,就是体现为耶稣基督的上帝,在耶稣基督身上既有普遍性,又有个别性,他代表的是人的个别性和圣灵的普遍性的关系和对立,代表着既是三位、又是一体的这个上帝的"我"。这里已经开始讲到了基督教的原理,基督教上帝的自我意识结构。一方面有普遍性,另一方面又有个别性,这种对立统一关系就是耶稣基督这样一个人——神。

这样一来,它们**互相对于对方**都是这种完全对立的东西;自己同自己这样对立着并进入到了定在的东西,乃是完全**内在的东西**;它们所构成的**纯粹认知**由于这种对立,就被建立为**意识**。

"这样一来,它们**互相对于对方**都是这种完全对立的东西",一个是普遍的东西,一个是个别的东西,相互是完全对立的。"自己同自己这样对立着并进入到了定在的东西,乃是完全**内在的东西**",既然自己同自己的这样一种对立都属于我,都是我内部的对立,那么它们的对立就是我自己和自己的对立;它在其最高顶点上达到了和解,进入到了定在,但所有这一切都是完全内在的东西,内在的东西打了着重号。内在的也就是完全在精神之内的主观的东西,是在自我内部的一种主观的自相矛盾性、自我否定性。"它们所构成的**纯粹认知**由于这种对立,就被建立为**意识**",这种在精神之内的主观的东西就构成了纯粹认知,纯粹认知打了着重号,它是一种纯粹认知、最高的认知。但由于这种对立,这种普遍和个别的对立,就被建立为意识,也就是被建立为对象意识。当然这个意识和《精神现象学》开端的那种意识相比已经是很高的层次了,或者说已经是最高的意识了,这里讲的由完全内在的东西建立为意识,就是指上帝创世。但这种意识和最初的那个意识有同样的结构,就是有一个主体和一个对象,双方有一种内在的对立。在这里呢,就是这样一种内在的对立作为定在的东西而把自己建立为意识,就是建立起一个对象来和主体相对立。

517

上帝创造出一个对象世界来，但这个对象世界并不听从上帝的意志，显示出与上帝作对的倾向，时时需要上帝亲自来匡正，甚至有时还动不动发大洪水，把整个世界毁灭掉，把那些不义的人、作恶的人消灭掉，表现出一种"愤怒的上帝"的形象。那么这样一种意识呢，就是对象意识。

但这意识还不是**自我意识**。这一实现过程是在这种对立的运动中拥有自我意识的。

"但这意识还不是**自我意识**"，自我意识打了着重号。这样一种意识还不是自我意识，或者说还有待于上升到自我意识。上帝从意识到自我意识走过了一个漫长的过程，它最初的这个自我，虽然在内部已经包含有自身的对立面和矛盾，已经有个别和普遍之间的一种对立，但还没有达到对立面的和解，只是有种和解的意向。在《圣经·旧约》中，以及在各民族的自然宗教中，这种未经调解的对立都是理解他们的神的本质的秘密。所以这个我、这个神还只是一种意识，还没有达到自我意识，没有在对象身上看到自我的本质，个别和普遍之间还有一种绝对的差别。怎么样把这个绝对的差别把它扬弃掉，那才能够达到绝对的自我意识。"这一实现过程是在这种对立的运动中拥有自我意识的"，这样一个实现过程，就是上帝作为完全内在的东西和纯粹认知，被建立为一个意识、也就是建立为一个对象意识的实现过程，你要在这个过程中投身于对立的运动，才可以在这种运动中拥有自我意识。就是它现在还不是自我意识，是因为它还没有在对立中运动起来，意识中对立的双方即主体和对象还只是静止地对立着，或者顶多有一种单向的关系，而没有进入到一种连续的运动，没有进入到对立面的互相转化。只有在这种对立面的互相斗争、互相转化的运动中，它把它内部的两个对立面都调动起来，使它们相互冲突，使对立的双方互相渗透，互相变得透明，这个时候呢，它才会拥有自我意识，才会在对方中看到自己的本质。这一过程就是宗教从自然宗教向天启宗教进发的艰难而漫长的跋涉过程。

因为这种对立毋宁说本身就是"我＝我"的**无间断的连续性**和同一

**性**；而且，每个我，恰恰由于它的纯粹普遍性的矛盾，由于这普遍性同时还抗拒着这个我与他者的同一性，并把自己从他者中分离出来，而**自为地**在其本身中把自己扬弃掉了。

"因为这种对立毋宁说本身是'我＝我'的**无间断的连续性和同一性**"，就是说这种对立，这种种普遍和个别的对立，是在这个我的概念里面所包含的对立，所以它毋宁说本身就是"我＝我"的无间断的连续性和同一性。既然整个世界都是上帝创造出来的，那这个世界，特别是上帝安排作这个世界的统治者的人类，也就应该具有神性，人类的我虽然不如上帝的我，每个人的我总是陷于与其他人的我的冲突，甚至常常与上帝的我作对，但归根结底它们还是属于上帝的我。只有从这种运动过程着眼，我们才能理解到这种对立从本质上看都是"我＝我"的一种无间断的连续性和同一性。费希特说"自我设定自我"，《旧约》里面耶和华说"我是我所是"（I am who I am），其实都是一个无间断的连续性的运动过程。在这里，个别的我和普遍的我是相同的，怎么相同一？在无间断的连续性的运动中相同一，也就是个别的我在运动中与普遍的我逐渐认同和接近，最终汇入普遍的我之中，扬弃自身。"而且，每个我，恰恰由于它的纯粹普遍性的矛盾"，纯粹普遍性的矛盾是什么呢？下面等于来解释了："由于这普遍性同时还抗拒着这个我与他者的同一性，并把自己从他者中分离出来"。每个我都有它的纯粹普遍性，但是这个纯粹普遍性带有矛盾，什么矛盾呢？就是它还抗拒着这个我与他者的同一性。这就是我们前面讲过的，个别的我虽然自身带有普遍性，但这种普遍性还只是封闭在它自身中的普遍性，而不是和其他个别者共享的普遍性，它把自己从他者中分离出来，严格区分开来，坚持只有自己才是清高孤傲的"优美灵魂"，它以此来对抗我与他者的同一性。这种个别的优美灵魂把自己的普遍性也变成了个别性，"而**自为地**在其本身中把自己扬弃掉了"，这就是前面讲的，优美灵魂由于没有真正的普遍性，它就像一缕青烟一般消逝于无形了。而这里强调它是自我自己"自为地"把自己扬弃掉了，每个我都在这种运动中看到，你要坚持自己的个别自我，唯一的方式就是把自己融入与他者的普遍性和同一性中，在这种普遍性和同一性中你的个别的我才能继续存在或连续存在。但这时它已经不再是单纯的个别性，已不再是那种间断性的原子，它为了自身而在本身中把自己扬弃掉了，或者说，它把自己外化为与其他自我共同的一个大我了。

通过这种外化运动，这个在其**定在**中一分为二的认知就返回到**自我**的统一性；它就是**现实的我**，就是在其**绝对的对立面**中，在那**自身内**存在着的认知中的普遍的**自我认知**，它由于其分离出来的自身中存在的纯粹性之故，本身就是完全的共相。

"通过这种外化运动"，就是说每个自我由于其纯粹普遍性的矛盾而扬弃自身，从一个自我到另外一个自我，从众多的自我又到唯一最高的自我，这是一种外化运动。通过这种外化运动，"这个在其**定在**中一分为二的认知就返回到**自我**的统一性"，在其定在中一分为二，把自己分为一个是我，一个是非我，把非我看作是我的外化，这种把自我一分为二的认知，实际上也就是把对方与自我合二为一的认知，于是最终就返回到自我的统一性了，这个"自我"打了着重号。自我的这种外化运动，也就是上帝的道成肉身，上帝在其定在中、在现实中把自己分身为圣子，而对于圣子就是圣父的一分为二的认知，最终返回到了圣子与圣父的统一性。所以在圣父眼里，圣子就是我在现实世界中的现形。"它就是**现实的我**"，现实的打了着重号，这个我不再只是一种意识或思想，而是现实的我，具有肉身的我。"就是在其**绝对对立面**中，在那**自身内**存在着的认知中的普遍的**自我认知**"，道成肉身的我就是在我的绝对对立面中对自我的认知，"绝对对立面"打了着重号。肉身和上帝的精神本来是绝对对立的，上帝本来是超越一切物质和肉体存在的；但现在，上帝的我在这个绝对的对立面中，在它的肉身显现中，达到了对它自身内存在着的认知中的普遍的自我认知，"自身内"也打了着重号，以与"绝对对立面"相对照。换言之，上帝的我在它的外部对立面中达到了对自身内部的认知，这种内部自我的认知不再只是限于内部的，而是对自己的真正普遍的自我的认知，其普遍性涵盖到了一个外部对立的自我，即有血有肉的耶稣基督。但它仍然是自身内存在着的认知，因为它把这个外部自我重新又收回到了自身内部。所以，"它由于其分离出来的自身中存在的纯粹性之故，本身就是完全的共相"，就是说虽然它在耶稣基督身上是一种现实的我，但由于它把自身中存在的纯粹性从自身中分离出来，也就是耶稣死后升天，回到圣父的怀抱，所以它本身是完全的共相，是涵盖世俗生活的、人和神所共同的共相。这个完全的共相已经把所有的对方的东西都囊括于自身之内了，它不再具有片面性，而是把普遍与个别的对立和矛盾调解了。如果是一种单纯的纯粹的普遍性，它就还会具有与个别性的矛盾；而经过这个矛盾的运动，现在它达到了一种完全的共相、完全的同一性。

在这种和解性的"是的"［Ja］中，双方的我都在其中放弃了它们相 [178] 互对立着的**定在**，这个"是的"就是那扩展为双重性了的**我**的**定在**，这个我在其中保持着自身同一性，并在它的完全外化和对立面中拥有对其自身的确定性；——这个我，就是在把自己作为纯粹认知来认知的两个我中间，所显现出来的上帝。

"在这种和解性的'是的'中"，最后的现实的我，最后的这个普遍自我的认知，就是一种和解了，就是使普遍和个别双方通过一个运动的过程达到和解。最后达到的和解的结果就是一个"Ja"，这个"Ja"在德文里面就是"是"，就是一个肯定词，与之相对的就是"Nein"，相当于英文里面的"No"，不是。这里是"Ja"，就是"是的"，最后达到了这样一种和解性的肯定，也就是承认。前面讲，"这种精神就是一种相互承认，这种相互承认就是**绝对**精神"［第176页］，承认在语言上表达出来，就是说"Ja"。那么在这种承认的语言表达中，"双方的我都在其中放弃了它们相互对立着的**定在**"，普遍的我和个别的我在这种承认中都放弃了它们原来相互对立着的定在，或者说，它们的定在不再是外在地生硬对立的，它们把自己的定在都转移到了这个"是的"的语言表达上。"这个'是的'就是那扩展为双重性了的**我的定在**"，我打了着重号，定在也打了着重号。双方的我通过互相承认，而在语言表达上获得了一个新的定在，但这个定在已经扩展为双重性了，它既是普遍的，也是个别的。在上帝那里就是这样，上帝既是普遍的，又是个别的，上帝即是无所不在，无所不知的圣灵，同时又体现在一个具体的个别人耶稣身上，这三位在上帝那里是一体的。"这个我在其中保持着自身同一性，并在它的完全外化和对立面中拥有对其自身的确定性"，这样一个我"在其中"，也就是在其扩展为双重性了的定在中，保持着自身同一性，并在它的外化和对立中拥有对其自身的确定性，这就是指圣父了。圣父在圣子和圣灵的双重定在中保持着自身的同一性，耶稣既是人，又是神，具有双重本性，而圣父在其中保持着自身的同一性，圣父既是圣子，又是圣灵。但是圣父又不是完全封闭在自己内部的，而是在它的外化和对立面中拥有对其自身的确定性，它通过道成肉身而确立起了自身的确定性。《旧约》中的上帝看不见摸不着，还没有达到真正的确定性；《新约》中的上帝则化身为耶稣基督，它在这个对立面中拥有了自己的确定性。"这个我，就是把自己作为纯粹认知来认知的两个我中间，显现出来的上帝"，这两个我一个是作为普遍的我的圣灵，一个是作为个别的人的耶稣，它们都是把自己作为纯粹认知来认知的。而在这两个我中间，作为两者之间的统一而显现出来的，就是上帝。上帝只能在这两方的中间显现出来，一方把自己认知为圣灵，另一方把自己认知为凡人，一个是普遍性的一方，一个是个别性的一方，这双方都是作为纯粹认知的认知，但又是相互对立的。这种灵和肉的冲突在耶稣基督身上极为尖锐地表现出来，只有通过圣父才能得到调和。所以圣父是圣子、圣灵的统一，正是在圣子和圣灵的矛盾运动中，圣父作为上帝才显现出来了。上帝对双方的统一性，作为一个和解，作为一个最高顶点，作为一个表达承认的"Ja"而显现出来，那么，从这里就过渡到下面的宗教了。所以这一长段不仅是从理论上为过渡到宗教的概念而奠定了基础，而且实际上也为"宗教"这一章对宗教的历史描述提供了梗概,也就是从自然宗教到天启宗教、从旧约中的神话到福音书,宗教经历了一个提升和发展过程,这也就是宗教概念的展开过程。在宗教中,历史和逻辑也是一致的,或者说是平行而进的。

我们这个学期算是超额完成了预定的计划,把"精神"这一部分讲完了。下面两部分,一个是宗教,一个是绝对认知,这两部分合起来叫作"绝对精神"。当然和后来黑格尔的体系还不太一样,后来黑格尔体系的"绝对精神"是三个环节,一个是艺术,一个是宗教,一个是哲学,而这个地方呢,他把艺术并在宗教里面去了,叫作"艺术宗教"。这是《精神现象学》和《哲学百科全书》里面结构不同的地方。我们这学期就讲到这里。今天已经超过了半个小时了,谢谢大家!

# 德汉术语索引

（所标页码均为德文《黑格尔全集》考订版第 9 卷页码，即本书边码中大括号里的数字；凡有两种译法的词均以"/"号隔开，并以此分段隔开页码；原文中出现太多的词不标页码，只将字体加粗）

527

# 汉德词汇对照表

（按照汉语拼音字母顺序排列；凡有两个译名的分别在两处重现并带上另一译名。）

**A**

爱好 Neigung

**B**

保证 Versicherung

本心 Herz

本性 Natur

本质 Wesen

本质性 Wesenheit

彼岸 jenseitig

必然性 Notwendigkeit

表现 Ausdruck

表象 Vorstellung

宾词 Prädikat

不公正 Unrecht

不同一性 Ungleichheit

不幸的 unglücklich

**C**

察觉 Vernehmen

差别 Verschiedenheit

财富 Reichtum

忏悔 Bekenntnisse

超凡的 vortrefflich

承认 Anerkennen

诚实的 ehrlich

持存 Bestehen

冲动 Trieb

抽象 Abstraktion

出场 auftreten

存在 Sein

存在者 Seiende

刺激 Affektion, affizieren

# D

大小 Größe

担忧 Angst

单纯，单纯性 einfach, Einfachheit

单一性 / 统一性 Einheit

当下，在场 Gegenwart

道德，道德的 Moralität, moralisch

倒转 Umkehrung

得道者和纠偏者 Gut-Besserwissen

德行 Tugend

颠倒 Verkehrte

定在 Dasein

动机 Triebfeder

斗争 Kampf

独立性 Selbststädigkeit

端 Extreme

对立 Gegensatz

对象 Gegenstand

对象性 Gegenständlichkeit

# E

恶，恶者 Böse

恶 Schlecht

二律背反 Antinomie

恩典 Gnade

# F

发条弹簧 Springfeder

法律 Gesetz

法权 Recht

法则 Gesetz

翻转 umschlagen

反叛 Empörung

反思 Reflexion

分裂状态 Zerrissenheit

否定 Negation, negativ

# G

概念 Begriff

感性的 sinnlich

个别 Einzeln

个体 Individuum

个体性 Individualität

个性 Charakter

根据 Grund

共相 Allgemeine

共同性 Gemeinschaft

工具 Werkzeug

功劳 Verdienst

供认 Geständnis

沟通 Mitteilung

关系 Verhältnis

规定性 Bestimmtheit

规律 Gesetz

# H

含义 Bedeutung

行家 Meister

和解 Versöhnung

和谐 Harmonie

话语 Rede

环节 Moment

混合物 Synkretismus

缓慢前行 fortwälzen

## J

嫉妒 Neid

假象 Schein

价值 Wert

解释 Erklären

诫命 Gebot

间断性 Diskretion

交替 Abwechseln

教化 Bildung

经验 Erfahrung

精神 Geist

具体的 konkret

绝对 Absolute

## K

康德 Kant

肯定的 Positiv

空洞 Leere

空虚 Leere

快乐 Lust

宽恕 Verzeihung

## L

理性 Vernunft

力 Kraft

力量 Macht

立法 Gesetzgeben

联系 Beziehung

连续性 Kontinuität

良心 Gewissen

灵魂 Seele

伦理 Sittlichkeit, sittlich

## M

满足 Befriedigung

矛盾 Widerspruch

媒介 Medium

命令 Befehl

命题 Satz

命运 Schicksal

明见 Einsicht

漠不相干 gleichgültig

目的 Zweck

## N

内容 Inhalt

内在的东西 Inneres

能动性 Tätigkeit

凝聚点 Konkretion

**O**

偶然性 Zufälligkeit

**P**

排他性 Autarkie
判断 Urteilen
配得上 Würdigkeit
评判 Beurteilen
平等 Gleichheit
普遍，普遍性 Allgemein,
　　Allgemeinheit

**Q**

欺骗 Betrug
启示 Offenbarung
器官 Organ
区别 Unterschied
权利 Recht
确定性 Gewißheit
确信 Überzeugung

**R**

人格 Person
认识 Erkennen
任意 Willkür
认知 Wissen

**S**

善 Gute
上帝 Gott
神圣的 heilig
神圣的 göttlich
审核 Prüfen
生发 entstehen
生命 / 生活 Leben
实存 Existenz
实体 Substanz
实体性的 substantiell
实在性 Realität
是的 Ja
事情本身 Sache selbst
侍奉 Dienst
属性 Eigenschaft
思维 Denken
思想 /Gedanke
思想物 Gedankending

**T**

他在 Anderssein
他者 Anderes
特殊 Besondere
天才 Genialität
调解 Ausgleichung
同一性 Gleichheit
统一性 / 单一性 Einheit
统握 auffassen
透明的 durchsichtig

团契 Gemeinde

退化 Abnehmen

# W

外化 Äußerung

外在的东西 Äußere

完善 Vollkommen

伪善 Heuchelei

为他的 für anderes

我 Ich

我＝我 Ich=Ich

我本身 Ichselbst

无所谓的 gleichgültig

无限 Unendliche

无限性 Unendlichkeit

物，事物 Ding

# X

现成在手的 vorhanden

现实的，现实性 wirklich, Wirklichkeit

现象 Erscheinung

享受 Genuss

消逝 Verschwinden

细节 Umstände

斜坡 Neigungswinkel

幸福 Glückseligkeit

幸运 Glück

信念 Überzeugung

信仰 Glauben

兴趣 Interesse

形式 Form

形态 Gestalt

行动 Handlung

行动者 Handelnde

行为 Tun

性格 Charakter

性状 Beschaffenheit

虚浮 Eitelkeit

虚假 falsch

虚无，无 Nichts

悬设 Postulat, postulieren

# Y

扬弃 Aufheben

养成 Ausbildung

样式 Manier

"也" das Auch

"一" Eins

意识 Bewußtsein

意图 Absicht

意义 Sinn

意愿 Wollen, Wollende

意志 Wille

义务 Pflicht

异化 Entfremdung

异己的 fremd

优美 Schön

游走 herumtreiben

有效准的 geltend

语言 Sprache

欲望 Begierde

元素 Element

原始的 ursprünglich

运动 Bewegung

## Z

在自身中存在 Insichsein

招认 Eingestehen

招供 bekennen

这一个 Dieses

真实的东西，真实 Wahre

真理 Wahrheit

整体 Ganze

正当的东西 Rechte

知觉 Wahrnehmung

知识 Kenntnis

知识 Erkenntnis

直观 Anschauung

置换 verstellen

至善 die höchste Gute

至尊 Majestät

中介 Vermittlung

中项 Mitte

终极目的 Endzweck

众多性 Vielheit

转变 Verwandeln, Wandel

转化 Wechsel

主人 Herr

主体 / 主词 Subjekt

主宰 Meister

庄严妙境（壮丽奇景）Herrlichkeit

综合的 synthetisch

自然 Natur

自为 für sich

自我等同性 Sichselbstgleichheit

自我感 Selbstgefühl

自我意识 Selbstbewußtsein

自性 Selbstheit

自由，自由的 Freiheit, freie

自在 an sich

宗教 Religion

最好的东西 / 最善的东西 Beste

作品 Werk

# 后　记

　　本卷的一个集中主题是谈道德。一般来说，黑格尔对道德问题不是十分重视，这从后来黑格尔在《法哲学原理》和《精神哲学》中的篇幅安排也可以看出来，道德部分占的篇幅都是最少的（少于"抽象法"，更大大少于"伦理"）。在《精神现象学》中，道德作为"精神"的第三阶段（前两阶段是"伦理"和"教化"）主要包含两方面的内容，一方面是对康德道德哲学的批判，另一方面是向宗教过渡。至于道德本身有什么样的伟大意义，在这里还真看不出来，如果说有意义，那主要也是消极方面的。由此我们也可以看出，如果不上升到宗教的话，黑格尔的道德观的确没有什么可说的，这恐怕也是西方道德观的一般特色，像康德那样把道德提升到至高无上的地位，还讲出了那么多复杂的道理，乃至于把宗教也从道德中推论出来，这在西方伦理学史中属于特例。然而，我们决不能低估黑格尔在道德学说中所展示的那种深刻的洞见和强烈的批判精神，这种洞见和批判在西方伦理学史中恐怕也是罕见的。尤其是他对康德伦理学以及德国浪漫主义伦理学的问题和毛病的鞭辟入里的分析，处处让人感到目光如炬，叹为观止。康德抽象道德律令的义务论在黑格尔批判的锋芒之下捉襟见肘、矛盾百出；而由康德、费希特发展出来的良心论和"优美灵魂"则左冲右突、摇摇摆摆地走在一条"伪善"之途上。这是这一部分中最精彩的段落，也正是这些段落，是最值得我们中国人对照我们的传统道德观来进行深思的地方。因为所谓伪善的问题，或者说"乡

537

愿"问题，正是中国文化的根本问题，就像谭嗣同说的："两千年之政，秦政也，皆大盗也；两千年之学，荀学也，皆乡愿也。唯大盗利用乡愿，唯乡愿工媚于大盗，二者交相资，而罔不托之于孔。"攻破乡愿的最尖锐的利器，一个是认知，一个是忏悔，而这两点又正是中国传统道德中最缺乏的。黑格尔的卓越之处在于，即使他在各种道德观点中随处指出伪善，甚至对伪善进行了极其细致的类型和层次的划分，对那些只会对他人作"诛心之论"的道德打手表示了嘲弄；但他并不是一味地从道德上否定伪善，而是力图从人所避免不了的伪善中寻找一条走出伪善之路，为此他甚至承认某种伪善也有其"积极意义"。当然这种积极意义最终仍然不过是通过忏悔而走向宗教。其实我倒觉得康德在这方面说得更实在，他认为伪善虽然是人性中的"根本恶"，但同时也是人类社会从野蛮走向文明的一个必不可少的因素，为此他甚至在其《实用人类学》中专门开辟一节来讨论"可以允许的道德假象"。他其实是把更多的希望寄托于人类自身历史中的逐渐觉醒和进步，而不是虚无缥缈的道德悬设。不过话又说回来，黑格尔的宗教本身就是人类自我意识在历史中的觉醒，而这种觉醒的最重要的标志之一，就是对人性本身摆脱不了的伪善的清醒意识，由此而培养出了西方基督教特别突出的忏悔精神。

　　所以，黑格尔这一部分的论述对我们中国人所具有的特别重要的意义就在于，它深入揭示了西方文化道德精神和宗教精神的内在联系，即西方人是如何从道德向宗教过渡的。中国人向来认为，要讲道德，那可是中国人的强项。但是黑格尔给我们提供了一个参照系，一面镜子，在这面镜子中，我们可以看出自身的道德在什么地方出了偏差，什么地方还存在盲点，为什么在今天适应不了变化着的世界格局。道德是允许讲道理的，是可以讲得清道理的，而不是一开口就是不容置疑的、天经地义的。几千年来，西方的哲学家们通过不断否定前人的道理，创立新的道理，而把道德的原理推进到了一个深邃的层次，不是日常简单化的思维方式可以轻松把握的。黑格尔以极其晦涩的语言、高度抽象的思辨，逼使我们深入到人性中的这个幽暗阴森的处所。我们可以不相信西方人的上帝，但是黑格尔借上帝的悬设而展开的那些人性的深层结构和原理，却是令我们深思的。

本卷的整理者共有四位年轻人，他们是：王运豪（六讲），高志泓（四讲），王永全（一讲）；另外朱会晖有一讲是跨越第七和第八两卷的，大部分在本卷。在此特向他们表示由衷的感谢！

邓晓芒

2016 年 6 月 17 日

责任编辑：张伟珍
封面设计：吴燕妮
责任校对：梁　悦

**图书在版编目（CIP）数据**

黑格尔《精神现象学》句读. 第八卷 / 邓晓芒 著. —北京：人民出版社，2017.9
（2021.10重印）
ISBN 978－7－01－017483－9

I.①黑…　II.①邓…　III.①黑格尔（Hegel，Georg Wehelm 1770－1831）－
现象学－研究　IV.①B516.35②B089

中国版本图书馆CIP数据核字（2017）第055719号

书　　名　黑格尔《精神现象学》句读
　　　　　HEIGEER JINGSHEN XIANXIANGXUE JUDU
卷　　次　第八卷
著　　者　邓晓芒
出版发行　人 民 出 版 社
　　　　　（北京市东城区隆福寺街99号　邮编：100706）
邮购电话　（010）65250042　65289539
经　　销　新华书店
印　　刷　北京汇林印务有限公司
版　　次　2017年9月第1版　2021年10月北京第3次印刷
开　　本　710毫米×1000毫米　1/16
印　　张　34
字　　数　467千字
印　　数　4,001－5,000册
书　　号　ISBN 978－7－01－017483－9
定　　价　86.00元